IT Campus

AI·클라우드 전환 시대, 실무자가 꼭 알아야 할

한 권으로 끝내는 IT 인프라

이찬우 지음

이찬우(Richard) | jg719411@nate.com

고려대학교(석사) 및 세종대학교(박사)에서 정보보호학을 전공하였으며, SK 주식회사, 쿠팡, 카카오모빌리티, 손해보험협회 등 국내 주요 대기업 · 금융/공공 · IT 플랫폼 기업에서 20년간 IT정보보호 실무를 담당함. 2017년부터 고려사이버대 · 서울사이버대 · 서울디지털대 컴퓨터공학과 겸임교수로서 후학 양성에 매진하고 있으며, 2022년 IT교육 전문 기업 에이더(Aithe)를 설립하여 한국생산성본부, 금융보안원, 금융연수원 등 교육기관에서 실무형 인재 양성에 주력하고 있음. 이러한 전문성과 공로를 인정받아 서울디지털대 강의 우수 교원 표창(2024), 한국생산성본부 베스트강사 선정(2025)에 이어 국가생산성대상 표창(2026)을 수상함.

주요경력

현재 · IT 교육 전문 기업 에이더(Aithe) 대표,
고려사이버대학교 · 서울사이버대학교 · 서울디지털대학교 컴퓨터공학과 겸임교수
이전 · SK주식회사, 쿠팡, 카카오모빌리티, 손해보험협회 등 IT 정보보호 실무 담당

AI · 클라우드 전환 시대, 실무자가 꼭 알아야 할

한 권으로 끝내는 IT 인프라

The Complete Guide to IT Infrastructure in the Age of AI and Cloud

초판 1쇄 발행 • 2026년 2월 27일 | **지은이** • 이찬우 | **발행인** • 이종원 | **발행처** • (주)도서출판 길벗 | **브랜드** • 길벗캠퍼스
출판사 등록일 • 1990년 12월 24일 | **주소** • 서울시 마포구 월드컵로 10길 56(서교동) | **대표 전화** • 02)332-0931 | **팩스** • 02)323-0586
홈페이지 • www.gilbut.co.kr | **이메일** • gilbut@gilbut.co.kr

기획 및 책임편집 • 신유진(backdoosan@gilbut.co.kr) | **표지·본문 디자인** • 강은경 | **제작** • 이준호, 이진혁
마케팅 • 박성용(psy1010@gilbut.co.kr) | **유통혁신** • 한준희 | **영업관리** • 김명자 | **독자지원** • 윤정아
편집진행 • 앤미디어 | **전산편집** • 앤미디어 | **CTP 출력 및 인쇄** • 예림인쇄 | **제본** • 예림인쇄

- 길벗캠퍼스는 길벗출판사의 IT대학교재 출판 브랜드입니다.

ISBN 979-11-407-1755-2 93000(길벗 도서번호 060181)
정가 33,000원

독자의 1초까지 아껴주는 정성 길벗출판사
(주)도서출판 길벗(www.gilbut.co.kr) • IT단행본, 성인어학, 교과서, 수험서, 경제경영, 교양, 자녀교육, 취미실용
길벗스쿨(www.gilbutschool.co.kr) • 국어학습, 수학학습, 주니어어학, 어린이단행본, 학습단행본

"위대한 혁신은 언제나 보이지 않는 가장 깊은 곳에서 시작된다. 코드가 세포가 되어 뼈대를 이루고, 데이터는 혈액이 되어 쉼 없이 흐른다. 알고리즘이 지성을 깨우는 뇌라면, 네트워크는 온몸을 연결하는 혈관이다. 서비스가 살아 숨 쉬는 생명이라면, 서버는 멈추지 않는 뜨거운 심장이다. 이 거대한 생명 활동을 가능케 하는 견고한 대지, 그것이 바로 인프라다. 인공지능(AI)이라는 화려한 꽃도 결국 이 묵묵한 기반 위에서만 진정으로 피어날 수 있다."

우리는 인공지능이 그림을 그리고, 코드를 작성하며, 운전까지 대신하는 시대에 살고 있습니다. 화려한 AI 서비스와 애플리케이션이 주목받지만, 이 모든 기술은 안정적인 IT 인프라가 뒷받침될 때 비로소 의미를 가집니다. 건물이 높아질수록 기초가 단단해야 하듯, 기술이 고도화될수록 인프라의 중요성은 더욱 커지고 있습니다.

이제 인프라는 단순한 전산 장비의 집합이 아닙니다. 비즈니스의 연속성을 지키는 방패이자, 데이터의 가치를 흐르게 하는 통로이며, 디지털 혁신을 실현하는 가장 현실적인 토대입니다. 이 책은 IT라는 세계에 처음 발을 내딛는 분들이 이 기반을 이해하고 활용할 수 있도록 돕는 길잡이가 되고자 합니다.

이 책의 목표와 특징

이 책은 IT 비전공자나 인프라 분야 입문자들이 복잡한 기술 용어의 장벽을 넘어, 시스템의 전체적인 숲을 볼 수 있도록 기획되었습니다. 단순한 이론의 암기를 넘어, 실제 IT 환경이 어떻게 유기적으로 작동하는지 이해하도록 돕기 위해 다음과 같은 특징을 담았습니다.

1. **비유를 통한 직관적인 이해**: 눈에 보이지 않는 IT 인프라의 개념을 '건축', '교통', '물류' 등 우리 일상의 익숙한 풍경에 빗대어 설명했습니다. 어려운 전문 용어 대신 쉬운 비유를 통해, 서버, 네트워크, 보안 등의 핵심 개념을 누구나 직관적으로 파악할 수 있도록 구성했습니다.

2. **전체 흐름을 꿰뚫는 아키텍처 관점**: 각각의 장비나 기술을 파편적으로 배우는 것이 아니라, 이들이 모여 어떻게 하나의 거대한 시스템(아키텍처)을 이루는지 그 연결 고리를 설명했습니다. 이를 통해 독자들은 나무가 아닌 숲을 보는 눈을 기르고, 서비스가 사용자에게 전달되는 전체 여정을 이해하게 될 것입니다.

3. **실무와 연결되는 생존 지식**: 단순한 개념 정의에 그치지 않고, 왜 현장에서 이 기술이 필요한지(Why), 그리고 어떻게 적용되는지(How)를 다루었습니다. 안정적인 서비스 운영을 위한 이중화, 보안 원칙, 클라우드 활용 등 실무에서 바로 대화가 통할 수 있는 살아있는 지식을 담았습니다.

이찬우

목차

3장 | 물리적 서버와 하드웨어 이해하기

4장 | 자원의 효율적 사용을 위한 가상화와 컨테이너

5장 | 데이터 저장소의 모든 것

6장 | 중단 없는 네트워크 연결의 원리

7장 | 안정적인 웹 서비스 구현하기

8장 | 전체 시스템을 관리하는 중앙 프로그램

9장 | 신뢰할 수 있는 데이터 관리 기법

강의 계획서

1) 학습 개요

우리가 매일 사용하는 스마트폰 앱, 웹사이트, 그리고 인공지능 서비스 뒤에는 24시간 멈추지 않고 돌아가는 거대한 디지털 공장, 즉 IT 인프라가 존재합니다. 본 교재는 눈에 보이지 않지만 디지털 세상의 모든 것을 지탱하고 있는 서버, 네트워크, 스토리지, 보안 등의 핵심 기술을 다룹니다. 복잡한 기술 용어 대신 직관적인 비유와 시각적 설명을 통해, 비전공자도 인프라가 어떻게 유기적으로 연결되어 '살아있는 시스템'을 만드는지 그 원리를 쉽게 이해할 수 있도록 구성되었습니다. 이를 통해 독자는 단순한 기술의 나열이 아닌, 비즈니스를 움직이는 거대한 톱니바퀴로서 인프라를 바라보는 새로운 눈을 뜨게 될 것입니다.

2) 학습 목표

인프라 구성 요소의 이해	IT 인프라를 지탱하는 4대 핵심 기둥인 서버(Server), 네트워크(Network), 스토리지(Storage), 보안(Security)의 역할과 기본 원리를 명확히 이해하고 설명할 수 있다.
시스템 아키텍처의 흐름 파악	물리적인 장비(온프레미스)에서부터 가상화(Virtualization), 그리고 클라우드(Cloud)로 변화하는 인프라 환경의 진화를 이해하고, 각 방식의 장단점과 특징을 구별할 수 있다.
서비스 안정성과 기반 기술의 중요성 인식	사용자에게 끊김 없는 서비스를 제공하기 위해 왜 이중화, 로드밸런싱, 백업과 같은 기술이 필수적인지 깨닫고, 인공지능과 빅데이터 등 최신 기술이 어떠한 인프라 토대 위에서 작동하는지 실무적 관점에서 해석할 수 있다.

참고 가이드 안내

이 책은 이해를 돕기 위해 공개된 무료 가이드를 **참고 가이드** 아이콘으로 소개합니다. 웹브라우저에 표기된 가이드를 검색하면 찾을 수 있습니다.

2026년 1월 기준 최신 버전을 교재에 표기하였으며, 이후 개정 최신본이 있는 경우 최신본을 확인하세요.

1 장

IT 인프라의 큰 그림 그리기

학 습 목 표

성공적인 디지털 비즈니스를 쌓아 올리기 위해서는 그 바닥을 지탱하는 기반, 즉 IT 인프라를 이해해야 한다. 이 자료는 비전공자의 눈높이에서 우리가 매일 쓰는 서비스들이 작동하기 위해 필요한 환경을 눈에 보이는 화려한 '가전제품(앱/서비스)'과 벽 뒤에 숨겨진 필수적인 '전력망(인프라)'의 비유를 통해 쉽게 설명한다. 인프라의 존재 이유를 이해함으로써 우리는 왜 견고한 기반 시설이 디지털 혁신의 출발점인지 그 중요성을 깊이 인식하고, 흔들리지 않는 서비스를 만들기 위해 각자가 어떤 토대를 준비해야 하는지 명확히 알게 될 것이다.

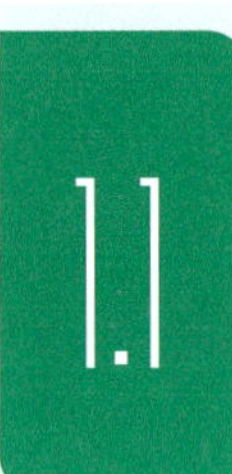

IT 인프라란 무엇인가?

1. IT 인프라의 정의

IT 인프라(Information Technology Infrastructure)는 조직의 IT 환경을 구축하고 운영하는 데 필요한 하드웨어, 소프트웨어, 네트워크, 시설 및 관련 서비스의 총체적인 집합을 의미한다. 이는 모든 디지털 서비스가 세워지는 보이지 않는 기반이며, 오늘날 비즈니스의 중추 신경계라 할 수 있다. 이 개념을 더 쉽게 이해하려면, IT 인프라를 도시의 물리적 인프라에 비유할 수 있다.

❶ **하드웨어(서버, 스토리지)**: 디지털 도시의 발전소, 공장, 창고에 해당한다. 컴퓨팅 파워를 생산하고 모든 데이터를 안전하게 보관하는 역할을 한다.

❷ **네트워크(라우터, 스위치, 케이블)**: 도시의 도로망, 지하철 노선, 물류 시스템이다. 데이터라는 상품과 정보가 도시 곳곳으로 빠르고 안전하게 이동할 수 있도록 길을 제공한다.

❸ **소프트웨어(운영체제, 미들웨어)**: 도시의 법률, 행정 시스템, 교통관제 시스템과 같다. 하드웨어와 네트워크가 원활하게 상호작용하고 정해진 규칙에 따라 작동하도록 통제하고 관리한다.

❹ **데이터 센터**: 가장 중요한 공장과 발전소들이 모여 있는 특수 산업 단지다. 이곳은 첨단 냉각 시설, 소방 설비, 삼엄한 물리적 보안을 갖추고 핵심 하드웨어를 보호한다.

인프라의 가치는 애플리케이션이 단순히 작동하는지 여부가 아니라, 얼마나 안정적이고 효율적으로 작동하는지에 있다. 이러한 품질은 성능, 확장성, 안정성, 보안과 같은 비기능적 요구사항에 의해 결정되며, 인프라는 비즈니스의 경쟁력을 좌우하는 핵심 자산이 된다. 따라서 IT 리더는 가시적 실패 이전에 보이지 않는 기반을 강화해야 하며, 이것이 비즈니스를 지키는 가장 현명한 길이다.

▼ 기능적 vs 비기능적 요구사항

구분	기능적 요구사항	비기능적 요구사항
의미	시스템이 무엇을 하는가	시스템이 얼마나 잘 동작하는가
주요 관심사	기능 구현 여부	성능, 확장성, 안정성, 보안
예시	로그인 기능, 결제 기능	페이지 응답 속도, 동시 접속 처리
인프라 영향	제한적	결정적
비즈니스 영향	기본 요건 충족	경쟁력과 신뢰도 결정

2. 인프라의 비즈니스 중요성

● 현대 비즈니스의 엔진

오늘날 디지털 우선 경제(Digital-First Economy)에서 IT 없이 비즈니스를 논하는 것은 불가능하다. IT 기업이 아니더라도 데이터를 저장 · 분석하고, 서비스를 제공하며, 웹사이트를 운영하기 위해 IT 인프라는 필수적이다. 이제 인프라는 특정 부서의 전유물이 아니라 조직 전체를 움직이는 중추 신경계가 되었다. 제조업은 공급망을, 유통업은 전자상거래와 결제 시스템을, 의료계는 환자 기록을 관리하며, 현대 사무 환경에서는 슬랙(Slack)이나 줌(Zoom) 같은 협업 도구가 모두 인프라 위에서 작동한다.

● 잘 갖춰진 인프라가 제공하는 핵심 비즈니스 이점

잘 설계된 인프라는 기업에 측정 가능한 경쟁 우위를 제공한다. 단순한 기술 성능 향상을 넘어, 비즈니스의 근본적인 역량을 강화한다.

❶ 운영 복원력 및 비즈니스 연속성

견고한 인프라는 시스템 장애나 재해 상황에서도 핵심 기능이 중단되지 않도록 하는 첫 방어선이다. 데이터 백업, 재해 복구 계획, 고가용성 시스템 설계 등을 통해 구현되며, 기업이 예기치 못한 위기 상황에서도 서비스를 24시간 안정적으로 유지할 수 있는 'IT 회복 탄력성'을 제공한다.

❷ 혁신 가속화 및 시장 출시 기간 단축

현대적 인프라는 데브옵스(DevOps) 문화를 기반으로 개발과 운영의 경계를 허문다. 수개월에 달하던 개발 주기는 수일 단위로 단축될 수 있으며, 기업은 시장 변화와 고객 요구에 보다 신속하게 대응할 수 있다.

❸ 데이터 기반의 실시간 의사결정 지원

기존의 배치 처리 중심 시스템과 달리, 현대적 인프라는 데이터 발생 즉시 수집 · 분석하는 실시간 처리를 지원한다. 이를 통해 고객 행동 분석, 맞춤 추천, 금융 사기 탐지 등 즉각적인 의사결정이 가능해진다.

❹ 보안 강화 및 리스크 관리

잘 설계된 인프라는 방화벽, 침입 탐지(IDS), 암호화, 접근 제어 등 다층 보안 체계를 설계 단계부터 통합한다. 보안은 부가 기능이 아니라, 인프라의 핵심 설계 원칙이다.

❺ 확장성을 통한 성장 지원

확장성은 트래픽 급증이나 사업 확장과 같은 변화에 시스템이 유연하게 대응하는 능력이다. 이를 통해 서비스 성장 과정에서 발생할 수 있는 '성공 재앙'을 예방할 수 있다.

인프라의 유연성은 조직 문화와도 밀접하게 연결된다. 경직된 인프라는 느린 업무 방식을 고착화하지만, 자동화된 클라우드 네이티브 인프라는 실험과 민첩성, 협업 문화를 가능하게 한다. 결국, 민첩한 조직은 민첩한 인프라에서 출발한다.

전문가 팁

기존 시스템(As-Is)의 5가지 핵심 영역 분석

성공적인 인프라 구축과 전환을 위해서는 기존 시스템의 완벽한 이해가 필수적입니다. 단순히 장비 목록을 만드는 것을 넘어, 아래 5가지 핵심 영역을 심층적으로 분석해야 합니다.

1. 네트워크 구성도(Network Topology)

단순 연결이 아닌, 데이터의 흐름과 경계를 파악해야 합니다.

- **인터넷 구간(Gateway)**: 외부와 연결되는 유일한 통로(현관문)를 식별합니다.
- **백본 및 전송 장비**: 네트워크 내부에서 데이터 트래픽을 집선하고 각 구간으로 전달하는 핵심 장비 영역으로, 전체 네트워크의 흐름과 성능을 좌우하며 라우터(L3)와 스위치(L2) 등으로 구성됩니다.
- **망 분리 현황**: DMZ, 내부망, DB망 등 방화벽을 기준으로 나뉜 보안 영역을 확인합니다.

2. 데이터 흐름도(Data Flow Diagram)

데이터의 라이프사이클과 컴플라이언스 요소를 추적합니다.

- **생명주기 파악**: 생성 → 저장 → 전송 → 이용 → 파기까지의 전체 흐름을 도식화합니다.
- **개인정보 흐름도(PIFD)**: 개인정보가 포함된 데이터가 어느 경로로 이동하고 어디에 저장되는지 별도로 식별하여 법적 요건을 검토합니다.

3. 정보보호 구성도(Security Architecture)

보안의 사각지대와 자산 규모를 정량적으로 식별합니다.

- **자산 식별**: 도입된 보안 장비의 종류(방화벽, IPS, WAF 등)와 수량을 정확히 파악합니다.
- **취약점 식별**: 엔드포인트, 네트워크, 서버, 애플리케이션, 데이터 등 계층(Layer)별로 가장 취약한 연결 고리를 찾아냅니다.

4. 애플리케이션 로직(UML & Logic)

소프트웨어 로직이 인프라 자원을 어떻게 사용하는지 역추적합니다.

- **다이어그램 분석**: 유스케이스(Use Case)와 시퀀스(Sequence) 다이어그램을 통해 트랜잭션의 흐름을 이해합니다.
- **자원 요구사항 도출**: 특정 로직 처리에 고성능 CPU가 필요한지, 빠른 I/O가 필요한지 파악하여 인프라 설계를 최적화합니다.

5. 서버 실장도(Rack Diagram)

물리적 환경과 자산의 위치를 시각화합니다.

- **물리적 위치**: 서버 랙(Rack) 내의 실제 장착 위치와 점유 공간(Unit)을 그림으로 문서화합니다.
- **서비스 매핑**: 물리 장비와 실제 구동 중인 서비스(App/DB)를 태깅(Tagging)하여, 장애 발생 시 물리적 위치를 즉시 특정할 수 있도록 합니다.

3. 핵심 구성 요소 요약

IT 인프라는 여러 구성 요소가 유기적으로 결합된 복잡한 시스템이다. 각 부분의 역할과 상호작용을 이해하기 위해, 앞서 언급한 '도시'의 비유를 다시 적용해 핵심 구성 요소를 하나씩 살펴보자.

● 물리 계층: 하드웨어와 시설

❶ 서버(Servers)

서버는 인프라의 '두뇌' 또는 '엔진'에 해당하는 고성능 컴퓨터다. 소프트웨어를 실행하고,

데이터를 처리하며, 웹사이트나 애플리케이션을 구동하는 핵심 연산 작업을 담당한다. 최근에는 하나의 물리적 서버를 논리적으로 여러 개의 가상 서버로 나누어 사용하는 **가상화**(Virtualization) 기술이 보편화되어, 자원을 훨씬 효율적으로 활용할 수 있게 되었다.

❷ 스토리지(Storage)

디지털 세계의 '파일 캐비닛', '창고', '도서관'에 해당한다. 모든 데이터가 저장되는 공간으로, 빠른 접근이 필요한 활성 데이터는 고속 저장장치(SSD 등)에, 장기 보관용 데이터는 비용 효율적인 아카이브 시스템에 저장된다. 즉, 스토리지는 데이터의 속도 · 용도 · 수명 주기에 따라 계층화되어 관리된다.

❸ 데이터 센터(Data Centers)

서버와 스토리지를 보관하는 물리적 건물이다. 이는 단순한 전산실이 아니라, 무정전 전원 공급 장치(UPS), 항온항습을 위한 냉각 시스템, 화재 진압 설비, 그리고 물리적 보안 시스템을 갖춘 특수 시설이다. 디지털 도시의 가장 안전한 '산업 단지'라고 할 수 있다.

● 연결 조직: 네트워킹

네트워킹은 모든 인프라 구성 요소들이 서로, 그리고 외부 세계와 통신할 수 있도록 연결하는 시스템이다.

❶ 기본 개념

- **LAN(Local Area Network)**: 사무실 건물과 같이 한정된 지역 내의 네트워크. 도시의 '지역 도로망'에 해당한다.
- **WAN(Wide Area Network)**: 지리적으로 멀리 떨어진 여러 지역을 연결하는 광역 네트워크. 도시와 도시를 잇는 '고속도로'와 같다.

❷ 핵심 장비(교통관제 시스템)

- **스위치(Switches)**: 같은 LAN 내의 컴퓨터를 연결해 로컬 트래픽을 효율적으로 분배한다. 도시의 '교차로 신호등' 역할을 한다.
- **라우터(Routers)**: 서로 다른 네트워크를 연결하고 트래픽의 이동 경로를 지정한다. 사무실 LAN을 인터넷(WAN)에 연결하는 장비로, '고속도로 분기점(IC)'에 비유할 수 있다.
- **방화벽(Firewalls)**: 네트워크 경계에서 들어오고 나가는 트래픽을 감시 · 통제하는 보안 장비다. 도시의 '국경 검문소' 또는 '보안 검색대' 역할을 한다.

❸ 데이터 이동 방식(도로 교통법)

데이터는 일정한 규칙에 따라 전송된다. 대표적인 표준이 OSI 7계층과 TCP/IP 모델이다.

이 계층 구조를 모두 외울 필요는 없지만, 기본 개념은 이해해야 한다. 택배를 보낼 때 정해진 주소 형식, 포장 규격, 운송 절차가 있듯, 데이터 전송에도 일정한 약속이 있다. 데이터는 작은 조각인 패킷(Packet)으로 분할되어 IP 주소를 통해 목적지를 지정하고, HTTP(웹), FTP(파일 전송) 등 표준화된 프로토콜(Protocol)에 따라 전달된다.

● 논리 계층: 소프트웨어

소프트웨어는 하드웨어에 생명을 불어넣어 실질적인 가치를 만들어내는 '지능'에 해당한다.

❶ 운영체제(Operating System, OS)

하드웨어의 모든 자원(CPU, 메모리, 스토리지)을 관리하고, 다른 프로그램이 실행될 수 있는 환경을 제공하는 가장 기본적인 소프트웨어다.

- **클라이언트 OS**: 개인용 컴퓨터에서 사용자가 쉽게 상호작용할 수 있도록 설계되었다(예 Windows, macOS).
- **서버 OS**: 24시간 중단 없는 안정성과 대용량 처리 효율성에 초점을 맞춰 서버 환경에 최적화되어 있다(예 Linux, Windows Server).

❷ 미들웨어(Middleware)

소프트웨어 세계의 '만능 번역기' 또는 '배관'과 같다. 운영체제와 애플리케이션 사이에 위치하여, 서로 다른 시스템이나 애플리케이션이 원활하게 데이터를 주고받도록 돕는다. 예를 들어, 데이터베이스 연결 프로그램이 대표적이다.

❸ 비즈니스 애플리케이션(Business Applications)

사용자가 실제로 업무를 위해 상호작용하는 소프트웨어다. 고객 관계 관리(CRM), 전사적 자원 관리(ERP), 이메일 클라이언트 등이 여기에 속한다.

● 보호막: 보안 인프라

보안은 별개의 구성 요소가 아니라, 인프라의 모든 계층에 걸쳐 통합되어야 하는 핵심 원칙이다.

- **인증 및 인가**: 사용자가 누구인지 확인하고(인증), 허용된 작업 범위가 어디까지인지 결정한다(인가). 디지털 '신분증'과 '출입 권한'에 해당한다.
- **암호화**: 데이터를 허가되지 않은 사용자가 읽을 수 없도록 암호로 바꾸는 기술이다. '비밀코드'와 같다.
- **위협 탐지 및 방지**: 의심스러운 활동을 지속적으로 감시하고 공격을 차단하는 시스템이다. 도시의 'CCTV 관제 시스템'과 '경찰' 역할을 한다.

이러한 구성 요소들은 명확한 계층 구조를 이룬다. 애플리케이션은 미들웨어 위에서, 미들웨어는 운영체제 위에서, 운영체제는 하드웨어 위에서 동작한다. 각 계층은 아래 계층에 의존하지만, 복잡성은 숨긴다. 애플리케이션 개발자는 CPU 작동 원리를 몰라도 되고, 운영체제는 하드 드라이브의 물리적 저장 방식을 알 필요가 없다. 이러한 추상화 덕분에 극도로 복잡한 현대 소프트웨어 개발이 가능하다.

하지만 강력한 계층 구조는 동시에 시스템적 리스크의 원인이 되기도 한다. 하위 계층의 작은 결함이 상위 계층으로 연쇄적 영향을 미치기 때문이다. 예를 들어, 저렴한 네트워크 스위치 하나의 고장이 수백 대 서버의 통신을 마비시키고, 그 위에서 동작하는 모든 애플리케이션과 서비스를 중단시킬 수 있다. 이것이 바로 인프라 관리가 이중화(Redundancy)와 안정성 확보에 막대한 노력을 기울이는 이유다. 단일 구성 요소의 실패가 수백만 달러의 손실로 이어질 수 있는 숨겨진 의존성, 이것이 인프라의 시스템적 리스크 본질이다.

▼ IT 인프라 핵심 구성 요소와 기능

분류	구성 요소	주요 기능	도시 비유
하드웨어	서버	애플리케이션 실행 및 데이터 처리를 위한 고성능 컴퓨터	발전소, 공장
	스토리지	디지털 데이터를 영구적으로 저장하는 장치	창고, 도서관
	데이터 센터	서버, 스토리지 등 핵심 장비를 보관하는 물리적 시설	보안 산업 단지
네트워킹	라우터	서로 다른 네트워크 간에 데이터 패킷을 전달하는 장치	고속도로 분기점(IC)
	스위치	동일 네트워크 내에서 장치들을 연결하고 데이터를 전달하는 장치	교차로 신호등
	방화벽	네트워크 경계에서 허가되지 않은 접근을 차단하는 보안 장비	국경 검문소
소프트웨어	운영체제(OS)	하드웨어 자원을 관리하고 소프트웨어 실행 환경을 제공	도시 행정 및 법률 시스템
	미들웨어	운영체제와 애플리케이션 사이에서 통신을 중개하는 소프트웨어	만능 번역기, 공용 배관
보안	인증/인가	사용자의 신원을 확인하고 접근 권한을 제어	신분증 및 출입증
	암호화	데이터를 보호하기 위해 정보를 암호화하는 기술	비밀 코드

4. 인프라 유형의 변화(전통 vs 현대)

오늘날 기업이 마주한 핵심 IT 전략적 선택은 직접 구축하여 소유할 것인가, 아니면 빌려서 사용할 것인가이다. 이는 전통적인 **온프레미스(On-Premises)** 방식과 현대적인 **클라우드 컴퓨팅(Cloud Computing)** 방식으로 요약할 수 있다. 해당 내용은 34쪽에서 자세히 다루고 있기에 간략하게 알아보겠습니다.

온프레미스는 기업이 서버, 스토리지, 네트워크 장비 등 모든 인프라 구성 요소를 직접 구매하고, 자체 데이터 센터 내에 설치하여 운영하는 전통적인 모델이다. 이는 직접 구축하고 소유하는 접근 방식으로, 높은 초기 투자 비용(CAPEX), 하드웨어와 데이터에 대한 완전한 통제권, 유지보수 · 보안 · 업그레이드에 대한 전적인 책임이 특징이다.

클라우드 컴퓨팅은 IT 인프라 자원을 인터넷을 통해 아마존 웹 서비스(AWS), 구글 클라우드(GCP), 마이크로소프트 애저(Azure) 등 제3의 서비스 제공업체(CSP)로부터 빌려 사용하는 모델이다. 이는 '빌려서 소비하는' 접근 방식으로, 초기 투자 비용이 없고, 사용한 만큼만 요금을 지불하며(OPEX), 유지보수와 보안 관리가 서비스 제공업체에 의해 수행된다.

● 상세 비교: 온프레미스 vs. 클라우드

두 가지 모델은 비즈니스의 여러 중요한 측면에서 뚜렷한 차이를 보인다.

❶ 비용 모델

- **온프레미스**: 하드웨어 구매를 위한 막대한 초기 자본 지출(CAPEX)이 중심이다.
- **클라우드**: 사용한 만큼 비용을 지불하는 운영 비용(OPEX) 중심이다. 초기 자본이 부족한 스타트업이나 프로젝트 기반 조직에 특히 유리하다.

❷ 확장성 및 유연성

- **온프레미스**: 자원을 확장하려면 새로운 하드웨어 구매와 설치에 상당한 시간이 소요된다. 또한, 만일의 사태에 대비해 필요 이상으로 자원을 구매하는 과잉 프로비저닝이 발생하기 쉽다.
- **클라우드**: 필요에 따라 몇 분 만에 자원을 늘리거나 줄일 수 있는 거의 즉각적인 확장성을 제공한다(탄력성).

❸ 유지보수 및 운영

- **온프레미스**: 기업 IT팀이 하드웨어 수리, 소프트웨어 패치, 보안 업데이트 등 모든 운영과 유지보수를 책임진다.
- **클라우드**: 서비스 제공업체가 기반 인프라를 관리하므로, 고객사의 IT 인력은 비즈니스 가치 창출과 같은 전략적 업무에 집중할 수 있다.

❹ 보안

- **온프레미스**: 물리적 통제권과 폐쇄적 내부 네트워크를 통해 민감한 데이터를 보호할 수 있다.
- **클라우드**: 공동 책임 모델(Shared Responsibility Model)을 따른다. 서비스 제공업체는 클라우드 인프라 자체의 보안을 책임지고, 고객은 클라우드 내부에 저장된 자신의 데이터와 애플리케이션 보안을 책임진다.

알아두세요 **두 방식을 차량으로 비유**

- **온프레미스(자동차 소유)**: 높은 초기 비용(차량 구매)이 발생하며, 원하는 시간과 장소에서 자유롭게 운용 가능하다. 차량 튜닝이나 개조 등 완전한 통제권을 가지지만, 유류비, 보험료, 정비, 수리, 주차 등 모든 유지비를 직접 부담해야 한다. 또한 사용하지 않을 때도 차량은 차고에서 감가상각된다.
- **클라우드(차량 공유)**: 초기 비용이 없으며, 필요할 때만 서비스를 이용하고 요금을 지불한다. 짧은 거리에는 소형차를, 이사나 대량 운송 시에는 대형 차량을 즉시 호출할 수 있다. 유지보수, 보험, 연료 등은 서비스 제공업체가 모두 책임진다. 다만 차량에 대한 완전한 통제권은 제한되며, 사용량이 많아지면 비용이 예상보다 증가할 수 있다.

▼ 온프레미스 vs. 클라우드 인프라 비교 분석

기준	온프레미스	클라우드
비용 모델	자본 지출(CAPEX) 중심	운영 비용(OPEX) 중심
초기 비용	높음	낮거나 없음

확장성	느리고 수동적	빠르고 탄력적
유지보수	내부에서 모든 책임 부담	서비스 제공업체가 관리
통제권	완전한 통제권	제한적인 직접 통제
보안 모델	기업이 100% 책임	공동 책임 모델

5. 미래 인프라의 전망

IT 인프라는 끊임없이 진화하는 역동적인 분야다. 미래의 인프라는 자동화와 민첩성을 향해 나아가고 있다.

● 미래 인프라로써의 클라우드

클라우드의 등장은 IT 부서 역할을 근본적으로 변화시켰다. 서버 설치와 케이블 연결 같은 저수준 수작업에서 IT 인력을 해방하면서, IT 전문가는 인프라 '정비사'에서 클라우드 서비스 포트폴리오를 설계하고 관리하는 '비즈니스 전략가'로 진화할 수 있게 되었다.

그러나 초기의 단순한 이분법, 즉 온프레미스는 낡고 클라우드는 정답이라는 생각은 현실과 맞지 않는다. 장기적으로 클라우드 비용이 예측 불가능하게 증가하거나, 데이터 중력(Data Gravity) 현상 때문에 온프레미스가 다시 주목받고 있다. 데이터 중력은 대용량 데이터를 클라우드로 옮기기보다, 애플리케이션과 컴퓨팅 자원을 데이터가 있는 곳으로 가져오는 것이 더 효율적이라는 개념이다.

이로 인해 일부 기업은 비용 통제와 데이터 주권을 위해 시스템을 다시 온프레미스로 되돌리는 클라우드 송환(Cloud Repatriation)을 경험하고 있다. 결국 미래의 정답은 클라우드가 아니라, 비용, 성능, 보안, 데이터 중력을 종합적으로 고려해 각 업무에 가장 적합한 환경을 선택하는 하이브리드 전략이 될 것이다.

● 자동화와 민첩성

- **코드형 인프라(Infrastructure as Code, IaC)**: 수동으로 서버를 설정하는 대신, 코드를 통해 인프라 전체를 정의하고 배포하는 방식이다. 이는 디지털 도시 전체의 설계도를 코드로 만들어, 몇 분 만에 도시를 복제하거나 수정하는 것과 같다.
- **하이퍼컨버지드 인프라(Hyperconverged Infrastructure, HCI)**: 서버, 스토리지, 네트워킹 기능을 하나의 장비에 통합하고 소프트웨어로 제어하는 기술이다. 특히 온프레미스나 프라이빗 클라우드 환경의 관리를 단순화한다.
- **인공지능/머신러닝(AI/ML)의 확산**: 인공지능과 머신러닝 같은 첨단 기술이 클라우드 플랫폼의 표준 서비스로 제공되면서, 기업들은 복잡한 인프라 구축 없이도 손쉽게 혁신을 가속화할 수 있게 되었다.

궁극적인 흐름은 더 높은 수준의 추상화, 자동화, 지능화로 향하고 있다. 인프라를 더욱 강력하지만 동시에 더욱 '보이지 않게' 만들어, 조직이 기술 관리가 아닌 고객을 위한 가치 창출에 온전히 집중할 수 있도록 하는 것이 미래 인프라의 지향점이다.

전문가 팁

IT 인프라의 진화: 1세대 레거시부터 3세대 서버리스까지

인프라는 물리적 장비 중심에서 소프트웨어 중심, 나아가 완전 자동화로 진화하고 있습니다. 세대별 특징과 핵심 용어를 통해 인프라의 변천사를 한눈에 정리해 봅니다.

[1세대] 물리 인프라(Legacy)

눈에 보이는 하드웨어를 직접 구축하고 관리하는 단계입니다.

❶ **온프레미스(On-Premise)**: 기업이 자체적으로 전산실을 구축하고 운영합니다(책임, 비용, 감가상각 관리 100% 자체 부담).

1. **구성요소**: 상면(공간), 랙(Rack), 케이지(Cage), 전력, 공조 등 물리적 시설 관리 필수.
2. **베어메탈(Bare-Metal)**: 가상화가 적용되지 않은 순수 고성능 물리 서버를 의미하며, 최근에는 CSP가 이를 임대해 주기도 합니다(예 N클라우드 뉴로클라우드).

❷ **임대 서비스의 유형**

1. **호스팅(Hosting)**: 서버(자산)를 빌리는 것
2. **웹 호스팅(Multi-Tenancy)**: 쉐어하우스(여러 명이 한 서버 공유)
3. **서버 호스팅(Single-Tenancy)**: 독채 펜션(한 서버를 단독 사용)
4. **코로케이션(Colocation)**: 상면(공간)을 빌리는 것(기업 소유의 서버를 전문 데이터센터(IDC)의 랙(Rack)과 네트워크 환경에 위탁하여 운영).

❸ **데이터센터의 진화**

1. **IDC**: 일반적인 인터넷 데이터 센터(호텔)
2. **CDC**: 클라우드 전용 고집적 데이터 센터(대기업 사옥)
3. **AIDC**: AI 전용 데이터 센터(전력 소모가 극심하여 전력 수급 및 냉각이 핵심 이슈)

핵심 용어 정리

→ **EOS(End Of Service)**: 서비스 지원 종료(더이상 기술 지원이나 패치를 받을 수 없음)
→ **EOL(End Of Life)**: 제품 생산 중단(하드웨어 단종, 부품 수급 불가)
→ **ISP(Internet Service Provider)**: 인터넷 회선 제공자(KT, SKB, LG U+ 등)
→ **CSP(Cloud Service Provider)**: 클라우드 서비스 제공자(AWS, Azure, Naver Cloud 등)
→ **MSP(Managed Service Provider)**: 클라우드 도입/운영 대행사(메가존, 베스핀글로벌 등)

[2세대] 가상화 인프라(Virtualization & Cloud)

소프트웨어 기술로 물리적 한계를 극복하는 단계입니다.

❶ 1. **가상화 (Virtualization)**: 하이퍼바이저를 이용해 하나의 물리 서버에 여러 OS를 구동.

- **특징**: OS 단위 격리로 보안성이 높지만 다소 무거움(비유: 방음이 잘 된 여러 개의 방).

❷ **컨테이너(Container)**: OS 커널을 공유하며 프로세스 단위로 격리.

- **특징**: 가상화보다 가볍고 빠르며 배포가 용이함(비유: 주방과 거실을 공유하는 캡슐 호텔).
- **기술**: 도커(Docker) 엔진과 쿠버네티스(K8s) 오케스트레이션이 표준.

❸ **클라우드 컴퓨팅(Cloud Computing)**: 가상화 기술 등을 활용해 IT 자원을 인터넷을 통해 필요한 만큼 빌려 쓰고(On-Demand), 쓴 만큼 비용을 지불하는(Pay-as-you-go) 서비스.

[3세대] **자동화 인프라(Automation & AI)**

사람의 개입을 최소화하고 코드로 관리하는 단계입니다.

❶ IaC(Infrastructure as Code): 서버, 네트워크 등의 인프라 구성을 '코드'로 작성하여 자동 생성 및 관리.

- **도구**: Terraform, Ansible 등.
- **장점**: 휴먼 에러 감소, 빠른 배포, 인프라의 버전 관리 가능.

❷ **서버리스(Serverless)**: 개발자가 서버의 존재를 신경 쓸 필요 없이, 코드(함수)만 작성하면 실행되는 환경.

- **특징**: 특정 이벤트(API 호출 등)가 발생할 때만 잠시 자원이 생성되어 실행되고 사라짐(Stateless).
- **비용**: 서버를 24시간 켜둘 필요가 없어, 실제 코드가 실행된 시간(ms 단위)만큼만 과금되므로 경제적.
- **활용**: 간헐적인 트래픽, 배치 작업, 마이크로서비스(MSA)의 API 처리에 최적화.

최신 기술은 인프라를 어떻게 변화시키는가?

오늘날 이야기하는 최신 IT(Information Technology) 인프라는 하나의 거대한 기술이 아니다. 오히려 각기 다른 모양과 기능을 가진 레고 블록과 같다. 클라우드, 인공지능(AI, Artificial Intelligence), 빅데이터, 사물인터넷(IoT, Internet of Things), 엣지 컴퓨팅 같은 기술들이 바로 그 블록들이다. 각 블록은 독립적으로도 유용하지만, 서로 연결될 때 진정한 힘을 발휘한다.

이 기술 블록들은 혼자 있을 때도 충분히 유용하다. 하지만 이들의 진정한 힘은 서로 연결되고 결합할 때 나타난다. 마치 레고 블록을 하나씩 조립해 자동차나 우주선을 만드는 것처럼, 이 기술들을 융합하면 이전에는 상상할 수 없었던 복잡하고 놀라운 시스템을 구축할 수 있다. 예를 들어, 자율주행 자동차나 스마트 시티는 이런 기술 블록들이 조화롭게 결합된 결과다.

과거의 IT 환경은 각 기술이 분리된 섬처럼 존재하는 경우가 많았다. IT 부서들은 서로 다른 플랫폼 위에서 고립된 채 일했다. 하지만 현대 IT 인프라의 핵심은 이러한 장벽을 허물고 기술들을 하나의 생태계처럼 엮는 것이다. 데이터와 기능이 여러 기술 사이를 마치 물 흐르듯 자유롭게 오갈 때, 비로소 혁신이 시작된다. 이 장에서는 기본 개념은 간략히 짚고, 최신 트렌드와 실제 사례 중심으로 IT 인프라의 흐름과 활용 방식을 살펴본다.

1. 클라우드 컴퓨팅

과거 기업은 IT 서비스를 위해 서버를 직접 구매하고 데이터 센터를 운영해야 했다. 이는 내 집을 마련하는 것과 같아, 완벽한 통제권을 가지지만 초기 비용과 유지보수 부담이 크다. 이런 방식을 온프레미스라고 부른다.

클라우드 컴퓨팅은 IT 자원을 필요할 때 빌려 쓰는 개념으로, 호텔에 머무르는 것과 비슷하다. 기업은 서버를 구매하지 않고, 클라우드 제공업체에 비용을 지불하며 원하는 만큼 자원을 이용할 수 있다. 이를 통해 유연성과 확장성을 확보하고, 비용 구조도 '자본 지출(CAPEX, Capital Expenditures)'에서 '운영 지출(OPEX, Operational Expenditures)'로 전환된다. 스타트업은 초기 투자 없이 고급 IT 인프라를 활용할 수 있고, 대기업은 실제 사용량에 맞춰 비용을 최적화할 수 있다. 결국 클라우드는 IT를 전기나 수도처럼 필요할 때마다 사용하는 유틸리티 서비스로 만들었고, 이는 기업이 더 빠르게 혁신하고 시장에 진입할 수 있는 원동력이 되었다.

클라우드는 크게 세 가지 유형으로 나눌 수 있다. 어떤 종류의 숙소를 선택할지 결정하는 것과 비슷하다.

● 퍼블릭 클라우드

여러 사용자가 함께 쓰는 거대한 호텔과 같다. 아마존 웹 서비스, 구글 클라우드, 마이크로소프트 애저 같은 사업자가 인프라를 소유 · 관리하고, 우리는 인터넷을 통해 필요한 자원을 빌려 쓴다. 비용이 저렴하고 확장성이 뛰어나지만, 시설이 표준화되어 있어 구조 변경이 어렵고 통제권이 제한된다.

● 프라이빗 클라우드

혼자 사용하는 선원수택과 같다. 모든 자원을 한 기업이 독점적으로 사용하며, 자체 데이터 센터에 구축하거나 전문 업체에 위탁할 수 있다. 보안과 통제 수준이 높아 금융 · 의료 등 민감한 정보를 다루는 기관이 선호하지만, 구축과 운영 비용이 높다.

● 하이브리드 클라우드

오늘날 가장 일반적인 방식으로, 전원주택에 살며 필요할 때만 호텔의 편의시설을 이용하는 것과 같다. 핵심 데이터와 주요 업무는 프라이빗 클라우드에 두고, 이벤트나 AI 분석처럼 일시적으로 많은 자원이 필요할 때 퍼블릭 클라우드를 함께 활용한다. 프라이빗의 통제력과 퍼블릭의 유연성을 동시에 확보하는 전략이다.

하이브리드 모델은 단순한 절충이 아니라, 기존 온프레미스 시스템을 유지하면서도 클라우드 혁신에 발맞추기 위한 현실적 선택이다. 기업은 이를 통해 보안과 규제를 지키면서 비용을 최적화하고, 각자의 속도에 맞춰 점진적으로 현대화할 수 있다. 결국 하이브리드 클라우드는 혁신과 안정, 유연성과 비용 절감을 모두 아우르는 가장 균형 잡힌 인프라 전략이라 할 수 있다.

▼ 현실적 선택을 위한 비교

특징	온프레미스 (내 집 마련)	퍼블릭 클라우드 (호텔/아파트 렌트)	하이브리드 클라우드 (집+호텔 서비스 이용)
통제권 (Control)	하드웨어, 데이터, 보안에 대한 완벽한 통제	제공업체가 관리하며 통제권이 제한됨	균형 잡힌 통제. 프라이빗 영역은 직접 통제
비용(Cost)	높은 초기 투자 비용(CAPEX)	사용한 만큼 지불하는 운영 비용 (OPEX)	투자와 운영 비용이 혼합됨(Mixed)
확장성 (Scalability)	새 하드웨어 구매가 필요해 어렵고 느림	필요에 따라 즉시 확장 및 축소 가능	필요시 퍼블릭 클라우드를 활용해 유연하게 확장
유지보수 (Maintenance)	기업이 전적으로 책임짐	클라우드 제공업체가 책임짐	프라이빗은 기업, 퍼블릭은 제공업체가 책임
적합한 경우 (Best For)	엄격한 보안/규제가 필요한 안정적인 업무	스타트업, 변동성이 큰 업무, 빠른 성장	통제와 유연성의 균형이 필요한 대부분의 현대 기업

2. 빅데이터와 인공지능(AI)

● 빅데이터

빅데이터(Big Data)는 단순히 '양이 많은 데이터'만을 의미하지 않는다. 빅데이터를 제대로 이해하려면 세 가지 특징인 3V를 알아야 한다. 이를 거대한 도서관에 비유해 보자.

- **양(Volume)**: 빅데이터 도서관은 전 세계의 모든 책을 모아놓은 것처럼 그 규모가 어마어마하다. 수십, 수백만 권을 넘어 페타바이트(Petabyte), 엑사바이트(Exabyte) 단위의 책(데이터)이 쌓여있다.
- **속도(Velocity)**: 이 도서관에는 매 순간 새로운 책과 정보가 쏟아져 들어온다. 소셜 미디어의 실시간 게시물, 스마트폰에서 생성되는 위치 정보, 공장 센서가 보내오는 데이터처럼 정보가 끊임없이, 그리고 매우 빠른 속도로 생성되고 축적된다.
- **다양성(Variety)**: 도서관에는 잘 정리된 책만 있는 것이 아니다. 잡지, 동영상, 음성 녹음 파일, 누군가 낙서한 메모까지 온갖 형태의 정보가 뒤섞여 있다. 정형화된 데이터(엑셀 표처럼 구조가 명확한 데이터)뿐만 아니라, 사진, 동영상, 텍스트, 음성 등 비정형 데이터까지 모두 포함한다.

이처럼 엄청난 양의 정보가, 매우 빠른 속도로, 다양한 형태로 쌓이는 것이 바로 빅데이터다. 진짜 과제는 이 혼란스럽고 방대한 정보의 바다에서 의미 있는 가치를 찾아내는 것이다.

● 인공지능 AI

만약 빅데이터가 거대한 도서관이라면, AI는 그곳에서 일하는 천재 사서와 같다. 아무리 뛰어난 사람이라도 이 도서관의 모든 책을 읽고 그 내용을 파악하는 것은 불가능하다. 하지만 AI 사서는 거의 즉시 모든 정보를 훑어보고, 여러 책에 흩어져 있는 지식을 연결해 숨겨진 패턴을 찾아내고, 미래를 예측하는 통찰력을 제공한다. AI는 로켓, 데이터는 그 로켓을 쏘아 올리는 연료라고 비유하면, 연료(데이터)가 없으면 로켓(AI)은 아무것도 할 수 없다.

예를 들어, 넷플릭스가 다음에 볼 영화를 추천해주는 원리도 AI 덕분이다. 넷플릭스의 AI는 전 세계 수억 명의 시청 기록이라는 빅데이터를 학습한다. 그리고 'A 영화를 재미있게 본 사람들은 B 영화도 좋아하더라'라는 패턴을 발견해 우리에게 B 영화를 추천해준다. 은행이 금융사기 거래를 잡아내는 것도 마찬가지다. AI는 수많은 정상 거래 데이터와 사기 거래 데이터를 학습한 뒤, 평소와 다른 이상한 패턴의 거래가 발생하면 즉시 경고를 보낸다. 이처럼 AI는 빅데이터라는 원석을 가공해 지혜라는 보석으로 만드는 핵심 기술이다.

AI와 빅데이터는 단순히 한쪽이 다른 쪽을 돕는 관계가 아니다. 이 둘은 서로를 성장시키는 공생 관계이자, 끊임없이 순환하는 관계에 있다. 더 많고 좋은 데이터가 AI를 더 똑똑하게 만들고, 더 똑똑해진 AI는 우리가 더 가치 있는 데이터를 찾아내거나 생성하도록 돕는다. 예를 들어, AI가 고객 데이터를 분석해 더 나은 상품을 추천하면, 고객들은 더 많이 참여하고 이는 다시 새로운 데이터를 만들어낸다. 이 데이터는 AI 모델을 더욱 정교하게 만드는 데 사용된다. 이러한 **'선순환 구조(Virtuous Cycle)'**는 현대 기술 발전이 폭발적으로 가속화되는 핵심적인 이유다.

3. 사물인터넷(IoT)과 엣지 컴퓨팅

● 사물인터넷

사물인터넷(IoT)은 물리적인 현실 세계와 디지털 가상 세계를 연결하는 다리다. IoT를 우리 몸에 비유하면, 온몸에 퍼져있는 신경망과 같다. 인터넷이라는 '뇌'에 눈, 코, 귀, 피부 같은 감각 기관을 달아주는 기술이라고 할 수 있다.

지금까지 인터넷은 주로 사람과 사람이 연결되는 공간이었지만 IoT 시대에는 우리 주변의 모든 사물이 인터넷에 연결된다. 집 안의 온도 조절기, 도로를 달리는 자동차, 공장의 기계, 우리가 손목에 차는 스마트워치까지, 모든 사물에 작은 센서가 부착된다. 이 센서들은 각자의 위치에서 온도, 속도, 진동, 심박수 등 현실 세계의 데이터를 끊임없이 수집한다. 그리고 이 감각 정보를 네트워크를 통해 서로 주고받으며, 현실 세계를 디지털 데이터로 복제해낸다. 이렇게 모든 사물이 '스마트'해지고 서로 대화하면서, 우리는 이전에는 알 수 없었던 세상의 구석구석을 실시간으로 파악할 수 있게 된다.

● 엣지 컴퓨팅

IoT 기술이 확산되면서 새로운 문제가 생겼다. 수십, 수백억 개의 IoT 기기가 쏟아내는 엄청난 양의 데이터를 모두 중앙 데이터 센터, 즉 클라우드(뇌)로 보내 처리하는 것은 비효율적이었다. 데이터 전송에 시간이 너무 오래 걸리고, 인터넷 통신망이 꽉 막혀버리기 때문이다. 이 문제를 해결하기 위해 등장한 기술이 바로 '엣지 컴퓨팅(Edge Computing)'이다.

엣지 컴퓨팅은 우리 몸의 '반사 신경'과 같다. 우리가 뜨거운 난로에 손을 댔을 때를 생각해 보자. '앗, 뜨거워!'라는 감각 신호가 뇌까지 전달되고, 뇌가 판단해서 '손을 떼라'는 명령을 내릴 때까지 기다리지 않는다. 그 전에 척수에서 즉각적인 반사 반응이 일어나 우리는 순식간에 손을 뗀다. 엣지 컴퓨팅이 바로 이 역할을 한다.

데이터가 발생한 가장자리(Edge), 즉 IoT 기기 바로 근처에서 데이터를 즉시 처리하는 방식이다. 예를 들어, 자율주행 자동차는 도로 위 돌발 상황에 0.1초 안에 반응해야 한다. 센서가 수집한 데이터를 멀리 떨어진 클라우드(뇌)로 보내고 답을 기다릴 여유가 없다. 자동차 안에 탑재된 작은 고성능 컴퓨터(엣지 디바이스)가 즉시 상황을 판단하고 브레이크를 밟아야 한다. 이는 마치 피자 배달과도 같다. 중앙 주방(클라우드)에서 멀리 떨어진 고객에게 피자를 배달하면 식어버린다. 동네 곳곳에 작은 지점(엣지)을 두어야 따끈한 피자를 빠르게 배달할 수 있는 것과 같은 원리다.

엣지 컴퓨팅의 등장은 IT 인프라의 흐름에 중요한 변화를 시사한다. 클라우드 컴퓨팅이 모든 컴퓨팅 자원을 거대한 중앙 데이터 센터로 모으는 **중앙 집중화**의 흐름이었다면, 엣지 컴퓨팅은 다시 컴퓨팅 자원을 현장으로 분산시키는 **분산화**의 흐름이다. 이는 기술의 논리뿐만 아니라, 빛의 속도나 네트워크 대역폭 같은 현실 세계의 물리적 제약을 인정한 결과다. 진정으로 똑똑하고 빠르게 반응하는 세상을 만들기 위해서는, 모든 지능이 중앙(뇌)에만 집중될 수 없다. 우리 몸처럼 중앙 처리(뇌)와 현장의 즉각적인 반사 신경(척수)이 조화를 이뤄야 한다. 이는 IT 인프라가 디지털 세계를 넘어 물리적 세계와 실시간으로 상호작용하기 위해 한 단계 더 성숙해지고 있음을 보여준다.

4. 융합 사례: 스마트 팩토리

지금까지 살펴본 기술 블록들이 어떻게 하나의 멋진 협주곡을 만들어내는지, '스마트 팩토리'를 통해 살펴보자.

공장 내의 기계, 컨베이어 벨트, 로봇 팔에는 수천 개의 IoT 센서가 부착되어 있다. 이 센서들은 온도, 진동, 속도, 생산량 등을 실시간으로 측정하며 방대한 데이터를 생성한다. 어느 날, 한 기계에서 미세한 이상 진동이 감지된다. 이 데이터는 멀리 클라우드로 가지 않고, 공장 내의 엣지 컴퓨팅 장치에서 즉시 분석된다. 엣지는 이를 고장 전조로 판단하고, 관리자에게 경고를 보낸 뒤 자동으로 기계 가동을 멈춰 큰 사고를 예방한다. 즉각적인 판단이 필요한 일은 이처럼 현장에서 처리된다.

한편, 공장 전체의 방대한 센서 데이터는 장기 분석을 위해 클라우드로 전송된다. 이 데이터는 곧 공장만의 소중한 빅데이터 자산이 된다. 클라우드의 AI 모델은 이를 학습해, 과거 고장 사례에서 나타난 미세한 패턴을 찾아내고, "A 기계는 3일 뒤, B 기계는 다음 주 점검 필요"와 같은 예지 정비(Predictive Maintenance) 일정을 제시한다.

결국 이 스마트 팩토리는 기계 고장을 미리 예측하고, 생산 중단을 최소화하며, 안전하고 효율적인 환경을 구축한다. 이러한 성과는 IoT, 엣지 컴퓨팅, 빅데이터, 클라우드, AI가 각자의 역할을 수행하며 완벽한 조화를 이루었기 때문에 가능하다.

5. 기술의 기반: 보안

지금까지 이야기한 모든 기술은 보안이라는 튼튼한 토대 위에서만 의미가 있다. 아무리 좋은 집이라도 문이 허술하면 안심할 수 없는 것처럼, 정보 보안의 기본 원칙인 CIA 트라이어드(CIA Triad)는 기밀성, 무결성, 가용성을 뜻한다. 이를 개인의 일기장 관리에 비유해 보자.

- **기밀성(Confidentiality)**: 내 일기장은 나만 볼 수 있어야 한다. 허락되지 않은 접근을 막기 위해 비밀번호, 데이터 암호화, 접근 통제 같은 기술이 사용된다.
- **무결성(Integrity)**: 누군가 일기 내용이 몰래 수정하거나 지우면 안 된다. 데이터가 변조되지 않았는지 확인하기 위해 디지털 서명이나 해시 함수가 활용된다.
- **가용성(Availability)**: 내가 일기를 쓰고 싶거나 읽고 싶을 때, 언제든 일기를 읽고 쓸 수 있어야 한다. 이를 위해 시스템 장애나 DDoS 공격으로부터 서비스를 안정적으로 유지해야 한다.

이 세 가지는 서로 충돌할 수 있다. 예를 들어, 인증 절차를 강화하면 보안은 높아지지만 가용성은 떨어진다. 따라서 훌륭한 보안이란 모든 요소를 극대화하는 것이 아니라, 상황과 비즈니스 목표에 맞는 균형점을 찾는 것이다. 보안은 단순한 기술 문제가 아니라, '무엇을 보호할 것인가?', '어떤 불편이나 비용을 감수할 것인가?'를 결정하는 전략적 선택이자 지속적인 균형 잡기 과정이다.

참고 가이드 **인공지능 보안 안내서(2025.12)**

AI 기술을 도입할 때 발생할 수 있는 보안 위협(데이터 오염, 모델 도용 등)과 이를 방어하기 위한 설계 원칙을 파악하는 데 필수적인 자료입니다.

1.3 요구사항은 어떻게 정의해야 하는가?

IT 인프라를 구축하는 과정은 집을 짓는 것과 비슷하다. 어떤 집을 원하는지 구체적인 설계도 없이 공사를 시작할 수는 없다. 설계도에는 방의 개수나 창문의 위치처럼 '무엇을 만들 것인가'에 대한 내용이 담겨있으며, 동시에 지진에 얼마나 견디고 단열이 얼마나 잘 되야 하는지 같은 '어떻게 만들 것인가'의 기준도 포함된다. IT 인프라의 요구사항도 이와 같다. 시스템이 '무엇을 해야 하는지'와 '어떻게 작동해야 하는지'를 정의하는 설계도가 바로 '요구사항'이다.

1. 요구사항의 이해

요구사항은 시스템이 사용자의 필요를 충족하기 위해 반드시 갖춰야 할 조건이나 능력을 문서화한 것이다. 요구사항이 불명확하면, 완성된 시스템은 기대와 다른 결과를 낳거나 불안정하게 동작할 수 있다. 따라서 IT 인프라 구축의 첫 단계는 명확한 요구사항 정의이며, 이는 프로젝트의 성패를 결정짓는 핵심 과정으로 가장 중요한 첫걸음이다. 요구사항은 크게 두 가지로 나뉜다. 바로 기능 요구사항과 비기능 요구사항이다. 이 둘의 차이는 간단하다.

- **기능 요구사항**(Functional Requirements): 시스템이 '무엇을' 하는지에 대한 정의다. 예를 들어, 온라인 쇼핑몰은 '구매하기 버튼'이 있어야 하고, 은행 앱은 '계좌 이체' 기능이 있어야 한다. 이는 시스템의 핵심적인 행동이나 기능을 명시한다.
- **비기능 요구사항**(Non-Functional Requirements): 시스템이 특정 기능을 '어떻게' 수행하는지에 대한 기준이다. 즉, 시스템의 품질을 결정한다. 예를 들어, '구매하기 버튼'은 1초 안에 반응해야 하고, '계좌 이체' 기능은 1만 명이 동시에 사용해도 끊기지 않아야 한다. 이는 성능, 보안, 안정성 등을 다룬다.

2. 기능 요구사항(What)

기능 요구사항(Functional Requirements)은 시스템이 사용자에게 제공해야 할 본질적인 서비스나 기능을 말한다. 사용자가 시스템을 통해 특정 목표를 달성할 수 있도록 만드는 구체적인 행동들이다. 만약 기능 요구사항 중 하나라도 충족되지 않으면, 시스템은 제 역할을 하지 못하는 것과 같다. 이 요구사항들은 보통 '시스템은 ~을 할 수 있어야 한다' 와 같은 형태로 표현된다. 우리가 일상에서 사용하는 서비스들을 통해 기능 요구사항의 예를 쉽게 찾아볼 수 있다.

❶ 사용자 인증

대부분의 온라인 서비스는 사용자를 식별하고 보호하기 위한 인증 기능을 갖추고 있다.

- 사용자는 아이디와 비밀번호로 회원가입을 할 수 있어야 한다.
- 사용자는 로그인과 로그아웃을 할 수 있어야 한다.
- 사용자는 비밀번호를 잊었을 때 찾을 수 있어야 한다.

❷ 데이터 처리

사용자가 정보를 다룰 수 있게 하는 기능은 모든 서비스의 기본이다.

- 은행 앱 사용자는 자신의 거래 내역을 기간별로 조회할 수 있어야 한다.
- 사용자는 자신의 프로필 정보(연락처, 주소 등)를 수정하고 저장할 수 있어야 한다.
- 쇼핑몰 관리자는 새로운 상품 정보를 등록하고 삭제할 수 있어야 한다.

❸ 알림 기능

사용자와의 상호작용을 높이는 기능도 중요한 기능 요구사항이다.

- 소셜 미디어 플랫폼은 새로운 메시지가 도착하면 사용자에게 푸시 알림을 보내야 한다.
- 이메일 서비스는 새로운 메일이 수신되면 사용자에게 알려야 한다.

3. 비기능 요구사항(How)

비기능 요구사항(Non-Functional Requirements)은 시스템의 기능 자체를 바꾸지는 않지만, 그 기능이 얼마나 효과적으로, 안정적으로, 안전하게 작동하는지를 결정한다. 이는 시스템의 품질과 사용자 경험에 직접적인 영향을 미친다. 같은 '집'이라는 기능을 수행하더라도, 판잣집과 철근 콘크리트 요새는 품질 면에서 완전히 다르다. 비기능 요구사항이 바로 이 품질을 결정하는 기준이다.

● 성능: 얼마나 빠르고 효율적인가?

성능(Performance)은 사용자가 시스템을 얼마나 쾌적하게 느끼는지를 결정하는 핵심 요소다.

❶ 응답 시간(Response Time)

사용자가 어떤 요청을 보냈을 때 시스템이 반응하는 데 걸리는 시간이다. 예를 들어, '검색 결과는 반드시 2초 이내에 화면에 표시되어야 한다'와 같이 구체적인 수치로 정의된다.

❷ 처리량(Throughput)

시스템이 일정 시간 동안 처리할 수 있는 작업의 양을 의미한다. 예를 들어, '결제 시스템은 초당 500건의 거래를 처리할 수 있어야 한다'와 같이 정의한다. 이는 대규모 사용자가 몰리는 상황에서도 서비스가 안정적으로 유지되도록 보장한다.

● 가용성: 얼마나 안정적으로 계속 작동하는가?

가용성은 시스템이 장애 없이 얼마나 오랫동안 정상적으로 서비스를 제공할 수 있는지를 나타내는 척도다.

❶ 가동 시간(Uptime)과 장애 허용 시간(Downtime)

가용성은 보통 퍼센트(%)로 표현된다. 예를 들어, 99.999% 가용성은 파이브 나인(five-nines)이라 불리며, 1년 동안 시스템의 장애 시간이 약 5분 이내여야 함을 의미한다. 은행이나 병원처럼 중단 없는 서비스가 필수적인 시스템에서 매우 중요한 요구사항이다.

❷ 재해 복구(Disaster Recovery)

화재, 지진, 대규모 정전이나 심각한 사이버 공격 같은 재난 상황이 발생했을 때 서비스를 신속하게 복구할 수 있는 능력이다. 이를 위해 데이터를 다른 지역에 백업해두거나, 비상시 가동할 수 있는 예비 시스템을 구축하는 등의 계획이 필요하다.

● 확장성: 사용자가 늘어나도 감당할 수 있는가?

확장성(Scalability)은 서비스의 사용자가 급격히 증가하더라도 시스템이 성능 저하 없이 안정적으로 서비스를 제공할 수 있는 능력을 말한다.

❶ 수직 확장(Scale-up)

기존 서버의 성능 자체를 높이는 방식이다. 예를 들어, 서버의 중앙처리장치(CPU, Central Processing Unit)나 메모리(RAM, Random Access Memory)를 더 좋은 부품으로 교체하는 것이다. 작은 자동차의 엔진을 강력한 8기통 엔진으로 바꾸는 것에 비유할 수 있다.

❷ 수평 확장(Scale-out)

기존 서버와 비슷한 사양의 서버를 여러 대 추가하여 작업량을 분산시키는 방식이다. 한 대의 대형 트럭 대신 여러 대의 작은 밴으로 짐을 나누어 운송하는 것과 같다. 현대적인 클라우드 환경에서 널리 사용되는 방식이다.

● 보안성: 얼마나 안전하게 지켜주는가?

보안성(Security)은 허가되지 않은 접근이나 공격으로부터 시스템과 데이터를 보호하는 능력이다. 오늘날 보안은 선택이 아닌 필수적인 비기능 요구사항이다.

❶ 접근 통제(Access Control)

인가된 사용자만이 특정 데이터나 기능에 접근할 수 있도록 제한하는 것이다. 예를 들어, 일반 사용자는 다른 사용자의 개인정보를 볼 수 없도록 막고, 시스템 관리자만 해당 정보에 접근할 수 있도록 권한을 분리하는 것을 의미한다.

❷ 데이터 암호화(Data Encryption)

주민등록번호나 비밀번호 같은 민감한 데이터를 암호로 바꾸어 저장하고 전송하는 기술이다. 만약 데이터가 유출되더라도 암호화되어 있다면 해독하기 어렵기 때문에 안전하게 보호할 수 있다.

❸ 접속 기록 관리(Access Logging)

누가, 언제, 어디서 시스템에 접속해서 어떤 작업을 수행했는지 상세한 기록을 남기는 것이다. 이 기록은 보안 사고가 발생했을 때 원인을 분석하고 추적하는 데 결정적인 역할을 한다.

● 규제 준수: 법과 규정을 잘 지키는가?

과거에는 비기능 요구사항이 주로 기술적인 품질에 집중되었지만, 현대 IT 인프라에서 가장 중요하고 까다로운 요구사항은 바로 법규 준수(Compliance)다. 특히 개인정보보호와 관련된 규제는 시스템 설계 자체를 좌우하는 핵심 요소가 되었다. 이를 지키지 못하면 단순히 서비스 품질이 떨어지는 것을 넘어, 기업의 존립을 위협하는 막대한 법적, 재정적 책임을 져야 한다.

❶ 글로벌 표준: 유럽 개인정보보호법(GDPR)

2018년에 시행한 유럽연합의 개인정보보호법(General Data Protection Regulation)은 전 세계 개인정보보호 규제의 표준이 되었다. 이 법은 유럽 시민의 개인정보를 처리하는 전 세계 모든 기업에 적용된다. 즉, 한국 기업이 유럽 고객에게 서비스를 제공한다면 반드시 **GDPR의 7대 원칙**을 준수해야 한다.

❶ **적법성, 공정성, 투명성**: 법적 근거를 가지고 데이터를 수집해야 하며, 데이터 사용 방식을 투명하게 공개해야 한다.
❷ **목적 제한**: 명확한 목적을 위해 수집된 데이터는 그 목적 외에는 사용해서는 안 됩니다.
❸ **데이터 최소화**: 정해진 목적을 달성하는 데 필요한 최소한의 데이터만 수집해야 한다.
❹ **정확성**: 개인정보는 정확하고 최신 상태로 유지되어야 한다.
❺ **저장 기간 제한**: 데이터는 목적 달성에 필요한 기간까지만 보관하고, 그 기간이 지나면 파기해야 한다.
❻ **무결성 및 기밀성**: 데이터를 안전하게 보호하여 유출이나 훼손을 막아야 한다. 즉, 철저한 보안 조치를 의미한다.
❼ **책임성**: 데이터를 처리하는 기업은 위 모든 원칙을 준수하고 있음을 스스로 입증할 책임이 있다.

알아두세요 **규정 위반 시의 막대한 과징금 사례**

GDPR 위반에 대한 처벌은 매우 강력하다. 전 세계 연간 매출액의 최대 4% 또는 2,000만 유로(약 300억 원) 중 더 높은 금액을 과징금으로 부과할 수 있다. 이는 기업에 치명적인 타격을 줄 수 있다.

▼ 과징금 사례

기업	연도	위반 내용	과징금 규모
메타 (Meta)	2023	유럽 사용자 데이터를 미국으로 불법 이전	약 12억 유로 (약 1조 7,000억 원)
아마존 (Amazon)	2021	동의 없이 맞춤형 광고에 개인정보 사용	7억 4,600만 유로 (약 1조 원)
틱톡 (TikTok)	2023	13세 미만 아동의 개인정보를 부적절하게 처리	3억 4,500만 유로 (약 4,800억 원)

이러한 사례들은 규제 준수라는 비기능 요구사항이 더이상 부가적인 요소가 아니라, IT 인프라 설계의 가장 핵심적인 전제 조건이 되었음을 보여준다.

❷ 국내 규정: 대한민국 개인정보보호법(PIPA)

대한민국의 개인정보보호법(Personal Information Protection Act)은 GDPR에 버금가는 강력

하고 포괄적인 개인정보보호 법률이다. 국내에서 활동하는 모든 기업과 기관은 이 법을 반드시 준수해야한다.

- **개인정보의 정의와 범위**: PIPA에서 개인정보는 '살아 있는 개인에 관한 정보'를 의미한다. 이름, 주민등록번호처럼 개인을 직접 식별할 수 있는 정보뿐 아니라, 다른 정보와 결합해 개인을 알아볼 수 있는 정보도 모두 포함된다. 또한 '가명정보' 개념을 도입해 통계, 연구 등 공익 목적 활용이 가능하도록 했다.
- **기술적 · 관리적 보호조치 기준**: PIPA는 개인정보의 안전성 확보를 위한 구체적인 조치 기준을 제시한다. 이는 기업의 정보보호 체계와 IT 시스템이 반드시 충족해야 하는 기본 요건이다.

> ❶ **내부관리계획 수립**: 개인정보보호 책임자를 지정하고, 정보 처리 단계별로 지켜야 할 내부 규정을 만들어 시행해야 한다.
> ❷ **접근 통제**: 개인정보 처리 시스템 접근 권한은 최소화해야 하며, 외부 접속 시 VPN 등 안전한 네트워크를 사용해야 한다.
> ❸ **개인정보의 암호화**: 주민등록번호, 비밀번호, 생체정보 등 고유식별정보와 민감정보는 반드시 암호화하여 저장 · 전송해야 한다.
> ❹ **접속기록 보관 및 점검**: 개인정보 취급자의 접속 기록을 최소 1년 이상(특정 경우 2년 이상) 보관하고, 월 1회 이상 점검해 부정 사용 여부를 확인해야 한다.
> ❺ **악성프로그램 방지**: 바이러스 백신 등 보안 프로그램을 설치하고 주기적으로 업데이트해야 한다.
> ❻ **물리적 접근 방지**: 전산실 · 자료보관실 등 개인정보 보관 장소는 출입 제한 및 관리 절차를 갖추어야 한다.

● 데이터 주권: 데이터는 어느 나라 법을 따르는가?

인터넷으로 전 세계가 연결되면서 데이터는 쉽게 국경을 넘나든다. 이때 '이 데이터는 어느 나라의 법을 따라야 하는가?'라는 중요한 문제가 발생한다. 데이터 주권은 데이터가 생성되거나 수집된 국가의 법률과 규제를 따라야 한다는 원칙이다. 이는 IT 인프라의 물리적 위치를 결정하는 매우 중요한 비기능 요구사항이다.

- 주요 개념
  - ❶ **데이터 주권(Data Sovereignty)**: 데이터에 대한 법적 관할권을 의미합니다. 예를 들어, 한국 이용자의 데이터는 대한민국 개인정보보호법의 적용을 받는다.
  - ❷ **데이터 상주(Data Residency)**: 데이터가 물리적으로 저장되는 위치를 말한다. 예를 들어, 서울에 있는 데이터센터에 데이터를 저장하는 것이다.
  - ❸ **데이터 지역화(Data Localization)**: 특정 국가의 데이터를 반드시 그 나라 국경 내에 저장하도록 강제하는 보다 엄격한 요구사항이다. 이 경우, 글로벌 기업은 서비스를 제공하려는 각 나라에 데이터센터를 구축해야 할 수도 있다.
- **IT 인프라에 미치는 영향**: 데이터 주권은 기업이 서버와 데이터센터의 위치를 결정하는 핵심 요인이다. 예를 들어, 메타는 유럽 이용자의 데이터를 충분한 보호 조치 없이 미국으로

이전해 GDPR을 위반한 것으로 판단되어 1.7조 원의 과징금을 부과받았다. 따라서 글로벌 서비스를 운영하는 기업은 각국의 데이터 관련 법규를 사전에 검토하고, 그에 맞춰 데이터 저장 위치와 인프라 전략을 세워야 한다.

이처럼 비기능 요구사항, 특히 법규 준수는 이제 IT 인프라의 부가적인 고려사항이 아니다. 그것은 시스템의 설계와 구조, 나아가 기업의 사업 전략 자체를 결정하는 가장 근본적인 요구사항이 되었다. 기능적으로 완벽한 서비스를 만들었더라도, 법규를 준수하지 못하면 한순간에 막대한 손실을 입고 시장에서 퇴출될 수 있다. 따라서 성공적인 IT 인프라는 '무엇을' 할 것인가에 대한 고민과 함께, '어떻게' 법과 규제를 지키며 안전하고 신뢰할 수 있는 서비스를 제공할 것인가에 대한 깊은 고민에서 출발한다.

▼ GDPR와 PIPA 비교

항목	GDPR(유럽 개인정보보호법)	PIPA(대한민국 개인정보보호법)
적용 대상	EU 시민의 개인정보를 처리하는 전 세계 모든 기업 및 기관	대한민국 내에서 개인정보를 처리하는 모든 개인, 기업, 공공기관
개인정보 정의	식별되었거나 식별 가능한 자연인에 관한 모든 정보	살아있는 개인에 관한 정보로, 다른 정보와 쉽게 결합하여 알아볼 수 있는 정보 포함
핵심 원칙	적법성, 공정성, 투명성, 목적 제한, 데이터 최소화, 정확성, 저장 기간 제한, 무결성 및 기밀성, 책임성	정보주체의 동의, 수집 목적의 명확화, 최소 수집, 목적 외 이용 제한, 안전성 확보 등
정보주체 권리	정보 접근권, 정정권, 삭제권(잊힐 권리), 처리 제한권, 데이터 이동권, 반대권 등	열람권, 정정 · 삭제권, 처리정지 요구권, 동의 철회권 등
국외 이전	EU 집행위원회의 '적정성 결정'을 받은 국가나 표준 개인정보보호 조항(SCC) 등 안전장치가 있을 때 가능	정보주체의 별도 동의를 받거나 법률, 조약에 특별한 규정이 있는 경우 가능
과징금/벌금	전 세계 연간 매출의 4% 또는 2,000만 유로 중 높은 금액. 행정적 제재 중심.	위반 행위 관련 매출액의 3% 이하 과징금, 5년 이하 징역 또는 5천만 원 이하 벌금 등 형사처벌 병과 가능

1.4 어디에 구축할 것인가?

1. 인프라 구축 모델의 재정의

오늘날 IT 인프라는 단순한 물리 장비의 집합이 아니라, 조직의 애플리케이션과 데이터를 구축·운영·관리하기 위한 물리적 및 가상 자원의 통합체로 정의된다. 즉, 기업의 경쟁력과 혁신을 뒷받침하는 디지털 비즈니스의 핵심 기반 시설이다. IT 인프라는 일반적으로 다음의 네 가지 구성 요소로 나눌 수 있다.

- **데이터 센터(Data Center)**: IT 인프라를 수용하는 물리적 시설로, 서버·스토리지·네트워킹 장비가 모두 설치된 공간이다. 전원 공급(UPS), 항온항습, 소방, 출입 통제 등 안정적 운영을 위한 환경 설비가 필수적으로 갖춰진다.
- **서버(Servers)**: 데이터를 처리하고 애플리케이션을 실행하는 핵심 장비로, 형태에 따라 랙 마운트 서버, 블레이드 서버 등으로 구분된다. 이러한 발전은 공간 효율성과 컴퓨팅 집적도 향상을 목표로 이루어졌다.
- **스토리지(Storage)**: 조직의 데이터를 저장·관리하는 시스템이다. 대표적으로 블록 스토리지(고정 크기 단위 저장)와 파일 스토리지(계층 구조 저장)가 있다.
- **네트워킹(Networking)**: 모든 구성 요소를 상호 연결해 데이터 흐름을 가능하게 하는 장비와 프로토콜의 집합이다.

이러한 IT 인프라의 개념은 시대의 흐름에 따라 끊임없이 진화해왔다. 1940년대부터 1960년대까지, 방 하나를 차지하던 메인프레임(Mainframe) 중심 구조. 하나의 거대한 컴퓨터에서 하나의 애플리케이션이 실행되는 단일 환경이었다. 1980년대 이후, 마이크로컴퓨터와 서버의 등장으로 분산 환경 확산. 다만 여전히 하나의 서버가 하나의 운영체제나 애플리케이션만을 실행하는 일대일 구조였다.

이 패러다임을 근본적으로 바꾼 기술이 바로 가상화이다. 물리적 하드웨어 자원을 논리적으로 분리해 여러 개의 가상 머신(Virtual Machine)을 실행할 수 있게 되었다. 이로써 소프트웨어는 특정 하드웨어에 종속되지 않게 되었고, IT 인프라는 '물리적 장비의 집합'에서 '동적으로 관리되는 자원의 풀(Pool of Resources)'로 진화했다.

이러한 개념적 전환은 현대 IT 환경의 두 가지 주요 모델인 온프레미스와 클라우드 컴퓨팅의 근간을 형성한다. 특히, 사용자가 특정 물리적 머신이 아닌 자원을 요청하는 클라우드의 서비스형 인프라(Infrastructure-as-a-Service, IaaS) 모델은 가상화라는 기술적 토대 없이는 불가능했다. 따라서 가상화를 이해하는 것은 현대 IT 인프라의 진화 과정, 그리고 온프레미스에서 클라우드로의 전환 구조를 이해하는 핵심 열쇠라 할 수 있다.

2. 온프레미스: 완전한 통제와 소유

온프레미스는 조직이 자체 시설 내에서 IT 인프라를 직접 설치 · 운영하는 전통적 모델이다. 서버, 스토리지, 네트워크, 운영체제, 소프트웨어 라이선스, 보안, 유지보수까지 모두 조직이 직접 관리하고 운영할 IT 전문 인력에 이르기까지 전체 기술 스택(stack)에 대한 소유권과 책임을 진다. 이는 IT 자산에 대한 완전한 통제권을 확보하는 방식이다.

● 온프레미스의 장점

온프레미스는 '소유와 통제' 중심의 모델임을 이해해야 한다.

- **완벽한 통제 및 맞춤화**(Complete Control&Customization): 하드웨어, 소프트웨어, 네트워크, 보안 정책까지 조직 요구사항에 맞게 설계 · 운영이 가능하다. 특정 성능 최적화, 고유 시스템 통합 등 특수 요구사항을 충족할 수 있다.

  [사례] 금융 기관은 자체 암호화 모듈을 적용해야 하는데, 클라우드 환경에서는 제한될 수 있음

- **데이터 주권 및 규제 준수**(Data Sovereignty and Compliance): 민감 데이터가 조직 내부에 존재하여 데이터 상주와 지역화 규정 준수 용이하다.

  [사례] 금융, 의료, 공공 분야 등에서는 법적으로 데이터가 국내 서버에 있어야 하는 경우가 많음

- **직접 통제 가능한 보안**(Enhanced Security): 서버실 접근, 네트워크 정책, 보안 계층을 조직 기준으로 직접 운영한다.

  [사례] 올바른 구성 시, 공격 표면(Attack Surface)을 줄여 보안성을 강화할 수 있음

- **성능 및 지연 시간**(Performance&Latency): 물리적 거리가 가까워 네트워크 지연을 최소화한다.

  [사례] 실시간 처리나 고성능 컴퓨팅(HPC) 환경에서 클라우드보다 빠른 응답 제공

● 온프레미스의 단점

완벽한 통제권은 그에 상응하는 책임과 비용이라는 부담을 동반한다.

- **높은 초기 투자 비용**(High Capital Expenditure, CAPEX): 서버, 스토리지, 네트워크 장비 등 하드웨어 구매, 소프트웨어 라이선스 비용, 데이터 센터 구축 및 설비 투자 등 막대한 초기 자본 투자가 필요하다. 이는 자본이 제한적인 중소기업이나 스타트업에게 큰 진입 장벽이 될 수 있다.
- **확장성의 한계**(Scalability Limitations): 비즈니스 성장에 따라 시스템 확장이 필요할 경우, 새로운 하드웨어를 발주, 구매, 설치, 구성하는 데 수 주에서 수개월이 소요될 수 있다. 수요 예측이 빗나가면 과잉 투자로 인한 자원 낭비가 발생하거나, 반대로 자원 부족으로 비즈니스 기회를 놓칠 위험이 있다. 특히 수요가 감소했을 때 이미 투자된 인프라를 축소하기는 매우 어렵다.
- **유지보수 부담**(Maintenance Overhead): 하드웨어 유지보수, 소프트웨어 업데이트, 패치, 장애 처리 등 모든 운영 및 관리 책임을 조직이 직접 져야 한다. 이를 위해서는 숙련된 IT 전

문 인력을 상시 고용해야 하며, 전력, 냉각, 물리적 보안 등 데이터 센터 시설 관리에도 지속적인 비용과 노력이 투입된다.

이러한 맥락에서 볼 때, 현대 기업의 인프라 전략 수립 과정에서 질문은 '모든 워크로드를 클라우드로 옮길 것인가?'가 아니라 '어떤 워크로드를 온프레미스에 남겨야 하는가?'로 바뀌었다. 온프레미스는 단순 레거시 모델이 아니라, 하이브리드 전략에서 고부가가치 · 고위험 워크로드를 위한 전문화된 솔루션으로 재정의하는 관점의 전환을 의미한다.

3. 클라우드: 유연성과 확장성

클라우드 컴퓨팅(Cloud Computing)은 인터넷을 통해 호스팅된 서비스를 제공하는 IT 인프라 모델이다. 이는 제3의 서비스 제공업체(CSP)가 소유하고 운영하는 원격 데이터 센터 네트워크를 기반으로 하며, 고객은 웹 브라우저나 API를 통해 필요한 컴퓨팅 자원을 접근하고 사용하는 방식이다. 본질적으로 IT 인프라를 소유에서 구독의 개념으로 전환시킨 패러다임이다.

● 클라우드 컴퓨팅의 장점

클라우드 모델은 IT 자원의 관리 책임을 외부 전문 기업에 위탁함으로써 다양한 비즈니스 이점을 제공한다.

- **비용 효율성(Cost Efficiency, OPEX 모델)**: 가장 큰 장점 중 하나는 IT 비용 구조의 전환이다. 막대한 초기 하드웨어 투자 대신, 사용한 만큼만 비용을 지불하는 운영 비용 모델로 전환된다. 이를 통해 기업은 하드웨어 구매, 설치, 유지보수와 관련된 비용과 노력을 제거하고, 많은 워크로드에서 총소유비용(TCO)을 절감할 수 있다.
- **뛰어난 확장성과 탄력성(Improved Scalability&Elasticity)**: 비즈니스 수요 변화에 따라 컴퓨팅 자원을 몇 분 만에 신속하게 확장하거나 축소할 수 있는 능력을 제공한다. 이는 계절적 변동이나 예측 불가능한 트래픽 급증을 겪는 비즈니스에 매우 중요하다. 필요한 만큼만 자원을 사용함으로써 과잉 투자를 방지하고 자원 활용률을 극대화할 수 있다.
- **신속한 배포 및 시장 출시 시간 단축(Faster Deployment)**: 온프레미스 환경에서 새로운 서버를 준비하는 데 수 주에서 수개월이 걸리는 반면, 클라우드에서는 가상 서버와 같은 새로운 서비스를 단 몇 분 만에 프로비저닝할 수 있다. 이는 비즈니스 민첩성을 극적으로 향상시키고, 새로운 서비스나 애플리케이션의 시장 출시 시간을 크게 단축시킨다.
- **강화된 데이터 보안 및 가용성(Enhanced Data Security&Availability)**: AWS, Microsoft Azure, Google Cloud와 같은 주요 클라우드 제공업체들은 보안에 막대한 투자를 한다. 전송 중 및 저장 데이터 암호화, 정기적인 보안 감사, 다중 인증(MFA) 등 강력한 보안 조치를 기본적으로 제공한다. 또한, 지리적으로 분산된 여러 데이터 센터에 인프라를 이중화하여 특정 지역의 장애 발생 시에도 서비스가 중단되지 않는 높은 가용성(24/7 접근)을 보장한다.

● 클라우드 컴퓨팅의 단점

편리함과 유연성을 얻는 대신, 조직은 일부 통제권을 포기하고 새로운 위험 요소를 관리해야 한다.

- **통제권 감소(Reduced Control)**: 조직은 기반 인프라에 대한 물리적, 직접적 통제권을 상실한다. 이는 고도로 맞춤화된 하드웨어나 특수한 보안 구성이 필요한 시스템에 제약이 될 수 있다.
- **잠재적 보안 위험(Potential Security Risks)**: 제공업체가 강력한 보안을 제공하더라도, 제3자 서버에 데이터를 저장하는 것은 새로운 위험 벡터를 발생시킨다. 특히, 클라우드 서비스의 설정 오류는 대규모 데이터 유출의 주요 원인이 될 수 있으므로, 사용자의 책임 있는 보안 관리가 필수적이다.
- **공급업체 종속성(Vendor Lock-in)**: 특정 클라우드 제공업체의 독점적인 서비스나 API에 깊이 의존하게 되면, 다른 제공업체로 애플리케이션과 데이터를 이전하는 것이 기술적으로 복잡하고 비용이 많이 들 수 있다. 이는 단일 공급업체에 대한 종속성을 심화시키는 결과를 낳을 수 있다.
- **비용 예측의 어려움(Unpredictable Costs)**: 사용한 만큼 지불 모델은 매력적이지만, 자원 사용량에 대한 정밀한 모니터링과 통제가 없다면 예상치 못한 과도한 운영 비용이 발생할 수 있다. 클라우드 비용 최적화(FinOps)에 대한 전문성이 요구된다.

결국 성공적인 클라우드 전환은 단순 기술 작업이 아니라, 속도와 자동화, 소비 기반 경제 모델을 포용하는 조직적 · 문화적 혁신 과정이다. 이를 간과하면 전환 실패나 예상보다 높은 비용 발생으로 이어질 수 있다.

4. 하이브리드 클라우드: 균형과 최적화

하이브리드 클라우드(Hybrid Cloud)는 온프레미스 인프라(또는 프라이빗 클라우드)와 하나 이상의 퍼블릭 클라우드 서비스를 결합하고 통합하여 구성한 IT 인프라 모델이다. 이 모델의 핵심은 두 환경 간 데이터와 애플리케이션이 원활하게 이동하고 상호작용할 수 있도록 긴밀하게 연동하는 데 있다. 즉, 각 환경의 장점을 취사선택하여 최적의 IT 운영 환경을 구축하려는 전략적 접근 방식이다.

● 하이브리드 클라우드의 전략적 장점

하이브리드 클라우드는 '하나의 크기가 모든 것에 맞지 않는다(one-size-fits-all)'는 현실을 인정하고, 각 워크로드의 특성에 맞는 최적의 환경을 제공한다.

- **유연성 및 워크로드 최적화(Flexibility and Workload Optimization)**: 조직은 각 애플리케이션의 특성에 따라 가장 적합한 환경에 워크로드를 배치할 수 있다. 예를 들어, 높은 수준의 보안과 통제가 요구되는 핵심 데이터베이스나 민감 정보 처리 시스템은 온프레미스에 유지하고, 대외 서비스와 같이 변동성이 크거나 대규모 컴퓨팅 자원이 일시적으로 필요한 워크로드는 퍼블릭 클라우드의 확장성과 비용 효율성을 활용할 수 있다.

- **규제 준수를 충족하는 확장성**(Compliance-Friendly Scalability): 금융이나 의료 산업과 같이 데이터 주권 및 상주 규정이 엄격한 경우, 민감 데이터는 온프레미스에 안전하게 보관하면서, 데이터 분석이나 머신러닝과 같은 대규모 연산 작업은 퍼블릭 클라우드의 강력한 컴퓨팅 자원을 활용할 수 있다. 이를 통해 규제 준수와 기술 혁신을 동시에 달성할 수 있다.
- **비용 효율성 및 클라우드 버스팅**(Cost-Effectiveness&Cloud Bursting): 평상시에는 온프레미스에서 애플리케이션을 운영하다가, 계절적 이벤트나 마케팅 캠페인 등으로 트래픽이 급증할 때 퍼블릭 클라우드로 워크로드를 임시적으로 확장하는 '클라우드 버스팅(Cloud Bursting)' 모델을 구현할 수 있다. 이를 통해 최대 수요에 맞춰 온프레미스 인프라를 과도하게 증설할 필요가 없어 투자 비용을 최적화할 수 있다.
- **점진적인 현대화 경로**(Phased Migration): 기존 레거시 시스템을 한 번에 클라우드로 이전하는 것은 높은 위험을 수반한다. 하이브리드 클라우드는 애플리케이션을 단계적으로, 점진적으로 클라우드로 마이그레이션할 수 있는 현실적인 경로를 제공한다. 이는 위험을 분산시키고 안정적인 현대화를 가능하게 한다.

알아두세요 **도전 과제 및 고려사항**

하이브리드 클라우드는 강력한 장점을 제공하지만, 그 이면에는 관리의 복잡성이라는 도전 과제가 존재한다.

- **복잡성 증가**(Increased Complexity): 온프레미스와 클라우드 환경 통합 관리, 보안 유지 어려움 → 일관된 정책과 전문 지식 필요
- **네트워킹 및 지연 시간**(Networking and Latency): 두 환경 간 데이터 이동 시 병목/지연 발생 가능 → 네트워크 설계 · 관리 중요
- **공격 표면 확대**(Increased Attack Surface): 연결 지점이 새로운 보안 취약점 → 보안 구성 철저히 관리 필요

● 전략적 의미

초기 IT 시장에서는 온프레미스와 클라우드가 서로를 대체해야 할 경쟁 관계로 인식되었다. 그러나 시간이 지나면서 두 모델 모두 모든 워크로드를 완벽하게 만족시킬 수 없다는 점이 명확해졌다. 퍼블릭 클라우드는 일부 레거시 시스템이나 고도로 규제된 워크로드에 필요한 수준의 통제권을 제공하기 어렵고, 온프레미스는 현대 디지털 애플리케이션이 요구하는 민첩성과 확장성을 따라가기 벅차다.

이러한 현실 속에서 하이브리드 클라우드는 두 모델의 장점을 결합하는 실용적인 대안이자 종합적인 해결책으로 부상했다. 이는 하이브리드 클라우드가 클라우드로 가는 과도기적 단계가 아니라, 대부분의 성숙한 기업에게 있어 **최종 목표 상태**(Destination State)임을 시사한다. 더 나아가, 특정 공급업체 종속을 피하고 각 작업에 최적화된 서비스를 선택하려는 요구가 커지면서, 온프레미스와 함께 여러 퍼블릭 클라우드 제공업체를 활용하는 **하이브리드 멀티클라우드**(Hybrid Multicloud)가 다음 단계의 진화 방향으로 등장하고 있다.

이러한 흐름은 현대 IT 조직에서 필요한 핵심 역량은 특정 플랫폼 전문성에서 이질적이고 분산된 IT 포트폴리오 전체 설계 · 관리 · 거버넌스 능력으로 전환되고 있다. 즉, IT 중심축이 개별 플랫폼 관리에서 워크로드 관리 및 오케스트레이션으로 이동하고 있음을 의미한다.

5. 인프라 선택 프레임워크

IT 인프라 모델을 선택하는 것은 단순한 기술적 결정이 아니라, 비즈니스 전략과 경쟁력에 직접적인 영향을 미치는 중요한 결정이다. 온프레미스, 클라우드, 하이브리드 중 최적 모델을 선택하기 위해서는 다각적 요소를 종합적으로 평가하는 체계적 프레임워크가 필요하다.

● 핵심 의사결정 요소

- **비즈니스 요구사항 및 워크로드 특성**: 각 애플리케이션의 특성과 트래픽 변동성을 우선 분석한다. 트래픽 변동이 큰 서비스는 클라우드의 탄력적 확장이 유리하며, 안정성과 응답 속도가 중요한 시스템은 온프레미스가 적합하다.
- **비용 및 총소유비용 분석(Cost&TCO)**: 초기 비용뿐 아니라 장기 운영 비용까지 포함해 비교한다. 온프레미스는 초기 투자 비용이 크지만 비용 예측이 가능하며, 클라우드는 초기 비용이 낮고 사용량에 따라 비용이 변동된다. 하드웨어, 소프트웨어, 전력, 인력 비용을 종합적으로 고려한다.
- **보안 및 컴플라이언스 요구사항(Security&Compliance)**: 개인정보 보호 및 산업별 규제 요건을 명확히 파악한다. 이러한 규제는 데이터 저장 위치와 처리 방식에 영향을 미치며, 온프레미스나 하이브리드 모델 선택의 핵심 요인이다.
- **확장성 및 미래 성장 계획(Scalability&Future Growth)**: 현재 요구사항과 향후 비즈니스 성장 가능성을 함께 고려한다. 확장 계획이 불확실할수록 자원을 유연하게 조정할 수 있는 클라우드의 가치가 커진다.
- **기존 인프라 및 팀 역량(Existing Infrastructure&Team Skills)**: 현재 IT 환경과 조직의 기술 역량을 현실적으로 평가한다. 클라우드 전환은 새로운 운영 방식과 역량을 요구하며, 충분한 준비 없이 추진할 경우 실패 위험이 커진다.

이러한 요소들을 종합해 각 워크로드에 최적의 인프라 모델을 선택하고, 이를 조합해 전사적 하이브리드 전략을 수립하는 것이 현대 기업 IT의 핵심 과제다. 비교 분석표와 같은 도구를 활용하면, 인프라 모델의 장단점을 한눈에 파악하고 전략적 의사결정을 지원할 수 있다.

▼ IT 인프라 모델 비교 분석

평가 기준	온프레미스	프라이빗 클라우드	퍼블릭 클라우드
비용 모델	높은 초기 투자(CAPEX), 상대적으로 낮은 운영 비용(OPEX)	높은 초기 투자(CAPEX), 중간 수준의 운영 비용(OPEX)	초기 투자 없음(No CAPEX), 사용량 기반 운영 비용(OPEX)
통제 수준	완벽한 통제	높은 통제	제한적 통제(제공업체에 의존)
확장성	낮음(수동적 하드웨어 추가 필요, 수 주~수개월 소요)	중간(가상화 기반으로 상대적으로 용이하나 물리적 한계 존재)	높음(즉각적이고 자동화된 확장 가능)
보안	완전한 책임, 높은 수준의 물리적/논리적 통제	완전한 책임, 높은 수준의 물리적/논리적 통제	공동 책임 모델 (Shared Responsibility Model)
성능	높음, 내부 사용자에게 매우 낮은 지연 시간 제공	높음, 내부 사용자에게 매우 낮은 지연 시간 제공	가변적, 인터넷 네트워크 성능에 의존
유지 보수	모든 책임(하드웨어, 소프트웨어, 시설)	모든 책임(하드웨어, 소프트웨어, 시설)	제공업체 책임(기반 인프라)

1.5 규칙과 규정은 어떻게 준수해야 하는가?

IT 인프라가 기업의 '신체'라면, IT 거버넌스와 컴플라이언스는 그 신체가 올바르게 기능하도록 통제하는 '두뇌'와 '법규'에 해당한다. 두 개념은 밀접하게 연관되어 있으나, 목적과 접근 방식에서 근본적인 차이가 있다. 효과적인 IT 관리와 전략적 운영을 위해서는 이 둘을 명확히 구분하고, 상호보완적으로 통합하는 전략이 필요하다.

1. IT 거버넌스 전략

IT 거버넌스(IT Governance)는 조직의 IT 전략을 비즈니스 목표와 일치시키기 위한 전략적 프레임워크로 정의된다. 단순히 IT 시스템을 효율적으로 운영하는 것을 넘어, IT 투자가 실질적인 비즈니스 가치를 창출하고, 관련 리스크를 관리하며, 한정된 자원을 최적 배분하도록 보장하는 능동적 활동이다. 거버넌스가 답해야 하는 질문은 단순히 '규칙을 잘 따르고 있는가?'가 아니라, '비즈니스 성공을 위해 IT가 올바른 일을 하고 있는가?'이다.

이를 비유하자면, 거버넌스는 GPS와 같다. 목적지를 설정하고 최적 경로를 안내하는 GPS처럼, IT 거버넌스는 조직이 나아가야 할 전략적 방향을 제시한다. 반면, IT 컴플라이언스는 운전 중 지켜야 하는 속도 제한이나 신호등과 같은 교통법규에 해당한다. GPS가 올바른 방향을 안내하지만, 법규를 지키는 것은 운전자가 책임지는 것과 같다.

강력한 IT 거버넌스를 갖춘 기업은 IT를 단순한 비용 센터로 보지 않고 전략적 자산으로 전환할 수 있다. 실제 연구에 따르면, 우수한 거버넌스를 가진 기업은 그렇지 않은 기업보다 평균 20% 이상의 수익성을 달성한다. 이는 거버넌스가 IT 투자의 ROI를 극대화하고, 이해관계자 신뢰를 높이며, 경쟁 우위를 창출한다는 것을 보여준다. 체계적인 IT 거버넌스를 구현하기 위해 전 세계적으로 COBIT과 ITIL과 같은 프레임워크가 활용된다.

- COBIT(Control Objectives for Information and Related Technologies): IT와 비즈니스 목표를 연계하고, 리스크를 관리하며, 컴플라이언스를 보장하기 위한 포괄적인 프레임워크를 제공한다. '무엇을' 해야 하는지에 대한 통제 목표를 제시한다.
- ITIL(Information Technology Infrastructure Library): IT 서비스 관리(ITSM)에 대한 모범 사례 모음집으로, 서비스 제공 및 운영 효율성에 초점을 맞춘다. COBIT이 '무엇을'에 집중한다면, ITIL은 '어떻게' 그것을 효과적으로 관리할 것인지에 대한 구체적인 프로세스를 제시한다.

거버넌스는 운영 효율성과 규제 준수라는 두 가지 목표 달성의 근본 토대가 된다. 예를 들어, '중요 데이터 분류 및 접근 통제 정책'을 수립하면, 기업 지적 재산 보호와 내부 정보 유출 방지를 위한 전략적 목표를 달성할 뿐만 아니라, 자연스럽게 개인정보보호법(PIPA)과 GDPR 등 데이터 프라이버시 법규 요구사항도 충족하게 된다. 따라서 강력한 거버넌스 체계는 지속 가능한 컴플라이언스를 실현하는 가장 효과적인 기반이 된다.

2. IT 컴플라이언스와 법적 의무

IT 컴플라이언스(IT Compliance) 는 조직이 외부의 법률, 규제, 산업 표준을 준수하는 활동을 의미한다. IT 거버넌스가 내부적으로 목표를 설정하고 관리하는 자율적 체계라면, 컴플라이언스는 정부 · 규제 기관 · 산업 협의체 등에 의해 강제되는 외부 의무로, 본질적으로 규정 중심적이고 수동적이다.

그 목적은 리스크 회피에 있다. 즉, 법적 제재나 과징금, 기업 평판 손상을 예방하는 것이다. 실제로 규제를 위반했을 때 발생하는 비용은 일반적인 데이터 유출 사고보다 훨씬 크며, 금전적 손실을 넘어 고객 신뢰와 브랜드 가치 훼손으로 이어진다.

질문은 단순하다. "우리는 정해진 규칙을 따르고 있는가?" 컴플라이언스와 거버넌스는 구분되지만, 서로 긴밀히 연결되어 있다. 탄탄한 거버넌스 체계는 자연스럽게 규제 준수를 이끌어내지만, 반대로 규제 준수만으로는 전략적 성과를 보장하지 않는다. 예를 들어, 의료기관이 HIPAA 규정을 완벽히 준수하더라도 거버넌스가 부실하면 IT 투자가 비효율적이고, 보안 정책은 사후 대응에 머무를 수 있다.

따라서 두 개념의 차이를 명확히 이해하는 것은 IT를 단순한 비용이 아닌 가치 창출의 수단으로 전환하는 데 중요하다. 잘 설계된 거버넌스는 변화하는 규제 환경에 대한 유연한 대응력과 회복 탄력성을 제공하며, 이는 지속 가능한 컴플라이언스의 기반이 된다.

▼ IT 거버넌스와 IT 컴플라이언스의 핵심 차이점

관점	IT 거버넌스	IT 컴플라이언스
목적	IT와 비즈니스 목표 연계, 가치 창출	외부 법규 및 표준 준수
초점	전략적 의사결정, 성과 최적화	구체적, 의무적 요구사항 충족
동인	내부적(비즈니스 전략)	외부적(법률, 규제)
접근 방식	능동적 및 유연함	수동적 및 경직됨
목표	가치 창출, 리스크 최적화	리스크 회피, 처벌 방지
책임 주체	경영진, IT 리더십	법무, 컴플라이언스 책임자, IT 보안

3. 정보 보안 3원칙(CIA Triad)

IT 거버넌스와 컴플라이언스는 조직 차원에서 IT 전략을 관리하고 규제 요구를 준수하도록 하는 전략적 틀을 제공한다. CIA 트라이어드는 이러한 전략적 틀을 실제 운영 수준으로 연결하는 핵심 모델이다. 즉, 거버넌스 정책과 컴플라이언스 요구사항을 실질적 보안 통제로 구현할 때 기준이 되는 세 가지 핵심 원칙을 제시한다.

❶ 기밀성(Confidentiality)

기밀성은 정보에 대한 접근을 인가된 사용자에게만 허용하고, 비인가된 접근과 유출을 방지하는 원칙이다. 민감 데이터, 고객 개인정보, 재무 정보, 연구개발 관련 지적 재산 등이 대표적인 보호 대상이다. 주요 통제 수단으로는 다음과 같다.

- **접근 통제(Access Control)**: 사용자 역할과 필요에 따라 접근 권한을 세분화한다.
- **인증(Authentication)**: 다중 인증(MFA) 등 강력한 사용자 인증 절차를 통해 신원을 확인한다.
- **암호화(Encryption)**: 저장 데이터(at rest)와 전송 데이터(in transit)를 암호화하여, 탈취되더라도 내용을 확인할 수 없도록 한다.

❷ 무결성(Integrity)

무결성은 데이터가 저장, 전송되는 과정에서 위변조나 삭제 없이 정확성과 신뢰성을 유지하도록 보장하는 원칙이다. 주요 통제 수단으로는 다음과 같다.

- **해시 및 체크섬(Hashes&Checksums)**: 데이터 변경 여부를 검증하기 위해 디지털 지문을 생성한다.
- **버전 관리(Version Control)**: 변경 이력을 추적하고 필요 시 이전 상태로 복원 가능하도록 한다.
- **디지털 서명(Digital Signatures)**: 데이터의 출처를 증명하고 무결성을 보장한다.
- **접근 로그(Access Logs)**: 모든 접근과 수정 기록을 남겨 추적성을 확보한다.

❸ 가용성(Availability)

가용성은 필요한 정보와 시스템을 언제든 안정적으로 사용할 수 있도록 보장하는 원칙이다. 시스템 장애, 자연재해, 서비스 거부 공격(DoS) 등에도 서비스를 지속할 수 있어야 한다. 주요 통제 수단으로는 다음과 같다.

- **시스템 이중화(System Redundancy)**: 주요 구성 요소를 이중화하여 일부 장애 발생 시 즉시 대체하도록 한다.
- **부하 분산(Load Balancing)**: 트래픽을 여러 서버에 분산하여 특정 서버 과부하를 방지한다.
- **정기적인 백업 및 재해 복구(Backup&Disaster Recovery)**: 데이터를 정기적으로 백업하고, 재해 발생 시 신속히 복구할 수 있는 계획(DRP)을 수립하고 테스트한다.

CIA 트라이어드는 단순히 개념적 원칙에 머무르지 않고, 거버넌스와 컴플라이언스 요구를 실제 보안 통제로 연결하는 다리 역할을 한다. 앞서 언급한 IT 정책과 프레임워크(COBIT, ITIL)에서 설정한 통제 목표가, 실제로는 CIA 트라이어드에 따른 보안 통제를 통해 실현된다.

예를 들어, 개인정보보호법(PIPA)의 암호화 의무는 기밀성을 강화하는 조치이고, 재무 보고 정확성을 요구하는 사베인스-옥슬리법(SOX)은 무결성을 보장하는 통제와 연결된다. 이러한 관점에서 CIA 트라이어드를 이해하면 단순히 체크리스트를 채우는 수동적 대응을 넘어, 왜 이러한 통제가 필요한지를 근본적으로 이해하고 실행할 수 있다. 이는 더 견고하고 효과적인 보안 체계를 구축하는 데 핵심적인 기반이 된다.

4. 주요 컴플라이언스 규정 분석

IT 컴플라이언스는 조직이 속한 산업, 위치, 그리고 취급하는 데이터의 종류에 따라 다양한 규제의 적용을 받는다. 글로벌 비즈니스 환경에서 가장 중요하게 다루어지는 규정들과 함께, 대한민국 내 모든 기업에 핵심적인 개인정보보호법(PIPA)을 심층적으로 분석해보자.

● 글로벌 주요 규정

- PCI DSS(Payment Card Industry Data Security Standard): 신용카드 정보를 처리하거나 저장, 전송하는 모든 조직에 적용되며, 데이터 보호와 금융 사기 방지를 목표로 한다. PCI DSS는 보안 네트워크 유지, 데이터 암호화, 접근 통제, 정기적인 네트워크 모니터링 등 12개 핵심 요구사항으로 구성되어 있다. 이를 준수하지 않을 경우 카드사로부터 과징금 부과나 거래 제한 등 실질적인 제재를 받을 수 있다.
- SOX(Sarbanes-Oxley Act): 2002년 미국에서 제정된 법으로, 재무 보고의 정확성과 신뢰성을 확보하기 위해 IT 일반 통제(ITGC)를 중심으로 내부 통제를 의무화한다. 재무 데이터의 무결성을 보호하는 것이 핵심 목표이며, 이를 위해 시스템 접근 통제, 변경 관리, 데이터 백업 및 복구 절차 등의 검증을 수행한다.
- HIPAA(Health Insurance Portability and Accountability Act): 미국의 의료정보보호법으로, 환자의 민감한 건강 정보를 보호하는 기준을 제시한다. 병원, 보험사뿐 아니라 이들과 협력하여 PHI(Protected Health Information)를 처리하는 모든 기관에 적용되며, 관리적 · 물리적 · 기술적 보호 조치를 통해 기밀성, 무결성, 가용성을 확보하도록 요구한다.

● 국내 핵심 규제 심층 분석: 개인정보보호법

국내 모든 기업에 적용되는 개인정보보호법(PIPA)은 개인정보의 수집, 이용, 제공 등 처리 전 과정에서 정보주체의 권리를 보호하는 것을 목적으로 한다. PIPA는 동의 기반 처리, 최소 수집 원칙, 안전성 확보 조치, 개인정보 유출 통지, 보호책임자 지정 등 구체적인 요구사항을 규정하고 있다. 특히 주민등록번호 등 고유식별정보에 대한 암호화 의무가 명시되어 있으며, 위반 시 수억 원의 과징금이나 최대 5년의 징역형까지 부과될 수 있을 정도로 강력한 처벌 규정을 가진다.

PIPA 준수와 동시에 데이터 활용을 가능하게 하는 기술로 비식별화(De-identification)가 있다. 이는 데이터 일부를 삭제하거나 대체, 범주화하여 특정 개인을 알아볼 수 없도록 처리하는 방법으로, 개인정보를 보호하면서도 통계적 · 분석적 가치를 활용할 수 있게 한다.

▼ 주요 IT 컴플라이언스 규정 요약

규정	대상 산업/데이터 (Target Industry/Data)	주요 초점 영역 (Key Focus Areas)	지리적 범위 (Geographic Scope)
PIPA	한국 국민의 개인 정보를 처리하는 모든 산업	동의, 데이터 보안, 암호화, 침해 통지	대한민국
PCI DSS	금융, 전자상거래	신용카드 데이터 보호	글로벌
SOX	상장 기업	재무 보고의 무결성, 내부 통제	주로 미국
HIPAA	의료	보호 대상 건강 정보(PHI) 보안 및 프라이버시	미국

전 세계적으로 GDPR이나 국내 PIPA와 같은 법률이 보여주는 흐름은, 데이터 프라이버시를 단순한 기술적 보호 대상이 아니라 기본적인 인권 차원에서 법제화하고 있다는 점이다. 이러한 변화는 컴플라이언스를 단순한 기술적 체크리스트의 이행을 넘어, 기업의 핵심적인 비즈니스 윤리 문제로 격상시킨다. 과거 SOX나 PCI DSS와 같은 규제가 주로 금융 거래의 무결성 확보와 사기 방지에 초점을 맞췄다면, PIPA와 같은 최신 프라이버시 법률은 정보주체의 권리(데이터 접근, 수정, 삭제, 통제권)를 중심에 둔다.

이는 기업이 데이터를 바라보는 관점을 근본적으로 바꾸도록 요구한다. 데이터는 이제 단순히 활용 가능한 자산이 아니라, 엄격한 책임 하에 관리해야 하는 '부채(Liability)'의 성격을 동시에 지닌다. 따라서 PIPA 준수는 단순히 과징금을 회피하기 위한 소극적 활동이 아니라, 고객에게 데이터 관리의 신뢰성을 증명하고 브랜드 평판을 보호하는 필수적 활동이다. 개인정보 관리에 소홀한 기업은 법적 제재보다 더 큰, 신뢰 손실과 브랜드 이미지 훼손이라는 치명적 결과를 맞을 수 있다.

결국, 강력한 PIPA 준수 체계는 단순한 규제 대응을 넘어 대한민국 시장에서 기업 신뢰도를 높이는 핵심 경쟁력으로 작용하며, 정보 보호와 비즈니스 가치 창출을 동시에 달성하는 전략적 자산이 된다.

5. IT 감사의 역할

IT 감사(IT Audit)는 조직의 IT 시스템, 프로세스, 그리고 내부 통제가 사전에 정의된 정책과 규정을 효과적으로 준수하고 있는지를 체계적으로 검토하고 평가하는 독립적인 활동이다. 궁극적인 목표는 시스템이 안전하고 효율적으로 운영되며, 법적 규제를 준수하고, 비즈니스 목표 달성에 기여하고 있는지를 객관적으로 검증하는 것이다. 즉, IT 감사는 앞서 논의한 IT 거버넌스 정책이 실제로 이행되고 있는지, IT 컴플라이언스 요구사항이 충족되는지를 확인하는 핵심적인 검증 메커니즘이다.

● IT 감사의 일반적인 프로세스

IT 감사는 일반적으로 다음과 같은 단계적 절차에 따라 수행된다.

❶ **계획 수립(Planning)**: 감사 범위와 목표를 명확히 정의한다. 어떤 시스템과 프로세스를 감사할지, 어떤 규제 요건을 기준으로 평가할지를 결정하고 감사 팀을 구성한다.

❷ **위험 평가(Risk Assessment)**: 감사 대상 영역에서 발생할 수 있는 잠재적 위험과 취약점을 식별하고, 영향도와 발생 가능성을 분석하여 우선순위를 설정한다.

❸ **현장 조사 및 테스트(Fieldwork&Testing)**: 계획된 절차에 따라 증거를 수집한다. 관련 담당자 인터뷰, 정책 및 절차 문서 검토, 시스템 로그 분석, 그리고 실제 통제 활동 테스트 등 기술적 검증이 포함된다.

❹ **분석 및 보고(Analysis&Reporting)**: 수집된 증거를 바탕으로 통제의 효과성을 평가하고, 발견된 미비점이나 규정 위반 사항을 식별한다. 최종적으로 감사 결과를 요약하고, 개선 권고안을 포함한 보고서를 경영진에게 제출한다.

❺ **후속 조치(Follow-Up)**: 감사에서 지적된 문제점이 적절히 개선되고 있는지 지속적으로 추적하고 관리한다.

● 내부 감사와 외부 감사

IT 감사는 수행 주체에 따라 내부 감사와 외부 감사로 나뉜다.

- **내부 감사(Internal Audit)**: 조직 내부의 감사팀이나 담당자에 의해 수행된다. 상시 모니터링을 통해 내부 통제 시스템의 문제점을 조기에 발견하고 프로세스를 개선하며, 외부 감사나 규제 기관 실사에 대비하는 것이 목적이다.
- **외부 감사(External Audit)**: 독립적인 제3자(회계법인, 인증기관 등)가 수행한다. 특정 인증(예 ISO 27001) 획득이나 법적 요구사항(예 SOX 감사) 충족을 위해 객관적 평가를 받는다. 결과는 고객, 투자자, 규제 기관 등 외부 이해관계자에게 조직 신뢰도를 증명하는 중요한 자료가 된다.

IT 감사는 단순히 결함을 찾아내는 과정이 아니다. 이는 조직의 리스크 관리와 지속적인 개선을 위한 전략적 도구다. 거버넌스 체계가 '계획(Plan)'을 수립하고, 일상 운영이 그 계획을 '실행(Do)'한다면, IT 감사는 실행이 계획에 부합하는지를 '점검(Check)'하고, 개선을 유도하는 '조치(Act)'를 담당한다. 즉, 감사는 조직의 PDCA(Plan-Do-Check-Act) 사이클을 완성하는 핵심 피드백 루프다.

감사 과정에서 발견된 통제 미비점이나 프로세스 비효율성은 IT 거버넌스 프레임워크를 재검토하고 개선하는 중요한 입력 자료가 된다. 예를 들어 특정 시스템의 접근 권한 관리가 미흡하다면, 단순히 설정을 변경하는 것으로 끝나는 것이 아니라, 전사적 접근 권한 정책, 책임 소재, 교육 수준까지 검토하여 거버넌스 차원의 근본 개선으로 이어져야 한다.

성숙한 조직은 감사인을 단순한 문제 지적자로 보지 않고, 조직 건강 상태를 진단해주는 파트너로 인식한다. 감사 결과를 컴플라이언스 격차를 메우는 데 그치지 않고, 시스템적 리스크와 프로세스 최적화 기회를 분석하는 통찰로 활용함으로써, 전체 거버넌스 프레임워크를 강화하고 지속적인 발전의 선순환 구조를 만들어 나갈 수 있다.

6. 통합 거버넌스 및 컴플라이언스 전략

현대 IT 환경은 복잡하며, 규제 요구사항은 끊임없이 변화한다. 이러한 환경에서 단편적인 대응에 그치는 것이 아니라, 통합적이고 전략적인 접근이 필수적이다. 성공적인 IT 거버넌스와 컴플라이언스 체계를 구축하기 위해 고려해야 할 핵심 요소는 다음과 같다.

❶ **거버넌스 프레임워크 수립 및 실행:** 모든 전략의 출발점은 체계적인 거버넌스 프레임워크를 선택하고 조직의 상황에 맞게 적용하는 것이다. COBIT, ITIL과 같은 국제적으로 인정된 프레임워크를 도입하면, IT 활동이 비즈니스 목표와 명확히 연계되는 구조를 만들 수 있다. 이를 통해 IT 의사결정의 일관성을 확보하고, 성과를 측정하며, 책임 소재를 명확히 하는 기반을 마련할 수 있다.

❷ **통합적 접근:** 거버넌스와 컴플라이언스의 연계: 컴플라이언스 활동은 거버넌스 프레임워크 내에 자연스럽게 통합되어야 한다. 규제 준수를 단순한 프로젝트나 특정 이벤트로 보는 것이 아니라, 일상 운영 프로세스와 통제 활동에 내재화하는 것이 중요하다. 예를 들어, 새로운 시스템을 개발할 때 설계 단계부터 개인정보보호 요건(Privacy by Design)을 검토하면, 컴플라이언스는 자연스럽게 달성되는 결과물이 된다.

❸ **위험 기반 접근 방식(Risk-Based Approach):** 모든 리스크를 동일하게 다룰 수는 없다. 정기적인 위험 평가를 통해 재무적, 운영적, 평판적 영향을 크게 미칠 수 있는 영역을 식별하고, 해당 영역에 통제와 감사 자원을 집중해야 한다. 이는 한정된 자원을 가장 효과적으로 사용하여 최대의 리스크 경감 효과를 얻는 방법이다.

❹ **자동화 및 지속적인 모니터링 활용:** 기술을 활용해 통제 활동 모니터링과 감사 증적 수집을 자동화해야 한다. GRC(Governance, Risk, Compliance) 솔루션이나 SIEM(Security Information and Event Management) 시스템을 도입하면, 수동 작업 부담을 줄이고 정확성을 높일 수 있다. 또한 특정 시점 점검 중심에서 벗어나 상시 모니터링 체계로 전환하면, 위협을 조기에 탐지하고 신속하게 대응할 수 있다.

❺ **조직 문화로서의 컴플라이언스 정착:** 컴플라이언스는 IT 부서나 법무팀만의 책임이 아니다. 모든 임직원이 보안 정책과 데이터 프라이버시 법규의 중요성을 인식하고 준수하도록 지속적인 교육과 캠페인을 실시해야 한다. 특히 경영진의 강력한 의지와 지원은 조직 전체에 컴플라이언스 문화를 확산시키는 데 결정적 역할을 한다.

❻ **정기적인 검토 및 개선:** 비즈니스 환경, IT 기술, 법적 규제는 끊임없이 변화한다. 따라서 수립된 거버넌스 및 컴플라이언스 프레임워크가 현재 상황에서도 유효하고 효과적인지를 정기적으로 검토하고, 필요에 따라 정책과 프로세스를 수정 · 개선해야 한다. 이는 살아있는 시스템으로서 지속적 개선을 가능하게 한다.

결론적으로, 성공적인 IT 관리는 거버넌스라는 전략적 나침반을 설정하고, 그 방향에 따라 컴플라이언스를 자연스럽게 준수하며 나아가는 여정과 같다. 이러한 통합적이고 능동적인 접근을 통해 기업은 IT를 단순한 비용 요소에서 벗어나, 비즈니스 혁신과 성장을 주도하는 핵심 동력으로 전환할 수 있다.

1.6 연습문제

01 IT 인프라를 '도시'에 비유할 때, 도시의 법률, 행정 시스템, 교통관제 시스템에 해당하는 구성 요소는 무엇인가?

① 하드웨어
② 네트워크
③ 소프트웨어
④ 데이터 센터

02 소프트웨어 계층 중 운영체제와 애플리케이션 사이에 위치하여, 서로 다른 시스템이 원활하게 통신할 수 있도록 돕는 '만능 번역기' 역할의 소프트웨어는 무엇인가?

① 펌웨어
② 미들웨어
③ 하이퍼바이저
④ 컴파일러

03 교재에서 설명한 빅데이터의 3가지 핵심 특징(3V)에 포함되지 않는 것은 무엇인가?

① 양(Volume)
② 속도(Velocity)
③ 다양성(Variety)
④ 가시성(Visibility)

04 데이터가 발생한 현장(Edge) 근처에서 즉시 데이터를 처리하는 기술로, 인체의 '반사 신경'에 비유되는 IT 트렌드 기술은 무엇인가?

① 클라우드 컴퓨팅
② 엣지 컴퓨팅
③ 그리드 컴퓨팅
④ 양자 컴퓨팅

05 다음 중 IT 시스템의 '비기능 요구사항(Non-Functional Requirements)'에 해당하는 것은 무엇인가?

① 로그인 기능
② 장바구니 담기
③ 결제 처리
④ 시스템 응답 속도

06 데이터가 물리적으로 저장되는 위치를 넘어, 특정 국가의 데이터를 반드시 그 나라 국경 내에 저장하도록 강제하는 엄격한 규제 요건은 무엇인가?

① 데이터 주권
② 데이터 상주
③ 데이터 지역화
④ 데이터 마스킹

07 온프레미스와 클라우드 인프라의 비용 모델 차이를 올바르게 설명한 것은 무엇인가?

① 온프레미스–OPEX
② 클라우드–CAPEX
③ 둘 다 CAPEX 중심
④ 클라우드–OPEX

08 보안이 중요한 데이터는 온프레미스에 두고, 탄력성이 필요한 서비스는 퍼블릭 클라우드를 사용하는 등 두 환경을 결합한 전략적 모델은 무엇인가?

① 하이브리드 클라우드
② 멀티 클라우드
③ 프라이빗 클라우드
④ 커뮤니티 클라우드

09 IT 거버넌스와 IT 컴플라이언스를 비교할 때, '컴플라이언스'의 주요 특징으로 올바른 것은 무엇인가?

① 능동적 가치 창출
② 수동적 리스크 회피
③ 전략적 의사결정
④ 성과 최적화

10 정보 보안의 3요소(CIA) 중, 시스템 장애나 재해 상황에서도 서비스가 중단되지 않고 작동함을 보장하기 위해 '이중화'를 적용하는 속성은 무엇인가?

① 가용성
② 기밀성
③ 무결성
④ 책임성

2 장

안정적인 시스템의 설계도 파악하기

학 습 목 표

무너지지 않는 견고한 서비스를 짓기 위해서는 전체를 꿰뚫어 보는 눈, 즉 IT 인프라 아키텍처를 이해해야 한다. 이 자료는 비전공자의 눈높이에서 서버, 네트워크, 스토리지 등 개별 부품들이 어떻게 조화를 이루는지를 단순히 벽돌을 쌓아 올리는 '벽돌공'과 건물의 하중과 사람의 동선을 계산하는 '건축가'의 시선 차이를 통해 쉽게 설명한다. 설계의 미학을 이해함으로써 우리는 왜 '이중화'와 '분산 처리'가 안전한 집을 짓기 위한 필수 조건인지 그 중요성을 깊이 인식하고, 튼튼한 구조를 유지하기 위해 각자가 전체 그림 속에서 어떤 역할을 해야 하는지 명확히 알게 될 것이다.

2.1 시스템은 어떻게 구성되는가?

1. 아키텍처 설계의 기본 원리

IT 시스템을 구축하는 과정은 현대적인 도시를 설계하고 건설하는 일과 매우 유사하다. 단순히 개별 건물만 설계하는 것이 아니라, 도로망, 전력망, 상하수도 시스템 등 도시 전체를 아우르는 마스터플랜이 필요하다. IT 세계에서 이 총체적인 설계도가 바로 아키텍처(Architecture)다.

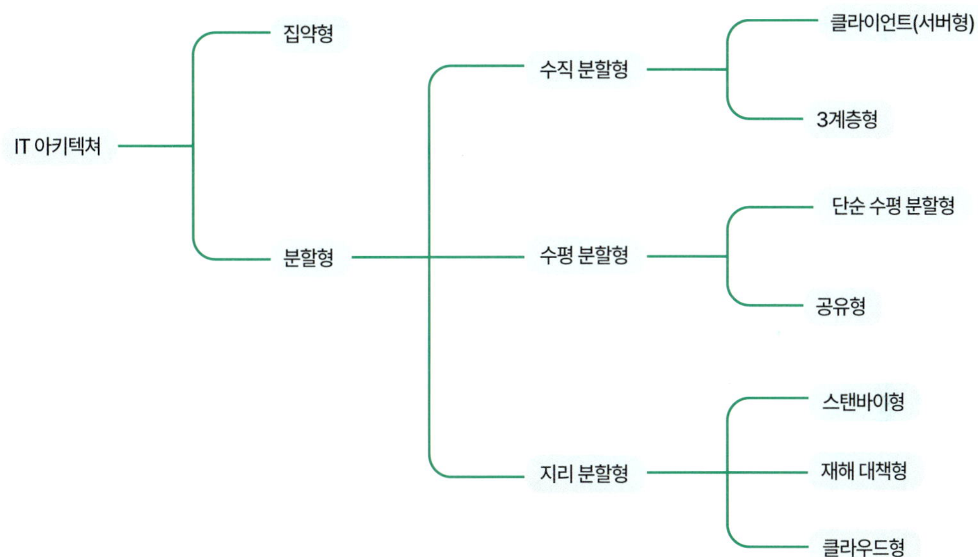

아키텍처는 시스템의 뼈대를 구성하는 근본적인 구조와 작동 원칙을 정의한다. 어떤 구성 요소를 사용하고, 각 요소를 어떻게 연결하며, 전체 시스템이 어떤 방식으로 상호작용할지를 결정하는 청사진인 셈이다. 좋은 아키텍처는 시스템을 안정적이고, 필요에 따라 유연하게 확장 가능하며, 장기적으로 유지보수하기 쉽게 만든다. 반면, 잘못된 아키텍처는 처음에는 눈에 띄지 않더라도 시간이 지남에 따라 시스템을 옴짝달싹 못하게 만드는 족쇄가 될 수 있다.

이번 장에서는 시스템 구축의 두 가지 근본적 접근법인 집약형과 분할형 아키텍처를 시작으로, 현대 웹 서비스의 표준 구조까지 아키텍처의 핵심 개념을 살펴본다. 이를 통해 기술적 배경이 없는 독자도 IT 시스템이 어떻게 설계되고, 왜 특정 구조를 선택하는지에 대한 근본적인 이해를 얻을 수 있을 것이다.

2. 집약형 아키텍처와 분할형 아키텍처

모든 소프트웨어 시스템은 특정 구조, 즉 아키텍처를 기반으로 만들어진다. 아키텍처는 개발의 방향을 제시하는 나침반이자, 시스템의 운명을 결정하는 설계도와 같다. 프로젝트 초기에 어떤 아키텍처를 선택하느냐에 따라 시스템의 미래가 크게 달라진다. 가장 대표적인 두 가지 접근법은 모든 기능을 하나의 거대한 덩어리로 만드는 '**집약형**'과, 기능을 독립적인 작은 조각들로 잘게 나누어 조립하는 '**분할형**'이다. 이 두 방식의 차이를 이해하는 것은 현대 소프트웨어 개발의 핵심적인 흐름을 파악하는 첫걸음이다.

● 아키텍처란 무엇인가?

IT 아키텍처는 소프트웨어 시스템 구축 전 그리는 상세하고 포괄적인 설계도이다. 단순한 기술 구성도를 넘어, 시스템의 철학과 원칙을 담고 있으며, 주요 구성 요소와 책임, 상호작용 방식을 명확히 정의한다. 잘 설계된 아키텍처는 개발 과정에서 발생할 수 있는 혼란과 비효율을 방지하고, 프로젝트의 성공 가능성을 높이는 전략적 가이드라인 역할을 한다.

아키텍처는 단순히 개발을 제한하는 규칙이 아니다. 오히려 창의성을 발휘할 수 있는 안정적 토대를 제공한다. 데이터 흐름, 부품 간 연결 방식, 오류 처리 원칙 등 핵심 결정을 프로젝트 초기에 내림으로써 예측 가능하고 일관된 개발 환경을 만든다.

이러한 환경에서 여러 개발팀은 서로의 작업에 예기치 않은 영향을 주지 않고 각자의 전문성을 최대한 발휘할 수 있다. 즉, 아키텍처는 혼돈을 방지하고 질서 있는 창조를 가능하게 하는 필수 제약이다. 좋은 아키텍처는 미래에 발생할 문제를 미리 예측하고, 변화에도 유연하게 대응할 수 있도록 길을 열어준다.

건축에서 부실한 설계가 나중에 값비싼 보수로 이어지듯, 소프트웨어에서도 잘못된 아키텍처는 아키텍처 부채(Architectural Debt)라는 보이지 않는 빚을 남긴다. 이는 단기 개발 속도를 위해 장기적 안정성과 확장성을 희생한 결과다. 예를 들어, 당장의 편의를 위해 특정 기술에 지나치게 의존하거나, 데이터 증가를 고려하지 않은 설계는 시간이 지나면서 시스템 유지보수와 기능 확장을 어렵게 만든다. 이러한 부채는 혁신 속도를 늦추고 경쟁력을 약화시키므로, 초기 설계 단계에서 신중한 아키텍처 선택이 필수적이다.

콘웨이의 법칙

1967년 멜빈 콘웨이가 제시한 콘웨이의 법칙(Conway's Law)은 "시스템 설계는 조직의 의사소통 구조를 그대로 반영한다"고 설명한다.

- **작은 스타트업**: 긴밀하게 소통하며 하나의 목표를 향해 일하기 때문에 집약형 아키텍처 선호
- **대규모 조직**: 팀별로 자율적 의사결정을 내리므로 분할형 아키텍처 채택 가능성 높음

● **집약형 아키텍처: 모든 것을 한 곳에 담은 일체형 빌딩**

소프트웨어 시스템을 구축하는 가장 전통적이고 직관적인 방식이다. 마치 하나의 거대한 건물 안에 의류 매장, 전자제품 코너, 식료품점, 영화관 등 모든 기능이 모여 있는 초대형 복합 쇼핑몰과 같다. 시스템을 구성하는 모든 기능(사용자 인터페이스, 핵심 비즈니스 로직, 데이터 관리 등)이 하나의 거대한 코드 덩어리로 묶여 개발, 테스트, 배포된다.

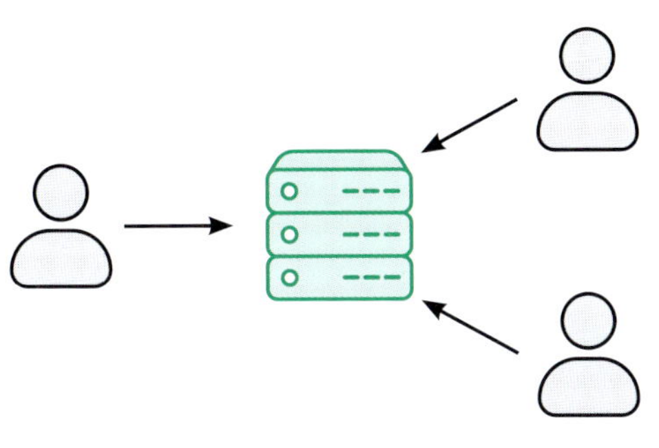

▲ 집약형 아키텍처의 구조

❶ 집약형의 구조와 작동 방식

집약형 시스템의 코드는 논리적으로 여러 계층(프레젠테이션, 비즈니스 로직, 데이터 접근 등)으로 나뉘지만, 물리적으로는 하나의 프로젝트에 포함된다. 모든 기능이 함께 묶여 서버에서 단일 실행 단위로 동작하며, 내부 기능들은 네트워크 통신 없이 직접 함수 호출로 빠르게 상호작용한다.

❷ 장점

- 시스템 전체 구조를 파악하기 쉽고 개발 환경 설정이 간단하다.
- 하나의 코드베이스 안에서 개발자가 작업하므로 기능 간 연동이 직관적이다.
- 초기 단계에서는 개발, 테스트, 배포가 빠르게 진행될 수 있어, 소규모 팀의 시제품(Prototype) 제작이나 빠른 시장 검증에 적합하다.

❸ 단점

- **유연성 부족**: 작은 기능을 수정하려 해도 전체 시스템을 다시 빌드 · 테스트 · 배포해야 한다.
- **안정성 문제**: 한 기능에서 발생한 오류가 전체 시스템을 마비시키는 단일 장애점(Single Point of Failure)이 될 수 있다.
- **기술 선택 경직**: 특정 언어나 프레임워크에 종속되므로, 새로운 기술 도입이나 부분 적용이 어렵다.
- **확장성 비효율**: 사용량이 많은 특정 기능만 확장할 수 없으며, 전체 애플리케이션을 복제해야 하는 비효율 발생한다.

● **분할형 아키텍처: 기능별로 분리된 레고 블록 조합**

분할형 아키텍처는 집약형 아키텍처의 한계를 극복하기 위해 등장한 현대적인 시스템 구축 접근법이다. 시스템을 하나의 거대한 덩어리가 아닌, 작고 독립적인 서비스들의 조합으로 바라본다. 마치 각기 다른 음식을 전문으로 하는 독립된 가게(서비스)들이 모여 하나의 거대한 푸드코트를 이루는 것과 같다. 한식 코너, 중식 코너, 양식 코너는 각각 자신만의 주방, 직원, 레시피를 갖고 독립적으로 운영되지만, 손님에게는 하나의 통합된 식사 공간으로 제공된다.

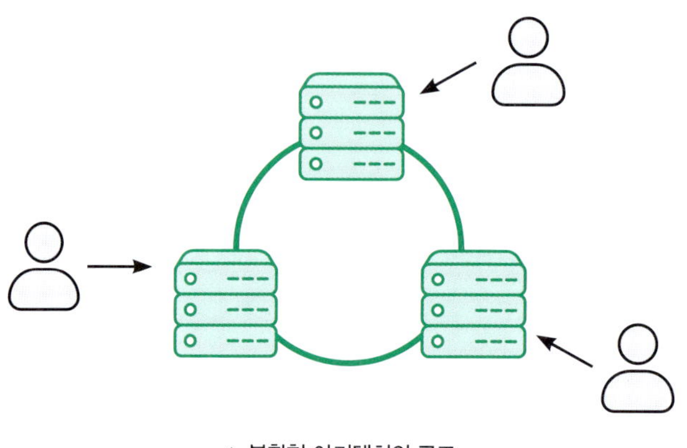

▲ 분할형 아키텍처의 구조

❶ 분할형의 개념과 작동 원리

분할형 아키텍처에서는 시스템을 핵심 비즈니스 기능 단위로 잘게 쪼개어, 각 기능을 독립적으로 개발·배포 가능한 작은 서비스로 만든다. 각 서비스는 자신만의 데이터베이스를 가질 수 있으며, API라는 표준화된 통신 규약을 통해 서로 정보를 주고받는다. 이처럼 서비스가 서로 내부 구조를 알 필요 없이 약속된 방식으로만 소통하는 구조를 느슨한 결합(Loose Coupling)이라고 한다.

❷ 장점

분할형 아키텍처는 집약형 아키텍처의 단점을 대부분 해결한다.

- **높은 유연성과 민첩성**: 각 서비스는 독립적이므로 특정 서비스 수정이나 업데이트가 다른 서비스에 영향을 주지 않는다.
- **장애 격리**: 결제 서비스에 문제가 생겨도 회원가입이나 상품 조회 서비스는 정상 작동. 시스템 안정성 향상.
- **기술 선택 자유**: 서비스 특성에 맞는 최적의 프로그래밍 언어나 데이터베이스를 선택 가능.
  예 상품 검색 서비스는 검색 최적화 DB, 주문 서비스는 관계형 DB 사용
- **효율적 확장(Scale-out)**: 사용량이 많은 서비스만 선택적으로 확장 가능, 자원 효율 극대화

❸ 단점

다수의 독립 서비스를 동시에 관리해야 하므로 운영 복잡성이 크게 증가하며, 서비스 간 통신과 데이터 일관성 유지, 분산 환경에서의 장애 추적 등 집약형 아키텍처에서는 경험하지 않던 어려움을 수반한다. 따라서 이를 안정적으로 운영하기 위해서는 자동화된 배포·모니터링 체계와 성숙한 데브옵스 문화가 필수적으로 뒷받침되어야 한다.

● 수직 확장: 더 강력한 부품으로 교체하기

수직 확장(Scale-up)은 기존 서버 한 대의 성능 자체를 높이는 방식이다. 마치 개인용 컴퓨터의 중앙처리장치(CPU)를 더 빠른 모델로 교체하거나, 메모리(RAM) 용량을 늘리고, 더 빠른 저장장치(SSD)로 바꾸는 것과 같다. 작은 자동차의 엔진을 더 강력한 8기통 엔진으로 바꾸어 성능을 높이는 것에 비유할 수 있다.

- **수직 확장의 장단점**

  수직 확장의 가장 큰 장점은 구현이 비교적 간단하다는 점이다. 소프트웨어를 변경할 필요 없이 하드웨어만 교체하면 되므로 관리 부담이 적다. 또한 모든 처리가 단일 서버 내에서 이루어지기 때문에 데이터 일관성을 유지하기 쉽고, 시스템 구조가 복잡해지지 않는다.

  단점은 첫째, 고성능 부품은 가격이 급격히 상승하여 비용 효율이 떨어진다. 둘째, 아무리 좋은 부품을 사용해도 단일 서버가 가질 수 있는 성능에는 물리적인 한계가 있다. 마지막으로, 서버 업그레이드 과정에서 일시적으로 서비스를 중단해야 하며, 모든 처리가 한 서버에 집중되므로 해당 서버에 장애가 발생하면 전체 서비스가 중단되는 단일 장애점 문제가 생긴다.

● 수평 확장: 여러 대로 작업 나누기

수평 확장(Scale-out)은 기존 서버와 비슷하거나 동일한 사양의 서버를 여러 대 추가하여 전체 작업량을 나누어 처리하는 방식이다. 마치 손님이 몰린 슈퍼마켓에서 한 명의 계산원을 더 훈련시키는 대신, 여러 개의 계산대를 동시에 여는 것과 비슷하다. 비교적 저렴한 표준 장비를 여러 대 연결하여 시스템 전체의 처리 용량을 늘리는 전략이다.

- **수평 확장의 장단점**

  수평 확장의 가장 큰 장점은 이론적으로 거의 무한한 확장이 가능하다는 점이다. 필요할 때마다 서버를 계속 추가하기만 하면 된다. 또한, 여러 대의 서버가 작업을 나누어 처리하므로 한 대의 서버에 장애가 발생하더라도 다른 서버들이 그 역할을 대신해 서비스 중단을 막을 수 있어 안정성이 높다. 이러한 이유로 수평 확장은 현대 클라우드 컴퓨팅 환경의 핵심 원리로 자리 잡았다.

  단점은 여러 대의 서버를 하나의 시스템처럼 동작하도록 관리해야 하므로 구조가 복잡해지고, 분산 시스템을 운영하기 위한 전문 기술이 필요하다. 또한, 여러 서버에 걸쳐 데이터 일관성을 유지하는 것도 중요한 과제다.

● 아키텍처와 확장 전략의 관계

중요한 점은 프로젝트 초기에 선택한 아키텍처가 미래의 확장 전략을 사실상 결정한다는 것이다. 모든 기능이 한 덩어리로 묶인 집약형 아키텍처는 수평 확장이 비효율적이다. 특정 기능에만 부하가 몰리더라도 전체 애플리케이션 덩어리를 통째로 복제해야 하기 때문이다. 따라서 집약형 시스템은 필연적으로 수직 확장 전략에 더 의존하게 된다.

▼ 집약형과 분할형 아키텍처의 비교

특성	집약형(Monolithic)	분할형(Microservices)
개발 복잡도	낮음(초기)/높음(후기)	높음(초기)/낮음(후기)

배포 단위	전체 애플리케이션	개별 서비스
확장성	수직 확장(Scale-up)에 유리	수평 확장(Scale-out)에 유리
기술 다양성	단일 기술 스택에 종속	서비스별 최적 기술 선택 가능
장애 격리	어려움(하나의 장애가 전체에 영향)	용이함(서비스 단위로 장애 격리)
적합한 사례	소규모 프로젝트, 프로토타입	대규모, 복잡한 시스템

이러한 분할형 아키텍처는 단순 수평 분할형 아키텍처와 데이터 공유 중심의 공유형 아키텍처로 구분할 수 있다.

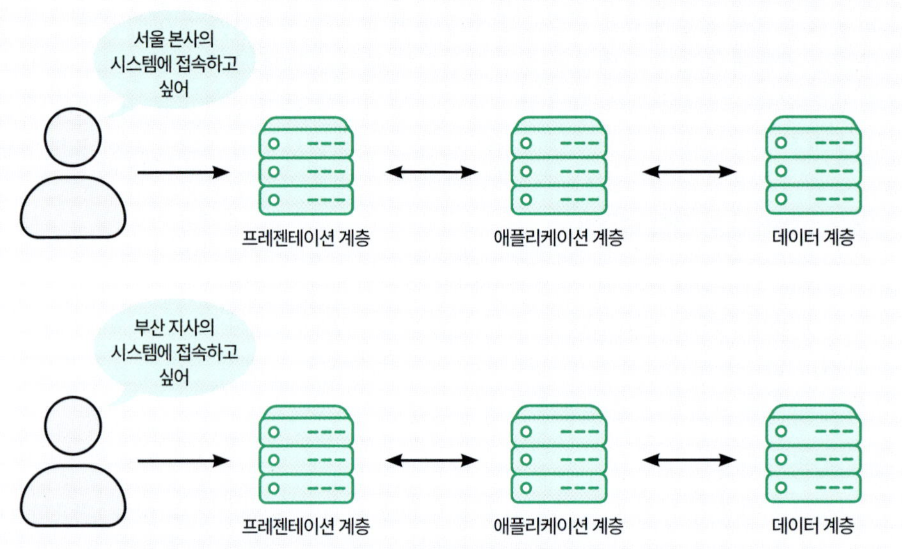

▲ 단순 수평 분할형 아키텍처

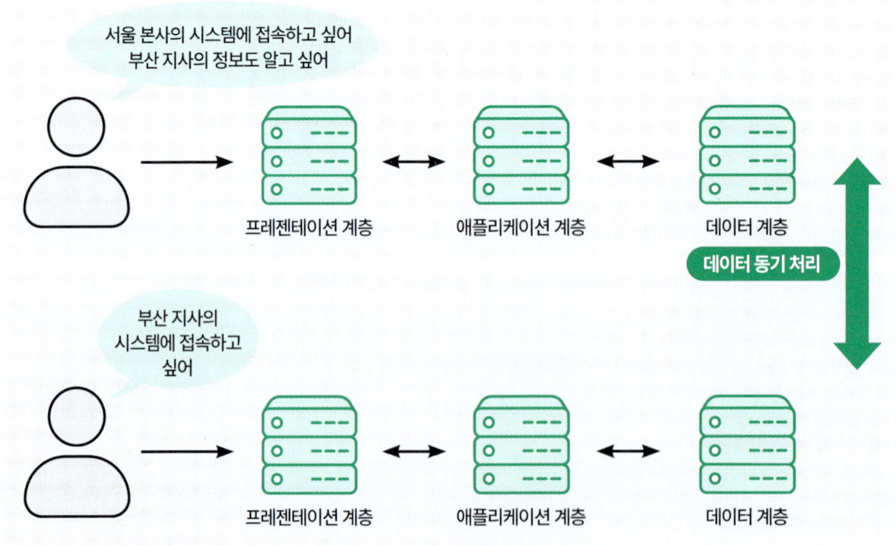

▲ 수평 분할 – 공유형 아키텍처

2.2 애플리케이션은 어떻게 작동하는가?

우리가 매일 사용하는 웹사이트나 스마트폰 앱은 어떤 구조로 이루어져 있을까? 대부분의 현대적인 서비스는 사용자의 요청을 받고, 이를 처리한 뒤, 적절한 결과를 다시 사용자에게 전달하는 방식으로 작동한다. 이러한 요청과 응답의 흐름을 체계적으로 구성하고, 각 역할을 담당하는 구성 요소를 효율적으로 배치한 것이 바로 '애플리케이션 아키텍처'다. 쉽게 말하면, 서비스라는 건물을 짓기 위한 구체적인 설계도라고 할 수 있다.

1. 클라이언트-서버(CS) 모델

인터넷에서 이루어지는 거의 모든 통신은 클라이언트-서버(Client-Server)라는 가장 기본적인 모델을 따른다. 이 모델은 역할을 명확히 둘로 나눈다.

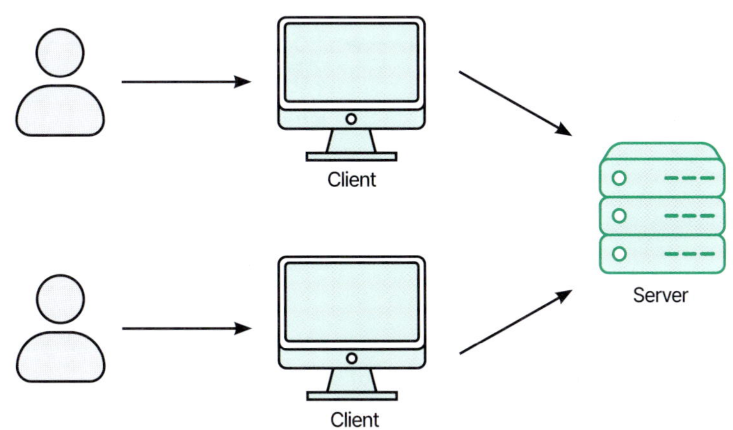

▲ 수직 분할 - 클라이언트/서버(CS)형 아키텍처

클라이언트(Client)는 서비스를 요청하는 쪽을 의미한다. 우리가 사용하는 웹 브라우저(크롬, 사파리 등)나 스마트폰 앱(인스타그램, 은행 앱 등)이 바로 클라이언트다. 클라이언트는 사용자의 행동(버튼 클릭, 검색어 입력 등)을 서버가 이해할 수 있는 형태의 '요청(Request)'으로 만들어 보낸다. 그리고 서버로부터 받은 '응답(Response)'을 사용자가 볼 수 있는 화면으로 시각화하는 역할도 담당한다.

서버(Server)는 클라이언트의 요청을 받아 처리하고, 그 결과를 응답으로 돌려주는 컴퓨터다. 서버는 항상 요청을 기다리고 있으며, 요청이 들어오면 그에 맞는 작업을 수행한다. 예를 들어 데이터를 저장하거나, 복잡한 계산을 수행하거나, 다른 시스템에 정보를 조회하는 등의 역할을 한다.

알아두세요 **클라이언트–서버 모델, 레스토랑으로 이해하기**

- 손님 = 클라이언트: 원하는 음식을 '요청'
- 웨이터와 주방 = 서버: 요청을 받아 처리하고 '응답' 전달
- 손님은 주방 내부 구조나 재료 위치를 알 필요 없음
- 정해진 절차를 통해 요청과 응답이 반복되는 구조 = 인터넷 서비스의 기본 원리

2. 3–Tier 아키텍처 구조

서버는 단순한 하나의 덩어리가 아니라, 효율적인 운영을 위해 3개의 계층(Tier)으로 나누어 설계된다. 오늘날 대부분의 웹 서비스가 채택하는 표준 구조다. 마치 대형 레스토랑이 홀, 주방, 창고로 공간과 역할을 분리하는 것과 같다. 각 계층은 전문적인 역할을 수행하며 서로에게 미치는 영향을 최소화한다.

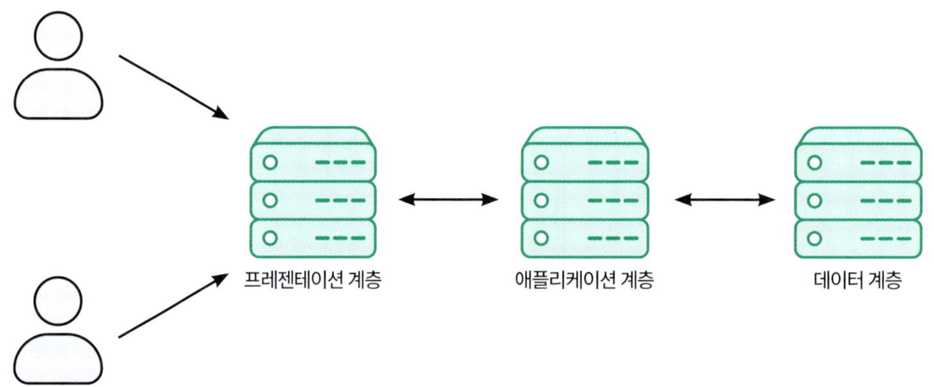

● 1계층 – 프레젠테이션 계층

프레젠테이션 계층(Presentation Tier)은 사용자와 직접 만나는 시스템의 얼굴이다. 레스토랑의 홀과 웨이터 역할에 해당한다. 주된 관심사는 사용자 경험이다. 정보를 효과적으로 보여주고, 입력을 정확하게 받아 전달하는 것이 목적이다.

- 사용자가 보는 웹 페이지 화면 구성
- 사용자의 입력(클릭, 텍스트 입력 등)을 받아 다음 계층으로 전달
- 웹 서버(Web Server)가 이 계층에서 활동하며 브라우저와 직접 통신

● 2계층 – 애플리케이션 계층

애플리케이션 계층(Application Tier)은 시스템의 핵심 두뇌이자 엔진이다. 레스토랑의 주방에 해당하며, 실제 요리 작업이 이루어지는 곳이다. 핵심 구성 요소는 웹 애플리케이션 서버(WAS, Web Application Server)다.

- 프레젠테이션 계층으로부터 받은 요청을 처리
- 비즈니스 로직(Business Logic)에 따라 데이터를 가공, 계산, 판단
- 로그인 처리, 상품 추천, 결제 계산 등 핵심 작업 수행
- 필요 시 데이터 계층에 정보 요청 또는 저장

● 3계층 – 데이터 계층

데이터 계층(Data Tier)은 시스템의 모든 데이터를 안전하게 저장하고 관리하는 영구 창고다. 레스토랑의 식자재 저장고와 같다. 이 규칙은 손님이 주방을 거치지 않고 창고에 들어갈 수 없는 것과 같으며, 시스템 보안과 데이터 무결성을 지키는 핵심 원칙이다.

- 요청에 따라 데이터를 생성(Create), 조회(Read), 수정(Update), 삭제(Delete)
- 데이터 일관성(Consistency)과 무결성(Integrity) 보장
- 프레젠테이션 계층은 직접 접근 불가, 모든 데이터 요청은 애플리케이션 계층을 거쳐야 함

3. 웹 서버(정적 콘텐츠)

웹 서버(Web Server)의 주된 역할은 정적(Static) 콘텐츠를 처리하는 것이다. 정적 콘텐츠란, 누가 언제 요청하든 항상 같은 형태로 제공되는 파일을 말한다. 예를 들어, 웹사이트의 로고 이미지, 아이콘, 사용 설명서(PDF), 동영상 파일, 그리고 내용이 자주 바뀌지 않는 HTML 문서나 CSS(스타일시트) 파일 등이 이에 해당한다.

웹 서버는 이런 단순하고 반복적인 요청을 빠르고 효율적으로 처리하는 데 특화되어 있다. 마치 레스토랑에서 손님이 물이나 냅킨을 달라고 할 때, 웨이터가 주방까지 가지 않고 즉시 가져다주는 것과 같다. 대표적인 웹 서버 소프트웨어로는 **아파치**(Apache)와 **엔진엑스**(Nginx)가 있다.

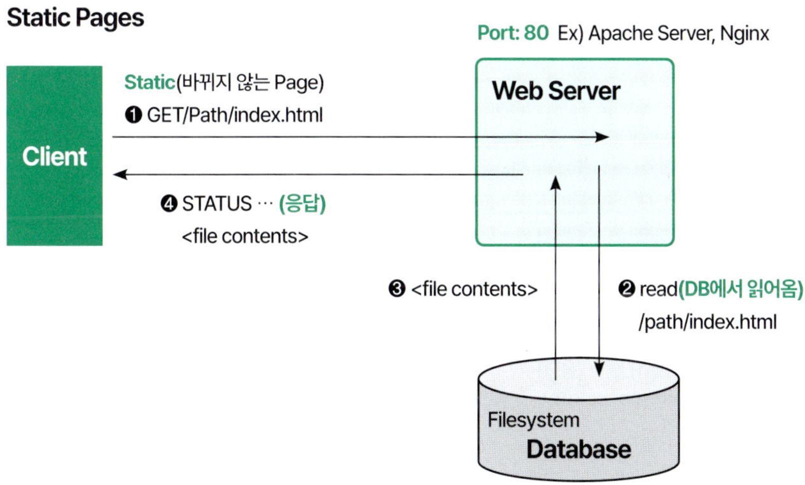

웹 서버는 효율적인 안내 데스크 직원, WAS는 복잡한 문제를 해결하는 전문 경영진에 비유할 수

있다. 모든 요청은 먼저 안내 데스크(웹 서버)에 도착한다. 직원은 회사 소개 브로슈어를 나눠주거나 화장실 위치를 안내하는 등 단순한 정적 요청을 즉시 처리하고, 경영진의 판단이 필요한 복잡한 동적 요청(예 신규 사업 계획 검토)만 선별하여 WAS에 전달한다. 이렇게 역할을 나누면 두 가지 중요한 장점이 있다.

첫째, **자원 활용의 효율성**이다. WAS는 핵심 비즈니스 로직을 처리하는 데 집중할 수 있고, 단순 반복 작업(이미지 전송, 정적 콘텐츠 제공 등)은 웹 서버가 담당함으로써 과부하를 방지할 수 있다.

둘째, **안정성**이다. WAS에 장애가 발생해도 웹 서버는 여전히 정적 콘텐츠를 제공할 수 있어, 전체 서비스가 완전히 중단되는 최악의 상황을 막을 수 있다.

결국, 웹 서버와 WAS를 분리하는 설계는 부하 분산과 서비스 안정성 확보라는 두 가지 목적을 동시에 달성하는 핵심 전략이다.

4. 웹 애플리케이션 서버(동적 콘텐츠)

WAS(Web Application Server)는 동적(Dynamic) 콘텐츠를 처리하는 전문가다. 동적 콘텐츠란, 사용자의 정보, 현재 시간, 특정 조건 등에 따라 결과가 실시간으로 생성되거나 달라지는 콘텐츠를 의미한다. 예를 들어, '홍길동님의 마이페이지', '나의 최근 주문 내역', '실시간 인기 검색어' 같은 기능은 사용자마다, 상황마다 다른 결과를 보여줘야 한다. WAS는 이러한 요청을 처리하기 위해 직접 프로그래밍 코드를 실행하고, 필요하면 데이터베이스와 통신하여 사용자 맞춤형 결과를 만들어낸다.

레스토랑 비유로 설명하면, WAS는 손님의 특별 주문(예 "스테이크는 미디엄 레어로, 소스는 따로 주세요")에 맞춰 요리를 준비하는 주방장과 같다. 웹 서버가 단순한 안내와 배달을 담당한다면, WAS는 복잡한 요리 과정을 직접 수행하고, 필요한 재료(데이터)를 확보해 최종 결과물을 완성한다. 대표적인 WAS로는 **톰캣**(Tomcat), **제이보스**(JBoss) 등이 있다.

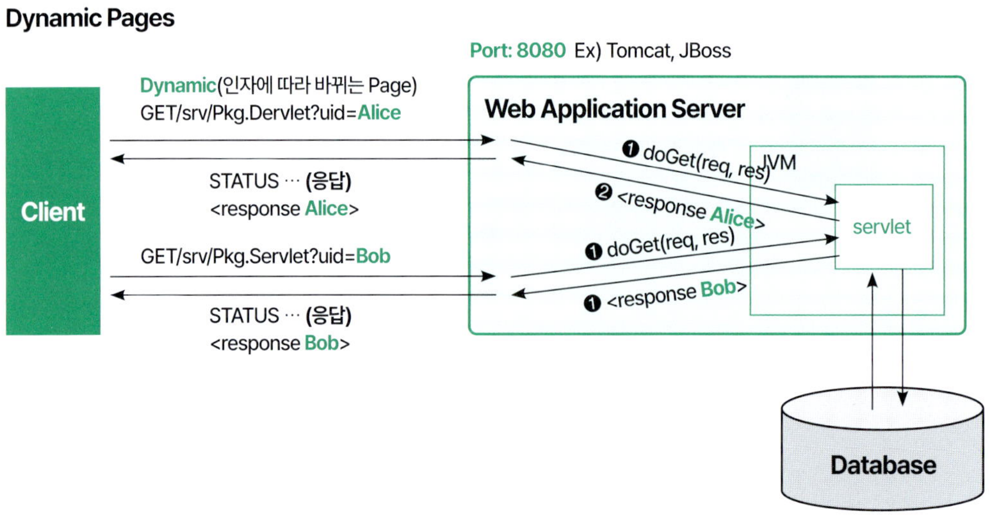

5. 데이터베이스(정보 관리)

데이터베이스(Database)는 시스템의 모든 구조화된 정보를 안전하고 체계적으로 저장하고 관리하는 영구적인 기억 장치다. 회원 정보, 상품 목록, 주문 내역, 게시글 등 비즈니스의 핵심 데이터가 모두 이곳에 보관된다. 데이터베이스는 단순히 데이터를 쌓아두는 곳이 아니다.

- **중복 최소화**: 같은 정보가 여러 곳에 반복되지 않도록 관리한다.
- **데이터 간 관계 정의**: 서로 관련 있는 데이터를 효율적으로 연결한다.
- **동시 접근 보장**: 여러 사용자가 동시에 데이터를 다루더라도 정보가 깨지지 않도록 일관성을 유지한다.

애플리케이션 계층(WAS)은 SQL(Structured Query Language)이라는 표준화된 언어를 사용해 데이터베이스와 소통한다. 이를 통해 데이터를 저장(Create), 수정(Update), 삭제(Delete), 조회(Read)할 수 있으며, 데이터의 정확성과 무결성을 안전하게 지킨다. 레스토랑 비유를 이어서 설명하면, 데이터베이스는 주방 창고와 같다. 주방(WAS)이 요리를 할 때 필요한 재료(데이터)를 창고에서 꺼내 쓰고, 사용 후에는 다시 정리하여 다음 요리를 준비한다. 이렇게 함으로써 주방이 항상 정확하고 효율적으로 운영될 수 있다.

2.3 지리적으로 어떻게 분산할 것인가?

현대의 IT 인프라는 단순한 성능 유지를 넘어 극한의 상황에서의 '생존'을 목표로 설계되어야 한다. 특정 데이터센터에 화재, 정전, 혹은 자연재해가 발생하더라도 서비스는 중단되지 않아야 하기 때문이다. 이를 위해 물리적으로 떨어진 거점에 시스템을 분산 배치하는 '지리 분할형 아키텍처'가 필수적이다. 대표적인 구성 방식인 스탠바이형, 재해대책형, 클라우드형의 특징과 장단점을 분석한다.

1. 스탠바이(Standby) 모델

가장 전통적이면서도 널리 사용되는 방식으로, 메인 센터(Active)와 물리적으로 떨어진 곳에 대기 센터(Standby)를 두는 구조이다. 평소 트래픽은 메인 센터가 전담하고, 장애 발생 시 대기 센터가 즉시 역할을 넘겨받는(Failover) 형태를 띤다.

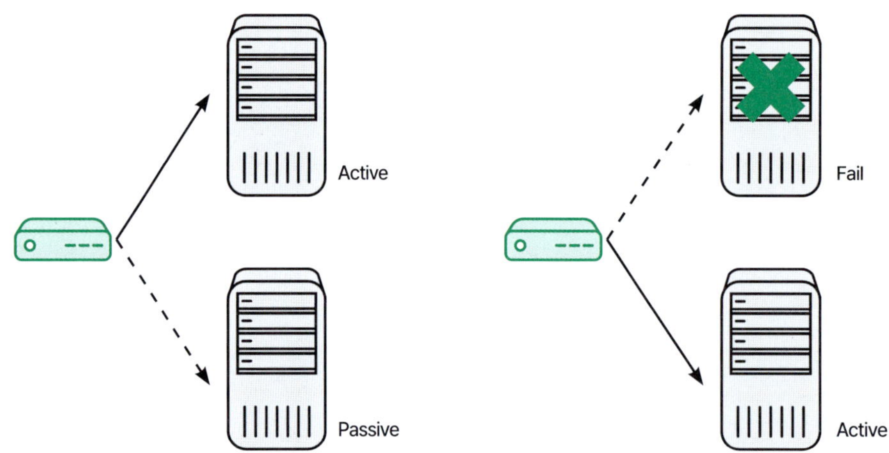

- **특징:** 두 센터 간 데이터베이스를 실시간(Synchronous) 또는 준실시간(Asynchronous)으로 복제하여 데이터 정합성을 유지한다. 메인 센터의 상태를 지속적으로 모니터링하며, 응답이 없을 경우 자동으로 트래픽을 스탠바이 서버로 전환한다.
- **장점:** 구조가 비교적 단순하고 검증된 기술이라 장애 발생 시 예측 가능한 범위 내에서 대응이 가능하다. 특히 물리적 거리가 비교적 가까워 데이터 동기화 속도가 빠르므로, RTO(복구 목표 시간)와 RPO(복구 목표 시점)를 짧고 정밀하게 유지할 수 있다.
- **단점:** 스탠바이 자원은 평소에 사용되지 않고 대기 상태로 유휴(Idle)하게 존재하므로 리소

스 낭비가 발생한다. 또한 장애 감지 후 트래픽을 전환하고 서비스를 재기동하는 데 일정 시간이 소요될 수 있다.

2. 재해복구(DR) 모델

스탠바이형이 단일 센터의 시스템 장애에 초점을 맞췄다면, 재해복구형(DR)은 지진, 전쟁, 대규모 정전 등 특정 지역 전체가 마비되는 상황을 가정한다. 핵심은 '거리'이다. 메인 센터와 수백 km 이상 떨어진 원격지에 복구 센터를 구축한다.

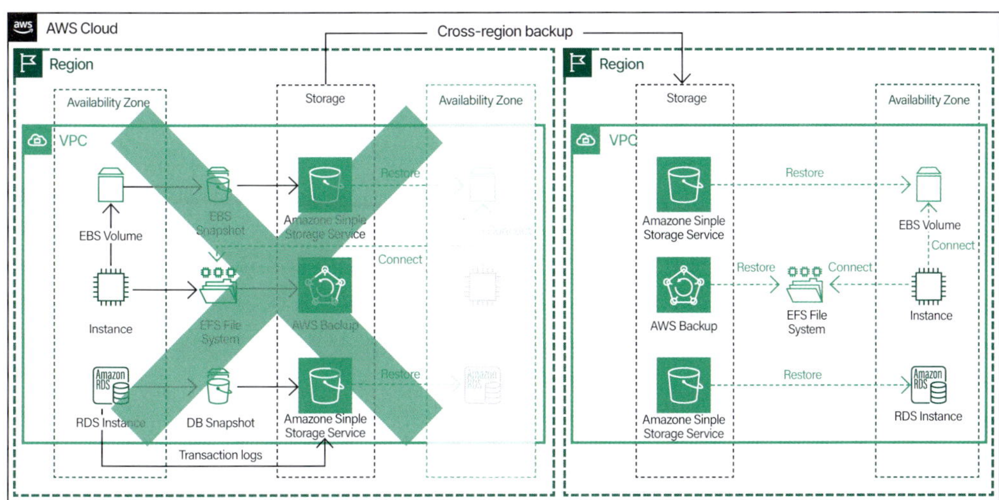

- **특징:** 동일한 재해의 영향을 받지 않도록 지리적으로 충분히 이격된 위치(예 서울–부산, 한국–해외)에 구축한다. 비용 절감을 위해 평소에는 최소한의 데이터만 백업해두거나(Cold), 주요 기능만 켜두는(Warm) 방식을 주로 사용한다.
- **장점:** 데이터센터 전체가 소실되는 대형 재난 상황에서도 기업의 핵심 데이터를 보존하고 서비스를 재개할 수 있어 생존성이 가장 높다. 또한 금융권이나 공공기관 등 법적으로 데이터 소산을 의무화하는 규제를 충족시킨다.
- **단점:** 물리적 거리가 멀어 실시간 데이터 동기화가 어렵다. 비동기 방식을 주로 사용하기 때문에 RTO / RPO가 스탠바이형에 비해 다소 길어질 수 있으며, 장애 시점의 일부 데이터 유실 가능성을 감수해야 한다.

3. 클라우드 분산 모델

최근 가장 각광받는 방식으로, 특정 기업의 데이터센터가 아닌 CSP(Cloud Service Provider)의 글로벌 인프라를 활용한다. **'리전(Region)'**과 **'가용 영역(Availability Zone)'** 개념을 이용해 손쉽게 지리적 분산을 구현한다.

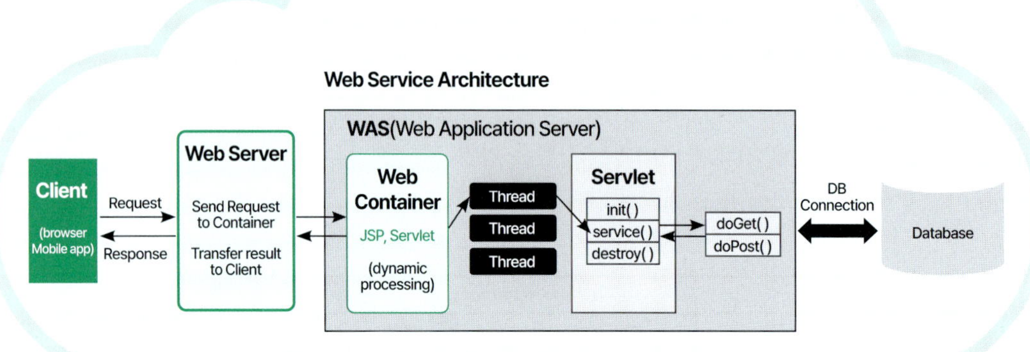

- **특징**: 클릭 몇 번으로 한국 리전과 미국 리전에 동시에 인프라를 배포할 수 있다. GSLB(Global Server Load Balancing)를 통해 전 세계 사용자의 트래픽을 가장 가깝거나 건강한 서버로 자동 분배하며, 액티브-액티브(Active-Active) 구성이 용이하다.
- **장점**: 물리적인 데이터센터를 짓거나 임대할 필요 없이 사용한 만큼만 비용을 지불하므로 초기 투자비용(CAPEX)이 낮다. 글로벌 확장성과 지리적 이중화를 동시에 꾀할 수 있으며, 설계에 따라 RTO '0'에 가까운 무중단 서비스 구현도 가능하다.
- **단점**: 분산된 환경에서의 데이터 동기화 및 트랜잭션 관리가 까다롭다. 또한 특정 클라우드 사업자에 대한 종속성(Lock-in) 문제가 발생할 수 있으며, 네트워크 트래픽 비용이 예상보다 높게 발생할 수 있다.

2.4 시스템 간 연결은 무엇이 담당하는가?

서로 다른 종류의 시스템이나, 각기 다른 프로그래밍 언어로 만들어진 애플리케이션들이 원활하게 소통하고 데이터를 주고받으려면, 보이지 않는 곳에서 연결을 돕는 다리 역할을 해주는 소프트웨어가 필요하다. 이것이 바로 미들웨어(Middleware)다. 말 그대로 운영체제(OS)와 애플리케이션의 '중간(Middle)'에 위치하여, 서로 다른 시스템들이 차이를 의식하지 않고 통신할 수 있도록 돕는다. 미들웨어는 시스템의 보이지 않는 배관이자 만능 통역사와 같다. 사용자가 그 존재를 직접 느끼기 어렵지만, 현대의 복잡한 분산 시스템이 원활하게 작동하는 데 필수적이다.

1. 미들웨어의 정의

미들웨어(Middleware)는 운영체제(OS)와 우리가 실제로 사용하는 애플리케이션 사이의 간극을 메워주는 소프트웨어 계층이다. 운영체제는 컴퓨터의 하드웨어를 관리하는 가장 기본적인 기능(예 파일 저장, 메모리 할당)을 제공하지만, 네트워크로 연결된 여러 컴퓨터에서 실행되는 애플리케이션들이 서로 협력하는 데 필요한 복잡한 통신 기능까지는 제공하지 않는다. 미들웨어는 바로 이 지점에서 등장하여, 데이터베이스 연결, 원격 시스템과의 통신, 메시지 교환 등 여러 애플리케이션에 공통적으로 필요한 표준화된 서비스를 제공한다.

● 미들웨어의 역할: 통역가, 외교관, 그리고 배관공

미들웨어의 역할을 이해하기 위해 몇 가지 비유를 들어보자.

- **만능 통역사**: 서로 다른 언어를 사용하는 두 나라의 정상 회담을 생각해보자. 중간에서 통역사가 역할을 수행하면, 각 정상은 상대방의 언어를 몰라도 의사를 전달하고 이해할 수 있다. 마찬가지로, 미들웨어 덕분에 윈도우 환경에서 만들어진 애플리케이션과 리눅스 환경에서 만들어진 애플리케이션이 서로 내부 구조를 몰라도 원활하게 데이터를 주고받을 수 있다.
- **보이지 않는 배관**: 도시의 건물들이 제대로 기능하려면 깨끗한 물 공급과 오수 배출을 위한 상하수도 배관이 필수적이다. 우리는 배관의 존재를 의식하지 않지만, 배관 없이는 도시 생활이 불가능하다. 미들웨어도 마찬가지다. 애플리케이션 사이에 데이터라는 '물'이 원활하게 흐르도록 길을 만들어준다.

이러한 역할 덕분에 개발자는 복잡한 통신 과정을 일일이 신경 쓸 필요 없이, 비즈니스 로직 개발에 집중할 수 있다. 결과적으로 개발 속도 향상과 시스템 안정성 강화라는 효과를 가져온다.

● 미들웨어의 비즈니스 가치: 통합과 효율성

기업 환경에서 미들웨어의 가치는 더욱 커진다. 대부분의 기업은 오랜 시간에 걸쳐 다양한 기술로 만들어진 여러 시스템을 보유하고 있다. 예를 들어, 오래된 회계 시스템(레거시 시스템)과 최신 고객 관계 관리(Customer Relationship Management, CRM) 시스템, 그리고 클라우드 기반의 재고 관리 시스템을 함께 사용하고 있을 수 있다. 각 시스템은 서로 다른 언어와 데이터 형식을 사용하기 때문에 직접 대화하기 어렵다.

미들웨어는 바로 이 지점에서 '소프트웨어 접착제' 역할을 한다. 각 시스템을 직접 연결하는 대신, 모든 시스템이 미들웨어라는 공통의 플랫폼에 연결된다. 미들웨어는 각 시스템의 데이터를 다른 시스템이 이해할 수 있는 형태로 변환하고 전달해준다. 이를 통해 기업은 기존에 투자한 레거시 시스템을 버리지 않고도 새로운 기술과 서비스를 유연하게 통합할 수 있다. 이는 IT 자산의 활용도를 극대화하고, 새로운 비즈니스 요구에 민첩하게 대응할 수 있는 기반을 마련해준다. 결국 미들웨어는 기업의 IT 환경을 파편화된 섬들의 집합이 아닌, 유기적으로 연결된 하나의 대륙으로 만들어주는 핵심 기술이다.

2. 원격 프로시저 호출(RPC)

원격 프로시저 호출(Remote Procedure Call, RPC)은 네트워크로 연결된 다른 컴퓨터(서버)에 있는 함수를 마치 내 컴퓨터의 로컬 함수처럼 호출할 수 있게 해주는 미들웨어 기술이다. 분산 환경에서 복잡한 통신 과정을 개발자가 직접 다루지 않아도 되기 때문에, 개발의 복잡성을 크게 줄여주는 강력한 도구다.

● RPC의 작동 원리: 리모컨과 텔레비전

RPC의 작동 원리는 텔레비전 리모컨을 사용하는 것과 매우 비슷하다. 우리는 그저 소파에 앉아 리모컨의 채널 변경 버튼을 누를 뿐이다. 하지만 그 뒤에서는 복잡한 적외선 신호가 생성되어 텔레비전으로 전송되고, 텔레비전 내부의 수신 장치가 이 신호를 해석하여 채널을 바꾸는 복잡한 동작이 일어난다. 우리는 그 내부 과정을 전혀 알 필요가 없다.

개발자는 자신의 프로그램 코드 안에서 원격 서버에 있는 'getUserInfo'라는 함수를 마치 자신의 프로그램 안에 원래부터 존재했던 함수처럼 호출하기만 하면 된다. 그러면 RPC 미들웨어가 알아서 네트워크 통신에 필요한 모든 복잡한 과정, 즉 데이터를 네트워크로 보낼 수 있는 형태로 변환(마샬링, Marshalling)하고, 서버를 찾아 요청을 전송하고, 서버로부터 응답을 받아 다시 원래 형태로 변환(언마샬링, Unmarshalling)하는 등의 일을 투명하게 처리해준다. 개발자 입장에서는 네트워크의 존재를 거의 의식하지 않고 프로그래밍할 수 있게 되는 것이다.

● 동기 통신의 특징과 장단점

RPC의 중요한 특징은 기본적으로 동기 방식(Synchronous)으로 작동한다는 점이다. 이는 '요청과 응답이 한 쌍으로 묶여 순차적으로 일어난다'는 의미다. 전화 통화에 비유할 수 있다. 내가 상대방에게 질문을 하고, 상대방이 대답을 할 때까지 나는 다른 말을 하지 않고 기다린다. RPC에서는 클라이언트가 서버에 함수 실행을 요청한 후, 서버로부터 결과가 돌아올 때까지 다음 코드 실행을 멈춘 상태(블로킹, Blocking)가 된다.

이 방식의 장점은 구조가 간단하고 직관적이라는 것이다. 프로그래밍하기가 쉽고, 요청에 대한 결과를 즉시 알 수 있어 로직의 흐름을 이해하기 편하다. 하지만 명확한 단점도 존재한다. 만약 서버의 응답이 네트워크 문제나 서버 자체의 부하로 인해 늦어지면, 클라이언트 프로그램 전체가 응답을 기다리며 멈춰버릴 수 있다. 이는 사용자 경험에 치명적인 영향을 줄 수 있다. 예를 들어, 앱에서 버튼을 눌렀는데 서버 응답이 늦어져 앱 전체가 몇 초간 먹통이 되는 현상이 바로 이런 경우다.

● RPC와 시스템 결합도

RPC는 시스템 간의 강한 결합(Tight Coupling)을 만드는 경향이 있다. 클라이언트 프로그램은 호출하려는 원격 함수의 이름, 파라미터의 종류와 순서 등을 정확히 알고 있어야 한다. 만약 서버 개발자가 함수의 이름을 바꾸거나 파라미터 순서를 변경하면, 클라이언트 프로그램도 그에 맞춰 코드를 수정해야만 한다. 이처럼 한쪽의 변경이 다른 쪽에 직접적인 영향을 미치는 관계를 강한 결합이라고 한다. 이는 시스템의 유연성을 저해하는 요인이 될 수 있다. 그럼에도 불구하고, RPC는 내부 시스템 간의 통신이나 성능이 매우 중요한 특정 서비스에서 여전히 널리 사용되고 있다. 최근에는 RPC와 같이 성능을 극대화하고 다양한 언어를 지원하는 현대적인 RPC 프레임워크들이 다시 주목받고 있다.

3. 메시지 지향 미들웨어(MOM)

메시지 지향 미들웨어(Message-Oriented Middleware, MOM)는 시스템 간에 직접 통신하지 않고 메시지(Message)를 중간 저장소인 메시지 큐(Message Queue)에 넣고 빼는 방식으로 소통하는 기술이다. RPC와는 근본적으로 다른 통신 철학을 가지고 있으며, 현대적인 분산 시스템, 특히 마이크로서비스 아키텍처에서 핵심적인 역할을 한다.

● MOM의 작동 원리: 우편 시스템 비유

MOM의 작동 방식은 우편 시스템과 매우 유사하다. 편지를 보내는 사람(송신 애플리케이션, Producer)은 편지를 작성해 우체통(메시지 큐)에 넣기만 하면 자신의 할 일은 끝난다. 그 후 즉시 다른 일을 할 수 있다. 편지가 언제 도착할지, 받는 사람이 지금 집에 있는지 등을 전혀 신경 쓸 필요가 없다. 우체부(MOM)는 이 편지를 수신자의 우편함으로 안전하게 배달하고, 받는 사람(수신 애플리케이션, Consumer)은 자신이 편한 시간에 우편함에서 편지를 꺼내 읽으면 된다.

이처럼 MOM은 응답을 기다리지 않고 바로 다른 작업을 수행할 수 있는 비동기(Asynchronous) 통신을 지원한다. 메시지를 보내는 쪽과 받는 쪽이 서로의 상태를 알 필요가 없으며, 심지어 동시에 실행될 필요조차 없다. 이것이 RPC와 MOM의 가장 근본적인 차이점이다.

● 비동기 통신의 비즈니스 가치

MOM의 비동기(Asynchronous) 통신 방식은 시스템 안정성과 유연성을 크게 향상시킨다.

❶ 느슨한 결합(Loose Coupling)

- 송신 시스템은 메시지를 큐에 보내기만 하면 되므로, 수신 시스템의 상태, 주소, 심지어 존재 여부까지 알 필요가 없다.
- 수신 시스템을 교체하거나 업그레이드해도 송신 시스템 코드는 변경할 필요가 없다.
- 덕분에 시스템 유지보수성과 확장성이 크게 향상된다.

❷ 시스템 회복탄력성(Resilience)

- 수신 시스템이 일시적 장애로 멈춰도, 송신 시스템은 메시지를 계속 큐에 넣을 수 있다.
- MOM이 메시지를 안전하게 보관하고 있다가 수신 시스템이 복구되면 순서대로 전달한다.
- 특정 시스템 장애가 전체 시스템 마비로 이어지는 연쇄 장애를 방지한다.

❸ 트래픽 급증 완충(Buffer) 기능

- 전자상거래 사이트에서 주문이 폭주하는 경우, MOM을 사용하면 주문 요청 메시지를 큐에 쌓아두고, 주문 처리 시스템은 자신이 감당할 수 있는 속도로 메시지를 하나씩 처리할 수 있다.
- 갑작스러운 트래픽 급증에도 시스템 안정성을 유지할 수 있다.

● MOM의 다양한 통신 모델

MOM은 단순히 일대일 메시지 전달뿐만 아니라, 더 복잡한 통신 시나리오를 지원하는 다양한 모델을 제공한다.

- **큐(Queue) 모델**: 하나의 메시지는 오직 하나의 수신자에게만 전달된다. 이는 주로 작업(Task)을 분산 처리할 때 사용된다.
- **토픽(Topic) 또는 발행/구독(Publish/Subscribe) 모델**: 하나의 메시지가 해당 토픽을 구독하고 있는 모든 수신자에게 동시에 전달된다. 이는 마치 라디오 방송과 같다. 방송국(발행자)이 신호를 보내면, 주파수를 맞춘 모든 라디오(구독자)가 같은 방송을 듣는다. 이 모델은 실시간 알림이나 상태 업데이트를 여러 시스템에 동시에 전파할 때 유용하다.
- 대표적인 MOM 솔루션으로는 래빗엠큐(RabbitMQ), 액티브엠큐(ActiveMQ), 그리고 대용량 데이터 스트리밍 처리에 특화된 아파치 카프카(Apache Kafka) 등이 있다.

4. WAS 미들웨어 엔진

웹 애플리케이션 서버(Web Application Server, WAS)는 3-Tier 아키텍처의 핵심 구성 요소이자, 미들웨어의 한 종류로 분류되는 중요한 소프트웨어다. WAS는 웹 서버로부터 동적인 요청을 받아, 비즈니스 로직을 실행하고 데이터베이스와 상호작용하여 사용자 맞춤형 결과를 생성한다. 즉, 단순한 정적 페이지를 넘어, 사용자와 상호작용하는 살아있는 웹 애플리케이션을 구동하는 엔진이다.

● WAS를 미들웨어로 보는 이유

WAS가 미들웨어로 분류되는 이유는 운영체제와 애플리케이션 사이에서 공통 서비스를 제공하기 때문이다. 개발자가 웹 애플리케이션을 만들 때 사용자의 요청을 받고(HTTP 통신), 여러 사용자의 요청을 동시에 처리하고(스레드 관리), 데이터베이스에 연결하고(DB 커넥션 풀), 사용자의 로그인 상태를 유지하는(세션 관리) 등의 기능은 거의 모든 애플리케이션에 공통적으로 필요하다.

만약 WAS가 없다면, 개발자는 이러한 기능들을 매번 직접 구현해야 한다. 하지만 WAS는 안정적인 실행 환경과 공통 서비스를 제공하여, 개발자가 비즈니스 로직 개발에만 집중할 수 있도록 돕는다. 이처럼 WAS는 운영체제와 애플리케이션 사이에서 통신, 자원 관리, 보안 등 필수적인 중간 서비스를 제공하므로, 미들웨어의 정의에 부합한다.

● WAS의 핵심 기능과 비즈니스 기여

WAS는 현대 웹 애플리케이션이 원활하게 작동하는 데 필요한 다양한 핵심 기능을 제공한다.

❶ **동적 콘텐츠 생성**: 사용자의 요청에 따라 실시간으로 다른 HTML 페이지를 생성한다.

예 로그인한 사용자의 이름 표시, 개인 맞춤형 상품 추천 등

❷ **데이터베이스 연결 관리(Connection Pooling)**: 데이터베이스 연결은 비용이 큰 작업이다. WAS는 미리 여러 연결을 만들어 '풀(Pool)'에 보관하고 요청 시 빌려주고 반납받는다.

❸ **세션 관리(Session Management)**: HTTP는 상태가 없는(Stateless) 프로토콜로, 각 요청이 독립적이다. WAS는 각 사용자를 식별하고 로그인 상태를 유지하는 세션 관리 기능을 제공한다.

❹ **트랜잭션 관리(Transaction Management)**: 여러 데이터베이스 작업을 하나의 논리 단위로 묶어 모두 성공하거나 모두 실패하도록 보장한다.

예 계좌 이체 시, 'A 계좌 출금'과 'B 계좌 입금' 작업을 동시에 성공하도록 보장

● WAS와 웹 서버의 관계 재정의

앞서 설명했듯이, WAS는 웹 서버의 기능을 포함하고 있어 단독으로도 웹 서비스를 제공할 수 있다. 하지만 대규모 서비스에서는 성능과 안정성을 위해 웹 서버와 WAS를 분리하여 연동하는 구조를 선호한다. 이 구조에서 웹 서버는 최전방에서 단순한 정적 콘텐츠 요청을 빠르게 처리하고, WAS는 후방에서 복잡한 동적 콘텐츠 생성에만 집중한다. 이렇게 역할을 분담하면 각 서버가 자신의 전문 분야에서 최고의 성능을 발휘하고, 시스템 전체 안정성과 효율성이 극대화된다. 대표적인 WAS 제품으로는 아파치 톰캣, 제이보스, 웹로직(WebLogic), 웹스피어(WebSphere) 등이 있다.

5. 데이터 교환 방식(Data Exchange)

미들웨어의 중요한 기능 중 하나는 서로 다른 시스템이 사용하는 데이터 형식을 변환하여 호환성을 보장하는 것이다. 현대 기업 환경에서는 다양한 목적과 기술로 만들어진 수많은 애플리케이션이 공존하며, 이 시스템들은 종종 서로 다른 '디지털 언어'를 사용한다. 미들웨어는 이러한 시스템 사이에서 능숙한 통역사 역할을 수행하여 데이터가 원활하게 흐르도록 돕는다.

데이터를 교환할 때 널리 사용되는 표준 형식은 다음과 같다.

❶ XML(eXensible Markup Language)

태그(Tag)를 사용하여 데이터의 구조를 계층적으로 표현하는 방식이다. 〈person〉〈name〉홍길동〈/name〉〈age〉30〈/age〉〈/person〉과 같이, 각 데이터가 무엇을 의미하는지 태그를 통해 명확하게 설명할 수 있다는 장점이 있다. 과거 웹 서비스와 기업 시스템 연동에 널리 사용되었다.

❷ JSON(JavaScript Object Notation)

키(Key)와 값(Value)의 쌍으로 데이터를 표현하는 방식으로, { "name": "홍길동", "age": 30 }과 같이 표현한다. XML보다 구조가 단순하고 간결하여 사람이 읽고 쓰기 편하며, 기계가 처리하는 속도도 빠르다. 이러한 장점 덕분에 오늘날 대부분의 웹 API와 모바일 애플리케이션에서 표준 데이터 교환 형식으로 사용되고 있다.

이 외에도 기업 내부 시스템에서는 CSV(Comma-Separated Values)나 고정 길이 형식 등 다양한 데이터 포맷이 사용될 수 있다.

● 미들웨어의 데이터 변환 역할

서로 다른 형식의 데이터를 사용하는 시스템이 만날 때, 미들웨어는 데이터 변환(Data Transformation) 또는 데이터 매핑(Data Mapping) 역할을 수행한다.

미들웨어는 송신 시스템으로부터 XML 데이터를 받은 후, 미리 정의된 규칙에 따라 이 데이터를 JSON 형식으로 변환하여 수신 시스템에 전달한다. 이 과정은 양방향으로 일어날 수 있다. 이는 마치 한국어를 사용하는 사람과 영어를 사용하는 사람 사이에 통역사가 개입하여 대화를 가능하게 하는 것과 같다.

이러한 데이터 변환 기능 덕분에, 기업은 기존에 사용하던 오래된 시스템(레거시 시스템)을 큰 수정 없이도 새로 도입한 최신 시스템과 쉽게 연동할 수 있다. 예를 들어, 오래된 ERP(전사적 자원관리) 시스템이 특정 형식의 데이터를 출력하면, 미들웨어가 이를 클라우드 기반의 최신 분석 도구가 이해할 수 있는 형태로 변환하여 전달할 수 있다.

● 데이터 교환의 비즈니스 임팩트

미들웨어의 데이터 교환 기능은 기업의 '데이터 사일로(Data Silo)' 문제를 해결하는 데 결정적인 역할을 한다. 데이터 사일로란, 각 부서나 시스템이 데이터를 독립적으로 저장하고 관리하여 전사적으로 데이터가 공유되지 않고 고립되는 현상을 말한다. 이는 마치 각 부서가 자신만의 언어로 된 비밀 장부를 가지고 있는 것과 같아서, 기업 전체의 현황을 종합적으로 파악하는 것을 불가능하게 만든다.

미들웨어는 이러한 사일로들 사이에 다리를 놓아 데이터가 자유롭게 흐르도록 한다. 영업 부서의 CRM 데이터와 재무 부서의 회계 데이터, 그리고 물류 부서의 재고 데이터가 미들웨어를 통해 실시간으로 교환되고 통합될 수 있다. 이를 통해 경영진은 기업의 모든 활동을 종합적으로 분석하여 더 빠르고 정확한 의사결정을 내릴 수 있다. 이처럼 데이터 교환 기능은 단순히 기술적인 문제를 해결하는 것을 넘어, 데이터를 기업의 진정한 전략적 자산으로 만드는 데 핵심적인 기여를 한다.

기업 전체의 구조는 어떻게 설계하는가?

1. 엔터프라이즈 아키텍처(EA) 개요

엔터프라이즈 아키텍처(EA)는 기업의 'IT 도시 계획'이라 할 수 있다. 도시가 무질서하게 개발되지 않도록 도로, 전력, 상하수도, 공공시설을 체계적으로 배치하는 도시의 마스터플랜이 필요하듯, 기업의 IT도 전체적인 구조와 방향성을 갖고 관리되어야 한다.

EA가 없는 조직은 각 부서가 단기적 필요에 따라 제각각 시스템을 도입하게 된다. 그 결과, 비슷한 기능의 시스템이 중복되고 부서별로 데이터가 따로 관리되는 데이터 사일로(Data Silo) 현상이 발생하며, IT 자원이 분산되어 관리비용과 비효율이 급격히 증가한다. EA는 이러한 'IT 난개발(IT Sprawl)'을 방지하고, 모든 기술 의사결정이 기업의 비전과 전략에 맞게 일관성 있게 이루어지도록 돕는 거버넌스(Governance) 체계다.

● EA의 핵심 목표

EA의 가장 중요한 목적은 비즈니스 전략과 IT 전략의 정렬(Alignment)이다. 과거의 IT 부서는 비즈니스 부서의 요청에 따라 시스템을 구축하는 보조 역할에 머물렀다. 그러나 오늘날 IT는 단순한 지원 수단이 아니라, 비즈니스 혁신의 핵심 동력이자 경쟁 우위를 만드는 수단이다.

EA는 이러한 변화 속에서 IT가 전략적 파트너로 기능할 수 있도록 명확한 방향을 제시한다. 즉, "우리가 어떤 기술을 가지고 있는가?"에서 출발하는 것이 아니라, "우리의 비즈니스 목표를 달성하기 위해 어떤 기술 역량이 필요한가?"라는 질문에서 출발하여 IT의 미래를 설계한다. 이러한 접근을 통해 EA는 IT 투자와 비즈니스 성과를 긴밀하게 연결하고, 기업의 디지털 전환을 체계적으로 추진하는 기반이 된다.

● EA의 비즈니스 가치

잘 수립된 EA는 기업에 측정 가능한 비즈니스 가치를 제공한다.

- **비용 절감**: EA를 통해 전사 IT 자산을 한눈에 파악하면, 중복된 시스템을 통폐합하고 기술 표준화를 추진할 수 있다. 이는 개발 · 운영 · 유지보수 비용 절감으로 이어진다.
- **민첩성 향상**: EA는 기업의 현재 IT 현황과 목표 상태를 명확히 정의한다. 덕분에 새로운 비즈니스 기회가 생기면, 어떤 시스템을 변경하고 어떤 기술을 도입해야 할지를 빠르게 판단할 수 있다.
- **리스크 감소**: EA는 기술 의사결정을 체계적인 프레임워크 안에서 수행하도록 하여, 특정 기술에 대한 과도한 종속성이나 보안 취약점과 같은 리스크를 사전에 식별하고 관리할 수 있다.

또한, 시스템 간의 상호 의존성을 명확히 파악하고 있어, 특정 시스템의 변경이 다른 시스템에 미칠 영향을 예측하고 대비할 수 있다.

● EA 프레임워크: TOGAF

EA를 효과적으로 수립하고 운영하기 위해 전 세계적으로 다양한 프레임워크가 활용된다.

그중 가장 대표적인 것이 TOGAF(The Open Group Architecture Framework)이다. TOGAF는 EA를 개발 · 관리하기 위한 단계별 방법론인 ADM(Architecture Development Method)을 중심으로, 참조 모델과 가이드라인을 포함한 종합적인 프레임워크를 제공한다. TOGAF는 EA를 비즈니스, 데이터, 애플리케이션, 기술이라는 네 가지 영역으로 나누어 접근하며, 이는 EA의 구조를 이해하는 데 매우 유용한 관점을 제공한다.

2. 비즈니스 아키텍처(BA)

비즈니스 아키텍처(Business Architecture, BA)는 엔터프라이즈 아키텍처의 최상위 계층이자 출발점이다. BA는 기술이 아니라 비즈니스 자체의 구조와 목적을 정의하고 문서화한다. 즉, "우리 기업이 무엇을, 왜 하는가?"에 대한 근본적인 청사진을 그리는 단계다. 이 단계에서는 기업의 전략적 목표, 조직 구조, 거버넌스, 그리고 핵심 비즈니스 프로세스를 통합적으로 바라본다.

● BA의 핵심 구성 요소

- **비즈니스 전략 및 목표**: "향후 5년 내에 아시아 시장 점유율 1위 달성", "고객 만족도 20% 향상"과 같은 기업의 최상위 목표를 명확히 한다.
- **비즈니스 역량(Business Capability)**: 기업이 목표를 달성하기 위해 '무엇을 할 수 있는지'에 대한 능력을 정의한다. 이는 '고객 관리', '제품 개발', '공급망 관리', '마케팅' 등과 같이 추상적이고 안정적인 기능 단위로 표현된다. 역량은 조직 구조나 특정 기술과 무관하게 비즈니스의 본질적인 활동을 나타낸다.
- **가치 흐름(Value Stream)**: 고객이나 이해관계자에게 가치를 제공하기 위한 일련의 활동 단계를 시각화한다. 예를 들어, '주문 처리'라는 가치 흐름은 '주문 접수 → 재고 확인 → 결제 처리 → 상품 포장 → 배송'과 같은 단계로 구성될 수 있다.
- **조직 구조 및 프로세스**: 기업의 부서, 팀, 그리고 이들이 수행하는 구체적인 업무 프로세스를 정의한다.

도시 계획에 비유하자면, 비즈니스 아키텍처는 도시의 비전과 핵심 기능 구역을 설정하는 단계에 해당한다. 예를 들어, "이 도시는 국제 금융 허브로 성장할 것인가, 아니면 친환경 생태 도시로 발전할 것인가"를 먼저 결정하는 것이다. 이 비전이 정해져야 비로소 상업 지구, 주거 지구, 산업 지구, 녹지 공간 등 각 구역의 기능을 설계할 수 있다.

마찬가지로, 기업의 비즈니스 목표와 핵심 역량이 정의되어야 이후의 IT 시스템, 데이터 구조, 기술 투자 방향이 올바르게 설계된다. 즉, 모든 IT 투자는 BA에서 정의된 비즈니스 전략을 실현하기 위한 수단이어야 한다.

- **BA의 역할과 중요성**

비즈니스 아키텍처는 비즈니스 리더와 IT 전문가를 연결하는 공통 언어 역할을 한다. 비즈니스 리더는 BA를 통해 전략이 구체적으로 어떤 활동과 역량을 요구하는지 명확히 이해할 수 있다. IT 전문가는 BA를 통해 비즈니스의 실제 요구사항을 파악하고, 이를 기술적으로 어떻게 지원할지를 결정할 수 있다.

예를 들어, BA에서 '데이터 기반 개인화 마케팅 역량 강화'라는 목표가 설정되었다면, IT팀의 논의는 단순히 '새로운 마케팅 툴 도입'이 아니라, '고객 데이터를 수집 · 분석하고, 개인화된 메시지를 자동으로 전달하는 전체 프로세스를 기술적으로 어떻게 구현할 것인가?' 로 초점이 이동한다. 이처럼 BA는 기술적 논의가 비즈니스 가치라는 본질에서 벗어나지 않도록 하는 앵커(Anchor) 역할을 하며, IT 투자와 시스템 설계가 항상 기업의 전략적 목표와 정렬되도록 방향을 제시한다.

3. 애플리케이션 아키텍처(AA)

애플리케이션 아키텍처(Application Architecture, AA)는 비즈니스 아키텍처(BA)에서 정의한 업무와 역량을 실현하기 위해 어떤 소프트웨어가 필요하며, 이들이 서로 어떻게 연동되는지를 설계하는 청사진이다. 즉, 기업이 운영하는 모든 애플리케이션 포트폴리오의 구조와 관계를 체계적으로 정의한 설계도라고 할 수 있다.

- **AA의 핵심 활동**

  - **애플리케이션 포트폴리오 관리**: 기업 내 모든 애플리케이션을 목록화하고, 각 애플리케이션의 기능, 담당 부서, 기술 스택, 수명 주기 등을 관리한다. 이를 통해 중복된 기능을 가진 시스템을 식별하고 통합하여 운영 효율성과 비용 절감을 달성할 수 있다.
  - **애플리케이션 관계 정의**: 각 애플리케이션이 어떤 데이터를 주고받고, 어떤 업무 프로세스를 위해 서로 연동되는지를 명확히 한다. 예를 들어, 고객 관계 관리(CRM) 시스템이 전사적 자원 관리(ERP) 시스템과 주문 정보를 어떻게 교환하는지 정의하는 것이다. 이는 시스템 간 데이터 일관성과 프로세스 효율성을 보장하는 기반이 된다.
  - **애플리케이션 표준 및 패턴 정의**: 새로운 애플리케이션을 개발하거나 도입할 때 따라야 할 기술 표준, 보안 정책, 설계 패턴(예 마이크로서비스 아키텍처) 등을 명확히 규정한다. 이렇게 함으로써 전체 IT 환경의 일관성과 품질을 유지하고, 확장성 있는 구조를 확보할 수 있다.

도시 계획에 비유하자면, 애플리케이션 아키텍처는 도시의 기능(상업, 주거, 행정 등)을 수행하기 위해 필요한 건물의 종류와 배치를 설계하는 것과 같다. 시청, 병원, 학교, 소방서, 도서관, 쇼핑몰 등 각 건물의 역할을 정의하고, 이 건물들이 도로망으로 어떻게 연결되어 상호작용하는지를 계획하는 단계다. 예를 들어, 주거 지역 근처에는 학교와 공원을 배치하고, 상업 지구는 교통이 편리한 곳에 위치시키는 것처럼, AA는 애플리케이션 간의 관계와 위치(연계 구조)를 효율적으로 설계하여 전체 시스템이 유기적으로 작동하도록 돕는다.

AA의 비즈니스 가치: 중복 제거와 통합 촉진

AA는 기업 IT 환경의 복잡성을 줄이고 운영 효율성과 민첩성을 높이는 데 핵심적인 역할을 한다. 많은 대기업에서는 부서별로 비슷한 기능을 가진 여러 소프트웨어를 중복해서 사용하는 경우가 많다. 예를 들어, 각 부서가 서로 다른 프로젝트 관리 도구를 쓰는 상황이 대표적이다. AA는 이러한 중복을 전사적 관점에서 식별하고, 표준화된 도구를 지정하거나 시스템을 통합함으로써 라이선스 비용과 유지보수 비용을 절감한다.

또한 AA는 시스템 간 데이터 흐름과 인터페이스를 표준화하여, 새로운 시스템을 도입하거나 기존 시스템을 연동하는 작업을 훨씬 빠르고 안정적으로 수행할 수 있게 한다. 이는 결과적으로 기업의 비즈니스 민첩성(Agility)을 높이는 핵심 요인이다.

앞서 BA에서 설정한 '데이터 기반의 개인화 마케팅 역량 강화'라는 목표를 다시 생각해보자. AA는 이 역량을 구현하기 위해 필요한 구체적인 애플리케이션들을 정의한다. 예를 들어, '고객 데이터 플랫폼(CDP)', '마케팅 자동화 솔루션', '콘텐츠 관리 시스템(CMS)' 등이 필요하며, 이 시스템들이 서로 API를 통해 고객 데이터와 마케팅 캠페인 정보를 실시간으로 주고받아야 한다는 구조를 설계하는 것이 바로 AA의 역할이다.

4. 데이터 아키텍처(DA)

데이터 아키텍처(Data Architecture, DA)는 기업의 가장 중요한 자산 중 하나인 '데이터'를 어떻게 수집, 저장, 관리, 공유하고 활용할 것인지에 대한 전사적인 청사진이다. 이는 데이터의 구조, 흐름, 그리고 데이터 관리를 위한 원칙과 표준을 정의한다. DA는 단순히 데이터베이스를 설계하는 기술적인 활동을 넘어, 데이터를 비즈니스 가치 창출의 핵심 동력으로 만들기 위한 전략적인 활동이다.

DA의 핵심 구성 요소

- **데이터 모델(Data Models)**: 기업의 핵심 데이터(예 고객, 제품, 주문)가 어떤 속성을 가지고, 서로 어떤 관계를 맺는지를 논리적, 물리적으로 정의한다. 이는 데이터의 일관성과 품질을 보장하는 기초가 된다.
- **데이터 흐름(Data Flows)**: 데이터가 어디서 생성되어 어떤 애플리케이션과 프로세스를 거쳐 어디에 저장되고, 최종적으로 어떻게 활용되는지의 전체적인 흐름을 정의한다.
- **데이터 저장소(Data Stores)**: 데이터의 종류와 용도에 따라 어떤 저장 기술을 사용할지를 결정한다. 정형 데이터 처리를 위한 관계형 데이터베이스(RDBMS), 대용량 비정형 데이터 분석을 위한 데이터 레이크(Data Lake), 빠른 의사결정을 지원하기 위한 데이터 웨어하우스(Data Warehouse) 등을 적절히 배치하는 전략을 포함한다.
- **데이터 거버넌스(Data Governance)**: 데이터의 품질, 보안, 개인정보보호, 접근 제어 등에 대한 전사적인 정책과 표준을 수립하고 관리하는 체계를 의미한다.

도시 계획에 비유하면, DA는 도시의 생명선과도 같은 유틸리티 네트워크를 설계하는 것과 같다.

깨끗한 물을 공급하는 상수도, 오수를 처리하는 하수도, 전력을 공급하는 전력망, 정보를 전달하는 통신망 등이 여기에 해당한다. 이러한 유틸리티 네트워크가 체계적으로 설계되고 관리되어야 도시의 모든 건물과 시민이 원활하게 생활하고 활동할 수 있다. 마찬가지로, DA는 데이터라는 '자원'이 기업 내에서 원활하게 흐르고, 필요한 곳에 정확하고 안전하게 전달되도록 하는 기반 시설을 설계하는 것이다.

● DA의 중요성: 데이터를 자산으로 만들기

오늘날 '데이터는 새로운 석유'라고 불릴 만큼 그 가치가 중요해졌다. 하지만 정제되지 않은 원유가 쓸모없듯, 체계적으로 관리되지 않는 데이터는 오히려 혼란과 비용만 유발하는 짐이 될 수 있다. DA는 바로 이 원유(데이터)를 정제하고, 필요한 곳으로 운송하며, 최종적으로 고부가가치 제품으로 만드는 정유 공장 및 파이프라인과 같은 역할을 한다.

예를 들어, '데이터 기반의 개인화 마케팅 역량 강화'라는 목표를 달성하기 위해서는 여러 시스템에 흩어져 있는 고객 데이터를 한곳으로 모으고, 중복되거나 잘못된 데이터를 정제하며, 개인정보보호 규정을 준수하면서 분석할 수 있는 체계가 필요하다. DA는 바로 이러한 데이터 통합, 품질 관리, 보안 및 거버넌스에 대한 전체적인 계획을 수립한다. 이를 통해 기업은 신뢰할 수 있는 데이터를 기반으로 고객을 더 깊이 이해하고, 더 정확한 비즈니스 예측을 하며, 궁극적으로 경쟁 우위를 확보할 수 있다. DA가 없다면, 빅데이터나 인공지능(AI)과 같은 데이터 기반 혁신은 사상누각에 불과하다.

5. 기술 아키텍처(TA)

기술 아키텍처(Technology Architecture, TA)는 엔터프라이즈 아키텍처의 가장 구체적이고 실질적인 계층으로, 앞서 정의된 비즈니스, 애플리케이션, 데이터 아키텍처를 실제로 구현하는 데 필요한 기반 기술 인프라를 정의한다. 즉, '어떻게' IT 시스템을 구축하고 운영할 것인가에 대한 기술적인 청사진이다.

● TA의 주요 영역

- **하드웨어 및 인프라**: 서버, 스토리지, 네트워크 장비 등 물리적인 인프라의 종류와 구성을 정의한다. 여기에는 자체 데이터 센터를 운영할 것인지(온프레미스), 클라우드 서비스를 이용할 것인지(IaaS, PaaS), 아니면 둘을 혼합하여 사용할 것인지(하이브리드 클라우드)에 대한 중요한 전략적 결정이 포함된다.
- **시스템 소프트웨어**: 운영체제(OS, 예 Windows Server, Linux), 데이터베이스 관리 시스템(DBMS, 예 Oracle, MySQL), 미들웨어(예 WAS, MOM) 등 애플리케이션을 실행하는 데 필요한 기반 소프트웨어의 표준을 정의한다.
- **네트워크 아키텍처**: 기업 내부 네트워크(LAN)와 외부 인터넷(WAN)의 구조, 보안 정책(방화벽, VPN 등), 그리고 통신 프로토콜 등 네트워크 전반에 대한 구조를 설계한다.

- **개발 및 배포 표준**: 애플리케이션을 개발할 때 사용할 프로그래밍 언어, 프레임워크, 그리고 개발된 애플리케이션을 서버에 배포하고 운영하는 방식(예 DevOps, CI/CD)에 대한 표준을 정의한다.

도시 계획에 비유하면, TA는 도시를 건설하는 데 필요한 실제 건축 공법, 자재 표준, 그리고 전력망, 통신망, 도로망과 같은 기반 시설의 구체적인 기술 표준을 정하는 것과 같다. 건물을 지을 때 내진 설계 기준은 어떻게 할 것인지, 도로 포장은 어떤 재료를 사용할 것인지, 통신망은 광케이블을 기반으로 할 것인지 등을 결정하는 단계다. 이러한 기술 표준이 있어야 도시 전체의 인프라가 일관성 있고 안정적으로 구축될 수 있다.

TA의 역할: 표준화와 미래 대비

TA의 핵심 역할은 기술의 '표준화'를 통해 복잡성을 관리하고 효율성을 높이는 것이다. 만약 TA가 없다면, 각 개발팀이 저마다 다른 종류의 서버, 데이터베이스, 프로그래밍 언어를 사용하여 시스템을 만들게 될 것이다. 이는 마치 건축가마다 다른 치수 단위를 사용하여 건물을 짓는 것과 같아서, 나중에 시스템들을 서로 연결하거나 유지보수하는 것을 매우 어렵게 만든다. TA는 전사적인 기술 표준을 수립함으로써, 시스템 간의 호환성을 보장하고, IT 인력들이 특정 기술에 대한 전문성을 깊게 쌓을 수 있도록 하며, 기술 지원 및 관리를 용이하게 한다.

또한, TA는 미래 기술 변화에 대비하는 역할을 한다. TA 담당자는 클라우드, 인공지능, 컨테이너 기술 등 새로운 기술 동향을 지속적으로 분석하고, 이러한 기술들을 언제, 어떻게 도입하여 기업의 경쟁력을 높일 수 있을지에 대한 기술 로드맵을 제시한다. '데이터 기반의 개인화 마케팅 역량 강화' 예시에서, TA는 개인화 추천 엔진을 구현하기 위해 어떤 머신러닝 플랫폼을 사용할 것인지, 대용량 고객 데이터를 처리하기 위해 어떤 클라우드 데이터베이스 서비스를 도입할 것인지, 그리고 이 모든 시스템을 안정적으로 운영하기 위한 네트워크 및 서버 사양은 어떻게 할 것인지 등 구체적인 기술적 의사결정을 내리는 역할을 한다. 이처럼 TA는 EA의 비전을 현실로 만드는 구체적인 실행 계획이다.

2.6 중단 없는 서비스는 어떻게 만드는가?

1. 인프라 건전성 관리의 필요성

우리가 매일 사용하는 온라인 서비스의 기반이 되는 IT를 하나의 거대한 '디지털 도시'라고 상상해 보자. 이 도시에는 수많은 건물(서버)이 있고, 건물들을 잇는 도로망(네트워크)이 촘촘하게 깔려 있다. 도로 위로는 끊임없이 물류(데이터)가 오간다. 이 도시가 활기차고 원활하게 돌아가려면, 무엇보다 잘 계획된 도시 설계, 즉 '아키텍처(Architecture)'가 필수적이다.

이 디지털 도시가 마주하는 두 가지 큰 과제가 있다. 하나는 **'최적화(Optimization)'**이고 다른 하나는 **'고가용성(High Availability)'**이다. 최적화는 도시의 교통 체계를 개선하여 출퇴근 시간의 정체를 없애고 물류 흐름을 원활하게 만드는 것과 같다. 고가용성은 갑작스러운 정전이나 자연재해에도 도시의 핵심 기능이 멈추지 않도록, 비상 발전 시스템이나 대체 도로를 미리 마련해 두는 것과 같다.

이 두 가지 요소는 온라인 비즈니스의 성공을 좌우하는 핵심 동력이다. 비록 IT 비전공자나 비개발자에게는 낯선 용어일 수 있지만, 이 개념을 이해하는 것은 매우 중요하다. 우리 회사의 서비스가 왜 갑자기 느려지는지, 혹은 왜 가끔 접속이 안 되는지를 이해할 수 있게 된다. 나아가 기술팀이 왜 새로운 장비나 시스템 도입을 이야기하는지 공감하고, 더 나은 비즈니스 의사결정을 내릴 수 있다. 이 글은 바로 그 이해를 돕기 위해 작성되었다.

2. 아키텍처 최적화 개요

시스템 아키텍처 최적화는 단순히 속도를 빠르게 만드는 것 이상의 의미를 가진다. 이는 주어진 자원을 가장 효율적으로 사용하여 최고의 성과를 내기 위한 모든 활동을 포함한다. 마치 한정된 예산으로 최고의 여행 계획을 짜는 것과 같다. 최적화는 크게 성능, 비용, 그리고 안정성이라는 세 가지 중요한 축을 중심으로 이루어진다.

● 최적화란 무엇인가?

최적화는 시스템의 건강을 유지하고 개선하는 종합적인 관리 활동이다. 각 목표에 따라 최적화의 방향이 달라진다.

❶ 성능 최적화

성능 최적화의 가장 큰 목표는 사용자의 '기다리는 시간'을 줄이는 것이다. 사용자가 웹사이트에서 버튼을 클릭했을 때, 결과가 화면에 나타나기까지의 시간을 응답 시간이라고 한다. 이 응답 시간을 단축하는 것이 성능 최적화의 핵심이다. 식당에 비유하자면, 손님이 주문한 후 음식이 식탁에 오르기까지의 시간을 줄이는 것과 같다. 이를 위해 불필요한 코드 실행을 줄이고, 데이터 처리 방식을 개선하며, 시스템 내부의 비효율적인 작업 과정을 찾아내 수정한다.

❷ 비용 최적화

비용 최적화는 IT 자원을 운영하는 데 들어가는 지출을 최소화하는 것을 목표로 한다. 예를 들어, 새벽 시간처럼 사용자가 거의 없는 시간에는 서버의 규모를 자동으로 줄여 전기 요금과 자원 사용료를 아낄 수 있다. 반대로 사용자가 몰리는 시간에는 다시 서버 규모를 늘려 대응한다. 이는 텅 빈 사무실의 난방을 끄거나, 손님이 없는 식당의 조명을 일부 소등하여 비용을 절약하는 것과 같은 원리다. 사용하지 않는 자원을 정리하고, 더 효율적인 클라우드 서비스를 선택하는 것도 중요한 비용 최적화 활동이다.

❸ 안정성 및 가용성 최적화

안정성 최적화는 시스템이 예기치 않은 상황에서도 중단되지 않고 꾸준히 작동하도록 만드는 데 중점을 둔다. 특정 부품에 문제가 생겨도 전체 시스템이 멈추지 않도록 구조를 개선하는 활동이 포함된다. 이는 나중에 다룰 고가용성의 기반이 되는 중요한 작업이다. 튼튼하고 안정적인 시스템 구조는 서비스에 대한 고객의 신뢰를 높이는 첫걸음이다.

● 확장성의 개념

확장성(Scalability)이란 서비스의 사용자나 데이터 처리량이 급격히 증가했을 때, 시스템이 얼마나 유연하게 대응하여 성능을 유지할 수 있는지를 나타내는 능력이다. 갑자기 입소문이 나서 손님이 구름처럼 몰려든 식당이, 늘어난 주문을 차질 없이 처리하고 대기 줄을 효과적으로 관리하는 능력과 같다. 확장성을 확보하는 방법은 크게 두 가지로 나뉜다.

❶ 스케일 업(Scale-up): 자동차 엔진을 바꾸는 수직 확장

스케일 업은 현재 사용 중인 서버 자체의 성능을 높이는 방식이다. 컴퓨터의 중앙처리장치(CPU, Central Processing Unit)를 더 빠른 모델로 교체하거나, 작업 공간인 메모리(Memory) 용량을 늘리는 것이 대표적인 예다. 이를 '수직 확장'이라고도 부른다.

- **비유**: 작은 트럭 한 대의 엔진을 더 강력한 대형 엔진으로 교체하는 것과 같다. 트럭의 대수는 그대로지만, 한 번에 더 많은 짐을 더 빨리 실어 나를 수 있게 된다.
- **장점**: 서버 한 대의 성능만 높이면 되므로 시스템 구조가 비교적 단순하고 관리하기 쉽다.
- **단점**: 고성능 부품은 가격이 매우 비싸고, 업그레이드할 수 있는 성능에는 물리적인 한계가 있다. 가장 큰 문제는 그 서버 하나에 장애가 발생하면 서비스 전체가 멈추게 된다는 점이다.

❷ 스케일 아웃(Scale-out): 자동차 대수를 늘리는 수평 확장

스케일 아웃은 기존 서버와 비슷하거나 동일한 사양의 서버를 여러 대 추가하여 전체 시스템의 처리 용량을 늘리는 방식이다. 늘어난 서버들이 작업을 나누어 처리하기 때문에 한 서버에 가해지는 부담이 줄어든다. 이를 '수평 확장'이라고도 부른다.

- **비유**: 작은 트럭을 여러 대 더 구입하여 전체 운송량을 늘리는 것과 같다. 트럭 한 대의 성능은 그대로지만, 여러 대가 동시에 움직이므로 훨씬 더 많은 짐을 처리할 수 있다.

- **장점**: 필요에 따라 서버를 계속 추가할 수 있어 확장에 거의 한계가 없다. 또한, 서버 한 대가 고장 나더라도 다른 서버들이 계속 작동하므로 서비스 중단을 막을 수 있다.
- **단점**: 여러 대의 서버를 동시에 관리해야 하므로 시스템 구조가 복잡해진다. 그리고 여러 서버에게 작업을 공평하고 효율적으로 나누어 줄 '교통 경찰' 역할의 기술, 즉 로드 밸런서(Load Balancer)가 반드시 필요하다.

● 클라우드 시대의 최적화

과거에는 기업들이 서비스를 운영하기 위해 필요한 모든 서버와 네트워크 장비를 직접 구매해서 데이터 센터라는 공간에 설치하고 관리했다. 이를 '온프레미스(On-premise)' 방식이라고 한다. 하지만 이제는 아마존 웹 서비스(AWS, Amazon Web Services)나 구글 클라우드(Google Cloud) 같은 클라우드 컴퓨팅(Cloud Computing) 서비스를 통해 필요한 만큼의 컴퓨팅 자원을 빌려 쓰는 것이 대세가 되었다.

클라우드 환경은 최적화를 훨씬 더 쉽고 유연하게 만들어 준다. 온프레미스 환경에서는 서버를 한 대 추가하려면 구매, 배송, 설치까지 몇 주가 걸릴 수 있지만, 클라우드에서는 단 몇 분 만에 서버를 생성하거나 삭제할 수 있다. 이러한 유연성과 확장성 덕분에 갑작스러운 트래픽 증가에 신속하게 대응(스케일 아웃)하고, 사용량이 적을 때는 자원을 줄여 비용을 절감하는 최적화 활동을 손쉽게 수행할 수 있다. 이는 마치 명절에 손님이 많이 올 때 옆집에서 식탁과 의자를 잠시 빌려 쓰고, 손님이 돌아가면 다시 돌려주는 것과 같은 이치다.

최적화는 한 번의 이벤트로 끝나는 활동이 아니다. 비즈니스 환경은 끊임없이 변하고, 새로운 기능이 추가되며, 사용자들의 서비스 이용 패턴도 바뀐다. 어제의 최적화된 상태가 오늘은 더 이상 최적이 아닐 수 있다. 따라서 최적화는 시스템의 건강 상태를 지속적으로 측정하고 모니터링하며, 변화하는 환경에 맞춰 꾸준히 개선해 나가는 '지속적인 관리 과정'으로 이해해야 한다. 이는 자동차를 한 번 수리하고 끝내는 것이 아니라, 정기적으로 점검하고 관리하여 최상의 상태를 유지하는 것과 같다. 이러한 꾸준한 노력이 장기적인 서비스 경쟁력을 만든다.

3. 병목 현상(Bottleneck) 탐지

시스템 최적화를 이야기할 때 반드시 등장하는 개념이 바로 '병목 현상'이다. 아무리 좋은 성능의 부품들로 시스템을 구성했더라도, 단 한 곳의 성능 저하가 전체 시스템의 발목을 잡을 수 있다.

● 병목 현상이란?

병목 현상(Bottleneck)은 시스템의 전체 성능이나 처리량이 특정 한 부분의 성능 한계 때문에 제한받는 상황을 말한다. 이 단어는 이름 그대로 병의 목 부분처럼 넓은 부분이 갑자기 좁아지는 지점을 가리킨다.

- **비유**: 왕복 8차선의 넓은 고속도로가 있다고 상상해 보자. 이 도로 위를 달리는 차들은 시원하게 속도를 낼 수 있다. 하지만 도로의 특정 구간이 공사로 인해 갑자기 2차선으로 줄어든다면 어떻게 될까? 다른 구간이 아무리 넓고 뻥 뚫려 있어도, 결국 모든 차는 이 좁은 2차선

구간에 몰려 극심한 교통 정체를 겪게 된다. 이 좁아진 구간이 바로 '병목'이다. 이처럼 시스템 전체의 성능은 가장 느리게 작동하는 부분의 성능에 의해 결정된다.

● 병목 현상은 어디에서 발생하는가?

병목 현상은 시스템을 구성하는 모든 요소에서 발생할 수 있다. 마치 우리 몸의 혈관 어느 곳이든 막힐 수 있는 것과 같다. 주요 발생 지점은 다음과 같다.

❶ 서버 내부의 문제

서버 컴퓨터 내부의 핵심 부품들이 처리 용량의 한계에 부딪혔을 때 병목이 발생한다.

- **CPU 병목**: 서버의 두뇌 역할을 하는 CPU가 처리해야 할 계산량이 너무 많아 과부하가 걸리는 경우다. CPU 사용률이 100%에 가까워지면, 새로운 요청들을 더 이상 처리하지 못하고 시스템 전체가 느려진다.
- **메모리 병목**: 서버의 작업 공간인 메모리가 부족해지는 경우다. 메모리가 꽉 차면, 운영체제는 속도가 훨씬 느린 보조 기억장치(하드 디스크나 SSD)의 일부를 메모리처럼 사용하기 시작한다. 이 과정에서 시스템 속도가 급격하게 저하된다.
- **디스크 입출력(I/O, Input/Output) 병목**: 데이터를 디스크에서 읽거나 쓰는 속도가 전체 작업 처리 속도를 따라가지 못할 때 발생한다. 특히 대용량 파일을 자주 읽고 써야 하는 서비스에서 흔히 발생한다.

❷ 네트워크 문제

서버와 사용자 사이, 또는 서버와 다른 서버 사이를 연결하는 네트워크에서 병목이 발생할 수 있다. 데이터가 오가는 길의 폭을 '대역폭(Bandwidth)'이라고 한다. 한 번에 전송되는 데이터의 양이 이 대역폭을 초과하면 네트워크 정체가 발생한다. 이는 좁은 골목길에 너무 많은 차가 한꺼번에 몰리는 것과 같다. 또한, 네트워크 중간에서 데이터를 중계하는 라우터(Router)나 스위치(Switch) 같은 네트워크 장비의 처리 성능이 부족해도 병목이 발생할 수 있다.

❸ 데이터베이스 문제

데이터베이스(Database)는 서비스에 필요한 모든 데이터를 저장하고 관리하는 창고다. 이 창고에서 데이터를 비효율적으로 관리하면 심각한 병목이 발생한다.

- 데이터를 찾는 요청, 즉 '쿼리(Query)'가 비효율적으로 작성되면 데이터베이스는 불필요하게 많은 데이터를 뒤져야 하므로 속도가 느려진다.
- 책의 목차나 색인처럼 데이터베이스에서 원하는 데이터를 빠르게 찾도록 도와주는 '인덱스(Index)' 설정이 잘못되어도 성능이 크게 저하된다.
- **비유**: 거대한 도서관에서 특정 책을 찾아야 할 때, 도서 목록이나 색인 카드 없이 모든 책장을 처음부터 끝까지 일일이 뒤지는 것과 같다. 당연히 시간이 오래 걸릴 수밖에 없다.

❹ 애플리케이션 문제

서비스를 구동하는 소프트웨어, 즉 애플리케이션의 코드 자체가 비효율적으로 작성된 경우에도 병목이 발생한다.

- 프로그램 코드 내에 불필요한 반복 작업이 많거나, 메모리를 과도하게 사용하여 자원을 낭비하는 경우가 해당된다.
- 개발의 편의성을 위해 사용하는 '웹 프레임워크(Web Framework)'가 너무 무겁고 복잡하여, 단순한 작업을 처리하는 데도 많은 시간이 걸리는 경우도 있다.

● 병목 현상 해결을 위한 접근법

병목 지점을 찾았다면, 이를 해결하기 위한 접근법은 크게 두 가지로 나뉜다.

- **튜닝(Tuning)**: 병목의 원인이 되는 부분을 찾아 설정을 변경하거나 코드를 수정하여 효율을 높이는 작업이다. 예를 들어, 비효율적인 데이터베이스 쿼리를 수정하거나, 불필요한 기능을 비활성화하여 시스템의 부담을 줄이는 것이다. 이는 도로 정체의 원인이 잘못된 신호 체계 때문일 때, 신호 주기를 조절하여 교통 흐름을 개선하는 것과 같다.
- **리소스 증설**: 튜닝만으로 성능 개선에 한계가 있을 때, 하드웨어 자원 자체를 늘리는 방법이다. 더 좋은 성능의 부품으로 교체하는 '스케일 업'이나, 서버 대수를 늘리는 '스케일 아웃'이 여기에 해당된다. 이는 교통량을 감당하기 위해 도로 자체를 확장하는 것과 같다.

병목 현상을 해결하는 과정은 '완치'의 개념이 아니다. 시스템의 한계는 계속해서 드러나기 마련이다. 예를 들어, 데이터베이스 병목을 해결하여 처리 속도를 높였더니, 이제는 더 많아진 요청을 감당해야 하는 웹 서버의 CPU가 새로운 병목 지점으로 떠오를 수 있다. 이처럼 병목은 제거되는 것이 아니라, 시스템의 가장 약한 고리를 따라 '이동'한다. 따라서 병목 해결은 시스템의 한계를 계속해서 확장해 나가는 순환적인 개선 과정으로 보아야 한다.

4. 고가용성(HA) 설계

현대 사회에서 온라인 서비스의 중단은 단순한 불편을 넘어 막대한 비즈니스 손실로 이어진다. 고객의 신뢰를 잃고, 매출에 직접적인 타격을 입을 수 있다. '고가용성(High Availability, HA)'은 이러한 서비스 중단을 최소화하여, 마치 불이 꺼지지 않는 등대처럼 언제나 안정적으로 서비스를 제공하기 위한 기술이자 시스템 설계 철학이다.

● 가용성의 개념: 우리 서비스는 얼마나 오랫동안 정상 작동하는가?

가용성이란 시스템이 장애 없이 정상적으로 운영된 시간의 비율을 의미한다. 보통 백분율(%)로 표현하며, 가용성은 서비스 수준을 정의하는 중요한 요소로, 서비스 수준 협약(SLA)에서 주로 사용됩니다.

- **가용성 계산식**: 가용성(%)=정상 작동 시간/전체 운영 시간×100
- **정상 작동 시간**: 시스템이 문제없이 운영된 시간
- **전체 운영 시간**: 시스템이 운영된 전체 시간
- **예시**: 만약 시스템이 하루 24시간 운영되고, 그 중 22시간은 정상 작동하며 2시간은 장애가 발생했다면, 가용성은 다음과 같이 계산됩니다.
- 가용성(%)=22/24×100=91.67%

예를 들어, 1년(365일) 동안 총 1일의 장애가 발생했다면, 가용성은 약 99.7%가 된다. 고가용성은 이 가용성 수치를 100%에 최대한 가깝게 유지하는 것을 목표로 한다.

- **비유**: 24시간 연중무휴 편의점을 생각해 보자. 이 편의점이 진정한 '고가용성'을 추구한다면, 직원이 갑자기 아파서 결근하거나, 정전이 되거나, 특정 상품의 재고가 떨어지는 등의 예기치 못한 문제에 대비해야 한다. 대체 근무 인력, 비상 발전기, 안정적인 재고 관리 시스템 등을 갖추어 어떤 상황에서도 가게 문을 닫지 않고 운영을 지속할 수 있어야 한다. IT 시스템의 고가용성도 이와 같은 원리다.

● 고가용성의 수준: 파이브 나인의 의미

시스템의 가용성 수준은 보통 숫자 '9(Nine)'의 개수로 표현하는 '나인 표기법'을 사용한다. 예를 들어, 가용성 99.9%는 '쓰리 나인(Three Nines)', 99.999%는 '파이브 나인(Five Nines)'이라고 부른다. 숫자상으로는 99.9%와 99.999%의 차이가 0.099%p에 불과해 보이지만, 실제 허용되는 장애 시간으로 환산하면 그 차이는 엄청나다. 99.9% 가용성은 1년에 약 8시간 45분의 장애를 허용하는 반면, 99.999%는 단 5분 15초의 장애만을 허용한다. 이는 서비스의 신뢰도에 극적인 차이를 만들어낸다. 아래 표는 각 가용성 등급이 실제로 어느 정도의 장애 시간을 의미하는지 보여준다.

▼ 가용성 등급별 연간 서비스 중단 시간 비교

가용성 수준	별칭	연간 허용 장애 시간	월간 허용 장애 시간(약)	주간 허용 장애 시간(약)	일일 허용 장애 시간(약)
99%	Two Nines	3.65일	7.3시간	1.68시간	14.4분
99.9%	Three Nines	8.77시간	43.8분	10.1분	1.44분
99.99%	Four Nines	52.6분	4.4분	1.01분	8.6초
99.999%	Five Nines	5.26분	26.3초	6.1초	0.86초

● 고가용성을 위한 세 가지 핵심 요소

고가용성 시스템을 구축하기 위해서는 다음 세 가지 핵심 요소가 반드시 필요하다. 이들은 서로 맞물려 작동하며 시스템의 안정성을 보장한다.

❶ 이중화(Redundancy)

이중화는 시스템의 특정 구성 요소 하나가 고장 나더라도 전체 서비스가 중단되는 것을 막기 위해, 중요한 부품들을 여러 개 준비해 두는 것이다. 만약 시스템에 단 하나의 서버, 단 하나의 네트워크 회선만 있다면, 그것이 고장 나는 순간 서비스는 멈추게 된다. 이러한 지점을 '단일 장애 지점(Single Point of Failure, SPOF)'이라고 부르며, 이중화는 바로 이 SPOF를 제거하는 것을 목표로 한다.

❷ 모니터링(Monitoring) 및 장애 감지(Failure Detection)

이중화된 구성 요소들이 평소에 잘 작동하고 있는지 실시간으로 감시하는 활동이다. 가장 대표적인 방법은 '하트비트(Heartbeat)' 방식이다. 주 시스템과 예비 시스템이 주기적으로 서로에게 "잘 있니?"와 같은 아주 작은 신호를 보낸다. 만약 주 시스템으로부터 일정 시간 동안 신호가 오지 않으면, 예비 시스템은 주 시스템에 문제가 생겼다고 판단하고 장애 상황에 대비한다.

❸ 장애 복구(Failover)

모니터링을 통해 시스템의 특정 부분에 장애가 발생한 것을 감지했을 때, 서비스의 제어권을 미리 준비해 둔 예비 시스템으로 자동으로 넘기는 과정을 말한다. 이 과정이 얼마나 빠르고 매끄럽게 이루어지느냐가 서비스 중단 시간을 결정하는 중요한 요소다. 사용자가 아무것도 눈치채지 못할 정도로 순식간에 전환이 이루어지는 것이 가장 이상적이다.

● 넷플릭스 사례로 보는 고가용성

전 세계 수억 명의 사용자가 동시에 접속하여 영상을 시청하는 넷플릭스(Netflix)는 고가용성 아키텍처의 대표적인 성공 사례로 꼽힌다. 넷플릭스는 다음과 같은 전략을 통해 거의 중단 없는 서비스를 제공한다.

- **마이크로서비스 아키텍처(Microservices Architecture)**: 넷플릭스는 거대한 단일 프로그램으로 시스템을 만드는 대신, 로그인, 콘텐츠 추천, 검색, 결제 등 각 기능을 독립적인 작은 서비스(마이크로서비스)로 잘게 쪼개어 개발했다. 이 덕분에 추천 서비스에 일시적인 문제가 발생하더라도, 사용자는 여전히 다른 기능인 검색이나 영상 재생은 문제없이 이용할 수 있다. 즉, 하나의 작은 장애가 전체 시스템의 마비로 번지는 것을 원천적으로 차단한다.
- **전 세계에 분산된 인프라(Multi-Region Deployment)**: 넷플릭스는 AWS 클라우드를 북미, 유럽, 아시아 등 전 세계 여러 지역(Region)에 걸쳐 사용한다. 만약 북미 지역 전체에 인터넷 장애나 자연재해가 발생하더라도, 다른 지역에 있는 서버들이 즉시 그 역할을 이어받아 서비스를 제공한다. 이를 통해 특정 지역의 대규모 재난 상황에서도 서비스의 연속성을 보장한다.
- **카오스 엔지니어링(Chaos Engineering)**: 넷플릭스는 '카오스 몽키(Chaos Monkey)'라는 독특한 도구를 개발하여 사용한다. 이 도구는 운영 중인 실제 서비스 환경에서 무작위로 서버를 강제 종료시키는 역할을 한다. 일부러 장애를 일으켜 시스템이 예기치 않은 문제 상황에 얼마나 잘 견디고 자동으로 복구되는지를 끊임없이 시험하는 것이다. 이는 소방서에서 평소에 예고 없이 비상벨을 울려 소방관들의 실제 대응 능력을 점검하고 훈련하는 것과 같다. 이러한 적극적인 노력을 통해 넷플릭스는 장애를 두려워하는 것을 넘어, 장애를 예측하고 관리하는 수준에 이르렀다.

5. 고가용성 구현 핵심 기술

고가용성이라는 목표를 달성하기 위해 IT 엔지니어들은 '이중화'와 '클러스터링'이라는 두 가지 핵심 기술을 사용한다. 이 두 기술은 서비스가 멈추지 않도록 하는 안전장치 역할을 한다.

● 이중화: 만약을 대비하는 가장 확실한 보험

이중화(Redundancy)는 고가용성을 위한 가장 기본적이고 필수적인 전략이다. 시스템의 안정성을 높이기 위해 서버, 네트워크 장비, 저장 장치 등 각종 자원을 두 개 이상으로 구성하는 모든 활동을 말한다. 이중화 구성 방식은 크게 두 가지로 나뉜다.

❶ Active–Standby(Active–Passive) 구성: 주전 선수와 항상 대기하는 후보 선수

이 방식에서는 두 대의 서버 중 한 대(Active 서버)만 실제 서비스 요청을 처리하고, 다른 한 대(Standby 서버)는 평상시에 아무 일도 하지 않고 대기만 한다. 그러다가 Active 서버에 장애가 발생하면, 대기하던 Standby 서버가 즉시 그 역할을 이어받아 서비스를 계속한다. 이 전환 과정을 '장애 복구(Failover)'라고 한다.

- **비유**: 비행기를 조종하는 기장(Active)과 부기장(Standby)의 관계와 같다. 평소에는 기장이 주로 조종을 하지만, 만약 기장에게 예기치 않은 문제가 생기면 부기장이 즉시 조종간을 넘겨받아 비행을 계속할 수 있도록 항상 대기하고 있다.

❷ Active–Active 구성: 모든 선수가 함께 뛰며 일을 나누는 팀

이 방식에서는 두 대 이상의 서버가 모두 동시에 서비스 요청을 나누어 처리한다. 따라서 한 서버에 장애가 발생하더라도 다른 서버들이 계속해서 서비스를 제공할 수 있어 고가용성을 확보할 수 있다. 또한, 평소에도 모든 서버가 함께 일하기 때문에 전체 시스템의 처리 성능이 향상되는 '부하 분산(Load Balancing)' 효과도 동시에 얻을 수 있다.

- **비유**: 대형 마트의 계산대 두 개가 모두 손님을 받고 있는 상황과 같다. 계산원(서버) 두 명이 각자 손님(요청)을 처리하므로 전체 계산 속도가 빠르다. 만약 한쪽 계산대에 문제가 생겨도, 다른 계산대에서 계속 손님을 받을 수 있어 마트 운영이 중단되지 않는다.

아래 표는 두 이중화 방식의 특징을 비교하여 어떤 상황에 어떤 방식이 더 적합한지 판단하는 데 도움을 준다.

▼ 이중화 방식의 특징 비교

구분	Active–Standby(Active–Passive)	Active–Active
작동 방식	한 서버(Active)만 요청을 처리하고, 다른 서버(Standby)는 대기	모든 서버가 동시에 요청을 처리
주요 목적	고가용성(장애 대비)	부하 분산 및 고가용성
자원 활용도	낮음(Standby 서버는 평소에 유휴 상태)	높음(모든 서버를 100% 활용)
구성 복잡도	비교적 낮음	높음(데이터 동기화 등 고려 필요)
장애 복구 속도	빠름(서비스 전환에 약간의 시간 소요)	매우 빠름 (별도 전환 과정 거의 없음)
비용	상대적 저가(Standby 서버는 사양이 낮을 수 있음)	고가(모든 서버가 고사양이어야 함)
적합한 사용 사례	데이터 일관성이 매우 중요한 데이터베이스 서버	트래픽이 많은 웹 서버, 애플리케이션서버

● 클러스터링(Clustering): 여러 컴퓨터를 하나의 팀으로 묶기

클러스터링은 여러 대의 컴퓨터를 고속 네트워크로 긴밀하게 연결하여, 외부에서 볼 때 마치 하나의 거대한 고성능 컴퓨터처럼 동작하게 만드는 기술이다. 클러스터에 속한 각 컴퓨터를 '노드(Node)'라고 부른다. 클러스터링은 그 목적에 따라 종류가 나뉜다.

❶ 고가용성(HA, High Availability) 클러스터

HA 클러스터의 주된 목적은 서비스의 중단 없는 운영이다. 클러스터를 구성하는 노드 중 하나에 장애가 발생하면, 다른 노드가 즉시 그 업무를 이어받아(Failover) 서비스를 계속 제공한다. 이 노드들은 서로의 건강 상태를 '하트비트(Heartbeat)' 신호를 통해 지속적으로 확인한다. 앞에서 설명한 Active-Standby 구성이 바로 HA 클러스터를 구현하는 대표적인 방식이다.

❷ 고성능(High-Performance) 클러스터

이 클러스터는 여러 컴퓨터의 계산 능력을 한데 모아 매우 복잡하고 방대한 계산 작업을 병렬로 처리하여 빠르게 완료하는 것을 목표로 한다. 일기 예보 시뮬레이션이나 신약 개발 연구 등에 사용되는 슈퍼컴퓨터가 대표적인 고성능 클러스터의 예다.

고가용성, 이중화, 클러스터링은 서로 비슷해 보이지만 명확한 관계를 가지고 있다. 이 관계를 이해하면 기술 용어의 혼란 속에서 중심을 잡을 수 있다. **고가용성**은 '서비스를 절대 멈추지 않겠다'는 시스템의 궁극적인 목표(Why)다. 이 목표를 달성하기 위한 가장 핵심적인 전략(What)이 바로 '만약을 대비해 예비 자원을 준비하는' **이중화**다. 그리고 **클러스터링**은 이러한 이중화 전략을 실제로 구현하는 구체적인 **기술(How)**중 하나다. 즉, 여러 서버를 하나의 팀으로 묶고, 서로의 상태를 감시하며, 장애 시 자동으로 역할을 넘겨주는 정교한 메커니즘을 제공하는 것이다. 이들의 관계를 '목표-전략-기술'의 위계로 이해하면 각 개념의 역할을 명확하게 파악할 수 있다.

6. 로드 밸런싱(Load Balancing)

서버를 여러 대 두는 스케일 아웃(Scale-out) 방식으로 시스템을 확장했을 때, 새로운 문제가 생긴다. 수많은 사용자들의 요청을 어떤 서버에 보내야 할까? 모든 요청을 첫 번째 서버에만 보내면 그 서버는 과부하로 멈추고, 나머지 서버들은 아무 일도 하지 않는 비효율적인 상황이 발생한다. 이때 등장하는 해결사가 바로 '로드 밸런서'다.

● 로드 밸런서의 역할: 서버들에게 일을 공평하게 분배하기

로드 밸런서(Load Balancer)는 여러 대의 서버로 구성된 시스템의 가장 앞단에 위치하여, 외부에서 들어오는 사용자 요청(트래픽)을 뒤쪽에 있는 여러 서버에게 적절하게 분배해주는 장치 또는 소프트웨어를 말한다. 말 그대로 '부하(Load)를 균형 있게(Balancing)' 맞춰주는 역할을 한다.

- **비유**: 인기 있는 맛집 앞에 서서 대기 줄을 관리하는 매니저를 떠올려 보자. 매니저는 새로 도착한 손님들을 가게 안의 비어있는 테이블로 순서대로 안내한다. 특정 테이블에만 손님이 몰리지 않도록 조절하고, 식사를 마친 테이블을 확인하여 다음 손님을 받는 역할을 한다. 로드 밸런서가 바로 이 매니저와 같은 역할을 하는 디지털 교통 경찰이다.

로드 밸런서는 다음과 같은 중요한 기능들을 수행한다.

- **부하 분산(Load Balancing)**: 가장 핵심적인 기능으로, 특정 서버에만 요청이 몰려 과부하가 걸리는 것을 방지하고, 모든 서버가 비슷한 수준의 작업을 처리하도록 트래픽을 나눈다.

- **고가용성 확보(High Availability)**: 로드 밸런서는 주기적으로 서버들의 건강 상태를 확인(Health Check)한다. 만약 특정 서버가 응답이 없거나 문제가 생긴 것을 감지하면, 그 서버를 서비스에서 잠시 제외하고 건강한 다른 서버들에게만 요청을 보낸다. 이를 통해 사용자는 일부 서버의 장애를 전혀 인지하지 못하고 서비스를 계속 이용할 수 있다.
- **유연한 확장성(Flexibility&Scalability)**: 서비스 운영 중에 서버를 추가하거나 점검을 위해 잠시 제외해야 할 때, 서비스 전체를 중단할 필요가 없다. 로드 밸런서 설정만 변경하면 새로운 서버를 즉시 서비스에 투입하거나, 기존 서버를 안전하게 제외할 수 있다.

● 로드 밸런싱 알고리즘 맛보기

로드 밸런서는 어떤 규칙, 즉 '알고리즘(Algorithm)'에 따라 요청을 분배할지 결정한다. 다양한 알고리즘이 있지만, 가장 기본적이고 널리 쓰이는 두 가지 방식은 다음과 같다.

❶ 라운드 로빈(Round Robin): 순서대로 하나씩 나눠주기

가장 단순하고 직관적인 방식이다. 로드 밸런서는 서버 목록을 만들어두고, 요청이 들어오는 순서대로 서버들에게 돌아가며 하나씩 할당한다. 1번 요청은 1번 서버, 2번 요청은 2번 서버, 3번 요청은 3번 서버에 보내고, 4번 요청은 다시 1번 서버로 보내는 식이다.

- **비유**: 카드 게임에서 딜러가 여러 명의 플레이어에게 카드를 한 장씩 순서대로 공평하게 나눠주는 것과 같다. 모든 서버의 성능이 비슷하고 처리하는 작업의 종류가 단순할 때 효과적이다.

❷ 최소 연결(Least Connection): 가장 한가한 서버에게 일감 몰아주기

이 방식은 현재 서버들이 처리하고 있는 연결(작업)의 개수를 실시간으로 파악한다. 그리고 새로운 요청이 들어오면, 현재 연결 수가 가장 적은 서버, 즉 가장 한가한 서버에게 요청을 보낸다.

- **비유**: 대형 마트 계산대에서 줄이 가장 짧은 곳으로 가서 계산하는 것과 같다. 각 요청을 처리하는 데 걸리는 시간이 서로 다를 때, 라운드 로빈 방식보다 훨씬 더 효율적으로 부하를 분산시킬 수 있다.

알아두세요 **이중화, 클러스터링, 로드 밸런싱의 협력 관계**

지금까지 살펴본 이중화, 클러스터링, 로드 밸런싱 기술은 각각 독립적으로 작동하는 것이 아니라, 서로 긴밀하게 협력하여 멈추지 않는 강력한 고가용성 시스템을 완성한다.

고가용성은 훌륭한 교향곡 연주와 같다. 이중화는 같은 악기를 연주하는 단원을 여러 명 두어 한 명이 실수해도 연주가 끊기지 않도록 하는 것이고, 클러스터링은 이 단원들을 하나의 파트로 묶어 호흡을 맞추며 하나의 소리를 내도록 하는 과정이다. 마지막으로 로드 밸런서는 전체 악보를 보고 각 파트의 연주를 조율하는 지휘자처럼, 서버 클러스터의 상태를 살피며 요청을 적절히 분배해 전체 시스템이 조화롭게 동작하도록 만든다. 이 오케스트라가 실제로 작동하는 방식은 다음과 같다.

❶ 수많은 청중(사용자)의 박수갈채(요청)가 가장 먼저 지휘자(로드 밸런서)에게 향한다.
❷ 지휘자는 각 악기 파트(클러스터로 묶인 이중화된 서버들)의 상태를 살핀다.
❸ 지휘자는 현재 가장 연주하기에 적합한 파트에게 악보(요청)를 전달한다. 만약 특정 연주자(서버)가 갑자기 연주를 못하게 되면, 지휘자는 이를 즉시 알아채고 다른 건강한 연주자들에게만 연주를 맡긴다. 이 모든 과정이 너무나 자연스럽게 이루어져 청중은 아무런 문제도 느끼지 못하고 아름다운 연주를 계속 감상할 수 있다.

2.7 연습문제

01 아키텍처 설계 시 고려해야 할 '가용성(Availability)'의 핵심 목표로, 시스템이 99.999% 가동률을 달성하는 상태를 의미하는 용어는 무엇인가?

① 내결함성
② 고가용성(HA)
③ 확장성
④ 유연성

02 인프라 아키텍처 설계의 3대 요소 중 하나로, 초기 구축 비용(CAPEX)과 운영 비용(OPEX)의 균형을 맞추는 경제적 고려사항은 무엇인가?

① 성능 최적화
② 보안성
③ 확장성
④ 비용 효율성

03 서버 가상화 기술 중, 호스트 OS 없이 하드웨어 위에 직접 설치되어 가상머신을 관리하는 '베어메탈' 방식의 하이퍼바이저는 무엇인가?

① Type 1(네이티브)
② Type 2(호스트형)
③ 컨테이너
④ 도커

04 가상화 환경에서 하나의 물리적 서버 자원을 논리적으로 분할하여 마치 여러 대의 독립된 서버처럼 사용하는 단위를 무엇이라 하는가?

① 클러스터
② 노드
③ 가상머신(VM)
④ 파드

05 네트워크 아키텍처에서 외부 인터넷과 내부 사설망 사이의 완충 지대 역할을 하며, 외부 접근이 가능한 웹 서버 등이 위치하는 구역은 무엇인가?

① 인트라넷
② VPN
③ 서브넷
④ DMZ(비무장지대)

06 대규모 트래픽 처리를 위해 여러 대의 서버에 부하를 분산시키는 장비로, 시스템의 가용성을 높이는 핵심 네트워크 장치는 무엇인가?

① 스위치
② 라우터
③ 로드밸런서
④ 방화벽

07 데이터베이스 아키텍처 중, 읽기 작업과 쓰기 작업을 분리하여 성능을 최적화하는 설계 패턴은 무엇인가?

① 샤딩
② 파티셔닝
③ 리플리케이션
④ CQRS 패턴

08 대용량 데이터를 여러 DB 서버에 분할 저장하여 처리 속도를 높이는 수평적 확장(Scale-out) 방식의 데이터베이스 기술은 무엇인가?

① 샤딩(Sharding)
② 정규화
③ 인덱싱
④ 트랜잭션

09 재해 복구(DR) 시스템 구축 방식 중, 주 센터와 동일한 시스템을 구축하고 실시간으로 데이터를 동기화하여 즉시 복구가 가능한 가장 높은 수준의 방식은 무엇인가?

① 콜드 사이트
② 웜 사이트
③ 핫 사이트
④ 백업 사이트

10 재해 발생 시 허용 가능한 최대 데이터 손실 시점을 의미하며, '어느 시점까지의 데이터로 복구할 것인가'를 나타내는 지표는 무엇인가?

① RTO
② RPO
③ MTBF
④ MTTR

3 장

물리적 서버와 하드웨어 이해하기

학 습 목 표

디지털 세상의 서비스가 멈추지 않고 제공되기 위해서는 든든한 일꾼, 즉 서버와 하드웨어를 이해해야 한다. 이 자료는 비전공자의 눈높이에서 컴퓨터 장비가 데이터를 처리하는 능력을 혼자 밥을 해 먹는 '가정용 주방'과 수천 명의 식사를 동시에 준비하는 '대형 호텔 주방'의 비유를 통해 쉽게 설명한다. 물리적 장비의 차이를 이해함으로써 우리는 왜 일반 PC가 아닌 고성능 전용 장비가 비즈니스에 필수적인지 그 중요성을 깊이 인식하고, 안정적인 서비스 운영을 위해 각자가 하드웨어 자원을 어떻게 바라봐야 하는지 명확히 알게 될 것이다.

3.1 서버의 성능은 무엇이 결정하는가?

1. 중앙처리장치(CPU)

CPU(Central Processing Unit, 중앙처리장치)는 서버의 두뇌로, 모든 연산과 명령 실행을 담당하는 핵심 부품이다. 프로그램의 명령어를 해석하고 계산을 수행하며, 각 장치로 데이터를 전송하여 시스템 전체를 제어한다. 서버용 CPU는 일반 PC용과 달리 더 많은 코어(Core)를 탑재하고, 24시간 고부하 환경에서도 안정적으로 동작할 수 있도록 설계된다. 즉, 단순히 빠른 연산보다 '안정성과 신뢰성'이 최우선으로 고려된다.

● CPU의 역할

서버의 CPU는 수많은 사용자 요청을 동시에 처리한다. 예를 들어, 웹 서버에서는 페이지 요청을 분석하고, 데이터베이스 쿼리를 실행하며, 결과를 HTML 형태로 만들어 반환하는 일련의 과정이 모두 CPU의 연산을 통해 이뤄진다. 즉, CPU는 단순히 계산기 역할을 넘어 서비스의 응답 속도와 처리 효율을 결정하는 핵심 요소다. CPU의 성능은 단순히 '속도'만으로 판단할 수 없다. 결국, CPU 선택은 클럭 속도, 코어 수, 아키텍처 효율성의 조합으로 판단해야 한다.

- **클럭 속도(Clock Speed)**: 초당 명령 실행 횟수를 의미하며, 단위는 GHz(GigaHertz)다. 속도가 높을수록 빠른 처리가 가능하지만, 동일한 클럭이라도 아키텍처 설계에 따라 실제 성능은 달라진다.
- **코어 수(Core Count)**: 동시에 처리할 수 있는 작업의 개수를 결정한다. 다중 사용자 환경에서는 코어 수가 많을수록 효율적이다.
- **전력 효율과 발열 관리**: 서버는 장시간 가동되므로 발열과 전력 소비가 중요한 고려 요소다. 최신 CPU는 성능과 효율의 균형을 중시한다.

● 주요 CPU 제조사

- **인텔(Intel)**: 오랜 기간 서버 시장을 주도해 온 기업으로, 제온(Xeon) 시리즈가 대표적이다. 안정성과 호환성이 높아 전통적인 기업 환경에서 널리 사용된다.
- **AMD**: 에픽(EPYC) 시리즈로 경쟁하며, 많은 코어 수와 합리적인 가격을 강점으로 빠르게 시장 점유율을 확대하고 있다.
- **ARM 기반 CPU**: 전력 효율이 매우 높아 클라우드 데이터센터나 경량화된 워크로드에 적합하다. 특히, 특정 용도(예 웹 프록시, 엣지 서버)에 맞춘 맞춤형 설계가 가능하다는 장점이 있다.

● CPU 선택 기준

CPU 선택은 업무의 성격과 운영 환경을 기준으로 해야 한다.

- 계산 집약적 작업(예 AI, 과학 연산) → 고성능 · 고클럭 CPU
- 웹 서버나 API 서버 → 코어 수가 많은 멀티코어 CPU
- 데이터베이스 서버 → 높은 클럭 속도와 캐시 성능이 중요

또한, 고성능 CPU일수록 전력 소비와 발열이 커지므로, 냉각 시스템 및 전력 비용까지 포함한 총소유비용(TCO)을 고려해야 한다. 마지막으로, 향후 확장성과 소켓 호환성을 검토하여 업그레이드 가능한 구조로 설계하는 것이 바람직하다.

2. 코어(Core)

코어는 CPU 내부에서 실제 연산을 수행하는 '독립적인 처리 단위'이다. 하나의 CPU 안에는 여러 개의 코어가 들어 있으며, 각 코어는 독립적으로 명령을 받아 처리한다. 즉, 여러 명의 작업자가 동시에 일을 분담하는 것과 같은 원리이다.

초기의 CPU는 하나의 코어만을 가졌지만, 기술 발전으로 현재는 수십 개의 코어를 탑재한 CPU가 일반적이다. 특히 서버용 CPU는 최대 128개의 코어를 지원하기도 하며, 코어 수가 많을수록 동시에 처리할 수 있는 작업의 양이 크게 증가한다.

● 멀티코어의 장점

멀티코어 구조의 가장 큰 장점은 **병렬 처리 능력**이다. 여러 코어가 동시에 각기 다른 작업을 수행함으로써 전체 처리 속도가 빨라지고, 응답 지연이 줄어든다.

예를 들어 수천 명이 동시에 접속하는 웹 서버에서는 각 사용자의 요청을 별도의 코어가 나누어 처리하므로, 한 사용자의 작업이 다른 사용자에게 영향을 주지 않는다. 그 결과 서버는 빠르고 안정적인 응답을 제공할 수 있으며, 전체 시스템 효율도 향상된다.

각 코어는 독립된 연산 장치(ALU)를 갖고 있으며, 자체 캐시 메모리를 보유한다. 또한, 명령어 파이프라인을 독립적으로 운영하여 다른 코어의 영향을 받지 않는다.

코어 간 데이터 교환은 내부 버스(Interconnect Bus)를 통해 이루어진다. 이때 메모리 접근은 메모리 컨트롤러가 조정하여, 여러 코어가 동시에 데이터를 요청하더라도 효율적으로 자원을 분배받도록 설계되어 있다. 이러한 구조 덕분에 CPU는 높은 처리량을 유지하면서도 안정적으로 작동할 수 있다.

● 코어와 성능의 관계

웹 서버는 많은 코어가 유리하며 각 사용자 요청을 별도로 처리하므로 코어가 많을수록 동시 사용자가 증가하고 16코어 이상이 일반적으로 권장된다. 데이터 분석 작업도 코어를 많이 사용하여 대량 데이터를 분할 처리하며 각 코어가 일부를 담당하므로 처리 시간이 크게 단축되는 이점

이 있다. 가상화 환경에서는 코어 수가 중요하며 각 가상 머신이 코어를 할당받으므로 코어가 많아야 많은 가상 머신을 운영할 수 있고 물리 서버 활용률이 높아진다.

코어 수가 많다고 해서 항상 성능이 비약적으로 향상되는 것은 아니다. 성능 향상은 소프트웨어의 병렬 처리 지원 여부에 크게 의존한다. 즉, 프로그램이 여러 스레드로 분할되어 동시에 실행될 수 있어야만 다수의 코어를 활용할 수 있다. 반대로 단일 스레드로 동작하는 프로그램은 하나의 코어만 사용하기 때문에, 코어 수가 많아도 성능 개선 효과가 거의 없다.

또한, 운영체제의 스케줄링(작업 분배) 효율도 중요하다. 부하가 일부 코어에만 집중되면 나머지 코어는 유휴 상태가 되어 전체 성능이 떨어진다. 따라서 균등한 부하 분산이 이루어지도록 시스템 설계와 최적화가 함께 고려되어야 한다.

3. 스레드(Thread)

스레드는 코어가 처리하는 작업의 흐름으로서 하나의 프로그램은 여러 스레드로 구성되며 각 스레드는 독립적으로 실행되어 동시에 여러 작업을 수행한다. 하드웨어 스레드는 하이퍼스레딩 기술로 구현되며 하나의 물리 코어가 두 개 스레드를 처리하여 마치 두 개 코어처럼 동작하며 자원을 효율적으로 활용한다.

● 하이퍼스레딩 기술

인텔의 하이퍼스레딩은 논리적 코어를 만들어 물리 코어 하나가 두 개 스레드를 번갈아 처리하므로 유휴 시간을 줄이고 전체 처리량이 증가하는 효과를 낸다. AMD는 SMT(Simultaneous Multi-Threading)라 부르며 동일한 원리로 동작하고 코어당 두 개 스레드를 지원하여 성능이 20~30% 향상되는 것으로 알려져 있다.

물리 코어는 실제 하드웨어이며 논리 코어는 소프트웨어적으로 보이는 코어로서 8코어 16스레드 CPU는 8개 물리 코어를 가지며 운영체제는 16개 코어로 인식한다. 작업 관리자에서 CPU 개수를 확인하면 논리 프로세서 수가 표시되며 물리 코어의 두 배가 일반적이지만 실제 성능은 물리 코어에 의존한다.

● 스레드 활용 최적화

애플리케이션은 멀티스레드로 설계되어야 하며 각 스레드가 독립적 작업을 수행하고 동기화 오버헤드를 최소화하며 잠금 경쟁을 줄이는 것이 중요하다. 너무 많은 스레드는 오히려 성능을 저하시키므로 컨텍스트 스위칭 비용이 증가하며 적절한 스레드 개수를 유지하고 코어 수의 1~2배가 적정하다고 볼 수 있다.

웹 서버는 스레드 풀을 운영하며 각 요청을 스레드가 처리하므로 스레드 개수가 동시 처리 능력을 결정하고 부족하면 요청이 대기하게 된다. 데이터베이스는 연결당 스레드를 할당하므로 많은 동시 접속을 지원하려면 스레드가 충분해야 하지만 메모리 사용량도 함께 증가하므로 균형을 맞춰야 한다.

4. 메모리(Memory)

메모리는 데이터를 임시 저장하는 공간으로서 CPU가 빠르게 접근할 수 있으며 실행 중인 프로그램과 데이터를 보관하고 작업 공간으로 활용된다. 서버 메모리는 용량과 속도가 중요하며 부족하면 성능이 급격히 저하되고 디스크를 대신 사용하게 되어 속도가 수백 배 느려지는 문제가 발생한다.

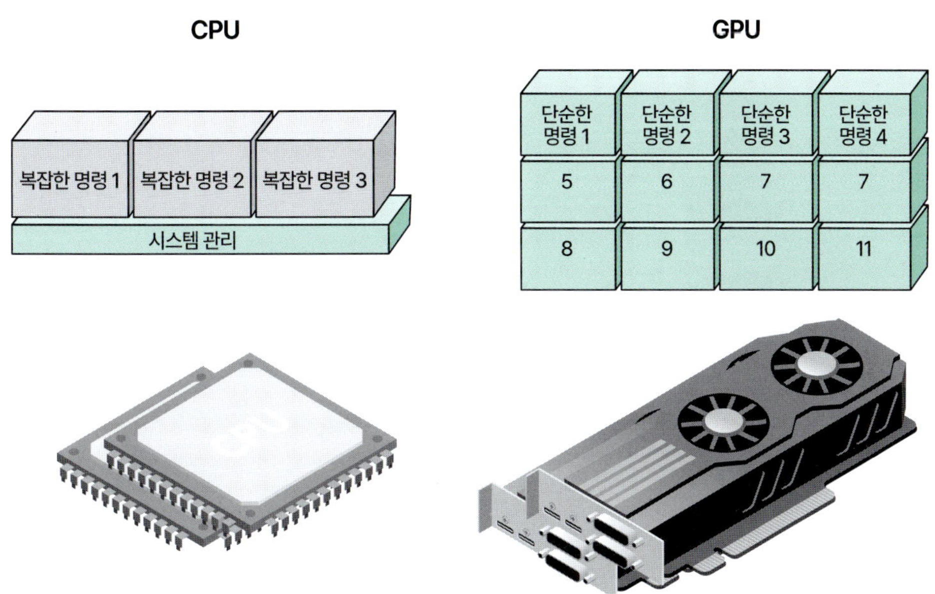

CPU가 처리할 데이터를 저장하고 프로그램 코드를 적재하며 중간 계산 결과를 보관하여 운영체제와 애플리케이션이 공유하는 작업 공간으로 기능한다. 디스크보다 수천 배 빠르며 데이터 접근 시간이 나노초 단위이므로 대량 데이터 처리에 필수적이고 메모리가 클수록 성능이 향상된다.

● 메모리 용량 산정 기준

운영체제가 기본적으로 소비하며 애플리케이션마다 요구량이 다르고 데이터베이스는 메모리를 많이 사용하며 동시 사용자 수에 비례하여 필요량이 증가한다. 서버는 최소 16기가바이트(GB, GigaByte)를 권장하며 데이터베이스 서버는 64기가바이트 이상 필요하고 가상화 서버는 128기가바이트 이상 구성하며 여유를 두고 산정하는 것이 바람직하다.

● 메모리 속도와 대역폭

메모리 속도는 메가헤르츠(MHz, MegaHertz)로 표시되며 DDR4는 2133~3200메가헤르츠이고 DDR5는 4800메가헤르츠 이상이며 속도가 빠를수록 데이터 전송이 신속하다. 대역폭은 초당 전송량으로서 메모리 채널 수에 영향받으며 듀얼 채널은 대역폭이 두 배가 되고 서버는 다중 채널을 지원한다.

● 메모리 부족 현상

스왑(Swap)이 발생하면 성능이 급락하며 디스크를 메모리처럼 사용하므로 응답 시간이 수십 배 증가하고 사용자 경험이 악화된다. 메모리 누수도 문제를 일으키며 프로그램이 메모리를 해제하지 않으면 사용 가능한 메모리가 점차 감소하고 결국 서버가 중단되는 상황이 발생한다.

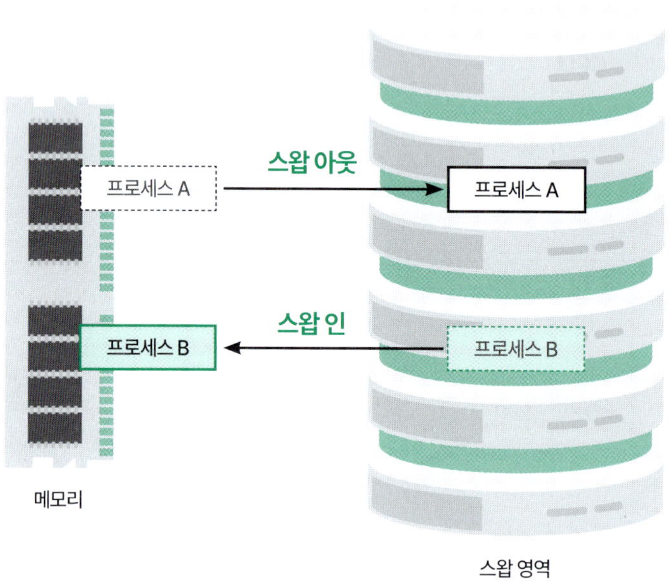

● 임의 접근 메모리(RAM)

RAM(Random Access Memory)은 주 메모리를 의미하며 전원이 꺼지면 내용이 사라지는 휘발성 메모리로서 빠른 속도가 특징이다. 서버는 대용량 RAM을 탑재하며 최신 서버는 테라바이트(TB, TeraByte) 단위를 지원하고 ECC(Error-Correcting Code) 기능이 필수적이어서 데이터 무결성을 보장한다.

- **DRAM의 특징:** DRAM(Dynamic RAM)은 서버 메모리의 주류로서 동적으로 데이터를 저장하며 주기적으로 재충전이 필요하고 용량이 크고 가격이 저렴한 장점이 있다. DDR(Double Data Rate) 기술이 적용되어 클럭당 두 번 데이터를 전송하며 DDR4와 DDR5가 현재 표준이고 세대가 올라갈수록 성능이 향상된다.
- **ECC 메모리:** 서버는 ECC 메모리를 사용하며 오류 감지와 수정 기능을 가지고 있어 비트 오류를 자동으로 복구하고 데이터 손상을 방지한다. 우주선과 전자기파가 메모리 오류를 일으킬 수 있으나 ECC는 이를 감지하고 수정하므로 시스템 안정성이 크게 향상되며 중요 업무에 필수적이다.
- **메모리 구성 방식:** 메모리 모듈은 DIMM(Dual Inline Memory Module) 형태이며 서버는 여러 개를 장착하고 채널별로 균등하게 배치하여 최대 성능을 발휘한다. 듀얼 채널 구성이 일반적이며 두 개 모듈을 쌍으로 설치하면 대역폭이 두 배가 되고 고급 서버는 쿼드 채널을 지원한다.

- **메모리 업그레이드:** 서버 성능 개선의 가장 효과적인 방법이며 메모리 추가만으로 큰 효과를 볼 수 있고 스왑 발생을 줄이며 응답 시간이 개선된다. 호환성을 반드시 확인하여 메인보드가 지원하는 규격을 체크하고 최대 용량과 속도를 확인하며 동일 규격 제품을 사용하는 것이 중요하다.

● 캐시(Cache)

캐시는 CPU 내부의 초고속 메모리로서 CPU와 RAM 사이 속도 차이를 보완하며 자주 사용하는 데이터를 저장하고 접근 시간이 극도로 짧다. L1, L2, L3 캐시로 계층화되며 L1이 가장 빠르고 용량이 작으며 L3는 느리지만 용량이 크고 CPU 코어와의 거리로 구분된다.

- **캐시의 계층 구조:** L1 캐시는 각 코어에 전용으로 할당되며 크기는 32~64킬로바이트(KB, KiloByte)이고 접근 시간이 1~2사이클로서 가장 빠른 메모리다. L2 캐시도 코어별로 존재하며 크기는 256킬로바이트~1메가바이트(MB, MegaByte)이고 접근 시간이 10사이클 내외이며 L1 캐시를 보조한다. L3 캐시는 모든 코어가 공유하며 크기는 수십 메가바이트이고 코어 간 데이터 공유에 유리하며 메모리 접근을 줄이는 역할을 한다.
- **캐시(Cache)캐시의 동작 원리:** 참조 지역성 원리를 활용하여 최근 사용한 데이터를 재사용할 가능성이 높고 인접한 데이터도 함께 사용하므로 미리 캐시에 적재한다. 캐시 히트는 원하는 데이터가 캐시에 있는 경우로서 빠르게 데이터를 가져오며 캐시 미스는 데이터가 없는 경우로서 메모리에서 가져와야 한다.
- **캐시(Cache)캐시와 성능:** 캐시 적중률이 성능을 좌우하며 90% 이상이 일반적이고 적중률이 높을수록 속도가 빠르며 메모리 접근 횟수가 줄어든다. 프로그램 최적화로 적중률을 높일 수 있으며 데이터를 순차적으로 접근하고 자주 사용하는 데이터를 모으며 메모리 접근 패턴을 개선하는 것이 중요하다.
- **캐시(Cache)서버 CPU의 캐시:** 서버용 CPU는 캐시가 크며 L3 캐시가 수십 메가바이트이고 코어당 2~4메가바이트를 할당하여 대규모 데이터 처리에 유리하다. 캐시 크기는 가격에 영향을 주므로 캐시가 클수록 CPU가 비싸지며 성능과 비용을 고려해 선택하고 업무 특성에 맞게 결정하는 것이 바람직하다.

데이터는 어디에 저장되는가?

1. 하드 디스크 드라이브(HDD)

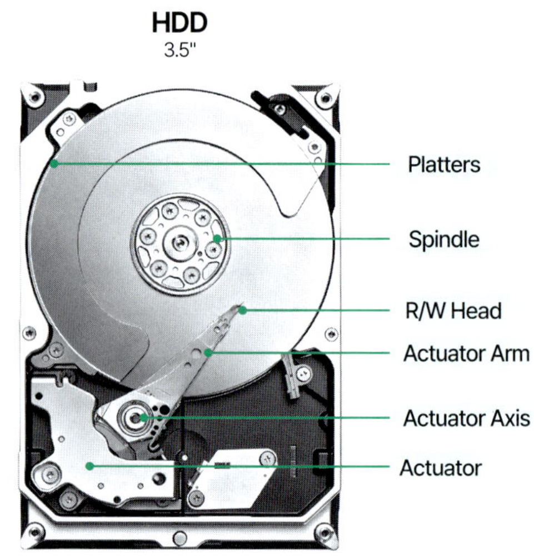

HDD(Hard Disk Drive, 하드 디스크 드라이브)는 전통적인 저장 장치로서 회전하는 플래터에 데이터를 기록하며 자기 헤드가 데이터를 읽고 쓰고 기계적 구조를 가진다. 대용량이 가장 큰 장점이며 테라바이트당 가격이 저렴하고 장기 보관에 적합하며 백업 용도로 많이 사용된다.

● HDD의 구조

플래터는 금속 원판으로서 자성 물질이 코팅되어 있으며 분당 수천 회 회전하고 여러 장이 적층된다. 읽기 쓰기 헤드가 데이터를 처리하며 플래터 표면에 매우 근접하고 마찰 없이 부유하며 정밀한 제어가 필요하다.

● HDD의 성능

회전 속도가 성능을 결정하며 7200RPM(Revolutions Per Minute)이 일반적이고 10000RPM과 15000RPM은 고성능이며 빠를수록 데이터 접근이 신속하다. 탐색 시간은 헤드 이동 시간으로서 수 밀리초가 소요되며 SSD에 비해 매우 느리고 랜덤 접근 성능이 약하다.

● HDD의 장단점

가격 대비 용량이 우수하며 10테라바이트 이상 제품이 흔하고 장기 데이터 보관에 경제적이며 교체 비용이 낮다는 장점이 있다. 속도가 느리다는 단점이 있으며 기계적 부품이 고장나기 쉽고 충격에 취약하며 소음과 발열이 발생한다.

● HDD 활용 분야

백업 스토리지로 널리 사용되며 접근 빈도가 낮은 데이터를 저장하고 아카이브 용도에 적합하며 비용 절감이 중요한 환경에 적용한다. 대용량 파일 서버에도 활용되며 영상과 이미지를 보관하고 순차 읽기 성능은 충분하며 랜덤 액세스가 적은 워크로드에 적합하다.

2. 솔리드 스테이트 드라이브(SSD)

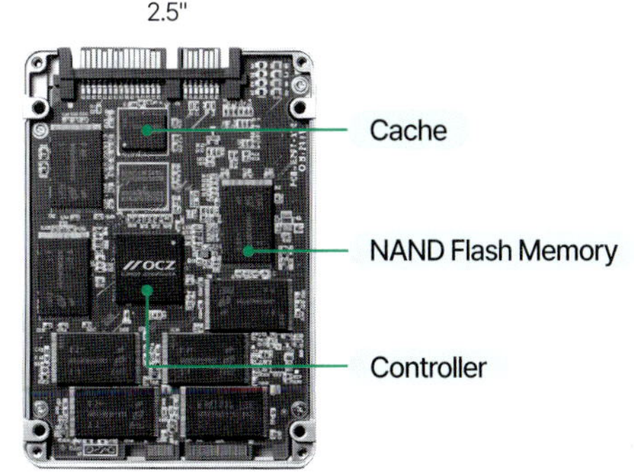

SSD(Solid State Drive, 고체 상태 드라이브)는 반도체 기반 저장 장치로서 플래시 메모리를 사용하며 기계적 부품이 없고 속도가 매우 빠르다. HDD 대비 수십 배 빠른 성능을 내며 랜덤 액세스가 우수하고 서버 성능을 크게 향상시키며 현대 서버의 표준이 되었다.

- **SSD의 구조**

NAND 플래시 메모리 셀로 구성되며 전기적으로 데이터를 저장하고 컨트롤러가 읽기 쓰기를 관리하며 펌웨어가 동작을 제어한다. 셀 타입에 따라 성능과 수명이 다르며 SLC(Single Level Cell)는 가장 빠르고 내구성이 높으며 MLC(Multi Level Cell)는 중간 성능이고 TLC(Triple Level Cell)와 QLC(Quad Level Cell)는 용량 대비 저렴하다.

- **SSD의 성능 특성**

읽기 속도가 초당 수 기가바이트이며 쓰기 속도도 초당 수 기가바이트에 달하고 접근 시간이 마이크로초 단위로서 HDD 대비 100배 이상 빠르다. IOPS(Input/Output Operations Per Second)가 매우 높으며 초당 수십만 회 입출력을 처리하고 데이터베이스 성능이 비약적으로 향상되며 응답 시간이 단축된다.

- **SSD의 수명**

쓰기 횟수에 제한이 있으며 셀이 마모되고 TBW(TeraBytes Written) 지표로 표시되며 엔터프라이즈급은 수 페타바이트를 지원한다. 웨어 레벨링 기술로 수명을 연장하며 쓰기를 균등하게 분산하고 오버프로비저닝 영역을 확보하며 실제 수명은 명시된 것보다 긴 편이다.

- **SSD 선택 기준**

엔터프라이즈급을 서버에 사용하며 내구성이 검증되었고 전력 차단 보호 기능을 가지며 데이터 손실을 방지한다. 인터페이스를 확인하여 SATA는 최대 600메가바이트/초이므로 충분하지 않을 수 있으며 NVMe가 차세대 표준이다.

3. 초고속 인터페이스(NVMe)

NVMe(Non-Volatile Memory Express)는 최신 스토리지 프로토콜로서 PCIe(Peripheral Component Interconnect Express) 인터페이스를 사용하며 SSD 성능을 극대화하고 SATA의 한계를 극복한다. 초당 수 기가바이트의 전송 속도를 제공하며 지연 시간이 극도로 짧고 고성능 서버의 필수 요소이며 데이터 집약적 업무에 최적이다.

● NVMe의 장점

SATA 대비 6배 이상 빠르며 읽기 속도가 초당 7기가바이트를 초과하고 쓰기 속도도 초당 5기가바이트 이상이며 대역폭 제약이 없다. 명령 큐가 깊어서 동시에 수만 개 명령을 처리하며 병렬성이 극대화되고 CPU 오버헤드가 감소한다.

● NVMe 폼 팩터

M.2 형태가 일반적이며 작은 카드 형태로서 메인보드에 직접 장착하고 공간 효율이 높다. U.2 형태도 있으며 2.5인치 드라이브처럼 생겼고 핫 스왑이 가능하며 서버 랙에 적합하다. AIC(Add-In Card) 형태는 PCIe 슬롯에 꽂으며 최고 성능을 내고 냉각이 우수하며 고급 서버에 사용한다.

● NVMe 활용 사례

데이터베이스 서버에 필수적이며 트랜잭션 처리 속도가 비약적으로 향상되고 쿼리 응답 시간이 단축되며 동시 사용자 수가 증가한다. 가상화 환경에서도 효과적이며 다수의 가상 머신이 스토리지를 공유하고 NVMe는 충분한 IOPS를 제공하며 성능 저하를 방지한다. 빅데이터 분석에 적합하며 대량 데이터를 빠르게 읽고 분석 시간이 크게 단축되며 실시간 처리가 가능해진다.

● NVMe의 미래

차세대 PCIe 버전이 개발 중이며 PCIe 5.0은 대역폭이 두 배이고 PCIe 6.0은 또다시 두 배로서 성능이 계속 향상된다. 가격이 점차 하락하며 대중화가 진행되고 향후 모든 서버의 표준이 될 전망이며 HDD는 백업 용도로만 남을 것으로 예상된다.

4. 디스크 배열 기술(RAID)

RAID(Redundant Array of Independent Disks, 독립 디스크의 복수 배열)는 여러 디스크를 하나로 묶는 기술로서 성능 향상이나 안정성 확보를 목적으로 하며 디스크 장애에 대비하고 데이터 손실을 방지한다. 다양한 RAID 레벨이 존재하며 각각 특성이 다르고 용도에 맞게 선택하며 하드웨어 또는 소프트웨어로 구현한다.

● RAID의 필요성

단일 디스크는 고장 위험이 있어서 데이터가 모두 손실되며 복구가 불가능할 수 있고 사업 연속성이 위협받는다. RAID는 중복성을 제공하여 디스크 하나가 고장나도 서비스를 유지하며 데이터를 복구할 수 있고 가용성이 크게 향상된다.

● 하드웨어 RAID와 소프트웨어 RAID

하드웨어 RAID는 전용 컨트롤러를 사용하므로 CPU 부하가 없으며 성능이 우수하고 관리가 편리하지만 비용이 추가된다. 소프트웨어 RAID는 운영체제로 구현하므로 별도 하드웨어가 불필요하며 비용이 절감되지만 CPU 자원을 소비하고 성능이 다소 낮다.

● RAID 구성 방식

디스크를 물리적으로 연결하고 RAID 컨트롤러 또는 소프트웨어로 설정하며 레벨을 선택하고 초기화를 진행한다. 운영체제는 하나의 논리 디스크로 인식하므로 사용자는 RAID를 의식하지 않으며 백그라운드에서 중복성이 유지되고 관리 도구로 상태를 확인한다.

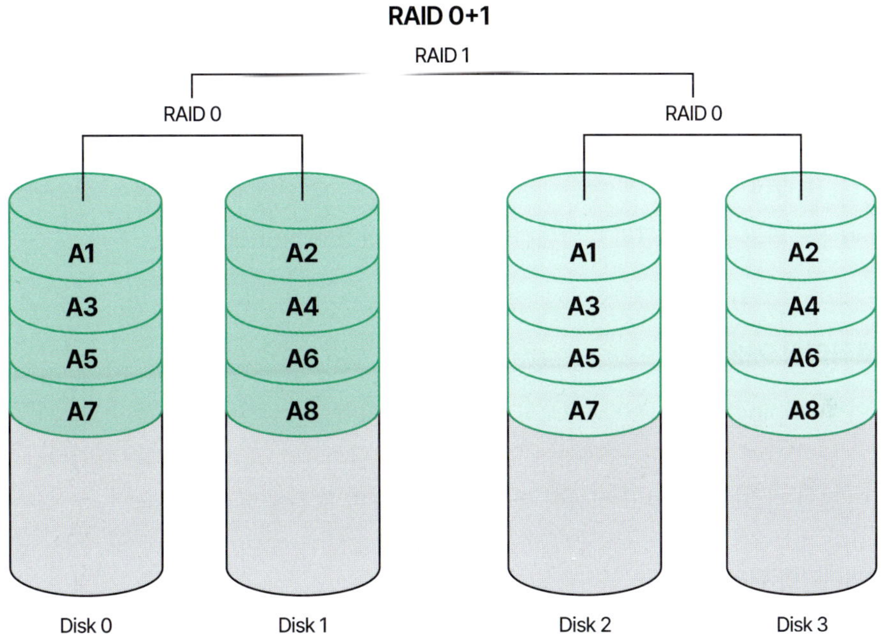

● RAID의 한계

RAID는 백업을 대체하지 못하며 실수로 파일을 삭제하면 복구 불가능하고 악성코드에 감염되면 모든 디스크가 피해를 입으므로 별도 백업이 필수다. 재구성 시간이 길어서 디스크 교체 후 데이터를 복구하는데 수 시간에서 수 일이 소요되며 이 기간에 추가 장애가 발생하면 위험하다.

5. 미러링 기술

미러링(Mirroring)은 RAID 1 방식으로서 두 개 디스크에 동일한 데이터를 기록하며 완전한 복제본을 유지하고 하나가 고장나도 다른 것으로 운영한다. 가장 간단하고 안전한 방식이며 데이터 보호가 확실하고 읽기 성능이 향상될 수 있으며 쓰기 성능은 단일 디스크와 유사하다.

● 미러링의 원리

모든 쓰기가 두 디스크에 동시에 수행되므로 데이터 일관성이 유지되며 하나의 디스크가 실패해도 데이터가 보존되고 즉시 다른 디스크로 전환한다. 읽기는 두 디스크 중 하나에서 수행하므로 부하를 분산할 수 있으며 일부 컨트롤러는 동시 읽기를 지원하여 읽기 속도가 두 배가 된다.

● 미러링의 장단점

데이터 안정성이 최고 수준이며 하나의 디스크 장애를 허용하고 복구가 신속하며 새 디스크로 교체하면 자동 재구성된다. 구현이 간단하여 복잡한 계산이 불필요하며 관리가 쉽고 초보자도 설정할 수 있지만, 용량 효율이 50%이므로 두 개 디스크로 하나의 용량만 사용하며 비용이 두 배가 들고 대용량 환경에서 부담이 크다. 쓰기 성능 향상이 없으며 두 번 기록해야 하므로 오히려 약간 느려질 수 있고 쓰기 집약적 업무에는 부적합하다.

● 미러링 활용

중요한 데이터를 저장하는 서버에 적용하며 데이터베이스의 로그 파일에 사용하고 운영체제 디스크를 미러링하며 가용성이 중요한 시스템에 필수다. 소규모 서버에 적합하며 디스크 개수가 제한적일 때 유용하고 설정과 관리가 간편하며 중소기업 환경에 많이 채택한다.

6. 스트라이핑 기술

스트라이핑(Striping)은 RAID 0 방식으로서 데이터를 여러 디스크에 분산 저장하며 병렬로 읽고 쓰므로 성능이 크게 향상된다. 중복성이 없어서 하나의 디스크만 고장나도 모든 데이터를 잃으며 안정성이 단일 디스크보다 낮고 성능이 절대적으로 중요한 경우에만 사용한다.

● 스트라이핑의 원리

데이터를 블록 단위로 나누어 각 블록을 다른 디스크에 저장하고 순차적으로 분산하므로 모든 디스크를 동시에 활용한다. 읽기 시 모든 디스크에서 동시에 가져오므로 속도가 디스크 개수에 비례하며 쓰기도 병렬로 수행하여 전체 처리량이 증가한다.

● 스트라이핑의 장단점

디스크가 많을수록 빠르며 4개 디스크는 이론상 4배 속도이지만 실제로는 오버헤드가 있어서 2~3배 성능 향상이 일반적이다. 순차 읽기와 쓰기가 특히 빠르므로 대용량 파일 처리에 유리하며 영상 편집과 렌더링에 적합하고 빅데이터 분석에도 효과적이지만, 디스크 하나만 고장나도 전체 데이터가 손실되므로 복구가 불가능하며 디스크가 많을수록 고장 확률이 높아지고 4개 디스크는 고장 위험이 4배다. 운영 중 사용은 권장하지 않으며 데이터 손실 위험이 크므로 임시 작업 공간으로만 활용하고 백업이 반드시 있어야 한다.

● 스트라이핑과 미러링 결합

RAID 10은 미러링과 스트라이핑을 결합하여 먼저 디스크를 쌍으로 미러링하고 그 쌍들을 스트라이핑하므로 성능과 안정성을 모두 확보한다. 최소 4개 디스크가 필요하며 용량 효율은 50%이지만 성능과 안정성이 우수하여 고성능 데이터베이스에 적합하다. RAID 5와 RAID 6도 있으며 패리티 정보로 중복성을 제공하고 용량 효율이 높지만 계산 오버헤드가 있어서 쓰기 성능이 다소 낮다.

• 단일 디스크 I/O

모든 데이터는 **조각(Block 혹은 Cluster로 표현)**으로 나뉘어 디스크에 쓰여짐

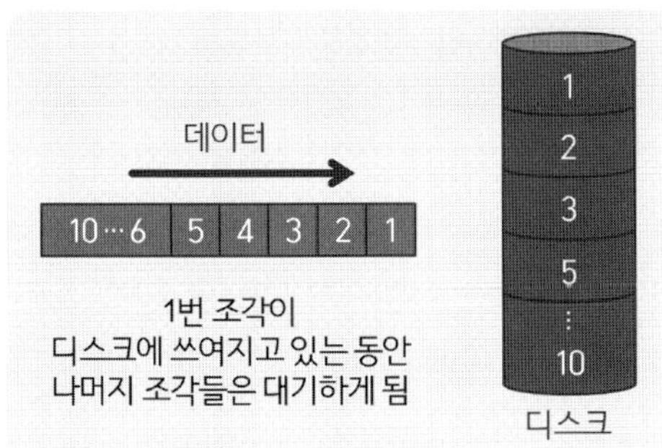

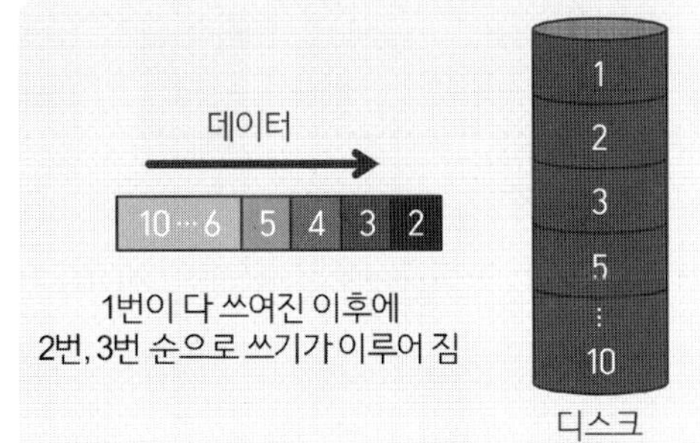

• RAID의 종류

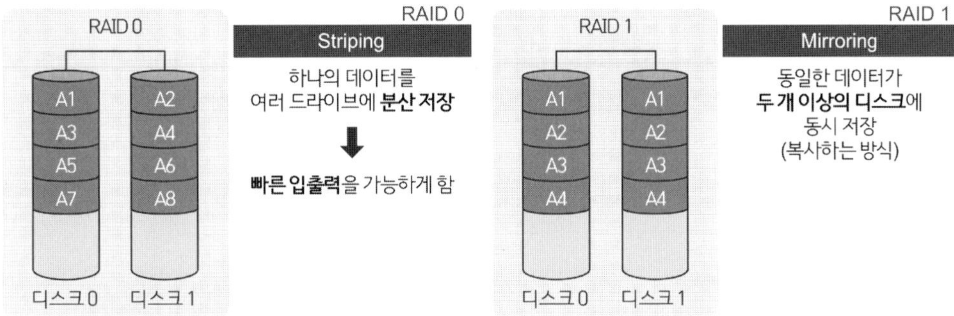

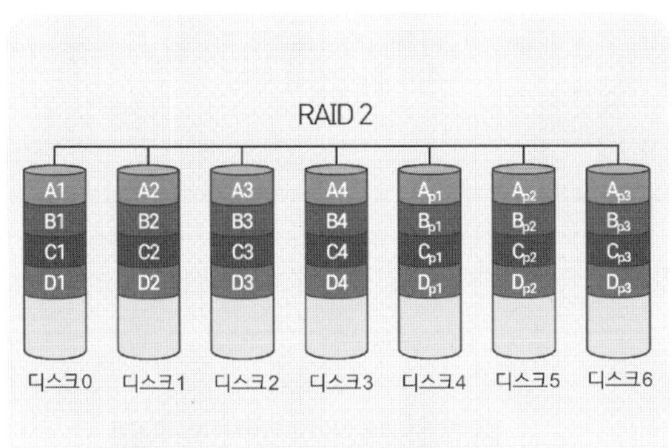

RAID 2

Hamming Code Parity

- 모든 드라이브에서 **스트리핑**이 일어남
- 오류 식별을 위한 **해밍 코드**와 **생성**(거의 사용 안함)

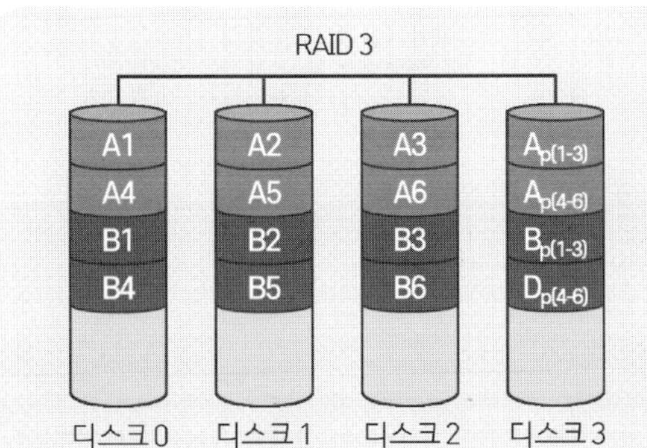

RAID 3

Byte Level Parity

- **Level 0, 1의 문제점**을 **보완**하는 방식
- **Byte 단위**로 데이터 저장 (Level 0 + 백업용 디스크 추가)

RAID 4

Block Level Parity

- **RAID** 3과 **동일한** 구조
- 패리티가 **블록 단위로 저장** (성능 향상)

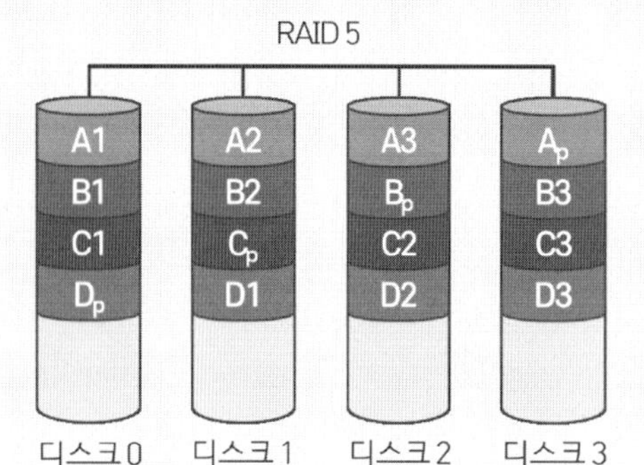

RAID 5

Interleave Parity

- 컴퓨터 하드디스크의 성능을 높이기 위해 **데이터를 서로 인접하지 않게 배열하는 방식**
- 데이터와 패리티가 모든 드라이브에 대해 **디스크 섹터 단위**로 저장 (모든 디스크에 패리티 정보 분산 저장)

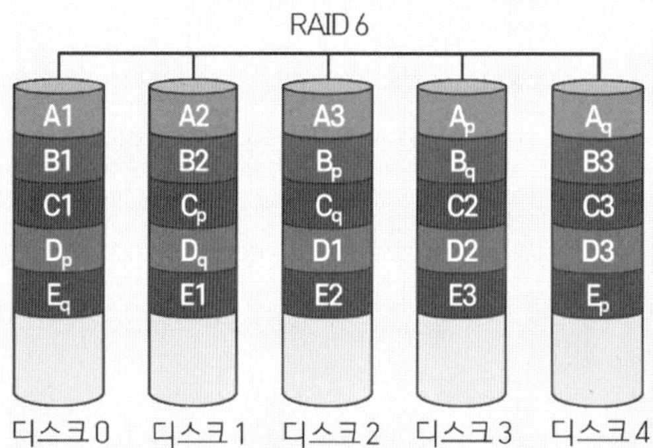

RAID 6

Double Parity Data

- RAID 5와 유사하지만 **2차 패리티**를 **추가**하여 데이터의 안전성 향상

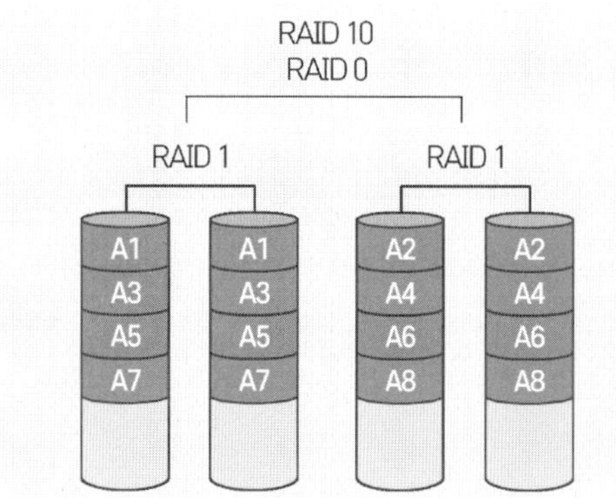

RAID 10

RAID 0(Striping) + RAID 1(Mirroring)

- 데이터를 동시에 **여러 드라이브에 분산 저장**을 통한 성능 향상과 데이터의 안정성 보장

3.3 서버는 어떤 형태를 가지는가?

1. 베어메탈 서버

베어메탈(Bare-Metal)은 가상화되지 않은 물리 서버를 의미하며 하드웨어에 직접 운영체제를 설치하고 하이퍼바이저가 없으며 자원을 독점적으로 사용한다. 최고 성능을 필요로 하는 환경에 적합하며 하드웨어를 완전히 제어할 수 있고 오버헤드가 전혀 없으며 예측 가능한 성능을 보장한다.

● 베어메탈의 특징

물리 서버를 단일 용도로 사용하므로 다른 애플리케이션과 자원을 공유하지 않으며 성능 간섭이 없고 안정적인 서비스를 제공한다. 하드웨어 설정을 자유롭게 변경하며 BIOS와 펌웨어를 직접 제어하고 특수 하드웨어를 장착할 수 있으며 GPU나 전용 카드를 활용한다.

● 베어메탈과 가상화 비교

가상 머신은 하이퍼바이저를 거치므로 약간의 성능 손실이 있으며 보통 5~10% 정도이지만 베어메탈은 100% 성능을 낸다. 가상화는 유연성이 장점이므로 신속한 프로비저닝이 가능하고 자원을 동적으로 조정하지만 베어메탈은 유연성이 낮다.

● 베어메탈 활용 분야

고성능 데이터베이스에 적용하며 입출력 성능이 중요하고 지연 시간을 최소화하며 금융 거래 시스템에 사용한다. 빅데이터 처리에도 적합하며 대규모 연산을 수행하고 모든 자원을 집중하며 분석 시간을 단축한다. 게임 서버도 베어메탈을 선호하며 일정한 성능이 필요하고 지연 시간이 사용자 경험에 영향을 주므로 독점 자원으로 안정성을 확보한다.

● 클라우드 베어메탈

클라우드 서비스로 베어메탈을 제공하며 물리 서버를 온디맨드로 대여하고 클라우드의 편의성과 베어메탈의 성능을 결합하며 유연하게 확장하고 축소한다. 전용 서버를 빠르게 구성하여 수 분 내에 프로비저닝되며 사용한 만큼만 비용을 지불하고 초기 투자가 불필요하다.

2. 랙 마운트 서버

랙 서버(Rack Server)는 표준 랙에 장착하는 서버로서 높이가 U 단위로 정의되며 1U는 1.75인치이고 여러 대를 적층하여 설치한다. 데이터센터의 표준 형태이며 공간 효율이 우수하고 케이블 관리가 용이하며 확장이 간편하다.

● 랙 서버의 구조

직사각형 섀시 형태이며 앞면에 전원 버튼과 LED가 있고 뒷면에 포트와 전원 소켓이 배치되며 측면에 고정 브래킷이 있다. 표준 19인치 랙에 장착하며 나사로 고정하고 레일을 사용하면 슬라이딩이 가능하여 유지보수가 편리하다.

● 랙 서버의 크기

1U 서버가 가장 작으며 공간 효율이 최고이지만 확장성이 제한적이고 웹 서버에 적합하다. 2U 서버는 균형잡힌 선택으로서 적절한 확장성을 가지며 냉각이 용이하고 범용 서버로 많이 사용한다. 4U 서버는 고성능 용도이며 많은 확장 슬롯을 제공하고 디스크를 대량 장착하며 스토리지 서버에 적합하다.

● 랙 서버의 장점

표준화되어 호환성이 높으므로 다양한 제조사 제품을 혼용하며 랙에 효율적으로 배치하고 수십 대를 한 랙에 설치한다. 중앙 집중식 관리가 가능하여 KVM 스위치로 접근하며 원격 관리 카드를 내장하고 물리적 접근이 최소화된다. 전원과 냉각을 공유하므로 랙 단위로 PDU를 설치하며 효율적인 전력 분배가 이루어지고 냉각 시스템을 집중한다.

● 랙 서버 선택 기준

업무 요구사항을 먼저 파악하여 필요한 CPU, 메모리, 디스크를 계산하고 확장 가능성을 고려하며 적절한 크기를 선택한다. 데이터센터 환경을 확인하여 랙의 전력 용량을 체크하고 냉각 능력을 검토하며 무게 제한을 확인한다. 관리 편의성도 중요하므로 원격 관리 기능을 확인하고 핫 스왑 지원 여부를 체크하며 모니터링 도구를 검토한다.

3. 블레이드 서버

블레이드 서버(Blade Server)는 모듈형 서버로서 전용 섀시에 여러 서버 모듈을 장착하며 전원, 냉각, 네트워크를 공유하고 초고밀도 집적이 가능하다. 엔터프라이즈 환경에 적합하며 대규모 서버 팜을 구성하고 관리가 매우 편리하며 케이블 복잡도가 낮다.

● 블레이드 서버의 구조

섀시는 여러 슬롯을 가지며 각 슬롯에 블레이드를 삽입하고 블레이드는 얇은 서버 보드로서 CPU, 메모리, 디스크를 탑재한다. 전원 모듈을 섀시에 장착하므로 모든 블레이드가 공유하며 냉각 팬도 섀시에 있고 네트워크 스위치를 내장한다.

● 블레이드 서버의 장점

공간 밀도가 매우 높아서 하나의 섀시에 16개 블레이드를 넣으며 랙 서버보다 2배 이상 집적되고 데이터센터 공간을 절약한다. 케이블이 대폭 감소하므로 블레이드는 백플레인으로 연결되며 외부 케이블이 최소화되고 관리가 매우 간편하다. 전력 효율이 우수하며 공유 전원 장치가 효율적이고 냉각도 집중적으로 수행하며 운영 비용이 절감된다.

● 블레이드 서버의 단점

초기 비용이 높으며 섀시 구매 비용이 크고 소규모 환경에 부적합하며 일정 규모 이상에서 경제적이다. 제조사에 종속되므로 같은 제조사 블레이드만 사용하며 섀시 변경이 어렵고 표준화가 부족하다. 확장성이 섀시에 제한되므로 슬롯 수만큼만 증설 가능하며 추가 섀시 구매가 필요하고 초기 계획이 중요하다.

● 블레이드 서버 활용

대규모 가상화 환경에 최적이며 수백 대 서버를 운영하고 관리 편의성이 극대화되며 자동화가 용이하다. 클라우드 서비스 제공자가 선호하며 멀티 테넌트 환경을 구축하고 빠른 프로비저닝이 가능하며 밀도와 효율이 중요하다. 엔터프라이즈 데이터센터에 적합하며 일관된 관리 체계를 구축하고 장애 대응이 신속하며 고가용성을 확보한다.

4. 폼팩터

폼팩터(Form Factor)는 서버의 물리적 규격으로서 크기와 형태를 정의하며 장착 방식을 결정하고 표준화된 규격을 따른다. 적절한 폼팩터 선택이 중요하며 공간 활용에 영향을 주고 확장성을 결정하며 총 소유 비용에 영향을 미친다.

● 주요 폼팩터 종류

타워 서버는 수직형이며 책상이나 바닥에 놓고 소규모 환경에 적합하며 확장성이 우수하고 소음이 낮다. 랙 서버는 수평형이며 높이가 U 단위이고 데이터센터 표준으로서 공간 효율이 높으며 여러 대를 적층한다. 블레이드 서버는 모듈형이며 섀시에 삽입하고 초고밀도 집적이 가능하며 대규모 환경에 적합하고 관리가 간편하다.

● 폼팩터 선택 기준

서버 대수를 고려하여 소량은 타워가 경제적이며 다량은 랙이 효율적이고 초대량은 블레이드를 검토한다. 설치 공간을 확인하여 데이터센터가 있으면 랙을 선택하며 사무실은 타워가 적합하고 공간 제약이 심하면 블레이드다. 확장 계획을 세워서 향후 증설 가능성을 검토하며 유연한 확장이 필요하면 랙을 선택하고 대규모 확장 예상 시 블레이드를 고려한다.

● 폼팩터와 냉각

타워 서버는 자체 냉각 팬을 가지므로 개별적으로 냉각되지만 소음이 발생할 수 있고 공간이 충분해야 한다. 랙 서버도 자체 팬이 있으며 전면 후면 통풍 구조이고 랙 전체 냉각 시스템과 연계되므로 온도 관리가 중요하다. 블레이드 서버는 섀시 팬을 공유하며 고밀도로 발열이 크므로 강력한 냉각이 필요하고 데이터센터 냉각 설계가 중요하다.

● 폼팩터 트렌드

하이퍼스케일 데이터센터는 맞춤형 폼팩터를 사용하여 효율을 극대화하며 표준을 벗어나고 특정 워크로드에 최적화한다. 엣지 컴퓨팅은 소형 폼팩터가 필요하며 공간 제약이 크고 견고함이 중요하며 원격 관리 기능이 필수다.

5. x86 아키텍처

x86은 CPU 아키텍처를 의미하며 인텔이 개발했고 가장 널리 사용되며 PC와 서버의 표준이다. 호환성이 가장 큰 장점이며 다양한 운영체제를 지원하고 소프트웨어 생태계가 방대하며 선택의 폭이 넓다.

● x86의 역사

1978년 인텔 8086에서 시작되었으며 16비트 프로세서였고 80386에서 32비트가 되었으며 x86이라는 명칭이 정착되었다. 현재는 64비트가 표준이며 x86-64 또는 x64라 부르고 대용량 메모리를 지원하며 32비트 프로그램도 실행한다.

● x86 서버의 특징

범용 컴퓨팅에 최적화되었으며 복잡한 명령어 집합을 가지고 CISC(Complex Instruction Set Computer) 아키텍처이며 소프트웨어 개발이 용이하다. 성능이 지속적으로 향상되므로 트랜지스터 집적도가 증가하고 새로운 명령어가 추가되며 하위 호환성을 유지한다.

● x86과 다른 아키텍처

ARM은 저전력이 장점이며 모바일 기기에서 시작했고 최근 서버 시장에 진입하며 특정 워크로드에 효율적이다. POWER는 IBM의 아키텍처로서 고성능 컴퓨팅에 강점이 있으며 엔터프라이즈 환경에서 사용하지만 시장 점유율은 작다. RISC-V는 오픈소스 아키텍처이며 최근 주목받고 맞춤형 설계가 가능하며 향후 성장 가능성이 크다.

● x86 서버 선택 이유

소프트웨어 호환성이 최고이므로 대부분 애플리케이션이 지원하며 운영체제 선택이 자유롭고 윈도우와 리눅스를 모두 사용한다. 기술 지원이 풍부하여 문서와 커뮤니티가 활성화되었고 문제 해결이 용이하며 전문 인력을 쉽게 구한다. 가격 대비 성능이 우수하며 경쟁이 치열하여 가격이 합리적이고 다양한 제품군이 존재하며 예산에 맞게 선택한다.

3.4 필요한 서버 용량은 어떻게 계산하는가?

1. 사이징(Sizing) 개요

사이징(Sizing, 규모 산정)은 적절한 서버 사양을 결정하는 과정으로서 업무 요구사항을 분석하고 필요한 자원을 계산하며 적정 하드웨어를 선정한다. 과소 산정하면 성능 문제가 발생하며 과대 산정하면 비용이 낭비되므로 정확한 산정이 매우 중요하고 초기 투자와 운영 효율을 결정한다.

● 사이징의 중요성

서버 성능 부족은 사업에 직접 영향을 주므로 사용자가 불편을 겪고 매출 손실이 발생하며 브랜드 이미지가 훼손된다. 과도한 투자는 자원 낭비이므로 불필요한 하드웨어 비용이 들고 전력과 냉각 비용이 증가하며 예산을 효율적으로 활용하지 못한다. 정확한 산정은 최적 투자를 가능하게 하므로 필요한 만큼만 구매하고 확장 여지를 남기며 비용 대비 효과를 극대화한다.

● 사이징 절차

현재 상황을 파악하여 기존 시스템을 분석하고 사용자 수와 데이터량을 조사하며 성장 추세를 검토한다. 업무 요구사항을 정의하여 처리해야 할 트랜잭션을 산출하고 응답 시간 목표를 설정하며 가용성 요구사항을 확인한다. 자원 요구량을 계산하여 CPU, 메모리, 디스크를 산정하고 네트워크 대역폭을 추정하며 여유율을 고려한다.

벤치마크 테스트를 수행하여 실제 워크로드를 시뮬레이션하고 다양한 사양에서 측정하며 성능 데이터를 수집한다. 용량 계획 도구를 활용하여 과거 데이터를 분석하고 미래 부하를 예측하며 필요 자원을 산출한다. 전문가 판단을 참고하여 유사 사례를 조사하고 제조사 권장 사양을 검토하며 경험을 바탕으로 조정한다.

● 사이징 시 고려사항

피크 시간을 기준으로 산정하므로 평균이 아닌 최대 부하를 고려하며 일시적 급증에 대비하고 마케팅 이벤트를 감안한다. 성장률을 반영하여 향후 3~5년을 예측하고 사용자 증가를 고려하며 데이터 증가량을 추정한다. 여유율을 확보하여 예상치의 20~30%를 추가하고 예기치 못한 상황에 대비하며 확장 없이 일정 기간 운영한다.

2. 초당 트랜잭션 수(TPS)

TPS(Transactions Per Second)는 성능 지표로서 1초에 처리 가능한 거래 수를 나타내며 시스템 처리 능력을 측정하고 규모 산정의 핵심 기준이다. 트랜잭션은 하나의 완결된 업무 단위로서 예를 들어 로그인, 주문, 결제가 각각 트랜잭션이며 데이터베이스에 읽기와 쓰기를 수행하고 응답을 사용자에게 반환한다.

● TPS의 중요성

업무 처리량을 직접 나타내므로 TPS가 높을수록 많은 사용자를 처리하며 서버 성능의 척도이고 용량 산정의 기준이 된다. 목표 TPS를 먼저 설정하여 예상 사용자 수에서 계산하고 피크 시간 부하를 고려하며 필요한 서버 사양을 도출한다.

● TPS 계산 방법

동시 사용자 수를 파악하고 각 사용자의 평균 요청 횟수를 계산하며 평균 응답 시간을 고려하고 TPS 공식을 적용한다. TPS는 동시 사용자를 평균 응답 시간으로 나눈 값이므로 예를 들어 1000명 사용자가 평균 2초 응답 시간이면 TPS는 500이지만 실제로는 더 복잡한 변수가 있다.

● TPS 측정 방법

부하 테스트 도구를 사용하며 JMeter, LoadRunner 등이 있고 가상 사용자를 생성하며 동시에 요청을 보낸다. TPS를 점진적으로 증가시키고 응답 시간을 모니터링하며 에러율을 체크하고 최대 TPS를 찾는다. 병목 지점을 파악하여 CPU, 메모리, 디스크를 확인하고 어느 자원이 먼저 한계에 도달하는지 분석하며 해당 자원을 증강한다.

● TPS 향상 방법

애플리케이션을 최적화하여 불필요한 처리를 제거하고 데이터베이스 쿼리를 개선하며 캐싱을 적용한다. 하드웨어를 업그레이드하여 CPU 코어를 증가시키고 메모리를 추가하며 빠른 스토리지로 교체한다. 아키텍처를 개선하여 로드 밸런서를 도입하고 여러 서버로 부하를 분산하며 데이터베이스를 분리한다.

3. 동시 접속자 수

동시 사용자(Concurrent Users)는 같은 시간에 시스템을 이용하는 사용자 수로서 실제로 활동 중인 사용자를 의미하며 접속만 하고 대기 중인 사용자와 구별하고 규모 산정의 중요한 변수다. 동시 사용자는 시간대별로 다르며 피크 시간에 최대가 되고 평균 사용자 수와 큰 차이가 있으므로 최대 동시 사용자를 기준으로 산정한다.

● 동시 사용자 추정

총 사용자 수를 파악하고 하루 방문자를 조사하며 피크 시간 비율을 계산하는데 보통 10~20%가 동시 접속한다. 업무 특성을 고려하여 출퇴근 시스템은 아침에 집중되며 쇼핑몰은 저녁과 주말이 피크이고 이벤트 시 급증한다. 과거 데이터를 분석하여 로그를 수집하고 시간대별 패턴을 파악하며 최대값을 기록한다.

● 동시 사용자와 TPS

동시 사용자가 많아도 TPS는 낮을 수 있으므로 사용자가 화면만 보고 있으면 서버 부하가 없고 실제 요청 빈도가 중요하다. Think Time을 고려하는데 사용자가 다음 요청까지 대기하는 시간으로서 보통 수 초에서 수십 초이며 이 시간 동안 서버는 다른 사용자를 처리한다. 동시 사용자에서 TPS를 계산하므로 Think Time으로 나누고 페이지당 요청 수를 곱하여 예상 TPS를 도출한다.

● 액티브 사용자와 아이들 사용자

액티브 사용자는 현재 작업 중이므로 서버 자원을 소비하며 TPS에 직접 기여하고 이들을 기준으로 용량을 산정한다. 아이들 사용자는 접속만 유지하므로 읽기만 하거나 대기 중이며 최소한의 자원만 사용하고 연결은 유지하지만 부하는 작다. 세션 관리가 중요하므로 비활성 세션을 정리하고 타임아웃을 설정하며 불필요한 자원 점유를 방지한다.

● 동시 사용자 시나리오

전자상거래 사이트를 예로 들면 일 방문자 10만 명이고 피크 시간 동시 접속은 1만 명이며 평균 Think Time은 10초다. 각 사용자가 분당 6회 요청하므로 1만 명이면 분당 6만 회이고 초당 1000회 즉 TPS 1000이며 이를 처리할 서버를 산정한다.

4. 벤치마크 테스트(BMT)

BMT(Bench Mark Test)는 성능을 비교 평가하는 시험으로서 실제 환경과 유사한 조건을 만들고 여러 제품을 동일하게 테스트하며 객관적으로 성능을 비교한다. 하드웨어나 소프트웨어 도입 전 수행하여 제안된 사양이 요구사항을 만족하는지 검증하고 최적의 제품을 선정하며 투자 의사결정을 지원한다.

● BMT의 목적

성능을 정량적으로 측정하므로 카탈로그 스펙만으로 판단하지 않고 실제 워크로드에서 확인하며 숨겨진 문제를 발견한다. 제품 간 비교가 가능하므로 동일 조건에서 테스트하며 상대적 우위를 파악하고 가격 대비 성능을 평가한다. 요구사항 충족 여부를 확인하여 목표 TPS를 달성하는지 검증하고 응답 시간이 기준 내인지 체크하며 안정성을 확인한다.

● BMT 준비

테스트 시나리오를 작성하여 실제 업무를 반영하고 데이터 규모를 실환경과 동일하게 하며 테스트 케이스를 상세히 정의한다. 평가 기준을 명확히 하여 측정할 지표를 선정하고 목표 수치를 설정하며 합격 기준을 정한다. 테스트 환경을 구축하여 네트워크와 스토리지를 준비하고 데이터를 적재하며 부하 생성 도구를 설치한다.

● BMT 수행

각 제품을 순차적으로 테스트하며 동일한 시나리오를 적용하고 부하를 점진적으로 증가시키며 한계점을 찾는다. 성능 지표를 수집하여 TPS, 응답 시간, 에러율을 기록하고 자원 사용률을 모니터링하며 병목 지점을 파악한다. 안정성을 검증하여 장시간 운영 테스트를 수행하고 메모리 누수를 확인하며 장애 상황을 시뮬레이션한다.

● BMT 결과 분석

데이터를 종합하여 측정값을 표로 정리하고 그래프로 시각화하며 제품별 특성을 비교한다. 가격 대비 성능을 계산하므로 성능을 가격으로 나누고 투자 대비 효과를 평가하며 총 소유 비용을 고려한다. 최종 제품을 선정하여 요구사항 충족도를 평가하고 확장성과 관리 편의성을 고려하며 의사결정 보고서를 작성한다.

5. 용량 산정

용량(Capacity)은 서버가 처리할 수 있는 최대량으로서 사용자 수, 데이터량, 트랜잭션 수 등을 의미하며 현재와 미래 요구량을 모두 고려하고 충분한 여유를 확보해야 한다. 용량 부족은 심각한 문제를 일으키므로 서비스 품질이 저하되고 사용자 이탈이 발생하며 기회 손실이 크다.

● 용량 계획 프로세스

현재 사용량을 측정하여 피크 시간 부하를 파악하고 평균 사용률을 계산하며 트렌드를 분석한다. 성장률을 예측하여 사업 계획을 검토하고 마케팅 활동을 고려하며 시장 상황을 분석한다. 미래 용량을 산정하여 연도별 증가량을 추정하고 필요한 자원을 계산하며 증설 시점을 계획한다.

● 용량 모니터링

실시간 사용량을 추적하여 CPU, 메모리, 디스크를 확인하고 네트워크 트래픽을 측정하며 경향을 파악한다. 임계값을 설정하여 70~80% 도달 시 경고하며 조기에 대응하고 용량 부족을 사전 방지한다. 정기적으로 검토하여 월별 또는 분기별 리포트를 작성하고 예측과 실제를 비교하며 계획을 수정한다.

● 용량 확장 전략

수직 확장은 서버 사양을 높이므로 CPU와 메모리를 추가하고 간단하지만 한계가 있으며 비용이 기하급수적으로 증가한다. 수평 확장은 서버 대수를 늘리므로 부하를 분산하며 이론상 무한 확장이 가능하지만 아키텍처 변경이 필요하다. 혼합 전략을 사용하여 먼저 수직 확장으로 대응하고 한계에 도달하면 수평 확장하며 비용과 효과를 균형있게 고려한다.

● 용량과 비용 최적화

과도한 여유는 낭비이므로 80~85% 사용률을 목표로 하며 적정 수준을 유지하고 비용 효율을 높인다. 탄력적 운영을 고려하여 클라우드를 활용하며 필요 시 자원을 추가하고 유휴 시 축소한다. 정기적으로 최적화하여 불필요한 자원을 제거하고 효율적 구성으로 변경하며 지속적으로 개선한다.

IT-INFRASTRUCTURE

3.5 서버 성능은 어떻게 최적화하는가?

1. 서버의 본질과 정의

우리가 매일 사용하는 웹사이트, 스마트폰 앱, 회사 내부 시스템은 모두 보이지 않는 곳에서 시작된다. 그 시작점이 바로 '서버(Server)'다. 서버는 디지털 세상의 심장과 같다. 심장이 멈추면 생명이 위험하듯, 서버가 멈추면 비즈니스가 멈춘다. 비전공자에게 서버는 낯선 단어일 수 있다. 하지만 그 원리를 이해하는 것은 우리 회사의 디지털 경쟁력을 이해하는 첫걸음이다.

● 컴퓨터와 서버의 차이점 비유하기

우리가 사용하는 개인용 컴퓨터(PC)와 서버는 어떻게 다를까? 이를 개인 책상과 전문 레스토랑 주방에 비유할 수 있다. 개인용 컴퓨터는 한 사람을 위한 '개인 책상'과 같다. 책상 위에서 문서 작업도 하고, 인터넷 검색도 하고, 영화도 본다. 다양한 작업을 하지만, 기본적으로 한 사람의 편의를 위해 존재한다.

반면, 서버는 수백 명의 손님을 동시에 상대하는 '전문 레스토랑 주방'이다. 이 주방의 목표는 명확하다. 수많은 주문을 빠르고, 정확하고, 쉬지 않고 처리하는 것이다. 24시간, 365일 내내 안정적으로 작동해야 하며, 한 번에 여러 요청을 처리할 수 있는 높은 성능이 필수적이다. 서버는 이렇게 서비스 제공이라는 명확한 목적을 위해 만들어진 전문 컴퓨터다.

● 모든 서비스의 시작점

우리가 스마트폰으로 배달 앱을 켜서 음식을 주문하는 순간을 생각해 보자. 앱을 켜는 순간, 우리 스마트폰은 배달 앱 회사의 서버에 '메뉴 정보를 보여줘'라고 요청을 보낸다. 서버는 이 요청을 받아 즉시 메뉴 데이터를 우리 스마트폰으로 보내준다. 주문 버튼을 누르면 '주문 정보를 처리해줘'라는 요청이 다시 서버로 간다. 이 모든 과정의 중심에는 서버가 있다.

만약 서버가 느리거나 멈춘다면 어떻게 될까? 앱은 로딩만 계속될 것이고, 주문은 불가능해진다. 이는 곧바로 회사의 매출 손실과 고객 불만으로 이어진다. 이처럼 서버는 모든 디지털 서비스의 시작점이자, 비즈니스의 연속성을 책임지는 핵심 인프라다.

2. 서버 성능 결정 핵심 부품

레스토랑 주방이 총괄 셰프, 요리 준비대, 냉장고 등으로 구성되듯, 서버 역시 여러 핵심 부품들의 팀워크로 작동한다. 각 부품의 역할을 이해하면 서버의 성능을 이해하는 데 큰 도움이 된다.

중앙 처리 장치: 총괄 셰프

중앙 처리 장치(Central Processing Unit, CPU)는 서버의 두뇌 또는 총괄 셰프에 해당한다. 모든 계산과 명령어 처리를 담당한다. CPU의 성능을 나타내는 주요 지표는 코어와 클럭 속도다.

- **코어(Core)**: 코어는 주방에서 일하는 '셰프의 수'로 비유할 수 있다. 코어가 2개면 2명의 셰프가, 8개면 8명의 셰프가 동시에 요리하는 것과 같다. 코어 수가 많을수록 여러 작업을 동시에 처리하는 데 유리하다.
- **클럭 속도(Clock Speed)**: 클럭 속도는 '각 셰프가 얼마나 빨리 요리하는가'를 의미한다. 클럭 속도가 높을수록 하나의 작업을 더 빠르게 끝낼 수 있다. 단위는 기가헤르츠(GHz)를 사용한다.

메모리: 요리 준비대

메모리(Random Access Memory, RAM)는 셰프가 요리할 재료들을 잠시 올려두는 요리 준비대다. CPU가 현재 처리하고 있는 데이터와 프로그램을 임시로 저장하는 공간이다. 준비대가 넓을수록 셰프는 더 다양한 재료를 한 번에 올려두고 복잡한 요리를 수월하게 할 수 있다.

RAM 용량이 크면 서버는 더 많은 프로그램과 데이터를 동시에 처리할 수 있다. 반면, RAM이 부족하면 셰프가 재료를 가지러 계속 냉장고를 들락거려야 하듯, 서버는 느린 저장 장치에 계속 접근해야 해서 전체 속도가 크게 저하된다. RAM은 전원이 꺼지면 모든 내용이 사라지는 '휘발성' 특징을 가진다.

저장 장치: 거대한 냉장고와 창고

저장 장치(Storage)는 데이터와 프로그램을 영구적으로 보관하는 냉장고나 창고와 같다. 전원이 꺼져도 데이터가 사라지지 않는다. 저장 장치는 크게 HDD와 SSD 두 종류로 나뉜다.

- **HDD(Hard Disk Drive)**: 전통적인 방식의 저장 장치다. 내부에 있는 원판(플래터)을 물리적으로 회전시켜 데이터를 읽고 쓴다. 대용량의 데이터를 저렴하게 보관할 수 있다는 장점이 있다. 하지만 물리적인 움직임 때문에 속도가 느리다. 이는 마치 창고 깊숙한 곳에서 물건을 찾아오는 것과 같다.
- **SSD(Solid State Drive)**: 반도체를 이용해 데이터를 저장하는 최신 방식이다. 물리적으로 움직이는 부품이 없어 HDD보다 훨씬 빠르다. 필요한 재료가 주방 바로 옆 선반에 있는 것처럼 데이터를 즉시 찾아올 수 있다. 속도가 빠른 만큼 HDD보다 기가바이트(GB)당 가격이 비싸다.

네트워크 카드: 주문을 받고 음식을 내보내는 직원

네트워크 카드(Network Interface Card, NIC)는 서버를 외부 세계와 연결해주는 통로다. 레스토랑에서 손님의 주문을 받고(데이터 수신), 완성된 요리를 손님에게 전달하는(데이터 송신) 직원의 역할을 한다. 네트워크 카드의 속도가 빠를수록 서버는 더 많은 요청을 신속하게 주고받을 수 있다.

이처럼 서버는 CPU, RAM, 저장 장치, 네트워크 카드 등 여러 부품이 유기적으로 협력하는 하나의 팀이다. 아무리 뛰어난 셰프(CPU)가 있어도, 요리 준비대(RAM)가 좁거나 재료를 가져오는 속도(저장 장치)가 느리면 최고의 성능을 낼 수 없다. 중요한 것은 이들 부품 간의 '균형'이다.

3. 최적화의 진정한 의미

서버 하드웨어 최적화는 단순히 '가장 비싸고 빠른 부품'을 사용하는 것이 아니다. 그것은 마치 오케스트라의 지휘자가 각 악기의 소리를 조율하여 최상의 하모니를 만들어내는 것과 같다. 최적화의 진정한 의미는 서버의 각 부품이 서로의 발목을 잡지 않고, 주어진 업무를 가장 효율적으로 수행하도록 '균형'을 맞추는 기술이다.

● 왜 최적화가 필요한가?

기업이 서버 최적화에 시간과 노력을 투자하는 이유는 명확하다. 이는 비즈니스의 성패와 직결되기 때문이다.

- **비용 절감(Cost Reduction)**: 최적화를 통해 현재 보유한 하드웨어의 성능을 최대한 끌어낼 수 있다. 이는 불필요한 신규 장비 구매를 늦춰 상당한 비용을 절약하게 해준다.
- **안정성 확보(Ensuring Stability)**: 균형 잡힌 서버는 갑작스러운 사용자 증가나 과도한 작업량에도 쉽게 다운되지 않는다. 안정적인 서비스는 고객의 신뢰를 얻는 가장 기본적인 조건이다.
- **사용자 경험 향상(Improving User Experience)**: 최적화된 서버는 웹사이트 로딩 속도를 단축하고 앱의 반응성을 높인다. 빠른 서비스는 고객 만족도를 높이고, 이는 곧 기업의 경쟁력으로 이어진다.

앞서 비유했던 레스토랑 주방을 다시 생각해보자. 최적화는 셰프(CPU)가 요리에만 집중할 수 있도록 주방의 동선을 완벽하게 설계하는 것과 같다. 요리 준비대(RAM)는 오늘의 모든 메뉴를 준비하기에 충분히 넓어야 한다. 자주 쓰는 재료(데이터)는 손이 바로 닿는 선반(SSD)에 두어 시간을 낭비하지 않도록 해야 한다. 이처럼 각 요소가 서로를 기다리지 않고 물 흐르듯 작동할 때, 주방의 효율은 극대화된다. 서버 최적화도 이와 같은 원리다.

4. 병목 구간 탐지

최적화의 핵심은 병목 현상을 찾아 해결하는 것이다. 병목 현상이란 시스템의 전체 성능이 특정한 부분의 낮은 성능 때문에 제한받는 상황을 말한다.

이를 고속도로에 비유할 수 있다. 왕복 10차선의 넓은 고속도로가 있다고 가정해보자. 하지만 중간에 요금을 내는 톨게이트가 1차선뿐이라면 어떻게 될까? 아무리 고속도로가 넓어도 모든 차는 1차선 톨게이트 앞에서 속도를 줄이고 길게 줄을 서야 한다. 이 1차선 톨게이트가 바로 병목이다. 서버에서도 마찬가지로 가장 느린 부품이 전체 시스템의 속도를 결정한다.

● 서버에서 흔히 발생하는 병목 지점

서버에서는 주로 CPU, 메모리, 저장 장치에서 병목 현상이 발생한다.

- **CPU 병목**: CPU 사용률은 항상 100%에 가까운데, 메모리와 저장 장치는 여유로운 상태다. 이는 총괄 셰프가 너무 복잡한 요리법(계산 작업) 때문에 정신없이 바쁜 상황과 같다. 재료는 충분히 준비되었지만 셰프의 손이 부족해 요리가 나가지 못하는 것이다. 주로 대규모 데이터 분석이나 복잡한 연산이 많은 서버에서 발생한다.
- **메모리(RAM) 병목**: 서버는 느린데 CPU 사용률은 오히려 낮다. 이는 '요리 준비대'가 너무 좁아서 생기는 문제다. 셰프는 요리를 하려고 해도 재료를 둘 공간이 없어, 계속해서 느린 창고(저장 장치)와 준비대(RAM) 사이를 오가며 재료를 바꾸고 있다. 이 과정을 스와핑(Swapping)이라고 하며, 서버 성능 저하의 주된 원인 중 하나다.
- **저장 장치 병목**: CPU와 메모리는 여유가 있지만, 저장 장치의 작동 표시등이 계속 깜빡이며 시스템이 멈칫거린다. 이는 셰프와 준비대는 모든 준비를 마쳤지만, 창고에서 재료를 가져오는 데 시간이 너무 오래 걸리는 상황과 같다. 특히 데이터베이스처럼 데이터를 자주 읽고 써야 하는 서버에서 HDD를 사용할 때 흔히 발생한다.

● 병목 현상을 찾는 간단한 원칙

IT 전문가들은 모니터링 도구를 사용해 CPU, 메모리, 저장 장치의 입출력(Input/Output, I/O) 사용률을 지속적으로 확인한다. 이 지표들 중에서 꾸준히 최대치에 가깝게 사용되는 부품이 현재 시스템의 병목일 가능성이 높다. 병목 지점을 정확히 찾아내는 것이 효과적인 최적화의 첫걸음이다.

중요한 점은 병목이 특정 부품의 절대적인 '나쁨'을 의미하지 않는다는 것이다. 병목은 서버가 수행하는 작업(Workload)의 종류에 따라 상대적으로 결정된다. 예를 들어, 거의 사용하지 않는 오래된 파일을 보관하는 아카이브 서버에게 느린 HDD는 병목이 아니다. 이 서버의 목적은 속도가 아니라 저렴한 대용량 저장 공간이기 때문이다. 하지만 동일한 HDD가 수천 건의 주문을 실시간으로 처리하는 전자상거래 데이터베이스 서버에 사용된다면, 이는 비즈니스를 마비시키는 치명적인 병목이 된다. 따라서 최적화는 '어떤 부품이 좋은가'가 아니라 '우리의 목적에 어떤 구성이 가장 적합한가'를 고민하는 과정이다.

5. 성능 튜닝 기법

병목 현상을 발견했다면 해결책을 찾아야 한다. 해결책은 크게 두 가지, 튜닝과 업그레이드로 나뉜다. 이 중 성능 튜닝은 새로운 하드웨어를 구매하지 않고, 기존 시스템의 설정과 소프트웨어를 조정하여 성능을 개선하는 방법이다. 비용 효율성이 높아 최적화의 첫 단계로 가장 먼저 고려된다.

● 업그레이드(Upgrade)

업그레이드는 자동차의 엔진 자체를 더 강력한 신형 엔진으로 교체하는 것이다. 이는 튜닝과는 비교할 수 없는 극적인 성능 향상을 가져온다. 하지만 새로운 엔진을 구매하고 설치하는 데에는 큰 비용과 노력이 필요하다. 서버 업그레이드 역시 CPU나 메모리 같은 핵심 부품을 물리적으로 교체하는 것으로, 상당한 투자가 동반된다.

● 튜닝(Tuning)

튜닝은 경주용 자동차의 엔진을 교체하지 않고 성능을 끌어올리는 것과 같다. 타이어의 공기압을 트랙 상태에 맞게 조절하고, 엔진의 점화 시점을 미세하게 조정하며, 서스펜션의 강도를 코너에 맞게 설정하는 작업이다. 자동차의 기본 골격은 그대로지만, 각 부품이 최상의 조화를 이루도록 만들어 기록을 단축시킨다. 서버 튜닝도 이와 같이 운영체제나 소프트웨어의 설정을 변경하여 하드웨어가 더 효율적으로 작동하게 만드는 과정이다.

서버 성능 튜닝은 주로 눈에 보이지 않는 소프트웨어 영역에서 이루어진다.

❶ 운영체제 설정

운영체제(Operating System, OS)는 서버 하드웨어라는 자원을 관리하고 응용 프로그램에 할당하는 주방 매니저와 같다. 이 매니저의 운영 방식을 바꾸는 것이 OS 튜닝이다. 예를 들어, 레스토랑에서 가장 중요한 온라인 주문 처리 작업에 더 많은 셰프와 준비 공간을 우선적으로 배정하고, 상대적으로 덜 중요한 재고 확인 작업은 나중에 처리하도록 규칙을 바꿀 수 있다. 이처럼 특정 서비스의 중요도에 따라 시스템 자원을 어떻게 배분할지 결정하는 것만으로도 체감 성능을 크게 높일 수 있다.

❷ 펌웨어/바이오스 설정

펌웨어(Firmware)나 바이오스(Basic Input/Output System, BIOS)는 하드웨어를 제어하는 가장 기본적인 수준의 소프트웨어다. 이 영역을 튜닝하는 것은 주방 기기 자체의 기본 작동 방식을 조정하는 것과 같다. 예를 들어, 오븐의 예열 온도를 최적화하여 전력 소모를 줄이거나, 특정 부품의 작동 모드를 고성능으로 변경하여 처리 속도를 높일 수 있다. 이는 매우 전문적인 영역이지만, 하드웨어의 잠재력을 최대한 끌어내기 위한 심층적인 튜닝 방법 중 하나다.

● 튜닝의 한계와 가능성

튜닝은 특히 초기 설정이 잘못되었거나 최적화되지 않은 시스템에서 극적인 효과를 발휘할 수 있다. 불필요한 서비스를 중단하고, 메모리 사용 방식을 효율적으로 바꾸는 것만으로도 20~30%의 성능 향상을 기대할 수 있다.

하지만 튜닝은 만능이 아니다. 튜닝은 하드웨어가 가진 물리적인 한계를 넘어설 수 없다. 평범한 승용차를 아무리 튜닝해도 포뮬러 원(F1) 경주차를 이길 수 없는 것과 같다. 튜닝으로 해결할 수 없는 근본적인 성능 부족에 부딪혔을 때, 우리는 다음 단계인 '업그레이드'를 고려해야 한다.

성능 튜닝의 본질은 낭비 줄이기에 있다. 컴퓨터는 우리가 모르는 사이에 수많은 자원을 낭비하고 있다. 비효율적으로 작성된 레시피(소프트웨어)가 셰프(CPU)에게 '냉장고에서 달걀 하나를 가져와 깨고, 다시 가서 두 번째 달걀을 가져오라'고 지시하는 것과 같다. 튜닝은 이 레시피를 '한 번에 달걀 12개를 모두 가져오라'고 수정하는 작업이다. 셰프가 최종적으로 하는 일(달걀 12개 깨기)은 같지만, 튜닝된 레시피는 냉장고까지의 불필요한 왕복 11번을 줄여준다. 이처럼 튜닝은 시스템 내부의 비효율적인 작업 방식을 찾아내 수정함으로써, 하드웨어가 낭비하는 시간 없이 본연의 작업에만 집중하도록 만드는 지혜로운 최적화 방법이다.

6. 스케일업(Scale-up) 업그레이드

성능 튜닝만으로 더 이상 성능 개선을 기대하기 어려울 때, 우리는 하드웨어 업그레이드라는 카드를 고려하게 된다. 단순히 낡은 부품을 교체하는 기술적인 행위를 넘어, 비즈니스의 성장에 발맞추기 위한 중요한 '전략적 투자'다. 언제, 무엇을, 어떻게 업그레이드할지 결정하는 것은 회사의 미래 경쟁력에 직접적인 영향을 미친다. 업그레이드는 명확한 신호가 있을 때 실행해야 한다. 충동적인 결정은 불필요한 비용 낭비로 이어질 수 있다.

● 튜닝으로 해결되지 않는 성능 문제

경주용 자동차를 가능한 모든 방법으로 튜닝했지만 더 이상 기록이 단축되지 않는 상황이다. 이는 드라이버의 실력이나 튜닝 기술이 부족한 것이 아니라, 엔진 자체가 낼 수 있는 물리적인 최고 속도에 도달했기 때문이다. 서버 역시 소프트웨어 튜닝을 통해 모든 낭비를 제거했음에도 불구하고 성능이 부족하다면, 이는 하드웨어 자체의 한계에 부딪혔다는 명백한 신호다.

● 새로운 기술 도입의 필요성

회사가 인공지능(AI) 기반의 새로운 서비스를 도입하기로 결정했다고 가정해보자. 이 서비스는 기존 서버의 CPU가 지원하지 않는 특별한 연산 기능을 요구할 수 있다. 또는 대규모 데이터를 처리하기 위해 현재 서버가 장착할 수 있는 최대 용량보다 더 많은 메모리(RAM)가 필요할 수도 있다. 이처럼 비즈니스가 요구하는 새로운 기술을 기존 하드웨어가 지원하지 못할 때 업그레이드는 선택이 아닌 필수가 된다.

하루 50명의 손님을 받도록 설계된 작은 식당에 갑자기 500명의 손님이 몰려드는 상황이다. 주방을 아무리 효율적으로 운영해도 물리적인 공간과 화구의 수가 부족해 모든 주문을 감당할 수 없다. 서버도 마찬가지다. 사업이 성장하여 웹사이트 방문자나 서비스 이용자가 폭발적으로 증가하면, 기존 서버는 늘어난 요청을 처리하지 못하고 마비될 수 있다. 이는 업그레이드를 통해 서버의 처리 용량 자체를 늘려야 한다는 가장 일반적인 신호다.

7. 부품별 업그레이드 전략

업그레이드를 결정했다면, 어떤 부품을 교체할지 신중하게 선택해야 한다. 병목 지점을 정확히 파악하고 가장 효과적인 부품을 업그레이드하는 것이 중요하다.

● CPU 업그레이드

CPU 병목 현상이 뚜렷할 때 선택한다. 주로 복잡한 계산이나 데이터 분석 작업이 많은 서버에 필요하다. 이때 코어 수를 늘릴지, 클럭 속도를 높일지 고민해야 한다. 여러 작업을 동시에 처리해야 하는 웹 서버 등은 코어 수가 많은 CPU가 유리하고, 단일 작업의 처리 속도가 중요한 과학 계산 서버 등은 클럭 속도가 높은 CPU가 유리하다.

업그레이드는 투자다. 따라서 투자 수익률(Return on Investment, ROI)을 반드시 고려해야 한다. 예를 들어, 500만 원을 들여 데이터베이스 서버의 저장 장치를 SSD로 업그레이드한다고 가정하자. 이 투자로 인해 웹사이트의 상품 검색 속도가 빨라져 고객 이탈이 줄고, 연간 2,000만 원의 추가 매출이 발생할 것으로 예상된다면 이는 매우 성공적인 투자다. 이처럼 IT 결정을 비즈니스 성과와 연결하여 분석하는 시각이 필요하다.

한 가지 더 유의할 점은, 특정 부품의 업그레이드가 또 다른 병목을 만들 수 있다는 사실이다. 예를 들어, 느린 HDD가 병목이던 서버를 초고속 SSD로 교체했다고 생각해보자. 이제 저장 장치는 더 이상 병목이 아니다. CPU는 데이터를 즉시 받아와 빠르게 처리할 수 있게 되었다. 그런데 이번에는 CPU가 너무 빨리 처리한 결과를 외부로 내보내려 하니, 기존의 낡고 느린 네트워크 카드(NIC)가 그 속도를 감당하지 못하는 새로운 문제가 발생한다. 즉, 병목 지점이 저장 장치에서 네트워크로 '이동'한 것이다. 이처럼 성공적인 업그레이드는 시스템 전체를 보고 다음 병목이 어디에서 발생할지 예측하며, 필요하다면 여러 부품을 함께 교체하는 종합적인 계획을 필요로 한다.

● 메모리 확장

가장 흔하게 이루어지며, 비용 대비 효과가 가장 좋은 업그레이드 중 하나다. 메모리 부족으로 인한 병목 현상이 발생할 때 RAM을 추가로 장착하거나 더 큰 용량의 RAM으로 교체한다. 여러 애플리케이션을 동시에 실행하거나, 대용량 데이터베이스를 다루는 서버의 성능을 획기적으로 개선할 수 있다.

● 저장 장치 교체

사용자가 성능 향상을 가장 극적으로 체감할 수 있는 업그레이드다. 기존의 느린 HDD를 초고속 SSD로 교체하면, 부팅 시간부터 애플리케이션 실행, 데이터 로딩 속도까지 모든 것이 눈에 띄게 빨라진다. 아래 표는 HDD와 SSD의 주요 차이점을 보여준다.

▼ HDD vs SSD

특성	HDD	SSD	비유(Analogy)
속도	느림(Slow)	매우 빠름(Very Fast)	창고에서 물건 찾기 vs. 책상 서랍에서 찾기
가격	저렴(Low)	비쌈(High)	평당 가격이 싼 대형 창고 vs. 비싼 도심 사무실
용량	큼(Large)	상대적으로 작음(Relatively Small)	수만 개의 물건을 보관하는 창고
안정성	움직이는 부품으로 충격에 약함	움직이는 부품 없어 충격에 강함	유리판 vs. 돌판

8. 리소스 할당 최적화

현대적인 서버 관리 방식은 한 걸음 더 나아간다. 이제는 강력한 서버 한 대를 논리적으로 여러 개로 나누어, 마치 여러 대의 서버가 있는 것처럼 사용하는 기술이 보편화되었다. 이것이 바로 '가상화'이며, 가상화를 통해 한정된 하드웨어 자원(리소스)을 가장 효율적으로 할당하는 것이 현대 IT 인프라 운영의 핵심이다.

● 가상화의 개념

가상화 기술을 거대한 최첨단 산업용 주방에 비유할 수 있다. 이 주방은 너무 커서 한 팀이 쓰기에는 공간 낭비가 심하다. 가상화는 이 거대한 주방에 견고하고 방음이 잘 되는 칸막이를 설치하여, 여러 개의 독립적인 소규모 주방으로 나누는 것과 같다.

이렇게 나뉜 각각의 '가상 주방'은 자신만의 셰프(할당된 CPU 자원), 자신만의 요리 준비대(할당된 RAM), 자신만의 식료품 저장 공간(할당된 스토리지)을 가진다. 외부에서 보면 이들은 완전히 별개의 주방처럼 보이고, 서로의 작업에 전혀 영향을 주지 않는다. 이처럼 하나의 물리적 서버 위에 여러 개의 독립적인 가상 서버(VM, Virtual Machine)를 생성하고 운영하는 기술이 바로 가상화다.

대부분의 물리 서버는 평소에 자신의 성능 중 극히 일부만 사용한다. 보통 CPU 사용률이 10~20%에 머무는 경우가 많다. 이는 마치 거대한 산업용 주방에서 샌드위치 하나만 만들고 있는 것과 같은 심각한 자원 낭비다.

가상화를 이용하면, 이 하나의 물리 서버 위에 이메일을 담당하는 서버, 회사 홈페이지를 운영하는 서버, 파일 공유를 위한 서버 등 여러 목적의 서버들을 가상 머신 형태로 동시에 운영할 수 있다. 이를 통해 기존에 10%에 불과했던 하드웨어 활용률을 80% 이상으로 극적으로 끌어올릴 수 있다. 이는 곧바로 서버 구매 비용, 전기 요금, 데이터 센터 공간 비용의 엄청난 절감으로 이어진다.

● 가상화 환경에서 핵심 리소스 할당하기

가상화 환경에서는 '하이퍼바이저(Hypervisor)'라는 소프트웨어가 산업용 주방의 총지배인 역할을 한다. 이 총지배인은 물리 서버의 자원을 각 가상 서버에 어떻게 나누어 줄지 결정하고 관리한다.

❶ **CPU 리소스 할당:** 셰프의 시간을 나누어 배분하기

총지배인(하이퍼바이저)은 주방의 메인 셰프들(물리 CPU 코어)의 시간을 각 가상 주방에 배분할 수 있다. 예를 들어, 가장 손님이 많은 이탈리안 레스토랑의 가상 주방에는 전체 셰프 능력의 40%를 보장해주고, 상대적으로 한가한 작은 카페의 가상 주방에는 10%만 할당하는 식이다. 이렇게 자원을 유연하게 배분하여 중요한 서비스가 항상 최고의 성능을 유지하도록 할 수 있다.

❷ **메모리 리소스 할당:** 요리 준비대 공간을 작업별로 지정하기

총지배인은 거대한 요리 준비대(물리 RAM) 위에 선을 그어 각 가상 주방이 사용할 공간을 명확하게 지정해줄 수 있다. 이를 통해 바쁜 이탈리안 레스토랑이 재료를 마구 늘어놓아 작은 카

페의 작업 공간을 침범하는 일을 막을 수 있다. 즉, 하나의 가상 서버에서 메모리 사용량이 급증하더라도 다른 가상 서버에 영향을 미치지 않도록 하여 시스템 전체의 안정성을 확보하는 것이다.

● 효율적인 리소스 할당의 중요성

❶ 안정적인 서비스 운영의 기반

효율적인 리소스 할당은 서비스 안정성의 핵심이다. 예를 들어, 회사 홈페이지를 운영하는 가상 서버가 갑작스러운 언론 보도로 트래픽이 폭주했다고 가정해보자. 만약 리소스 할당이 제대로 되어 있지 않다면, 이 가상 서버가 물리 서버의 모든 자원을 독차지하여 같은 서버에서 운영되던 회사의 핵심 결제 시스템 가상 서버까지 다운시키는 최악의 상황이 발생할 수 있다. 리소스 할당은 이런 '자원 독점'을 막는 안전장치 역할을 한다.

❷ 불필요한 자원 낭비 방지

관리자는 각 가상 서버의 자원 사용량을 지속적으로 모니터링할 수 있다. 이를 통해 거의 사용되지 않는 가상 서버에 할당된 자원을 회수하여, 더 많은 자원이 필요한 다른 가상 서버에 재분배할 수 있다. 이처럼 수요에 따라 자원을 동적으로 조절하며 항상 최적의 효율을 유지하는 것이 현대적인 리소스 관리의 목표다.

이러한 가상화와 리소스 할당 기술은 '클라우드 컴퓨팅'을 가능하게 하는 근간이다. 아마존 웹 서비스(AWS), 구글 클라우드(GCP), 마이크로소프트 애저(Azure)와 같은 클라우드 기업들은 수만, 수십만 대의 물리 서버로 이루어진 거대한 데이터 센터를 운영한다. 우리가 클라우드에서 서버 한 대를 빌린다는 것은, 실제로는 이 거대한 데이터 센터의 물리 서버 한 대 위에 생성된 '가상 서버(가상 주방)' 하나를 임대하는 것이다. 클라우드 기업이 바로 그 산업용 주방의 총지배인 역할을 하며, 전 세계 수백만 고객에게 자원을 효율적으로 할당해주고 있다. 이처럼 서버 리소스 할당의 원리를 이해하는 것은 단순히 우리 회사 서버를 넘어, 현대 인터넷이 작동하는 방식을 이해하는 열쇠가 된다.

3.6 연습문제

01 서버의 폼팩터 중, 얇은 서랍 형태로 표준 랙(Rack)에 장착하기 최적화되어 데이터 센터에서 가장 많이 사용되는 형태는 무엇인가?

① 타워형 서버
② 랙 마운트 서버
③ 블레이드 서버
④ 메인프레임

02 서버 하드웨어 구성 요소 중, 전원이 꺼져도 데이터가 사라지지 않는 비휘발성 저장 장치로, 최근에는 고속 입출력을 위해 NVMe 인터페이스가 주로 사용되는 것은 무엇인가?

① CPU
② RAM
③ SSD
④ GPU

03 리눅스 운영체제(OS)의 핵심이자, 하드웨어 제어, 메모리 관리, 프로세스 스케줄링 등 시스템의 가장 기본적인 기능을 담당하는 부분은 무엇인가?

① 커널(Kernel)
② 쉘(Shell)
③ 파일 시스템
④ 데몬

04 윈도우 서버 OS의 특징 중 하나로, GUI 없이 명령줄 인터페이스(CLI)로만 운영하여 보안성과 성능을 높인 설치 옵션은 무엇인가?

① 데스크톱 경험
② 파워쉘
③ 하이퍼-V
④ 서버 코어

05 서버 이중화 구성 방식 중, 두 대의 서버가 동시에 서비스를 수행하며(Active-Active), 한 대가 고장 나면 나머지 한 대가 전체 부하를 감당하는 방식은 무엇인가?

① 액티브-스탠바이
② 로드 밸런싱
③ 클러스터링
④ 핫 스왑

06 서버 운영 중 디스크 장애 발생 시, 데이터 손실 없이 운영을 지속하기 위해 여러 개의 디스크를 묶어 중복 저장하거나 패리티를 사용하는 기술은 무엇인가?

① LVM
② 파티셔닝
③ RAID
④ 스냅샷

07 서버 용량 산정(Sizing) 시 고려해야 할 요소로, 예상되는 최대 동시 접속자 수와 트랜잭션 처리량을 기준으로 여유율을 두어 산정하는 방식은 무엇인가?

① 피크치 기준 산정
② 평균치 기준 산정
③ 최소치 기준 산정
④ 예산 기준 산정

08 서버 도입 방식 중, 물리적 서버를 구매하지 않고 필요한 만큼의 컴퓨팅 자원을 클라우드 서비스 제공업체로부터 임대하여 사용하는 방식은 무엇인가?

① 리스
② 렌탈
③ 호스팅
④ IaaS(서비스형 인프라)

09 서버 유지보수 활동 중, 시스템의 보안 취약점을 해결하고 기능을 개선하기 위해 OS나 소프트웨어의 최신 업데이트 파일을 적용하는 작업은 무엇인가?

① 백업
② 패치 관리
③ 로그 분석
④ 성능 튜닝

10 서버 모니터링의 주요 지표 중, CPU나 메모리 등의 자원 사용률이 임계치를 초과할 경우 관리자에게 경고를 보내는 기능은 무엇인가?

① 로깅
② 리포팅
③ 알람(Alert)
④ 대시보드

4 장

자원의 효율적 사용을 위한 가상화와 컨테이너

학 습 목 표

한정된 자원을 남김없이 활용하기 위해서는 컴퓨터를 쪼개 쓰는 기술, 즉 가상화와 컨테이너를 이해해야 한다. 이 자료는 비전공자의 눈높이에서 하나의 서버를 나누어 쓰는 방식을 모든 시설을 갖춘 독립된 '단독 주택(가상머신)'과 거실과 주방은 공유하되 내 방만 따로 쓰는 '쉐어하우스(컨테이너)'의 비유를 통해 쉽게 설명한다. 자원 격리의 원리를 이해함으로써 우리는 왜 가볍고 빠른 시스템이 현대 개발 환경의 필수 조건인지 그 중요성을 깊이 인식하고, 민첩한 서비스 배포를 위해 각자가 어떤 방식으로 업무를 준비해야 하는지 명확히 알게 될 것이다.

4.1 물리적 한계를 어떻게 극복하는가?

1. 가상화 기술의 원리

● 가상화란 무엇인가?

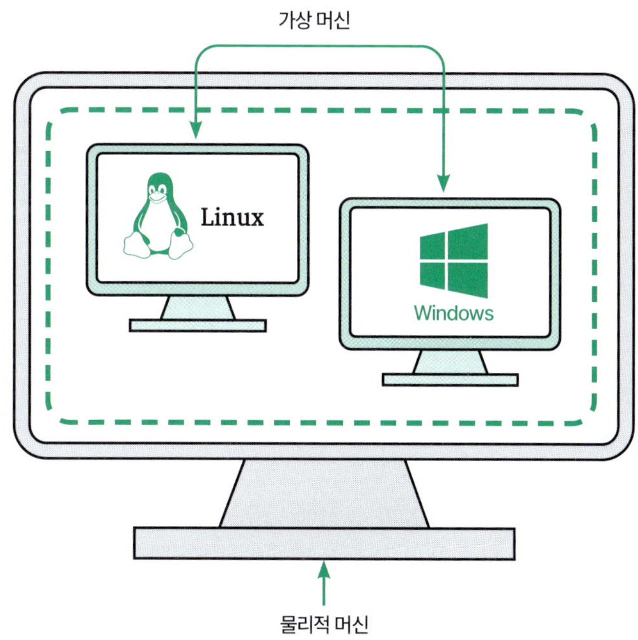

가상화(Virtualization)는 하나의 물리적 컴퓨터 시스템에서 여러 개의 가상 컴퓨터 환경을 만들어내는 기술이다. 이 기술은 컴퓨터의 하드웨어(Hardware) 자원을 여러 개의 독립된 디지털 환경으로 분할해 공유할 수 있도록 한다. 여기서 하드웨어 자원이란 컴퓨터의 두뇌 역할을 하는 중앙 처리 장치(Central Processing Unit, CPU), 작업 공간인 메모리(Memory), 데이터를 저장하는 디스크(Disk) 등을 말한다. 가상화는 이러한 물리적 자원들을 논리적으로 분할해, 마치 여러 대의 독립된 컴퓨터가 존재하는 것처럼 보이게 한다.

결과적으로 하나의 고성능 서버(Server)를 여러 개의 가상 머신(Virtual Machine, VM)으로 나누어 사용할 수 있다. 각 가상 머신은 독립적으로 작동하며, 서로 다른 운영체제(Operating System, OS)나 애플리케이션(Application)을 실행할 수 있다. 이 모든 과정은 단 하나의 물리적 기계 위에서 이루어진다. 이처럼 가상화는 물리적 하드웨어의 기능을 소프트웨어(Software)로 추상화하여, 자원을 보다 유연하고 효율적으로 관리 · 활용할 수 있게 한다.

❶ 쉬운 비유로 이해하기

가상화의 개념은 비유를 통해 더욱 쉽게 이해할 수 있다. 아주 넓고 텅 빈 사무실 하나가 있다고 상상해 보자. 이 사무실이 바로 강력한 성능의 물리적 서버에 해당한다. 이 넓은 공간을 한 팀만 사용한다면 매우 비효율적일 것이다. 공간의 대부분은 낭비되고, 전기세나 관리비는 그대로 나간다.

이때 '가상화' 기술은 사무실에 '칸막이'를 설치하는 것과 같다. 칸막이를 쳐서 넓은 공간을 여러 개의 독립된 개인 사무실로 나눈다. 이제 각 사무실에는 마케팅팀, 재무팀, 인사팀 등 서로 다른 팀이 입주할 수 있다. 각 팀은 자신만의 독립된 공간에서 다른 팀의 방해 없이 업무를 수행한다. 모든 팀은 건물의 전기, 수도, 냉난방 같은 핵심 자원을 공유하지만, 각자의 공간은 완전히 분리되어 있다.

이 비유에서 넓은 사무실은 '물리적 서버', 칸막이는 '가상화 소프트웨어', 그리고 새로 생긴 개인 사무실들은 '가상 머신(VM)'에 해당한다. 가상화를 통해 하나의 서버 자원을 효율적으로 나누어 여러 개의 독립된 가상 서버를 운영하는 원리가 바로 이것이다. 또 다른 예로, 서버를 여러 사람이 함께 탈 수 있는 버스에 비유할 수 있다. 승객 한 명만 태우고 달리는 버스는 비효율적이다. 가상화는 이 버스에 여러 승객(애플리케이션)을 태워 목적지까지 효율적으로 운행하는 것과 같다.

❷ 가상화 기술의 탄생

가상화는 최근에 등장한 기술이 아니다. 그 뿌리는 1960~1970년대, 거대하고 고가였던 IBM의 메인프레임(Mainframe) 컴퓨터 시대로 거슬러 올라간다. 당시 컴퓨터는 오늘날과 비교할 수 없을 만큼 크고 비쌌기 때문에, 한정된 자원을 최대한 효율적으로 활용하는 것이 중요했다. IBM은 이 문제를 해결하기 위해 '시분할(Time-sharing)'이라는 개념을 도입했다. 이는 하나의 강력한 컴퓨터 자원을 여러 사용자가 동시에 나누어 사용할 수 있게 하는 기술이었다. 이 기술 덕분에 여러 사용자가 마치 각자 개인용 컴퓨터를 가진 것처럼 메인프레임에 접속해 작업을 수행할 수 있었다. 이것이 바로 가상화의 초기 형태였다.

이후 수십 년 동안 가상화는 주로 메인프레임과 같은 특수한 환경에서만 사용되었다. 그러나 1990년대 후반에 들어 상황이 달라지기 시작했다. 개인용 컴퓨터(Personal Computer, PC)와 일반 서버에 사용되는 x86 아키텍처 기반의 컴퓨터 성능이 비약적으로 향상되면서, 서버의 처리 능력이 남는 비효율이 발생하기 시작했다. 즉, 메인프레임 시대에 경험했던 '자원 낭비' 문제가 새로운 형태로 되풀이된 것이다.

이때 VMware라는 회사가 등장해 x86 서버 환경을 위한 가상화 소프트웨어를 선보였다. 이를 통해 기업들은 비교적 저렴한 x86 서버 한 대에서 여러 운영체제와 애플리케이션을 동시에 실행할 수 있게 되었다. 이는 IT 인프라 역사에 큰 전환점을 가져왔으며, 가상화 기술이 데이터 센터의 표준으로 자리 잡는 계기가 되었다.

● 서버 가상화가 기업에 가져다주는 이점

서버 가상화는 단순한 기술적 진보를 넘어, 기업 운영 방식 전반에 실질적인 변화를 가져왔다. 비용 절감부터 운영 효율성 향상, 비즈니스 연속성 확보에 이르기까지 그 효과는 매우 광범위하다.

❶ 서버 통합과 비용 절감(하드웨어, 전기, 공간)

가상화가 제공하는 가장 직접적이고 강력한 이점은 서버 통합(Server Consolidation)을 통한 비용 절감이다. 과거 기업들은 보통 하나의 애플리케이션에 하나의 물리적 서버를 할당했다. 이 방식은 안정적이었지만, 대부분의 서버가 처리 능력의 극히 일부(평균 5~15%)만 사용하여 심각한 자원 낭비를 초래했다. 서버 가상화는 여러 대의 물리적 서버에서 실행되던 작업을 하나의 고성능 물리 서버 내 여러 가상 머신으로 통합할 수 있게 한다. 이를 통해 기업은 세 가지 주요 영역에서 큰 폭의 비용 절감 효과를 얻는다.

- **하드웨어 비용 감소**: 필요한 물리적 서버의 수가 급격히 줄어든다. 이는 서버 구매 비용뿐 아니라 유지보수 비용까지 절감하는 효과를 가져온다.
- **에너지 비용 감소**: 서버 수가 줄면 전력 소비량과 냉각에 필요한 에너지 비용도 함께 감소한다. 이는 기업의 공과금을 줄일 뿐 아니라 환경 보호에도 기여한다.
- **공간 비용 감소**: 서버가 차지하는 물리적 공간이 줄어든다. 비싼 데이터센터의 상면 공간을 절약하거나, 추가 공간 임대 비용을 줄일 수 있다.

알아두세요 **서버 통합으로 비용 절감 사례**

실제로 많은 글로벌 기업들이 서버 통합을 통해 막대한 비용 절감 효과를 얻었다. 예를 들어, 휴렛 팩커드(Hewlett Packard, HP)는 전 세계 85개의 데이터센터를 6개로 통합해 연간 약 10억 달러의 비용 절감을 기대했다. IBM 은 3,900대의 서버를 30대의 가상화된 메인프레임으로 통합해 에너지 사용량을 80% 감소시켰다. 마이크로소프트(Microsoft)는 데이터센터 통합을 통해 기존 지출의 40%에 해당하는 2,320만 달러를 절감했다.

또한 미국 사우스웨스턴 일리노이 대학(Southwestern Illinois College)은 35대의 서버를 가상화해 4대의 물리적 서버로 통합함으로써, 3년간 총소유비용(Total Cost of Ownership, TCO)을 28만 달러 이상 절감했다.

❷ IT 운영의 효율성 및 유연성 증대

비용 절감 외에도 가상화는 IT 운영을 더욱 민첩하고 효율적으로 만든다. 과거에는 새로운 서버 한 대를 도입하려면 하드웨어 주문, 설치, 운영체제 설정 등 여러 단계를 거쳐 몇 주가 걸리곤 했다. 그러나 가상 환경에서는 단 몇 분 만에 새로운 가상 머신을 생성하고 배포할 수 있다.

또한 IT 관리자는 중앙 관리 도구를 통해 수십, 수백 대의 가상 머신을 한곳에서 손쉽게 관리할 수 있다. 자원 할당, 소프트웨어 업데이트, 성능 모니터링 등 복잡한 작업이 단순화된다.

이로써 IT 팀은 반복적인 유지보수 업무에서 벗어나, 비즈니스 성장을 지원하는 전략적 업무에 집중할 수 있다. 이러한 유연성은 기업이 비즈니스 환경 변화에 신속히 대응할 수 있는 능력으로 이어진다. 갑작스럽게 트래픽이 몰리는 서비스에 대응하기 위해 임시로 서버를 증설하거나, 새로운 프로젝트의 테스트 환경을 구축하는 일이 훨씬 빠르고 간편해진다.

❸ 더 빠르고 안정적인 재해 복구

비즈니스 연속성은 모든 기업에게 핵심적인 과제다. 자연재해, 하드웨어 고장, 사이버 공격 등 예기치 못한 사고가 발생했을 때 얼마나 신속히 시스템을 복구하느냐가 기업의 생존을 좌우한다.

서버 가상화는 이러한 재해 복구(Disaster Recovery, DR) 전략을 획기적으로 개선한다.

가상 머신은 본질적으로 몇 개의 파일로 구성된 소프트웨어 단위이기 때문에 특정 하드웨어에 종속되지 않는다. 이 특성 덕분에 가상 머신 전체를 손쉽게 백업하고, 다른 장소로 복제하며, 필요할 때 빠르게 복원할 수 있다. 만약 주 데이터센터에 장애가 발생해 서버가 중단되더라도, 미리 복제해 둔 가상 머신을 다른 위치에서 즉시 가동해 서비스를 재개할 수 있다.

물리적 서버 환경에서는 복구에 몇 시간 또는 며칠이 걸릴 수도 있는 작업이, 가상 환경에서는 단 몇 분 만에 완료될 수 있다. 또한, 재해 복구 계획이 실제로 잘 작동하는지를 검증하는 테스트 과정도 훨씬 단순하다. 운영 중인 시스템에 영향을 주지 않고 복제된 가상 머신으로 모의 재해 상황을 시험할 수 있기 때문이다. 이를 통해 기업은 더 안정적이고 신뢰할 수 있는 복구 체계를 갖출 수 있다.

2. 하이퍼바이저의 역할

가상화 기술의 중심에는 하이퍼바이저(Hypervisor)라는 특별한 소프트웨어가 있다. 가상화가 마치 마법처럼 느껴진다면, 하이퍼바이저는 그 마법을 실제로 구현하는 마법사라고 할 수 있다.

하이퍼바이저는 가상 머신(Virtual Machine, VM)을 생성하고 실행하는 소프트웨어 계층이다. '가상 머신 모니터(Virtual Machine Monitor, VMM)'라고도 불리는 이 프로그램은 가상화를 가능하게 하는 핵심 구성 요소다. 그 주요 임무는 물리적 서버의 하드웨어 자원을 가상 머신들로부터 분리하고, 각 가상 머신이 필요한 만큼의 자원을 효율적으로 분배하는 것이다. 즉, 물리적 서버의 CPU, 메모리, 스토리지 등의 자원을 모아 하나의 거대한 자원 풀(Resource Pool)을 만들고, 이 풀에서 각 가상 머신에 필요한 자원을 할당한다.

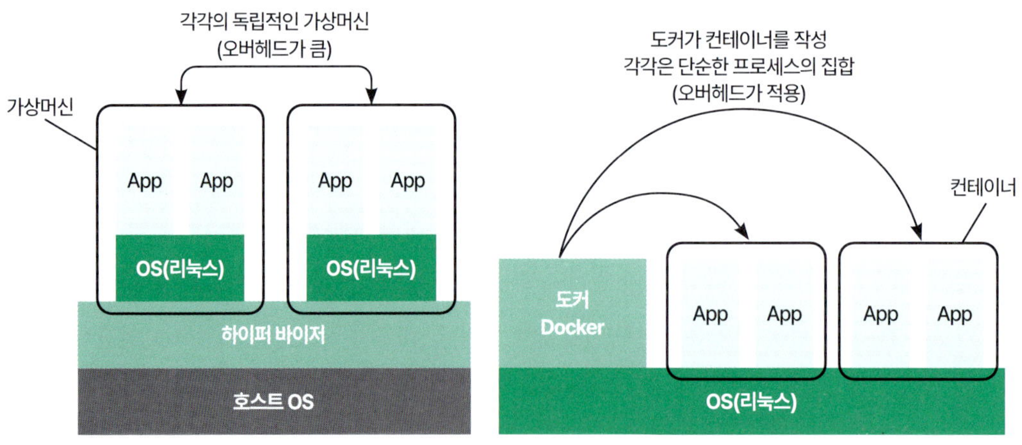

하이퍼바이저의 역할을 이해하기 위해 앞서의 '사무실' 비유를 '아파트'로 바꿔보자. 물리적 서버는 하나의 커다란 아파트 건물이고, 그 안의 각 세대가 가상 머신(VM)이다. 이때 하이퍼바이저는 건물 전체를 관리하는 관리소장이다. 관리소장은 직접 거주하지는 않지만, 건물의 모든 운영을 총괄한다.

각 세대가 전기(CPU), 수도(메모리), 창고 공간(스토리지)을 문제없이 사용할 수 있도록 관리하며, 한 세대에서 시끄러운 파티를 열어(애플리케이션 충돌) 다른 세대에 피해가 가지 않도록 격리를 유지한다.

이처럼 하이퍼바이저는 자원 할당, 작업 스케줄링, 가상 머신 간 격리를 책임지는 가상 세계의 총괄 관리자라 할 수 있다.

● 하이퍼바이저의 작동 방식

그렇다면 하이퍼바이저는 어떻게 여러 가상 머신이 하나의 하드웨어를 원활하게 공유하도록 만들까? 그 비결은 '중재'와 '조율'에 있다.

❶ 물리적 자원의 분배와 조율

하이퍼바이저는 물리적 하드웨어와 가상 머신 사이에 위치하여 일종의 교통경찰 역할을 수행한다. 가상 머신이 CPU 연산이나 데이터 저장 같은 작업을 요청하면, 하이퍼바이저가 그 요청을 받아 실제 하드웨어에 전달한다.

만약 여러 가상 머신이 동시에 자원을 요청할 경우, 하이퍼바이저는 우선순위와 규칙에 따라 요청 순서를 조정하고, 충돌이 발생하지 않도록 작업 일정을 조율한다. 덕분에 여러 가상 머신은 마치 자신만이 하드웨어를 독점적으로 사용하는 것처럼 느끼지만, 실제로는 하이퍼바이저가 보이지 않게 자원을 분배하고 있는 것이다. 이 조율 과정은 하드웨어 본래 성능에 거의 가까운 속도로 이루어지므로, 사용자는 성능 저하를 거의 체감하지 못한다.

❷ 호스트와 게스트의 관계

가상화 환경에서 자주 등장하는 용어로 '호스트(Host)'와 '게스트(Guest)'가 있다. 이 둘의 관계를 이해하면 가상화 구조를 보다 쉽게 파악할 수 있다.

- **호스트**: 하이퍼바이저가 설치된 실제 물리적 컴퓨터, 즉 서버 자체를 의미한다(아파트 건물 전체에 해당).
- **게스트**: 호스트 위에서 실행되는 가상 머신을 의미한다(각 세대에 해당).

하나의 호스트는 여러 개의 게스트를 동시에 운영할 수 있다. 하이퍼바이저는 이 둘 사이의 관계를 조율하여, 호스트의 자원이 게스트들에게 효율적이고 안전하게 제공되도록 보장한다.

결국 하이퍼바이저는 전통적인 하드웨어 → 운영체제의 단순 구조에 새로운 소프트웨어 계층을 추가함으로써, 현대 IT 인프라가 요구하는 유연성, 안정성, 통제력을 제공하는 핵심 기술로 자리 잡았다.

3. 베어메탈 기반(Type 1)

하이퍼바이저는 구조와 설치 방식에 따라 두 가지 유형으로 나뉜다. 그중 첫 번째가 Type 1 하이퍼바이저로, 주로 데이터센터나 클라우드 환경처럼 높은 성능과 안정성이 요구되는 곳에서 사용된다.

Type 1 하이퍼바이저의 아키텍처와 특징

❶ 하드웨어에 직접 설치되는 방식

Type 1 하이퍼바이저는 운영체제 없이 물리적 서버 하드웨어 위에 직접 설치된다. 즉, 윈도우(Windows)나 리눅스(Linux) 같은 운영체제를 대신해 하이퍼바이저 자체가 서버의 운영체제 역할을 수행한다. 이런 특성 때문에 '베어메탈(Bare-metal)', 혹은 '네이티브(Native)' 하이퍼바이저라고 부른다. 일부 제품은 아예 서버의 펌웨어(Firmware)에 내장되기도 한다. 이 구조 덕분에 하이퍼바이저는 하드웨어 자원을 직접 제어할 수 있다. 중간에 운영체제가 개입하지 않으므로 자원 접근 경로가 짧고, 처리 효율이 매우 높다.

❷ 성능, 효율, 보안의 강점

Type 1 하이퍼바이저의 가장 큰 장점은 단연 성능이다. 하드웨어를 직접 제어하므로 불필요한 소프트웨어 계층이 없고, 가상 머신이 물리적 서버와 거의 동일한 속도로 작동한다. 지연 시간이 짧고 자원 관리 효율이 높아 수많은 가상 머신이 동시에 동작하는 대규모 환경에 적합하다. 또한 보안성도 높다. Type 1 하이퍼바이저는 가상화 기능에만 초점을 맞춘 단순하고 가벼운 구조로 설계되어, 해커가 침투할 수 있는 공격 표면(Attack Surface)이 작다. 이 단순함이 오히려 안정성과 신뢰성을 보장하는 핵심 요인이 된다.

기업 환경에서의 Type 1 활용 사례

이러한 특성 덕분에 Type 1 하이퍼바이저는 오늘날 대부분의 기업 IT 인프라의 근간을 이루고 있다.

❶ 대규모 데이터센터와 클라우드의 심장

VMware ESXi와 Microsoft Hyper-V는 Type 1 하이퍼바이저를 대표하는 두 가지 솔루션이다. 이들은 전 세계 수많은 데이터센터와 클라우드 서비스(AWS, Azure 등)의 핵심 엔진으로 사용된다. 특히 VMware ESXi는 중앙 관리 도구인 vCenter Server와 결합해 탁월한 통합 관리 기능을 제공한다. 관리자는 vCenter를 통해 수백, 수천 대의 물리적 서버와 그 위의 가상 머신들을 하나의 콘솔에서 통합적으로 제어할 수 있다. 또한 다음과 같은 고급 기능들은 기업 서비스의 안정성을 획기적으로 높인다.

- **DRS(Distributed Resource Scheduler)**: 특정 서버에 부하가 집중되면, 자동으로 가상 머신을 다른 서버로 이동시켜 부하를 분산한다.
- **HA(High Availability)**: 하드웨어 장애 발생 시, 다른 서버에서 즉시 가상 머신을 재시작하여 서비스 중단을 방지한다.

이러한 기능들은 클라우드 환경에서 무중단 서비스를 실현하는 핵심이다.

❷ 미션 크리티컬 시스템 운영(ERP, CRM 등)

기업들은 전사적 자원 관리(ERP), 고객 관계 관리(CRM), 핵심 데이터베이스(DB) 등 '미션 크리티컬(Mission-Critical)'한 애플리케이션을 Type 1 하이퍼바이저 환경에서 운영한다. 이러한 시스템은 단 1초의 장애도 큰 손실로 이어질 수 있기 때문에, Type 1의 고성능 · 고안정성 · 빠른 복구 기능이 반드시 필요하다.

❸ **원격 고사양 그래픽 작업**

최근에는 Type 1 하이퍼바이저가 고성능 그래픽 작업 환경으로까지 확장되고 있다. 대표적인 기술이 가상 그래픽 처리 장치(vGPU)이다. 이는 고가의 전문가용 GPU(그래픽 카드)를 여러 가상 머신이 나누어 사용하는 기술이다. 이 덕분에 설계나 디자인 전문가들은 AutoCAD, 3DS Max 같은 고사양 3D 프로그램을 자신의 일반 노트북에서 원격으로 실행할 수 있다. 기업은 직원 개개인에게 고가의 워크스테이션을 지급하지 않아도 되므로, 비용 효율성과 작업 유연성을 동시에 얻을 수 있다.

4. 호스트 기반(Type 2)

Type 1 하이퍼바이저가 대규모 서버 인프라를 위한 강력한 엔진이라면, Type 2 하이퍼바이저는 개인용 컴퓨터나 개발 환경에서 손쉽게 가상화를 경험할 수 있게 해주는 도구다. 즉, Type 1은 기업용 서버 환경에, Type 2는 개인 사용자와 개발자에게 적합하다.

• Type 2 하이퍼바이저의 아키텍처와 특징

❶ **운영체제(OS) 위에 프로그램처럼 실행되는 방식**

Type 2 하이퍼바이저는 기존에 사용하던 운영체제, 예를 들어 윈도우나 macOS 위에 하나의 애플리케이션처럼 설치되어 실행된다. 하드웨어에 직접 설치되는 Type 1과 달리, Type 2는 호스트 운영체제(Host OS)에 의존하여 하드웨어 자원에 접근한다. 이런 구조 때문에 '호스트(Hosted)' 하이퍼바이저라고 불린다. 즉, **물리적 하드웨어 → 호스트 OS → Type 2 하이퍼바이저 → 게스트 OS(VM)** 순서의 계층 구조를 가진다. 하이퍼바이저가 하드웨어에 직접 명령을 내리는 것이 아니라, 호스트 OS를 통해 한 단계 거쳐서 전달하는 방식이다.

❷ **손쉬운 설치와 높은 유연성**

Type 2 하이퍼바이저의 가장 큰 장점은 간편함이다. 별도의 서버 장비가 없어도 개인용 노트북이나 데스크톱에 손쉽게 설치할 수 있다. 워드 프로그램이나 웹 브라우저를 설치하듯, 몇 번의 클릭으로 가상 환경을 만들 수 있다.

이러한 편리함 덕분에 개발자가 특정 환경을 테스트하거나, 학생이 수업 실습을 위해 다른 운영체제를 사용해야 할 때 유용하게 활용된다. 다만 호스트 OS를 한 번 더 거치기 때문에 Type 1보다 약 15~30% 정도의 성능 손실이 발생할 수 있다. 따라서 최고 성능보다는 편리함과 유연성이 중요한 환경에 적합하다.

• 개인 사용자와 개발자를 위한 활용 사례

Type 2 하이퍼바이저는 특히 개발자, 테스터, 그리고 새로운 기술을 배우고자 하는 개인 사용자들에게 매우 유용한 도구다.

❶ 하나의 컴퓨터에서 여러 운영체제 사용하기

Type 2 하이퍼바이저의 대표적인 예로는 Oracle VirtualBox와 VMware Workstation이 있다. 예를 들어 윈도우 노트북을 사용하는 개발자가 리눅스 전용 서버 프로그램을 테스트해야 할 때, VirtualBox를 설치하고 리눅스 가상 머신을 만들면 된다. 이제 윈도우 창 안에서 완전한 리눅스 환경을 실행해 개발과 테스트를 자유롭게 진행할 수 있다.

❷ 안전한 실험실처럼 분리된 개발 환경 구성하기

개발자들은 여러 프로젝트를 동시에 진행하면서 서로 다른 버전의 언어나 라이브러리를 사용해야 하는 경우가 많다. 이 모든 환경을 한 컴퓨터에 설치하면 충돌이 발생하기 쉽다. Type 2 하이퍼바이저는 각 프로젝트마다 독립된 가상 머신을 만들어 완벽하게 분리된 '안전한 실험실(Sandbox)'을 제공한다. 문제가 생기더라도 해당 가상 머신만 삭제하면 되고, 원래의 운영체제는 안전하게 보호된다.

이처럼 Type 2 하이퍼바이저는 데이터센터의 기술이었던 가상화를 개인의 책상 위로 옮겨 놓았다. 개발자와 학생, IT 전문가들이 쉽게 실험하고 학습할 수 있는 가상화의 대중화를 이끈 주역이라 할 수 있다. 지금까지 살펴본 두 가지 유형의 하이퍼바이저는 각기 다른 목적과 환경에 최적화되어 있다. 아래 표는 Type 1과 Type 2의 핵심적인 차이점을 요약하여 보여준다. 이 표를 통해 언제 어떤 하이퍼바이저를 선택해야 하는지 명확하게 이해할 수 있을 것이다.

▼ Type 1과 Type 2 하이퍼바이저 비교

항목	Type 1 하이퍼바이저	Type 2 하이퍼바이저
아키텍처	물리적 하드웨어 위에 직접 실행	호스트 운영체제(OS) 위에서 애플리케이션으로 실행
설치 방식	전용 서버 하드웨어가 필요하며, 설치가 복잡함	일반 PC/노트북에 소프트웨어처럼 간단히 설치
성능	오버헤드가 적어 성능이 매우 높음(준네이티브 속도)	호스트 OS를 거치므로 오버헤드가 발생하여 성능이 상대적으로 낮음
보안	공격 표면이 작아 보안성이 높음	호스트 OS의 보안 취약점을 상속받을 수 있어 상대적으로 보안에 불리
주요 사용 사례	기업 데이터센터, 클라우드 인프라, 미션 크리티컬 시스템	개인용 데스크톱, 소프트웨어 개발 및 테스트, 교육용
대표 제품	VMware ESXi, Microsoft Hyper-V, KVM, Citrix Hypervisor	Oracle VirtualBox, VMware Workstation, Parallels Desktop

5. 가상 머신(VM)

하이퍼바이저라는 '마법사'가 만들어내는 가장 눈에 보이는 결과물이 바로 가상 머신(Virtual Machine, VM)이다. 가상 머신은 가상화 기술의 실체이자, 사용자가 직접 다루는 주인공이다.

● 가상 머신이란 무엇인가?

가상 머신은 이름 그대로 '가상의 기계', 즉 소프트웨어로 구현된 컴퓨터다. 물리적인 부품은 없지만, 마치 실제 컴퓨터처럼 독립적으로 작동한다. 그래서 흔히 "컴퓨터 속의 또 다른 컴퓨터"라고 부른다. 가상 머신은 자신만의 운영체제를 설치하고, 애플리케이션을 실행하며, 네트워크에 연결하고 데이터를 저장할 수 있다. 사용자 입장에서는 실제 컴퓨터와 거의 구별되지 않는다. 그러나 이 모든 동작은 하이퍼바이저가 만들어낸 가상의 하드웨어 환경 위에서 이루어진다. VM은 실제로는 여러 개의 파일로 구성된 '이미지(Image) 파일 묶음' 형태로 존재한다.

VM이 완전한 컴퓨터처럼 작동하려면, 실제 컴퓨터가 가진 구성 요소를 가상으로라도 갖추어야 한다. 하이퍼바이저는 물리적 서버의 자원을 나누어 각 VM에게 아래와 같은 가상의 부품들을 할당한다. VM 내부의 게스트 운영체제는 이러한 가상의 부품들을 실제 하드웨어로 인식하고 작동한다.

- **가상 CPU(vCPU)**: 물리적 CPU의 처리 능력을 나누어 할당받는다.
- **가상 메모리(vRAM)**: 물리적 메모리(RAM)의 일부 공간을 할당받는다.
- **가상 디스크(Virtual Disk)**: 물리적 스토리지의 일부를 하나의 하드 디스크 파일(.vmdk, .vhd 등) 형태로 할당받는다.
- **가상 네트워크 인터페이스 카드(vNIC)**: 물리적 네트워크 카드를 통해 외부와 통신할 수 있는 가상의 통로를 할당받는다.

VM의 핵심 특징: 격리와 독립성

VM의 가장 중요하고 강력한 특징은 바로 '격리(Isolation)'와 '독립성(Independence)'이다. 하이퍼바이저는 각 VM이 서로 간섭할 수 없는 완전히 분리된 공간에서 실행되도록 보장한다. 하나의 VM이 오류를 일으키거나 악성코드에 감염되더라도, 그 영향은 해당 VM 내부에만 머문다. 같은 서버에 있는 다른 VM이나 호스트 시스템에는 전혀 영향을 미치지 않는다. 이는 마치 아파트의 방화벽이 한 집의 화재가 옆집으로 번지는 것을 막아주는 것과 같은 원리다. 이런 구조 덕분에 가상화 환경은 물리적 서버보다 더 높은 안정성과 보안성을 확보할 수 있다.

VM은 특정 하드웨어에 묶여 있지 않기 때문에 매우 자유롭고 유연하다. 단지 몇 개의 파일로 이루어져 있으므로, 이 파일만 복사하면 다른 서버로 옮기거나 복제할 수 있다. 물리적 서버에서는 상상하기 어려운 이러한 작업들이 VM 환경에서는 일상적으로 가능하다.

- **마이그레이션(Migration)**: 실행 중인 VM을 중단 없이 다른 물리적 서버로 이동시키는 기술이다. 이를 통해 서버 점검, 부하 분산, 장애 복구를 유연하게 처리할 수 있다.
- **복제(Cloning)**: 기존 VM과 완전히 동일한 복사본을 단 몇 초 만에 만들어낼 수 있는 기능이다. 새로운 서버 환경을 대량으로 신속하게 구축할 때 유용하다.

VM의 다양한 활용법

VM은 '격리된 독립 환경'을 제공한다는 특성 덕분에, 개발 · 보안 · 유지보수 등 다양한 분야에서 폭넓게 활용되고 있다. 특히 테스트 환경 구축과 레거시 시스템 유지 측면에서 그 진가를 발휘한다.

❶ 안전한 테스트 환경과 스냅샷 기능 활용법

VM은 소프트웨어 개발 및 시스템 관리 과정에서 핵심적인 도구로 자리 잡았다. 특히 '스냅샷' 기능은 VM의 활용 가치를 극대화한다. 스냅샷이란 특정 시점의 가상 머신 상태(메모리, 디스크, 설정 등 전체 구성)를 그대로 저장하는 기능이다. 이를 통해 사용자는 언제든 해당 시점으로 복원할 수 있다. 예를 들어, 한 시스템 관리자가 서버에 보안 패치를 적용해야 하는 상황을 가정해보자.

❶ **스냅샷 생성**: 패치 적용 직전, 현재 VM 상태를 스냅샷으로 저장한다.
❷ **패치 적용 및 테스트**: 보안 패치를 적용하고 시스템 정상 동작 여부를 확인한다.
❸ **결과에 따른 조치**

- **성공 시**: 문제가 없다면 스냅샷을 삭제하고 운영을 지속한다.
- **실패 시**: 오류가 발생하면 저장해둔 스냅샷으로 복원(Revert)하여 이전 상태로 즉시 되돌린다.

이처럼 스냅샷 기능은 어떤 변경 작업이든 '없었던 일'로 되돌릴 수 있는 강력한 복구 수단이다. 개발자와 관리자는 실패에 대한 부담 없이 새로운 소프트웨어를 실험하거나 시스템 구성을 변경할 수 있으며, 이는 '안전한 실험 환경'을 가능하게 한다.

❷ 오래된 애플리케이션 실행

많은 기업은 여전히 특정 운영체제(예 Windows XP)에서만 실행되는 레거시 애플리케이션(Legacy Application)을 보유하고 있다. 하지만 노후 하드웨어를 유지하는 것은 보안과 비용 면에서 큰 부담이 된다.

이때 VM이 효과적인 대안이 된다. 최신 서버 위에 오래된 운영체제를 게스트 OS로 설치한 가상 머신을 구성하면, 기존 애플리케이션을 동일한 환경에서 계속 실행할 수 있다. 이를 통해 기업은 하드웨어 교체 비용을 절감하면서도, 중요한 업무 시스템을 안정적으로 유지할 수 있다.

결국 VM의 격리성과 스냅샷 기능은 IT 리스크 관리의 패러다임을 변화시켰다. 과거에는 실패가 돌이킬 수 없는 손실로 이어졌다면, 이제는 단 몇 초 만에 복구 가능한 '가역적 환경'에서 실험과 혁신이 가능해진 것이다. 이는 IT 인프라의 안정성과 개발 속도를 동시에 끌어올린 핵심 동력이 되었다.

6. VM과 컨테이너의 차이점

가상화 기술을 이야기할 때, 최근 가상 머신과 함께 자주 언급되는 기술이 바로 컨테이너이다. 두 기술 모두 애플리케이션을 격리된 환경에서 실행한다는 공통점이 있지만, 작동 방식과 구조에는 근본적인 차이가 있다. 이해하기 쉽도록 집에 비유해본다면, 가상 머신은 '단독 주택', 컨테이너는 '아파트'라고 볼 수 있다. 이 비유를 통해 두 기술의 구조적 차이와 장단점을 살펴보자.

● 가상 머신: 독립적인 단독 주택

단독주택은 각자 기반 시설(게스트 OS와 커널)을 가지고 있으며, 전기 · 수도 · 난방 시스템(가상 하드웨어)까지 개별적으로 갖춘 완전한 독립 구조다. 이웃집과 벽을 공유하더라도 내부는 완전히 분리되어 있다.

- **장점**: 격리 수준이 매우 높아 보안에 유리하다. 한 VM에서 문제가 발생해도 다른 VM에 영향을 주지 않는다. 또한, 한 물리 서버에서 서로 다른 운영체제(예 Windows와 Linux)를 동시에 실행할 수 있다.
- **단점**: VM은 '집 한 채'를 새로 짓는 것처럼 무겁고 느리다. 크기가 수십 GB에 이르며, 부팅에 수 분이 걸릴 수 있다. 시스템 자원도 많이 소모된다.

즉, VM은 하드웨어 계층 전체를 가상화하여 게스트 OS를 포함한 완전한 컴퓨터 환경을 제공하는 기술이다.

● 컨테이너: 효율적인 아파트

아파트의 각 세대는 건물의 기초, 기둥, 배관, 전기 시설 등 공용 기반 시설(호스트 OS의 커널) 을 공유한다. 각 세대는 그 위에 자신만의 가구와 인테리어(애플리케이션 및 라이브러리)만 설치한다.

- **장점**: 기반 시설을 공유하기 때문에 가볍고 빠르다. 컨테이너는 수십 MB 단위로 작으며, 단 몇 초 만에 실행된다. 하나의 서버에서 수백 개의 컨테이너를 구동할 수 있어 자원 효율성이 매우 높다.
- **단점**: OS 커널을 공유하므로 VM만큼 완전한 격리는 어렵다. 또한, 모든 컨테이너는 호스트 OS의 종류를 따라야 한다. 예를 들어 리눅스 기반 호스트에서는 리눅스 컨테이너만 실행할 수 있다.

컨테이너는 운영체제 위의 소프트웨어 계층만 가상화하여, 애플리케이션 실행에 필요한 최소한의 환경만 격리하는 기술이다.

● 언제 무엇을 써야 할까?

VM과 컨테이너는 경쟁 관계가 아니라 상호 보완적 기술이다. 상황과 목적에 따라 선택이 달라진다. 물리적 서버 → 가상 머신 → 컨테이너 로 이어지는 변화는 IT 인프라가 **하드웨어 관리 중심**에서 **애플리케이션 관리 중심**으로 진화해온 과정을 보여준다. 이러한 추상화와 효율화의 흐름은 개발과 배포 속도를 극대화하는 데브옵스 문화의 확산을 뒷받침하는 핵심 기술적 배경이 되고 있다.

- **가상 머신을 사용하는 경우**
  - 호스트와 다른 종류의 운영체제를 실행해야 할 때(예 윈도우 서버에서 리눅스 VM 실행)
  - 최고 수준의 보안과 완벽한 격리가 필요할 때
  - 다양한 애플리케이션을 하나의 가상 서버에서 함께 운영해야 할 때
- **컨테이너를 사용하는 경우**
  - 하나의 애플리케이션을 여러 개 복제하여 빠르고 가볍게 실행하고 싶을 때
  - 개발, 테스트, 배포 환경을 일치시켜 "내 컴퓨터에서는 됐는데..." 하는 문제를 없애고 싶을 때
  - 마이크로서비스 아키텍처(Microservices Architecture, MSA)와 같이 작고 독립적인 서비스들을 많이 운영해야 할 때

4.2 가상 환경은 어떻게 관리하는가?

가상화 기술은 단순히 하나의 물리 서버를 여러 가상 서버로 나누는 것을 넘어, 전체 IT 인프라를 유연하고 효율적으로 운영하는 핵심 전략으로 자리 잡았다. 하지만 수십, 수백 개의 가상 머신(VM)이 동시에 존재하면, 이를 체계적으로 관리하고 보호하는 새로운 과제가 등장한다. 이번 장에서는 가상화 환경을 지휘하는 중앙 관제탑의 역할부터, 서비스 중단 없이 가상 머신을 이전하는 기술, 특정 시점을 저장하는 스냅샷, 그리고 가상 환경의 보안 위협과 대응 방안까지 살펴본다.

1. 통합 관리 도구(vCenter)

가상화 환경을 구축하는 가장 큰 이유는 여러 대의 물리 컴퓨터를 마치 하나의 거대한 컴퓨터처럼 사용하기 위함이다. 여러 서버에 흩어져 있는 CPU, 메모리, 저장 공간을 한데 모아 필요에 따라 유연하게 나누어 쓰는 것이 핵심이다. 하지만 서버가 10대, 그 위에 동작하는 VM이 100개가 넘어가면 상황은 매우 복잡해진다.

어떤 VM이 어느 서버에서 동작하는지, 각 서버의 자원 사용량은 어떤지, 장애가 발생한 곳은 없는지 일일이 파악하는 것은 거의 불가능하다. 이러한 혼란을 해결하고 가상화된 인프라 전체를 총괄 지휘하는 두뇌 역할을 하는 것이 바로 vCenter(VMware vCenter Server)다.

● vCenter의 역할

vCenter는 여러 대의 물리 서버(VMware 환경에서는 ESXi 호스트)와 그 위에서 동작하는 수많은 가상 머신을 단일 화면에서 통합 관리할 수 있는 중앙 관리 솔루션이다.

쉽게 비유하면, 전 세계 공항과 비행기를 관리하는 중앙 항공 관제 센터와 같다. 개별 ESXi 호스트가 하나의 '공항'이고, 그 위에서 실행되는 가상 머신이 '비행기'라면, vCenter는 이 모든 공항과 비행기의 운항 정보를 실시간으로 파악하고 통제하는 '중앙 항공 관제 센터'와 같다. 관제 센터는 어떤 비행기가 어느 공항에서 이륙(가상 머신 전원 켜기)하고 착륙(전원 끄기)하는지, 어떤 항로(네트워크)를 이용하는지, 비행 중 문제는 없는지 전체 상황을 한눈에 파악하고 지휘한다.

이러한 중앙 집중 관리는 IT 운영의 효율성을 극적으로 향상시킨다. 관리자 한 명이 수백 개의 워크로드를 관리할 수 있으며, 물리 서버를 개별적으로 관리할 때보다 생산성을 두 배 이상 높일 수 있다.

❶ 중앙 집중 관리와 가시성

vCenter의 가장 기본적이면서 강력한 기능은 분산된 모든 가상 자원에 대한 완벽한 가시성 제공이다. 관리자는 단일 콘솔에서 가상 인프라의 핵심 요소를 깊이 있게 모니터링할 수 있다.

- **통합 인벤토리 관리**: 클러스터로 묶인 모든 물리 서버, 그 위에서 동작하는 VM, 연결된 데이터 저장소(Datastore), 가상 네트워크 등 모든 자산을 한눈에 확인 가능
- **실시간 성능 모니터링**: 각 서버와 VM의 CPU, 메모리 사용률, 네트워크 트래픽, 디스크 사용량을 실시간 그래프로 확인하여 병목 지점을 쉽게 발견
- **경고 및 알림**: 자원 사용량이 임계치를 넘거나 하드웨어 문제 발생 시 선제적으로 관리자에게 알림
- **인벤토리 검색**: 수백 개의 VM 중 특정 이름의 VM을 즉시 검색

vCenter는 흩어져 있는 자원들을 하나의 논리적 단위로 묶어 보여주므로, 관리자가 전체 인프라를 정확히 파악하고 정보 기반 의사결정을 내릴 수 있도록 돕는다.

❷ 자동화를 통한 효율성 극대화

vCenter의 진정한 힘은 단순한 관리를 넘어, 가상 환경을 스스로 판단하고 움직이게 만드는 자동화 기능에서 나온다. vCenter는 VMware vSphere의 고급 기능을 활성화하는 열쇠 역할을 한다.

- **DRS(Distributed Resource Scheduler)**: 여러 서버의 자원 사용량을 지속적으로 감시하고, 특정 서버에 부하가 몰리면 자동으로 VM을 다른 서버로 이동시켜 전체 부하를 균형 있게 유지
- **HA(High Availability)**: 서버 장애를 실시간 감지하고 해당 서버에서 실행 중인 VM을 다른 서버에서 즉시 재시작, 서비스 중단 최소화
- **vMotion**: 서버 점검 등 계획된 작업 시, VM을 서비스 중단 없이 다른 서버로 실시간 이전

자동화 기능 덕분에 수십 대 서버와 수백 개 VM을 개별 관리할 필요가 사라지고, 인프라 운영의 효율성과 안정성이 크게 향상된다.

또한, 엔지니어의 역할도 변화한다. 과거에는 장애 서버를 고치는 '서버 정비공'에 가까웠다면, vCenter 환경에서는 시스템 정책을 설계하고 관리하는 '시스템 설계자'로 역할이 진화한다. 예를 들어, "어떤 서버의 CPU 사용률이 80%를 넘으면 가상 머신을 다른 곳으로 옮겨라" 또는 "서버 한 대가 고장 나면 그 위의 가상 머신들을 다른 서버에서 즉시 재시작해라"와 같은 규칙을 정의하면, vCenter가 그 정책에 따라 24시간 365일 자동으로 시스템을 운영한다. 이는 곧 IT 운영이 사람의 직감이나 수작업이 아닌, 잘 정의된 정책에 기반한 자동화된 방식으로 진화했음을 의미한다.

2. 실시간 이동 기술(마이그레이션)

서버를 운영하다 보면 하드웨어 업그레이드, 운영체제 패치 적용, 신규 서버 교체 등 유지보수 작업이 필요하다. 전통적인 환경에서는 이러한 작업을 위해 반드시 서비스를 잠시 중단해야 했다. 하지만 가상화 환경에서는 마이그레이션(Migration) 기술을 통해 실행 중인 가상 머신을 서비스 중단 없이 다른 서버로 이전할 수 있다.

● 마이그레이션의 종류

마이그레이션은 가상 머신의 전원 상태에 따라 크게 두 가지로 나뉜다.

- **콜드 마이그레이션(Cold Migration)**: 가상 머신 전원이 꺼진 상태에서 이전한다. 전원이 꺼져 있으므로 데이터 정합성 문제는 없지만, 서비스를 중단해야 한다는 단점이 있다.
- **라이브 마이그레이션(Live Migration)**: 가상 머신이 실행 중인 상태에서 실시간으로 이전한다. VMware 환경에서는 vMotion이라고 부르며, 서비스 연속성을 보장하는 핵심 기술이다.

이 외에도 가상 머신은 그대로 두고 가상 머신이 사용하는 저장 공간(가상 디스크 파일)만 다른 스토리지로 이전하는 스토리지 마이그레이션(Storage vMotion)도 있다.

● vMotion의 작동 원리

라이브 마이그레이션은 실행 중인 VM을 서비스 중단 없이 다른 서버로 이동시킨다. 비유하면, 공연 중인 록 밴드가 타고 있는 무대 전체를 관객이 눈치 채지 못하게 이동시키는 것과 같다. vMotion 과정은 크게 3단계로 이루어진다.

- **1단계: 메모리 선복사(Pre-copy Phase)**

  가장 먼저, 현재 가상 머신이 사용하고 있는 활성 메모리의 전체 내용을 새로운 서버(대상 호스트)로 복사하기 시작한다. 이 과정은 vMotion을 위해 특별히 할당된 고속 네트워크(VMkernel 네트워크)를 통해 이루어지며, vMotion 전체 과정 중 가장 오랜 시간이 걸린다. 하지만 이 시간 동안에도 원래 서버(소스 호스트)의 가상 머신은 계속 정상적으로 동작한다.

- **2단계: 변경 내용 추적 및 반복 복사(Bitmap&Iterative Copy)**

  1단계에서 메모리를 복사하는 동안에도 가상 머신은 계속 실행 중이므로 메모리 내용은 계속해서 바뀐다. 시스템은 이 변경되는 메모리 페이지를 추적하기 위해 메모리 비트맵(Memory Bitmap)이라는 일종의 장부를 사용한다. 그리고 첫 번째 전체 복사가 끝난 후부터는 변경된 부분(Dirty Pages라고 부른다)만을 반복적으로 새로운 서버에 계속해서 보낸다. 이 과정을 여러 번 반복하면, 원래 서버와 새로운 서버의 메모리 내용이 거의 완벽하게 동일한 상태에 도달하게 된다.

- **3단계: 최종 전환(Switchover)**

  두 서버의 메모리가 거의 동기화되면, 아주 짧은 순간(일반적으로 1초 미만) 동안 원래 서버의 가상 머신을 잠시 일시 정지(Quiesce)시킨다. 그사이 마지막으로 변경된 아주 작은 양의 메모리 데이터를 새로운 서버로 복사한다. 복사가 완료되면 즉시 새로운 서버에서 가상 머신을 재개(Resume)하고, 네트워크 스위치에게 해당 가상 머신의 새로운 물리적 위치를 알린다(RARP 메시지 전송). 이제 모든 서비스 요청은 새로운 서버로 향하게 된다. 이 모든 전환 과정이 눈 깜짝할 사이에 끝나기 때문에 사용자는 서비스 중단을 거의 느끼지 못한다. 마지막으로, 원래 서버에 남아있던 가상 머신 정보는 깨끗하게 삭제된다.

● vMotion의 전제 조건

vMotion을 사용하기 위해서는 몇 가지 중요한 전제 조건이 충족되어야 한다. 이는 임의의 규칙이 아니라, 기술의 작동 원리상 반드시 필요한 건축학적 요구사항에 가깝다.

- **공유 스토리지(Shared Storage)**: vMotion의 가장 핵심적인 전제 조건이다. 가상 머신을 이전하려는 두 대의 물리 서버는 반드시 동일한 공유 스토리지에 접근할 수 있어야 한다. 공유 스토리지는 여러 서버가 함께 사용하는 대용량 저장 장치로, 가상 머신의 가상 디스크 파일(VMDK)이 이곳에 저장된다.

  생각해 보면 이유는 명확하다. 가상 머신은 크게 두 부분으로 구성된다. 하나는 실시간으로 변하는 활성 상태(메모리, CPU 상태)이고, 다른 하나는 거의 변하지 않는 거대한 데이터(가상 디스크 파일)다. 수백 기가바이트에서 수 테라바이트에 달하는 가상 디스크 파일을 네트워크를 통해 실시간으로 복사하는 것은 몇 시간이 걸릴 수 있어 라이브 마이그레이션이 불가능하다. 따라서 vMotion은 디스크 파일은 그대로 두고, 훨씬 크기가 작은 메모리 상태만을 네트워크로 전송하는 방식을 택했다. 이를 위해서는 양쪽 서버가 이미 동일한 디스크 파일을 읽고 쓸 수 있어야만 하는데, 바로 이 역할을 공유 스토리지가 담당하는 것이다.
- **vMotion 전용 네트워크**: 메모리 데이터를 빠르고 안정적으로 전송하기 위해 1Gbps 이상의 고속 네트워크가 필요하며, 이 통신을 위한 별도의 가상 네트워크 포트(VMkernel Port)를 설정해야 한다.
- **호환되는 CPU**: 이전하려는 두 서버의 CPU는 동일한 제조사(예 Intel−Intel, AMD−AMD)의 제품이어야 하며, 세대 차이가 크지 않은 호환 가능한 모델이어야 한다. 완전히 다른 종류의 CPU 사이에서는 명령어 체계가 달라 가상 머신이 오류를 일으킬 수 있기 때문이다.

3. 시점 복구 기술(스냅샷)

시스템에 새로운 소프트웨어를 설치하거나 중요한 설정을 변경할 때, "혹시 잘못되면 어떡하지?"라는 불안감이 들 때가 있다. 가상화 환경에서는 '스냅샷(Snapshot)'이라는 강력한 기능을 통해 이러한 걱정을 덜 수 있다. 스냅샷은 특정 시점의 가상 머신 상태를 그대로 '사진' 찍듯이 저장해 두는 기술이다.

● 스냅샷이란 무엇인가?

스냅샷은 특정 시점의 가상 머신 상태와 데이터를 보존하는 '저장점(Save Point)'이다. 비디오 게임에서 중요한 단계를 앞두고 게임을 저장하는 것과 매우 유사하다. 스냅샷을 생성하면, 만약 이후의 작업이 잘못되더라도 단 몇 번의 클릭만으로 스냅샷을 찍었던 그 순간으로 가상 머신을 완벽하게 되돌릴 수 있다. 스냅샷이 보존하는 정보는 다음과 같다.

- **가상 머신 설정**: 스냅샷 시점의 가상 하드웨어 구성
- **디스크 상태**: 가상 머신의 모든 가상 디스크의 내용
- **전원 상태**: 전원 켜짐, 꺼짐, 또는 일시 중단 상태
- **(선택) 메모리 상태**: 가상 머신이 켜져 있는 경우, 메모리에 있던 내용까지 저장하여 실행 중이던 프로그램 상태 그대로 복원 가능

이 기능은 알 수 없는 프로그램의 영향을 테스트하거나, 업데이트 패치를 적용하기 전후 상태를 비교하거나, 동일한 기준선에서 반복적인 테스트를 수행해야 할 때 매우 유용하다.

● 스냅샷의 작동 원리

스냅샷은 가상 머신 전체를 복사하는 방식이 아니라, 변경 사항만을 별도로 관리하는 영리한 방식으로 동작한다.

❶ 스냅샷을 생성하면, 가상 머신이 사용하던 원래의 가상 디스크 파일(원본 VMDK)은 더 이상 데이터가 변경되지 않는 '읽기 전용(Read-only)' 상태로 잠긴다.

❷ 동시에, 앞으로 발생하는 모든 변경 사항(쓰기 작업)을 기록하기 위한 새로운 '델타 디스크(Delta Disk)' 파일이 생성된다.

❸ 이후 가상 머신에서 파일이 생성되거나 데이터가 수정되면, 이 모든 변화는 원본 디스크가 아닌 델타 디스크에 기록된다.

❹ 가상 머신이 데이터를 읽을 때는, 먼저 델타 디스크에 최신 데이터가 있는지 확인하고, 없으면 원본 디스크에서 데이터를 읽어온다.

❺ 스냅샷 시점으로 되돌리는 '복원(Revert)' 작업은 매우 간단하다. 그냥 이후에 생성된 델타 디스크 파일을 삭제해 버리면, 시스템은 읽기 전용으로 잠겨 있던 원본 디스크 상태로 돌아가게 된다.

● 스냅샷 vs. 백업

스냅샷의 편리함 때문에 많은 사람들이 이를 백업(Backup)과 혼동하지만, 이는 매우 위험한 오해다. 스냅샷은 절대 백업을 대체할 수 없다. 둘의 가장 결정적인 차이는 '원본 데이터에 대한 종속성'이다.

- **스냅샷**: 델타 디스크에 변경분만 저장하는 방식이므로, 항상 원본 디스크 파일에 의존한다. 만약 랜섬웨어나 스토리지 장애로 원본 디스크 파일이 손상되거나 삭제되면, 변경 기록만 담고 있는 델타 디스크는 아무 의미가 없어져 복구가 불가능하다.
- **백업**: 원본 데이터와는 완전히 독립된 '완전한 복사본'을 별도의 저장 장치나 원격지에 만들어 두는 것이다. 원본 데이터에 어떤 문제가 생기더라도, 백업본만 있으면 특정 시점의 데이터 전체를 완벽하게 복구할 수 있다.

또한, 스냅샷은 원본 데이터가 저장된 스토리지 내에 함께 저장되므로, 해당 스토리지 하드웨어에 종속된다. 반면 백업은 별도의 스토리지에 보관되므로 하드웨어 종속성에서 자유롭다.

이러한 작동 원리 때문에 스냅샷을 장기간 유지하는 것은 시스템 성능에 심각한 악영향을 미친다. 스냅샷이 존재하는 동안 데이터 읽기 작업은 델타 디스크와 원본 디스크를 모두 확인해야 하므로 I/O 부하가 증가한다. 델타 디스크의 크기가 커질수록 이 부하는 더욱 심해진다. 또한, 오래된 스냅샷을 삭제하려면 그동안 델타 디스크에 쌓인 모든 변경 내용을 원본 디스크에 병합해야 하는데, 이 과정은 매우 많은 디스크 자원을 소모하며 때로는 가상 머신이 순간적으로 멈추는 현상을 유발할 수도 있다.

결론적으로, 스냅샷은 위험한 변경 작업 직전에 짧은 기간(수 시간에서 수일) 동안만 사용하는 '임시 보험'과 같은 기능이다. 장기적인 데이터 보호를 위해서는 반드시 별도의 백업 솔루션을 함께 사용해야 한다.

4. 가상화 보안 위협(VM Escape)

가상화 기술의 핵심은 격리(Isolation)다. 각각의 VM은 독립적으로 동작하며, 다른 VM이나 호스트 시스템에 영향을 주지 않아야 한다. 하지만 VM 내부의 공격자가 하이퍼바이저 취약점을 악용하여 호스트 운영체제까지 장악하는 사건이 발생할 수 있는데, 이를 VM 이스케이프(VM Escape, 가상 머신 탈출)라고 한다.

VM 이스케이프는 가상 머신 안에서 실행되는 프로그램이 호스트 운영체제 제어권을 획득하는 공격이다. 비유하자면, VM은 외부와 차단된 보안 감옥의 독방과 같다. 공격자는 감옥 벽의 설계 결함(하이퍼바이저 취약점)을 이용해 중앙 통제실(호스트 운영체제)로 탈출한다. 일단 중앙 통제실을 장악한 수감자는 다른 모든 독방의 문을 열거나(다른 VM에 접근), 감옥 전체를 마음대로 조종할 수 있게 된다. 공격 성공 시, 다른 VM에도 접근 가능하며 전체 시스템을 마음대로 조종할 수 있다.

● 공격의 심각성

VM 이스케이프가 발생하면 공격자는 단순한 VM 장악을 넘어, 물리 서버 전체를 통제할 수 있다. 특히 클라우드 환경(Multi-tenant)에서는 한 고객의 VM이 다른 고객까지 위협할 수 있다.

- **민감 정보 유출**: 호스트 운영체제 및 해당 호스트에서 실행 중인 다른 모든 가상 머신의 메모리와 디스크에 접근하여 기밀 정보를 탈취할 수 있다.
- **서비스 중단**: 호스트 시스템을 다운시키거나 다른 가상 머신들을 강제로 종료하여 전체 서비스의 중단을 유발할 수 있다.
- **다른 VM 장악**: 호스트 제어권을 바탕으로 동일한 호스트에서 실행되는 다른 모든 가상 머신에 손쉽게 침투하여 공격 범위를 순식간에 확대할 수 있다.
- **권한 상승**: 게스트 운영체제의 일반 사용자 권한만으로 시작된 공격이 호스트 운영체제의 최고 관리자(root) 권한으로 상승하게 된다.
- **랜섬웨어 등 악성코드 확산**: 탈취한 호스트를 거점으로 삼아 연결된 다른 시스템으로 랜섬웨어나 악성코드를 유포하여 전체 인프라를 마비시킬 수 있다.

● 실제 공격 사례

VM 이스케이프는 이론적인 위협에 그치지 않고, 실제 공격으로 여러 차례 증명되었다. 세계적인 해킹 대회인 'Pwn2Own'에서는 매년 연구자들이 주요 가상화 플랫폼(VMware, VirtualBox 등)의 새로운 취약점을 이용한 VM 이스케이프 공격을 성공시키며 막대한 상금을 받고 있다.

이러한 공격은 주로 하이퍼바이저가 가상 머신에 제공하는 가상 하드웨어 장치의 소프트웨어적인 구현 결함을 파고든다.

- 가상 네트워크 어댑터(VMXNET3)의 정수 오버플로우 취약점
- 가상 머신 통신 인터페이스(VMCI)의 정수 언더플로우 취약점
- 가상 스토리지 컨트롤러(PVSCSI)의 힙 오버플로우 취약점

이와같은 취약점을 악용하여 가상 머신 내부에서 실행된 코드가 호스트 운영체제의 메모리 영역에 영향을 미쳐 최종적으로 호스트의 제어권을 탈취하는 시나리오가 발표된 바 있다.

이러한 사례들은 가상화 환경의 보안이 전적으로 하이퍼바이저의 무결성에 달려있음을 보여준다. 가상화는 강력한 격리를 제공하지만, 그 격리를 책임지는 하이퍼바이저 자체가 공격당하면 모든 방어선이 한 번에 무너질 수 있다. 따라서 수백 개의 가상 머신 각각의 보안을 강화하는 것만큼, 혹은 그 이상으로 이 모든 것을 떠받치고 있는 단 하나의 소프트웨어, 즉 하이퍼바이저를 안전하게 유지하는 것이 가상화 보안의 최우선 과제이다.

5. 가상화 보안 강화

가상화 환경은 물리적 인프라와는 다른 새로운 공격 표면을 가지고 있으므로, 이에 맞는 다층적인 보안 전략이 필요하다. 안전한 가상 환경을 구축하고 유지하기 위해서는 하이퍼바이저부터 가상 머신, 네트워크, 관리 도구에 이르기까지 모든 계층에 걸쳐 보안을 강화해야 한다.

● 하이퍼바이저 보안

하이퍼바이저는 가상화 인프라 전체를 지탱하는 핵심 기반이다. 하이퍼바이저가 뚫리면 그 위에서 동작하는 모든 가상 머신이 위험에 처하기 때문에, 가장 먼저 견고하게 만들어야 한다.

- **최신 보안 패치 적용**: 제조사(VMware, Microsoft 등)가 배포하는 최신 패치를 신속하게 적용하여 알려진 취약점을 제거한다. 이는 VM 이스케이프와 같은 치명적인 공격을 막는 기본적이면서도 필수적인 조치다.
- **접근 최소화 및 강화**: 하이퍼바이저 관리 인터페이스(ESXi Shell, SSH 등)에 대한 접근을 엄격히 통제한다. 꼭 필요한 경우가 아니라면 해당 인터페이스는 비활성화한다. 접근이 필요할 경우, 복잡한 비밀번호 정책과 다중 인증(MFA)을 적용하여 비인가자의 접근을 차단한다.
- **불필요한 서비스 비활성화**: 하이퍼바이저에서 사용하지 않는 서비스나 포트를 비활성화하여 공격자가 악용할 수 있는 경로(Attack Surface)를 최소화한다.

● 가상 머신 보안

가상 머신 자체도 하나의 독립된 컴퓨터이므로, 물리 서버와 동일한 수준의 보안 조치가 필요하다.

- **운영체제 및 애플리케이션 보안**: 가상 머신 내부 운영체제(OS)와 애플리케이션에 대해 정기적으로 보안 패치를 적용한다. 바이러스 백신 소프트웨어를 설치하고 최신 상태로 유지한다.
- **표준화된 이미지 사용(Golden Image)**: 보안 설정이 완료되고 검증된 가상 머신 템플릿을

만들어 배포에 활용한다. 이를 통해 모든 가상 머신이 일관된 보안 기준을 충족하도록 보장한다.

- **강력한 계정 관리**: 관리자 계정 비밀번호를 복잡하게 설정하고, 필요 없는 계정은 비활성화한다.

● 가상 네트워크 보안

가상화 환경의 네트워크는 소프트웨어로 정의되므로 유연하고 세밀한 보안 정책 적용이 가능하다.

- **네트워크 분리(Segmentation)**: 모든 가상 머신을 하나의 거대한 네트워크에 두지 않고, 역할과 중요도에 따라 네트워크를 논리적으로 분리해야 한다. 예를 들어, 외부 사용자가 직접 접속하는 웹 서버 그룹과 중요한 데이터가 저장된 데이터베이스 서버 그룹의 네트워크를 분리한다. 이렇게 하면, 웹 서버가 해킹당하더라도 공격자가 즉시 데이터베이스 서버로 접근하는 것을 막을 수 있다.
- **가상 방화벽 활용**: 가상 네트워크 스위치 단에서 동작하는 가상 방화벽을 사용하여 가상 머신 간의 통신(East-West Traffic)을 통제하고 모니터링한다. 이를 통해 악성코드가 가상 환경 내부에서 확산되는 것을 차단할 수 있다.

● 관리 및 접근 통제

vCenter와 같은 중앙 관리 도구는 가상 환경 전체를 제어할 수 있는 강력한 권한을 가지므로, 이에 대한 접근 통제는 매우 중요하다.

- **최소 권한 원칙 적용**: 사용자나 관리자에게 꼭 필요한 최소한의 권한만 부여한다. 예를 들어, 가상 머신의 상태만 모니터링하는 사용자에게는 가상 머신을 생성하거나 삭제할 수 있는 권한을 주지 않는다.
- **관리 트래픽 격리**: vCenter나 하이퍼바이저 관리 트래픽을 일반 서비스 트래픽과 물리적/논리적으로 분리한다.
- **정기적인 감사 및 로깅**: 관리 도구에 대한 모든 접근 및 작업 기록을 로그로 남기고, 이를 정기적으로 검토하여 비정상적인 활동이 없는지 감사한다.

● 백업 및 복구

아무리 보안을 강화해도 100% 안전은 보장할 수 없다. 따라서 최악의 상황에 대비한 데이터 백업 및 복구 계획은 필수적이다.

- **정기적인 백업**: 중요한 가상 머신과 데이터를 정기적으로 백업한다.
- **백업 데이터 격리**: 운영 환경과는 네트워크적으로 완전히 분리된 별도의 저장소 또는 원격지에 백업한다. 랜섬웨어 공격 시, 공격자들은 백업 데이터까지 암호화하여 복구를 불가능하게 만들기 때문이다.

이처럼 가상화 보안은 어느 한 가지 기술에 의존하는 것이 아니라, 기술적, 관리적, 물리적 모든 측면에서 계층적인 방어 체계를 구축하고 지속적으로 관리하는 과정이다.

4.3 컨테이너 기술이란 무엇인가?

가상화 기술이 물리 서버의 하드웨어를 나누는 방식이었다면, 이제 IT 인프라는 운영체제(OS)를 나누는 컨테이너 기술로 빠르게 이동하고 있다. 컨테이너는 가상 머신보다 훨씬 가볍고 빠르며, 애플리케이션을 어떤 환경에서든 동일하게 실행할 수 있도록 보장한다. 이 혁신의 중심에는 도커(Docker) 기술이 있으며, 이번 장에서는 컨테이너의 기본 개념과 도커의 핵심 구성 요소를 살펴본다.

1. 컨테이너 패러다임

컨테이너는 애플리케이션과 실행에 필요한 모든 구성 요소(라이브러리, 종속성 등)를 하나로 묶어 격리된 공간에서 실행하는 기술이다. 이는 가상화의 한 종류지만, 기존의 VM과는 근본적으로 다른 방식으로 동작한다.

● 컨테이너와 VM의 차이

컨테이너와 VM의 차이를 이해하기 위해 '집'에 비유해 보자. 하나의 물리 서버를 '토지'라고 가정한다.

- **VM은 '단독주택'과 같다.**

  토지 위에 여러 채의 단독주택을 짓는 것이 VM 방식이다. 각 집은 저마다 독립된 기초 공사, 상하수도, 전기 시스템, 지붕을 모두 갖추고 있다. 즉, 각 VM은 하드웨어를 가상화하고 그 위에 독립적인 게스트 운영체제(Guest OS)를 통째로 설치한다. 이 방식은 집들 사이의 프라이버시(격리 수준)가 매우 높다는 장점이 있지만, 집 한 채를 짓는 데 시간과 자원(OS 설치 공간, 메모리 등)이 많이 소모되고 비효율적이다.

- **컨테이너는 '아파트'와 같다.**

  토지 위에 하나의 거대한 아파트 건물을 짓고, 그 안에 여러 세대를 만드는 것이 컨테이너 방식이다. 모든 세대는 건물의 핵심 기반 시설인 기초, 중앙 상하수도, 전기 간선 등을 공유한다. 즉, 모든 컨테이너는 호스트 서버의 운영체제 커널(Host OS Kernel)을 공유한다. 각 세대(컨테이너)는 자신만의 가구와 인테리어(애플리케이션과 그 라이브러리)만 갖추면 된다. 이 방식은 단독주택보다 훨씬 자원 효율적이고, 새로운 세대가 입주(컨테이너 생성)하는 속도가 매우 빠르며, 같은 면적의 토지에 훨씬 많은 세대가 살 수 있다(높은 집적도).

컨테이너는 OS를 공유하기 때문에 VM에 비해 시작 속도가 초 단위로 매우 빠르고, 용량도 수십 메가바이트(MB) 수준으로 훨씬 작으며, 하나의 서버에 더 많은 애플리케이션을 실행할 수 있어 자원 효율성이 뛰어나다.

▼ VM과 컨테이너 비교

구분	가상 머신(VM)	컨테이너
가상화 수준	하드웨이 수준	운영체제 수주
운영체제(OS)	게스트 OS 포함(전체 OS)	호스트 OS 커널 공유
크기	기가바이트(GB) 단위	메가바이트(MB) 단위
부팅 시간	수 분	수 초
리소스 사용량	높음	낮음
격리 수준	강함(하드웨어 수준)	약함(프로세스 수준)
이식성	낮음	높음

● 컨테이너의 장점

컨테이너 기술은 현대적인 애플리케이션 개발 및 배포 환경에 다음과 같은 혁신적인 장점을 제공한다.

- **빠른 속도와 경량성**: OS 부팅 과정 없이 애플리케이션만 실행하면 되므로, 수 초 내에 컨테이너를 시작하고 중지할 수 있다. 또한 이미지 크기가 작아 배포 속도가 빠르다.
- **높은 이식성(Portability)**: 컨테이너는 애플리케이션 실행 환경을 통째로 패키징하므로, 개발자의 노트북, 사내 테스트 서버, 클라우드 등 어떤 환경에서든 동일하게 동작한다. "내 컴퓨터에서는 됐는데, 서버에서는 안 돼요"와 같은 고질적인 문제를 해결해 준다.
- **자원 효율성**: VM보다 훨씬 적은 메모리와 CPU 자원을 사용하므로, 동일한 물리 서버에 더 많은 수의 애플리케이션을 배포하고 실행할 수 있다. 이는 인프라 비용 절감으로 이어진다.
- **환경 격리**: 각 컨테이너는 독립된 실행 공간을 보장받는다. 따라서 특정 컨테이너에 설치된 라이브러리 버전이 다른 컨테이너에 영향을 주지 않아, 라이브러리 충돌 문제를 원천적으로 방지한다.

2. 도커(Docker) 플랫폼

사실 컨테이너라는 개념 자체는 오래전부터 존재했다. 하지만 사용법이 복잡하고 표준화되지 않아 널리 쓰이지 못했다. 이러한 컨테이너 기술을 누구나 쉽게 사용할 수 있도록 표준화하고 대중화시킨 일등 공신이 바로 '도커'다.

● 도커의 역할: 표준화된 화물 운송 시스템

도커가 소프트웨어 개발에 미친 영향은 '표준 컨테이너 박스'가 전 세계 물류 시스템에 미친 영향과 비견될 수 있다.

과거에는 물건의 종류와 모양에 따라 배에 싣는 방식이 제각각이라 비효율적이고 시간이 오래 걸렸다. 하지만 규격화된 컨테이너 박스가 등장하면서, 내용물이 무엇이든 상관없이 모든 화물을 동일한 방식으로 빠르고 안전하게 배, 기차, 트럭으로 옮길 수 있게 되었다.

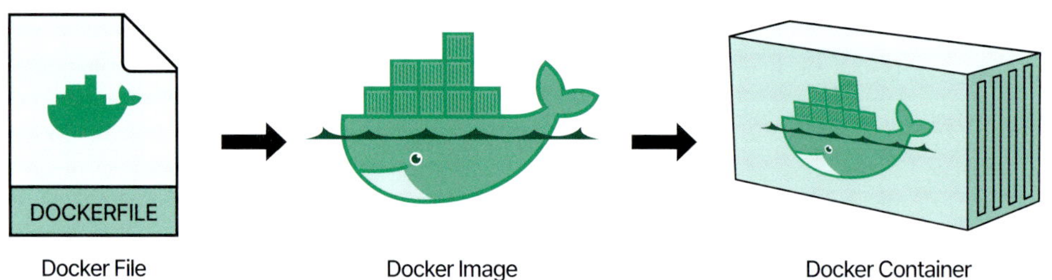

도커는 바로 이 표준 컨테이너 박스의 역할을 한다. 도커는 어떤 애플리케이션(화물)이든, 그 실행에 필요한 모든 것과 함께 '도커 컨테이너'라는 표준화된 상자에 담는다. 그리고 도커가 설치된 어떤 서버나 클라우드(항구, 배, 트럭)에서든 이 상자를 즉시 실행할 수 있게 만들었다. 이러한 표준화 덕분에 소프트웨어를 개발하고 배포하는 전체 과정이 놀랍도록 빠르고, 안정적이며, 예측 가능하게 바뀌었다. 도커는 기본적으로 클라이언트-서버(Client-Server) 구조로 동작한다.

- **도커 클라이언트(Docker Client)**: 사용자가 도커와 상호작용하는 주된 창구다. 사용자가 터미널에 docker run, docker build와 같은 명령어를 입력하면, 도커 클라이언트는 이 명령을 도커 데몬에게 전달한다.
- **도커 데몬(Docker Daemon, dockerd)**: 도커 엔진의 핵심으로, 실제 컨테이너를 생성하고, 실행하며, 이미지를 관리하는 등 무거운 작업을 모두 처리한다. 도커 클라이언트로부터 API 요청을 받아 그에 맞는 작업을 수행한다.
- **REST API**: 도커 클라이언트와 데몬은 REST API를 통해 통신한다. 이 덕분에 클라이언트와 데몬이 같은 시스템에 있을 수도 있고, 원격지의 서버에 있는 데몬을 로컬 클라이언트에서 제어할 수도 있다.

이러한 구조를 통해 개발자는 자신의 노트북에서 도커 명령어로 컨테이너를 만들어 테스트하고, 동일한 명령과 방식으로 운영 서버에도 애플리케이션을 배포할 수 있게 된다. 이는 개발부터 운영까지의 전 과정을 매끄럽게 연결하는 데 핵심적인 역할을 한다.

3. 컨테이너 이미지

도커를 이해하는 데 있어 가장 중요한 개념 중 하나는 '이미지'와 '컨테이너'의 관계를 파악하는 것이다. 이 둘은 종종 혼용되지만 명확히 다른 개념이다.

● 이미지와 컨테이너의 관계

이미지와 컨테이너의 관계는 '레시피'와 '케이크'의 관계로 비유할 수 있다.

- **도커 이미지**: 컨테이너를 만들기 위한 설계도 또는 레시피다. 이미지 안에는 애플리케이션 코드, 실행에 필요한 라이브러리, 시스템 도구 등 소프트웨어를 실행하는 데 필요한 모든 것이 포함된 읽기 전용 템플릿이다. 이미지는 그 자체로 실행될 수 없으며, 컨테이너를 생성하기 위한 지침서 역할을 한다.
- **도커 컨테이너**: 도커 이미지를 바탕으로 생성된, 실제 메모리에 올라가 실행 중인 인스턴스(Instance)다. 즉, 레시피(이미지)를 보고 실제로 구워낸 케이크가 바로 컨테이너다. 하나의 레시피로 여러 개의 동일한 케이크를 만들 수 있듯이, 하나의 이미지로 여러 개의 동일한 컨테이너를 생성하고 실행할 수 있다. 컨테이너는 실행, 수정, 삭제가 자유롭지만, 이미지는 한 번 만들어지면 내용이 변하지 않는 **불변성(Immutability)**을 가진다. 이미지의 내용을 변경하려면, 기존 이미지를 수정하는 것이 아니라 새로운 버전을 가진 새 이미지를 만들어야 한다.

● 이미지의 계층 구조

도커 이미지가 효율적인 이유의 핵심에는 '레이어(Layer)'라는 독특한 구조가 있다. 이미지는 하나의 거대한 통파일이 아니라, 여러 개의 얇은 읽기 전용 레이어가 겹겹이 쌓여있는 형태다.

이 구조를 투명 필름지에 그림을 그리는 것에 비유할 수 있다.

- 가장 아래에는 운영체제의 기본 파일들이 담긴 베이스 이미지 필름이 있다.
- 그 위에는 특정 소프트웨어(예 파이썬)가 설치된 필름을 겹친다.
- 그 위에는 애플리케이션 소스 코드가 복사된 필름을 겹친다.
- 마지막으로 애플리케이션 실행 명령이 담긴 필름을 겹친다.

이 필름들을 모두 겹쳐서 위에서 내려다보면 하나의 완성된 그림(실행 환경)이 보인다. 여기서 중요한 점은 이 레이어들이 '재사용'된다는 것이다. 만약 다른 애플리케이션을 위해 새로운 이미지를 만드는데, 동일한 운영체제와 파이썬을 사용한다면, 아래 두 장의 필름은 새로 만들 필요 없이 기존 필름을 그대로 가져다 쓰고, 그 위에 새로운 애플리케이션 코드 필름만 얹으면 된다.

이러한 레이어 구조는 다음과 같은 엄청난 이점을 가져온다.

- **저장 공간 효율성**: 여러 이미지가 공통된 레이어를 공유하므로, 디스크 공간을 크게 절약할 수 있다.
- **빠른 빌드 속도**: 이미지 빌드 시, 변경되지 않은 레이어는 기존에 만들어 둔 캐시(Cache)를 그대로 재사용하고 변경된 부분부터의 레이어만 새로 만들기 때문에 빌드 속도가 매우 빠르다.
- **효율적인 배포**: 이미지를 다른 서버로 전송(push/pull)할 때, 해당 서버에 이미 존재하는 레이어는 다시 다운로드하지 않고, 없는 레이어만 전송받기 때문에 네트워크 대역폭을 효율적으로 사용할 수 있다.

컨테이너가 실행될 때는 이 읽기 전용 이미지 레이어들 위에, 변경 사항을 기록할 수 있는 '쓰기 가능한 컨테이너 레이어'가 하나 더 추가된다. 컨테이너 내부에서 파일이 생성되거나 수정되면 이 모든 변화는 최상단의 컨테이너 레이어에 저장되며, 원본 이미지 레이어는 전혀 영향을 받지 않는다.

4. 이미지 저장소(레지스트리)

정성껏 만든 도커 이미지는 어딘가에 저장하고, 필요할 때 가져와 사용하며, 다른 사람과 공유할 수 있어야 한다. 이러한 도커 이미지의 저장 및 배포 시스템을 '레지스트리(Registry)'라고 한다.

● 레지스트리의 역할

레지스트리는 도커 이미지를 위한 '앱 스토어' 또는 '중앙 도서관'에 비유할 수 있다.

- **도커 허브(Docker Hub)**: 도커사가 공식적으로 운영하는 거대한 공개 앱 스토어다. 전 세계 개발자들이 만든 수많은 오픈소스 이미지가 등록되어 있어, 우분투(Ubuntu), 파이썬(Python), NGINX 등 필요한 거의 모든 소프트웨어 이미지를 docker pull 명령어로 손쉽게 다운로드할 수 있다.
- **프라이빗 레지스트리(Private Registry)**: 기업이나 개인이 자체적으로 구축하여 사용하는 비공개 앱 스토어다. 회사 내부에서 개발한 애플리케이션 이미지처럼 외부에 공개되어서는 안 되는 이미지들을 안전하게 보관하고 관리하기 위해 사용한다.

● 기업이 프라이빗 레지스트리를 사용하는 이유

대부분의 기업 환경에서는 도커 허브를 그대로 사용하기보다 자체 프라이빗 레지스트리를 구축하여 사용하는데 여기에는 몇 가지 중요한 이유가 있다.

- **보안(Security)**: 기업의 핵심 소스코드나 내부 정보가 포함된 애플리케이션 이미지를 누구나 접근할 수 있는 공개된 장소에 올리는 것은 심각한 보안 사고로 이어질 수 있다. 프라이빗 레지스트리는 사내망과 같은 통제된 네트워크 내에 구축하여, 허가된 사용자만이 접근할 수 있도록 하여 기업의 지적 자산을 안전하게 보호한다.
- **속도 및 안정성(Speed&Reliability)**: 개발 및 배포 과정에서 수많은 이미지를 주고받게 되는데, 매번 인터넷을 통해 원격의 도커 허브에서 이미지를 다운로드하는 것은 속도가 느리고 네트워크 대역폭을 많이 소모한다. 사내에 프라이빗 레지스트리를 두면 훨씬 빠른 속도로 이미지를 주고받을 수 있다. 또한, 도커 허브에 장애가 발생하거나 인터넷 연결에 문제가 생겨도 개발 및 배포 작업을 중단 없이 계속할 수 있는 안정성을 확보할 수 있다.
- **트래픽 제한 및 비용(Rate Limiting&Cost)**: 도커 허브는 익명 사용자나 무료 사용자에게 일정 시간 동안 이미지를 다운로드할 수 있는 횟수를 제한하는 정책(Rate Limiting)을 시행하고 있다. 대규모 자동화된 빌드/배포 환경에서는 이 제한에 쉽게 도달할 수 있다. 프라이빗 레지스트리를 사용하면 이러한 외부 서비스의 정책에 구애받지 않고 자유롭게 이미지를 사용할 수 있다.

이러한 이유로 기업에서는 Harbor, Nexus, 또는 클라우드 서비스 제공업체(AWS ECR, GCP GCR 등)가 제공하는 관리형 프라이빗 레지스트리 서비스를 도입하여 안정적이고 안전한 이미지 관리 체계를 구축한다.

5. 이미지 생성 스크립트(Dockerfile)

도커 이미지를 만드는 과정은 가상 머신처럼 운영체제를 일일이 설치하고 프로그램을 설정한 뒤 이미지를 저장하는 복잡한 절차와는 다르다. 도커에서는 '도커파일(Dockerfile)'이라는 간단한 텍스트 파일을 통해 이미지 생성 과정을 자동화하고 마치 코드처럼 관리할 수 있다.

● 도커파일이란?

도커파일은 도커 이미지를 만들기 위한 모든 명령어가 순서대로 기록된 '레시피' 또는 '스크립트'다. 개발자는 이 파일에 어떤 베이스 이미지에서 시작할지, 어떤 파일들을 복사해 넣을지, 어떤 프로그램을 설치할지, 그리고 마지막으로 컨테이너가 시작될 때 어떤 명령을 실행할지를 텍스트로 명시한다. 그리고 docker build라는 명령을 실행하면, 도커는 이 도커파일을 읽어 한 줄 한 줄 명령을 실행하며 레이어를 쌓아 최종 이미지를 자동으로 만들어준다.

● 주요 명령어와 역할

간단한 파이썬 웹 애플리케이션을 위한 도커파일 예시를 통해 주요 명령어를 살펴보자.

```
Dockerfile

# 1. 베이스 이미지 지정
FROMpython: 3.9-slim

# 2. 작업 디렉토리 설정
WORKDIR/app

# 3. 파일 복사
COPYrequirements.txt.
COPY..

# 4. 의존성 설치
RUNpip install --no-cache-dir -r requirements.txt

# 5. 컨테이너 실행 시 실행할 명령어
CMD["python", "app.py"]
```

- **FROM**: 이미지를 만들 때 기반이 될 베이스 이미지를 지정한다. 모든 도커파일은 FROM으로 시작해야 한다. 위 예시에서는 파이썬 3.9 버전이 설치된 가벼운 slim 이미지를 기반으로 시작한다.

- **WORKDIR**: 이후의 COPY, RUN, CMD 명령이 실행될 컨테이너 내부의 기본 작업 디렉토리를 설정한다.
- **COPY**: 로컬 컴퓨터의 파일이나 디렉토리를 이미지 내부로 복사한다. 위 예시에서는 먼저 requirements.txt 파일을 복사하고, 그 다음 현재 디렉토리의 모든 파일을 /app 디렉토리로 복사한다.
- **RUN**: 이미지 빌드 과정 중에 컨테이너 내부에서 실행할 명령을 지정한다. 주로 소프트웨어 패키지를 설치하는 데 사용된다. 위 예시에서는 pip을 이용해 파이썬 라이브러리들을 설치한다.
- **CMD**: 이미지로부터 컨테이너가 시작될 때 기본적으로 실행될 명령을 지정한다. 위 예시에서는 python app.py 명령을 실행하여 웹 애플리케이션을 구동한다. RUN과 CMD는 명령을 실행한다는 점에서 비슷해 보이지만, RUN은 이미지를 만들 때 실행되고, CMD는 만들어진 이미지로 컨테이너를 실행할 때 동작한다는 결정적인 차이가 있다.

이처럼 도커파일은 애플리케이션의 실행 환경 자체를 코드로 정의하고 관리하는 강력한 도구다. 도커파일을 소스코드와 함께 버전 관리 시스템(Git 등)으로 관리하면, 누가 언제 어떤 환경에서 빌드하더라도 항상 동일한 결과를 보장할 수 있다. 이는 "내 컴퓨터에서는 되는데..." 라는 오랜 문제를 해결하고, 반복 가능하며 신뢰할 수 있는 인프라를 구축하는 코드형 인프라(Infrastructure as Code, IaC)의 핵심적인 실천 방식이다.

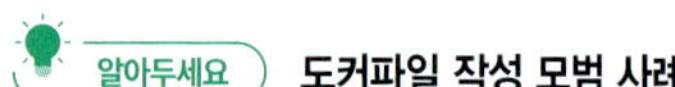

도커파일 작성 모범 사례

- **작은 베이스 이미지 사용**: ubuntu와 같은 전체 OS 이미지 대신, python: 3.9-slim이나 alpine과 같이 꼭 필요한 것만 포함된 가벼운 이미지를 사용하면 최종 이미지 크기를 줄이고 보안 공격 표면을 최소화할 수 있다.
- **레이어 수 최소화**: RUN이나 COPY 명령어는 각각 하나의 레이어를 생성한다. 불필요한 레이어를 줄이기 위해, 여러 RUN 명령은 && 연산자를 사용해 하나로 묶는 것이 좋다.
- **레이어 캐싱 활용**: 도커는 빌드 시 레이어 캐시를 활용한다. 자주 변경되지 않는 내용은 도커파일의 앞부분에, 자주 변경되는 내용(예 소스코드 COPY)은 뒷부분에 배치하면 캐시를 최대한 활용하여 빌드 속도를 높일 수 있다.
- **.dockerignore 파일 사용**: 소스코드와 함께 빌드에 불필요한 파일(로그 파일, 임시 파일 등)이 이미지에 포함되지 않도록 .dockerignore 파일을 작성하여 제외한다. 이는 이미지 용량을 줄이고 빌드 속도를 향상시킨다.

6. 컨테이너 기술의 미래

컨테이너와 도커는 애플리케이션을 포장하고 실행하는 방식을 혁신했지만, 이야기는 여기서 끝나지 않는다. 단일 서버에서 몇 개의 컨테이너를 실행하는 것은 간단하지만, 수십, 수백 대의 서버에 걸쳐 수천 개의 컨테이너를 운영하는 것은 완전히 다른 차원의 문제다. 컨테이너가 폭발적으로 증가하면서 "이 많은 컨테이너를 어떻게 효율적으로 관리하고 지휘할 것인가?"라는 새로운 과제가 등장했고, 이를 해결하기 위한 기술들이 컨테이너 생태계를 더욱 풍성하게 만들고 있다.

● 수많은 컨테이너를 지휘하는 오케스트라, 쿠버네티스

애플리케이션의 규모가 커지면 하나의 기능을 여러 개의 동일한 컨테이너로 복제하여 실행하고, 사용자 요청을 이들에게 분산시켜야 한다(로드 밸런싱). 특정 컨테이너에 문제가 생기면 자동으로 감지하여 재시작하고, 서버 한 대가 다운되면 그 위에서 동작하던 컨테이너들을 다른 정상 서버로 옮겨야 한다. 이러한 모든 작업을 수동으로 관리하는 것은 불가능하다.

이처럼 대규모 컨테이너 환경의 배포, 확장, 운영을 자동화하는 것을 컨테이너 오케스트레이션(Container Orchestration)이라고 하며, 현재 이 분야의 사실상 표준 기술이 바로 쿠버네티스(Kubernetes)다.

• 쿠버네티스의 역할

개별 컨테이너가 뛰어난 '연주자'라면, 쿠버네티스는 수백 명의 연주자로 구성된 거대한 오케스트라를 지휘하는 '지휘자'와 같다. 지휘자는 어떤 연주자(컨테이너)를 어느 무대(서버)에 배치할지 결정하고(스케줄링), 곡의 흐름에 따라 특정 파트의 연주자 수를 늘리거나 줄이며(오토스케일링), 연주자 한 명이 아프면 즉시 예비 연주자로 교체하여(자가 치유) 공연이 중단되지 않도록 전체 오케스트라를 조율한다.

• 쿠버네티스의 핵심 기능

· **자동 배포 및 롤백**: 원하는 컨테이너의 수와 버전을 선언하면, 쿠버네티스가 알아서 배포하고 상태를 유지한다. 업데이트에 문제가 생기면 이전 버전으로 손쉽게 되돌릴 수 있다.

· **자동 스케일링(Auto-scaling)**: CPU 사용량과 같은 부하를 감지하여 컨테이너 수를 자동으로 늘리거나 줄여 자원을 효율적으로 사용한다.

· **자가 치유(Self-healing)**: 동작을 멈춘 컨테이너를 자동으로 재시작하거나, 응답 없는 서버 위의 컨테이너들을 다른 정상 서버로 옮겨 서비스의 안정성을 보장한다.

· **서비스 디스커버리 및 로드 밸런싱**: 수시로 생성되고 사라지는 컨테이너들에 대해 안정적인 단일 접속 포인트를 제공하고, 들어오는 요청을 여러 컨테이너에 자동으로 분산한다.

• 쿠버네티스와 도커 스웜(Docker Swarm)

도커에도 스웜이라는 자체 오케스트레이션 도구가 있다. 스웜은 쿠버네티스보다 훨씬 단순하고 배우기 쉬워 소규모 환경에 적합하다. 하지만 쿠버네티스는 구글에서 시작되어 클라우드 네이티브 컴퓨팅 재단(Cloud Native Computing Foundation, CNCF)에 기증된 오픈소스 프로젝트로, 특정 회사에 종속되지 않는 중립적인 생태계를 구축했다. 이 덕분에 아마존, 마이크로소프트, IBM 등 거의 모든 IT 기업들이 쿠버네티스 지원에 동참하면서 훨씬 더 방대하고 강력한 기능, 그리고 거대한 커뮤니티를 형성하게 되었다. 이는 특정 기술의 성공이 단순히 기술적 우위뿐만 아니라, 개방적이고 협력적인 생태계의 힘에 의해 결정될 수 있음을 보여주는 중요한 사례다.

● 클라우드 네이티브: 컨테이너가 만든 미래

컨테이너와 쿠버네티스의 등장은 단순히 기술의 변화를 넘어, 애플리케이션을 만들고 운영하는 방식에 대한 근본적인 철학의 변화를 가져왔다. 이러한 새로운 패러다임을 '클라우드 네이티브

(Cloud Native)'라고 부른다.

클라우드 네이티브는 어디서(Where) 애플리케이션을 실행할 것인가(예 클라우드)의 문제가 아니라, 어떻게(How) 클라우드 환경의 장점을 최대한 활용하도록 애플리케이션을 만들고 운영할 것인가에 대한 접근 방식이다.

- **클라우드 네이티브의 핵심 기술 스택**

  클라우드 네이티브는 지금까지 다룬 기술들이 유기적으로 결합된 생태계다.

  · **마이크로서비스 아키텍처(Microservices Architecture)**: 거대한 하나의 애플리케이션을 기능별로 잘게 쪼개어, 작고 독립적인 서비스들의 집합으로 만든다. 이는 마치 하나의 거대한 통짜 장난감 대신, 수많은 레고 블록으로 장난감을 만드는 것과 같다. 각 블록(서비스)은 독립적으로 개발하고 교체할 수 있어, 전체 시스템을 중단하지 않고도 특정 기능만 빠르게 업데이트할 수 있다.

  · **컨테이너**: 이렇게 잘게 쪼갠 마이크로서비스들을 도커와 같은 컨테이너 기술로 각각 포장하여 이식성과 격리성을 확보한다.

  · **컨테이너 오케스트레이션(Container Orchestration)**: 쿠버네티스를 이용해 수많은 컨테이너화된 마이크로서비스들을 대규모 환경에서 자동으로 관리한다.

  · **CI/CD(지속적 통합/지속적 제공)**: 개발자가 코드를 변경하면, 빌드-테스트-배포의 전 과정이 자동화된 파이프라인을 통해 빠르고 안정적으로 진행된다.

▼ 모놀리식 아키텍처와 마이크로서비스 아키텍처 비교

구분	모놀리식 아키텍처 (Monolithic Architecture)	마이크로서비스 아키텍처
개발 속도	초기에는 빠르나, 커질수록 느려짐	초기에는 복잡하나, 이후 서비스별 빠른 개발 가능
배포	전체를 한 번에 배포(All-or-nothing)	서비스별 독립적 배포 가능
확장성	애플리케이션 전체 단위로만 확장 가능	필요한 서비스만 개별적으로 확장 가능
안정성	한 기능의 장애가 전체 서비스 중단으로 이어질 수 있음	장애가 해당 서비스에 국한됨(장애 격리)
기술 스택	단일 기술에 종속적	서비스별로 최적의 기술을 자유롭게 선택 가능
조직 구조	거대하고 상호 의존적인 단일 팀	작고 자율적인 여러 팀

이러한 기술의 변화는 기업의 조직 구조와 문화에도 직접적인 영향을 미친다. 거대한 모놀리식 애플리케이션은 자연스럽게 거대하고 느린 개발 조직을 만들지만, 독립적인 마이크로서비스 아키텍처는 각 서비스를 책임지는 작고 자율적인 팀 구조인 데브옵스 문화를 촉진한다. 결국, 클라우드 네이티브를 도입하는 것은 단순히 IT 기술을 바꾸는 것을 넘어, 비즈니스가 시장의 변화에 더 빠르고 유연하게 대응할 수 있도록 조직의 체질 자체를 바꾸는 혁신 전략인 셈이다.

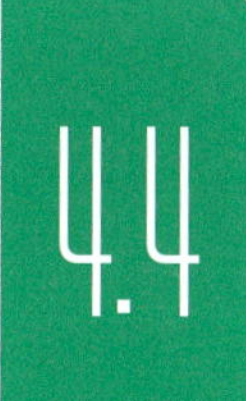

4.4 수많은 컨테이너를 어떻게 지휘하는가?

과거의 소프트웨어는 대부분 하나의 거대한 덩어리, 즉 모놀리식 아키텍처로 만들어졌다. 모든 기능이 하나의 프로그램 안에 포함되어 있어 개발과 배포는 단순했지만, 서비스 규모가 커지면서 몇 가지 문제가 발생했다. 작은 기능 하나를 수정해도 전체 프로그램을 새로 테스트하고 배포해야 했다. 특정 기능에 사용자가 몰려도 그 기능만 확장할 수 없었다. 전체 시스템을 통째로 복제해야 해서 비효율적이었다.

이러한 문제를 해결하기 위해 마이크로서비스 아키텍처(MSA)라는 새로운 방식이 등장했다. 거대한 서비스를 기능별로 잘게 쪼개어 독립적인 서비스들의 집합으로 구성한다. 각 서비스는 독립적으로 개발, 배포, 확장이 가능하며, 필요한 기능만 선택적으로 확장할 수 있다. 이러한 마이크로서비스를 담는 이상적인 그릇이 바로 컨테이너였다.

하지만 서비스 수가 수십에서 수백, 수천 개로 늘어나면서 새로운 복잡성이 생겼다. 초기에는 개발자들이 스크립트(Script)를 작성해 컨테이너를 관리하려 했지만, 컨테이너 수가 늘수록 스크립트는 복잡해지고 유지보수가 어려워졌다. 새로운 서버가 추가될 때마다 설정을 바꾸는 것도 큰 부담이었다. 이는 수백 명의 연주자로 구성된 오케스트라를 지휘자 없이 눈짓만으로 맞춰 연주하려는 상황과 비슷했다.

결국, 수많은 컨테이너를 조화롭게 지휘하고 관리할 시스템이 필요하게 되었다. 이것이 바로 컨테이너 오케스트레이션(Container Orchestration) 기술이다.

1. 오케스트레이션의 개념

오케스트레이션(Orchestration)이라는 단어는 본래 오케스트라의 지휘를 의미한다. IT 분야에서의 컨테이너 오케스트레이션은 이 비유를 그대로 가져왔다. 수많은 컨테이너(연주자)들을 조화롭게 관리하고 지휘하여 하나의 멋진 서비스(음악)를 만들어내는 자동화된 조율 프로세스를 의미한다.

● 오케스트레이션의 개념

컨테이너 오케스트레이션은 복잡한 컨테이너 환경을 소수의 인원으로 효과적으로 관리하기 위해 등장한 개념이다. 단순히 컨테이너를 켜고 끄는 수준을 넘어선다. 컨테이너의 생성, 배포, 네트워킹, 확장, 상태 모니터링, 보안 등 컨테이너가 생성되어 사라지기까지의 전체 수명 주기(Lifecycle)를 관리하는 포괄적인 자동화 기술이다.

과거에는 서버 한 대가 고장 나면 서비스 전체가 중단될 위험이 컸다. 하지만 오케스트레이션 환경에서는 여러 서버와 컨테이너가 유기적으로 연결되어 있다. 하나의 컨테이너나 서버에 문제가 생겨도 오케스트레이션 도구가 즉시 이를 감지하고, 다른 건강한 서버에 새로운 컨테이너를 띄워 서비스를 중단 없이 이어간다. 이처럼 오케스트레이션은 시스템 전체의 안정성과 신뢰성을 극대화하는 역할을 한다.

2. 쿠버네티스(Kubernetes)

현재 가장 표준으로 자리 잡은 도구인 쿠버네티스의 핵심 가치는 자동화다. 컨테이너 배포, 네트워크 연결, 장애 복구, 자원 확장 등 사람이 하던 반복적 작업을 자동화한다. 쿠버네티스가 수행하는 주요 역할은 다음과 같다.

- **프로비저닝 및 배포(Provisioning and Deployment)**: 개발자가 YAML 파일에 정의한 애플리케이션 명세에 따라 컨테이너를 자동으로 생성하고, 지정된 수만큼 여러 서버에 걸쳐 배포한다. 업데이트가 필요할 때도 서비스 중단 없이 새로운 버전의 컨테이너로 점진적으로 교체하는 롤링 업데이트(Rolling Update) 같은 고급 배포 전략을 자동으로 수행한다.
- **고가용성 및 자가 치유(High Availability and Self-healing)**: 시스템은 항상 예상치 못한 문제에 직면할 수 있다. 오케스트레이션 도구는 실행 중인 컨테이너 상태를 24시간 감시한다. 특정 컨테이너가 응답하지 않거나 비정상적으로 종료되면 이를 '아픈 상태'로 판단하고 즉시 제거한 뒤 건강한 새 컨테이너로 교체한다. 서버 하드웨어에 장애가 발생해도, 해당 서버에서 실행되던 컨테이너들을 다른 정상 서버로 옮겨 자동으로 재시작한다. 이를 통해 시스템에 강력한 복원력을 부여하고, 서비스가 항상 가용한 상태를 유지하도록 돕는다.
- **확장성 및 로드 밸런싱(Scalability and Load Balancing)**: 서비스에 대한 사용자 요청이 급증하면 오케스트레이션 도구는 이를 감지하고 자동으로 컨테이너 수를 늘려 증가한 트래픽을 감당한다. 반대로 트래픽이 줄면 컨테이너 수를 줄여 자원을 효율적으로 사용한다. 또한, 늘어난 컨테이너에 사용자 요청을 골고루 분산시키는 로드 밸런싱 기능을 제공하여 특정 컨테이너에 부하가 집중되는 것을 방지하고, 전체 서비스 안정성을 보장한다.
- **리소스 최적화(Resource Optimization)**: 여러 대의 서버(클러스터)를 하나의 거대한 자원 풀(Resource Pool)처럼 사용한다. 컨테이너를 배치할 때 각 서버의 CPU, 메모리 사용량을 고려하여 가장 여유 있는 곳에 할당함으로써 전체 인프라 자원을 최대한 효율적으로 사용한다. 이를 통해 불필요한 서버 증설을 막고, 인프라 운영 비용을 절감할 수 있다.

여기서 쿠버네티스의 가장 중요한 특징 중 하나는 **선언적(Declarative)** 접근 방식이다. 우리는 쿠버네티스에게 "A 서버에 컨테이너를 실행하고, B 서버와 연결한 뒤, C 작업을 수행하라"처럼 일일이 방법을 지시하지 않는다. 대신, 우리가 원하는 최종 상태(Desired State)가 무엇인지만을 YAML이라는 형식의 설정 파일에 작성하여 전달한다. 예를 들어, "웹 서버 컨테이너 3개가 항상 실행되고 있어야 한다"라고 선언하는 식이다.

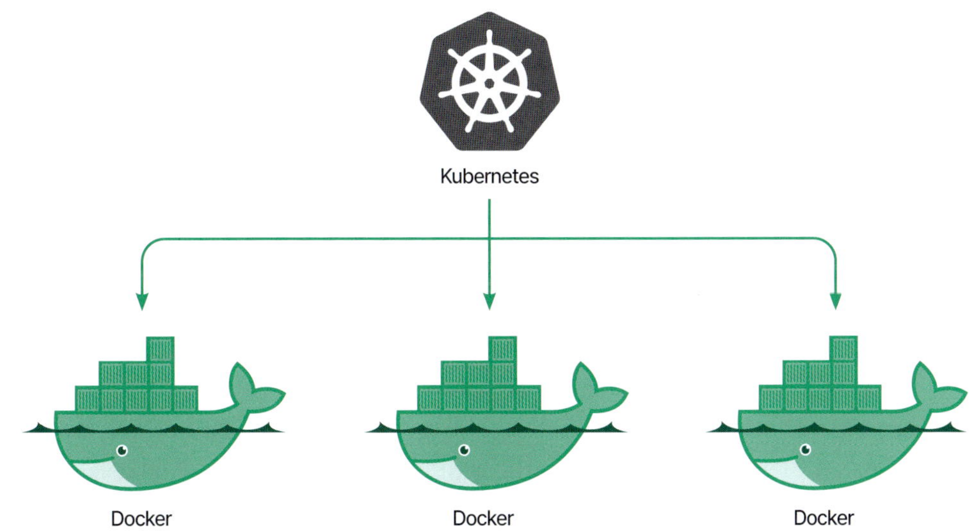

그러면 쿠버네티스는 현재 시스템의 상태(Current State)를 끊임없이 확인한다. 만약 현재 실행 중인 컨테이너가 2개뿐이라면, 원하는 상태(3개)와의 차이를 인지하고 스스로 컨테이너 1개를 추가로 실행한다. 만약 4개가 실행 중이라면 1개를 중지시킨다. 이처럼 쿠버네티스는 우리가 선언한 최종 목표를 향해 시스템의 상태를 끊임없이 조율한다. 이는 마치 목적지만 입력하면 스스로 최적의 경로를 찾아가는 자율주행 자동차와 같다.

● 쿠버네티스 아키텍처

쿠버네티스는 여러 대의 컴퓨터(서버)를 논리적으로 하나의 거대한 컴퓨터처럼 묶어서 관리한다. 이 거대한 컴퓨터 묶음을 클러스터(Cluster)라고 부른다. 클러스터는 크게 두 종류의 역할을 하는 컴퓨터들로 구성된다. 바로 **컨트롤 플레인**(Control Plane)과 **워커 노드**(Worker Node)이다.

- **컨트롤 플레인**(Control Plane): **지휘 본부**

  클러스터 전체를 관리하는 두뇌이자 오케스트라의 지휘자 역할을 한다.

  - **API 서버**(API Server): 클러스터의 유일한 소통 창구다. 개발자의 명령을 전달받고, 클러스터 내부의 다른 부품들 간의 통신을 중재하는 역할을 한다. 모든 요청은 반드시 API 서버를 거쳐야 한다.
  - etcd: 클러스터의 모든 설정 정보와 현재 상태 데이터를 저장하는 데이터베이스다. 클러스터의 모든 것을 기억하는 중요한 저장소라고 할 수 있다.
  - **스케줄러**(Scheduler): 새로 생성된 컨테이너(정확히는 '파드')를 어느 워커 노드에 배치할지 결정하는 역할을 한다. 각 노드의 자원 상황을 보고 가장 적합한 곳에 할당하는 배차 담당자와 같다.
  - **컨트롤러 매니저**(Controller Manager): 클러스터의 상태를 지속적으로 감시하며 우리가 '선언'한 상태를 유지하기 위해 실제 행동을 취하는 다양한 컨트롤러들의 집합이다. 예를 들어, 특정 컨테이너가 3개 실행되어야 한다는 선언이 있다면, 이를 감시하고 유지하는 것은 컨트롤러의 역할이다.

- **워커 노드(Worker Node): 연주자들**

  실제 애플리케이션 컨테이너를 실행하는 일꾼 서버이다.

  · **큐블릿(Kubelet)**: 각 워커 노드에 상주하며 컨트롤 플레인과 통신하는 현장 감독관이다. 컨트롤 플레인으로부터 명령을 받아 컨테이너가 잘 실행되고 있는지 관리하고 상태를 보고한다.

  · **컨테이너 런타임(Container Runtime)**: 도커와 같이 실제로 컨테이너를 실행하는 소프트웨어다. 큐블릿의 지시를 받아 컨테이너를 실행하고 중지하는 역할을 수행한다.

이 모든 구성 요소는 선언적 API를 중심으로 유기적으로 결합하여 작동한다. 사용자가 YAML 파일에 "Nginx 컨테이너 3개를 실행하고 싶다"는 '원하는 상태'를 정의하여 API 서버에 전달하면, 이 정보는 etcd에 저장된다. 컨트롤러 매니저는 etcd의 변화를 감지하고, 현재 상태(Nginx 0개)와 원하는 상태(3개)의 차이를 발견한다. 컨트롤러는 이 차이를 메우기 위해 API 서버에 "파드 3개를 생성해달라"고 요청한다. 스케줄러는 이 새로운 파드들을 가장 적합한 워커 노드에 배정한다. 각 노드의 큐블릿은 자신에게 파드가 배정된 것을 확인하고, 컨테이너 런타임을 통해 실제 컨테이너를 실행시킨다. 만약 실행 중인 파드 하나가 갑자기 멈추면, 컨트롤러는 즉시 이 차이를 인지하고 새로운 파드를 생성하도록 요청하여 '원하는 상태'를 자동으로 복구한다. 이것이 바로 쿠버네티스의 강력한 자가 치유(Self-healing) 능력의 핵심 원리이다.

3. 배포 단위(Pod)

쿠버네티스를 이해할 때 가장 먼저 만나게 되는 핵심 개념 중 하나가 바로 '파드(Pod)'이다. 많은 사람들이 컨테이너를 관리하는 도구인 쿠버네티스가 왜 컨테이너를 직접 다루지 않고 파드라는 새로운 단위를 사용하는지 궁금해한다.

파드는 쿠버네티스에서 생성하고 관리할 수 있는 가장 작은 배포 단위이다. 중요한 점은 파드가 컨테이너 자체가 아니라, 하나 또는 그 이상의 컨테이너를 담는 '그릇' 또는 '캡슐'과 같다는 것이다. 쿠버네티스는 컨테이너를 개별적으로 관리하지 않고, 항상 파드 단위로 묶어서 다룬다. 쿠버네티스가 이런 방식을 택한 이유는 실용적이다. 현대 애플리케이션은 단일 컨테이너 하나로만 구성되는 경우보다, 여러 기능이 긴밀히 협력해야 하는 경우가 많다. 예를 들어, 메인 웹 애플리케이션 컨테이너가 있다면, 이 컨테이너가 생성하는 로그를 수집하여 다른 곳으로 보내주는 로그 수집기 컨테이너가 함께 있어야 할 수 있다. 이 두 컨테이너는 항상 같은 서버에서 실행되고, 서로 긴밀하게 통신해야 한다.

만약 쿠버네티스가 이들을 개별 컨테이너로 관리한다면, 항상 같은 서버에 배치하고 네트워크를 연결하는 것이 매우 번거로운 작업이 된다. 파드는 이러한 문제를 해결하기 위해 등장했다. 밀접하게 관련된 컨테이너들을 하나의 파드 안에 묶음으로써, 쿠버네티스는 이를 하나의 단위로 취급할 수 있다. 파드는 애플리케이션의 '논리적 호스트(Logical Host)' 역할을 하며, 파드 안의 컨테이너들에게는 마치 하나의 독립된 컴퓨터처럼 보인다.

● 파드의 구조

파드의 가장 큰 특징은 그 안에 포함된 컨테이너들이 특정 자원을 공유한다는 점이다.

- **네트워크 공유**: 파드 내의 모든 컨테이너는 동일한 IP 주소와 네트워크 포트 공간을 공유한다. 이 덕분에 마치 한 컴퓨터 안에서 실행되는 여러 프로그램처럼 논리적인 호스트를 통해 매우 빠르고 쉽게 통신할 수 있다.
- **스토리지 공유**: 파드는 볼륨(Volume)이라는 공유 저장 공간을 가질 수 있다. 파드 안의 모든 컨테이너는 이 볼륨에 접근하여 파일을 읽고 쓸 수 있으며, 이를 통해 데이터를 공유하거나 컨테이너 재시작 시에도 데이터를 안전하게 보존할 수 있다.

이러한 리소스 공유 특성은 사이드카 패턴(Sidecar Pattern)이라는 강력한 설계 방식을 가능하게 한다. 사이드카는 오토바이 옆에 붙어 있는 보조 좌석을 의미하며, 메인 컨테이너 옆에 보조 역할을 하는 컨테이너를 함께 배치하는 방식이다.

- **예시 1**: 메인 애플리케이션 컨테이너는 핵심 기능에만 집중하고, 로그 수집과 전송은 로깅 사이드카 컨테이너가 전담한다.
- **예시 2**: 모니터링 사이드카 컨테이너가 메인 컨테이너의 CPU, 메모리 사용량 등 성능 데이터를 주기적으로 수집하여 중앙 모니터링 시스템으로 전송한다.
- **예시 3**: 외부 통신 암호화, 요청 인증 등 보안 관련 작업을 보안 사이드카 컨테이너가 대신 처리한다.

사이드카 패턴은 기능별 관심사를 분리하여 메인 애플리케이션의 복잡도를 낮추고, 잘 만들어진 사이드카 컨테이너는 재사용이 가능하므로 개발 생산성과 운영 효율성을 크게 향상시킨다. 즉, 파드는 단순한 기술적 그룹핑을 넘어, 애플리케이션 설계 방식을 혁신적으로 바꾸는 개념이다.

● 파드의 생명주기

파드는 영구적이지 않으며, 언제든 예고 없이 사라지고 새로 생성될 수 있는 '일시적(Ephemeral)' 존재이다. 서버 장애, 애플리케이션 업데이트, 사용량 변화 등으로 기존 파드는 삭제되고 필요 시 새로운 파드가 그 자리를 대체한다. 이 때문에 파드 생성 시 부여받는 IP 주소에 직접 의존하면 안 된다. 파드 재시작 시 IP가 변경되면 통신이 끊기게 되기 때문이다.

4. 네트워크 노출(Service)

● 사라지는 파드를 어떻게 찾을까?

앞서 파드는 영원하지 않으며, 새로 생성될 때마다 새로운 IP 주소를 할당받는다고 했다. 이는 마치 이사를 자주 다니는 친구와 같다. 오늘 친구의 집 주소를 알아냈다고 해서 내일도 그 주소로 찾아갈 수 있다는 보장이 없다. 또한, 웹 서비스처럼 동일한 역할을 하는 여러 개의 파드가 동시에 실행되고 있을 수도 있다. 이 경우, 어떤 파드에게 요청을 보내야 할지 결정하는 것도 문제다.

이렇게 동적으로 변하는 파드들을 외부 사용자나 클러스터 내부의 다른 애플리케이션이 안정적으로 찾아가기 위한 방법이 필요하다. 자주 이사 다니는 친구에게 연락하기 위해 변하는 집 주소 대신, 변하지 않는 '전화번호'나 '이메일 주소'를 사용하는 것과 같은 원리다. 쿠버네티스에서 이 '변하지 않는 연락처' 역할을 하는 것이 바로 '서비스'다.

서비스의 역할

서비스는 기술적으로 복잡한 무언가가 아니라, 여러 개의 파드를 논리적으로 하나의 그룹으로 묶고, 이 그룹에 대한 고유하고 안정적인 진입점(Endpoint)을 제공하는 '추상적인 개념'이다. 서비스는 크게 두 가지 핵심적인 역할을 수행한다.

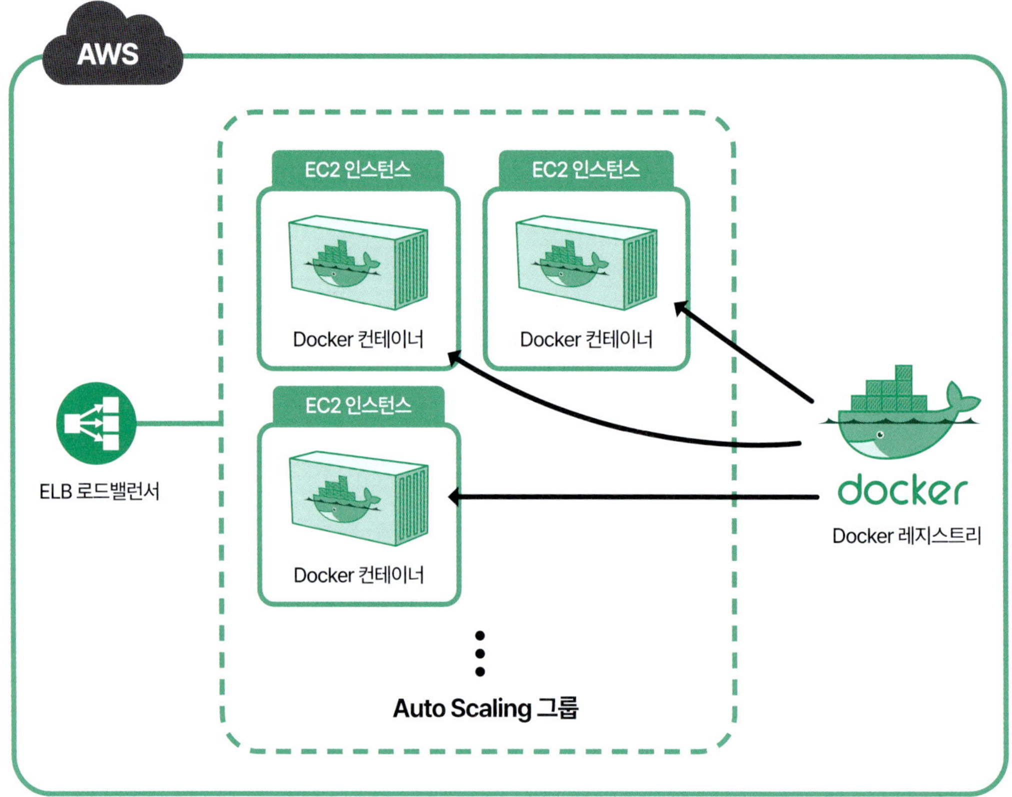

- **서비스 디스커버리(Service Discovery) 및 안정적인 엔드포인트**: 서비스는 자신만의 고정된 IP 주소(Cluster IP)와 DNS 이름을 갖는다. 이 주소는 서비스가 존재하는 한 변하지 않는다. 클라이언트(사용자 또는 다른 애플리케이션)는 파드의 개별 IP가 아닌 이 서비스의 고정된 주소로만 요청을 보낸다. 그러면 서비스는 이 요청을 자신이 담당하는 실제 파드 중 하나에게 전달해준다.

  서비스가 어떤 파드들을 담당할지 결정하는 방식은 '레이블(Label)'과 '셀렉터(Selector)'라는 간단한 메커니즘을 사용한다. 먼저, 관련 있는 파드들에게 '이름표'처럼 레이블을 붙여둔다. 예를 들어, 웹 서버 역할을 하는 모든 파드에 app: web-server라는 레이블을 붙인다. 그리고 서비스를 만들 때, 셀렉터에 app: web-server라고 지정하면 이 서비스는 해당 레이블을 가진 모든 파드를 자동으로 찾아내 자신의 관리 대상으로 삼는다. 파드가 새로 추가되거나 삭제되어도 레이블만 일치하면 서비스가 알아서 목록을 최신 상태로 유지한다.

- **로드 밸런싱**(Load Balancing): 서비스는 자신에게 들어온 요청을 자신이 관리하는 여러 파드들에게 골고루 분산시켜주는 역할도 한다. 예를 들어, app: web-server 레이블을 가진 파드가 3개 있다면, 서비스는 들어오는 요청을 첫 번째, 두 번째, 세 번째 파드에 순서대로 또는 무작위로 분배한다. 이를 통해 특정 파드에만 부하가 몰리는 것을 방지하고, 파드 하나에 문제가 생겨도 다른 파드들이 요청을 처리할 수 있어 서비스 전체의 안정성과 가용성을 높인다.

결론적으로, 서비스는 파드의 동적인 특성(변하는 IP, 가변적인 개수)을 감추고, 외부에는 안정적이고 단일한 창구를 제공하는 역할을 한다. 이를 통해 개발자는 복잡한 네트워크 설정 없이도 마이크로서비스 간의 통신을 쉽게 구현할 수 있다.

5. 자동 규모 조정(Auto-scaling)

클라우드 환경의 가장 큰 장점 중 하나는 필요에 따라 컴퓨팅 자원을 유연하게 조절할 수 있다는 점이다. '오토스케일링(Autoscaling)'은 이러한 유연성을 극대화하는 기술로, 애플리케이션에 대한 수요(트래픽) 변화에 따라 리소스를 자동으로 늘리거나 줄이는 기능을 말한다.

예를 들어, 온라인 쇼핑몰에서 대규모 할인 이벤트가 시작되면 순간적으로 접속자가 폭증한다. 이때 오토스케일링은 서버 자원을 자동으로 늘려, 모든 사용자가 쾌적하게 쇼핑할 수 있도록 지원한다. 반대로 이벤트가 끝나고 접속자가 줄어들면, 늘어났던 서버 자원을 자동으로 줄여 불필요한 비용이 발생하지 않도록 한다.

이처럼 오토스케일링은 인프라를 고무줄처럼 탄력적으로 운영하게 하여, 높은 안정성과 비용 효율성을 동시에 달성하게 해주는 핵심 기술이다.

● 다양한 확장 방식

쿠버네티스는 다양한 상황에 대응하기 위해 여러 가지 방식의 오토스케일링을 제공한다. 크게 세 가지로 나눌 수 있다.

- **수평적 파드 오토스케일러**(Horizontal Pod Autoscaler, HPA)

  가장 일반적으로 사용되는 방식으로, 파드의 '개수'를 늘리거나 줄여서 부하에 대응한다. 이를 '수평적 확장(Scale-out/in)'이라고 한다. HPA는 주로 파드들의 평균 CPU 사용량이나 메모리 사용량 같은 지표를 기준으로 동작한다. 예를 들어, "파드들의 평균 CPU 사용량이 70%를 넘으면 파드 개수를 늘리고, 30% 아래로 떨어지면 줄여라"와 같은 규칙을 설정할 수 있다.

  · **비유**: 식당에 손님이 많아져서 바빠지면, 주방의 크기나 설비를 바꾸는 대신 일하는 '직원의 수'를 더 늘려서 대응하는 것과 같다.

- **수직적 파드 오토스케일러(Vertical Pod Autoscaler, VPA)**

  파드의 개수는 그대로 유지하면서, 각 파드에 할당된 리소스(CPU, 메모리)의 '크기' 자체를 조절하는 방식이다. 이를 '수직적 확장(Scale-up/down)'이라고 한다. VPA는 특정 파드가 항상 많은 메모리를 필요로 하는 데이터베이스와 같이, 개수를 늘리기보다는 개별 파드의 성능을 높여야 하는 경우에 유용하다. 단, VPA는 리소스를 변경하기 위해 파드를 재시작해야 하는 경우가 많고, HPA와 동시에 사용하는 것은 일반적으로 권장되지 않는다.

  · **비유**: 일하는 직원의 수는 그대로 두지만, 각 직원의 능력을 업그레이드해주는 것과 같다. 예를 들어, 더 빠른 컴퓨터를 제공하거나 더 큰 작업대를 마련해주는 방식이다.

- **클러스터 오토스케일러(Cluster Autoscaler, CA)**

  HPA가 파드 수를 늘리려고 해도, 더 이상 파드를 배치할 수 있는 서버(워커 노드)의 공간이 부족한 상황이 발생할 수 있다. 이때 클러스터 오토스케일러가 나선다. CA는 클러스터 전체의 자원 부족을 감지하고, 클라우드 제공업체(AWS, GCP 등)에 요청하여 아예 새로운 서버(노드)를 클러스터에 추가한다. 반대로, 클러스터에 여유 자원이 많아 놀고 있는 노드가 생기면, 그 노드의 파드를 다른 곳으로 옮긴 뒤 노드를 제거하여 비용을 절감한다.

  · **비유**: 식당에 직원을 더 뽑아야 하는데, 식당 공간 자체가 부족해진 상황이다. 이때 아예 식당을 '확장 공사'하거나 옆 가게를 터서 공간을 넓히는 것과 같다.

이 세 가지 오토스케일링 방식은 독립적으로 작동하기보다 상호 보완적으로 사용할 때 가장 큰 효과를 발휘한다. 평상시에는 HPA가 실시간 트래픽에 맞춰 파드 수를 조절하며 서비스 안정성을 유지한다. 그러다 트래픽이 폭증하여 클러스터 전체의 자원이 부족해지면 CA가 개입하여 인프라 자체를 확장한다. 이를 통해 애플리케이션 레벨부터 인프라 레벨까지 아우르는, 진정한 의미의 자동 확장 탄력적 인프라가 완성된다.

6. 기업 도입 사례

쿠버네티스는 이제 특정 기술 기업만의 전유물이 아니라, 다양한 산업 분야에서 디지털 혁신을 이끄는 핵심 기술로 자리 잡았다. 기업들은 쿠버네티스를 활용하여 비즈니스 목표를 달성하고 경쟁력을 강화하고 있다.

● 대규모 웹 서비스 운영

대규모 사용자를 대상으로 하는 서비스 기업에게 가장 큰 과제는 예측 불가능한 트래픽 변동에 안정적으로 대응하는 것이다.

- **카카오모빌리티**: '카카오 T'와 '카카오내비' 같은 국민 서비스를 운영하며 겪는 트래픽 폭증 문제에 대응하기 위해 구글 쿠버네티스 엔진(Google Kubernetes Engine, GKE)을 도입했다. 이를 통해 순간적으로 트래픽이 4배 이상 급증하는 상황에서도 유연하게 서버를 확장하여 안정적인 서비스를 제공할 수 있었다. 또한, 기존 데이터센터에 문제가 생겼을 때 구글 클라우드에서 즉시 서비스를 이어받는 재해 복구(Disaster Recovery) 환경까지 손쉽게 구축했다.

- LY Corporation(라인-야후 합병 법인): 수많은 개발팀이 사용하는 거대한 사내 개발 플랫폼(Platform as a Service, PaaS)을 쿠버네티스 기반으로 구축했다. 이 플랫폼 위에서 600개 이상의 프로젝트와 9만 개가 넘는 파드가 운영되고 있다. 개발자들은 복잡한 인프라 관리에 신경 쓸 필요 없이, 표준화된 플랫폼 위에서 오직 서비스 개발에만 집중할 수 있게 되어 개발 생산성이 크게 향상되었다.

● AI 및 머신러닝 플랫폼 구축

인공지능(AI)과 머신러닝(ML) 모델을 개발하고 서비스하는 과정은 매우 복잡하며, 대규모 컴퓨팅 자원을 필요로 한다.

- AI/ML 모델을 학습시키고, 테스트하고, 실제 서비스에 배포하는 전체 과정, 즉 'ML 파이프라인'을 자동화하고 관리하는 데 쿠버네티스가 핵심적인 역할을 한다. 대규모 데이터 처리나 모델 학습에 필요한 GPU와 같은 특수 하드웨어를 여러 팀이 효율적으로 나누어 사용하도록 스케줄링하고, 필요에 따라 자원을 동적으로 할당해준다.
- 이를 통해 데이터 과학자와 ML 엔지니어들은 인프라의 복잡한 설정이나 자원 할당 문제에서 벗어나, 모델의 성능을 개선하는 본연의 업무에 더 많은 시간을 쏟을 수 있다.

● 멀티 클라우드 및 하이브리드 클라우드 전략

과거에는 많은 기업이 AWS, GCP, Azure 등 특정 클라우드 제공업체 한 곳에만 의존했다. 하지만 이는 특정 업체에 종속될 위험(Vendor Lock-in)과 해당 클라우드에 장애가 발생했을 때 서비스 전체가 중단될 수 있다는 문제를 안고 있었다.

- 쿠버네티스는 특정 클라우드에 종속되지 않는 '표준화된 실행 환경'을 제공한다. 덕분에 기업들은 여러 클라우드를 동시에 사용하는 '멀티 클라우드(Multi-cloud)' 전략이나, 자체 데이터센터(On-premise)와 퍼블릭 클라우드를 함께 사용하는 '하이브리드 클라우드(Hybrid-cloud)' 전략을 훨씬 쉽게 구현할 수 있다. 예를 들어, 민감한 고객 데이터는 보안이 강화된 자체 데이터센터의 쿠버네티스에서 처리하고, 일반적인 웹 서비스는 비용이 저렴한 퍼블릭 클라우드의 쿠버네티스에서 운영하는 식이다. 이를 통해 기업들은 비용 최적화, 서비스 안정성 확보, 각국의 데이터 규제 준수 등 다양한 비즈니스 요구사항을 유연하게 충족시킬 수 있다.

4.5 가상화와 컨테이너 중 무엇을 선택해야 하는가?

IT 인프라를 이야기할 때 가장 기본이 되면서도 혼동하기 쉬운 두 가지 기술이 바로 가상 머신(VM)과 컨테이너다. 두 기술 모두 하나의 물리적 서버에서 여러 개의 독립된 환경을 실행하기 위한 가상화 기술이라는 공통점이 있지만, 그 방식과 특성에는 매우 큰 차이가 있다.

1. 운영체제 종속성 비교

두 기술의 모든 차이점은 운영체제(OS)를 어떻게 다루는가에서 시작된다.

● 하이퍼바이저와 게스트 OS

VM은 하이퍼바이저(Hypervisor)라는 소프트웨어를 통해 작동한다. 하이퍼바이저는 물리 서버의 하드웨어(CPU, 메모리, 스토리지 등)를 가상으로 여러 조각으로 나누고, 각 조각 위에 독립적인 가상 컴퓨터를 만든다. 각 VM은 이 가상의 하드웨어 위에 자신만의 완전한 운영체제, 즉 게스트 OS(Guest OS)를 설치하여 실행된다. 물리 서버에 윈도우(Windows)가 설치되어 있더라도, 그 위에 리눅스(Linux) VM이나 다른 버전의 윈도우 VM을 동시에 실행할 수 있다. 각 VM은 운영체제를 포함한 완벽한 독립 컴퓨터 한 대와 같다.

● 컨테이너 엔진과 호스트 OS

컨테이너에는 하이퍼바이저나 게스트 OS가 없다. 대신, 물리 서버에 설치된 단 하나의 운영체제, 즉 호스트 OS(Host OS)를 기반으로 동작한다. 모든 컨테이너는 호스트 OS의 핵심 부분인 커널(Kernel)을 공유한다.

컨테이너 엔진(예 도커)은 공유된 커널 위에서 각 컨테이너를 논리적으로 격리시켜, 애플리케이션 실행에 필요한 최소한의 파일(라이브러리, 코드 등)만 담아 동작하게 한다. 즉, 컨테이너는 OS 전체를 빌려 쓰는 것이 아니라, OS의 핵심 기능만 잠시 빌려 쓰는 가볍고 효율적인 방식이다.

2. 격리 수준 비교

● VM의 격리: 하드웨어 수준의 강력한 보안

VM은 게스트 OS를 포함하여 하드웨어 수준에서부터 완벽하게 격리된다. 각 VM은 자신만의 독립된 성과 같다. 하나의 VM에서 바이러스에 감염되거나 심각한 오류가 발생하더라도, 다른 VM이나 물리 서버(호스트 OS)에는 전혀 영향을 미치지 않는다. 이러한 강력한 격리 수준은 여러 고객의 서비스를 하나의 서버에서 운영해야 하거나, 보안이 매우 중요한 금융, 의료 분야에서 큰 장점이 된다.

- **컨테이너의 격리: 프로세스 수준의 격리**

컨테이너는 호스트 OS의 커널을 공유하기 때문에, 격리 수준이 VM보다 낮다. 각 컨테이너는 독립된 공간을 갖지만, 그 기반이 되는 땅(커널)은 공유하는 형태다. 이는 대부분의 경우 충분한 격리를 제공하지만, 만약 공유하는 호스트 OS 커널 자체에 심각한 보안 취약점이 발견된다면, 그 서버에서 실행 중인 모든 컨테이너가 위험에 처할 수 있다. 아파트 건물 전체의 수도관이 터지는 것과 같은 상황이다.

3. 속도 비교

- **VM의 속도: 분 단위의 부팅 시간**

VM을 하나 시작하는 것은 컴퓨터 한 대를 켜는 것과 같다. 부팅 과정에서 게스트 OS 전체를 처음부터 메모리에 올리고 각종 시스템 서비스를 실행해야 한다. 이 과정은 일반적으로 수 분이 소요된다. 애플리케이션을 빠르게 실행하고 중지해야 하는 환경에는 적합하지 않다.

- **컨테이너의 속도: 초 단위의 실행 시간**

컨테이너는 이미 실행 중인 호스트 OS 위에서 애플리케이션 프로세스만 시작하면 된다. OS 부팅 과정이 없기 때문에 시작 속도가 매우 빠르다. 보통 수 초, 빠르면 1초 이내에도 실행이 가능하다. 이러한 빠른 속도는 필요할 때 즉시 컨테이너를 생성하여 서비스에 투입하고, 필요 없어지면 바로 제거하는 유연한 운영을 가능하게 한다.

4. 리소스 효율성 비교

- **VM의 리소스 사용: 기가바이트(GB) 단위의 무거움**

각 VM은 완전한 게스트 OS를 포함하고 있기 때문에 이미지 파일의 크기가 매우 크다. 보통 수 기가바이트(GB)에서 수십 GB에 달한다. 또한, 실행 중에는 게스트 OS 자체를 유지하기 위한 CPU와 메모리를 추가로 소모한다. 이처럼 무거운 특성 때문에 하나의 물리 서버에서 실행할 수 있는 VM의 수는 제한적이다.

- **컨테이너의 리소스 사용: 메가바이트(MB) 단위의 가벼움**

컨테이너는 애플리케이션 실행에 필요한 코드와 라이브러리만 담고 있다. OS가 없기 때문에 이미지 크기가 수십 메가바이트(MB) 수준으로 매우 작다. 실행 시에도 OS를 위한 추가 자원 소모가 거의 없어 리소스 효율성이 극도로 높다. 덕분에 동일한 사양의 물리 서버에서 VM보다 훨씬 더 많은 수의 컨테이너를 동시에 실행할 수 있다. 이는 곧 인프라 비용 절감으로 이어진다.

VM과 컨테이너의 차이는 단순히 기술 스펙의 차이가 아니다. 이는 IT 자원을 바라보는 관점의 근본적인 변화를 보여준다. VM은 '서버(인프라)'를 가상화하여 하드웨어 활용도를 높이는 데 중점을 둔다. 반면, 컨테이너는 '애플리케이션(소프트웨어)'을 가상화하여 어떤 환경에서든 빠르고 일관되게 배포하는 데 중점을 둔다. 이러한 목적의 차이를 이해하면, 왜 컨테이너가 현대의 빠른 개발 주기(CI/CD)와 마이크로서비스 아키텍처에 더 적합한 기술로 각광받는지 자연스럽게 알 수 있다.

5. 적재적소 활용 가이드

VM과 컨테이너 중 어느 것이 더 우월한 기술이라고 단정할 수는 없다. 각각의 장단점이 명확하기 때문에, 해결하려는 문제와 상황에 맞는 적절한 기술을 선택하는 것이 중요하다.

● VM이 유리한 경우

- **강력한 보안 및 격리가 필요할 때**: 여러 고객사(테넌트)의 애플리케이션을 하나의 물리 서버에서 함께 호스팅해야 하는 클라우드 서비스 제공업체의 경우, 고객사 간의 데이터를 완벽하게 분리하고 보안을 유지해야 한다. 이때는 하드웨어 수준의 격리를 제공하는 VM이 가장 안전한 선택이다.
- **다양한 OS 환경이 필요할 때**: 현재 운영 중인 서버는 리눅스지만, 반드시 윈도우 환경에서만 작동하는 오래된 레거시(Legacy) 애플리케이션을 실행해야 하는 경우가 있다. 이때는 리눅스 서버 위에 윈도우 VM을 생성하여 해당 애플리케이션을 구동할 수 있다.
- **전체 인프라 가상화가 필요할 때**: 단순히 애플리케이션 하나가 아니라, 특정 네트워크 설정, 데이터베이스, 데스크톱 환경 등 전체 시스템을 통째로 가상화하여 테스트하거나 복제해야 할 때 VM이 적합하다.

● 컨테이너가 유리한 경우

- **마이크로서비스 아키텍처를 도입할 때**: 하나의 큰 서비스를 여러 개의 작은 기능(마이크로서비스)으로 쪼개어 개발하고 운영하는 경우, 각 서비스를 독립적인 컨테이너로 만드는 것이 이상적이다. 각 서비스를 독립적으로 빠르게 배포하고, 필요에 따라 특정 서비스만 확장하기에 최적의 구조다.
- **빠른 개발 및 배포(CI/CD) 환경을 구축할 때**: 소프트웨어를 개발, 테스트, 배포하는 주기를 최대한 단축시키려는 데브옵스 환경에서는 컨테이너가 필수적이다. 개발자가 자신의 노트북에서 만든 컨테이너가 테스트 서버, 운영 서버 어디에서든 동일하게 동작한다. "제 컴퓨터에서는 잘 됐는데요…"와 같은 고질적인 문제를 해결해준다.
- **클라우드 네이티브 애플리케이션을 개발할 때**: 사용량에 따라 리소스를 유연하게 확장하고 축소하는 것이 중요한 클라우드 환경에 최적화된 애플리케이션을 만들 때 컨테이너는 최고의 선택이다. 가볍고 빠르게 실행되므로, 급변하는 수요에 맞춰 신속하게 대응할 수 있다.

> **전문가 팁**
>
> **서비스 목적에 따른 모바일 앱 개발 방식 선택**
>
> 모든 서비스를 '네이티브 앱'으로 만들 필요는 없습니다. 예산, 타깃 고객, 필요한 기능(카메라, GPS 등)에 따라 최적의 개발 방식을 선택해야 합니다.
>
> ❶ **네이티브 앱(Native App)**: 성능과 기능 활용이 최우선일 때 선택하며, 스마트폰 운영체제(Android, iOS)에 최적화된 언어로 개발하여 스토어에 등록하는 방식입니다.
>
> - **장점**: 하드웨어 시스템 콜(System Call)이 자유로워 카메라, 마이크, GPS, 주소록 등에 완벽하게 접근할 수 있습니다. 구동 속도가 가장 빠릅니다.
> - **단점**: 수정 사항이 생기면 스토어 심사를 거쳐야 하며, 사용자가 업데이트를 해야 적용됩니다. 운영체제별로 별도의 개발 인력이 필요하여 비용이 높습니다.
> - **예시**: 카카오톡, 유튜브 앱, 고성능 모바일 게임

❷ **모바일 웹 앱(Mobile Web App)**: 접근성과 유지보수가 최우선일 때 선택하며, 별도의 설치 없이 브라우저(Chrome, Safari 등)를 통해 접속하는 모바일 최적화 웹사이트입니다(예 m.naver.com).

- **장점**: 운영체제와 상관없이 한 번의 개발로 모든 기기에서 볼 수 있습니다. 수정 사항이 즉시 반영되며 사용자 업데이트가 필요 없습니다.
- 단점: 하드웨어(카메라, 진동 등) 접근에 제약이 많으며, 네트워크가 끊기면 사용할 수 없습니다. 네이티브 앱보다 구동 속도가 느릴 수 있습니다.

❸ **하이브리드 앱(Hybrid App)**: 네이티브의 기능과 웹의 효율성을 동시에 원할 때 선택하며, 겉모습(껍데기)은 네이티브 앱이지만, 실제 알맹이(콘텐츠)는 웹 기술로 구현하여 내장 브라우저(WebView)로 보여주는 방식입니다.

- **장점**: 스토어 배포가 가능하면서도, 콘텐츠 수정이 용이합니다. 웹 기술을 기반으로 하면서도 플러그인을 통해 일부 하드웨어 기능(카메라, 음성 검색 등)을 사용할 수 있습니다.
- **예시**: 금융권 앱, 쇼핑몰 앱(기본 틀은 앱이지만 상품 페이지는 웹으로 로딩)

❹ **클라우드 네이티브 앱(Cloud Native App)**: 현대적 인프라 환경에서의 개발 방식으로 앱의 구동 방식보다는 '어떻게 만들어지고 배포되는가'에 초점을 둔 개념입니다. 클라우드 환경(AWS, Azure 등)의 장점을 100% 활용하여 개발됩니다.

- **핵심**: 컨테이너, 마이크로서비스 아키텍처(MSA), CI/CD 등을 적용하여 탄력적인 확장과 신속한 배포가 가능한 현대적인 애플리케이션을 의미합니다.

● 함께 사용하는 하이브리드 접근 방식

VM과 컨테이너는 서로를 대체하는 경쟁 기술이 아니라, 함께 사용될 때 더 큰 시너지를 낼 수 있는 상호 보완적인 기술이다.

가장 일반적인 현대 클라우드 아키텍처는 이 둘을 함께 사용하는 하이브리드 방식이다. 예를 들어, AWS나 GCP 같은 클라우드에서 먼저 VM(가상 서버)을 할당받는다. 이는 클라우드 환경에서 제공하는 기본적인 컴퓨팅 단위이며, 강력한 격리 수준을 보장해준다. 그리고 그 VM 내부에 쿠버네티스 같은 컨테이너 오케스트레이션 플랫폼을 설치하여 수많은 컨테이너를 효율적으로 운영한다. 이 방식은 VM이 제공하는 강력한 보안 및 격리의 장점과, 컨테이너가 제공하는 빠르고 효율적인 애플리케이션 배포 및 관리의 장점을 모두 취하는 매우 현명한 전략이다.

4.6 연습문제

01 OSI 7계층 모델 중, 데이터의 전송 경로를 결정하고 논리적 주소(IP)를 지정하여 패킷을 목적지까지 전달하는 역할을 하는 계층은 무엇인가?

① 2계층(데이터링크)
② 4계층(전송)
③ 3계층(네트워크)
④ 7계층(응용)

02 TCP/IP 4계층 모델에서 '인터넷 계층'에 해당하며, 패킷의 주소를 해석하고 경로를 결정하는 핵심 프로토콜은 무엇인가?

① TCP
② HTTP
③ IP
④ ICMP

03 같은 네트워크(LAN) 내에서 MAC 주소를 기반으로 데이터를 정확한 장치로 전달하며, 충돌 없이 효율적인 통신을 돕는 장비는 무엇인가?

① 허브
② 스위치
③ 라우터
④ 게이트웨이

04 서로 다른 네트워크 간을 연결하고, IP 주소를 기반으로 최적의 경로를 찾아 패킷을 중계하는 '네트워크의 관문' 역할을 하는 장비는 무엇인가?

① 스위치
② 브리지
③ 라우터
④ 리피터

05 네트워크 설계 시, 하나의 물리적 네트워크를 논리적으로 나누어 브로드캐스트 도메인을 줄이고 보안성을 높이는 기술은 무엇인가?

① VPN
② NAT
③ DHCP
④ VLAN

06 사설 IP 주소를 공인 IP 주소로 변환하여 내부망의 IP를 숨기고 인터넷과 통신할 수 있게 해주는 기술은 무엇인가?

① DNS
② NAT
③ ARP
④ VPN

07 소프트웨어 정의 네트워크(SDN)의 핵심 개념으로, 네트워크의 제어 평면(Control Plane)과 데이터 평면(Data Plane)을 분리하여 중앙에서 프로그래밍하듯 관리하는 것은 무엇인가?

① 중앙 집중형 제어

② 분산 처리

③ 하드웨어 종속

④ 수동 구성

08 기존의 전용회선(MPLS 등) 대신 인터넷 회선을 이용하여 소프트웨어 기반으로 광역 네트워크(WAN)를 유연하게 구성하고 최적화하는 기술은 무엇인가?

① VPN

② NFV

③ SD-WAN

④ MPLS

09 네트워크 보안 장비 중, 미리 정의된 보안 규칙에 따라 허용되지 않은 트래픽을 차단하여 내부망을 보호하는 1차적인 방어막은 무엇인가?

① IDS

② 방화벽(Firewall)

③ IPS

④ WAF

10 웹 애플리케이션에 대한 공격(SQL 인젝션, XSS 등)을 탐지하고 차단하기 위해 웹 서버 앞단에 위치하는 특화된 보안 장비는 무엇인가?

① 방화벽

② UTM

③ DDoS 장비

④ WAF(웹 방화벽)

5 장

데이터 저장소의 모든 것

학 습 목 표

비즈니스의 기록을 체계적으로 관리하기 위해서는 정보의 금고, 즉 스토리지를 이해해야 한다. 5장에서는 비전공자의 눈높이에서 혼자 쓰는 데이터와 함께 쓰는 데이터가 어떻게 구분되는지를 '개인 책상 서랍'과 부서원 모두가 사용하는 '공용 문서고'의 비유를 통해 쉽게 설명한다. 데이터 적재의 원리를 이해함으로써 우리는 저장 공간의 효율적 활용이 왜 협업 속도의 차이를 만드는지 그 중요성을 깊이 인식하고, 낭비 없는 자원 활용을 위해 각자가 데이터를 어떻게 다뤄야 하는지 명확히 알게 될 것이다.

5.1 데이터는 어떤 형태로 저장되는가?

우리가 매일 생성하고 사용하는 데이터는 어디에 어떻게 저장될까? 스마트폰 속 사진, 컴퓨터 문서, 기업의 중요한 고객 정보까지 모든 데이터는 스토리지(Storage)라는 공간에 보관된다. 하지만 데이터를 저장하는 방식은 하나가 아니다. 마치 물건을 정리할 때 서류 캐비닛, 레고 상자, 혹은 거대한 창고를 사용하는 것처럼, 데이터의 종류와 사용 목적에 따라 최적의 저장 방식이 달라진다. 가장 대표적인 세 가지 스토리지 유형은 파일 스토리지, 블록 스토리지, 오브젝트 스토리지다. 이를 이해하는 것은 현대 IT 인프라의 기본을 파악하는 첫걸음이다.

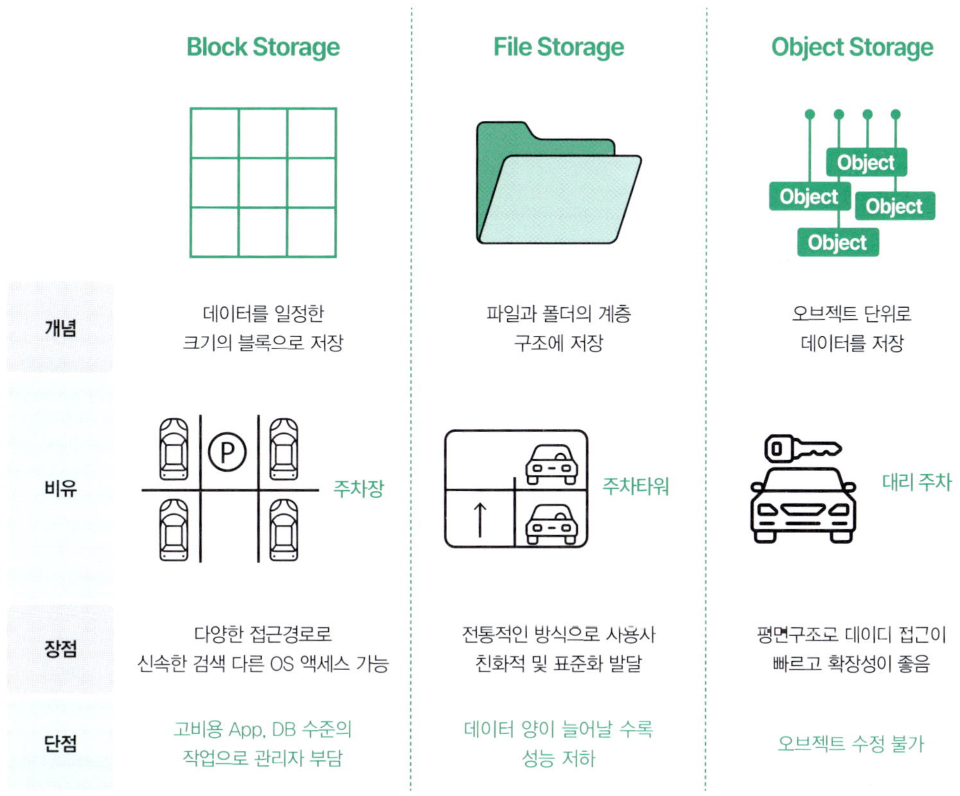

1. 파일 스토리지

파일 스토리지는 데이터를 파일(File) 단위로 저장하고, 이 파일들을 폴더(Folder) 또는 디렉터리(Directory)라는 계층 구조를 통해 관리하는 방식이다. 우리가 '보고서.docx'라는 파일을 업무 폴더 안에, 그리고 그 업무 폴더를 '2026년' 폴더 안에 넣는 것을 생각하면 쉽다. 데이터는 하나의 완성된 덩어리, 즉 파일로 취급된다. 컴퓨터는 이 파일에 접근하기 위해 '어느 폴더 안의 어느 폴더 안에 있는 무슨 파일'이라는 경로 정보를 사용한다. 이러한 방식은 우리가 현실 세계에서 문서를 정리하는 방법과 매우 유사하기 때문에 별도의 학습 없이도 쉽게 사용할 수 있다는 큰 장점이 있다.

● 파일 스토리지의 작동 방식

파일 스토리지의 핵심은 **계층적 구조**(Hierarchical Structure)에 있다. 데이터를 찾기 위해서는 최상위 디렉터리부터 시작해 하위 디렉터리로 차례차례 이동하는 경로를 따라가야 한다. 예를 들어, 'C:₩2024년₩업무₩보고서.docx'와 같은 경로가 바로 그것이다. 이 경로는 서류 캐비닛의 특정 칸, 특정 서랍, 특정 폴더를 순서대로 알려주는 것과 같다. 이 구조 덕분에 사용자는 논리적으로 데이터를 분류하고 체계적으로 관리할 수 있다.

또한, 파일 스토리지의 각 파일은 **메타데이터**(Metadata)를 가지고 있다. 메타데이터는 '데이터에 대한 데이터'로, 파일 자체의 내용이 아니라 파일을 설명하는 정보다. 파일 이름, 파일 크기, 생성 날짜, 마지막 수정 날짜, 파일 유형(docx, jpg 등)과 같은 정보가 여기에 해당한다. 이 메타데이터는 마치 서류 봉투 겉면에 적힌 제목이나 날짜와 같아서, 파일을 직접 열어보지 않고도 어떤 파일인지 대략적으로 파악할 수 있게 도와준다.

● 파일 스토리지의 장점과 단점

파일 스토리지의 가장 큰 장점은 단연 **사용자 친화성**이다. 폴더와 파일 구조는 매우 직관적이어서 누구나 쉽게 파일을 생성하고, 관리하고, 삭제할 수 있다. 여러 사람이 함께 문서를 공유하고 협업하는 환경에 매우 적합하다.

하지만 단점도 명확하다. 데이터의 양이 폭발적으로 증가하면 성능이 저하된다는 점이다. 수백만, 수십억 개의 파일이 복잡한 폴더 구조 속에 저장되어 있다면, 특정 파일 하나를 찾기 위해 거쳐야 하는 경로가 너무 길고 복잡해진다. 이는 마치 수십 층짜리 도서관에서 책 한 권을 찾기 위해 모든 층과 서가를 뒤지는 것과 같아서, 검색 속도가 현저히 느려진다. 이러한 확장성의 한계 때문에 대규모 빅데이터나 클라우드 환경에서는 파일 스토리지만으로는 부족한 경우가 많다.

● 네트워크를 통한 파일 공유

파일 스토리지는 단일 컴퓨터를 넘어 네트워크를 통해 여러 사용자가 함께 사용할 때 그 진가를 발휘한다. 이때 서로 다른 컴퓨터들이 파일을 원활하게 주고받으려면 공통의 언어가 필요한데, 이 언어의 역할을 하는 것이 바로 '**프로토콜**(Protocol)'이다. 파일 스토리지 공유에 사용되는 대표적인 프로토콜로는 NFS와 SMB/CIFS가 있다.

❶ 리눅스/유닉스 환경의 표준 통신 규칙

NFS(Network File System)는 주로 리눅스(Linux)나 유닉스(Unix) 기반의 운영체제 환경에서 파일을 공유하기 위해 만들어진 표준 프로토콜이다. NFS의 가장 큰 특징은 네트워크 상의 다른 컴퓨터에 있는 원격 저장 공간을 마치 내 컴퓨터에 직접 연결된 로컬 디스크처럼 사용할 수 있게 해준다는 점이다. 사용자는 복잡한 네트워크 설정 없이 익숙한 파일 탐색기를 통해 원격 서버의 파일에 접근하고 수정할 수 있다.

NFS는 성능 향상을 위해 '캐싱(Caching)' 기능을 사용한다. 자주 사용하는 파일 데이터를 사용자 컴퓨터의 메모리에 임시로 저장해두었다가 다시 필요할 때, 매번 서버에 요청하지 않고 바로 가져와 사용함으로써 접근 속도를 높인다. 또한, '파일 잠금(File Locking)' 기능을 지원하여 여러 사용자가 동시에 같은 파일을 수정하려 할 때 데이터가 손상되는 것을 방지한다. 한 사람이 파일을 수정하는 동안 다른 사람은 수정할 수 없도록 막아 데이터의 일관성을 유지하는 것이다.

초기 버전의 NFS는 IP 주소를 기반으로 접근을 허용하는 방식이라 보안에 다소 취약하다는 평가를 받았다. 하지만 최신 버전인 NFSv4에서는 커베로스(Kerberos)와 같은 강력한 인증 시스템과 데이터 암호화 기능을 지원하여 보안을 크게 강화했다.

❷ 윈도우 환경의 단짝 프로토콜

SMB(Server Message Block)는 마이크로소프트(Microsoft)가 윈도우(Windows) 환경에서 파일 공유를 위해 개발한 프로토콜이다.CIFS(Common Internet File System)는 SMB의 초기 버전으로, 현재는 더 발전된 형태의 SMB가 널리 사용되지만 여전히 두 용어는 혼용되기도 한다. 윈도우 운영체제를 사용하는 컴퓨터끼리 파일을 공유할 때 기본적으로 이 SMB 프로토콜이 사용된다.

SMB는 NFS와 유사하게 네트워크를 통해 파일을 공유하는 기능을 제공하지만, 몇 가지 차이점이 있다. 가장 큰 차이는 공유할 수 있는 자원의 범위다. NFS는 기본적으로 파일과 디렉터리 공유에 초점이 맞춰져 있지만, SMB는 파일과 디렉터리는 물론 프린터나 다른 네트워크 장치까지 공유할 수 있도록 설계되었다.

또한, 파일 잠금 방식에도 차이가 있다. NFS는 주로 클라이언트(사용자 컴퓨터) 측에서 파일 잠금을 처리하는 반면, SMB/CIFS는 서버 측에서 파일 잠금을 관리한다. 서버가 중앙에서 잠금을 통제하기 때문에 여러 사용자가 동시에 접근할 때 발생할 수 있는 충돌을 더 효과적으로 방지할 수 있다.

NFS와 SMB의 선택은 기술적 우위보다는 주로 사용 환경에 따라 결정된다. 모든 컴퓨터가 리눅스로 구성된 환경이라면 NFS가 자연스럽고 효율적인 선택이다. 반면, 윈도우 기반의 사무 환경에서는 SMB가 기본 프로토콜로서 완벽하게 통합되어 작동한다. 오늘날과 같이 다양한 운영체제가 혼재된 기업 환경에서는 이러한 차이가 시스템 간의 호환성 문제를 야기하기도 한다. 그래서 리눅스 컴퓨터가 윈도우 파일 서버에 접근할 수 있도록 '삼바(Samba)'와 같은 번역기 역할을 하는 소프트웨어를 사용하기도 한다. 이는 IT 인프라에서 서로 다른 시스템을 연결하고 함께 작동하게 만드는 상호운용성 확보가 얼마나 중요한지를 보여주는 좋은 예다.

2. 블록 스토리지

파일 스토리지가 완성된 문서를 서류함에 보관하는 방식이라면, 블록 스토리지(Block Storage)는 전혀 다른 접근법을 취한다. 이것은 마치 거대한 문서를 수많은 레고 블록 조각으로 잘게 나눈 뒤, 창고의 비어있는 선반 아무 곳에나 흩어서 보관하는 것과 같다. 각 블록에는 고유한 주소표가 붙어 있어, 나중에 필요할 때 이 주소표를 보고 블록들을 다시 모아 원래의 문서로 조립할 수 있다.

● 블록 스토리지란 무엇인가?

블록 스토리지는 데이터를 '블록(Block)'이라는 고정된 크기의 조각으로 나누어 저장하는 방식이다. 파일 하나가 수백, 수천 개의 블록으로 나뉠 수 있으며, 이 블록들은 스토리지 시스템 내의 여러 위치에 분산되어 저장된다. 각 블록에는 고유한 식별 주소(Identifier)가 할당되는데, 이 주소 덕분에 시스템은 파일의 일부인 특정 데이터 조각을 매우 빠르게 찾아낼 수 있다.

블록 스토리지 시스템 자체는 '파일'이나 '폴더'라는 개념을 알지 못한다. 그저 주소에 따라 블록을 저장하고, 요청이 오면 해당 주소의 블록을 꺼내주는 역할만 충실히 수행한다. 실제 파일 시스템(예 NTFS, ext4)을 구성하고 관리하는 책임은 블록 스토리지에 연결된 서버의 운영체제(OS)에 있다. 이러한 구조 덕분에 블록 스토리지는 매우 유연하고 높은 성능을 제공할 수 있다.

● 블록 스토리지의 작동 방식

사용자가 서버에 파일을 저장하라는 명령을 내리면, 서버의 운영체제는 해당 파일을 여러 개의 블록으로 분할한다. 그리고 블록 스토리지 시스템에 각 블록을 저장해달라고 요청한다. 스토리지 시스템은 가장 효율적인 위치를 찾아 블록들을 저장하고, 각 블록의 고유 주소를 기록한 '지도'를 관리한다.

반대로 사용자가 파일을 읽으려고 하면, 서버 운영체제는 지도를 참조하여 파일에 필요한 모든 블록의 주소를 스토리지 시스템에 전달한다. 스토리지 시스템은 여러 위치에 흩어져 있는 블록들을 신속하게 수집하여 서버로 전송하고, 서버 운영체제는 이 블록들을 다시 조립하여 사용자에게 완전한 파일 형태로 보여준다.이 모든 과정은 눈 깜짝할 사이에 일어나기 때문에 사용자는 데이터가 조각나 있다는 사실을 전혀 인지하지 못한다.

● 블록 스토리지의 장점과 단점

블록 스토리지의 가장 큰 장점은 단연 높은 성능과 낮은 지연 시간(Latency)이다. 파일 경로를 따라가야 하는 파일 스토리지와 달리, 블록 주소를 통해 데이터에 직접 접근하기 때문에 데이터 입출력 속도가 매우 빠르다. 특히 데이터를 수정할 때 효율적이다. 파일 전체를 새로 쓰는 것이 아니라, 변경이 필요한 특정 블록만 찾아 다시 쓰면 되기 때문이다.

또한, 매우 '유연하다'는 장점이 있다. 블록 스토리지 자체는 파일 시스템에 종속되지 않기 때문에, 윈도우, 리눅스 등 어떤 운영체제든 연결하여 자신만의 파일 시스템으로 포맷해서 사용할 수 있다.

반면, 단점으로는 파일 스토리지에 비해 '비용이 비싸고 관리가 복잡하다'는 점을 꼽을 수 있다. 고성능을 위한 전용 하드웨어와 네트워크가 필요한 경우가 많기 때문이다. 또한, 메타데이터가 블록 주소 외에는 거의 없어 스토리지 시스템 자체적으로는 데이터의 내용을 검색하거나 분석하기 어렵다는 한계도 있다.

● 블록 스토리지는 어디에 사용될까?

이러한 특성 때문에 블록 스토리지는 빠른 데이터 처리 속도가 생명인 애플리케이션에 주로 사용된다. 대표적인 예가 바로 데이터베이스와 가상머신 파일 시스템이다. 데이터베이스는 수많은 사용자의 요청에 따라 데이터를 끊임없이 읽고, 쓰고, 수정하는 작업을 수행한다. 이러한 트랜잭션(Transaction) 처리는 매우 빨라야 하므로, 블록 단위의 직접적인 데이터 접근이 가능한 블록 스토리지가 최적의 선택이다. 가상머신의 경우, 가상의 컴퓨터에 할당되는 하드 디스크(가상 디스크)가 바로 블록 스토리지 형태로 제공된다. 가상머신의 운영체제는 이 가상 디스크를 마치 물리적인 하드 디스크처럼 인식하고 사용하게 된다.

● 블록 스토리지를 네트워크로 연결하기

블록 스토리지를 여러 서버가 공유하여 사용하기 위해서는 특별한 네트워크가 필요하다. 이 역할을 하는 것이 바로 SAN(Storage Area Network)이다. SAN은 일반적인 사무용 네트워크(LAN)와는 분리된, 오직 스토리지 데이터 전송만을 위한 초고속 전용 네트워크다. 마치 일반 도로와는 별도로 물류 트럭만 다니는 전용 고속도로를 건설하는 것과 같다. 이 전용망을 통해 서버들은 스토리지에 매우 빠르고 안정적으로 접근할 수 있다.

SAN 환경에서 서버에 스토리지 공간을 할당할 때는 LUN(Logical Unit Number)이라는 개념이 사용된다. 거대한 블록 스토리지 풀(Pool)에서 필요한 만큼의 공간을 논리적으로 잘라내어 각 서버에 할당하는데, 이때 각 조각에 붙이는 번호가 바로 LUN이다. 서버 입장에서는 SAN을 통해 할당받은 'LUN 0'이 자신의 C 드라이브로, 'LUN 1'이 D 드라이브로 인식된다. 실제로는 거대한 공유 스토리지의 일부를 사용하는 것이지만, 서버에게는 마치 자신에게 직접 연결된 로컬 디스크처럼 보이게 하는 것이다. 이 LUN을 통해 관리자는 중앙에서 스토리지 자원을 효율적으로 관리하고 유연하게 분배할 수 있다.

3. 오브젝트 스토리지

파일 스토리지가 서류 캐비닛, 블록 스토리지가 레고 상자라면, 오브젝트 스토리지(Object Storage)는 거대한 자동화 물류 창고나 발레파킹 시스템에 비유할 수 있다. 우리는 주차 관리원에게 차 키를 맡기기만 하면 된다. 차가 어디에 주차되어 있는지 알 필요 없이, 나중에 차 키에 달린 번호표만 제시하면 관리원이 알아서 차를 찾아다 준다. 오브젝트 스토리지는 이처럼 데이터 자체와 데이터에 대한 모든 정보를 하나의 '상자(오브젝트)'에 담아 고유한 '번호표(ID)'를 붙여 관리하는 방식이다.

● 오브젝트 스토리지란 무엇인가?

오브젝트 스토리지는 데이터를 '오브젝트(Object)'라는 단위로 저장한다. 하나의 오브젝트는 세 가지 요소로 구성된다.

- 데이터 그 자체(사진, 영상, 문서 등)
- 데이터에 대한 상세하고 확장 가능한 메타데이터
- 이 오브젝트를 유일하게 식별할 수 있는 고유 식별자(Globally Unique Identifier)

여기서 중요한 것은 메타데이터다. 파일 스토리지의 메타데이터가 파일 이름, 크기 등 기본적인 정보에 한정되었다면, 오브젝트 스토리지의 메타데이터는 사용자가 원하는 어떤 정보든 추가할 수 있다. 예를 들어, 사진 오브젝트에는 촬영 장소, 카메라 모델, 사진 속 인물 정보 등을 모두 메타데이터로 저장할 수 있다. 이 풍부한 메타데이터 덕분에 나중에 데이터를 분석하거나 검색할 때 매우 유용하게 활용할 수 있다.

● 오브젝트 스토리지의 작동 방식

오브젝트 스토리지는 파일 스토리지의 계층 구조와 달리 **평면 구조(Flat Structure)**를 가진다. 폴더나 디렉터리 개념이 없다. 모든 오브젝트는 '스토리지 풀'이라는 하나의 거대한 공간에 동등하게 존재한다. 마치 수십억 개의 물건이 폴더 구분 없이 하나의 거대한 바다에 떠 있는 것과 같다. 이 구조는 폴더 깊이가 깊어질수록 성능이 저하되는 파일 스토리지의 한계를 근본적으로 해결해 준다.

그렇다면 이 거대한 공간에서 어떻게 원하는 오브젝트를 찾을까? 바로 고유 식별자를 통해서다. 오브젝트에 접근할 때는 웹에서 사용하는 HTTP 프로토콜 기반의 **API(Application Programming Interface)**, 특히 REST API를 주로 사용한다. 즉, 인터넷 주소(URL)처럼 고유한 ID를 포함한 요청을 보내면 시스템이 해당 오브젝트를 찾아 돌려주는 방식이다. 이 덕분에 인터넷이 연결된 곳이라면 어디서든 쉽게 데이터에 접근할 수 있다.

● 오브젝트 스토리지의 장점과 단점

오브젝트 스토리지의 가장 큰 장점은 '엄청난 확장성'과 '비용 효율성'이다. 평면 구조 덕분에 저장할 수 있는 데이터의 양에 거의 한계가 없다. 수십억, 수백억 개의 파일을 저장해도 성능 저하가 거의 없다. 또한, 비교적 저렴한 범용 하드웨어를 사용하여 시스템을 구성할 수 있어 대용량 데이터를 저장할 때 비용이 저렴하다. 데이터를 여러 장비와 데이터센터에 자동으로 복제하여 보관하므로 '내구성' 또한 매우 뛰어나다.

하지만 단점도 존재한다. 오브젝트는 한번 저장되면 수정이 어렵다는 **불변성(Immutability)** 특징을 가진다. 파일의 일부만 수정하는 것이 불가능하며, 내용을 변경하려면 새로운 버전의 오브젝트 전체를 다시 업로드해야 한다. 이 때문에 데이터 베이스처럼 수정이 빈번하게 일어나는 데이터에는 적합하지 않다. 또한, 데이터 입출력 속도가 블록 스토리지보다는 느리기 때문에 고성능 트랜잭션 처리에는 불리하다.

● 클라우드 시대의 표준, Amazon S3

오브젝트 스토리지의 개념을 가장 성공적으로 구현하고 대중화시킨 서비스가 바로 아마존 웹 서비스(AWS)의 S3(Simple Storage Service)다. S3는 사실상 클라우드 오브젝트 스토리지의 표준으로 자리 잡았으며, 수많은 기업과 서비스가 S3를 기반으로 데이터를 저장하고 있다.

❶ S3의 핵심 개념

S3를 이해하기 위해서는 두 가지 핵심 개념을 알아야 한다. 바로 '버킷(Bucket)'과 '객체(Object)'다.

- **버킷**: 버킷은 객체를 담는 최상위 컨테이너, 즉 저장소다. 버킷의 이름은 전 세계 모든 AWS 사용자를 통틀어 유일해야 한다. 마치 인터넷 도메인 주소처럼 중복될 수 없다. 버킷 단위로 데이터 저장 지역(Region)을 선택하고, 접근 권한을 설정하는 등 다양한 관리가 이루어진다.
- **객체**: 객체는 버킷에 저장되는 실제 데이터, 즉 파일이다. S3의 객체는 데이터 본체, 키(Key, 객체의 이름), 버전 ID, 메타데이터 등으로 구성된다. 이 객체 하나는 최소 1바이트부터 최대 5테라바이트(TB)까지의 크기를 가질 수 있다.

❷ S3가 널리 쓰이는 이유

S3가 클라우드 스토리지의 대명사가 된 이유는 명확하다.

- **내구성(Durability) 및 가용성(Availability)**: S3는 저장된 객체를 여러 데이터센터에 자동으로 복제하여 99.999999999%(일레븐 나인)라는 경이로운 수준의 내구성을 보장하도록 설계되었다. 이는 100억 개의 파일을 저장했을 때 1개의 파일이 유실될까 말까 한 확률로, 데이터가 매우 안전하게 보호된다는 의미다.
- **확장성(Scalability)**: 저장 용량에 사실상 제한이 없다. 사용자는 용량 증설이나 성능 관리에 신경 쓸 필요 없이 필요한 만큼 데이터를 계속 저장하기만 하면 된다.
- **다양한 스토리지 클래스(Storage Classes)**: 데이터의 접근 빈도에 따라 비용을 최적화할 수 있도록 다양한 저장 옵션을 제공한다. 자주 접근하는 데이터는 'S3 Standard'에, 거의 접근하지 않는 장기 보관용 데이터는 'S3 Glacier'와 같은 저렴한 클래스에 저장하여 비용을 절감할 수 있다.
- **다양한 활용 사례(Use Cases)**: 이러한 특징들 덕분에 S3는 데이터 백업 및 재해 복구, 빅데이터 분석을 위한 데이터 레이크(Data Lake), 웹사이트의 이미지나 영상 같은 정적 콘텐츠 호스팅, 애플리케이션 로그 저장 등 무궁무진한 분야에서 활용되고 있다.

오브젝트 스토리지의 등장은 인터넷 시대가 낳은 필연적인 결과였다. 2000년대 이후 사진, 동영상, 로그 파일 등 사용자가 생성하는 비정형 데이터가 폭발적으로 증가하면서, 데이터의 양은 기하급수적으로 늘어났다. 이러한 데이터는 단순히 많을 뿐 아니라, 전 세계 어디서든 빠르게 접근할 수 있어야 했다. 그러나 기존의 파일 스토리지나 블록 스토리지는 이러한 웹 스케일(Web-scale) 데이터를 처리하도록 설계되지 않았다.

바로 이 지점에서 평면 구조, HTTP 기반 접근, 압도적인 확장성을 강점으로 한 오브젝트 스토리지(Object Storage)가 등장했다. AWS S3와 같은 서비스는 단순한 저장소의 대안을 넘어, 넷플릭스나 드롭박스 같은 거대 기업이 물리적인 서버 한 대 없이도 전 세계 규모의 서비스를 구축할 수 있게 만들었다. 즉, 오브젝트 스토리지는 페타바이트(PB)급 데이터 저장의 대중화를 이끌며, 오늘날 클라우드 컴퓨팅 시대를 여는 핵심 기술로 자리 잡았다.

5.2 서버와 스토리지는 어떻게 1:1로 연결하는가?

앞에서 알아본 저장 공간이 컴퓨터와 어떻게 연결되는지에 대해 살펴볼 차례다. 가장 기본적이고 원초적인 연결 방식이 바로 DAS(Direct Attached Storage)다. 이름 그대로 '직접 연결된 저장 장치'를 의미하며, 우리가 컴퓨터에 외장 하드를 USB 케이블로 연결하는 바로 그 모습이 DAS의 완벽한 예시다. 복잡한 네트워크 없이 컴퓨터와 저장 장치가 1:1로 만나는 이 단순한 방식은 모든 스토리지 기술의 출발점이라 할 수 있다.

1. DAS(Direct Attached Storage) 개념

DAS는 서버나 컴퓨터 한 대에 케이블을 통해 저장 장치를 물리적으로 직접 연결하는 방식이다. 핵심은 '1:1 직접 연결'이다. 네트워크를 거치지 않고 오직 그 컴퓨터만이 해당 저장 장치를 전용으로 사용한다. 우리 PC 내부에 장착된 하드 디스크나 SSD, 그리고 USB 포트에 꽂는 외장 하드나 USB 메모리가 모두 DAS에 해당한다. 연결된 컴퓨터는 이 저장 장치를 완전히 '소유'하며, 다른 컴퓨터는 이 저장 장치에 직접 접근할 수 없다.

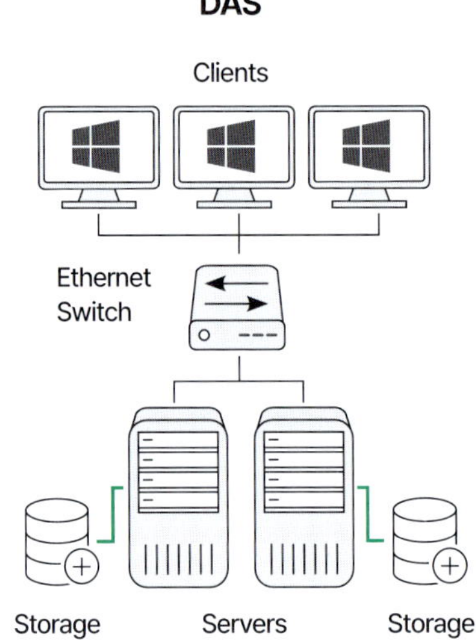

● DAS의 장점

DAS의 가장 큰 장점은 명확하다. 바로 '빠른 속도'와 '간단한 설치'다.

- **빠른 속도(High Speed)**: 데이터를 주고받을 때 네트워크라는 중간 단계를 거치지 않기 때문에 지연 시간이 거의 없다. 데이터 전송 속도는 오직 연결 케이블의 규격과 저장 장치 자체의 성능에 의해서만 결정된다. 따라서 매우 빠른 데이터 접근이 가능하다.
- **간단한 설치(Simple Setup)**: 설치와 사용이 매우 간단하다. 외장 하드를 연결하듯 케이블만 꽂으면 바로 인식되고 사용할 수 있다. 초기 구축 비용이 저렴하고, 특별한 관리 기술이 필요하지 않다.

● DAS의 단점

이러한 단순함은 곧 한계로 이어진다. DAS의 단점은 기업 환경에서 특히 두드러진다.

- **파일 공유 불가(No File Sharing)**: 가장 치명적인 단점이다. DAS에 저장된 데이터는 오직 연결된 컴퓨터에서만 접근할 수 있다. 다른 사람과 파일을 공유하려면, 해당 컴퓨터를 통해 네트워크로 파일을 전송해야만 한다. 이는 매우 번거롭고 비효율적인 방식이다.
- **제한된 확장성(Limited Scalability)**: 서버에 연결할 수 있는 저장 장치의 개수는 서버의 물리적인 포트 수에 의해 제한된다. 저장 공간이 더 필요할 때마다 계속해서 장치를 추가하는 데에는 명백한 한계가 있다.
- **자원의 고립(Siloed Resources)**: 여러 대의 서버를 운영하는 환경을 상상해 보자. A 서버에 연결된 DAS는 저장 공간이 80%나 비어있는데, B 서버에 연결된 DAS는 공간이 꽉 차서 더 이상 데이터를 저장할 수 없는 상황이 발생할 수 있다. 이때 A 서버의 남는 공간을 B 서버에 할당해 줄 수 없다. 이처럼 저장 자원이 특정 서버에 갇혀 '섬'처럼 고립되는 현상은 심각한 자원 낭비를 초래한다.

2. 주요 연결 인터페이스

DAS 방식으로 컴퓨터와 저장 장치를 연결할 때는 둘 사이를 이어주는 '인터페이스(Interface)' 규격이 필요하다. 과거 서버 환경에서 오랫동안 표준으로 사용되었던 고성능 인터페이스가 바로 SCSI다.

● SCSI란?

SCSI(Small Computer System Interface)는 컴퓨터와 하드 디스크, 스캐너, CD-ROM 드라이브 등 주변 장치를 연결하고 데이터를 전송하기 위한 표준 기술의 집합이다. 특히 서버와 같은 고성능 시스템에서 오랫동안 사랑받아왔다.

초기 SCSI의 중요한 특징 중 하나는 별도의 컨트롤러 카드가 CPU와 독립적으로 데이터 입출력 작업을 처리했다는 점이다. 당시 일반 PC에서 사용되던 IDE/ATA 방식은 데이터 전송 시 CPU의 자원을 많이 사용해 시스템 전체 성능을 저하시켰다. 반면, SCSI는 CPU의 부담을 덜어주어 더 빠르고 안정적인 데이터 처리가 가능했다. 이 때문에 안정성이 최우선인 서버 환경에서 SCSI는 필수적인 기술로 여겨졌다.

● 병렬에서 직렬로: SAS로의 진화

초기의 SCSI는 여러 가닥의 구리선을 묶은 넓고 두꺼운 케이블을 사용하는 '병렬(Parallel)' 방식이었다. 하지만 데이터 전송 속도가 빨라지면서 병렬 방식은 신호 간섭 문제와 케이블 길이의 한계에 부딪혔다. 이러한 문제를 해결하기 위해 등장한 것이 바로 SAS(Serial Attached SCSI)다.

SAS는 데이터를 한 번에 한 줄로 빠르게 전송하는 **직렬(Serial)** 방식을 채택했다. 이는 일반 PC 시장에서 병렬 방식의 PATA(IDE)가 직렬 방식의 SATA로 진화한 것과 같은 흐름이다. 직렬 방식으로 바뀌면서 케이블은 더 가늘고 길어졌고, 데이터 전송 속도는 훨씬 빨라졌으며, 안정성도 향상되었다. SAS 기술은 SAS-1(3Gb/s), SAS-2(6Gb/s), SAS-3(12Gb/s) 등으로 계속 발전하며 성능을 높여왔다.

● SAS와 SATA의 차이점

SAS와 SATA(Serial ATA)는 모두 직렬 데이터 전송 방식이지만, 그 목적과 설계 사상이 다르다.

- **SATA(Serial ATA)**: 주로 개인용 데스크톱이나 노트북에 사용되는 표준 인터페이스다. 저렴한 비용으로 준수한 성능을 제공하는 데 초점을 맞추고 있다.
- **SAS(Serial Attached SCSI)**: 기업용 서버나 스토리지 시스템을 위해 설계되었다. 24시간 365일 무중단 운영을 견뎌야 하는 환경에 맞춰 더 높은 속도와 신뢰성, 그리고 고급 기능을 제공한다.예를 들어, SAS 드라이브는 '듀얼 포트(Dual-porting)'를 지원하는 경우가 많은데, 이는 하나의 드라이브에 두 개의 데이터 경로를 만들어 하나의 컨트롤러에 장애가 발생해도 다른 컨트롤러를 통해 데이터에 계속 접근할 수 있게 하는 고가용성 기능이다. 또한, SAS 컨트롤러는 SATA 드라이브와 하위 호환성을 가져, SAS 환경에 SATA 드라이브를 연결하여 유연하게 사용할 수 있다.

3. DAS의 한계점

DAS는 빠르고 간단하지만, 앞서 살펴본 것처럼 '데이터 고립'이라는 근본적인 문제를 안고 있었다. 기업이 성장하고 데이터가 개인의 소유가 아닌 조직의 공유 자산이 되면서, 여러 사람이 함께 데이터에 접근하고 중앙에서 효율적으로 관리해야 할 필요성이 커졌다. A 부서의 자료를 B 부서에서 실시간으로 확인하고, 모든 부서의 데이터를 한곳에 모아 안전하게 백업해야 했다. DAS의 1:1 연결 방식으로는 이러한 비즈니스 요구사항을 감당할 수 없었다.

● 파일 공유 문제 해결사

파일 공유 문제를 해결하기 위해 등장한 것이 바로 NAS(Network Attached Storage)다. NAS는 쉽게 말해, 파일 서버 기능에 특화된 소형 컴퓨터에 하드 디스크를 장착하여 일반 사무실 네트워크(LAN)에 직접 연결한 장치다. 별도의 전용 네트워크 없이 기존 네트워크에 연결하기만 하면, 네트워크에 있는 모든 사용자가 권한에 따라 중앙의 저장 공간에 쉽게 접근하여 파일을 공유하고 저장할 수 있다. DAS의 데이터 고립 문제를 해결하는 가장 간단하고 비용 효율적인 방법이다.

● 고성능 문제 해결사

NAS가 파일 공유 문제를 해결했지만, 데이터베이스와 같이 초고성능과 빠른 응답 속도가 필요한 업무에는 한계가 있었다. 일반 네트워크는 이메일, 인터넷 서핑 등 다양한 트래픽으로 항상 붐비기 때문에, 중요한 데이터 전송이 지연되거나 불안정해질 수 있다.이 '고성능' 문제를 해결하기 위해 등장한 것이 SAN(Storage Area Network)이다. SAN은 DAS의 빠른 속도와 NAS의 공유 기능을 결합한 형태로, 데이터 전송만을 위한 별도의 고속 전용 네트워크를 구축한다. 이 전용망을 통해 여러 서버가 공유 스토리지에 블록 단위로 직접 접근하므로, DAS처럼 빠르면서도 여러 서버가 함께 사용할 수 있는 환경을 구현할 수 있다.

결국, NAS와 SAN의 등장은 기술의 자연스러운 발전이라기보다, DAS가 가진 명확한 한계를 극복하고 변화하는 비즈니스 환경의 요구에 부응하기 위한 필연적인 결과였다. 단순한 1:1 연결에서 출발한 스토리지 기술은, 협업과 효율성이라는 시대적 과제에 맞춰 '네트워크를 통한 공유'라는 형태로 진화하게 된 것이다.

4. 현대 스토리지 관리 기술

현대의 데이터센터에서는 단순히 데이터를 저장하는 것을 넘어, 이 자원을 얼마나 효율적으로 관리하고 안전하게 보호하는지가 더 중요한 과제가 되었다. 여기서는 스토리지 자원을 더 유연하게 사용하고, 데이터를 안전하게 지키기 위한 몇 가지 핵심적인 현대 스토리지 관리 기술에 대해 더 깊이 알아보자.

● 스토리지 가상화와 스토리지 풀

과거에는 수십, 수백 개의 물리적인 디스크 드라이브를 IT 관리자가 개별적으로 관리해야 했다. 어떤 디스크는 용량이 부족하고, 어떤 디스크는 텅 비어있는 등 자원 관리가 매우 비효율적이었다. 이러한 문제를 해결하기 위해 '스토리지 가상화(Storage Virtualization)' 기술이 등장했다.

스토리지 가상화는 여러 개의 물리적인 스토리지 장치를 논리적으로 하나로 묶어 거대한 '스토리지 풀(Storage Pool)'을 만드는 기술이다. 관리자는 더 이상 개별 디스크의 위치나 용량을 신경 쓸 필요가 없다. 그저 거대한 용량의 단일 저장소 풀에서 필요한 만큼의 공간을 가상의 디스크(LUN 등) 형태로 잘라내어 서버에 할당하기만 하면 된다. 물리적인 하드웨어의 복잡성은 가상화 계층 뒤로 숨겨지고, 관리자는 논리적인 단일 인터페이스를 통해 모든 스토리지 자원을 통합 관리할 수 있게 된다. 이를 통해 스토리지 관리의 복잡성이 크게 줄어들고, 자원 활용률은 극대화된다.

● 공간을 효율적으로 사용하는 기술

스토리지 풀을 통해 자원을 통합했다면, 이제 이 자원을 어떻게 더 '똑똑하게' 할당할 것인지가 문제다. 여기서 '씬 프로비저닝(Thin Provisioning)'이라는 영리한 기술이 사용된다.

전통적인 방식인 '씩 프로비저닝(Thick Provisioning)'에서는 서버에 100GB의 공간을 할당하면, 실제 사용 여부와 관계없이 물리 스토리지에서 100GB가 즉시 예약된다. 만약 서버가 단 1GB만 사용하더라도, 나머지 99GB는 다른 곳에서 사용할 수 없는 낭비되는 공간이 된다. 반면, 씬 프로비저닝은 가상으로 공간을 할당하는 방식이다. 서버에는 100GB를 사용할 수 있다고 알려주지만, 실제 물리 스토리지 공간은 데이터가 기록되는 시점에 필요한 만큼만 할당한다. 이는 마치 신용카드와 같아서, 한도는 100만 원이지만 실제로는 내가 사용한 금액만큼만 청구되는 원리와 같다. 이 기술을 통해 기업은 당장 필요하지 않은 스토리지 구매를 미룰 수 있어 초기 투자 비용을 크게 절감할 수 있다.

물론 위험도 따른다. 여러 서버가 동시에 할당된 가상 공간을 모두 사용하기 시작하면, 실제 물리 스토리지 풀의 용량이 부족해지는 오버커밋(Overcommit) 상황이 발생할 수 있다. 따라서 씬 프로비저닝을 사용할 때는 스토리지 사용량을 지속적으로 모니터링하고, 용량이 부족해지기 전에 미리 증설하는 체계적인 관리가 반드시 필요하다.

● 데이터 보호: 스냅샷과 복제

데이터는 기업의 가장 중요한 자산이며, 이 데이터를 유실로부터 보호하는 것은 IT 인프라의 핵심적인 역할이다. 데이터를 보호하는 대표적인 기술로 스냅샷과 복제가 있다.

❶ 스냅샷(Snapshots): 특정 순간을 기록하는 사진

스냅샷은 이름 그대로 특정 시점의 데이터 상태를 '사진'처럼 찍어 보존하는 기술이다. 중요한 점은 스냅샷이 데이터 전체를 복사하는 완전한 백업이 아니라는 것이다. 스냅샷은 생성된 시점의 데이터 상태를 기록한 뒤, 그 이후에 변경되는 데이터 블록만 추적하여 저장한다.

이 방식 덕분에 스냅샷 생성은 거의 즉시 이루어지며, 저장 공간도 매우 효율적으로 사용한다. 사용자가 실수로 파일을 삭제했거나, 소프트웨어 업데이트 후 문제가 발생했을 때, 스냅샷을 통해 몇 분 만에 이전 상태로 시스템을 되돌릴 수 있다. 이처럼 스냅샷은 단기적인 데이터 보호와 빠른 복구에 매우 유용하다.

하지만 스냅샷은 원본 데이터에 의존한다는 치명적인 한계가 있다. 만약 원본 데이터가 저장된 디스크에 물리적인 장애가 발생하여 데이터가 완전히 파괴되면, 스냅샷만으로는 데이터를 복구할 수 없다. 따라서 스냅샷은 완전한 백업을 대체하는 것이 아니라, 백업과 함께 사용되어야 하는 보완적인 기술이다.

❷ 복제(Replication): 실시간으로 데이터를 복사하는 거울

복제는 데이터를 실시간으로 하나 더 복사하여 별도의 스토리지나 다른 지역의 데이터센터에 보관하는 기술이다. 이는 하드웨어 장애나 자연재해와 같은 심각한 상황에서도 데이터를 보호하고 서비스 연속성을 유지하기 위한 강력한 재해 복구(Disaster Recovery) 솔루션이다. 복제 방식은 데이터 정합성과 성능 사이의 트레이드오프에 따라 크게 두 가지로 나뉜다.

- **동기식 복제(Synchronous Replication)**: 데이터 쓰기 요청이 발생하면, 주 데이터센터(Primary Site)와 재해 복구 센터(Secondary Site)의 스토리지에 데이터가 동시에 기록된다. 쓰기 작업이 완료되었다는 응답은 양쪽 모두에 저장이 완료된 후에야 애플리케이션으로 전달된다. 이 방식은 두 사이트의 데이터가 항상 100% 동일하게 유지되므로, 재해 발생 시 데이터 손실이 전혀 없는 '제로 데이터 손실(Zero Data Loss)'을 보장한다. 하지만 원격지까지 데이터가 기록되고 응답을 받아야 하므로 애플리케이션의 쓰기 성능이 저하될 수 있다는 단점이 있다.
- **비동기식 복제(Asynchronous Replication)**: 데이터 쓰기 요청이 발생하면, 우선 주 데이터센터에만 데이터를 기록하고 즉시 애플리케이션에 완료 응답을 보낸다. 그 후, 정해진 주기에 따라 변경된 데이터를 모아 재해 복구 센터로 전송한다. 이 방식은 애플리케이션 성능에 거의 영향을 주지 않는다는 큰 장점이 있다. 하지만 주 데이터센터에 장애가 발생하는 시점에 아직 복제되지 않은 데이터가 있다면, 그만큼의 데이터 유실이 발생할 수 있다.

어떤 복제 방식을 선택할 것인지는 비즈니스의 중요도에 따라 결정된다. 금융 거래와 같이 단 하나의 데이터 손실도 허용되지 않는 미션 크리티컬(Mission-critical) 시스템은 동기식 복제를, 약간의 데이터 손실을 감수하더라도 성능이 더 중요한 시스템은 비동기식 복제를 선택하는 것이 일반적이다.

5.3 네트워크로 파일을 공유하려면?

1. NAS(Network Attached Storage) 개념

우리는 일상적으로 데이터를 저장한다. 개인 컴퓨터의 하드디스크나 USB 메모리, 외장 하드디스크는 익숙한 저장 장치다. 이 장치들은 보통 한 번에 하나의 컴퓨터에만 연결해서 사용한다. 만약 외장 하드디스크에 있는 파일을 동료와 공유하려면, 디스크를 직접 건네주거나 파일을 내 컴퓨터로 복사한 뒤 이메일로 보내야 한다. 이런 방식은 번거롭고 비효율적이다. 여기서 NAS(Network Attached Storage)라는 개념이 등장한다.

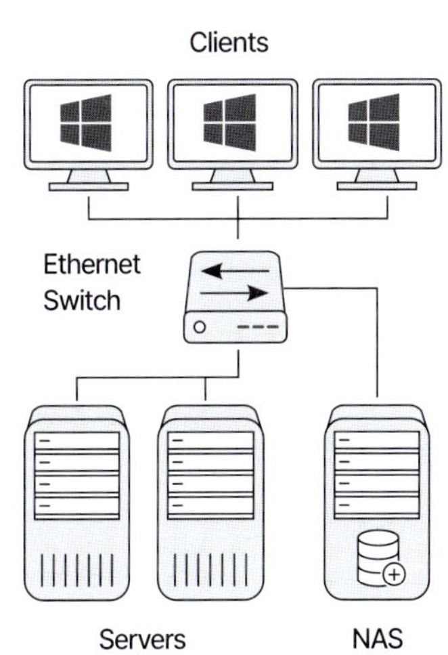

NAS는 간단히 말해 네트워크에 연결된 외장 하드 디스크다. 일반적인 외장 하드가 컴퓨터의 USB 포트에 직접 연결되는 것과 달리, NAS는 사무실의 인터넷 공유기나 네트워크 스위치에 연결된다.이렇게 네트워크에 연결되는 순간, NAS는 더 이상 개인용 저장장치가 아니다. 네트워크에 접속할 권한이 있는 사람이라면 누구나 자신의 컴퓨터에서 NAS에 저장된 파일에 접근하고, 파일을 저장하거나 공유할 수 있게 된다.

마치 사무실 한가운데에 모두가 함께 사용하는 거대한 공용 파일 캐비닛을 두는 것과 같다. 여러 사람이 동시에 이 캐비닛의 서랍을 열어 문서를 꺼내 보거나 새로운 문서를 넣어둘 수 있다. 더 이상 파일을 주고받기 위해 USB를 옮겨 다니거나, 같은 문서의 여러 버전을 이메일로 주고받으며 혼란을 겪을 필요가 없다. 모든 데이터가 한 곳에 모여 있으므로 관리가 쉬워지고 협업 효율이 극적으로 향상된다.

많은 사람들이 NAS를 '나만의 개인 클라우드'라고 부르기도 한다. 구글 드라이브나 드롭박스 같은 클라우드 서비스와 유사한 기능을 제공하기 때문이다. 인터넷만 연결되어 있다면 사무실 밖에서도 집이나 출장지에서 NAS에 접속해 파일 작업을 할 수 있다. 하지만 결정적인 차이점이 있다. 클라우드 서비스는 데이터를 서비스 제공업체의 서버에 저장하지만, NAS는 물리적인 저장장치가 우리 사무실이나 집에 직접 놓여 있다. 이는 우리가 데이터와 하드웨어를 완벽하게 통제할 수 있다는 의미다. 월 사용료 없이 한 번의 장비 구매로 영구적인 데이터 저장소를 소유하게 되는 것이다.

● NAS의 작동 원리: 작은 컴퓨터처럼 생각하기

NAS를 단순히 하드 디스크가 여러 개 들어있는 '저장 상자'로 생각하면 오산이다. NAS는 그 자체로 하나의 독립적인 소형 컴퓨터다. 이 작은 컴퓨터의 유일한 임무는 데이터를 안전하게 저장하고, 네트워크를 통해 들어오는 파일 요청을 처리하여 빠르고 정확하게 파일을 제공하는 것이다.

일반적인 컴퓨터처럼 NAS 내부에도 핵심적인 부품들이 들어있다. 사람의 두뇌에 해당하는 CPU(Central Processing Unit)가 있어서 파일 읽기/쓰기 요청을 처리하고 사용자 권한을 확인하는 등 모든 연산을 수행한다. 또한, 작업 공간 역할을 하는 메모리(RAM)도 탑재되어 있어 여러 사용자가 동시에 접속해도 원활하게 작동하도록 돕는다.

가장 중요한 것은 NAS 전용 운영체제(OS)가 설치되어 있다는 점이다. 우리가 컴퓨터에서 윈도우나 맥OS를 사용하듯, NAS도 파일 공유, 사용자 관리, 데이터 백업 등 저장소 기능에 최적화된 자체 소프트웨어를 가지고 있다. 사용자는 웹 브라우저나 전용 앱을 통해 이 운영체제에 접속하여 NAS의 모든 설정을 관리할 수 있다. 예를 들어, 새로운 사용자를 추가하거나, 특정 폴더에 대해서는 특정 팀원만 읽고 쓸 수 있도록 권한을 설정하는 등의 복잡한 작업도 이 운영체제를 통해 쉽게 처리할 수 있다. 이처럼 NAS는 단순한 저장 공간이 아니라, 데이터를 지능적으로 관리하고 서비스하는 하나의 완성된 서버 장치다.

● NAS의 핵심 구성 요소

NAS 장치를 분해해 본다면 몇 가지 핵심적인 구성 요소로 이루어져 있음을 알 수 있다. 이 요소들이 조화롭게 작동하며 안정적인 파일 서비스를 제공한다.

첫째, 가장 기본이 되는 것은 데이터를 실제로 담는 그릇인 **저장 드라이브**다. 전통적인 HDD(Hard Disk Drive)나 더 빠른 속도를 내는 SSD(Solid State Drive)가 사용된다. 대부분의 NAS는 여러 개의 드라이브를 장착할 수 있는 공간(베이, Bay)을 가지고 있다. 이 여러 개의 드라이브를 묶어 데이터를 더 안전하고 효율적으로 관리하는 기술을 RAID(Redundant Array of Independent Disks)라고 한다. RAID는 마치 여러 개의 작은 금고를 모아 하나의 거대한 금고처럼 사용하면서, 동시에 각 금고에 서로의 정보를 조금씩 복사해두는 것과 같다. 만약 금고 하나가 고장 나더라도 다른 금고의 정보를 조합해 원래 데이터를 완벽하게 복원할 수 있다. 이를 통해 하드 디스크 한두 개가 물리적으로 고장 나더라도 데이터 손실을 막을 수 있다.

둘째, 위에서 언급한 두뇌, 즉 **CPU**가 있다. CPU의 성능이 좋을수록 더 많은 사용자가 동시에 접속하여 파일을 주고받아도 NAS가 버벅대지 않고 빠르게 반응할 수 있다. 간단한 파일 공유 용도의 가정용 NAS는 저전력 CPU를 사용하지만, 수십, 수백 명이 사용하는 기업용 NAS에는 고성능 서버급 CPU가 탑재된다.

셋째, 외부 세계와 소통하는 통로인 **네트워크 인터페이스**가 있다. 대부분의 NAS는 이더넷 케이블을 꽂는 LAN 포트를 가지고 있으며, 이를 통해 사무실 네트워크에 연결된다. 일부 모델은 무선 연결을 위한 Wi-Fi 기능을 지원하기도 한다. 이 네트워크 포트의 속도가 빠를수록 NAS와 데이터를 주고받는 속도도 빨라진다. 이 외에도 USB 포트가 있어 외부 저장장치를 연결하거나 다른 장치를 충전하는 용도로 사용되기도 한다. 이 모든 구성 요소들이 NAS 전용 운영체제(OS)의 통제 아래 유기적으로 작동하며, NAS를 강력한 중앙 파일 서버로 만들어 준다.

이러한 NAS의 등장은 IT 기술의 중요한 흐름을 보여준다. 과거에는 중앙 집중식 파일 서버나 데이터 관리는 충분한 예산과 전문 인력을 갖춘 대기업의 전유물이었다. 하지만 비교적 저렴하고 설정이 간편한 NAS가 널리 보급되면서, 이제는 소규모 기업이나 특정 부서, 심지어 개인까지도 자신만의 데이터 서버를 구축하고 직접 통제할 수 있게 되었다. 이는 데이터 관리의 주도권이 거대 조직에서 소규모 팀과 개인에게로 점차 이동하는 데이터 민주화 현상을 반영한다. 각 조직은 외부 클라우드 서비스에 의존하지 않고도 데이터 주권을 확보하며, 비즈니스 환경 변화에 더 민첩하게 대응할 수 있는 기반을 마련하게 된 것이다.

2. NAS 통신 원리

NAS가 '네트워크에 연결된 저장소'라는 점은 이해했다. 그렇다면 네트워크에 연결된다는 것은 구체적으로 어떤 의미일까? 어떻게 내 컴퓨터가 사무실 어딘가에 놓인 NAS 장치를 찾아내고 데이터를 주고받을 수 있는 것일까? 이 질문에 답하기 위해서는 IP 주소와 LAN이라는 두 가지 기본 개념을 알아야 한다.

● 데이터 세계의 집 주소

우리가 편지나 택배를 보내려면 상대방의 집 주소를 정확히 알아야 한다. 주소가 없으면 우편물이 어디로 가야 할지 알 수 없기 때문이다. 네트워크의 세계도 마찬가지다. 네트워크에 연결된 모든 장치, 즉 컴퓨터, 스마트폰, 프린터, 그리고 NAS는 서로를 식별하기 위한 고유한 주소를 가지고 있다. 이 주소를 바로 IP(Internet Protocol) 주소라고 부른다.

IP 주소는 보통 '192.168.0.10'과 같이 점으로 구분된 네 개의 숫자로 표현된다. 사무실이라는 하나의 네트워크 안에서는 이 주소가 중복되어서는 안 된다. NAS를 처음 네트워크에 연결하면, 보통 공유기(라우터)가 비어있는 IP 주소 하나를 NAS에게 자동으로 할당해준다. 이제 NAS는 '192.168.0.10'이라는 자신만의 집 주소를 갖게 된 것이다.

내 컴퓨터가 NAS에 파일을 저장하고 싶을 때, 컴퓨터는 데이터 꾸러미를 만든다. 그리고 그 꾸러미의 겉면에 받는 사람 주소로 NAS의 IP 주소를 적어 네트워크로 내보낸다. 네트워크 장비들은 이 주소를 보고 데이터 꾸러미를 정확하게 NAS에게 전달해준다. 이처럼 IP 주소는 복잡한 네트워크 세상에서 장치들이 서로 길을 잃지 않고 정확하게 통신할 수 있도록 하는 가장 기본적인 약속이다. 데이터 전송의 신뢰성을 높이기 위해 TCP(Transmission Control Protocol)와 같은 다른 프로토콜이 IP와 함께 사용된다.

● 우리 사무실 안의 통신망

네트워크는 그 범위에 따라 여러 종류로 나뉜다. 그중 우리에게 가장 친숙한 것이 바로 LAN(Local Area Network)이다. LAN은 이름 그대로 '지역 내 통신망'을 의미하며, 보통 하나의 사무실, 건물, 집과 같이 제한된 공간 안에 있는 장치들을 서로 연결하는 네트워크를 말한다. 우리가 사무실에서 사용하는 내부 네트워크가 바로 LAN이다.

LAN을 하나의 작은 마을에 비유할 수 있다. 마을 안에는 집(컴퓨터), 관공서(서버), 인쇄소(프린터), 공동 창고(NAS) 등이 있고, 이들을 연결하는 전용 도로망이 깔려 있다. 이 마을 안에서 오가는 통신은 매우 빠르고 안전하다. 외부의 간섭 없이 마을 주민들끼리 자유롭게 정보를 교환할 수 있다.

반면, 이 마을을 벗어나 다른 도시의 누군가와 통신하려면 더 넓은 도로, 즉 고속도로를 이용해야 한다. 이 고속도로망에 해당하는 것이 바로 WAN(Wide Area Network)이며, 우리가 흔히 말하는 인터넷이 대표적인 WAN이다. LAN은 우리 회사 소유의 사적인 도로망이고, WAN은 전 세계를 연결하는 공적인 도로망이라고 생각하면 이해하기 쉽다. NAS는 기본적으로 이 사적인 도로망인 LAN에 연결되어 내부 사용자들에게 서비스를 제공하는 장치다.

● NAS가 LAN에 연결된다는 것의 의미

NAS를 LAN에 연결한다는 것은, 우리 사무실이라는 작은 마을의 공동 창고를 설치하는 것과 같다. LAN에 연결된 모든 컴퓨터는 이 공동 창고의 존재를 알게 되고, 허가만 있다면 누구나 자유롭게 이용할 수 있다. 이는 몇 가지 중요한 의미를 가진다.

첫째, 빠른 속도를 보장한다. LAN 내부에서의 데이터 전송 속도는 보통 인터넷(WAN)을 통해 외부와 통신하는 속도보다 훨씬 빠르다. 대용량의 동영상 파일이나 설계 도면을 NAS에 저장하거나 내려받을 때, 외부 클라우드 서비스를 이용하는 것보다 훨씬 쾌적한 속도를 경험할 수 있다. 이는 우리 마을 안의 전용 도로를 이용하기 때문에 교통 체증이 거의 없기 때문이다.

둘째, 높은 보안성을 제공한다. LAN은 기본적으로 외부에서 직접 접근하기 어려운 폐쇄적인 네트워크다. 방화벽과 같은 보안 장치가 외부의 침입으로부터 내부 네트워크를 보호한다. 따라서 NAS에 저장된 우리 회사의 중요한 데이터는 외부 해킹의 위협으로부터 상대적으로 안전하게 보호된다.

셋째, 진정한 의미의 협업 환경을 구축한다. NAS가 LAN에 연결됨으로써, 특정 개인의 컴퓨터에 종속되지 않는 중앙 데이터 저장소가 생긴다. 마케팅팀, 재무팀, 개발팀 등 여러 부서의 팀원들이 각자의 자리에서 동시에 NAS의 동일한 파일에 접근하여 작업할 수 있다. 이는 데이터의 일관성을 유지하고, 불필요한 파일 복사와 전달 과정을 없애 업무 효율을 극적으로 높여준다.

3. 파일 공유 프로토콜(SMB/CIFS)

NAS를 네트워크에 연결하고 IP 주소를 할당하는 것은 통신을 위한 기반을 마련하는 단계다. 이제 컴퓨터와 NAS는 서로의 '집 주소'를 알고 있다. 하지만 주소만 안다고 해서 대화가 통하는 것은 아니다. 서로가 이해할 수 있는 공통의 언어가 필요하다. 네트워크 파일 공유의 세계에서 이 언어 역할을 하는 것이 바로 '파일 공유 프로토콜'이다.

파일 공유의 개념

파일 공유는 네트워크로 연결된 여러 사용자가 중앙 저장소에 있는 파일이나 폴더에 접근하여 함께 사용(읽기, 쓰기, 수정, 삭제)할 수 있도록 하는 기술이다. 이는 현대적인 업무 환경의 핵심 요소다.

파일 공유가 없던 시절을 상상해보자. 한 팀이 공동으로 보고서를 작성해야 한다면, 먼저 한 사람이 초안을 작성한 뒤 그 파일을 이메일로 팀원들에게 보낸다. 각 팀원은 파일을 수정하고 '수정본_김대리', '최종_박과장'과 같은 이름으로 저장하여 다시 회신한다. 마지막에는 누군가가 이 여러 버전의 파일들을 취합하여 하나의 최종본으로 만들어야 한다. 이 과정은 매우 번거롭고, 어떤 것이 최신 버전인지 혼동하기 쉬우며, 실수로 다른 사람의 작업 내용을 덮어쓸 위험도 크다.

NAS를 이용한 중앙 파일 공유는 이 모든 문제를 해결한다. NAS의 특정 폴더를 '보고서 작성'이라는 이름의 공유 폴더로 지정한다. 이제 모든 팀원은 자신의 컴퓨터에서 이 공유 폴더에 직접 접근하여 '최종 보고서.docx'라는 단 하나의 파일을 함께 편집한다. 누군가 내용을 수정하고 저장하면, 그 변경 사항이 즉시 중앙 파일에 반영된다. 다른 팀원은 항상 최신 버전의 문서를 보게 되므로 버전 관리의 혼란이 사라진다. 이처럼 파일 공유는 데이터를 한 곳에 모아 관리의 편의성을 높이고, 팀원 간의 원활한 협업을 가능하게 하는 필수적인 기능이다.

윈도우 PC의 표준 대화법

그렇다면 내 윈도우 컴퓨터는 어떤 언어를 사용해서 NAS와 파일 공유에 대한 대화를 나눌까? 그 표준 언어가 바로 SMB(Server Message Block) 프로토콜이다. SMB는 마이크로소프트가 개발하여 윈도우 운영체제 환경에서 파일, 프린터 등을 공유하기 위한 표준 통신 규약으로 자리 잡았다.

SMB 덕분에 우리는 NAS의 공유 폴더를 마치 내 컴퓨터에 달린 또 하나의 하드 디스크처럼 편리하게 사용할 수 있다. 윈도우 파일 탐색기에서 '네트워크 드라이브 연결' 기능을 사용하면, NAS의 특정 공유 폴더를 'Z: 드라이브'와 같이 내 컴퓨터의 드라이브 문자로 지정할 수 있다. 이렇게 연결되고 나면 사용자는 그것이 네트워크 건너편에 있는 저장 공간이라는 사실을 거의 인지하지 못한다. 그냥 Z: 드라이브에 파일을 복사하고, 폴더를 만들고, 프로그램을 실행하는 등 로컬 드라이브를 다루는 것과 똑같이 작업하면 된다. 이 모든 편리함의 이면에는, 컴퓨터와 NAS가 SMB라는 언어로 "Z: 드라이브의 보고서 폴더를 보여줘", "이 파일을 Z: 드라이브에 저장해줘"와 같은 요청과 응답을 쉴 새 없이 주고받는 것이다.

CIFS(Common Internet File System)라는 용어도 종종 SMB와 함께 사용된다. CIFS는 과거 마이크로소프트가 기존 SMB 프로토콜을 인터넷 환경에 더 적합하도록 개선하여 제안했던 이름이다. 오늘날에는 기술적으로 더 발전된 최신 버전의 SMB(SMB2, SMB3 등)가 널리 쓰이고 있으며, 보통 SMB라는 용어가 이 모든 버전을 포괄하는 의미로 사용된다. 결론적으로, 사무실의 컴퓨터 대부분이 윈도우를 사용한다면, NAS와의 파일 공유는 주로 이 SMB/CIFS라는 언어를 통해 이루어진다고 생각하면 된다.

리눅스/유닉스 시스템의 대화법

모든 컴퓨터가 윈도우만 사용하는 것은 아니다. 특히 소프트웨어 개발, 과학 기술 연구, 고성능 컴퓨팅 분야에서는 리눅스(Linux)나 유닉스(Unix) 계열의 운영체제를 사용하는 경우가 많다. 이들 운영체제는 윈도우와는 다른 생태계를 가지고 있으며, 파일 공유를 위해 사용하는 표준 언어도 다르다. 그 언어가 바로 NFS(Network File System)다.

NFS는 썬 마이크로시스템즈(현재 오라클)가 개발한 프로토콜로, 리눅스/유닉스 환경에서 원격 파일 시스템을 로컬 파일 시스템처럼 사용할 수 있게 해주는 기술이다. 작동 방식은 SMB와 매우 유사하지만, 사용하는 명령어의 구조나 인증 방식 등 기술적인 세부 사항에서 차이가 있다.

만약 회사에 윈도우를 사용하는 경영지원팀과 리눅스를 사용하는 개발팀이 공존한다면 어떻게 해야 할까? 두 팀이 모두 접근해야 하는 공용 데이터 저장소가 필요하다면, 이 저장소는 두 가지 언어를 모두 구사할 수 있어야 한다. 좋은 기업용 NAS는 바로 이런 '다중 언어' 능력을 갖추고 있다. NAS 관리자는 특정 공유 폴더에 대해 SMB와 NFS 프로토콜을 동시에 활성화할 수 있다. 그렇게 하면 경영지원팀 직원은 자신의 윈도우 PC에서 SMB를 통해 이 폴더에 접근하고, 개발팀 직원은 자신의 리눅스 서버에서 NFS를 통해 똑같은 폴더에 접근하여 파일을 공유하고 협업할 수 있다. 이처럼 NAS는 서로 다른 운영체제와 통신 규약의 장벽을 허물고, 이기종 시스템 간의 원활한 데이터 공유를 가능하게 하는 중요한 역할을 수행한다.

4. NAS 활용 분야

NAS는 그 유연성과 편리함 덕분에 기업환경은 물론 개인 가정에 이르기까지 매우 폭넓은 분야에서 활용되고 있다. NAS가 제공하는 중앙 집중식 저장소라는 기본 기능이 다양한 응용 서비스와 결합하여 무궁무진한 가능성을 만들어내기 때문이다.

● 부서별 협업 폴더에서 자동 백업 저장소까지

기업에서 NAS를 도입하는 가장 주된 이유는 역시 '파일 서버'로서의 역할이다. 각 부서별로 공유 폴더를 만들어 협업의 중심점으로 삼는 것이 가장 일반적인 활용 사례다. 예를 들어, 마케팅팀은 광고 시안, 캠페인 자료, 보고서 등을 NAS의 마케팅팀 폴더에 저장하여 팀원 모두가 최신 자료를 공유한다. 재무팀은 월별 결산 자료, 예산안 스프레드시트 등을 재무팀 폴더에서 공동으로 관리한다. 이렇게 데이터를 중앙에서 관리하면, 담당자가 바뀌거나 퇴사하더라도 업무 자료가 개인 PC에 묶여 유실될 위험이 사라지고, 중요한 회사 자산으로서 체계적으로 관리될 수 있다.

데이터 백업 및 재해 복구 역시 NAS의 핵심적인 활용 분야다. 대부분의 NAS 운영체제는 강력한 백업 솔루션을 내장하고 있다. 이를 이용해 직원들의 업무용 PC에 있는 중요 데이터를 매일 밤 자동으로 NAS에 백업하도록 설정할 수 있다. 만약 직원의 노트북이 고장 나거나, 랜섬웨어에 감염되더라도, NAS에 저장된 백업본을 이용해 데이터를 신속하게 복구할 수 있다. 더 나아가, 한 대의 NAS를 다른 지역에 있는 또 다른 NAS에 원격으로 백업(복제)하여, 본사에 화재나 지진과 같은 재해가 발생하더라도 원격지의 NAS에 저장된 데이터로 비즈니스를 지속할 수 있는 환경을 구축할 수도 있다.

이 외에도 NAS의 활용범위는 다양하다. 사무실 곳곳에 설치된 IP 보안 카메라의 녹화 영상을 24

시간 저장하는 영상 감시(Surveillance) 저장소로 활용될 수 있으며, 여러 대의 가상 컴퓨터를 구동하는 가상화 환경(Virtualization)의 공유 스토리지로 사용되기도 한다. 또한, 웹 개발자들이 웹 애플리케이션을 테스트하고 개발하는 공간으로 활용되는 등, NAS는 기업의 다양한 IT 요구사항을 해결하는 다재다능한 솔루션으로 자리매김하고 있다.

● 나만의 영화, 음악, 사진 서버 만들기

NAS는 더 이상 기업의 전유물이 아니다. 개인 사용자들도 NAS를 활용하여 자신만의 디지털 라이프를 더욱 풍요롭게 만들고 있다. 가정에서 NAS가 가장 빛을 발하는 분야는 바로 '미디어 서버'로서의 역할이다.

수백, 수천 편에 달하는 영화나 드라마 파일을 NAS에 저장해두면, NAS는 나만의 개인 넷플릭스 서버가 된다. 거실의 스마트 TV, 안방의 컴퓨터, 내 손안의 스마트폰 등 집 안의 어떤 기기에서든 NAS에 접속하여 고화질 영상을 끊김 없이 스트리밍으로 감상할 수 있다. 마찬가지로, 수만 곡의 음악 파일을 저장해두면 개인 스포티파이 서버처럼 활용할 수 있다. 가족 구성원 각자가 자신만의 플레이리스트를 만들어 언제 어디서든 원하는 음악을 즐길 수 있다.

사진과 동영상 관리 또한 가정용 NAS의 중요한 기능이다. 스마트폰, 디지털카메라, 캠코더 등 여러 기기로 찍은 가족사진과 영상을 NAS 한 곳에 모아 체계적으로 관리할 수 있다. NAS는 보통 스마트폰 앱을 제공하여, 폰으로 사진을 찍으면 자동으로 NAS에 백업되도록 설정할 수 있다. 이렇게 하면 스마트폰을 분실하거나 교체하더라도 소중한 추억을 잃어버릴 염려가 없다. 가족 모두가 공유하는 디지털 앨범이 생기는 셈이며, 멀리 떨어져 사는 부모님께 특정 앨범의 접속 링크를 보내드려 손주들의 사진을 쉽게 공유할 수도 있다. 이처럼 NAS는 흩어져 있는 개인의 디지털 콘텐츠를 한데 모아 안전하게 보관하고, 언제 어디서든 편리하게 즐길 수 있도록 돕는 강력한 홈 데이터 허브 역할을 수행한다.

5. NAS의 장점과 한계

NAS는 많은 장점을 가진 훌륭한 솔루션이지만, 모든 상황에 적합한 만능 해결사는 아니다. NAS를 효과적으로 활용하기 위해서는 그 장점과 함께 명확한 한계를 이해하고, 우리 조직의 요구사항에 맞는 솔루션인지 판단하는 것이 중요하다.

● NAS의 장점 알아보기

NAS의 가장 큰 장점은 단연 '편리함'이다. 전문적인 IT 지식이 없는 사람도 비교적 쉽게 설치하고 설정할 수 있도록 사용자 친화적인 인터페이스를 제공한다. 일단 설치가 끝나면, 사용자들은 익숙한 파일 탐색기를 통해 NAS를 이용할 수 있어 별도의 교육이 거의 필요 없다. 모든 데이터가 한 곳에 모여 있어 관리가 용이하다는 점도 큰 장점이다.

'비용 효율성' 또한 NAS를 매력적으로 만드는 중요한 요소다. 본격적인 서버나 다음에 다룰 SAN과 같은 대규모 저장 시스템에 비해 초기 도입 비용이 훨씬 저렴하다. 또한, 월별 또는 연간 구독료를 내야 하는 클라우드 스토리지 서비스와 달리, NAS는 한 번의 하드웨어 구매로 추가 비용 없이 영구적으로 사용할 수 있다. 장기적인 관점에서 총소유비용(TCO)을 절감할 수 있는 경제적인 선택이다.

마지막으로, '데이터 통제권 확보'는 보안과 규제 준수가 중요한 기업에게 매우 중요한 장점이다. 외부 클라우드 서비스에 데이터를 저장할 경우, 해당 서비스 제공업체의 정책이나 보안 수준에 의존해야 한다. 하지만 NAS를 사용하면 모든 데이터가 우리 회사가 직접 통제하는 물리적 장비 안에 저장된다.3이는 데이터에 대한 완전한 소유권과 통제권을 가지게 됨을 의미하며, 민감한 정보를 외부로 유출하지 않고 내부 규정에 따라 안전하게 관리할 수 있게 해준다.

● NAS의 한계

NAS의 편리함은 그것이 일반 사무실 네트워크, 즉 LAN을 공유해서 사용한다는 점에서 비롯된다. 하지만 이는 동시에 NAS의 가장 큰 한계점이 되기도 한다. LAN은 파일 공유뿐만 아니라 이메일, 인터넷 서핑, 내부 메신저 등 사무실의 모든 데이터 통신이 함께 사용하는 공용 도로와 같다.

소수의 사용자가 NAS를 사용할 때는 이 도로가 한산하여 문제가 없다. 하지만 수십, 수백 명의 사용자가 동시에 NAS에 접속하여 대용량 파일을 읽고 쓰는 상황을 상상해보자. 이는 마치 출퇴근 시간에 모든 차가 도로로 한꺼번에 몰려나오는 것과 같다. 극심한 교통 체증이 발생하여 모든 통신이 느려지게 된다. NAS의 파일 전송 속도 역시 급격히 저하될 수밖에 없다. 이처럼 NAS의 성능은 전체 네트워크 트래픽 상황에 큰 영향을 받으며, 동시 접속자 수가 많은 환경에서는 성능 저하라는 한계를 드러낸다.

'확장성의 한계' 또한 고려해야 할 문제다. NAS의 저장 용량이나 성능은 기본적으로 해당 장치가 가진 물리적인 사양에 의해 제한된다. NAS에 장착할 수 있는 하드 디스크의 개수에는 한계가 있으며, CPU나 메모리도 업그레이드가 어렵거나 불가능한 경우가 많다. 만약 회사가 급격히 성장하여 데이터양이 폭발적으로 증가하거나 사용자 수가 늘어난다면, 기존 NAS의 용량이나 성능이 부족해지는 시점이 올 수 있다. 이 경우, 더 큰 용량과 높은 성능을 가진 새로운 NAS 장비로 교체하고 기존 데이터를 모두 옮겨야 하는 복잡한 마이그레이션 작업을 거쳐야 할 수도 있다. 이처럼 NAS는 유연하게 규모를 키워나가는 스케일업(Scale-up)에 제약이 있다.

이러한 한계 때문에, 수백, 수천 명의 사용자가 접속하고, 데이터베이스와 같이 아주 빠르고 안정적인 성능이 필수적인 업무에는 NAS가 적합하지 않을 수 있다. 바로 이런 요구사항을 충족시키기 위해 등장한 것이 다음에 살펴볼 SAN(Storage Area Network)이다.

5.4 대규모 고속 데이터 전송이 필요하다면?

NAS가 편리하고 경제적인 파일 공유 솔루션이라면, SAN은 오직 성능과 안정성, 확장성을 극대화하기 위해 설계된 전문가용 저장소 네트워크다. NAS가 일반 도로를 이용하는 다목적 트럭이라면, SAN은 오직 데이터만을 실어 나르기 위해 건설된 KTX 전용선과 같다. 기업의 가장 핵심적인 데이터를 다루고, 최고의 성능이 요구되는 환경에서 SAN은 그 진가를 발휘한다.

1. SAN(Storage Area Network) 개념

SAN(Storage Area Network)의 개념을 정확히 이해하기 위해서는 NAS와의 차이점을 중심으로 살펴보는 것이 효과적이다. SAN은 단순히 저장장치를 네트워크에 연결한 것이 아니라, '저장장치들만을 위한 별도의 고속 네트워크' 그 자체를 의미한다.

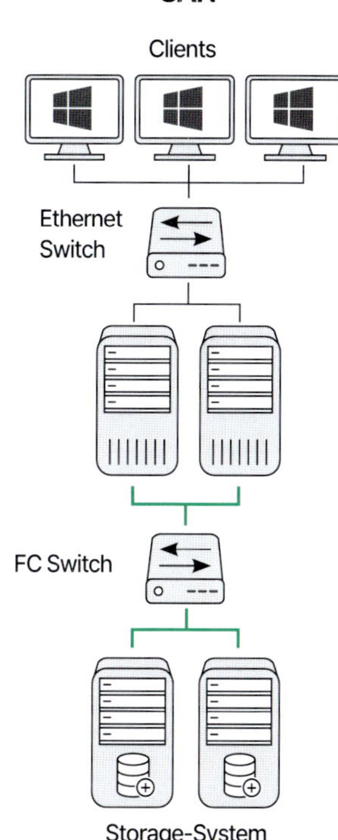

SAN은 이름 그대로 스토리지 영역 네트워크다. 이는 여러 대의 서버와 여러 개의 고성능 저장 장치(스토리지 어레이)를 연결하는 독립적이고 폐쇄적인 초고속 네트워크를 의미한다. 가장 중요한 특징은 이 네트워크가 일반 사용자들이 사용하는 사무실 LAN과는 완전히 분리되어 있다는 점이다. NAS가 직원들의 컴퓨터와 같은 LAN에 연결되어 네트워크 자원을 공유하는 반면, SAN은 오직 서버와 스토리지 장치들만 접속할 수 있는 전용 네트워크를 구축한다.

이것을 비유로 설명해 보자. 사무실의 LAN은 모든 직원과 방문객이 함께 사용하는 일반 도로다. 이 도로에는 업무용 차량(파일 전송), 개인용 차량(인터넷 서핑), 버스(이메일) 등 온갖 종류의 교통수단이 뒤섞여 다닌다. 반면, SAN은 회사의 핵심 물품(데이터)을 실은 화물차(서버)가 목적지인 중앙 물류창고(스토리지)까지 한 치의 오차나 지연 없이 도착할 수 있도록 건설한 지하의 전용 고속도로와 같다. 이 도로에는 오직 허가된 화물차 외에는 아무도 들어올 수 없다. 따라서 교통 체증이 전혀 없으며, 항상 예측 가능하고 안정적인 최고 속도를 보장할 수 있다. 이처럼 SAN은 중요한 서버 데이터가 다른 네트워크 트래픽의 방해를 받지 않도록 격리된 환경을 제공하는 것이 핵심이다.

SAN의 작동 원리: 내 컴퓨터에 직접 연결된 하드 디스크처럼

SAN이 NAS와 다른 또 하나의 근본적인 차이점은 데이터를 다루는 방식에 있다. SAN은 블록(Block)로 데이터에 접근하는데, 이 방식은 서버에게 매우 특별한 경험을 제공한다.

서버의 입장에서 SAN 스토리지에 연결하는 것은, 마치 자신의 내부에 아주 큰 용량의 하드디스크를 직접 장착한 것처럼 느껴진다. 분명 스토리지는 네트워크 케이블을 통해 저 멀리 떨어진 다른 장비에 연결되어 있지만, 서버의 운영체제(OS)는 이를 로컬 디스크로 인식한다. 사용자가 윈도우 파일 탐색기에서 C: 드라이브나 D: 드라이브를 보듯, 서버 관리자는 SAN 스토리지를 E: 드라이브, F: 드라이브와 같은 로컬 볼륨으로 인식하고 직접 포맷하여 파일 시스템을 설치하고 관리한다.

이것이 가능한 이유는 SAN이 블록 레벨로 통신하기 때문이다. 블록은 데이터를 저장하는 가장 작은 물리적 단위다. SAN 환경에서 서버는 스토리지에게 "E: 드라이브의 100번부터 150번 블록에 이 데이터를 기록해줘" 와 같이 매우 직접적이고 낮은 수준의 명령을 내린다. 파일의 이름이나 구조에 대해서는 전혀 신경 쓰지 않고, 데이터 덩어리(블록)를 특정 위치에 저장하라는 요청만 하는 것이다. 파일 관리에 대한 모든 책임과 권한은 서버의 운영체제가 직접 가진다. 이는 마치 요리사가 주방 보조에게 재료를 가져오라고 시키는 대신, 직접 냉장고로 걸어가 원하는 재료를 꺼내오는 것과 같다. 중간 단계를 건너뛰기 때문에 훨씬 빠르고 효율적이다.

NAS와 SAN의 결정적 차이

파일 레벨 접근과 블록 레벨 접근의 차이는 NAS와 SAN을 구분하는 가장 핵심적인 기술적 차이점이다. 이 개념을 도서관 비유를 통해 더 쉽게 이해해보자.

NAS의 파일 레벨 접근은 사서에게 책을 요청하는 방식과 같다. 당신(컴퓨터)은 도서관의 사서(NAS)에게 가서 "김영하 작가의 〈여행의 이유〉라는 책을 찾아주세요"라고 요청한다. 그러면 사서는 도서관의 복잡한 서가 시스템을 뒤져 해당 책(파일)을 찾아서 당신에게 건네준다. 당신은 책의 내용만 신경 쓰면 될 뿐, 그 책이 도서관 어느 서가의 몇 번째 칸에 꽂혀 있었는지(물리적 저장 위치)는 알 필요도 없고 관여할 수도 없다. 모든 파일의 위치와 관리는 전적으로 사서, 즉 NAS가 책임진다.

반면, SAN의 블록 레벨 접근은 '당신이 직접 서가에 들어가 책을 관리하는 방식'과 같다. 당신(서버)은 도서관으로부터 'A-1부터 C-5까지의 서가를 당신 전용으로 사용하시오'라는 허가를 받는다. 이제 당신은 사서를 거치지 않고 직접 그 서가로 들어간다. 당신은 A-3 서가, 두 번째 칸, 다섯 번째 위치(블록 주소)에 어떤 데이터를 저장할지 직접 결정하고 관리한다. 이 방식은 사서에게 요청하고 기다리는 시간을 없애주기 때문에 훨씬 빠르다. 특히, 데이터베이스처럼 수많은 데이터를 매우 빠르고 정밀하게 읽고 써야 하는 애플리케이션에게는 이러한 직접적인 제어 방식이 엄청난 성능 향상을 가져다준다.

이러한 차이점을 명확히 이해하기 위해 아래 표를 통해 NAS와 SAN의 핵심적인 특징들을 비교해 볼 수 있다.

▼ NAS와 SAN 비교

특징	NAS	SAN
핵심 비유	사무실 공용 파일 캐비닛	서버 전용 데이터 KTX
연결 방식	일반 사무실 네트워크(LAN)	전용 고속 네트워크(Fibre Channel, iSCSI)
데이터 접근 단위	파일(File) 단위	블록(Block) 단위
사용자에게 보이는 모습	네트워크 공유 폴더	내 컴퓨터의 로컬 디스크
주요 통신 규약	SMB/CIFS, NFS	Fibre Channel(FC), iSCSI
주요 사용처	파일 공유, 협업, 간단한 백업	데이터베이스, 가상화, 고성능 컴퓨팅
성능	네트워크 혼잡도에 따라 변동	매우 높고 안정적
관리 복잡도	낮음(쉬움)	높음(전문가 필요)

이처럼 NAS와 SAN은 단순히 좋고 나쁨의 문제가 아니라, 서로 다른 목적과 용도를 위해 설계된 별개의 기술이다. NAS가 다수를 위한 편리한 '공유'에 초점을 맞춘다면, SAN은 소수의 핵심 시스템을 위한 극한의 '성능'에 초점을 맞춘다.

2. 광섬유 채널(Fibre Channel)

SAN이 어떻게 그토록 놀라운 속도를 낼 수 있는지 이해하려면, SAN의 전용 고속도로를 건설하는 데 사용되는 핵심 기술을 알아야 한다. 그중 가장 대표적인 것이 바로 파이버 채널(Fibre Channel, FC)이다.

● 파이버 채널이란?

파이버 채널은 서버와 스토리지 장치 간의 대용량 데이터 전송을 위해 특별히 설계된 고속 네트워크 기술이자 프로토콜이다. 이름에서 알 수 있듯이, FC는 주로 구리선이 아닌 유리나 플라스틱으로 만들어진 광섬유 케이블(Fiber-optic cable)을 사용하여 데이터를 전송한다.

광케이블은 전기 신호 대신 빛의 깜빡임을 이용해 데이터를 전달한다. 빛은 전기 신호보다 훨씬 빠르게, 그리고 외부의 전자기적 간섭에 전혀 영향을 받지 않고 멀리까지 전달될 수 있다. 이것이 FC SAN이 일반적인 이더넷(Ethernet) LAN보다 월등히 빠르고 안정적인 이유다. 데이터가 빛의 속도로 이동하는 전용 도로를 달리는 셈이다. 이 FC 네트워크의 중심에는 SAN 스위치(SAN Switch)라는 특수한 장비가 있다. SAN 스위치는 여러 대의 서버와 스토리지들을 FC 케이블로 연결하여, 이들 간의 데이터 흐름을 제어하고 관리하는 교통관제 센터 역할을 한다. 서버가 특정 스토리지로 데이터를 보내면, SAN 스위치는 가장 빠른 경로를 찾아 데이터를 막힘없이 전달해준다. 여러 개의 스위치를 연결하여 거대한 SAN 네트워크(패브릭)를 구성할 수도 있다.

FC의 장점: 비교 불가능한 속도와 높은 신뢰성

파이버 채널(FC)을 기반으로 한 SAN은 다른 어떤 스토리지 연결 방식과도 비교하기 어려운 독보적인 장점들을 제공한다.

첫째, 압도적인 '성능'이다. 현재 FC 기술은 수십에서 수백 Gbps(초당 기가비트)에 달하는 엄청난 데이터 전송 속도를 지원한다. 이는 일반적인 사무실 LAN보다 수십 배 빠른 속도다. 또한, FC는 데이터 전송만을 위해 설계된 프로토콜이기 때문에 불필요한 부하(Overhead)가 적어 매우 효율적이다. 덕분에 대규모 데이터베이스의 조회나 수천 개의 가상 머신이 동시에 작동하는 환경에서도 병목 현상 없이 데이터를 처리할 수 있다.

둘째, 매우 높은 '신뢰성'과 '안정성'이다. FC는 데이터 전송 과정에서 오류가 발생할 확률이 극히 낮은, 무손실(Lossless) 프로토콜로 설계되었다. 데이터 패킷이 유실되면 재전송을 요청하는 일반 이더넷과 달리, FC는 애초에 데이터가 유실되지 않도록 정교하게 제어한다. 또한, SAN 환경에서는 보통 서버와 스토리지 간의 연결 경로를 이중화한다. 즉, 두 개의 SAN 스위치와 두 개의 케이블을 사용하여 연결 경로를 두 개로 만든다. 만약 하나의 스위치나 케이블에 문제가 생기더라도, 나머지 경로를 통해 데이터 전송이 중단 없이 계속될 수 있다. 이는 1년 365일, 24시간 무중단 운영이 필수적인 핵심 업무 시스템에 최고의 안정성을 제공한다.

일반 도로(LAN)로 달리는 SAN

파이버 채널(FC)은 탁월한 성능을 제공하지만, 한 가지 큰 단점이 있다. 바로 높은 구축 비용이다. FC 기반 SAN을 구성하려면 고가의 FC 스위치, 서버와 스토리지에 장착하는 전용 FC HBA(Host Bus Adapter) 카드, 그리고 광케이블 등 특수 장비가 필요하다. 이러한 요소들이 초기 투자 비용을 크게 높인다.

이런 비용 부담을 줄이면서도 SAN의 핵심 장점인 블록 레벨 접근을 그대로 활용할 수 있도록 고안된 기술이 바로 iSCSI(Internet Small Computer System Interface)다. iSCSI는 SAN에서 사용하는 SCSI 명령어를 IP 네트워크를 통해 전송할 수 있게 해주는 프로토콜로, 복잡한 FC 인프라 없이도 SAN 환경을 구현할 수 있다.

쉽게 말해, iSCSI는 KTX 전용선을 새로 건설하는 대신 기존 고속도로(사무실 LAN)에 버스 전용차로를 만드는 것과 같다. 고가의 FC 장비 대신 일반 이더넷 스위치와 LAN 케이블을 그대로 사용하고, 서버와 스토리지도 기존 네트워크 카드(NIC)만으로 연결할 수 있다.

물론, 버스 전용차로가 KTX만큼 빠를 수는 없다. iSCSI는 FC에 비해 다소 낮은 성능을 보이며, 다른 LAN 트래픽의 영향을 받을 수도 있다. 그럼에도 불구하고, 중소기업이나 비핵심 업무 환경에서는 충분한 성능을 제공하면서도 훨씬 경제적인 선택지다.

최근에는 10Gbps, 25Gbps 이상의 고속 이더넷 기술이 보편화되면서, iSCSI SAN의 성능도 크게 향상되어 다양한 환경에서 폭넓게 활용되고 있다.

3. SAN 전용 네트워크의 필요성

SAN의 가장 큰 특징 중 하나는 전용 네트워크를 사용한다는 점이다. 왜 굳이 비싼 비용을 들여 기존의 LAN과 별도로 스토리지만을 위한 네트워크를 만들어야 할까? 그 이유는 데이터의 종류와 중요성에 따라 차별화된 통행로를 제공함으로써, 전체 시스템의 성능과 안정성을 극대화하기 위함이다.

● 일반 네트워크(LAN)와의 분리

사무실의 LAN을 도시의 일반 도로망에 비유해 보자. 이 도로에는 출퇴근하는 승용차, 물건을 배달하는 트럭, 학생들을 태운 스쿨버스, 시내버스 등 다양한 목적을 가진 차들이 뒤섞여 달린다. 평소에는 큰 문제가 없지만, 출퇴근 시간이나 특정 행사가 있는 날에는 도로가 마비될 정도로 극심한 교통 체증이 발생한다.

사무실 LAN도 마찬가지다. 직원들이 주고받는 이메일, 인터넷 검색 트래픽, 동영상 스트리밍, 그리고 NAS 파일 전송 등 다양한 종류의 데이터가 하나의 네트워크를 공유한다. 만약 여기에 회사의 가장 중요한 데이터베이스 서버와 스토리지 간의 통신까지 더해진다면 어떻게 될까? 누군가 대용량 파일을 다운로드하는 순간, 데이터베이스의 중요한 거래 데이터 전송이 지연될 수 있다. 이는 마치 구급차가 교통 체증에 갇혀 골든타임을 놓치는 것과 같은 위험한 상황이다.

SAN은 이러한 문제를 원천적으로 해결하기 위해, 가장 중요하고 민감한 '서버-스토리지' 간의 통신을 위한 전용 고속도로를 따로 건설하는 것이다. 일반 직원들의 데이터 트래픽은 기존의 LAN을 이용하고, 핵심 서버들의 데이터 트래픽은 완전히 분리된 SAN을 이용한다. 이렇게 함으로써, 서로 다른 종류의 데이터가 서로에게 영향을 주지 않고 각자의 경로를 통해 최적의 속도로 이동할 수 있다. 중요한 데이터는 절대 교통 체증을 겪지 않게 되는 것이다.

● 중요한 데이터의 성능과 안정성 확보

기업이 운영하는 수많은 시스템 중에는 그 중요도에 따라 등급이 나뉜다. 예를 들어, 고객의 주문과 결제를 처리하는 온라인 쇼핑몰의 데이터베이스나, 회사의 모든 재무 정보를 관리하는 ERP 시스템은 비즈니스의 심장과도 같다. 이러한 시스템의 데이터 처리가 1초라도 지연되거나 중단된다면, 회사는 막대한 금전적 손실과 고객 신뢰도 하락이라는 치명적인 타격을 입게 된다. 이러한 미션 크리티컬(Mission-critical) 애플리케이션들은 스토리지에 두 가지를 요구한다.

첫째는 **예측 가능한 고성능**이다. 사용자가 몰리는 피크 타임에도, 대규모 데이터를 처리하는 월말 결산 시점에도, 항상 일관되게 빠른 응답 속도를 보장해야 한다.

둘째는 **중단 없는 안정성**이다. 하드웨어 고장이나 네트워크 문제로 인해 데이터 접근이 불가능해지는 상황은 절대로 용납될 수 없다.

SAN은 바로 이러한 요구사항을 충족시키기 위해 탄생했다. 전용 네트워크를 통해 외부의 방해 없이 항상 최고의 성능을 유지할 수 있다. 또한, 모든 구성 요소(스위치, 케이블, 어댑터)를 이중화하여 단일 장애 지점(Single Point of Failure)을 제거함으로써, 일부 부품이 고장 나더라도 시스템 전체는 중단 없이 정상적으로 작동하는 높은 가용성을 제공한다. 이처럼 SAN은 기업의 가장 소중한 데이터를 위한 가장 빠르고 안전한 금고이자, 그 금고로 이어지는 비밀 통로 역할을 수행한다.

4. 논리적 단위 번호(LUN)

SAN 스토리지는 보통 수백, 수천 개의 하드 디스크를 묶어 페타바이트(PB)급에 달하는 거대한 저장 공간을 제공한다. 그렇다면 이 거대한 단일 공간을 여러 서버가 어떻게 나누어 사용하는 것일까? 마치 거대한 토지를 용도에 맞게 구획을 나누어 분양하듯, SAN은 LUN이라는 기술을 사용해 저장 공간을 논리적으로 분할하고 할당한다.

● LUN의 개념

LUN(Logical Unit Number)은 SAN 환경에서 생성되는 논리적인 디스크 단위를 의미한다. SAN 스토리지가 제공하는 거대한 물리적 저장 공간의 총합을 스토리지 풀이라고 한다면, LUN은 이 풀에서 필요한 만큼의 용량을 잘라내어 만든 가상의 하드 디스크라고 할 수 있다.

거대한 물류 창고를 예로 들어보자. 창고 전체는 수만 평에 달하는 하나의 거대한 공간(스토리지 풀)이다. 창고 관리자는 이 공간을 그대로 사용하는 것이 아니라, 바닥에 선을 그어 구획을 나눈다. 'A-1 구역: 100평', 'B-3 구역: 500평'과 같이 용도와 크기에 따라 공간을 분할한다. 이렇게 분할된 각각의 구역이 바로 LUN이다.

마찬가지로, SAN 관리자는 전체 100TB의 스토리지 풀에서 '이메일 서버용 LUN-1: 5TB', '데이터베이스 서버용 LUN-2: 20TB', '웹 서버용 LUN-3: 2TB'와 같이 여러 개의 LUN을 생성할 수 있다. 이렇게 생성된 LUN은 각각 고유한 번호를 가지며, 독립적인 디스크처럼 취급된다. 물리적으로는 모두 같은 디스크 그룹 위에 존재하지만, 논리적으로는 완전히 분리된 공간으로 관리되는 것이다.

● 서버에게 LUN을 할당하는 과정과 그 의미

LUN을 생성한 후 SAN 관리자는 이를 특정 서버에 할당(Assign) 또는 매핑(Mapping) 한다. 이를 LUN 매핑 혹은 LUN 마스킹(Masking) 이라 하며, 지정된 서버만 해당 LUN을 볼 수 있도록 설정하는 과정이다.

물류 창고 비유로 보자면, 'A-1 구역'을 A 회사에 임대하고, A 회사 직원만 출입할 수 있는 전용 출입증을 발급하는 것과 같다. A 회사는 자신에게 할당된 구역만 사용할 수 있으며, 다른 구역은 볼 수도 접근할 수도 없다. 서버가 LUN을 할당받으면, 운영체제는 이를 새로운 물리적 디스크처럼 인식한다. 관리자는 이 디스크(LUN)를 초기화하고, NTFS나 ext4 같은 파일 시스템으로 포맷한 뒤 드라이브 문자를 부여해 사용한다. 예를 들어, 이메일 서버는 5TB짜리 E: 드라이브를, 데이터베이스 서버는 20TB짜리 F: 드라이브를 사용할 수 있다.

이런 LUN 기반 공간 할당 방식은 스토리지 관리에 높은 유연성을 제공한다. 예를 들어 이메일 서버의 용량이 부족하면 관리자는 기존 LUN의 크기를 확장하거나 새로운 LUN을 추가로 연결할 수 있다. 이 모든 작업은 서버를 중단하지 않고 온라인 상태에서 수행 가능하다. 결국, LUN은 중앙 스토리지 자원을 여러 서버에 효율적이고 안전하게 분배하기 위한 핵심 관리 기술이다.

5. SAN의 핵심 가치

SAN은 높은 비용과 복잡한 관리라는 단점에도 불구하고, 왜 수많은 대기업과 데이터센터에서 핵심 인프라로 사용되고 있을까? 그 이유는 SAN이 제공하는 고성능과 확장성이라는 두 가지 가치가 현대 비즈니스의 IT 요구사항을 해결하는 데 필수적이기 때문이다.

● 고속 데이터 처리가 필요한 이유

오늘날 기업의 경쟁력은 데이터를 얼마나 빠르고 정확하게 처리하느냐에 달려있다. 특히 두 가지 환경에서는 스토리지의 성능이 전체 시스템의 성능을 좌우하는 결정적인 요소가 된다.

첫 번째는 **데이터베이스 환경**이다. 온라인 쇼핑몰의 주문 처리 시스템, 은행의 계좌 이체 시스템, 항공사의 좌석 예약 시스템 등은 수많은 사용자의 요청을 동시에 처리하며, 데이터베이스에 초당 수천, 수만 번의 읽기/쓰기 작업을 수행한다. 이러한 환경에서는 데이터 입출력(I/O)의 지연 시간이 아주 조금만 늘어나도 전체 서비스의 응답 속도가 급격히 느려진다. SAN은 블록 레벨의 직접적인 접근과 전용 고속 네트워크를 통해 이러한 고성능 트랜잭션(Transaction) 처리에 필요한 극한의 I/O 성능을 제공한다.

두 번째는 **서버 가상화 환경**이다. 서버 가상화는 한 대의 고성능 물리 서버 위에 여러 대의 가상 서버를 동시에 구동하는 기술이다. 수십, 수백 대의 VM이 하나의 중앙 공유 스토리지를 바라보고 작동하기 때문에, 스토리지에는 엄청난 I/O 부하가 집중된다. 만약 스토리지 성능이 뒷받침되지 않으면, 모든 VM의 작동이 느려지는 'I/O 블렌더(Blender)' 효과가 발생한다. SAN은 이러한 대규모 가상화 환경에서도 각 VM이 필요로 하는 성능을 안정적으로 공급할 수 있는 강력한 I/O 처리 능력을 갖추고 있다.

● SAN의 확장성

기업은 살아 있는 유기체처럼 끊임없이 성장하고 변화한다. 비즈니스가 커질수록 처리해야 할 데이터의 양도 기하급수적으로 증가한다. 따라서 스토리지 인프라는 이러한 성장에 맞춰 유연하게 확장될 수 있어야 한다.

SAN은 이러한 확장성 측면에서 매우 우수한 구조를 가진다. 스토리지 용량이 부족해지면 관리자는 기존 시스템을 중단하지 않고도 새로운 디스크 드라이브나 디스크 확장 선반(Shelf)을 SAN 스토리지에 추가할 수 있다. 그러면 전체 스토리지 풀의 용량이 즉시 늘어난다.

성능이 부족할 경우, 더 빠른 컨트롤러로 업그레이드하거나 스토리지 장치를 병렬로 추가해 성능을 향상시킬 수도 있다. 또한 필요한 경우 새로운 서버를 SAN 네트워크에 연결하고 스토리지 풀에서 LUN을 할당하면, 즉시 자원을 제공할 수 있다.

이처럼 유연한 확장성은 예측하기 어려운 비즈니스 환경에서 기업이 빠르게 대응하도록 돕는다. 처음부터 과도한 비용을 들여 거대한 시스템을 구축할 필요 없이, 작게 시작해 필요에 따라 확장(Start small and grow as needed)하는 전략이 가능하다. SAN은 비즈니스의 성장에 따라 스토리지 인프라가 걸림돌이 되지 않고, 오히려 성장을 뒷받침하는 든든한 발판이 되어 준다.

● SAN 도입 시 고려사항

SAN이 제공하는 강력한 성능과 확장성은 분명 매력적이지만, 그에 상응하는 대가가 따른다. 가장 큰 장벽은 초기 도입 비용이다. SAN은 NAS보다 훨씬 복잡하고 값비싼 기술로, 고가의 파이버 채널 스위치, HBA 카드, 스토리지 어레이 등 전용 하드웨어를 구매해야 한다. 또한 이를 안정적으로 운영하려면 항온 · 항습, 전력 등 데이터 센터급의 기반 시설이 필요하다.

이뿐 아니라 전문적인 관리 능력도 필수다. SAN을 설계 · 구축 · 운영하려면 파이버 채널, LUN 매핑, 조닝(Zoning) 등 전문 기술에 대한 깊은 이해를 갖춘 숙련된 관리자가 필요하다. 잘못된 설정은 전체 시스템의 성능 저하나 데이터 유실로 이어질 수 있으며, 호환성 · 보안 · 재해 복구 등 사전에 고려해야 할 요소도 많다.

결론적으로 SAN은 모든 기업에 필요한 솔루션은 아니다. 그러나 고성능 데이터베이스나 대규모 가상화 환경처럼 성능 · 안정성 · 확장성이 절대적인 가치인 경우, SAN은 그 비용과 복잡성을 상쇄하고도 남는 강력한 가치를 제공한다.

SAN을 도입하는 결정은 단순히 빠른 스토리지를 구매하는 것이 아니라, 미래 IT 환경을 위한 유연하고 확장 가능한 플랫폼에 투자하는 전략적 선택이다. 이 플랫폼 위에서 비로소 스토리지 가상화, 씬 프로비저닝과 같은 고급 데이터 관리 기술이 꽃필 수 있다.

5.5 스토리지를 효율적으로 관리하는 기술은?

현대적인 스토리지 환경의 진정한 가치는 단순히 데이터를 저장하는 것을 넘어, 그 데이터를 얼마나 '똑똑하게' 관리하고 '안전하게' 보호하느냐에 있다. 물리적인 하드웨어의 한계를 뛰어넘어 스토리지의 효율성과 안정성을 극대화하는 핵심적인 소프트웨어 기술들, 즉 스토리지 관리 기법과 가상화에 대해 살펴보자.

1. 스토리지 가상화

스토리지 가상화(Storage Virtualization)는 현대 스토리지 기술의 가장 근간을 이루는 핵심 개념이다. 이 기술 덕분에 우리는 복잡한 물리적 하드웨어의 제약에서 벗어나, 스토리지를 훨씬 더 유연하고 효율적으로 사용할 수 있게 되었다.

스토리지 가상화는 여러 개의 물리적인 스토리지 장치들을 논리적으로 하나로 묶어, 사용자나 서버에게는 마치 하나의 거대하고 단일화된 저장소처럼 보이게 만드는 기술이다. 이는 스토리지의 논리적인 모습과 물리적인 실체를 분리(추상화, Abstraction)하는 것이 핵심이다.

예를 들어, 우리 회사에 각기 다른 제조사에서 만든 3개의 스토리지 장비(A사 10TB, B사 20TB, C사 5TB)가 있다고 가정해 보자. 가상화 기술이 없다면, 관리자는 이 3개의 장비를 각각 별도로 관리해야 한다. A 장비의 공간이 부족해지면 B나 C 장비에 남는 공간이 있더라도 데이터를 쉽게 옮길 수 없다.

하지만 스토리지 가상화 기술을 적용하면, 이 3개의 서로 다른 장비가 하나의 거대한 35TB짜리 가상 스토리지로 통합된다. 서버나 사용자는 더 이상 A, B, C 장비를 구분할 필요가 없다. 그저 35TB라는 단일 공간에 데이터를 저장하기만 하면 된다. 어느 물리적 장비에 데이터가 실제로 저장될지는 가상화 솔루션이 알아서 최적의 위치를 찾아 결정해준다. 이처럼 스토리지 가상화는 복잡한 물리적 구성을 사용자로부터 숨기고, 단순하고 통합된 논리적 저장 공간을 제공하는 마법과 같은 기술이다.

● 중간에서 모든 것을 정리하는 똑똑한 관리자

스토리지 가상화는 어떻게 이런 마법을 구현하는 것일까? 그 비밀은 서버와 물리 스토리지 장치 사이에 위치하는 가상화 계층(Virtualization Layer)에 있다. 이 계층은 소프트웨어의 형태로 존재하거나, 전용 하드웨어 장비(어플라이언스)의 형태로 구현될 수 있다.

이 가상화 계층은 똑똑한 중간 관리자 역할을 한다. 서버가 "데이터를 저장해줘"라는 요청(I/O

Request)을 보내면, 이 요청은 물리 스토리지로 직접 가지 않고 먼저 가상화 계층에 도달한다. 그러면 가상화 관리자는 요청받은 데이터의 특성, 현재 각 물리 스토리지의 부하 상태, 남은 공간 등을 종합적으로 판단하여 데이터를 어디에 저장하는 것이 가장 효율적일지 결정한다. 그리고 해당 물리 스토리지에 대신 명령을 내려 데이터를 저장시킨다.

서버의 입장에서는 그저 거대한 단일 스토리지와 대화했을 뿐이지만, 그 이면에서는 가상화 관리자가 모든 복잡한 작업을 처리해준 것이다. 나중에 서버가 그 데이터를 다시 읽어달라고 요청하면, 가상화 관리자는 데이터가 어느 물리 장치의 어느 위치에 저장되어 있는지 기억해두었다가 정확하게 찾아서 서버에게 전달해준다. 이처럼 가상화는 물리적 위치에 대한 정보를 논리적 주소로 변환하고 매핑 하는 과정을 통해, 서버가 물리적 스토리지의 복잡성으로부터 완벽하게 독립되도록 만들어준다.

● 여러 저장소를 모아 만든 거대한 바구니

스토리지 가상화의 결과물로 만들어지는 것이 바로 스토리지 풀(Storage Pool)이다. 스토리지 풀은 가상화 기술을 통해 하나로 통합된 거대한 논리적 저장 공간의 집합체를 의미한다.

여러 개의 작은 물통에 담긴 물을 하나의 커다란 수영장에 모두 쏟아붓는 장면을 상상해보자. 이제 우리는 더 이상 어떤 물통에 물이 얼마나 남았는지 일일이 확인할 필요가 없다. 그저 거대한 수영장에서 필요한 만큼의 물을 떠서 사용하면 된다. 스토리지 풀이 바로 이 수영장과 같은 역할을 한다.

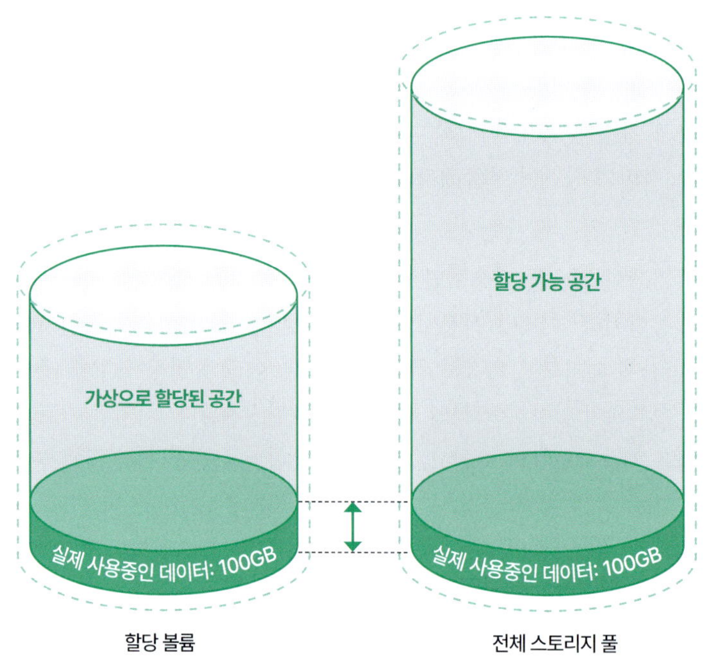

스토리지 풀을 사용하면 자원 활용률을 극적으로 높일 수 있다. 가상화 이전에는 특정 서버에 할당된 A 스토리지의 공간이 50%나 비어있어도, 다른 서버가 그 공간을 사용할 수 없었다. 이로 인해 회사 전체적으로는 수많은 저장 공간이 사용되지 않은 채 낭비되고 있었다. 하지만 모든 스토리지를 하나의 풀로 통합하면, 이 낭비되던 공간들이 모두 모여 다른 서버나 애플리케이션이 즉시 사용할 수 있는 가용 공간이 된다. 관리자는 이 거대한 풀에서 필요한 만큼의 용량(LUN 또는 볼륨)을 자유롭게 잘라내어 필요한 곳에 할당할 수 있다. 이는 마치 자본을 한 곳에 모아 가장 필요한 곳에 집중적으로 투자하여 효율을 높이는 것과 같은 원리다.

2. 씬 프로비저닝

스토리지 가상화가 만들어낸 거대한 스토리지 풀이라는 개념 위에서, 우리는 이제 공간을 훨씬 더 효율적으로 사용할 수 있는 새로운 기술을 적용할 수 있다. 그 대표적인 기술이 바로 씬 프로비저닝이다.

씬 프로비저닝은 스토리지 공간을 할당할 때, 요청한 용량 전체를 미리 확보해 두는 것이 아니라, 실제 데이터가 기록될 때 필요한 만큼만 동적으로 할당하는 기술이다. 얇게 공간을 할당한다는 이름처럼, 최소한의 공간만으로 시작하여 필요에 따라 점차 늘려나가는 주문형(On-demand) 할당 방식이다.

새로운 부서를 위한 사무 공간을 마련하는 상황을 비유로 들어보자. 앞으로 1년 안에 직원이 최대 50명까지 늘어날 것으로 예상된다. 이때, 처음부터 50개의 책상을 모두 구매해서 텅 빈 사무실에 배치해두는 방식이 있다. 반면, 일단 50명을 수용할 수 있는 충분히 넓은 공간만 임대하고, 처음에는 현재 인원인 5명분의 책상만 가져다 놓는 방식도 있다. 그리고 새로운 직원이 입사할 때마다 책상을 하나씩 추가로 들여놓는 것이다.

씬 프로비저닝은 바로 이 두 번째 방식과 같다. 서버 관리자가 어떤 애플리케이션에 100GB의 공간이 필요하다고 요청하면, 스토리지 시스템은 "알겠습니다. 당신은 100GB의 공간을 사용할 수 있습니다"라고 '약속'만 해준다. 하지만 실제 스토리지 풀에서는 단 1KB의 공간도 할당하지 않는다. 그 후, 애플리케이션이 실제로 10GB의 데이터를 기록하면, 그때서야 비로소 스토리지 풀에서 10GB의 물리적 공간을 가져와 할당해준다. 서버는 자신이 100GB를 할당받았다고 인식하지만, 실제 사용된 물리 공간은 10GB뿐인 것이다.

● 씩 프로비저닝과의 비교

씬 프로비저닝과 반대되는 전통적인 방식을 **씩 프로비저닝**(Thick Provisioning)이라고 부른다. 이는 위 비유에서 50개의 책상을 미리 다 사놓는 방식에 해당한다.

씩 프로비저닝 환경에서는 서버 관리자가 100GB의 공간을 요청하는 순간, 스토리지 풀에서 100GB의 물리적 공간이 즉시 할당되고 사용 중으로 표시된다. 설령 그 서버가 실제로 단 1GB의 데이터만 저장하고 있더라도, 나머지 99GB의 공간은 이미 그 서버를 위해 예약되어 있기 때문에 다른 어떤 서버도 사용할 수 없다. 이는 마치 식당에서 4인용 테이블에 손님 한 명이 앉았다고 해서, 나머지 빈 세 자리에 다른 손님을 앉힐 수 없는 것과 같다.

씩 프로비저닝은 구조가 단순하고, 할당된 공간이 물리적으로 보장되기 때문에 성능 예측이 쉽다는 장점이 있다. 하지만 대부분의 경우, 할당된 공간이 전부 사용되는 경우는 드물기 때문에 심각한 공간 낭비를 초래한다. 특히 수백, 수천 대의 가상 서버를 운영하는 환경에서는 이러한 낭비가 누적되어 엄청난 비용 증가로 이어진다. 씬 프로비저닝은 바로 이러한 비효율을 해결하기 위해 고안된 스마트한 공간 관리 기법이다.

● 씬 프로비저닝의 장점과 반드시 알아야 할 주의점

씬 프로비저닝의 가장 큰 장점은 스토리지 활용률 극대화다. 실제 사용량만큼만 공간을 소비하기 때문에, 같은 크기의 물리적 스토리지로 훨씬 더 많은 서버와 애플리케이션을 지원할 수 있다. 이는 스토리지 구매 비용을 크게 절감시켜준다.

또한, 씬 프로비저닝은 오버커밋(Overcommit) 또는 초과 할당을 가능하게 한다. 예를 들어, 실제 물리적 스토리지 풀의 용량이 1TB밖에 없더라도, 각 100GB를 필요로 하는 20개의 서버(총 2TB 요구)에 공간을 할당해줄 수 있다. 이는 대부분의 서버가 할당된 용량의 일부만 사용할 것이라는 통계적 예측에 기반한 것이다. 마치 항공사가 실제 좌석 수보다 많은 예약(오버부킹)을 받는 것과 같은 원리다.

하지만 바로 이 지점에서 씬 프로비저닝의 치명적인 위험성이 발생한다. 만약 예상과 달리 모든 서버의 데이터 사용량이 급증하여, 약속한 공간의 총합이 실제 물리적 스토리지 풀의 용량을 초과하게 되면 어떻게 될까? 항공사의 모든 예약 승객이 공항에 나타난 것과 같은 상황이다. 더 이상 할당해줄 물리적 공간이 없으므로, 새로운 데이터를 기록하려는 시도는 실패하게 되고, 최악의 경우 애플리케이션이나 서버 전체가 멈추는 심각한 장애로 이어진다.

따라서 씬 프로비저닝을 사용할 때, 스토리지 관리자는 스토리지 풀의 실제 물리적 공간 사용량을 지속적으로 모니터링해야 한다. 그리고 사용량이 일정 수준(예 80%)에 도달하면, 시스템이 멈추기 전에 미리 경고를 받고 새로운 디스크를 증설하여 풀의 용량을 늘려주는 선제적인 조치를 취해야 한다. 씬 프로비저닝은 잘 쓰면 약이지만, 관리를 소홀히 하면 독이 될 수 있는 양날의 검과 같은 기술이다.

3. 스냅샷

데이터를 효율적으로 저장하는 것만큼 중요한 것은, 예상치 못한 문제로부터 데이터를 안전하게 보호하고 신속하게 복구하는 것이다. 스냅샷은 이러한 데이터 보호와 복구를 위한 강력하고 빠른 기술 중 하나다.

이름 그대로, 특정 시점의 데이터 상태를 '사진 찍듯이' 완벽하게 기록하고 보존하는 기술이다. 파일, 폴더, 혹은 서버의 디스크 전체(LUN 또는 볼륨)의 특정 순간을 그대로 얼려서 박제해두는 것과 같다. 이렇게 생성된 스냅샷은 일종의 복원 지점(Restore Point) 또는 시간 여행을 위한 책갈피 역할을 한다. 만약 데이터를 변경한 후에 문제가 발생하면, 우리는 이 책갈피를 펼쳐 사진을 찍었던 바로 그 과거 시점으로 순식간에 되돌아갈 수 있다.

예를 들어, 중요한 시스템에 대규모 소프트웨어 업데이트를 적용하기 직전, 관리자는 현재 시스템 상태의 스냅샷을 생성한다. 만약 업데이트가 성공적으로 끝나면 스냅샷은 삭제하면 그만이다. 하지만 만약 업데이트 후 시스템이 불안정해지거나 오류가 발생하면, 관리자는 단 몇 번의 클릭만으로 스냅샷으로 복원 명령을 실행한다. 그러면 시스템은 업데이트를 적용하기 직전의 완벽하게 안정적인 상태로 순식간에 돌아간다. 이는 마치 컴퓨터 게임에서 중요한 보스전을 앞두고 게임을 저장(Save)해두는 것과 같은 원리다.

● 백업과의 근본적인 차이점

많은 사람들이 스냅샷을 백업(Backup)과 혼동하지만, 이 둘은 목적과 작동 방식이 근본적으로 다른 기술이다. 이 차이를 이해하는 것은 매우 중요하다.

백업은 원본 데이터와는 별개로, 데이터의 완전한 복사본을 만들어 다른 저장장치에 보관하는 것이다. 중요한 보고서를 복사기로 복사하여 사본을 만든 뒤, 그 사본을 다른 건물의 금고에 보관하는 것과 같다. 만약 원본 보고서가 들어있는 건물이 불타 없어져도, 다른 건물에 보관된 사본은 안전하게 남아있어 완벽한 복구가 가능하다. 백업은 원본의 상태와 상관없이 독립적으로 존재한다.

반면, 스냅샷은 완전한 복사본을 만드는 것이 아니다. 스냅샷은 원본 데이터에 의존하는 기술이다.스냅샷을 생성하는 순간, 원본 데이터 블록들은 읽기 전용(Read-only) 상태로 고정된다. 그 이후 데이터에 변경이 발생하면, 스토리지 시스템은 원본을 수정하는 대신, 변경된 내용(델타, Delta)만 별도의 공간에 기록한다. 이를 **카피 온 라이트(Copy-on-Write)** 또는 **리다이렉트 온 라이트(Redirect-on-Write)** 방식이라고 한다.

이는 투명한 필름(OHP 필름)을 사용하는 것과 같다. 원본 보고서 위에 투명 필름을 올려놓고(스냅샷 생성), 모든 수정 사항은 원본이 아닌 투명 필름 위에 기록한다. 현재 상태의 문서를 보려면, 투명 필름을 통해 그 아래의 원본을 함께 봐야 한다. 이 방식은 변경된 부분만 저장하기 때문에 생성 속도가 매우 빠르고 저장 공간도 거의 차지하지 않는다는 장점이 있다. 하지만 만약 원본 보고서가 찢어지거나 사라진다면, 그 위에 올려진 투명 필름의 낙서들은 아무 의미가 없어진다. 마찬가지로, 원본 데이터가 손상되거나 삭제되면, 그에 의존하는 스냅샷 체인 전체가 무용지물이 된다. 결론적으로, **스냅샷은 절대 백업을 대체할 수 없다.**

● 스냅샷은 언제 사용할까?

스냅샷은 백업을 대체할 수는 없지만, 백업이 할 수 없는 신속한 운영 복구 영역에서 빛을 발한다. 백업으로부터 데이터를 복원하는 작업은 보통 수십 분에서 수 시간이 걸리는 느리고 무거운 작업이다. 반면, 스냅샷을 이용한 복원은 단 몇 초에서 몇 분 안에 완료된다. 따라서 스냅샷은 다음과 같은 단기적인 복구 시나리오에 매우 유용하다.

- **소프트웨어 패치 및 업데이트**: 시스템에 중요한 변경을 가하기 직전에 안전장치로 사용된다.
- **개발 및 테스트 환경**: 개발자가 새로운 코드를 테스트하기 전에 스냅샷을 찍어두면, 테스트 후 시스템을 깨끗한 초기 상태로 쉽게 되돌릴 수 있다.
- **사용자 실수 방지**: 사용자가 실수로 중요한 파일을 삭제하거나 잘못 수정했을 때, 몇 분 전의 스냅샷으로 되돌려 신속하게 데이터를 복구할 수 있다.

- **랜섬웨어 대응**: 랜섬웨어 감염이 의심되는 즉시 시스템을 정지시키고, 감염 직전의 스냅샷으로 복원하여 피해를 최소화할 수 있다(단, 이는 초기 대응에 유용할 뿐, 근본적인 해결책은 격리된 백업이다).

이처럼 스냅샷은 재해 복구(Disaster Recovery)가 아닌, 일상적인 운영상의 문제를 해결하기 위한 '운영 복구(Operational Recovery)'에 최적화된 도구다.

● 스냅샷 사용 시 유의사항

스냅샷은 편리하지만, 무분별하게 사용하거나 장기간 방치하면 심각한 문제를 일으킬 수 있다. 스냅샷이 존재하는 동안, 원본 데이터의 변경 사항은 계속해서 별도의 델타(Delta) 파일에 누적된다. 스냅샷을 오랫동안 삭제하지 않고 유지하면, 이 델타 파일의 크기가 눈덩이처럼 불어나 원본 데이터보다 훨씬 더 커질 수 있다.

이는 스토리지 공간을 심각하게 낭비할 뿐만 아니라, 시스템 성능을 크게 저하시키는 원인이 된다. 데이터를 읽을 때마다 시스템은 원본 블록과 여러 개의 델타 파일을 모두 조합해서 현재 데이터를 만들어내야 하므로, I/O 과정이 복잡해지고 느려진다. 또한, 나중에 이 오래된 스냅샷을 삭제(병합, Merge)하려고 하면, 그동안 쌓인 막대한 양의 변경 사항을 원본 디스크에 반영하는 데 엄청난 시간과 시스템 부하가 발생할 수 있다.

이러한 이유로, 스냅샷은 반드시 필요한 기간 동안만, 보통 24시간에서 72시간 이내로 짧게 유지하고 목적이 달성되면 즉시 삭제하는 것이 원칙이다. 스냅샷은 장기 데이터 보관을 위한 아카이브나 백업 솔루션이 아니라, '단기적인 되돌리기'를 위한 임시 도구라는 점을 항상 명심해야 한다.

4. 데이터 복제

스냅샷이 사소한 실수나 운영상의 문제를 해결하기 위한 빠른 응급처치 도구라면, 복제(Replication)는 화재, 지진, 대규모 정전과 같은 심각한 재해로부터 비즈니스의 생존을 보장하는 궁극적인 데이터 보험이다.

하나의 스토리지 시스템(주 스토리지, Primary)에 저장되는 데이터를, 실시간 또는 거의 실시간으로 다른 위치에 있는 별도의 스토리지 시스템(복제 스토리지, Replica)에 똑같이 복사하여 유지하는 기술이다. 즉, 항상 동일한 데이터 세트를 두 벌 이상으로 유지하는 것이다.

주 스토리지는 보통 회사의 메인 데이터센터(예 서울)에 위치하며, 실제 운영 서비스를 담당한다. 복제 스토리지는 물리적으로 멀리 떨어진 원격지의 재해복구(Disaster Recovery, DR) 센터(예 부산)에 구축된다. 서울 데이터센터에 정전, 화재, 지진 등의 재해가 발생하여 주 스토리지 시스템 전체가 파괴되더라도, 부산에 있는 복제 스토리지에는 데이터가 그대로 살아남아 있다. 관리자는 즉시 서비스의 방향을 부산 센터로 전환(Fail-over)하여, 몇 분 또는 몇 시간 안에 비즈니스를 재개할 수 있다. 이처럼 복제는 개별 파일의 복구가 아닌, 전체 비즈니스의 연속성(Business Continuity)을 확보하는 것을 목표로 하는 강력한 기술이다.

● **복제 기술의 두 가지 방식**

복제 기술은 데이터를 복사하는 타이밍에 따라 크게 동기식과 비동기식, 두 가지 방식으로 나뉜다.

❶ **동기식 복제(Synchronous Replication)**는 데이터 일관성을 가장 엄격하게 보장하는 방식이다. 서버가 주 스토리지(서울)에 데이터를 쓰는 작업을 요청하면, 이 데이터는 동시에 주 스토리지(서울)와 복제 스토리지(부산) 양쪽 모두에 기록된다. 그리고 가장 중요한 점은, 양쪽 스토리지 모두로부터 "쓰기 작업이 성공적으로 완료되었습니다"라는 확인 신호를 받아야만, 비로소 서버에게 최종 완료 응답을 보낸다는 것이다.

이는 서울과 부산의 데이터가 단 1비트의 오차도 없이, 1초의 시간 차이도 없이 항상 100% 동일한 상태로 유지됨을 의미한다. 만약 데이터를 서울에 기록한 직후, 부산으로 미처 복제되기 전에 재해가 발생할 가능성 자체가 원천적으로 차단된다. 따라서 동기식 복제는 재해가 발생하더라도 단 하나의 데이터도 잃지 않는 것, 즉 데이터 **손실 제로(Zero Data Loss)**를 보장한다. 이때 사용되는 재해 복구 지표가 RPO(Recovery Point Objective)인데, 동기식 복제는 RPO를 '0'으로 만들 수 있다.

하지만 모든 쓰기 작업마다 원격지(부산)의 응답을 기다려야 하므로, 애플리케이션의 쓰기 성능에 지연(Latency)이 발생한다. 특히 서울과 부산처럼 물리적 거리가 멀어질수록 빛의 속도 한계 때문에 응답 시간은 길어지고, 성능 저하는 더욱 심각해진다. 이 때문에 동기식 복제는 보통 수십 km 이내의 비교적 가까운 거리에서, 금융 거래 시스템과 같이 단 한 건의 데이터 손실도 용납되지 않는 최고 수준의 미션 크리티컬 업무에 제한적으로 사용된다.

❷ **비동기식 복제(Asynchronous Replication)**는 성능과 데이터 정합성 사이에서 현실적인 타협점을 찾은 방식이다. 서버가 주 스토리지(서울)에 데이터를 쓰면, 주 스토리지는 일단 데이터를 기록한 뒤 즉시 서버에게 '쓰기 완료' 응답을 보낸다. 그리고 나서, 별도의 백그라운드 프로세스를 통해 데이터를 모아 주기적으로 복제 스토리지(부산)에 전송한다.

이 방식은 서버가 원격지의 응답을 기다릴 필요가 없기 때문에, 애플리케이션의 쓰기 성능에 거의 영향을 주지 않는다는 큰 장점이 있다. 또한, 네트워크 상태가 잠시 불안정하더라도 데이터를 잠시 모아두었다가 나중에 전송할 수 있어, 서울-부산 또는 국가 간과 같은 원거리 복제 환경에 매우 적합하다.

하지만 단점도 명확하다. 주 스토리지(서울)와 복제 스토리지(부산) 간에는 항상 약간의 시간차(복제 주기)가 존재한다. 만약 복제 주기가 1분이라면, 부산의 데이터는 항상 서울보다 최대 1분 전의 과거 상태에 머물러 있는 셈이다. 만약 서울에 재해가 발생하는 시점에, 마지막 복제 이후 새로 기록되었지만 아직 부산으로 전송되지 않은 데이터가 있다면, 그 데이터는 영구적으로 손실될 수 있다. 즉, 비동기식 복제는 RPO가 '0'이 아니며, 약간의 데이터 손실을 감수해야 한다. 대부분의 기업 환경에서는 수 초에서 수 분 정도의 데이터 손실은 감수할 수 있는 경우가 많기 때문에, 비동기식 복제가 재해 복구 솔루션으로 보다 널리 사용된다.

● 언제 어떤 방식을 선택해야 할까?

동기식과 비동기식 복제 중 어떤 방식을 선택할지는 절대적인 기준이 있는 것이 아니라, 비즈니스의 요구사항에 따라 신중하게 결정해야 할 문제다.

- **데이터의 중요도(RPO)**: 우리 회사의 핵심 업무는 어느 정도의 데이터 손실까지 감당할 수 있는가? 만약 단 1초의 데이터 손실도 비즈니스에 치명적이라면(RPO=0), 비용과 성능 저하를 감수하고서라도 동기식 복제를 선택해야 한다. 만약 몇 분 정도의 데이터 손실은 복구 가능하고 감수할 수 있다면, 비동기식 복제가 훨씬 효율적인 선택이다.
- **거리와 네트워크**: 두 데이터센터 간의 거리가 얼마나 되는가? 수십 km 이내의 근거리라면 동기식 복제를 고려할 수 있지만, 수백 km 이상의 원거리라면 물리적인 한계 때문에 비동기식 복제가 거의 유일한 현실적 대안이다. 또한, 동기식 복제는 매우 빠르고 안정적인 고대역폭 전용선이 필수적이므로 네트워크 비용이 훨씬 비싸다.
- **애플리케이션 성능**: 복제 대상인 애플리케이션이 쓰기 지연에 얼마나 민감한가? 실시간으로 대량의 쓰기 작업이 발생하는 시스템이라면, 동기식 복제가 유발하는 지연 시간이 전체 서비스 성능에 병목이 될 수 있다. 이 경우, 비동기식 복제를 통해 애플리케이션 성능을 보장하는 것이 더 현명할 수 있다.

결론적으로, 이 모든 스토리지 관리 기법들(가상화, 씬 프로비저닝, 스냅샷, 복제)은 하나의 공통된 방향을 가리키고 있다. 그것은 더 이상 스토리지를 딱딱한 물리적 하드웨어 덩어리로 관리하는 시대가 끝나고, 소프트웨어를 통해 유연하고, 지능적이며, 자동화된 데이터 서비스로 관리하는 시대로의 전환이다. 이는 IT 인프라가 비즈니스의 요구에 얼마나 민첩하게 반응할 수 있는지를 결정하는 핵심적인 변화이며, 스토리지 관리자의 역할 역시 하드웨어 전문가에서 데이터 서비스 정책을 설계하고 자동화하는 아키텍트로 변화하고 있음을 시사한다.

5.6 연습문제

01 스토리지 연결 방식 중, 서버에 직접 케이블로 연결되어 별도의 네트워크 설정 없이 사용하는 가장 단순한 형태의 스토리지는 무엇인가?

① DAS
② NAS
③ SAN
④ Cloud Storage

02 네트워크(이더넷)를 통해 파일 단위로 데이터를 공유하며, 여러 사용자가 동시에 접속하여 협업하기에 적합한 스토리지 방식은 무엇인가?

① DAS
② NAS
③ SAN
④ Tape

03 스토리지 전용 네트워크(Fibre Channel 등)를 구성하여 고속의 데이터 전송을 지원하며, 대규모 데이터베이스와 같은 미션 크리티컬 업무에 적합한 방식은 무엇인가?

① DAS
② NAS
③ SAN
④ USB

04 최근 고성능 스토리지 시장에서 주목받는 기술로, 기존의 복잡한 SAN 스위치 없이 이더넷 네트워크 위에서 NVMe 프로토콜을 사용하여 초고속 응답 속도를 제공하는 것은 무엇인가?

① iSCSI
② FCoE
③ SAS
④ NVMe-oF

05 데이터 백업 방식 중, 마지막 전체 백업 이후 변경된 데이터만 백업하며, 복구 시에는 전체 백업본과 모든 변경분 백업본이 필요한 방식은 무엇인가?

① 전체 백업
② 증분 백업
③ 차등 백업
④ 실시간 백업

06 백업 데이터의 안전한 보관을 위해 백업본을 원격지에 복제하거나 소산(Off-site) 보관하는 전략을 의미하는 용어는 무엇인가?

① 데이터 아카이빙
② 데이터 마이그레이션
③ 데이터 볼트(Vaulting)
④ 데이터 중복제거

07 저장 공간의 효율성을 높이기 위해 중복되는 데이터 블록을 찾아 하나만 저장하고 나머지는 포인터로 처리하는 기술은 무엇인가?

① 중복 제거(Deduplication)

② 압축

③ 스냅샷

④ 씬 프로비저닝

08 물리적 스토리지 용량보다 더 큰 가상의 용량을 서버에 할당하고, 실제로 데이터가 쓰일 때만 물리 공간을 배정하는 기술은 무엇인가?

① 티어링

② 캐싱

③ 미러링

④ 씬 프로비저닝

09 오브젝트 스토리지(Object Storage)의 특징으로, 데이터를 계층 구조(폴더)가 아닌 평면적 구조로 저장하며, 각 데이터에 고유한 식별자(ID)와 메타데이터를 부여하는 방식은 어디에 적합한가?

① 고성능 트랜잭션 처리

② 비정형 데이터 저장

③ 운영체제 설치

④ 관계형 DB

10 데이터의 수명 주기(Life Cycle)에 따라 자주 쓰이는 데이터는 고속 스토리지(SSD)에, 잘 안 쓰이는 데이터는 저속 스토리지(HDD/Tape)로 자동 이동시키는 기술은 무엇인가?

① 스냅샷

② RAID

③ 계층형 스토리지(Tiering)

④ 복제

6 장

중단 없는 네트워크 연결의 원리

학 습 목 표

원활한 소통을 위해서는 데이터가 오고 가는 길, 즉 네트워크와 스위치, 라우터를 이해해야 한다. 이 장에서는 비전공자의 눈높이에서 정보가 목적지를 찾아가는 과정을 같은 층으로 편지를 전해주는 '사내 우편실(스위치)'과 다른 도시로 소포를 보내는 '중앙 우체국(라우터)'의 비유를 통해 쉽게 설명한다. 통신의 경로를 이해함으로써 우리는 끊김 없는 연결이 왜 디지털 협업의 기본인지 그 중요성을 깊이 인식하고, 막힘없는 데이터 소통을 위해 각자가 어떤 연결 상태를 유지해야 하는지 명확히 알게 될 것이다.

컴퓨터는 어떤 규칙으로 대화하는가?

우리는 매일 스마트폰으로 메시지를 보내고, 컴퓨터로 웹 서핑을 하며 전 세계의 정보와 연결된다. 이 모든 활동의 기반에는 '네트워크'라는 거대한 시스템이 존재한다. 수십억 개의 장치가 어떻게 서로를 알아보고, 오류 없이 데이터를 주고받을 수 있을까? 이 복잡하고 경이로운 과정을 이해하는 첫걸음은 바로 '네트워크 모델'이라는 약속의 체계를 알아보는 것이다. 이 장에서는 컴퓨터 세계의 언어인 '프로토콜'부터 시작하여, 네트워크 통신의 교과서라 불리는 OSI 7계층 모델과 현재 인터넷의 표준인 TCP/IP 모델을 통해 데이터가 우리에게 전달되는 여정을 살펴본다.

1. 프로토콜의 개념

프로토콜(Protocol)은 간단히 말해 '통신 규약'이다. 컴퓨터나 스마트폰 같은 네트워크 장비들이 서로 대화하기 위해 미리 정해 놓은 약속이자 규칙의 집합이다. 우리가 서로 다른 언어를 사용하는 사람과 대화할 수 없듯이, 컴퓨터도 같은 프로토콜을 사용해야만 정보를 원활하게 교환할 수 있다. 프로토콜은 두 장비가 통신을 시작하고, 데이터를 어떤 형식으로 주고받으며, 통신을 어떻게 끝낼지에 대한 모든 절차를 규정한다.

● 프로토콜의 역할

프로토콜은 데이터의 형식, 전송 순서, 오류 처리 방법 등을 모두 정의하여 제조사가 다른 장비라도 문제없이 통신하게 만든다. 예를 들어, 우리가 웹 브라우저로 웹 페이지를 볼 때는 HyperText Transfer Protocol(HTTP)라는 규칙을 따르고, 이메일을 보낼 때는 Simple Mail Transfer Protocol(SMTP)라는 규칙을 따른다. 이처럼 각 서비스의 목적에 맞는 다양한 프로토콜이 존재하며, 이 약속 덕분에 복잡한 인터넷 세상이 질서 있게 작동한다.

● 네트워크 모델의 필요성

하나의 거대한 프로토콜로 모든 통신 과정을 처리하는 것은 매우 비효율적이고 복잡하다. 통신 과정에는 데이터를 전기 신호로 바꾸는 일부터, 올바른 목적지를 찾는 일, 데이터가 손상되지 않았는지 확인하는 일까지 매우 다양한 작업이 포함되기 때문이다. 그래서 통신 과정을 여러 단계, 즉 계층(Layer)으로 나누고 각 계층마다 필요한 프로토콜을 정해 역할을 분담하는 '네트워크 모델'이 등장했다. 계층을 나눔으로써 문제 해결이 쉬워지고, 특정 계층의 기술이 발전해도 다른 계층에 영향을 주지 않고 교체할 수 있게 된다.

2. OSI 7계층 모델

OSI 7계층 모델은 국제표준화기구(International Organization for Standardization, ISO)가 서로 다른 시스템 간의 원활한 통신을 위해 제정한 '네트워크 통신의 교과서'와 같은 참조 모델이다. 이 모델은 실제 인터넷 통신에 직접 사용되기보다는, 네트워크 기술을 개발하고 통신 과정을 이해하며 문제를 해결하는 데 기준이 되는 이론적인 틀을 제공한다. 즉, 네트워크 통신을 7개의 논리적인 단계로 나누어 각 단계가 어떤 역할을 해야 하는지 명확하게 정의한 설계도라고 할 수 있다.

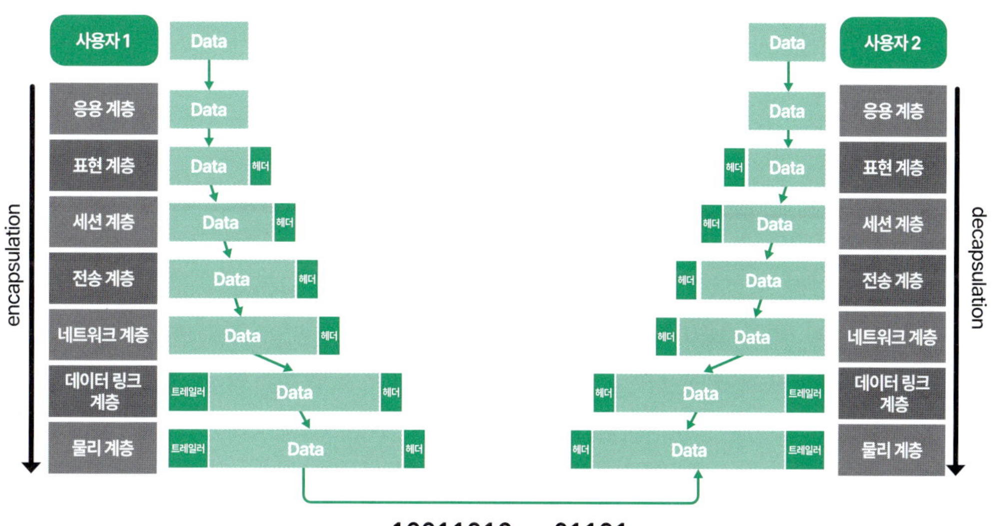

● 7개 계층의 역할

데이터를 보내는 과정을 '해외로 중요한 서류를 보내는 국제 우편 시스템'에 비유하면 각 계층의 역할을 쉽게 이해할 수 있다.

- 7계층 응용 계층(Application Layer): 편지 작성

  사용자가 편지를 작성하는 단계다. 웹 브라우저, 이메일 클라이언트, 파일 전송 프로그램 등 사용자와 직접 상호작용하는 응용 프로그램이 이 계층에 속한다. HTTP, FTP, SMTP 같은 프로토콜이 사용되어 사용자가 네트워크 서비스를 이용할 수 있도록 인터페이스를 제공한다.

- 6계층 표현 계층(Presentation Layer): 번역 및 암호화

  편지의 내용을 상대방 국가의 언어로 번역하고, 중요한 내용이 유출되지 않도록 암호화된 봉투에 넣는 단계다. 데이터의 형식을 통일하고, 필요에 따라 압축하거나 암호화하는 역할을 한다. 예를 들어, 문자 코드를 ASCII에서 EBCDIC으로 변환하거나, JPEG, MPEG 같은 파일 형식을 지정하는 것이 여기에 해당한다.

- **5계층 세션 계층(Session Layer)**: 통화 연결 및 유지

  국제전화로 상대방에게 "이제 서류를 보낼게"라고 알리고, 서류가 잘 도착했는지 중간중간 확인하는 통화 연결을 유지하는 단계다. 통신의 시작과 끝을 관리하고, 데이터 전송 중 연결이 끊겼을 때 복구 지점을 정하는 등 통신 세션을 설정, 유지, 종료하는 역할을 담당한다.

- **4계층 전송 계층(Transport Layer)**: 등기 우편 발송

  일반 우편이 아닌, 배송 추적이 가능하고 분실 시 책임지는 등기 우편으로 보내는 단계다. 데이터가 목적지까지 정확하고 순서대로 도착하는 것을 보장하는 신뢰성 있는 통신을 담당한다. 데이터를 적절한 크기로 나누고(분할), 받은 쪽에서는 이를 다시 조립하며, 데이터의 흐름을 제어하고 오류를 검출하여 복구한다. 대표적인 프로토콜로 TCP와 UDP가 있다.

- **3계층 네트워크 계층(Network Layer)**: 최적 경로 계획

  편지 봉투에 적힌 최종 주소(국가, 도시, 상세 주소)를 보고 가장 효율적인 항공 및 육상 경로를 결정하는 단계다. 논리적 주소인 Internet Protocol(IP) 주소를 사용하여 수많은 네트워크를 거쳐 목적지까지 데이터를 전달할 최적의 경로(라우팅)를 찾는다. 라우터(Router)라는 장비가 이 계층에서 작동한다.

- **2계층 데이터 링크 계층(Data Link Layer)**: 구간별 안전 배송

  인천 공항에서 도쿄 우체국까지, 즉 바로 다음 목적지까지 편지를 안전하게 전달하는 단계다. 물리적으로 연결된 이웃 노드(장치) 간에 데이터를 안전하게 전송하는 역할을 한다. 물리적 주소인 Media Access Control(MAC) 주소를 사용하며, 데이터 단위를 프레임(Frame)이라고 부른다. 물리 계층에서 발생할 수 있는 오류를 감지하고 수정하는 기능도 수행한다.

- **1계층 물리 계층(Physical Layer)**: 실제 운송 수단

  편지를 실은 트럭, 비행기, 배 자체에 해당한다. 데이터를 0과 1의 비트(bit) 스트림으로 변환하여 케이블, 광섬유, 전파 등 물리적인 매체를 통해 전기 신호나 빛의 형태로 전송한다. 데이터의 내용이나 구조에는 관여하지 않고 오직 물리적인 전송만을 책임진다.

데이터 캡슐화(Encapsulation)

각 계층은 하위 계층으로 데이터를 전달할 때, 자신의 역할에 필요한 정보를 담은 머리말(Header)을 데이터 앞에 붙인다. 이 과정은 마치 편지지에 내용을 쓰고, 봉투에 넣어 주소를 적고, 다시 보안 봉투에 넣은 뒤, 운송용 박스에 담는 과정과 같다. 이렇게 각 계층의 정보가 포장처럼 덧씌워지는 것을 '캡슐화(Encapsulation)'라고 한다. 캡슐화 덕분에 각 계층은 다른 계층의 복잡한 작업을 신경 쓸 필요 없이 자신의 역할에만 충실할 수 있다. 이러한 역할 분담과 추상화는 인터넷이 수많은 기술 변화 속에서도 안정적으로 확장될 수 있었던 핵심 원리다. 새로운 Wi-Fi 기술(1, 2계층)이 등장해도 우리가 사용하는 웹 브라우저(7계층)를 바꿀 필요가 없는 이유가 바로 여기에 있다.

3. TCP/IP 모델

OSI 모델이 네트워크 통신을 이해하기 위한 이론적인 **참조 모델**이라면, TCP/IP 모델은 오늘날 인터넷을 작동시키는 실질적인 **표준 모델**이다. 이 모델은 1970년대 미 국방성(DARPA)의 연구 프로젝트(ARPANET)에서 개발되었으며, OSI 모델보다 먼저 탄생하여 실제 네트워크 환경에서 검증되고 발전하며 인터넷의 기본 프로토콜로 자리 잡았다. 이론적 완벽함보다는 실제 통신 문제를 해결하는 실용성에 중점을 둔 결과, TCP/IP는 기술 표준 경쟁에서 사실상의 승자가 되어 현대 인터넷의 근간을 이루게 되었다.

● 4개의 계층 구조

TCP/IP 모델은 OSI 7계층을 4개의 실용적인 계층으로 통합하여 더 간결하게 구성된다.

- **4계층 응용 계층(Application Layer)**: OSI의 응용, 표현, 세션 계층을 통합한 것으로, 사용자가 직접 사용하는 응용 프로그램과의 인터페이스를 제공한다(예 HTTP, FTP, DNS).
- **3계층 전송 계층(Transport Layer)**: OSI의 전송 계층과 거의 동일하며, 데이터 전송의 신뢰성을 담당한다(예 TCP, UDP).
- **2계층 인터넷 계층(Internet Layer)**: OSI의 네트워크 계층에 해당하며, 데이터의 최종 목적지까지 경로를 설정한다(예 IP).
- **1계층 네트워크 인터페이스 계층(Network Interface Layer)**: OSI의 데이터 링크, 물리 계층을 통합한 것으로, 실제 데이터를 물리적인 네트워크 매체를 통해 전송하는 역할을 한다(예 Ethernet).

● OSI 모델과의 관계

TCP/IP와 OSI 모델은 경쟁 관계가 아니라 상호 보완적인 관계다. TCP/IP가 실제 인터넷이 동작하는 원리를 보여준다면, OSI 모델은 그 원리를 7개의 세분화된 단계로 나누어 상세하게 분석하고 이해하기 위한 '해부도'와 같다. 네트워크 엔지니어들은 실제 문제를 해결할 때는 TCP/IP 모델을 기반으로 생각하지만, 통신 과정의 특정 단계에서 발생한 문제를 정밀하게 진단할 때는 OSI 모델의 계층 구분을 활용한다.

▼ OSI 계층별 주요 역할 및 프로토콜

OSI 7계층	TCP/IP 4계층	주요 역할 및 프로토콜 예시
7. 응용 계층	4. 응용 계층	사용자 인터페이스, 데이터 형식 변환, 통신 세션 관리(HTTP, FTP, SMTP, DNS)
6. 표현 계층		데이터 암호화, 압축(JPEG, MPEG, SSL/TLS)
5. 세션 계층		통신 세션 수립 및 관리(NetBIOS, RPC)
4. 전송 계층	3. 전송 계층	신뢰성 있는 데이터 전송, 흐름 및 오류 제어(TCP, UDP)
3. 네트워크 계층	2. 인터넷 계층	논리적 주소 지정(IP), 최적 경로 설정(라우팅)(IP, ICMP)
2. 데이터 링크 계층	1. 네트워크 인터페이스 계층	물리적 주소 지정(MAC), 프레임 전송, 오류 감지(Ethernet, Wi-Fi)
1. 물리 계층		물리적 신호(비트) 전송(케이블, 허브)

4. 연결 지향형 통신(TCP)

TCP(Transmission Control Protocol)는 데이터가 누락되거나 순서가 바뀌지 않고 목적지에 정확히 전달되는 것을 보장하는 '연결형(Connection-oriented)' 프로토콜이다. 중요한 파일을 전송하거나 웹 페이지를 로딩할 때 글자 하나, 이미지 픽셀 하나라도 빠지면 내용이 깨지기 때문에, 이런 서비스에는 반드시 TCP가 사용된다. TCP는 데이터를 보내기 전에 상대방과 먼저 연결을 설정하고, 데이터를 보낸 후에는 잘 받았는지 확인하며, 문제가 생기면 재전송하는 등 꼼꼼한 절차를 거쳐 데이터의 무결성을 보장한다.

● 3-way Handshake

TCP가 통신을 시작하기 전에 클라이언트와 서버가 3단계에 걸쳐 서로의 상태를 확인하고 연결을 설정하는 과정을 '3-way Handshake'라고 한다. 이는 처음 만난 두 사람이 악수하는 과정에 비유할 수 있다.

- **1단계(SYN)**: 클라이언트가 서버에게 연결을 요청하는 SYN(Synchronize) 패킷을 보낸다. 이는 한 사람이 상대방에게 "만나서 반갑습니다"라며 악수를 청하는 것과 같다.
- **2단계(SYN+ACK)**: 서버는 요청을 받고, 자신도 통신할 준비가 되었음을 알리는 SYN 패킷과 함께 클라이언트의 요청을 잘 받았다는 ACK(Acknowledgement) 패킷을 보낸다. 이는 상대방의 악수를 받으며, "네, 저도 반갑습니다"라며 자신의 손도 내미는 것과 같다.
- **3단계(ACK)**: 클라이언트는 서버의 응답을 받고, 최종적으로 연결이 성립되었음을 알리는 ACK 패킷을 서버에 보낸다. 이제 두 사람의 손이 단단히 맞잡힌 것처럼, 안정적인 데이터 전송을 시작할 수 있는 상태가 된다.

이 과정을 통해 양측 모두 통신 가능한 상태임을 확실히 인지한 후에야 데이터를 교환하므로, TCP는 높은 신뢰성을 가질 수 있다.

● 흐름 제어와 혼잡 제어

TCP는 받는 쪽이 처리할 수 있는 데이터의 양을 초과하지 않도록 전송 속도를 조절하는 흐름 제어(Flow Control) 기능을 갖추고 있다. 또한, 인터넷 경로가 막히거나 혼잡할 때는 스스로 전송 속도를 줄여 네트워크 전체의 안정을 유지하는 혼잡 제어(Congestion Control) 기능도 수행한다. 이처럼 TCP는 단순히 데이터를 보내는 것을 넘어, 네트워크 상황까지 고려하는 지능적인 프로토콜이다.

5. 비연결형 통신(UDP)

UDP(User Datagram Protocol)는 신뢰성보다 속도가 중요할 때 사용하는 '비연결형(Connection-less)' 프로토콜이다. 데이터를 보내기 전에 연결을 설정하는 절차(Handshake)가 없고, 데이터가 잘 도착했는지 확인하거나 재전송하는 기능도 없다. 이러한 복잡한 절차를 생략한 덕분에 UDP는 TCP보다 훨씬 빠르고 효율적으로 데이터를 전송할 수 있다.

● UDP의 작동 방식

UDP 통신은 주소만 적어 우체통에 넣으면 그만인 일반 우편과 같다. 편지가 중간에 사라지거나, 여러 장을 보냈을 때 순서가 뒤바뀌어 도착할 수도 있다. 하지만 보내는 과정이 매우 간단하고 빨라, 신속함이 생명인 상황에 적합하다. UDP는 신뢰성을 보장하지 않는 대신, 최소한의 정보(헤더)만을 추가하여 데이터를 보내므로 네트워크에 주는 부담(오버헤드)이 적다.

● UDP의 사용 사례

UDP는 약간의 데이터 손실이 발생하더라도 실시간성이 더 중요한 서비스에 널리 사용된다. 예를 들어, 온라인 게임에서 다른 플레이어의 움직임이 0.1초 늦게 보이는 것은 치명적이지만, 화면의 특정 픽셀이 잠시 깨지는 것은 게임 진행에 큰 영향을 주지 않는다. 마찬가지로, 영상 스트리밍 서비스에서 일부 데이터가 손실되면 화질이 잠시 저하될 뿐이지만, TCP처럼 손실된 데이터를 재전송하느라 영상이 계속 멈춘다면 사용자 경험이 크게 저하될 것이다. 이처럼 속도가 신뢰성보다 우선시되는 온라인 게임, 실시간 영상 스트리밍, 인터넷 전화(VoIP) 등에서 UDP가 활약한다.

▼ TCP와 UDP의 비교

구분	TCP	UDP
연결 방식	연결형(Connection-oriented)	비연결형(Connectionless)
신뢰성	높음(데이터 도착 보장)	낮음(데이터 도착 미보장)
속도	느림	빠름
데이터 순서 보장	보장(O)	미보장(X)
흐름/혼잡 제어	지원(O)	미지원(X)
주요 사용처	웹 브라우징, 이메일, 파일 전송 등 신뢰성이 중요한 서비스	실시간 스트리밍, 온라인 게임, DNS 등 속도가 중요한 서비스

6.2 주소는 어떻게 찾아가는가?

모든 집이 고유한 주소를 가져야 우편물이 정확히 배달되듯, 인터넷에 연결된 모든 기기 역시 'IP 주소'라는 고유한 주소를 갖는다. 인터넷 세계의 주소 체계인 IP 주소의 종류와 구조를 알아보고, 거대한 주소 공간을 효율적으로 관리하는 서브넷 마스크와 CIDR의 원리를 탐구한다. 마지막으로, 우리가 매일 사용하는 'www.google.com'과 같은 도메인 이름이 어떻게 복잡한 IP 주소로 변환되는지, 그 비밀을 간직한 DNS의 작동 원리를 파헤쳐 보자.

1. IP 주소

IP 주소(Internet Protocol Address)는 인터넷에 연결된 컴퓨터, 스마트폰, 서버 등 모든 장치를 식별하기 위한 고유한 번호 체계다. 네트워크 계층(OSI 3계층)에서 데이터를 올바른 목적지까지 전달(라우팅)하는 데 사용되는 핵심 정보로, 인터넷 세상의 '집 주소'와 같은 역할을 한다.

● IPv4와 IPv6

- IPv4(Internet Protocol version 4): 현재 가장 널리 사용되는 IP 주소 체계다. 32비트(bit) 이진수로 구성되며, 사람이 알아보기 쉽도록 8비트씩 나누어 '점(.)으로 구분된 4개의 10진수'(예 192.168.0.1)형태로 표기한다. 32비트로는 약 2^32개(2의 32제곱), 즉 약 43억 개의 주소를 만들 수 있다. 하지만 스마트폰, IoT 기기 등 인터넷에 연결되는 장치가 폭발적으로

증가하면서 IPv4 주소는 거의 고갈될 위기에 처했다.

- **IPv6(Internet Protocol version 6)**: IPv4의 주소 고갈 문제를 해결하기 위해 등장한 차세대 주소 체계다. 128비트로 구성되어 약 2^128개라는 거의 무한에 가까운 주소를 할당할 수 있다. '콜론(:)으로 구분된 8개의 16진수'(예 2001: 0db8: 85a3: 0000: 0000: 8a2e: 0370: 7334) 형태로 표기하며, 주소 자동 설정 기능과 보안 기능(IPsec)이 기본적으로 강화되었다. 현재는 IPv4와 IPv6가 함께 사용되는 전환기를 거치고 있다.

● 공인 IP와 사설 IP

IPv4 주소 부족 문제를 해결하기 위해 등장한 또 다른 중요한 개념이 바로 공인 IP와 사설 IP다.

- **공인 IP(Public IP)**: 전 세계에서 유일해야 하는 인터넷 상의 '실제 집 주소'와 같다. 인터넷 서비스 제공업체(Internet Service Provider, ISP)가 할당하며, 이 주소를 통해 외부 인터넷에서 특정 장치로 직접 접근할 수 있다. 웹 서버처럼 외부에서 접속해야 하는 장비는 반드시 공인 IP를 가져야 한다.
- **사설 IP(Private IP)**: 우리 집이나 회사 같은 내부 네트워크(Local Area Network, LAN)에서만 사용하는 내부용 주소다. 이는 아파트 단지 안에서 '101동 501호'라고 부르는 것과 같아서, 다른 아파트 단지에도 똑같은 '101동 501호'가 존재할 수 있다. 사설 IP는 특정 대역(예 10.0.0.0 ~ 10.255.255.255, 192.168.0.0 ~ 192.168.255.255)으로 정해져 있으며, 이 주소만으로는 외부 인터넷에 직접 접속할 수 없다.

2. 서브넷 마스크

서브넷 마스크(Subnet Mask)는 IP 주소 하나를 보고 어디까지가 전체 네트워크를 나타내는 네트워크 주소이고, 어디부터가 그 안의 개별 장치를 나타내는 호스트 주소인지를 구분해 주는 '구분자' 역할을 한다. 이는 '서울특별시 강남구 역삼동 123-45'라는 주소에서, '서울특별시 강남구'라는 큰 지역(네트워크)과 '역삼동 123-45'라는 세부 주소(호스트)를 구분하는 우편번호 시스템과 유사하다. 라우터는 이 서브넷 마스크를 이용해 데이터가 같은 네트워크 안에 있는지, 아니면 외부 네트워크로 보내야 하는지를 판단한다.

서브넷 마스크는 IP 주소와 동일하게 32비트 숫자로 이루어져 있다. 이를 이진수로 변환했을 때, '1'이 연속되는 부분은 네트워크 주소를, '0'이 연속되는 부분은 호스트 주소를 의미한다. 예를 들어, 서브넷 마스크 255.255.255.0은 이진수로 11111111.11111111.11111111.00000000이다. 이는 앞에서부터 24비트는 네트워크 주소, 뒤의 8비트는 호스트 주소로 사용하겠다는 의미다. 컴퓨터는 IP 주소와 서브넷 마스크에 대해 비트 단위의 AND 연산을 수행하여 자신이 속한 네트워크 주소를 알아낸다.

● 서브넷팅의 필요성

하나의 거대한 네트워크를 서브넷 마스크를 이용해 여러 개의 작은 네트워크, 즉 서브넷(Subnet)으로 나누는 과정을 '서브넷팅(Subnetting)'이라고 한다. 서브넷팅은 불필요한 통신(브로드캐스트)이 전체 네트워크로 퍼지는 것을 막아 성능을 향상시키고, 부서별(예 인사팀, 개발팀)로 네트워크를 논리적으로 분리하여 보안을 강화하며, IP 주소를 효율적으로 관리할 수 있게 해준다.

3. CIDR

과거에는 IP 주소를 네트워크 규모에 따라 A, B, C와 같은 클래스(Class)로 나누어 고정적으로 할당했다. 예를 들어, C 클래스는 254개의 호스트를 가질 수 있었고, B 클래스는 약 6만 5천 개의 호스트를 가졌다. 이 방식은 필요한 호스트 수와 상관없이 정해진 덩어리로만 주소를 할당했기 때문에 IP 주소 낭비가 매우 심각했다. CIDR(Classless Inter-Domain Routing, 사이더)는 이러한 클래스 개념을 없애고, 필요한 만큼만 IP 주소를 유연하게 할당하기 위해 등장한 새로운 주소 할당 방식이다.

● CIDR 표기법

CIDR는 서브넷 마스크를 표현하는 매우 간결한 방식을 제공한다. IP 주소 뒤에 슬래시(/)와 숫자를 붙여 네트워크 주소의 길이를 비트 단위로 직접 명시한다. 예를 들어, '192.168.1.0/24'는 앞에서부터 24비트가 네트워크 주소임을 의미하며, 이는 서브넷 마스크 255.255.255.0과 정확히 같은 의미다.

CIDR 표기법 덕분에 네트워크 관리자는 조직의 필요에 맞춰 매우 세밀하게 네트워크 크기를 조절할 수 있다. 예를 들어, 10개의 IP 주소가 필요한 소규모 팀에게는 /28(14개 호스트 사용 가능)을 할당하고, 500개의 주소가 필요한 부서에는 /23(510개 호스트 사용 가능)을 할당하는 식이다. 이처럼 CIDR은 IP 주소 공간을 효율적으로 사용하여 IPv4의 수명을 연장하는 데 크게 기여했다.

4. DNS

사람은 172.217.25.228과 같은 복잡한 숫자(IP 주소)를 외우기 어렵다. 대신 www.google.com처럼 의미 있는 문자 주소를 선호한다. DNS(Domain Name System)는 사람이 기억하기 쉬운 도메인 이름을 컴퓨터가 이해하는 IP 주소로 변환해주는, 거대한 '인터넷 전화번호부'와 같은 시스템이다. 우리가 스마트폰에서 친구 이름을 찾아 전화를 걸면 전화기가 자동으로 친구의 전화번호로 연결해주듯, DNS는 도메인 이름을 IP 주소로 자동 변환하여 우리가 원하는 웹사이트에 접속할 수 있게 해준다.

사용자가 웹 브라우저에 'www.naver.com'을 입력했을 때, IP 주소를 찾아가는 여정은 다음과 같다.

- **1단계(PC 캐시 확인)**: 브라우저는 가장 먼저 내 컴퓨터의 기록(로컬 DNS 캐시)을 확인한다. "최근에 www.naver.com에 방문한 적이 있나?" 만약 기록이 남아있다면, 즉시 해당 IP 주소를 사용하여 접속한다.
- **2단계(Recursive DNS 서버에 질문)**: 캐시에 기록이 없다면, 컴퓨터는 미리 설정된 DNS 서버(주로 통신사(ISP)가 제공)에게 질문을 던진다. 이 서버를 'Recursive Resolver' 또는

'Recursive DNS 서버'라고 부르며, 사용자를 대신해 IP 주소를 끝까지 찾아다 주는 해결사 또는 비서 역할을 한다.

- **3단계(Root DNS 서버에 질문)**: 해결사 서버는 전 세계에 13개(유형)만 존재하는 인터넷 주소 체계의 최상위 관리자인 'Root DNS 서버'에게 찾아간다. 그리고는 ".com으로 끝나는 주소는 어떤 서버가 담당하고 있나요?"라고 묻는다.
- **4단계(TLD DNS 서버에 질문)**: Root 서버는 .com 도메인을 관리하는 'TLD(Top-Level Domain) 서버'의 주소를 알려준다. 해결사 서버는 이 TLD 서버에게 가서 "'naver.com' 주소는 어떤 서버가 담당하나요?"라고 다시 묻는다.
- **5단계(Authoritative DNS 서버에 질문)**: TLD 서버는 naver.com 도메인의 실제 정보(전화번호부 원본)를 가지고 있는 'Authoritative Name Server(권한 있는 네임 서버)'의 주소를 알려준다. 해결사 서버는 마침내 이 최종 책임자에게 가서 "www.naver.com의 진짜 IP 주소가 무엇인가요?"라고 질문한다.
- **6단계(응답 및 접속)**: Authoritative 서버가 최종 IP 주소를 알려주면, 해결사 서버는 이 주소를 사용자 컴퓨터의 브라우저에게 전달한다. 브라우저는 이 IP 주소를 이용해 네이버 서버에 접속한다. 이 과정에서 알아낸 IP 주소는 다음번 조회를 위해 해결사 서버와 사용자 컴퓨터에 일정 시간 동안 저장(캐싱)된다.

이처럼 DNS는 하나의 거대한 서버가 모든 것을 처리하는 중앙 집중 방식이 아니다. Root, TLD, Authoritative 서버로 이어지는 계층적이고 분산된 구조를 통해 전 세계 수많은 도메인 요청을 효율적이고 안정적으로 처리한다. 만약 하나의 서버가 고장 나더라도 전체 인터넷이 마비되지 않는 이유가 바로 이 설계 덕분이다.

5. 도메인

도메인(Domain)은 IP 주소를 사람이 기억하고 사용하기 쉽도록 만든 문자로 된 주소 체계다. 이는 인터넷 상에서 특정 컴퓨터나 네트워크를 식별하는 고유한 이름이다. 도메인 이름은 누구나 마음대로 사용할 수 있는 것이 아니다. 공인된 도메인 등록 기관(Registrar)을 통해 일정 비용을 지불하고 등록해야만 소유권을 인정받을 수 있는 고유한 인터넷 자산이다.

● 도메인의 계층 구조

도메인 이름은 '.'으로 구분되며, 오른쪽에서 왼쪽으로 갈수록 상위 계층에 속하는 계층적 구조를 가진다. 예를 들어, www.naver.com은 다음과 같이 분석할 수 있다.

- **.com: 최상위 도메인(TLD, Top-Level Domain)**. 도메인의 종류를 나타내며, .com(회사), .org(기관), .kr(국가) 등이 있다.
- **naver: 차상위 도메인(SLD, Second-Level Domain)**. 보통 기관이나 회사의 고유한 이름이 사용된다.

• **www: 호스트 이름(서브 도메인).** naver.com이라는 도메인 내에서 웹 서버(World Wide Web) 역할을 하는 특정 컴퓨터를 가리킨다. mail.naver.com이나 blog.naver.com처럼 다른 호스트 이름도 존재할 수 있다.

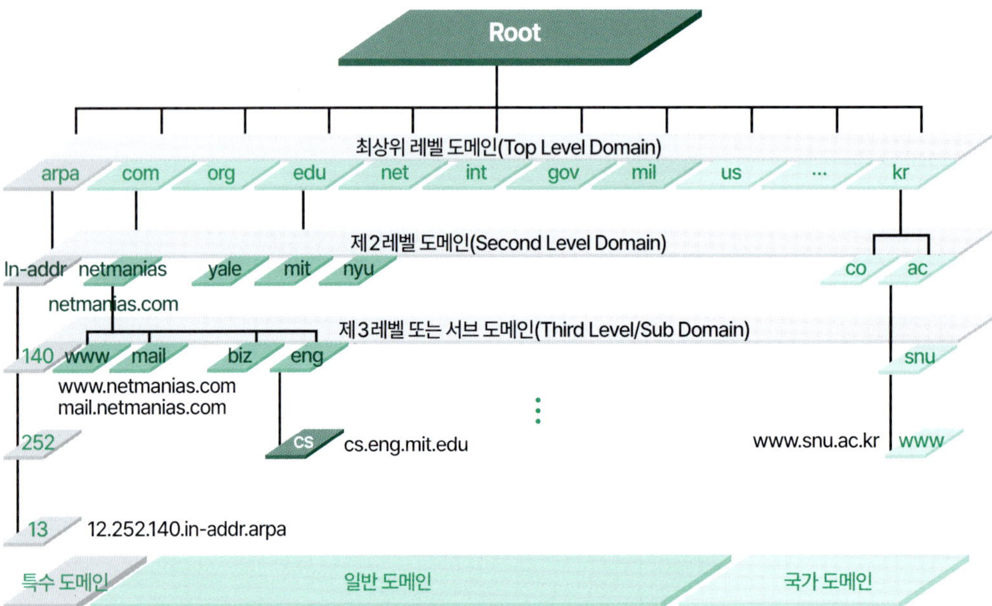

6.3 네트워크를 연결하는 장비는 무엇인가?

우리가 매일 사용하는 인터넷과 회사 내부 네트워크는 눈에 보이지 않는 수많은 길로 이루어져 있다. 데이터라는 자동차가 이 길을 빠르고 정확하게 달릴 수 있도록 신호를 제어하고 경로를 안내하는 장비들이 있다. 네트워크의 핵심 일꾼인 스위치, 라우터와 같은 장비들의 역할과 동작 원리를 알아보고 이 장비들이 어떻게 데이터를 목적지까지 안전하게 전달하는지 이해하면, 네트워크의 기본 구조를 파악해 보자.

1. 스위치(Switch)

스위치(Switch)는 사무실이나 건물처럼 한정된 공간 안에서 네트워크를 구성하는 가장 기본적인 장비이다.여러 대의 컴퓨터, 프린터, 서버 등을 서로 연결하여 통신이 가능하도록 돕는다.

스위치의 역할을 가장 쉽게 비유하자면 '동네 우체국'이나 '사무실의 교통정리 담당자'와 같다. A 컴퓨터가 B 컴퓨터에게 데이터를 보낼 때, 스위치는 이 데이터를 B 컴퓨터에게만 정확히 전달한다.네트워크에 연결된 모든 컴퓨터에게 데이터를 무분별하게 보내지 않기 때문에 효율적이고 안전하다.

이러한 스위치의 지능적인 특징은 '허브(Hub)'라는 구형 장비와 비교하면 더욱 명확해진다. 허브는 특정 목적지 없이 들어온 데이터를 모든 연결된 장치에 그대로 복사해서 보낸다. 이는 마치 마을 광장에서 모든 소식을 소리쳐 알리는 사람과 같아서, 불필요한 소음(네트워크 혼잡)을 만들고 보안에도 취약하다. 반면, 스위치는 편지를 정확한 주소의 우편함에만 넣어주는 똑똑한 집배원과 같아, 네트워크의 성능과 효율을 크게 향상시킨다.

• 동작 원리

스위치가 데이터를 정확한 목적지로 보낼 수 있는 비결은 내부에 있는 'MAC 주소 테이블(MAC Address Table)' 덕분이다. 이 과정은 스위치가 스스로 학습하며 이루어진다.

먼저, 데이터 묶음(패킷)이 스위치로 들어오면, 스위치는 패킷에 적힌 목적지 MAC 주소를 확인한다. 그리고 자신의 MAC 주소 테이블을 조회하여 해당 MAC 주소를 가진 장비가 어느 포트(연결 단자)에 연결되어 있는지 찾는다. 마지막으로, 해당 포트로만 데이터를 전송하여 불필요한 트래픽 발생을 막는다. 이 과정을 필터링(Filtering) 또는 포워딩(Forwarding)이라고 부른다.

● 기업 환경에서의 활용

기업 환경에서 스위치는 필수적인 장비이다. 수십, 수백 대의 직원 컴퓨터와 프린터, 인터넷 전화기(VoIP), 서버 등을 하나의 네트워크로 묶어 원활한 업무 환경을 조성한다. 특히 규모가 큰 네트워크에서는 '매니지드 스위치(Managed Switch)'라는 고급 기능을 갖춘 스위치를 사용한다. 관리자는 이 스위치를 통해 네트워크를 여러 개의 가상 랜(VLAN)으로 나누어 부서별로 분리하거나, 화상 회의처럼 중요한 데이터가 다른 데이터보다 우선적으로 처리되도록 설정(QoS, Quality of Service)할 수 있다.

2. L2/L3 스위치

스위치는 작동하는 방식에 따라 크게 L2 스위치와 L3 스위치로 나뉜다. 이는 네트워크 통신 규칙의 계층 모델인 OSI 7계층을 기준으로 구분한 것이다.

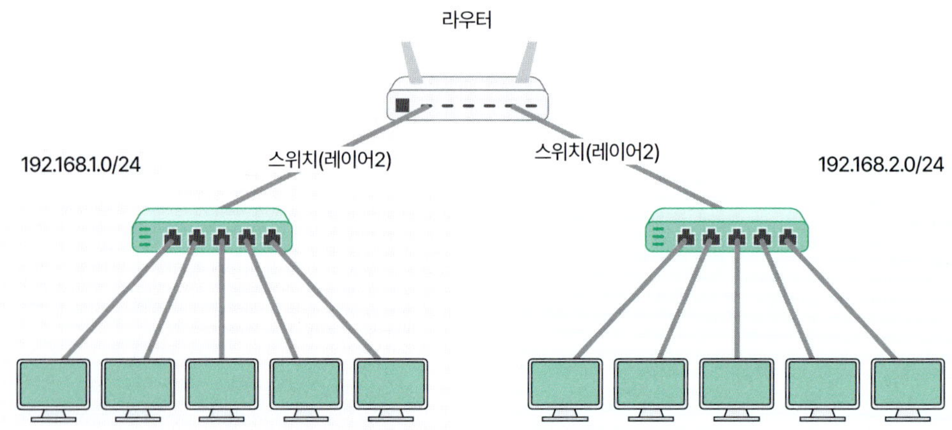

● L2 스위치의 특징

L2 스위치(Layer 2 Switch)는 우리가 지금까지 이야기한 가장 일반적인 형태의 스위치다. OSI 모델의 2계층인 데이터 링크 계층(Data Link Layer)에서 작동한다.

L2 스위치의 가장 큰 특징은 MAC 주소를 기반으로 데이터를 전달한다는 점이다. 같은 네트워크(혹은 같은 VLAN) 안에서 특정 장비를 찾아 데이터를 빠르고 효율적으로 전달하는 데 특화되어 있다. 하지만 L2 스위치는 서로 다른 네트워크 사이의 통신은 처리하지 못한다. 예를 들어, 재무팀 네트워크(VLAN 10)에서 영업팀 네트워크(VLAN 20)로 데이터를 보내는 것은 L2 스위치 혼자서는 불가능하다. L2 스위치는 IP 주소를 이해하지 못하기 때문이다.

● L3 스위치의 등장 배경과 역할

기업의 네트워크 규모가 커지면서 보안과 효율성을 위해 네트워크를 재무팀, 영업팀, 개발팀 등으로 나누어 관리할 필요가 생겼다. 이렇게 논리적으로 나뉜 네트워크를 VLAN(Virtual LAN)이라고 한다. 하지만 분리된 팀들끼리도 서로 데이터를 주고받아야 할 때가 있다. 과거에는 이 역할을 '라우터'라는 별도의 장비가 담당했다.

그러나 모든 내부 통신이 라우터를 거치게 되자 병목 현상이 발생하여 속도가 느려지는 문제가 생겼다. 이러한 문제를 해결하기 위해 등장한 것이 바로 L3 스위치(Layer 3 Switch)다. L3 스위치는 L2 스위치의 빠른 데이터 처리 능력과 라우터의 경로 선택 기능을 합친 하이브리드 장비다. OSI 3계층인 네트워크 계층(Network Layer)에서 작동하며, IP 주소를 이해하고 서로 다른 VLAN 간의 데이터 전송(라우팅)을 매우 빠른 속도로 처리할 수 있다. 이는 소프트웨어가 아닌 전용 하드웨어(ASIC)로 라우팅을 수행하기 때문에 가능하다.

● L2와 L3의 핵심 차이점 비교

L2 스위치와 L3 스위치의 가장 큰 차이점은 '어떤 주소를 보고 길을 찾는가'와 '활동 범위가 어디까지인가'이다. L2 스위치는 MAC 주소를 보고 같은 동네 안에서만 길을 찾지만, L3 스위치는 IP 주소까지 보고 다른 동네로 가는 길까지 안내할 수 있다.

▼ L2 스위치와 L3 스위치 비교

기능	L2 스위치	L3 스위치
OSI 계층	2계층(데이터 링크)	2계층&3계층(네트워크)
참조 주소	MAC 주소	MAC 주소&IP 주소
주요 역할	단일 네트워크(LAN/VLAN) 내 장치 연결	네트워크 간 트래픽 경로 설정(Inter-VLAN 라우팅)
비유	동네 우체국(같은 우편번호 내 배송)	지역 우편 집중국(다른 우편번호로 분류 및 발송)
주요 사용처	부서 내 사용자 PC 연결	대규모 사내 네트워크에서 부서 간 네트워크 연결
속도	로컬 트래픽 처리가 매우 빠름	라우터보다 VLAN 간 라우팅이 훨씬 빠름

3. 라우터(Router)

라우터(Router)의 핵심 역할은 서로 다른 네트워크를 연결하는 것이다. 우리 사무실 네트워크(LAN)를 인터넷(WAN)에 연결해 주는 장비가 바로 라우터다. 스위치가 동네 우체국이라면, 라우터는 우리 도시(사내 네트워크)를 다른 도시(다른 회사 네트워크)나 전 세계(인터넷)와 연결하는 고속도로 교차로나 국제공항에 비유할 수 있다. 라우터는 OSI 3계층(네트워크 계층)에서 작동하며, 목적지 IP 주소를 보고 데이터가 가야 할 최적의 경로를 결정한다.

● 라우팅의 개념

라우팅(Routing)이란 여러 네트워크를 거쳐 데이터가 출발지에서 목적지까지 가는 최적의 경로를 찾는 과정을 의미한다. 라우터는 이 라우팅을 수행하기 위해 '라우팅 테이블(Routing Table)' 지도를 가지고 있다. 이 지도에는 알려진 네트워크들의 목록과 해당 네트워크로 가기 위해 다음으로 데이터를 어디로 보내야 하는지에 대한 정보가 기록되어 있다. 라우팅 테이블을 만드는 방식은 크게 두 가지가 있다.

- **정적 라우팅**(Static Routing): 네트워크 관리자가 모든 경로를 직접 수동으로 입력하는 방식이다. 설정이 간단하고 보안에 유리하지만, 네트워크 구조가 바뀌면 다시 설정해야 하므로 유연성이 떨어지고 규모가 큰 네트워크에는 적합하지 않다.
- **동적 라우팅**(Dynamic Routing): 라우터들이 서로 통신하며 네트워크 정보를 교환하고, 최적의 경로를 스스로 찾아 라우팅 테이블을 자동으로 업데이트하는 방식이다. 설정이 복잡하지만, 네트워크 변화에 능동적으로 대처할 수 있어 확장성이 뛰어나다.

● 스위치와 라우터의 결정적 차이

초보자들이 가장 헷갈리는 부분 중 하나가 스위치와 라우터의 차이점이다. 핵심은 **활동 범위**와 **사용하는 주소**에 있다.

- **활동 범위**: 스위치는 하나의 네트워크 '안에서' 장치들을 연결하고, 라우터는 여러 네트워크 '사이에서' 이들을 연결한다. 사무실 컴퓨터끼리 파일을 주고받으려면 스위치가 필요하고, 사무실에서 인터넷을 사용하려면 라우터가 필요하다.
- **사용 주소**: 스위치는 MAC 주소('이 장비가 누구인가?')를 보고 데이터를 전달하지만, 라우터는 IP 주소('이 장비는 어느 네트워크에 속해 있는가?')를 보고 경로를 결정한다.
- **브로드캐스트**: 기술적으로 중요한 차이점은, 라우터는 네트워크 전체에 보내는 방송(브로드캐스트) 메시지를 다른 네트워크로 전달하지 않는다는 것이다. 이 덕분에 불필요한 트래픽이 다른 네트워크로 퍼지는 것을 막아준다.

L3 스위치와 라우터의 관계를 이해하는 것은 네트워크 설계의 핵심적인 트레이드오프, 즉 속도와 기능 사이의 균형을 파악하는 것과 같다. L3 스위치는 캠퍼스나 데이터센터와 같이 통제된 내부 환경에서 빠른 속도로 경로를 찾는 데 최적화되어 있다. 반면, 라우터는 인터넷과 같은 외부 세계와 연결될 때 필요한 복잡한 기능과 보안에 초점을 맞춘 관문 장비다. 원래 라우터는 IP 네트워크 간 경로를 찾는 유일한 장비였으며, 유연한 소프트웨어 방식으로 작동했지만, 속도가 상대적으로 느렸다.

기업 내부망이 VLAN으로 복잡하게 나뉘면서, 이 VLAN들 사이를 빠르게 연결할 필요성이 커졌고, 기존 라우터는 성능 병목을 일으켰다. L3 스위치는 이 문제를 해결하기 위해 라우팅 기능을 전용 하드웨어에 통합하여 내부 VLAN 간 통신 속도를 획기적으로 높였다. 하지만 이러한 속도 최적화는 WAN 인터페이스, 심층 패킷 검사(DPI)와 같은 고급 보안 기능 등 외부 인터넷 연결에 필요한 복잡한 기능들을 포기한 대가였다. 따라서 현대 기업 네트워크는 두 장비를 함께 사용한다. L3 스위치는 네트워크의 중심부에서 빠른 내부 통신을 담당하고, 전용 라우터나 방화벽이 인터넷 관문 역할을 하며 외부와의 복잡하고 보안이 중요한 연결을 처리한다.

4. 게이트웨이(Gateway)

게이트웨이(Gateway)는 말 그대로 '문'이나 '출입구'를 의미하며, 하나의 네트워크에서 다른 네트워크로 나갈 때 반드시 거쳐야 하는 통로 역할을 하는 개념이다. 어떤 장비든 자신이 속하지 않은 다른 네트워크로 데이터를 보내려면, 우선 게이트웨이로 데이터를 보내야 한다.

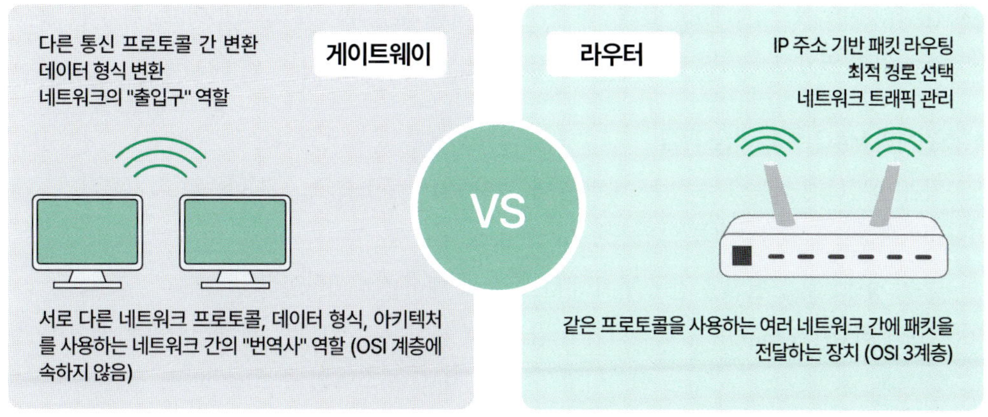

게이트웨이는 라우터보다 더 넓은 의미를 갖는다. 게이트웨이의 본질적인 역할은 서로 다른 종류의 네트워크를 연결하는 것이며, 필요하다면 서로 다른 통신 규칙(프로토콜)을 번역해주는 역할까지 수행한다. 우리가 흔히 사용하는 IP 네트워크 환경에서는 라우터가 이 게이트웨이 역할을 수행하는 대표적인 장비다.

● 기본 게이트웨이

기본 게이트웨이(Default Gateway)는 사용자들이 가장 흔하게 접하는 게이트웨이의 형태다. 컴퓨터가 데이터를 보낼 때, 먼저 목적지 IP 주소가 자신과 같은 네트워크에 있는지 확인한다. 만약 같은 네트워크라면 스위치를 통해 직접 데이터를 전달한다.

하지만 목적지 IP 주소가 인터넷의 특정 웹사이트처럼 다른 네트워크에 있다면, 컴퓨터는 그곳까지 가는 전체 경로를 알지 못한다. 이때 컴퓨터는 '일단 이 문으로 나가면 어떻게든 되겠지'라는 생각으로 데이터를 자신이 아는 유일한 출입구, 즉 '기본 게이트웨이'로 보낸다. 이는 해외로 편지를 보낼 때, 우리가 직접 비행기 경로를 알아보는 대신 가까운 우체통에 편지를 넣는 것과 같은 원리다. 기본 게이트웨이 설정이 잘못되어 있거나 없다면, 해당 장비는 인터넷 접속이 불가능하고 오직 내부 네트워크 통신만 할 수 있다.

● 라우터가 게이트웨이가 되는 이유

우리 집이나 사무실의 내부 네트워크(LAN)를 외부 인터넷 세상과 연결하는 장비는 라우터다. 따라서 내부 네트워크에 있는 모든 장비들에게 외부로 나가는 출입구는 자연스럽게 라우터가 된다. 바로 이 때문에 모든 컴퓨터나 스마트폰의 네트워크 설정에는 기본 게이트웨이 주소로 라우터의 내부 IP 주소(예 192.168.1.1)가 설정되는 것이다. 즉, 라우터가 곧 게이트웨이의 역할을 수행한다.

5. MAC 주소

MAC(Media Access Control) 주소는 네트워크에 연결되는 모든 장비(정확히는 네트워크 카드, NIC)에 제조사가 부여하는 고유한 물리적 식별 번호다. 전 세계에서 유일하며, 한번 부여되면 바뀌지 않는 하드웨어 주소다. 이는 마치 자동차의 차대번호나 사람의 주민등록번호와 같아서, 절대로 중복되지 않는다. MAC 주소는 48비트로 이루어져 있으며, 보통 16진수 12자리로 표기한다(예 00: 1A: 2B: 3C: 4D: 5E). 앞의 6자리는 제조사를 식별하는 코드(OUI)이고, 뒤 6자리는 해당 제조사가 부여한 고유 일련번호다.

● 스위치의 MAC 주소 학습 과정

스위치가 똑똑하게 작동할 수 있는 비결은 바로 이 MAC 주소를 스스로 학습하고 기록하기 때문이다. 이 과정은 크게 4단계로 이루어진다.

- **초기 상태**: 처음 전원을 켠 스위치의 MAC 주소 테이블은 비어있다.
- **1단계 학습(Learning)**: A 컴퓨터가 B 컴퓨터로 데이터를 보낸다. 이 데이터가 스위치의 1번 포트로 들어온다. 스위치는 데이터의 '출발지' MAC 주소(A의 주소)를 보고, "A는 1번 포트에 연결되어 있구나"라는 정보를 자신의 MAC 주소 테이블에 기록한다. 이렇게 스위치는 자신의 주소록을 만들어 나간다.
- **2단계 플러딩(Flooding)**: 이제 스위치는 데이터의 '목적지' MAC 주소(B의 주소)를 확인한다. 하지만 테이블을 찾아봐도 B에 대한 정보가 없다. B가 어디에 연결되어 있는지 모르기 때문에, 스위치는 데이터를 받은 1번 포트를 제외한 '모든 포트'로 이 데이터를 복사해서 뿌린다. 이를 플러딩이라고 한다.
- **3단계 전달/필터링(Forwarding/Filtering)**: 플러딩된 데이터를 받은 B 컴퓨터는 A에게 응답 데이터를 보낸다. 이 데이터가 스위치로 들어오면, 스위치는 다시 '학습' 단계에 따라 B의 MAC 주소와 포트 번호를 테이블에 기록한다. 이제 스위치는 데이터의 목적지인 A의 주소를 테이블에서 찾을 수 있다. 테이블에는 A가 1번 포트에 있다고 기록되어 있으므로, 스위치는 다른 곳으로는 데이터를 보내지 않고 오직 1번 포트로만 정확하게 전달한다. 이것이 바로 지능적인 전달(Forwarding)이다.
- **4단계 노화(Aging)**: MAC 주소 테이블에 기록된 정보는 영원하지 않다. 특정 장비로부터 일정 시간(보통 5분) 동안 아무런 데이터가 들어오지 않으면, 스위치는 테이블에서 해당 장비의 정보를 삭제한다. 이를 통해 항상 최신 상태의 테이블을 유지하고 불필요한 정보가 쌓이는 것을 막는다.

● IP 주소와의 차이점

MAC 주소와 IP 주소는 둘 다 장비를 식별하는 주소지만, 근본적인 차이가 있다.

- **계층**: MAC 주소는 2계층(물리적) 주소이고, IP 주소는 3계층(논리적) 주소다.
- **영속성**: MAC 주소는 장비에 고정된 불변의 주소지만, IP 주소는 네트워크 환경에 따라 바뀌거나 임시로 할당될 수 있는 논리적 주소다.
- **비유**: MAC 주소는 사람의 '지문'(바뀌지 않음)과 같고, IP 주소는 회의실의 '좌석 번호'(회의 때마다 바뀔 수 있음)와 같다.

6.4 네트워크 접근은 어떻게 통제하는가?

네트워크는 편리함을 주지만, 동시에 외부의 침입에 항상 노출되어 있다. 따라서 안전한 네트워크 환경을 만들기 위해서는 여러 단계의 보안 장치가 필요하다. 이 장에서는 우리 집을 지키는 현관문 자물쇠부터 내부 공간 분리까지, 다양한 보안 기술들이 어떻게 우리의 네트워크를 보호하는지 알아본다. 방화벽, 망분리와 같은 핵심 보안 개념들을 쉬운 비유를 통해 이해해 본다.

1. 방화벽(Firewall)

방화벽(Firewall)은 네트워크 보안의 가장 첫 번째 방어선이다. 이름 그대로 '방화벽'처럼, 신뢰할 수 있는 내부 네트워크(우리 집)와 신뢰할 수 없는 외부 네트워크(외부 세상, 주로 인터넷) 사이에 장벽을 세워 허가되지 않은 접근을 막는 역할을 한다.

방화벽은 건물 입구를 지키는 보안 요원이나 클럽의 문지기와 같다. 네트워크를 드나드는 모든 데이터(패킷)를 검사하여, 미리 정해진 규칙에 따라 출입 여부를 결정한다. 이를 통해 악성코드, 해킹 등 외부의 위협으로부터 내부의 중요한 데이터와 시스템을 보호하는 것이 방화벽의 핵심 임무다.

● 방화벽의 동작 원리

방화벽은 네트워크 관리자가 설정한 규칙 목록, 즉 '접근 제어 목록(Access Control List, ACL)'에 따라 동작한다. 방화벽을 통과하는 모든 패킷은 이 규칙 목록과 비교된다. 패킷의 출발지 IP 주소, 목적지 IP 주소, 포트 번호 등 마치 택배 송장과 같은 정보를 확인한다. 그리고 규칙에 따라 이 패킷을 허용(Permit)할지, 아니면 차단(Deny)할지를 결정한다. 초기 방화벽은 단순히 주소와 포트 번호만 확인했지만, 최근의 차세대 방화벽(Next-Generation Firewall, NGFW)은 데이터의 내용물까지 깊숙이 검사하여 더욱 정교하게 위협을 탐지할 수 있다.

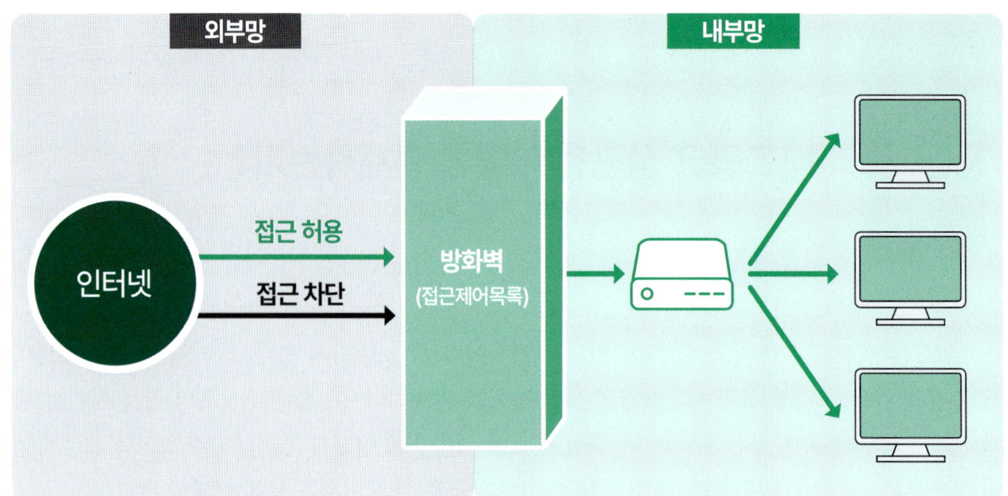

- **기업에서의 방화벽 활용 사례**
  - **유해 사이트 차단**: 알려진 악성코드 유포지나 유해 사이트의 IP 주소로 향하는 모든 통신을 차단하도록 규칙을 설정한다.
  - **서비스 접근 제한**: 직원들이 업무에 필요한 웹 서핑(80, 443번 포트)은 허용하되, 보안에 취약할 수 있는 파일 전송 프로토콜(FTP, 21번 포트) 같은 특정 서비스의 사용은 차단한다.
  - **내부 서버 보호**: 외부 인터넷에서 회사 웹 서버로는 접속할 수 있도록 허용하지만, 웹 서버를 제외한 다른 모든 내부 서버나 직원 PC로는 어떠한 접근도 허용하지 않도록 설정하여 내부 자산을 보호한다.

2. 포트(Port)

IP 주소만으로는 원활한 통신이 어렵다. IP 주소는 데이터 패킷을 정확한 컴퓨터까지는 배달할 수 있지만, 그 컴퓨터 안에서 어떤 프로그램이 이 데이터를 받아야 하는지는 알려주지 못한다. 하나의 컴퓨터에서는 웹 브라우저, 이메일, 메신저 등 여러 프로그램이 동시에 네트워크를 사용하기 때문이다.

포트(Port)는 바로 이 역할을 하는 논리적인 '문'이다. IP 주소가 '아파트 주소'라면, 포트 번호는 '몇 동 몇 호'에 해당하는 정보다. 운영체제는 포트 번호를 보고 수신된 데이터를 어떤 프로그램에게 전달해야 할지 결정한다. 포트 번호는 0번부터 65535번까지 존재한다.

- **잘 알려진 포트**

자주 사용되는 주요 서비스들은 전 세계적으로 약속된 포트 번호를 사용한다. 이를 **잘 알려진 포트(Well-known Ports)**라고 하며, 0번부터 1023번까지가 여기에 해당한다. 이러한 약속 덕분에, 우리는 웹 브라우저 주소창에 www.google.com이라고만 입력해도 웹 브라우저는 자동으로 구글 서버의 80번 포트(HTTP)나 443번으로 접속을 시도한다. 대표적인 예로는 파일 전송(FTP)을 위한 21번 포트, 원격 접속(SSH)을 위한 22번 포트 등이 있다.

● 포트와 방화벽의 관계

방화벽의 핵심 기능 중 하나는 바로 이 포트를 제어하는 것이다. 보안을 위해 방화벽은 기본적으로 외부에서 내부로 들어오는 모든 포트를 막아둔다. 그리고 관리자는 필요한 서비스에 해당하는 포트만 선별적으로 열어준다.

예를 들어, 웹 서버를 운영한다면 외부 사용자들이 접속할 수 있도록 443번 포트는 열어두되, 나머지 수만 개의 포트는 모두 닫아두는 것이다. 이렇게 하면 해커가 공격을 시도할 수 있는 통로(공격 표면)를 최소화하여 보안을 크게 강화할 수 있다. 이는 집의 모든 문과 창문을 잠그고, 오직 현관문으로만 손님을 받는 것과 같은 원리다.

3. 접근 제어 목록(ACL)

ACL(Access Control List)은 방화벽이나 라우터가 트래픽을 필터링하기 위해 사용하는 구체적인 규칙들의 목록이다. 즉, 보안 요원(방화벽)이 들고 있는 상세한 '출입 지침서'나 '방문객 명단'이라고 할 수 있다. ACL의 각 줄은 하나의 규칙(ACE, Access Control Entry)에 해당한다.

● ACL의 작동 방식

ACL은 위에서 아래 순서로 규칙을 하나씩 확인한다. 데이터 패킷이 도착하면, 장비는 첫 번째 규칙부터 패킷의 정보와 비교한다. 만약 규칙과 일치하면 해당 규칙에 명시된 **허용** 또는 **차단** 조치를 즉시 실행하고, 더 이상 아래 규칙은 확인하지 않는다.

여기서 중요한 원칙은 **암묵적 거부(Implicit Deny)**다. ACL 목록의 가장 마지막에는 눈에 보이지 않는 '모든 것을 차단하라'는 규칙이 숨어있다. 따라서 명시적으로 **허용**된 트래픽이 아니면 모두 자동으로 차단된다. 이 원칙 때문에 관리자는 허용할 트래픽을 명확하게 정의해야만 한다.

ACL은 출발지 IP 주소만 확인하는 단순한 **표준 ACL(Standard ACL)**과, 출발지/목적지 IP, 프로토콜, 포트 번호까지 상세하게 확인하는 **확장 ACL(Extended ACL)**로 나뉜다.

● 쉬운 예시로 보는 ACL

"영업팀(192.168.10.0/24 네트워크)은 인터넷 사용은 가능하지만, 내부 개발 서버(IP: 192.168.20.50)에는 절대 접속할 수 없도록 하라"는 정책을 ACL로 구현해 보자. 이때 규칙의 순서는 매우 중요하다.

❶ access-list 101 deny ip 192.168.10.0 0.0.0.255 host 192.168.20.50

(해석: 출발지가 영업팀이고 목적지가 개발 서버인 IP 트래픽은 차단한다.)

❷ access-list 101 permit ip 192.168.10.0 0.0.0.255 any

(해석: 출발지가 영업팀인 다른 모든 IP 트래픽은 허용한다.)

❸ (암묵적 거부 규칙: deny ip any any)

만약 2번 규칙(일반적인 허용)이 1번 규칙(특정한 차단)보다 먼저 온다면, 영업팀에서 개발 서버로 가는 트래픽도 '다른 모든 트래픽'에 포함되어 허용되고 만다. 따라서 ACL에서는 항상 더 구체적인 규칙을 먼저 적용하고, 그 다음에 일반적인 규칙을 적용해야 한다.

4. 망분리

망분리(Network Segmentation)는 단순히 외부 침입자를 막는 것을 넘어, 만약 침입자가 들어왔을 때 피해를 최소화하기 위한 선제적인 보안 전략이다. 이는 배의 '격벽' 구조와 같다. 배 내부에 여러 개의 밀폐된 공간(격벽)을 만들어 두면, 한 곳에 구멍이 뚫려 물이 차더라도 다른 공간으로 물이 퍼지지 않아 배 전체가 침몰하는 것을 막을 수 있다.

네트워크에서도 마찬가지로, 상대적으로 보안이 취약한 손님용 와이파이망이 해킹되더라도, 해커가 중요한 정보가 있는 서버망이나 업무망으로 쉽게 넘어오지 못하도록 막는 것이다. 이러한 공격자의 내부 확산, 즉 **수평적 이동**(Lateral Movement)을 차단하는 것이 망분리의 핵심 목표다.

망분리는 구현 방식에 따라 크게 두 가지로 나뉜다.

❶ **물리적 망분리**: 가장 강력한 분리 방식이다. 말 그대로 업무용 네트워크(업무망)와 인터넷용 네트워크(인터넷망)를 물리적으로 완전히 분리하는 것이다. 직원은 책상 위에 PC 두 대를 놓고, 한 대는 내부 업무에만, 다른 한 대는 인터넷 검색에만 사용한다. 두 PC와 네트워크는 케이블조차 연결되어 있지 않다.

- **장점**: 현존하는 가장 높은 수준의 보안을 제공한다.
- **단점**: PC와 네트워크 장비를 두 배로 구매해야 하므로 비용이 많이 들고, 사용자가 매우 불편하며, 클라우드나 최신 AI 서비스 활용이 거의 불가능하다.

❷ **논리적 망분리**: 하나의 물리적인 네트워크 장비와 PC를 사용하되, 소프트웨어적인 설정을 통해 여러 개의 독립된 네트워크가 있는 것처럼 나누는 방식이다. 대표적인 기술이 바로 VLAN이다.

- **장점**: 물리적 망분리에 비해 비용이 저렴하고, 네트워크 변경이 유연하며 관리가 용이하다.
- **단점**: 물리적으로 완전히 분리된 것이 아니므로, 설정 오류나 하드웨어의 취약점이 발견될 경우 네트워크 간 격리가 깨질 위험이 존재한다.

알아두세요 **망분리 적용 사례**

한국에서는 과거 대규모 금융, 언론사 해킹 사건 이후 정부 기관과 금융권을 중심으로 물리적 망분리가 법적으로 의무화되었다. 실제로 2017년 전 세계를 강타했던 '워너크라이(WannaCry)' 랜섬웨어 사태 당시, 망분리가 의무화된 국내 금융권에서는 피해가 거의 발생하지 않아 그 효과를 입증하기도 했다.

하지만 최근 AI, 클라우드 기술이 발전하면서, 지나치게 엄격한 물리적 망분리 규제가 디지털 혁신을 저해한다는 비판이 제기되며 규제 완화에 대한 논의가 활발히 이루어지고 있다.

5. 가상 근거리 통신망(VLAN)

VLAN(Virtual LAN)은 논리적 망분리를 구현하는 핵심 기술이다. 하나의 커다란 스위치를 여러 개의 작은 가상 스위치로 나누는 것과 같다. VLAN을 이용하면 하나의 커다란 개방형 사무실(하나의 스위치)에 '보이지 않는 벽'을 세워 여러 개의 독립된 작은 사무실(여러 VLAN)을 만드는 효과를 낼 수 있다. A 사무실에 있는 사람들은 B 사무실에 있는 사람들을 볼 수도, 대화할 수도 없다. 비록 같은 건물(물리적 스위치) 안에 있더라도 말이다. 각 VLAN은 독립된 '브로드캐스트 도메인'이 되어, 한 VLAN 내의 진체 방송이 다른 VLAN으로는 전달되지 않는다.

● VLAN의 장점

- **보안 강화**: 재무팀, 인사팀, 방문객 등 사용자 그룹별로 VLAN을 나누면, 서로 다른 그룹 간의 통신이 원천적으로 차단된다. 만약 방문객의 노트북이 악성코드에 감염되더라도, 재무팀 서버에 직접 접근하는 것을 막을 수 있다.
- **성능 향상**: 불필요한 방송 트래픽이 네트워크 전체로 퍼지는 것을 막아 각 장비가 처리해야 할 데이터 양을 줄여주므로, 네트워크 전체의 성능이 향상된다.
- **유연한 구성**: 직원의 부서 이동 시, 물리적으로 케이블을 다시 연결할 필요 없이 관리자가 소프트웨어 설정 변경만으로 간단하게 소속 네트워크(VLAN)를 변경할 수 있다.

● 망분리와의 관계

VLAN은 논리적 망분리를 위한 가장 기본적인 도구다. 기업에서 사내 네트워크와 손님용 네트워크를 분리하기로 결정했다면, 이는 거의 대부분 두 개의 서로 다른 VLAN을 생성하는 방식으로 구현된다. 이처럼 VLAN, L3 스위치, ACL은 각각 별개의 기술이 아니라, 현대적인 내부 네트워크 보안과 관리를 위한 유기적인 시스템을 구성한다.

먼저, VLAN(2계층)을 통해 네트워크를 논리적으로 분리하여 '보이지 않는 벽'을 세운다. 하지만 완벽한 고립은 비효율적이므로, 분리된 VLAN들 간에 통제가 필요한 통신을 허용해야 한다. 이때 L3 스위치(3계층)가 각 VLAN을 연결하는 고속 게이트웨이 역할을 수행하며 'Inter-VLAN 라우팅'을 제공한다. 마지막으로, 이 게이트웨이에 ACL(3/4계층)이라는 규칙서를 적용하여, 어떤 종류의 트래픽이 VLAN 사이를 오갈 수 있는지(예 "영업팀 VLAN은 개발팀 VLAN의 웹 서버에만 접속 허용")를 정밀하게 제어한다. 이 세 가지 기술의 조합은 유연하면서도 안전한 내부 네트워크를 구축하는 핵심이다.

참고 가이드 **국가망 보안 계획 가이드 라인(2025.09)**

공공기관 및 주요 시설에서 외부의 침입을 원천 차단하기 위해 네트워크를 어떻게 분리하고 설계해야 하는지, 국가 표준 보안 모델을 이해하는 데 도움이 됩니다.

6.5 네트워크 편의 서비스에는 무엇이 있는가?

우리가 네트워크를 편리하게 사용하는 이면에는 복잡한 작업들을 자동으로 처리해주는 '서비스'들이 있다. 이 서비스들은 마치 비서처럼 우리가 신경 쓰지 않아도 주소를 할당해주고, 주소를 변환해주는 등 궂은일을 도맡아 한다. 이 장에서는 DHCP와 NAT라는 두 가지 핵심 서비스를 통해, 네트워크가 어떻게 사용자 친화적으로 작동하는지 그 비밀을 파헤쳐 본다.

1. IP 자동 할당(DHCP)

네트워크에 연결된 모든 장비는 고유한 IP 주소를 가져야 통신할 수 있다. 만약 DHCP(Dynamic Host Configuration Protocol)가 없다면, 네트워크 관리자는 사무실의 모든 컴퓨터, 스마트폰, 프린터마다 IP 주소, 서브넷 마스크, 기본 게이트웨이 주소를 직접 손으로 입력해야 한다. 이는 시간이 오래 걸릴 뿐만 아니라, 실수로 같은 IP 주소를 두 장비에 할당하는 등의 충돌 문제가 발생하기 쉽다. DHCP는 이 모든 과정을 자동화하여 관리자의 부담을 덜어주고 실수를 방지하기 위해 만들어졌다.

● DHCP 동작 원리

DHCP는 'DORA'라고 불리는 4단계 과정을 통해 IP 주소를 할당한다. 새로운 장비가 공유 오피스에 들어와 자리를 배정받는 과정에 비유할 수 있다.

- **D – Discover(발견)**: IP 주소가 없는 새 장비(새로운 방문객)가 네트워크에 연결되면, "여기에 IP 주소를 나눠줄 수 있는 DHCP 서버가 있나요?"라고 네트워크 전체에 방송 메시지를 보낸다. 이를 'DHCPDISCOVER'라고 한다.
- **O – Offer(제안)**: 이 메시지를 들은 DHCP 서버(안내 데스크 직원)는 자신이 가진 IP 주소 목록에서 사용 가능한 주소 하나를 골라 "192.168.1.100번 주소를 8시간 동안 사용하실 수 있습니다. 게이트웨이와 DNS 정보는 이것입니다."라고 응답한다. 이를 'DHCPOFFER'라고 한다.
- **R – Request(요청)**: 장비는 보통 가장 먼저 도착한 제안을 수락한다. 그리고 "모두 들으세요. 저는 A 서버가 제안한 192.168.1.100번 주소를 사용하겠습니다."라고 다시 한번 네트워크 전체에 방송한다. 이를 'DHCPREQUEST'라고 한다. 이 방송을 통해 다른 DHCP 서버들은 자신이 제안했던 IP 주소가 선택되지 않았음을 알고, 그 주소를 다시 사용 가능한 목록으로 되돌린다.

- **A – Acknowledge(승인)**: 요청을 받은 DHCP 서버는 "알겠습니다. 192.168.1.100번 주소는 이제 당신 것입니다."라고 최종 확인 메시지를 보낸다. 이를 'DHCPACK'라고 한다. 이로써 장비는 IP 주소를 부여받고 정상적으로 네트워크 통신을 시작할 수 있다.

● 일상 속의 DHCP

우리가 카페나 사무실에서 와이파이에 접속하는 순간, 이 'DORA' 과정이 눈 깜짝할 사이에 자동으로 일어난다. 와이파이 공유기가 DHCP 서버 역할을 하여 우리의 스마트폰이나 노트북에 IP 주소를 할당해주는 것이다.

2. 네트워크 주소 변환(NAT)

NAT(Network Address Translation)는 '네트워크 주소 변환'이라는 뜻으로, 인터넷의 만성적인 IPv4 주소 고갈 문제를 해결하기 위해 등장한 기술이다. 약 43억 개에 불과한 공인 IP 주소를 전 세계 수십억, 수백억 개의 장비가 모두 나눠 갖는 것은 불가능했다. NAT는 여러 대의 장비가 하나의 공인 IP 주소를 공유하여 인터넷에 접속할 수 있게 함으로써 이 문제를 해결했다.

● NAT의 동작 원리

NAT의 동작 원리는 회사의 안내 데스크(리셉션)에 비유할 수 있다. 회사 직원들은 각자 고유한 내선 번호(사설 IP)를 가지고 있지만, 회사의 대표 전화번호(공인 IP)는 하나뿐이다.

- **나가는 통신(Outbound)**: 한 직원(사설 IP 192.168.1.50)이 외부로 전화를 걸려고 한다. 이 전화는 먼저 안내 데스크(라우터)를 거친다. 안내 데스크는 회사 대표 번호로 전화를 걸어주고, 동시에 장부에 "50번 직원이 1번 회선으로 통화 중"이라고 기록한다. 즉, 라우터는 데이터의 출발지 주소를 자신의 공인 IP 주소로 바꾼 뒤, 원래의 사설 IP와 포트 정보를 NAT 테이블에 기록해둔다.
- **들어오는 통신(Inbound)**: 외부에서 방금 통화했던 상대방이 회사 대표 번호로 다시 전화를 건다. 안내 데스크는 전화를 받아 장부를 확인한다. "아, 이 전화는 1번 회선으로 걸려온 전화니 50번 직원에게 연결하면 되겠군." 그리고 해당 직원에게 전화를 연결해준다. 즉, 라우터는 응답 패킷을 받으면 NAT 테이블을 참조하여 목적지 주소를 원래 요청을 보냈던 직원의 사설 IP 주소로 다시 변환하여 전달한다.

실제로는 IP 주소뿐만 아니라 포트 번호까지 변환하여 여러 직원이 동시에 외부와 통신할 수 있도록 하는데, 이를 특별히 PAT(Port Address Translation) 또는 NAPT라고 부르며, 우리가 사용하는 대부분의 NAT가 이 방식이다.

● NAT의 부수적 효과

NAT는 주소 변환 과정에서 자연스럽게 보안 효과를 제공한다. 외부 인터넷에서는 회사 대표 번호(공인 IP)만 보일 뿐, 안에 있는 수많은 직원(사설 IP 장비)들의 존재를 알 수 없다. 따라서 외부의 공격자가 내부의 특정 PC를 직접 공격하는 것이 원천적으로 불가능해진다. 이는 기본적인 방화벽과 유사한 역할을 한다.

3. 공인 IP와 사설 IP

공인 IP(Public IP)는 인터넷 서비스 제공업체(ISP)가 부여하는 전 세계에서 유일한 IP 주소다. 인터넷이라는 거대한 네트워크 공간에서 특정 장비를 식별하기 위해 사용된다. 이는 마치 전 세계 어디에서든 편지를 받을 수 있는 공식적인 '도로명 주소'와 같다.

● 사설 IP의 정의와 역할

사설 IP(Private IP)는 가정이나 회사 등 내부 네트워크에서만 사용되는 비공식 주소다. 이 주소는 인터넷상에서는 인식되지 않으며, 서로 다른 네트워크에서 중복 사용될 수 있다. 이는 집 안에서만 부르는 '안방', '건넌방' 같은 이름과 같다. 우리 집의 '안방'과 옆집의 '안방'이 이름이 같아도 혼동되지 않는 것과 같은 원리다. 국제 표준(RFC 1918)에 따라 특정 대역의 IP 주소(예 10.0.0.0 ~ 10.255.255.255, 192.168.0.0 ~ 192.168.255.255 등)가 사설 IP 용도로 지정되어 있다.

● 두 IP 체계가 공존하는 이유와 NAT의 역할

공인 IP와 사설 IP 체계를 함께 사용하는 가장 큰 이유는 부족한 공인 IPv4 주소를 아끼기 위함이다. 모든 장비가 공인 IP를 사용하지 않고, 내부에서는 사설 IP를 사용하다가 인터넷에 접속할 때만 NAT를 통해 공인 IP로 변환하는 방식을 사용한다. NAT는 이 두 개의 다른 주소 체계를 연결해주는 핵심적인 다리 역할을 한다.

▼ 공인 IP 와 사설 IP

기능	공인 IP	사설 IP
사용 범위	전 세계(인터넷)	로컬 네트워크(LAN)
고유성	전 세계에서 유일	해당 로컬 네트워크 내에서만 유일
할당 주체	인터넷 서비스 제공업체(ISP)	로컬 라우터(주로 DHCP를 통해)
비용	유료	무료
주소 예시	사설 IP 대역을 제외한 모든 주소	10.x.x.x, 172.16.x.x~172.31.x.x, 192.168.x.x
주요 역할	인터넷상에서 네트워크를 식별	로컬 네트워크 내에서 장비를 식별

4. 포트 포워딩(Port Forwarding)

포트포워딩(Port Forwarding)은 외부 인터넷에서 내부 사설 네트워크에 있는 특정 장비나 서비스로 접근할 수 있도록 길을 열어주는 기술이다. 이는 NAT의 응용 기술 중 하나로, 특히 목적지 주소를 변환하는 DNAT(Destination NAT)에 해당한다.

● 필요한 이유와 사용 사례

앞서 설명했듯이 NAT는 외부에서 내부로의 직접적인 접속을 차단하는 보안 효과가 있다. 하지만 때로는 외부에서 내부의 특정 장비로 접속해야 할 필요가 있다.

이때 포트포워딩이 사용된다. 이는 마치 안내 데스크(NAT)에 특별 지시를 남기는 것과 같다. "만약 외부에서 'CCTV 부서(예 8000번 포트)'를 찾는 전화가 오면, 내선 105번(사설 IP 192.168.1.105)으로 바로 연결해주세요."라고 설정해두는 것이다.

- **CCTV/보안 카메라**: 집 밖에 있을 때 스마트폰으로 집 안의 CCTV 영상을 확인하기 위해 사용한다.
- **NAS(Network Attached Storage)**: 외부에서 집에 있는 개인 파일 서버에 접속하여 파일을 올리거나 내려받을 때 필요하다.
- **온라인 게임**: 친구들을 내가 만든 게임 서버에 초대하여 함께 게임을 즐기기 위해 설정한다.
- **원격 데스크톱**: 집에서 사무실 컴퓨터에 원격으로 접속하여 업무를 처리할 때 사용한다.

● NAT 환경에서 포트포워딩이 동작하는 방식

관리자는 공유기나 라우터 설정 화면에서 포트포워딩 규칙을 추가한다. 이 규칙에는 '외부 포트', '내부 IP 주소', '내부 포트' 세 가지 정보가 포함된다.

예를 들어, 외부 포트 8000 → 내부 IP 192.168.1.105 → 내부 포트 80이라는 규칙을 설정했다고 가정하자. 외부의 사용자가 공유기의 공인 IP 주소와 8000번 포트로 접속을 시도하면, 공유기는 이 포트포워딩 규칙을 확인한다. 그리고 데이터 패킷의 목적지 주소를 내부 IP인 192.168.1.105와 내부 포트 80번으로 바꿔서 내부 네트워크로 전달해준다.

이처럼 DHCP, 사설 IP, NAT, 포트포워딩은 각각 독립된 개념이 아니라, 현대 네트워크 환경을 구성하는 하나의 논리적인 흐름을 형성한다. IPv4 주소 고갈이라는 근본적인 문제에서 시작하여, 이를 해결하기 위해 사설 IP 개념이 도입되었다. 하지만 사설 IP만으로는 인터넷과 통신할 수 없다는 새로운 문제가 발생했고, 이를 해결하기 위해 사설 주소와 공인 주소를 변환해주는 NAT 기술이 등장했다.

NAT는 보안이라는 부수적인 이점을 가져왔지만, 외부에서 내부로 접속해야 할 필요가 생기면서 또 다른 문제에 직면했다. 이 문제를 해결하기 위해 NAT 장벽에 특정 통로를 열어주는 포트포워딩이 고안되었다. 마지막으로, 이 모든 사설 IP 환경을 사용자가 편리하게 이용할 수 있도록 IP 설정 과정을 자동화하는 DHCP가 편의성을 더해준다. 이 기술들의 인과 관계를 이해하면, 우리가 매일 사용하는 네트워크가 어떻게 유기적으로 작동하는지 명확하게 파악할 수 있다.

6.6 연습문제

01 네트워크 장비들이 서로 대화하기 위해 미리 정해 놓은 약속이나 규칙의 집합을 무엇이라 하는가?

① 토폴로지
② 게이트웨이
③ 프로토콜
④ 패킷

02 OSI 7계층 중, HTTP, FTP, SMTP, DNS 등의 프로토콜이 동작하며 사용자에게 네트워크 서비스를 제공하는 최상위 계층은?

① 물리 계층
② 전송 계층
③ 세션 계층
④ 응용 계층

03 데이터를 보낼 때 각 계층을 통과하며 헤더(Header) 정보를 덧붙이는 과정을 무엇이라 하는가?

① 캡슐화
② 분할
③ 다중화
④ 암호화

04 인터넷에서 웹 페이지를 요청할 때 사용되는 응용 계층 프로토콜로, 클라이언트와 서버 간 하이퍼텍스트 문서를 전송하는 것은?

① FTP
② SMTP
③ HTTP
④ SNMP

05 속도가 중요하고 데이터의 일부 손실을 허용하는 실시간 스트리밍이나 온라인 게임에 주로 사용되는 프로토콜은 무엇인가?

① UDP
② TCP
③ HTTP
④ FTP

06 사람이 기억하기 쉬운 도메인 이름(예 www.naver.com)을 컴퓨터가 이해하는 IP 주소로 변환해 주는 시스템은 무엇인가?

① DHCP
② NAT
③ DNS
④ VPN

07 IPv4 주소 부족 문제를 해결하기 위해 등장한 차세대 주소 체계로, 128비트 주소 길이를 가지는 것은 무엇인가?

① IPv5

② MAC 주소

③ 서브넷 마스크

④ IPv6

08 하나의 거대한 네트워크를 효율적으로 관리하기 위해 여러 개의 작은 네트워크로 나누는 과정을 무엇이라 하는가?

① 라우팅

② 서브넷팅

③ 스위칭

④ 포워딩

09 외부 인터넷에서 직접 접속할 수 있는 '실제 집 주소'와 같은 IP 주소 유형은 무엇인가?

① 공인 IP

② 사설 IP

③ 루프백 IP

④ 멀티캐스트 IP

10 DNS 조회 과정에서 사용자를 대신해 Root DNS부터 최종 IP 주소를 찾을 때까지 질문을 반복하는 서버는 무엇인가?

① Authoritative 서버

② Root 서버

③ Recursive 서버

④ TLD 서버

7 장

안정적인 웹 서비스 구현하기

학 습 목 표

쾌적한 디지털 경험을 제공하기 위해서는 고객을 맞이하는 접점, 즉 웹 서비스와 로드밸런싱을 이해해야 한다. 이 장에서는 비전공자의 눈높이에서 수많은 사용자가 몰릴 때 시스템이 어떻게 요청을 처리하는지를 '은행 창구'와 빈자리로 손님을 안내하는 '로비 매니저'의 비유를 통해 쉽게 설명한다. 트래픽 분산의 원리를 이해함으로써 우리는 왜 '무중단 운영'이 비즈니스의 신뢰와 직결되는지 그 중요성을 깊이 인식하고, 언제나 열려 있는 서비스를 제공하기 위해 각자가 무엇을 고려해야 하는지 명확히 알게 될 것이다.

7.1 웹 서비스는 어떻게 구성되는가?

우리가 매일 사용하는 웹 서비스는 눈에 보이는 화면 뒤에 복잡하고 정교한 구조를 가지고 있다. 이 구조를 이해하는 것은 IT 비전공자가 기술의 작동 원리를 파악하는 첫걸음이다. 웹 서비스의 구성 요소를 이해하기 위해, 우리는 이것을 하나의 거대한 레스토랑 운영 방식에 비유해 볼 수 있다. 이 비유는 각 구성 요소가 어떤 전문적인 역할을 수행하는지 직관적으로 이해하는 데 도움을 줄 것이다.

1. 현대 웹 서비스 아키텍처

현대의 웹 서비스는 단일 개체가 아니라, 각자의 역할에 특화된 전문가 팀과 같다. 이는 마치 수많은 손님을 효율적으로 응대해야 하는 대형 레스토랑과 유사하다. 이 레스토랑에는 손님을 맞이하는 직원, 주문을 받아 요리하는 주방장, 그리고 모든 식자재를 보관하는 창고가 있다. 각자는 자신의 역할에 충실하며 서로 유기적으로 협력한다.

- **손님**(Client): 레스토랑을 방문하는 고객이다. 웹 세계에서는 사용자의 웹 브라우저가 이 역할을 한다.
- **안내 직원**(Web Server): 레스토랑 입구에서 손님을 맞이하는 지배인 또는 안내 직원이다. 모든 손님을 가장 먼저 만나 간단한 음료 주문을 받거나 자리를 안내하며, 전체적인 동선을 관리한다.
- **주방장**(WAS – Web Application Server): 특별한 기술과 재료를 다루는 주방장과 주방 팀이다. 손님의 복잡하고 개별적인 요리 주문을 처리한다.
- **창고**(DB – Database): 모든 식자재가 신선하고 체계적으로 보관된 창고다. 주방은 이곳에서 필요한 재료를 꺼내 요리를 만든다.

웹 아키텍처의 발전은 서비스의 복잡성과 트래픽 증가에 대응하기 위한 과정이었다. 이는 작은 푸드트럭이 점차 직원을 늘려가며 대형 레스토랑으로 성장하는 모습과 닮았다. 이처럼 역할을 분리하는 것은 임의적인 선택이 아니다. 효율성, 보안, 그리고 확장성을 확보하기 위한 필수적인 전략이다. 단일 서버가 모든 것을 처리하는 구조는 간단하지만, 사용자가 몰리면 금방 한계에 부딪힌다. 반면, 각 서버가 전문 분야를 맡는 역할 분담 구조는 대규모 요청도 안정적으로 처리할 수 있다. 이러한 구조를 이해하면 왜 오늘날의 웹 서비스가 이와 같은 형태로 설계되었는지 그 이유를 파악할 수 있다.

▼ 웹 서비스의 주요 역할(개념 비유)

기술 용어	레스토랑 비유	핵심 역할
클라이언트(Client)	손님(Customer)	서비스 요청 및 결과 확인
웹 서버(Web Server)	안내 직원(Host/Maître d')	정적 콘텐츠 제공, 요청 분배
WAS(Web ApplicationServer)	주방장 및 주방(Chef&Kitchen)	동적 콘텐츠 생성, 비즈니스 로직 처리
DB(Database)	식자재 창고(Pantry/Warehouse)	데이터 영구 저장 및 관리

2. 웹 서버(WS)

웹 서버는 사용자가 웹 사이트에 접속할 때 가장 먼저 마주하는 서비스의 '얼굴'이다. 레스토랑의 안내 직원처럼, 웹 서버는 모든 방문객의 요청을 접수하고, 간단하고 반복적인 업무를 효율적으로 처리하는 최전선에 있다.

● 웹 서버의 핵심 역할

웹 서버의 가장 중요한 임무는 '정적 콘텐츠(Static Contents)'를 제공하는 것이다. 정적 콘텐츠란, 누가 언제 요청하든 항상 동일한 결과를 보여주는 파일을 의미한다. 웹 서버는 이러한 요청을 받으면 복잡한 처리 과정 없이 저장된 파일을 그대로 사용자에게 전달한다. 이는 마치 안내 직원이 모든 손님에게 동일한 메뉴판을 나눠주는 것과 같다.

또한 웹 서버는 문지기 역할도 수행한다. 사용자의 모든 요청을 일단 받은 뒤, 요청의 성격을 파악한다. 만약 요청이 간단한 정적 콘텐츠라면 자신이 직접 처리한다. 하지만 사용자의 정보에 따라 내용이 바뀌어야 하는 복잡한 요청이라면, 이를 처리할 수 있는 전문가인 WAS로 요청을 전달하는 역할을 한다. 이처럼 요청을 분류하고 분배함으로써 시스템 전체의 효율을 높인다.

● 정적 콘텐츠란 무엇인가?

정적 콘텐츠는 서버에 미리 저장되어 있으며, 별도의 가공 없이 제공되는 콘텐츠를 말한다. 레스토랑에 비유하자면, 벽에 걸린 인테리어 사진이나 로고, 메뉴판처럼 어떤 손님이 오든 변하지 않는 요소들이다. 기술적인 예시는 다음과 같다.

- **HTML(HyperText Markup Language) 파일**: 웹 페이지의 뼈대를 구성하는 문서다.
- **CSS(Cascading Style Sheets) 파일**: 웹 페이지의 디자인과 레이아웃을 담당하는 스타일 문서다.
- **JavaScript 파일**: 사용자의 클릭이나 마우스 움직임 같은 간단한 상호작용을 처리하는 스크립트 파일이다.
- **이미지, 동영상, PDF 파일 등**: 내용이 고정된 멀티미디어 파일이다.

이러한 파일들은 서버의 디스크에 완성된 형태로 저장되어 있다. 웹 서버는 사용자가 이 파일들을 요청하면, 그저 해당 파일을 찾아 네트워크를 통해 보내주기만 하면 된다. 이 과정은 매우 빠르고 서버에 부하를 거의 주지 않는다.

● 대표적인 웹 서버: 아파치와 엔진엑스

웹 서버 소프트웨어 중 가장 널리 사용되는 두 가지는 아파치와 엔진엑스다. 둘은 같은 역할을 하지만, 요청을 처리하는 방식에서 근본적인 차이를 보인다.

- **아파치(Apache)**: 신뢰성 높은 베테랑 웹 서버다. 오랜 역사만큼 풍부한 기능과 높은 유연성을 자랑한다. 아파치는 '프로세스 또는 스레드 기반'으로 동작한다. 이는 손님 한 명(하나의 연결)당 전담 직원 한 명(하나의 프로세스/스레드)을 배정하는 방식과 같다. 이 방식은 안정적이지만, 동시에 접속하는 손님이 매우 많아지면 그만큼 많은 직원을 고용해야 하므로 서버의 자원(메모리) 소모가 커질 수 있다.
- **엔진엑스(Nginx)**: 빠르고 효율적인 신예 웹 서버다. 엔진엑스는 '이벤트 기반(Event-Driven)' 비동기 방식으로 동작한다. 이는 한 명의 직원이 여러 손님의 요청을 동시에 처리하는 것과 같다. 예를 들어, A 손님의 물을 따르는 동안 B 손님의 주문을 받고, C 손님에게 메뉴판을 가져다주는 식이다. 특정 작업이 완료될 때까지 기다리지 않고(Non-blocking) 다른 작업을 처리하기 때문에 적은 자원으로도 수많은 동시 접속을 감당할 수 있다. 이러한 구조적 장점 덕분에 특히 정적 파일을 처리하는 데 매우 뛰어난 성능을 보인다.

초기 웹 환경에서는 동시 접속자 수가 많지 않았기 때문에 아파치의 '연결당 프로세스 할당' 모델이 안정적이고 관리하기 쉬웠다. 하지만 인터넷이 폭발적으로 성장하며 'C10K 문제(1만 개의 동시 연결 처리 문제)'가 대두되었다. 아파치 모델은 연결마다 새로운 프로세스를 생성하는 비용 때문에 이 문제를 해결하기 어려웠다. 엔진엑스는 바로 이 문제를 해결하기 위해 이벤트 기반 모델로 설계되었다. 이로 인해 엔진엑스는 대규모 트래픽의 '최전선'에서 수많은 요청을 효율적으로 관리하는 데 최적화된 웹 서버로 자리 잡게 되었다.

3. 웹 애플리케이션 서버(WAS)

웹 서버가 서비스의 얼굴이라면, 웹 애플리케이션 서버(Web Application Server, WAS)는 서비스의 심장과 두뇌 역할을 하는 '주방'이다. 이곳에서는 사용자의 개별적인 요청에 맞춰 복잡한 로직을 수행하고, 세상에 단 하나뿐인 맞춤형 결과를 만든다.

● WAS의 핵심 역할

WAS는 웹 서버의 기능에 더해, '웹 컨테이너(Web Container)'라는 핵심 기능을 포함한다. 웹 컨테이너는 프로그램 코드를 실행할 수 있는 환경을 제공한다. 이 덕분에 WAS는 정적인 파일만 제공하는 웹 서버와 달리, 사용자의 요청에 따라 실시간으로 콘텐츠를 생성하는 '동적 콘텐츠(Dynamic Contents)'를 만들어낼 수 있다. 웹 서버가 모든 손님에게 동일한 메뉴판을 준다면, WAS는 손님의 주문에 맞춰 스테이크를 미디엄 레어로 굽거나, 알레르기 유발 재료를 빼는 등 맞춤 요리를 제공하는 주방장과 같다.

● 동적 콘텐츠란 무엇인가?

동적 콘텐츠는 요청하는 사람, 시간, 상황에 따라 내용이 달라지는 콘텐츠를 의미한다. 이는 서버가 사용자의 요청을 해석하고, 비즈니스 로직을 실행하며, 데이터베이스의 정보를 조회하는 등 일련의 '생각하는' 과정을 거쳐 만들어진다. 기술적인 예시는 다음과 같다.

- **로그인 후 보이는 마이페이지**: 사용자마다 자신의 이름, 포인트, 주문 내역이 다르게 보인다.
- **온라인 쇼핑몰의 장바구니**: 각 사용자가 어떤 상품을 담았는지에 따라 내용이 실시간으로 바뀐다.
- **포털 사이트의 검색 결과**: 검색어에 따라 수많은 데이터베이스 항목 중 관련된 내용만 추려서 보여준다.
- **은행 앱의 계좌 잔액 조회**: 현재 시점의 정확한 잔액 정보를 데이터베이스에서 가져와 표시한다.

이처럼 동적 콘텐츠는 미리 만들어진 파일이 아니라, 요청이 들어오는 순간 서버에서 프로그래밍 코드를 실행하여 즉석에서 생성되는 결과물이다.

● WAS는 어떻게 동적인 결과를 만들어내는가?

사용자가 동적 콘텐츠를 요청하면, 웹 서버는 이 요청을 WAS로 전달한다. WAS는 전달받은 요청을 분석하여 어떤 프로그램 코드를 실행해야 할지 결정한다. 예를 들어, 주문 내역 조회 요청이 들어오면, WAS는 주문 관리 로직을 담고 있는 코드를 실행한다. 이 코드는 데이터베이스에 접속하여 해당 사용자의 주문 데이터를 가져오고, 이 데이터를 사용자가 보기 좋은 HTML 형태로 가공한다. 마지막으로, 이렇게 완성된 동적 HTML 페이지를 웹 서버를 통해 사용자에게 전달한다. 이 모든 과정이 눈 깜짝할 사이에 이루어진다.

● 대표적인 WAS: 톰캣을 중심으로

가장 널리 사용되는 WAS 중 하나는 **아파치 톰캣(Apache Tomcat)**이다. 톰캣은 특히 자바(Java) 언어로 만들어진 웹 애플리케이션을 위한 오픈소스 WAS다.

톰캣은 '서블릿 컨테이너(Servlet Container)'라고도 불린다. 여기서 서블릿(Servlet)이란, 특정 요청을 처리하는 하나의 작은 자바 프로그램을 의미한다. 예를 들어, '로그인 처리 서블릿', '게시글 작성 서블릿'처럼 기능 단위로 만들어진다. 톰캣의 역할은 이러한 서블릿들의 생명주기를 관리하는 것이다. 요청이 들어오면 해당 서블릿을 메모리에 올리고, 요청 처리가 끝나면 메모리에서 내리는 등 효율적인 자원 관리를 책임진다. 이는 마치 주방장이 어떤 요리(요청)에 어떤 요리사(서블릿)를 배정할지 결정하고 관리하는 것과 같다. 톰캣 내부에는 카탈리나(Catalina)라는 서블릿 컨테이너 엔진과 코요테(Coyote)라는 HTTP 요청 처리 커넥터가 있어 이러한 복잡한 작업을 수행한다.

WAS가 정적 파일도 처리할 수 있음에도 불구하고 웹 서버와 WAS를 분리하는 이유는 **역할 분담을 통한 효율 극대화** 때문이다. WAS는 복잡한 로직 처리와 데이터베이스 통신으로 항상 바쁘다. 이런 WAS에게 수많은 이미지 파일 요청까지 처리하게 하면 과부하가 걸려 정작 중요한 동적 콘텐츠 생성이 느려진다. 주방장이 요리에 집중해야 하는데, 손님마다 물을 따라주러 홀에 나가는 것과 같다. 따라서 앞에 효율적인 웹 서버를 두어 간단한 요청은 모두 처리하게 하고, WAS는 자신의 전문 분야인 동적 콘텐츠 생성에만 집중하도록 하는 것이 현대 웹 아키텍처의 핵심 전략이다.

4. 데이터베이스(DB)

데이터베이스(Database, DB)는 웹 서비스의 모든 정보를 영구적으로 보관하는 거대한 창고이자 시스템의 장기 기억장치다. 사용자의 계정 정보, 게시글, 상품 목록, 주문 내역 등 서비스 운영에 필요한 모든 데이터가 이곳에 체계적으로 저장되고 관리된다.

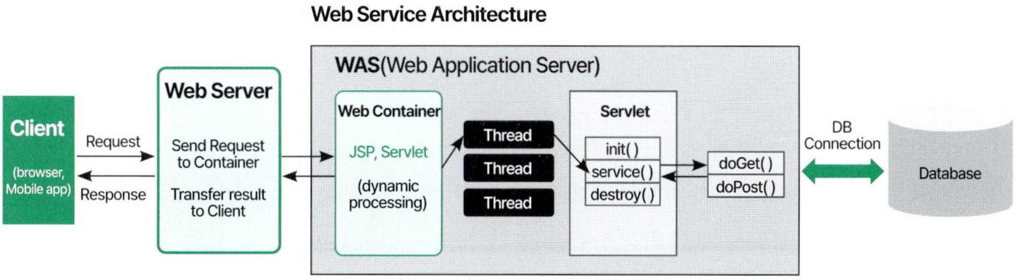

● DB의 역할

DB의 핵심 기능은 데이터를 효율적으로 관리하는 것이다. 구체적으로는 다음 네 가지 기본 작업을 수행한다.

- **생성**(Create): 새로운 데이터를 저장한다(예 회원 가입, 새 게시글 작성).
- **조회**(Read): 저장된 데이터를 읽어온다(예 로그인, 게시글 목록 보기).
- **수정**(Update): 기존 데이터를 변경한다(예 비밀번호 변경, 게시글 수정).
- **삭제**(Delete): 기존 데이터를 삭제한다(예 회원 탈퇴, 게시글 삭제).

DB는 단순히 데이터를 쌓아두는 공간이 아니다. 수억 개의 데이터 속에서도 원하는 정보를 빠르고 정확하게 찾아낼 수 있도록 정교하게 설계된 시스템이다.

● 웹 서비스에서 DB가 없다면?

만약 웹 서비스에 DB가 없다면 서비스는 '기억상실증'에 걸린 것과 같다. 사용자가 로그인을 해도 다음 페이지로 넘어가면 누구인지 기억하지 못한다. 장바구니에 상품을 담아도 새로고침하면 사라지고, 정성껏 작성한 게시글도 서버를 껐다 켜면 흔적도 없이 사라질 것이다. 모든 방문이 항상 첫 방문처럼 취급되는, 상태를 전혀 저장할 수 없는 서비스가 될 것이다. 이처럼 DB는 웹 서비스가 사용자와의 관계를 지속하고 가치 있는 정보를 축적하게 해주는 필수적인 구성 요소다.

● WAS와 DB의 긴밀한 협력 관계

일반적인 3-Tier 구조에서는 보안과 데이터 무결성을 위해 WAS만이 DB와 직접 통신하도록 설계된다. 사용자의 요청은 웹 서버를 거쳐 WAS에 전달되며, WAS는 이를 해석해 SQL과 같은 쿼리로 변환해 DB에 전달하고, 처리 결과를 가공해 사용자에게 제공한다. 이 과정에서 WAS는 모든 요청을 검증하고 허가된 쿼리만 DB에 전달하는 신뢰 가능한 중개자 역할을 수행해, DB를 외부의 직접적인 접근과 악의적인 공격으로부터 보호한다.

5. 3-Tier 아키텍처의 장점

지금까지 살펴본 웹 서버, WAS, DB의 역할 분담은 '3-Tier 아키텍처'라는 표준 모델로 정립되었다. 이 구조는 각 구성 요소를 논리적, 물리적으로 독립된 계층으로 분리하여 시스템 전체의 효율성, 보안성, 확장성을 극대화하는 가장 이상적인 설계 방식이다. 레스토랑 비유에서 홀, 주방, 창고가 명확히 구분되어 각자의 역할에 집중하는 것과 같은 원리다.

● 1계층: 프레젠테이션 계층

사용자와 가장 가까운 최전선 계층으로, 사용자가 직접 보고 상호작용하는 모든 인터페이스가 여기에 속한다. 웹 환경에서는 사용자의 브라우저와 서버 측의 웹 서버가 핵심 구성 요소다. 주 역할은 사용자에게 화면(UI)을 보여주고 입력을 받아 애플리케이션 계층으로 전달하는 것이다.

● 2계층: 애플리케이션 계층

서비스의 '두뇌' 역할을 하며, 실제 비즈니스 로직이 처리되는 곳이다. WAS가 이 계층에서 동작하며, 프레젠테이션 계층의 요청을 해석해 필요한 계산을 수행하거나 데이터 계층에서 정보를 받아 결과를 생성한다. 예를 들어 "상품 가격에 할인율을 적용하고 재고를 확인한 뒤 주문을 처리하라"와 같은 핵심 로직이 여기서 실행된다.

● 3계층: 데이터 계층

서비스의 모든 데이터를 저장하고 관리하는 계층으로, DB가 중심이다. 애플리케이션 계층의 요청에 따라서만 데이터를 저장, 조회, 수정, 삭제하며 다른 계층으로부터 철저히 분리되어 안정성과 보안을 책임진다.

● 왜 3-Tier 구조를 사용하는가?

3-Tier 구조는 단순히 서버를 세 대로 나누는 것 이상의 깊은 의미를 가지며, 현대적인 웹 서비스를 구축하는 데 필수적인 여러 장점을 제공한다.

- **효율성 및 유지보수**: 각 계층이 독립적으로 구성되어 업무 분담이 명확하다. 프론트엔드, 백엔드, DB 관리자가 각자 영역에 집중할 수 있으며, 한 계층의 기술 변경이 다른 계층에 미치는 영향을 최소화해 유지보수가 쉽다.
- **보안**: 계층 간 분리는 강력한 보안 장벽을 형성한다. 데이터 계층은 외부와 직접 통신하지 않고, 오직 애플리케이션 계층을 통해서만 접근 가능해 데이터 침투 위험을 원천 차단한다.
- **확장성(Scalability)**: 특정 계층만 선택적으로 확장할 수 있어 비용 효율적이다. 예를 들어 트래픽이 급증하면 웹 서버만, 계산 부하가 커지면 WAS만 증설하는 식으로 유연한 수평 확장이 가능하다.

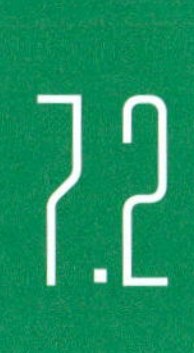

사용자 상태는 어떻게 유지하는가?

웹 서비스의 구성 요소를 이해했다면, 이제 이들이 어떻게 사용자를 '기억'하고 연속적인 서비스를 제공하는지 알아볼 차례다. 이 추상적이지만 매우 중요한 개념이 바로 '상태 관리(State Management)'다. 인터넷의 근간이 되는 통신 방식은 기본적으로 기억상실증과 같은 특징을 가지고 있다. 이러한 한계를 극복하고 서버가 사용자를 단골손님처럼 기억하게 만드는 여러 가지 기술적 방법에 대해 알아보자.

1. 웹 통신의 특징

상황을 하나 가정해보자. 당신이 단골 가게에 들어섰는데, 점원이 당신을 전혀 알아보지 못하고 매번 "처음 뵙겠습니다"라고 말한다. 물건을 고른 뒤 계산대에 가서 "이거 주세요"라고 말하면, 점원은 "무엇을요?"라고 되묻는다. 방금 당신이 어떤 물건을 골랐는지 전혀 기억하지 못하기 때문이다. 이것이 바로 웹 통신의 기본적인 특징이다.

● HTTP 통신의 특징

우리가 웹을 사용할 때 쓰는 핵심 통신 규약은 HTTP(HyperText Transfer Protocol)다. HTTP의 가장 중요한 특징 중 하나는 '비상태성(Stateless)'이다. 이는 서버가 클라이언트(사용자)의 이전 요청에 대한 정보를 전혀 기억하지 않는다는 의미다. 이 비유는 콜센터와도 비슷하다. 첫 상담원과 통화를 마친 후 추가 질문이 생겨 다시 전화를 걸면, 이전과 다른 상담원이 받을 확률이 높다. 새로운 상담원은 이전 상담 내용을 전혀 모르므로, 당신은 처음부터 다시 상황을 설명해야 한다.

이러한 비상태성 설계는 웹이 폭발적으로 성장할 수 있었던 중요한 이유다. 서버가 각 사용자의 상태를 기억할 필요가 없으므로, 어떤 서버든 상관없이 들어오는 요청을 처리할 수 있다. 이는 특정 서버에 장애가 발생해도 다른 서버가 즉시 그 일을 대신할 수 있게 하여, 안정적인 서비스를 제공하는 데 유리하다.

● 상태 유지가 왜 필요한가?

비상태성만으로는 현대적인 웹 서비스를 구현할 수 없다. 로그인 상태를 유지하고, 장바구니 상품을 기억하고, 여러 단계에 걸친 신청서 작성을 이어가려면 서버는 사용자를 식별하고 이전 상태를 기억해야 한다. 이를 '상태 유지(Stateful)'라고 한다.

현대 웹 서비스의 과제는 HTTP의 비상태성 위에서 어떻게 사용자에게 상태 유지 경험을 제공할 것인가이다. 쿠키, 세션, 토큰은 '기억상실증에 걸린 점원'을 단골손님을 알아보는 유능한 점원으로 만드는 기술적 해법이다.

2. 쿠키(Cookie)

서버의 기억상실증을 해결하기 위한 가장 고전적이고 간단한 방법은 쿠키(Cookie)를 사용하는 것이다. 쿠키는 서버가 사용자를 식별하기 위한 작은 정보 조각을 사용자에게 직접 맡겨두는 방식이다. 웹 서버가 생성하여 사용자의 웹 브라우저에 저장하는 작은 텍스트 파일이다. 사용자가 특정 웹 사이트를 방문할 때, 서버는 이 사용자를 식별할 수 있는 정보(예 userID=123)를 담은 쿠키를 생성하여 응답과 함께 보낸다. 그러면 사용자의 브라우저는 이 쿠키를 자신의 컴퓨터에 저장한다.

이 방식은 카페에서 주는 종이 멤버십 카드에 비유할 수 있다. 카페는 수많은 손님의 방문 기록을 일일이 기억하는 대신, 손님에게 도장을 찍은 카드를 나눠준다. 이후 손님은 카페를 방문할 때마다 이 카드를 스스로 챙겨와서 보여줘야 한다. 즉, 기억의 책임을 가게(서버)가 아닌 손님(클라이언트)에게 맡기는 것이다.

● 쿠키의 작동 원리

쿠키는 다음과 같은 간단한 절차로 동작한다.

❶ 사용자가 아이디와 비밀번호를 입력하여 웹 사이트에 로그인한다.
❷ 서버는 사용자의 정보를 확인하고, 이 사용자를 식별할 수 있는 정보가 담긴 쿠키를 생성한다. 그리고 HTTP 응답 헤더의 Set-Cookie 필드에 이 쿠키를 담아 사용자에게 보낸다.
❸ 사용자의 웹 브라우저는 응답을 받으면 쿠키를 지정된 공간(컴퓨터의 파일 또는 메모리)에 저장한다.
❹ 이후 사용자가 같은 웹 사이트에 다시 접속하거나 다른 페이지로 이동할 때, 브라우저는 저장된 쿠키를 HTTP 요청 헤더에 자동으로 포함시켜 서버에 전송한다.
❺ 서버는 요청에 함께 실려 온 쿠키를 읽고 "아, 이 사용자는 아까 로그인했던 123번 회원이구나"라고 식별하고, 그에 맞는 서비스(예 로그인된 상태의 페이지 보여주기)를 제공한다.

● 쿠키의 장점과 한계

❶ **장점:** 구현이 매우 간단하고 직관적이다. 서버 측에 별도의 저장 공간이 필요 없어 서버의 부담을 줄일 수 있다. '다크 모드' 설정 유지, '오늘 하루 이 창 보지 않기' 팝업, 비로그인 상태의 장바구니 등 간단한 사용자 편의 기능을 구현하는 데 매우 유용하다.

❷ **한계:** 쿠키는 몇 가지 명확한 한계를 가지고 있다.

- **보안 취약성:** 가장 큰 문제는 쿠키가 사용자 컴퓨터에 그대로 저장된다는 점이다. 만약 쿠키에 아이디, 비밀번호 같은 민감한 정보가 담겨 있다면, 해커가 컴퓨터에 침투하여 쿠키 파일을 훔치거나 내용을 변조할 위험이 있다.
- **데이터 전송량 증가:** 쿠키는 매 HTTP 요청마다 함께 전송된다. 만약 쿠키에 담긴 정보가 많아지면, 불필요한 데이터가 계속해서 오가므로 네트워크에 부담을 줄 수 있다. 이 때문에 쿠

키는 일반적으로 4KB의 크기 제한과 사이트당 개수 제한이 있다.

- **개인정보 이슈**: 사용자의 웹 서핑 기록을 추적하는 데 사용될 수 있어 개인정보 보호와 관련된 논란이 있다.

이러한 한계, 특히 보안 문제 때문에 중요한 인증 정보를 쿠키에 직접 담는 방식은 점차 지양되고 있다. 이를 보완하기 위해 등장한 기술이 바로 **세션(Session)**이다.

3. 세션(Session)

쿠키가 사용자 컴퓨터에 정보를 직접 저장하여 발생하는 보안 문제를 해결하기 위해 등장한 기술이 세션이다. 세션은 중요한 정보를 서버가 직접 보관하고, 사용자에게는 그 정보를 찾을 수 있는 '열쇠'만 주는 방식이다. 사용자가 웹 사이트에 접속해 있는 동안의 상태 정보를 서버 측에 저장하고 유지하는 기술이다. 사용자가 로그인하면 서버는 이 사용자를 위한 고유한 세션 공간을 메모리나 데이터베이스에 만들고, 사용자의 정보(회원 번호, 이름, 권한 등)를 그곳에 저장한다. 그리고 이 세션 공간에 접근할 수 있는 아주 특별하고 무작위적인 '세션 ID'를 생성한다.

● 세션의 작동 원리

세션 방식은 쿠키를 기반으로 동작하지만, 정보 저장의 주체가 다르다.

❶ 사용자가 아이디와 비밀번호로 로그인한다.

❷ 서버는 로그인 정보를 확인한 후, 해당 사용자의 정보를 서버 내의 세션 저장소에 기록한다. 그리고 이 정보에 접근할 수 있는 유일한 식별자인 세션 ID(예 xyz789abc)를 생성한다.

❸ 서버는 이 세션 ID 값 하나만 쿠키에 담아 사용자에게 응답으로 보낸다. 사용자의 브라우저에는 오직 이 의미 없는 긴 문자열만 저장된다.

❹ 이후 사용자가 다른 페이지를 요청할 때, 브라우저는 이 세션 ID가 담긴 쿠키를 요청 헤더에 실어 보낸다.

❺ 서버는 요청에 담겨 온 세션 ID를 받는다. 그리고 자신의 세션 저장소에서 해당 ID와 일치하는 사용자 정보가 있는지 찾아본다.

❻ 일치하는 정보가 있으면, 사용자가 인증된 상태임을 확인하고 요청에 맞는 서비스를 제공한다.

이 방식은 레스토랑이 VIP 고객을 관리하는 방식과 같다. 고객의 상세 정보(이름, 선호 메뉴 등)가 담긴 장부를 가게(서버)가 안전하게 보관하고, 고객에게는 간단한 회원 번호가 적힌 카드(세션 ID)만 발급하는 것이다. 고객은 방문 시 회원 번호만 보여주면, 점원은 장부를 찾아보고 그에 맞는 VIP 서비스를 제공한다.

● 쿠키와 세션의 결정적 차이

쿠키와 세션의 가장 결정적인 차이는 **중요한 정보의 저장 위치**다.

- **쿠키**: 사용자 정보가 **클라이언트(사용자 브라우저)**에 저장된다.
- **세션**: 사용자 정보가 **서버**에 저장된다. 클라이언트에는 정보를 찾기 위한 식별자(세션 ID)만 쿠키 형태로 저장된다.

▼ 세션의 장점과 단점

장점	• **보안성이 매우 뛰어남**: 아이디, 권한 등 민감한 정보가 서버에만 저장되어 네트워크를 통해 직접 오가지 않으므로 쿠키 방식보다 정보 탈취 위험이 낮음
	• **데이터 저장 제한이 없음**: 각 사용자별로 저장 가능한 데이터의 양에 제한이 없음
단점	• **서버 자원 사용 부담**: 세션 정보가 서버 메모리에 저장되므로 동시 접속자가 많을수록 부하가 커지고 성능이 저하될 수 있음
	• **로드 밸런싱 환경의 복잡성**: 세션 정보가 특정 서버에 저장되어 다른 서버에서 인식하지 못하는 문제가 발생할 수 있음 → 해결책으로 공유 세션 저장소(예 Redis, Memcached) 구축 필요, 이로 인해 아키텍처가 복잡해짐

이러한 서버 부하와 확장성 문제를 해결하기 위해, 현대 웹 서비스에서는 '토큰' 기반 인증 방식이 널리 사용되고 있다.

4. 토큰(Token)

세션 방식은 서버에 상태를 저장해야 하므로 부담이 크고 확장이 어렵다. 이를 해결한 것이 토큰(Token) 기반 인증이다. 토큰은 인증에 필요한 정보를 자체적으로 담고 있어, 서버가 상태를 기억할 필요가 없다.

● 토큰 기반 인증이란 무엇인가?

사용자가 로그인하면 서버가 암호화된 토큰을 발급한다. 사용자는 요청 시 이 토큰을 첨부하고, 서버는 토큰의 유효성을 검증해 요청을 처리한다. 마치 놀이공원에서 자유이용권 팔찌를 받으면, 놀이기구를 탈 때 매번 신분증을 확인할 필요가 없는 것과 같다.

● 토큰의 특징: 서버가 상태를 저장하지 않는 방식

토큰 방식의 가장 핵심적인 특징은 서버를 '비상태성'으로 유지할 수 있다는 점이다. 세션 방식에서는 서버가 모든 사용자의 세션 정보를 기억하고 있어야 했다. 하지만 토큰 방식에서는 인증에 필요한 정보(사용자 ID, 권한 등)가 토큰 자체에 모두 담겨 있다. 따라서 서버는 토큰을 발급한 후에는 해당 사용자에 대해 아무것도 기억할 필요가 없다.

사용자가 토큰과 함께 요청을 보내오면, 서버는 그저 토큰의 서명이 위조되지 않았는지, 유효기간이 지나지 않았는지만 검증한다. 이 검증 과정은 서버에 저장된 어떤 정보와도 비교할 필요가 없으므로 매우 빠르고 효율적이다.

● 토큰 방식의 장점

- **뛰어난 확장성**: 서버를 수십~수백 대로 늘려도 토큰 유효성만 검증하면 되므로, 세션 동기화가 필요 없다. 마이크로서비스 아키텍처에 적합하다.
- **유연성 및 범용성**: 토큰은 HTTP 쿠키에 의존하지 않아, 웹 브라우저, 모바일 앱, 데스크톱 애플리케이션 등 다양한 클라이언트에서 동일하게 사용 가능하다.

● 왜 현대 서비스는 토큰을 선호하는가?

현대 서비스는 여러 독립 서버(마이크로서비스)로 구성되므로, 사용자가 로그인하면 토큰 하나로 모든 서비스에 접근 가능해야 한다. 토큰은 신분증처럼 사용자와 권한을 나타내므로, 각 서버는 별도의 세션 공유 없이 인증을 처리할 수 있다. 이는 분산 환경에서 인증을 효율적이고 안정적으로 관리할 수 있는 최적의 방식이다.

5. JWT(JSON Web Token)

토큰 기반 인증이라는 개념을 실제로 구현한 여러 기술 중, 현재 업계 표준처럼 널리 사용되는 것이 바로 JWT(JSON Web Token)다. JWT는 토큰을 어떻게 만들고, 어떻게 정보를 담을지에 대한 구체적인 '규격' 또는 '설계도'라고 할 수 있다.

● JWT란 무엇인가?

JWT는 웹 표준(RFC 7519)으로 정의된, 작고 독립적인 데이터 형식이다. JSON(JavaScript Object Notation) 객체 형태로 정보를 안전하게 전송하기 위해 만들어졌다. JWT는 디지털 서명이 되어 있으므로 신뢰할 수 있다. 즉, 서버는 클라이언트가 보낸 JWT를 보고 이 토큰이 정말 우리가 발급한 것이 맞는지, 그리고 중간에 내용이 위조되지는 않았는지 확인할 수 있다.

● JWT의 구조

JWT는 마침표(.)로 구분된 세 부분으로 구성된다. xxxxx.yyyyy.zzzzz 와 같은 형태를 띤다.

- **헤더(Header)**: 토큰의 종류와 서명 생성에 어떤 암호화 알고리즘을 사용했는지 등의 메타데이터를 담고 있다(예 "JWT, HS256 알고리즘 사용").
- **페이로드(Payload)**: 토큰의 실제 내용이 담긴 부분으로, 사용자 정보(ID, 이름, 역할)나 토큰 속성(발급자, 만료 시간) 등의 클레임(Claim)으로 구성된다. 단, 페이로드는 단순 Base64 인코딩만 되어 있으므로 민감 정보는 포함하면 안 된다.
- **서명(Signature)**: 헤더와 페이로드를 서버의 비밀 키(Secret Key)로 지정된 알고리즘에 따라 암호화하여 생성한다. 이를 통해 토큰의 위변조 여부를 검증할 수 있다.

● JWT는 어떻게 신뢰를 보장하는가?

JWT의 신뢰성은 바로 이 '서명' 부분에서 나온다. 작동 원리는 다음과 같다.

❶ 서버는 사용자가 보낸 JWT를 받으면, 토큰에서 헤더와 페이로드 부분을 분리한다.
❷ 서버는 자신이 보관하고 있는 '비밀 키'를 사용하여, 받은 헤더와 페이로드를 가지고 서명을 다시 계산해본다.
❸ 이렇게 새로 계산한 서명과, 토큰에 원래 담겨 있던 서명이 일치하는지 비교한다.
만약 두 서명이 일치한다면, 서버는 두 가지 사실을 확신할 수 있다.
첫째, 이 토큰은 '비밀 키'를 가진 우리 서버가 발급한 것이 맞다.
둘째, 토큰이 발급된 이후 페이로드의 내용이 단 한 글자도 바뀌지 않았다.

해커가 페이로드의 사용자 ID를 다른 값으로 바꾸는 등 내용을 위조했다면, 서버가 다시 계산한 서명 값은 원래의 서명 값과 달라지게 된다. 서버는 즉시 위조 사실을 감지하고 해당 요청을 거부할 수 있다. 이 모든 검증 과정은 서버의 데이터베이스를 조회할 필요 없이, 오직 토큰과 비밀 키만으로 이루어지기 때문에 매우 빠르고 효율적이다.

● 세션 방식과 JWT 방식의 비교

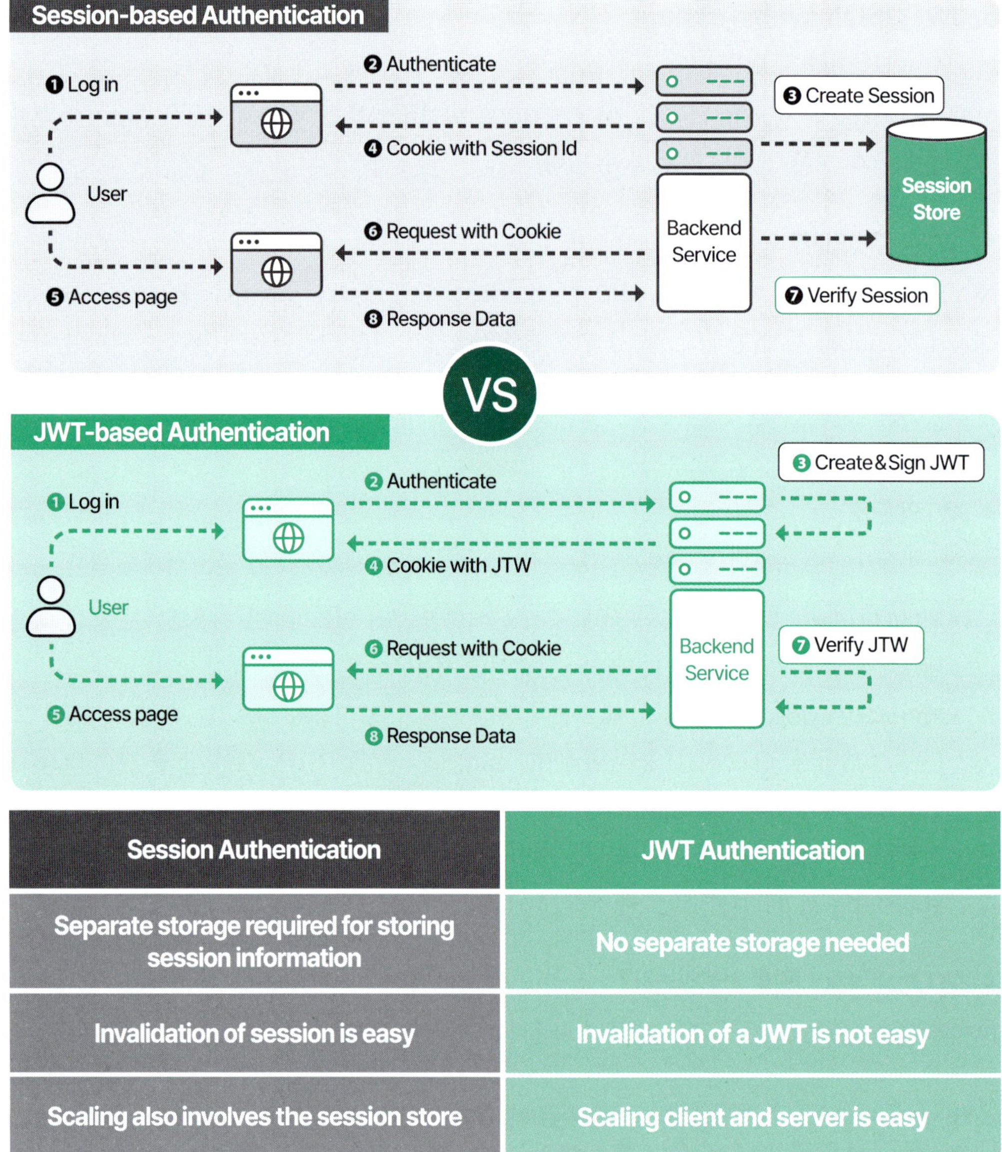

Session Authentication	JWT Authentication
Separate storage required for storing session information	No separate storage needed
Invalidation of session is easy	Invalidation of a JWT is not easy
Scaling also involves the session store	Scaling client and server is easy

- **상태 저장**: 세션은 서버가 상태를 저장하는 'Stateful' 방식이다. 반면 JWT는 서버가 상태를 저장하지 않는 'Stateless' 방식이다.

- **서버 제어권**: 세션 방식에서는 서버가 모든 세션 정보를 관리하므로, 특정 사용자를 강제로 로그아웃시키고 싶을 때 서버에서 해당 세션을 삭제하면 즉시 효력이 발생한다. 하지만 JWT는 한 번 발급되면 유효기간이 만료될 때까지 유효하다. 서버가 특정 토큰을 강제로 무효화하기는 어렵다(물론 '블랙리스트' 같은 별도의 관리 기법을 도입할 수는 있지만, 이는 Stateless의 장점을 일부 희생하는 것). 이는 확장성과 서버 제어권 사이의 중요한 트레이드오프 관계를 보여준다.

▼ 쿠키 vs 세션 vs 토큰(JWT)

구분	쿠키	세션	JWT
정보 저장 위치	클라이언트(브라우저)	서버	클라이언트(브라우저)
핵심 전달 내용	모든 데이터	식별자(Session ID)	모든 정보를 담은 토큰
서버 상태 유지	Stateless(서버는 상태 저장 안 함)	Stateful(서버가 상태 저장)	Stateless(서버는 상태 저장 안 함)
보안	낮음(탈취/변조 위험)	높음(정보가 서버에 있음)	중간(서명으로 변조 방지, 탈취 시 위험)
서버 부하	낮음	높음(사용자 수만큼 저장 공간 필요)	낮음(검증 연산만 필요)
확장성	높음	낮음(세션 공유 문제 발생)	매우 높음(어떤 서버든 검증 가능)
주요 비유	손님 주머니 속 멤버십 카드	가게의 VIP 고객 명단	모든 정보가 담긴 자유이용권

7.3 웹 속도는 어떻게 향상시키는가?

우리가 웹사이트에 접속하거나 앱을 사용할 때, 1초의 기다림은 때로 영원처럼 느껴진다. 디지털 세상에서 '속도'는 사용자의 만족도를 결정하는 가장 중요한 요소 중 하나다. 서비스가 아무리 훌륭한 기능을 제공하더라도, 느리고 답답하다면 사용자는 금세 떠나버린다. 이번에는 어떻게 하면 사용자에게 더 빠르고 쾌적한 경험을 제공할 수 있는지, 그 뒤에 숨겨진 핵심적인 성능 향상 기술들에 대해 알아보자.

1. 캐시(Cache)

모든 기술의 출발점에는 한 가지 근본적인 물리적 한계가 있다. 데이터는 빛의 속도보다 빠를 수 없다는 점이다. 사용자와 서버 사이의 거리는 필연적으로 '지연 시간'을 만든다. 이 문제를 줄이기 위한 노력은 마치 진화의 과정과 같다. 처음에는 자주 쓰는 데이터를 가까운 곳에 보관하는 '캐시(Cache)' 기술이 등장했다.

● 캐시란 무엇인가?

캐시는 자주 사용하는 데이터나 계산 결과를 미리 복사해두는 임시 저장소를 말한다. 그 목적은 단 하나, 바로 속도 향상이다. 데이터의 원본은 보통 데이터베이스처럼 비교적 느린 저장소에 보관된다. 매번 원본 저장소까지 데이터를 가지러 가는 것은 비효율적이다. 캐시는 이 과정을 단축시켜, 더 빠른 데이터 접근을 통해 전체 시스템의 응답 속도를 높이는 역할을 한다.

이 개념을 '자주 쓰는 펜을 넣어두는 책상 첫 번째 서랍'에 비유할 수 있다. 우리가 가진 모든 필기구를 커다란 창고(원본 데이터베이스)에 보관한다고 생각해보자. 글씨를 쓸 때마다 창고까지 가서 필기구를 가져와야 한다면 매우 번거롭고 시간이 오래 걸릴 것이다. 하지만 자주 쓰는 펜이나 메모지를 책상 서랍(캐시)에 넣어두면, 필요할 때마다 서랍만 열어 바로 꺼내 쓸 수 있다. 이처럼 캐시는 번거로운 과정을 생략하고 작업 속도를 극적으로 높여준다.

그렇다면 왜 이런 방식이 효과적일까? 그 이유는 컴퓨터의 작동 원리인 '참조 지역성의 원리(Locality of Reference)' 때문이다. 컴퓨터는 놀랍게도 한 번 접근했던 데이터에 곧 다시 접근하려는 경향(시간적 지역성)이 있고, 특정 데이터에 접근했다면 그 주변의 데이터에도 접근할 확률이 높다(공간적 지역성). 우리가 방금 마신 콜라를 조금 뒤에 또 마시고 싶어 하거나, 라면을 사면서 김치도 함께 찾는 것과 비슷한 이치다. 캐시는 바로 이 '자주 찾을 것 같은' 데이터를 미리 가까운 곳에 둠으로써 성능을 향상시키는, 매우 과학적인 기술이다.

● 캐시 히트와 캐시 미스: 서랍에 물건이 있을 때와 없을 때

캐시를 사용할 때 우리는 두 가지 상황을 마주하게 된다. 바로 '캐시 히트(Cache Hit)'와 '캐시 미스(Cache Miss)'다.

❶ **캐시 히트:** 사용자가 요청한 데이터가 캐시에 정확히 존재하는 경우를 말한다. '책상 서랍을 열었더니 찾던 빨간 펜이 바로 있는 상황'에 비유할 수 있다. 이 경우, 느린 원본 데이터베이스까지 갈 필요 없이 캐시에 저장된 데이터를 즉시 사용자에게 반환할 수 있다. 당연히 응답 속도는 매우 빠르다. 전체 요청 중에서 캐시 히트가 얼마나 발생했는지를 나타내는 비율을 '캐시 히트율(Cache Hit Ratio)'이라고 한다. 캐시 히트율이 높을수록 시스템의 전반적인 성능은 향상된다.

❷ **캐시 미스:** 반대로 사용자가 요청한 데이터가 캐시에 존재하지 않는 경우다. '서랍을 열었는데 파란 펜이 없어서 결국 창고까지 다녀와야 하는 상황'이다. 캐시 미스가 발생하면, 시스템은 어쩔 수 없이 원본 데이터베이스에 접근하여 해당 데이터를 찾아온다. 그리고 이 데이터를 사용자에게 전달하는 동시에, 다음번 요청을 대비해 캐시에 해당 데이터를 저장(복사)해 둔다. 이 과정 때문에 캐시 히트 상황보다 응답 시간이 더 오래 걸린다. 이처럼 캐시는 모든 데이터를 담아두는 공간이 아니다. 캐시에 사용되는 메모리(SRAM 등)는 데이터베이스가 사용하는 저장소(HDD, SSD)보다 훨씬 비싸기 때문에, 용량이 제한적이다.

그렇다면 어떤 데이터를 캐시에 저장해야 가장 효율적일까? 여기서 '파레토 법칙', 즉 80/20 법칙이 흥미로운 해답을 제시한다. 보통 전체 요청의 80%는 전체 데이터의 20%에 집중되는 경향이 있다. 예를 들어, 쇼핑몰이라면 수만 개의 상품 중 가장 인기 있는 상위 20%의 상품 정보에 대부분의 사용자가 접근한다는 의미다. 따라서 모든 상품 정보를 캐시에 저장할 필요 없이, 이 핵심 20%의 데이터만 캐시에 잘 보관해도 전체 서비스 성능의 80%를 향상시키는 효과를 볼 수 있다. 이것이 바로 캐시가 비싼 저장 공간임에도 불구하고 매우 비용 효율적으로 운영될 수 있는 핵심 원리다.

● 데이터를 언제, 어떻게 저장하고 업데이트할까?

캐시는 원본 데이터의 복사본을 저장하는 곳이다. 만약 원본 데이터가 변경된다면, 캐시에 있는 복사본은 더 이상 최신 정보가 아니게 된다. 이처럼 오래된 데이터(Stale Data) 문제를 해결하고, 원본과 캐시의 데이터를 일관성 있게 유지하기 위해 다양한 캐싱 전략이 사용된다.

❶ Write-Through(동시 쓰기)

데이터를 저장할 때, 캐시와 원본 데이터베이스에 동시에 쓰는 방식이다. '중요한 메모를 할 때, 책상 위 메모지와 내 다이어리에 동시에 적어두는 상황'에 비유할 수 있다. 이 방식은 캐시와 원본의 데이터가 항상 일치하기 때문에 데이터 일관성이 매우 높다는 장점이 있다. 하지만 데이터를 쓸 때마다 캐시와 데이터베이스, 두 곳에 모두 기록해야 하므로 쓰기 속도가 상대적으로 느려질 수 있다.

❷ Write-Back/Write-Behind(나중에 쓰기)

데이터를 쓸 때, 우선 빠른 캐시에만 먼저 저장하고 요청에 대한 응답을 완료한다. 그리고 특정 시점(예 일정 시간이 지나거나, 데이터가 일정량 쌓였을 때)에 캐시의 데이터를 모아서 한 번에 원본 데이터베이스에 저장하는 방식이다. '일단 급한 대로 포스트잇에 메모를 빠르게 적어두고, 하루 일과가 끝날 때 여유를 갖고 다이어리에 깔끔하게 옮겨 적는 상황'으로 비유할 수 있다. 쓰기 요청을 매우 빠르게 처리할 수 있어 시스템 성능 향상에 큰 도움이 된다. 하지만, 캐시의 데이터를 원본에 옮겨 적기 전에 만약 정전이 되거나 시스템에 장애가 발생하면, 포스트잇을 잃어버리는 것처럼 캐시에만 있던 데이터가 영구적으로 유실될 위험이 있다.

❸ Look-aside/Lazy Loading(필요할 때만 로딩)

가장 보편적으로 사용되는 전략 중 하나다. 데이터를 읽을 때, 먼저 캐시에 데이터가 있는지 확인한다. 데이터가 있으면(Cache Hit) 바로 사용하고, 데이터가 없으면(Cache Miss) 원본 데이터베이스에서 데이터를 읽어와 캐시에 저장한 뒤 사용한다. 즉, '게으르게(Lazy)' 있다가 필요할 때만 데이터를 가져와 채워 넣는 방식이다. 이 구조에서는 애플리케이션이 캐시와 데이터베이스의 존재를 모두 알고, 데이터 조회 로직을 직접 관리해야 한다.

❹ 캐시 데이터 관리

캐시는 용량이 한정적이므로 언젠가는 가득 차게 된다. 이때 새로운 데이터를 저장하려면 기존 데이터 중 일부를 내보내야 하는데, 이를 '캐시 교체(Cache Eviction)'라고 한다. 어떤 데이터를 내보낼지 결정하는 규칙을 '교체 알고리즘'이라 하며, 대표적으로 가장 오랫동안 사용되지 않은 데이터를 내보내는 LRU(Least Recently Used) 방식, 가장 적게 사용된 데이터를 내보내는 LFU(Least Frequently Used) 방식 등이 있다.또한, 데이터에 '유통기한'을 설정하여 일정 시간이 지나면 자동으로 삭제되게 할 수도 있는데, 이를 '만료(Expiration)' 또는 TTL(Time-To-Live)이라고 한다. 이처럼 제한된 공간을 효율적으로 관리하는 것은 캐시 성능 유지에 매우 중요하다.

2. 콘텐츠 전송 네트워크(CDN)

● CDN이란 무엇인가?

CDN(Content Delivery Network)은 콘텐츠 전송 네트워크의 약자다. 이름 그대로, 이미지, 동영상, 각종 파일과 같은 웹 콘텐츠를 사용자에게 빠르고 안정적으로 전송하기 위해 만들어진 거대한 서버 네트워크다. CDN의 핵심 아이디어는 간단하다. 사용자와 물리적으로 가까운 곳에 데이터를 미리 가져다 놓아, 데이터가 이동해야 하는 거리를 줄이는 것이다. 이를 위해 전 세계 여러 곳에 전략적으로 서버를 배치하고, 원본 서버의 콘텐츠를 복제하여 저장해 둔다.

CDN을 '전 세계에 지점을 둔 유명 프랜차이즈 레스토랑'에 비유하면 이해하기 쉽다. 예를 들어, 뉴욕에 본점을 둔 아주 맛있는 햄버거 가게가 있다고 하자. 서울에 사는 내가 이 햄버거를 먹고 싶을 때, 뉴욕 본점까지 비행기를 타고 갈 필요는 없다. 왜냐하면, 우리 동네 가까운 곳에 서울 지점이 있기 때문이다. 나는 서울 지점에 가서 뉴욕 본점과 똑같은 레시피로 만든 햄버거를 바로 먹을 수 있다. 여기서 뉴욕의 '본점'이 바로 데이터가 원래 저장되어 있는 '원본 서버(Origin Server)'이고, 서울을 비롯한 전 세계 각지의 '지점'이 바로 '엣지 서버(Edge Server)'다. CDN은 바로 이 엣지 서버들을 촘촘하게 연결한 글로벌 네트워크인 셈이다.

또 다른 비유로는 '지역 허브에서 출발하는 택배 시스템'이 있다. 온라인으로 물건을 주문했을 때, 모든 택배가 한 곳의 거대한 중앙 물류창고에서 출발한다면 배송 시간이 오래 걸릴 것이다. 하지만 각 지역별로 물류 허브를 두고, 주문이 들어오면 고객과 가장 가까운 허브에서 물건을 바로 배송하면 훨씬 빠르게 받아볼 수 있다. CDN도 이와 같은 원리로 작동한다.

● CDN은 어떻게 작동하는가?

CDN의 작동 방식은 캐시의 원리를 전 세계 규모로 확장한 것이다. 사용자의 요청이 어떻게 처리되는지 단계별로 살펴보자.

❶ 최초 요청 발생

서울에 사는 사용자가 미국 캘리포니아에 위치한 원본 서버에 있는 고양이 사진 한 장을 요청한다고 가정하자.

❷ 원본 서버의 응답 및 캐싱

사용자의 첫 번째 요청은 미국에 있는 원본 서버까지 전달된다. 원본 서버는 사용자에게 고양이 사진을 전송한다. 동시에, 원본 서버는 이 사진의 '복사본'을 사용자와 가장 가까운 CDN 서버, 즉 '서울 엣지 서버'에도 보내 저장해둔다. 이 과정을 '캐싱(Caching)'이라고 한다.

❸ 두 번째 요청 발생

잠시 후, 이번에는 부산에 사는 다른 사용자가 똑같은 고양이 사진을 요청한다.

❹ CDN 엣지 서버의 빠른 응답

이 두 번째 요청은 미국까지 날아가지 않는다. 대신, 사용자의 위치를 파악하여 가장 가까운 '서울 엣지 서버'로 요청을 보낸다. 서울 엣지 서버는 이미 고양이 사진 복사본을 가지고 있으므로, 원본 서버에 다시 물어볼 필요 없이 즉시 부산 사용자에게 사진을 전송한다. 미국까지의 먼 거리를 오갈 필요가 없으니, 사용자는 훨씬 빠르게 사진을 볼 수 있게 된다.

이처럼 CDN은 단순한 속도 향상 도구가 아니다. CDN은 수많은 사용자 요청을 전 세계 엣지 서버들이 대신 막아주는 '방패' 역할을 수행한다. 예를 들어, 인기 아이돌의 콘서트 티켓 예매가 시작되면 수십만, 수백만 명의 사용자가 동시에 접속을 시도한다. 만약 원본 서버 혼자 이 모든 요청을 감당해야 한다면 서버는 순식간에 다운되고 말 것이다. 하지만 CDN을 사용하면, 이 요청들이 각 지역의 엣지 서버로 분산되어 처리되므로 원본 서버는 과부하로부터 안전하게 보호받을 수 있다.

더 나아가, 이 분산된 구조는 강력한 보안 기능도 제공한다. 대표적인 예가 디도스(DDoS, 분산 서비스 거부) 공격 방어다. DDoS 공격은 수많은 좀비 PC를 동원해 특정 서버에 대규모의 악성 트래픽을 한꺼번에 보내 서비스를 마비시키는 공격이다. CDN은 이 공격 트래픽을 전 세계에 퍼져 있는 수많은 엣지 서버들로 흡수하고 분산시켜, 공격이 원본 서버에 도달하기 전에 막아내는 거대한 방어벽 역할을 한다.

● CDN 도입의 비즈니스적 이점

CDN을 도입하면 기업은 여러 가지 중요한 비즈니스적 이점을 얻을 수 있다.

❶ 속도 향상 및 사용자 경험 개선

웹사이트의 로딩 속도는 사용자의 만족도, 그리고 최종적으로는 매출과 직결된다. 연구에 따르면, 웹 페이지 로딩 속도가 3초에서 5초로 단 2초만 늘어나도 사용자의 이탈률이 90%까지 급증할 수 있다고 한다. CDN을 통해 빠른 속도를 제공하면 사용자는 사이트에 더 오래 머물게 되고, 이는 곧 구매 전환율 증가로 이어진다.

❷ 안정성 및 가용성 향상

갑작스러운 트래픽 폭주나 이벤트 상황에서도 CDN이 트래픽을 효과적으로 분산시켜주기 때문에 서버 다운의 위험이 크게 줄어든다. 또한, 만약 원본 서버에 일시적인 장애가 발생하더라도, 엣지 서버에 캐시된 콘텐츠가 있다면 사용자는 문제없이 서비스를 계속 이용할 수 있다. 이는 서비스의 신뢰도를 높이는 중요한 요소다.

❸ 비용 절감

서버 운영 비용에서 큰 비중을 차지하는 것 중 하나가 바로 트래픽 비용(대역폭 비용)이다. CDN을 사용하면 대부분의 트래픽을 엣지 서버가 처리하게 되므로, 원본 서버가 감당해야 할 트래픽 양이 획기적으로 줄어든다. 결과적으로 기업은 상당한 서버 운영 및 네트워크 비용을 절감할 수 있다.

❹ 글로벌 서비스 확장 용이

전 세계 사용자를 대상으로 서비스를 제공하는 기업에게 CDN은 필수적이다. CDN을 통해 어느 나라의 사용자가 접속하든, 그 사용자와 가장 가까운 엣지 서버에서 빠르고 일관된 품질의 서비스를 제공할 수 있다.

▼ CDN 적용 전후의 차이점

항목	CDN 적용 전	CDN 적용 후
콘텐츠 요청 경로	모든 사용자가 멀리 있는 원본 서버에 직접 접속	사용자는 가장 가까운 CDN 엣지 서버에 접속
로딩 속도	느림(특히 해외 사용자)	빠름(전 세계 어디서나)
원본 서버 부하	높음(모든 요청을 직접 처리)	낮음(엣지 서버가 대부분의 요청 처리)
서비스 안정성	트래픽 폭주 시 다운 위험 높음	안정적(트래픽 분산)
서버/트래픽 비용	높음	절감

3. 엣지 서버

엣지 서버(Edge Server)는 말 그대로 네트워크의 가장자리(Edge), 즉 사용자와 물리적으로 가장 가까운 곳에 위치하는 서버를 의미한다. 우리가 앞서 CDN을 '전 세계 프랜차이즈 지점망'에 비유했을 때, 각 지역의 '지점' 역할을 하는 것이 엣지 서버다. 따라서 엣지 서버는 CDN을 구성하는 가장 핵심적인 기본 단위라고 할 수 있다.

CDN은 전 세계 곳곳에 흩어져 있는 수많은 엣지 서버들을 연결한 거대한 '네트워크' 그 자체다. 엣지 서버의 가장 기본적인 임무는 원본 서버의 콘텐츠를 미리 복사하여 저장(캐싱)해 두는 것이다. 그리고 사용자로부터 요청이 오면, 멀리 있는 원본 서버까지 가지 않고 자신이 가진 복사본을 즉시 전달하여 데이터가 이동해야 하는 물리적 거리를 획기적으로 줄여준다. 이처럼 엣지 서버는 서비스의 최전방에 배치된 전초기지로서, 사용자가 가장 먼저 마주하는 관문 역할을 수행한다.

● 엣지 컴퓨팅: 단순 저장을 넘어선 처리

과거의 엣지 서버는 주로 이미지나 동영상 같은 정적 콘텐츠를 저장하고 전달하는 단순한 역할에 머물렀다. 하지만 기술이 발전하면서 엣지 서버의 역할은 한 단계 더 진화했다. 바로 **엣지 컴퓨팅**(Edge Computing)의 등장이다.

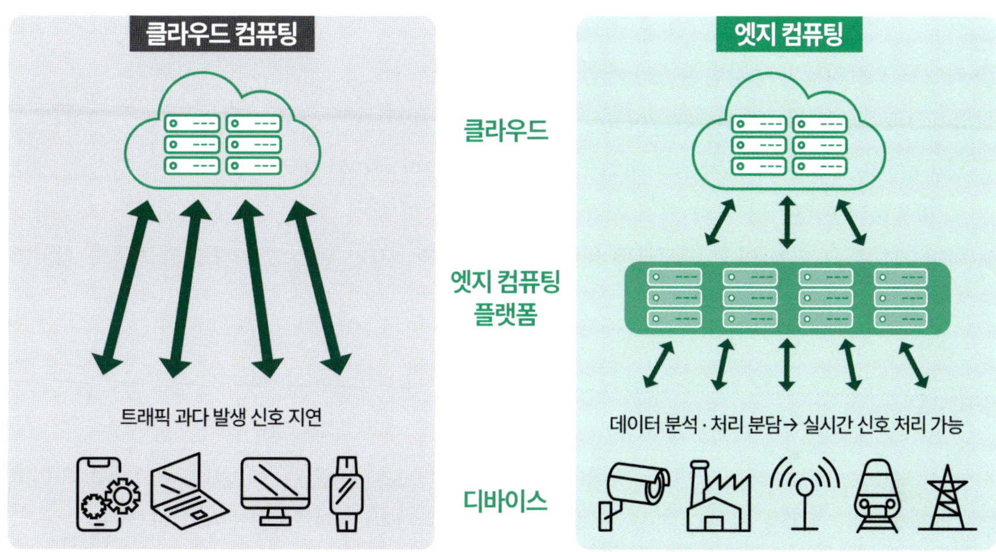

엣지 컴퓨팅은 데이터를 중앙 서버(클라우드)로 보내서 처리하지 않고, 데이터가 생성되는 바로 그 가장자리에서 즉시 데이터를 처리하고 분석하는 기술을 말한다. 엣지 서버가 단순한 저장 창고에서 벗어나, 연산 능력을 갖춘 소규모 데이터 센터의 역할을 하게 된 것이다.

이 개념을 '대형 물류센터와 동네 편의점'에 비유해볼 수 있다. 과거에는 모든 온라인 주문의 반품 및 교환 업무를 경기도에 있는 거대한 중앙 물류센터(클라우드)에서만 처리했다고 하자. 서울에 사는 고객이 물건을 반품하려면, 택배를 보내고 물류센터에서 확인한 뒤 다시 처리 결과를 받기까지 며칠이 걸릴 것이다. 하지만 이제는 동네 편의점(엣지 서버)에서도 반품 접수와 간단한 검수가 가능해졌다. 고객은 가까운 편의점에 물건을 맡기기만 하면 즉시 환불 처리가 시작된다. 이처럼 엣지 컴퓨팅은 모든 일을 중앙에서 처리하는 비효율을 줄이고, 현장에서 즉각적인 처리를 가능하게 하는 기술이다. 이러한 엣지 컴퓨팅은 특히 5G 통신과 사물인터넷(IoT) 시대에 그 중요성이 더욱 커지고 있다.

❶ 자율주행차와 5G

자율주행차는 도로 위를 달리며 카메라와 센서를 통해 초당 수 기가바이트에 달하는 엄청난 양의 데이터를 쏟아낸다. 앞차와의 거리, 신호등 색깔, 갑자기 튀어나오는 보행자 등 모든 정보를 실시간으로 분석하여 0.1초 안에 판단을 내려야 한다. 만약 이 모든 데이터를 수백 킬로미터 떨어진 중앙 데이터 센터로 보냈다가 분석 결과를 다시 받아온다면, 그 짧은 지연 시간 때문에 큰 사고로 이어질 수 있다. 엣지 컴퓨팅은 이 문제를 해결한다. 자동차 자체 또는 가장 가까운 5G 통신 기지국에 탑재된 엣지 서버가 데이터를 즉시 처리하여 '정지', '회피'와 같은 긴급한 판단을 실시간으로 내리게 해준다.

❷ 스마트 팩토리와 사물인터넷(IoT)

스마트 팩토리에는 수천 개의 IoT 센서와 로봇 팔이 쉴 새 없이 돌아가며 데이터를 생성한다. 생산 라인의 온도, 습도, 부품의 미세한 결함 등을 실시간으로 감지해야 한다. 엣지 서버는 공장 내부에 설치되어 이 데이터들을 현장에서 바로 분석한다. 만약 불량품이 감지되면 즉시 해당 생산 라인을 멈추거나 로봇 팔의 움직임을 조정하여 추가적인 손실을 막는다.

❸ 라이브 스트리밍과 증강현실(AR) 게임

수만 명이 동시에 접속하는 K-POP 가수의 라이브 콘서트나, 현실 세계에 가상 그래픽을 덧입히는 AR 게임은 아주 약간의 지연도 용납되지 않는다. 5G의 초저지연, 초고속 특성을 제대로 활용하려면 데이터 처리 역시 사용자 가까이에서 이루어져야 한다. 엣지 서버는 사용자와 가장 가까운 곳에서 영상 데이터를 처리하고 전송하여, 끊김 없는 고화질 스트리밍과 실시간 상호작용을 가능하게 한다.

4. 지연 시간(Latency) 최적화

지연 시간(Latency)은 데이터가 한 지점에서 다른 지점으로 이동하는 데 걸리는 시간을 의미한다. 우리가 흔히 게임을 하거나 화상 회의를 할 때 느끼는 랙(Lag)이나 딜레이가 바로 이 지연 시간 때문에 발생하는 현상이다. 쉽게 말해, '내가 컴퓨터에 어떤 명령을 내린 순간부터 그 결과가 화면에 나타나기까지 걸리는 기다림의 시간'이라고 정의할 수 있다.

네트워크 통신 과정을 '탁구 게임'에 비유하면 지연 시간을 쉽게 이해할 수 있다. 내가 상대방에게 공(데이터 요청)을 쳐서 보내고, 상대방(서버)이 그 공을 받아 다시 나에게 쳐서 돌아오기까지 걸리는 시간이 있을 것이다. 이처럼 데이터가 출발해서 목적지에 도달했다가 다시 출발점으로 돌아오는 데 걸리는 총 시간을 '왕복 시간(Round Trip Time, RTT)'이라고 하며, 보통 지연 시간을 측정하는 기준으로 사용된다. 지연 시간이 짧을수록 서비스는 빠르고 쾌적하게 느껴진다.

● 지연 시간은 왜 발생할까?

지연 시간은 여러 가지 복합적인 원인에 의해 발생한다. 그중 가장 대표적인 원인들은 다음과 같다.

❶ 물리적 거리

지연 시간을 유발하는 가장 근본적이고 절대적인 원인이다. 데이터는 광케이블을 통해 빛의 속도로 이동하지만, 그 속도는 유한하다. 서울에 있는 내가 미국 캘리포니아에 있는 서버에 접속하려면, 데이터는 태평양 아래에 깔린 해저 케이블을 통해 수천 킬로미터를 이동해야 한다.

이 물리적인 거리는 결코 무시할 수 없으며, 거리가 멀어질수록 지연 시간은 필연적으로 길어진다.

❷ 네트워크 장비

우리가 보낸 데이터는 목적지까지 한 번에 직선으로 날아가지 않는다. 목적지에 도달하기까지 전 세계에 퍼져 있는 수많은 라우터(Router), 스위치(Switch)와 같은 네트워크 중계 장비들을 거쳐간다. 데이터가 이 장비 하나를 통과할 때마다 '어디로 가야 할지' 경로를 확인하는 등의 짧은 처리 시간이 소요된다. 이처럼 하나의 네트워크 장비를 거치는 단계를 '홉(Hop)'이라고 부른다. 목적지까지 거쳐야 하는 홉의 수가 많을수록 지연 시간은 조금씩 누적되어 늘어난다.

❸ 트래픽 혼잡

네트워크는 일종의 '도로'와 같다. 만약 특정 구간의 도로에 너무 많은 차(데이터)가 한꺼번에 몰리면 어떻게 될까? 당연히 교통 체증이 발생하여 속도가 느려진다. 이처럼 네트워크 회선이 감당할 수 있는 용량(대역폭)을 초과하는 데이터가 몰리면 병목 현상이 발생하고, 데이터 패킷들이 줄을 서서 기다리게 되면서 지연 시간이 크게 증가한다.

❹ 서버 성능

요청이 최종 목적지인 서버에 도착했다고 해서 끝이 아니다. 서버는 요청받은 데이터를 찾거나, 계산을 수행한 뒤 응답을 만들어야 한다. 만약 서버 자체의 성능이 낮거나, 동시에 너무 많은 요청을 처리하느라 바쁜 상태라면 응답을 생성하는 데 시간이 오래 걸린다. 이 또한 전체 지연 시간을 늘리는 중요한 요인이 된다.

● 성능 향상 기술과 지연 시간의 관계

앞서 살펴본 캐시, CDN, 엣지 컴퓨팅 기술들은 각기 다른 방식으로 작동하는 것처럼 보이지만, 사실은 '지연 시간 단축'이라는 하나의 공통된 목표를 향하고 있다. 이 기술들은 지연 시간을 유발하는 각기 다른 원인들을 해결하기 위한 상호 보완적인 해결책들이다.

- **캐시는 서버 '처리 시간'을 줄인다.**

캐시는 자주 요청되는 데이터를 느린 원본 저장소(DB) 대신 매우 빠른 메모리에 미리 보관한다. 이를 통해 서버가 데이터를 찾고 처리하는 데 걸리는 시간을 극적으로 단축시킨다. 지연 원인 중 '서버 성능' 문제를 해결하는 데 직접적으로 기여한다.

- **CDN과 엣지 서버는 '물리적 거리'를 줄인다.**

CDN과 엣지 서버는 콘텐츠와 연산 기능 자체를 사용자와 가장 가까운 곳으로 가져온다. 이를 통해 데이터가 이동해야 하는 물리적인 거리를 획기적으로 줄여, 지연 시간의 가장 큰 원인을 정면으로 해결한다. 또한, 여러 경로로 트래픽을 분산시켜 '트래픽 혼잡' 문제도 완화하는 효과가 있다.

결국, 현대적인 서비스의 성능 향상 전략은 이 기술들을 종합적으로 사용하여 지연 시간을 유발하는 모든 요소를 최대한 제거하는 방향으로 나아가고 있다.

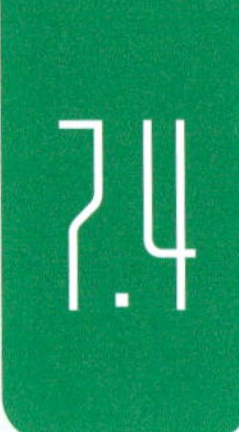

7.4 트래픽은 어떻게 분산하는가?

인기 있는 웹사이트나 앱에는 수많은 사용자가 동시에 접속한다. 만약 서버가 한 대뿐이라면, 몰려드는 요청을 감당하지 못하고 결국 서버는 다운되고 말 것이다. 이는 마치 유명 맛집에 손님이 몰리는데 요리사가 한 명뿐인 상황과 같다. 아무리 뛰어난 요리사라도 혼자서는 모든 주문을 처리할 수 없다. 해결책은 간단하다. 요리사를 여러 명 두는 것이다.

1. 로드밸런서

로드밸런서(Load Balancer)는 이름 그대로 '부하(Load)를 분산(Balancing)시켜주는' 장치 또는 소프트웨어를 말한다. 시스템의 가장 앞단에서 사용자(클라이언트)의 요청을 먼저 받은 뒤, 그 뒤에 있는 여러 대의 서버들에게 요청을 적절히 나누어주는 역할을 한다.

이 역할은 '인기 맛집의 안내 직원'에 비유할 수 있다. 맛집에 손님이 끊임없이 밀려들 때, 입구의 안내 직원은 손님들을 비어있는 테이블로 안내하거나, 주문을 받아 여러 요리사에게 골고루 전달한다. 덕분에 특정 요리사에게만 일이 몰리는 것을 막고, 주방 전체가 효율적으로 돌아가게 하여 손님들이 음식을 기다리는 시간을 줄여준다. 로드밸런서가 바로 이 똑똑한 안내 직원과 같은 역할을 수행한다.

또 다른 비유는 '교차로의 교통정리 경찰관'이다. 사방에서 몰려드는 차량(트래픽)들로 인해 도로가 마비될 위기에 처했을 때, 교통경찰은 차량의 흐름을 파악하여 비교적 한산한 차선(서버)으로 차들을 유도한다. 이를 통해 교통 체증을 해소하고 원활한 소통을 가능하게 한다. 로드밸런서는 이처럼 보이지 않는 곳에서 서비스의 흐름을 조율하는 핵심적인 역할을 담당한다.

● 로드밸런서가 필요한 이유

로드밸런서는 단순히 요청을 나누어주는 것 이상의 중요한 가치를 제공한다. 바로 서비스의 '가용성', '확장성', 그리고 '보안성'을 크게 향상시킨다.

❶ 가용성 향상

여러 대의 서버를 운영하더라도 그중 한 대가 갑자기 고장 나거나 점검을 위해 꺼지면 어떻게 될까? 로드밸런서가 없다면 그 서버로 향하던 사용자들은 서비스 오류를 겪게 될 것이다. 로드밸런서는 '헬스 체크(Health Check)'라는 기능을 통해 이런 문제를 막는다. 헬스 체크는 로드밸런서가 주기적으로 서버들에게 "잘 있니?"하고 신호를 보내 서버의 건강 상태를 확인하는 것이다. 만약 특정 서버가 응답이 없거나 비정상적인 반응을 보이면, 로드밸런서는 그 서버를 '아픈 서버'로 판단하고 더 이상 새로운 요청을 보내지 않는다. 그리고 장애가 복구될 때까지 정상적으로 작동하는 다른 서버들에게만 요청을 보낸다. 덕분에 일부 서버에 문제가 생겨도 전체 서비스는 중단 없이 계속 운영될 수 있다.

❷ 확장성 확보

블랙프라이데이 세일이나 인기 아이돌의 콘서트 티켓 예매처럼 사용자가 갑자기 폭증하는 상황을 생각해보자. 서버 한두 대로는 도저히 감당할 수 없다. 로드밸런서가 있으면 이런 상황에 매우 유연하게 대처할 수 있다. 필요에 따라 서버를 몇 대 더 추가하기만 하면, 로드밸런서가 새로 추가된 서버를 즉시 인식하고 그곳으로도 요청을 보내기 시작한다. 반대로 드래픽이 줄어들면 서버 수를 다시 줄여 비용을 절감할 수도 있다. 이처럼 서버 수를 수평적으로 늘리는 방식(Scale-out)을 통해, 서비스 규모를 자유자재로 조절할 수 있게 된다.

❸ 보안성 강화

로드밸런서는 시스템의 가장 앞에 위치하여 모든 요청을 대표로 받는다. 이 구조 덕분에, 외부에는 로드밸런서의 IP 주소만 노출되고 그 뒤에서 실제로 일하는 서버들의 IP 주소는 숨길 수 있다. 이는 해커가 실제 서버에 직접 접근하여 공격하는 것을 어렵게 만드는 효과가 있다. 또한, 디도스(DDoS)와 같이 대량의 악성 트래픽을 보내는 공격이 발생했을 때, 로드밸런서는 이 공격 트래픽을 여러 서버로 분산시켜 피해를 최소화하는 1차 방어벽 역할도 수행한다.

2. L4/L7 로드밸런싱

로드밸런서는 요청을 분산할 때, 어떤 정보를 기준으로 판단하느냐에 따라 여러 종류로 나뉜다. 그중 가장 대표적인 것이 L4 로드밸런서와 L7 로드밸런서다. 여기서 L4와 L7은 'OSI 7계층 모델'이라는 네트워크 통신 규칙의 단계를 의미한다.

OSI 7계층 모델을 '편지를 보내는 과정'에 비유해보자. 우리가 편지를 쓸 때, 편지 내용을 작성하고(7계층: 응용 계층), 그것을 봉투에 넣어 주소와 우편번호를 적은 뒤(4계층: 전송 계층, 3계층: 네트워크 계층), 우체통에 넣으면(1계층: 물리 계층) 배달이 시작된다. L4와 L7 로드밸런서는 바로 이 과정에서 '어디까지 확인하는지'에 따라 구분된다.

• L4 로드밸런서: 빠르고 단순한 분배

L4 로드밸런서는 네트워크 정보의 4계층(전송 계층)에 해당하는 정보, 즉 IP 주소와 포트 번호만을 보고 트래픽을 분산시킨다.예를 들어, 123.45.67.89라는 IP 주소의 80번 포트로 들어온 요청을 서버 A로, 443번 포트로 온 요청은 서버 B로 보내는 식이다. L4 로드밸런서는 데이터의 내용, 즉 편지 봉투 안에 무엇이 들어있는지는 전혀 들여다보지 않는다.

이 방식은 '편지 겉봉투의 주소만 보고 우편물을 분류하는 집배원'에 비유할 수 있다. 집배원은 편지의 내용이 연애편지인지, 고지서인지는 관심이 없다. 오직 겉봉투에 적힌 주소를 보고 최대한 빠르고 정확하게 해당 주소지로 배달하는 임무에만 집중한다.

이처럼 L4 로드밸런서는 패킷 내용을 분석하지 않기 때문에 처리 속도가 매우 빠르고 효율적이다. 하지만 요청의 내용에 따라 섬세하게 경로를 지정하는 지능적인 부하 분산은 불가능하다는 단점이 있다.

● L7 로드밸런서: 똑똑하고 섬세한 분배

L7 로드밸런서는 7계층(응용 계층)의 정보까지 들여다본다. 즉, 데이터의 내용인 HTTP 헤더, URL, 쿠키 정보 등을 직접 확인하고, 그 내용을 기반으로 어떤 서버로 보낼지 결정한다. '편지의 내용까지 꼼꼼히 확인하여 가장 적합한 담당자에게 전달하는 유능한 비서'와 같다. 비서는 "이 문서는 긴급한 결제가 필요한 서류이니 재무팀 김대리에게", "이것은 신제품 홍보 관련 자료이니 마케팅팀 박과장에게" 와 같이, 문서의 내용을 파악하여 가장 잘 처리할 수 있는 담당자(서버)에게 정확히 전달한다.

예를 들어, 사용자가 쇼핑몰에 접속했을 때, URL 주소가 /images로 시작하면 이미지 파일을 전문적으로 처리하는 '이미지 서버'로 요청을 보내고, /video로 시작하면 '동영상 스트리밍 서버'로 보내는 식의 지능적인 분산이 가능하다. 또한, 특정 패턴을 가진 악성 코드가 담긴 요청을 발견하면 사전에 차단하는 등 보안 강화 역할도 수행할 수 있다. 물론, 데이터의 내용까지 분석해야 하므로 L4 로드밸런서보다 처리 속도가 상대적으로 느리고 더 많은 컴퓨팅 자원을 소모한다는 단점이 있다.

▼ L4와 L7 로드밸런서의 핵심적인 차이

구분	L4 로드밸런서(집배원)	L7 로드밸런서(비서)
참조 계층	4계층(전송 계층)	7계층(응용 계층)
분산 기준	IP 주소, 포트 번호(겉봉투 주소)	URL, HTTP 헤더, 쿠키(편지 내용)
처리 속도	빠름	상대적으로 느림
지능성	낮음(단순 전달)	높음(내용 기반 판단)
장점	속도가 빠르고 효율적	정교하고 유연한 분산, 보안 기능
단점	단순한 분산만 가능	더 많은 자원 소모

3. 부하 분산 알고리즘

로드밸런서는 어떤 규칙, 즉 알고리즘에 따라 요청을 서버들에게 분배할지 결정한다. 상황에 따라 가장 효율적인 알고리즘을 선택하는 것이 중요하다. 대표적인 몇 가지 알고리즘을 알아보자.

● 라운드 로빈

라운드 로빈(Round Robin)은 가장 간단하고 고전적인 부하 분산 알고리즘이다. 서버들에게 들어온 요청을 순서대로 돌아가면서 하나씩 공평하게 배정하는 방식이다. 1번 서버, 2번 서버, 3번 서버가 있다면 첫 번째 요청은 1번, 두 번째 요청은 2번, 세 번째 요청은 3번, 그리고 네 번째 요청은 다시 1번 서버로 돌아가는 식이다.

이 방식은 '여러 사람에게 카드를 한 장씩 순서대로 돌리는 모습'을 연상시킨다. 구현이 매우 간단하고 직관적이라는 장점이 있다. 하지만 모든 서버의 성능이 동일하다고 가정하기 때문에, 만약 특정 서버의 성능이 다른 서버보다 현저히 낮다면 그 서버에 할당된 요청들이 느리게 처리되면서 전체 시스템의 효율을 떨어뜨릴 수 있다. 따라서 모든 서버의 사양이 비슷하고, 각 요청을 처리하는 데 걸리는 시간이 짧고 균일한 환경에서 사용하는 것이 적합하다.

● 가중 라운드 로빈과 최소 연결 방식

라운드 로빈의 단점을 보완하기 위해 더 지능적인 알고리즘들이 사용된다.

- **가중 라운드 로빈(Weighted Round Robin)**

  서버들의 성능이 서로 다를 때 사용하는 방식이다. 각 서버에 성능에 비례하는 가중치를 미리 설정해두고, 가중치가 높은 서버에 더 많은 요청을 할당한다. 예를 들어, A 서버(신형)의 가중치를 5, B 서버(구형)의 가중치를 2로 설정하면, 로드밸런서는 A 서버에 5번 요청을 보낼 동안 B 서버에는 2번만 요청을 보낸다. 이는 '일 잘하는 베테랑 요리사에게 더 많은 수문을 몰아주는 레스토랑 매니저'의 전략과 같다.

- **최소 연결(Least Connection)**

  요청이 들어오는 시점에, 현재 서버들이 처리하고 있는 '연결(Connection)의 수'를 확인하여 가장 적은 수의 연결을 가진 서버, 즉 가장 한가한 서버에게 새로운 요청을 보내는 방식이다. '마트 계산대에서 줄이 가장 짧은 곳으로 손님을 안내하는 직원'을 생각하면 쉽다. 이 방식은 각 요청의 처리 시간이 일정하지 않거나, 특정 사용자와의 연결이 오래 지속되는 서비스 환경에서 매우 효과적이다.

● IP 해시

IP 해시(IP Hash) 방식은 사용자의 IP 주소를 기준으로 요청을 보낼 서버를 결정한다. 로드밸런서는 클라이언트의 IP 주소를 해시 함수라는 특별한 계산기에 넣어 나온 결과값에 따라 특정 서버를 지정한다. 이 방식의 가장 큰 특징은, 한번 특정 서버로 연결된 사용자는 이후의 모든 요청도 계속해서 같은 서버로 연결된다는 점이다.

이 방식이 필요한 이유는 '세션(Session)'을 유지하기 위해서다. 예를 들어, 우리가 온라인 쇼핑몰에 로그인한 후 장바구니에 상품을 담는다고 생각해보자. 만약 첫 번째 요청(로그인)은 A 서버가, 두 번째 요청(장바구니 담기)은 B 서버가 처리한다면, B 서버는 내가 로그인했다는 사실을 모르기 때문에 장바구니 기능이 제대로 동작하지 않을 수 있다. IP 해시 방식은 한 사용자의 연속된 요청들을 모두 동일한 서버가 처리하도록 보장함으로써, 이러한 로그인 정보나 장바구니 상태 같은 세션 정보를 안정적으로 유지할 수 있게 해준다. 이는 마치 '백화점에서 단골 손님은 항상 담당 직원이 전담하여 응대하는 것'과 같은 원리다.

4. 글로벌 서버 부하 분산(GSLB)

지금까지 설명한 로드밸런싱은 보통 하나의 데이터 센터, 즉 한정된 지역 내에서 서버 간의 부하를 분산하는 방식(Local Server Load Balancing, LSLB)이었다. 하지만 넷플릭스나 구글처럼 전 세계 사용자를 대상으로 서비스를 제공하는 기업들은 어떻게 부하를 분산할까? 이럴 때 필요한 것이 바로 GSLB(Global Server Load Balancing)다.

GSLB는 특정 지역을 넘어, 전 세계에 흩어져 있는 여러 데이터 센터 간의 부하를 분산하는 한 차원 높은 기술이다.예를 들어, 한국, 미국, 독일에 각각 데이터 센터를 운영하고 있을 때, GSLB는 사용자의 위치나 각 데이터 센터의 상태를 고려하여 가장 최적의 데이터 센터로 사용자를 연결해

주는 역할을 한다.

GSLB는 '글로벌 콜센터 시스템'에 비유할 수 있다. 전 세계에 지사를 둔 글로벌 기업의 대표 번호로 전화를 걸면, 시스템이 발신자의 위치를 파악하여 자동으로 가장 가까운 국가의 지사로 연결해준다. 만약 한국에서 전화를 걸면 미국 본사가 아닌 한국 지사로 연결되고, 한국 지사가 통화 중이라면 가장 가깝고 한가한 일본 지사로 연결해주는 식이다. GSLB는 이처럼 전 세계적인 규모로 트래픽을 지능적으로 관리한다.

Round-Robin DNS (Domain Name System)

DNS 기반의 로드 밸런싱

서버가 지역적으로 분산되어 운영되는 경우
서버 및 로드 밸런서 장애시 서비스 불가

GSLB (Global Server Load Balancing)

GLSB 기반의 로드 밸런싱

접속 위치에 따라서 가장 가까운 서버로 접속해서 빠른 서
비스가 가능하며 서버 및 로드 밸런서 장애시에도
다른 지역의 서비스로 연결되어 서비스 연속성 확보

● GSLB의 작동 원리

GSLB는 주로 DNS(Domain Name System)를 기반으로 동작한다. DNS는 www.google.com과 같은 도메인 이름을 실제 서버의 IP 주소로 바꾸어주는 시스템이다. GSLB는 이 과정에 개입하여 최적의 서버 IP를 알려준다.

- **사용자 위치 파악 및 최적의 데이터 센터 선택**

  사용자가 www.example.com에 접속을 시도하면, 가장 먼저 GSLB 기능이 통합된 DNS 서버에 IP 주소를 물어보게 된다. 이때 DNS 서버는 요청을 보낸 사용자의 IP 주소를 통해 대략적인 위치(예 대한민국 서울)를 파악한다. 그리고 GSLB는 미리 파악해 둔 전 세계 데이터 센터들의 상태 정보(서버 부하, 네트워크 지연 시간 등)와 사용자의 위치를 종합적으로 분석한다. 분석 결과, 서울에 있는 사용자에게는 미국 데이터 센터보다 한국 데이터 센터로 연결하는 것이 가장 빠르다고 판단하고, 한국 데이터 센터의 IP 주소를 사용자에게 알려준다.

- **장애 감지 및 재해 복구(Disaster Recovery)**

  GSLB의 또 다른 핵심 기능은 재해 복구다. 만약 미국 데이터 센터가 지진이나 대규모 정전으로 인해 완전히 마비되었다고 가정해보자. GSLB는 헬스 체크를 통해 미국 데이터 센터에 장애가 발생했음을 즉시 감지한다. 그리고 그 순간부터 미국으로 향하던 모든 사용자 요청을 자동으로 가장 가까운 정상 데이터 센터(예 독일 또는 한국)로 전환시킨다. 덕분에 사용자들은 특정 지역에 큰 재해가 발생했더라도 아무런 문제 없이 서비스를 계속 이용할 수 있다. 이처럼 GSLB는 서비스의 글로벌 가용성과 안정성을 보장하는 데 필수적인 기술이다.

7.5 시스템끼리는 어떻게 소통하는가?

우리는 매일 스마트폰으로 날씨를 확인하고, 지도를 보며 길을 찾고, 친구에게 돈을 보낸다. 이 모든 편리한 기능들이 어떻게 가능할까? 내 스마트폰 앱이 어떻게 기상청의 날씨 데이터를 가져오고, 은행 서버와 통신하여 송금을 처리할 수 있을까? 서로 다른 회사에서, 각기 다른 기술로 만든 프로그램들이 마치 한 몸처럼 움직이는 비밀, 그 중심에는 바로 'API'가 있다.

API는 소프트웨어 세계의 '표준화된 소통 방식'이다. 마치 전 세계 무역을 혁신한 표준 규격의 컨테이너처럼, API는 복잡한 소프트웨어의 기능들을 간단하고 재사용 가능한 부품으로 만들었다. 개발자들은 더 이상 모든 것을 처음부터 만들 필요 없이, 이미 만들어진 훌륭한 API 부품들을 조립하여 새롭고 강력한 서비스를 빠르게 만들어낼 수 있게 되었다. 현대 디지털 서비스의 근간을 이루는 API의 개념부터, 가장 널리 쓰이는 REST API의 설계 원칙, 그리고 데이터를 주고받는 표준 양식인 JSON까지, 컴퓨터 세상의 소통 규칙을 쉽고 명확하게 이해해 보자.

1. API의 개념

- API의 역할

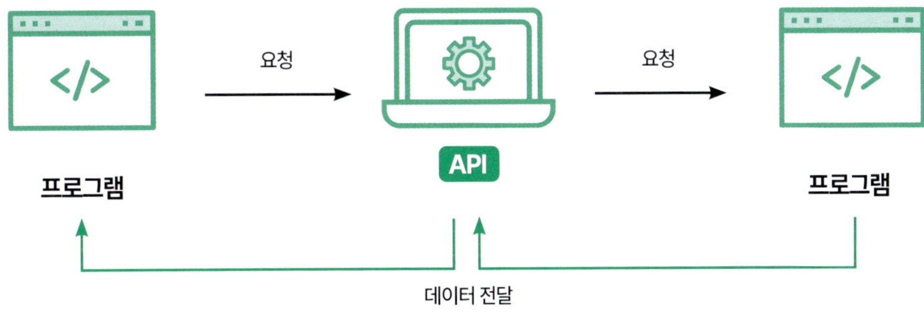

API는 'Application Programming Interface(애플리케이션 프로그래밍 인터페이스)'의 줄임말이다. 단어 하나하나는 어렵게 느껴지지만, 그 역할은 매우 간단하다. API는 하나의 프로그램이 다른 프로그램의 기능이나 데이터를 요청하고 사용할 수 있도록, 미리 정해놓은 소통의 '규칙'이자 '창구'다. API의 개념을 이해하는 데 '식당의 웨이터'만큼 좋은 비유는 없다.

- **손님(클라이언트, Client)**: 서비스를 요청하는 쪽이다. 예를 들어, 우리가 스마트폰에서 사용하는 '배달 앱'이 손님에 해당한다.

- **주방(서버, Server)**: 실제 기능과 데이터를 가지고 있는 쪽이다. '음식점의 실제 주방'이나 '날씨 정보를 가진 기상청 서버'가 여기에 해당한다.
- **웨이터(API)**: 손님과 주방 사이를 오가며 소통을 중개하는 역할이다.

- 점원의 역할

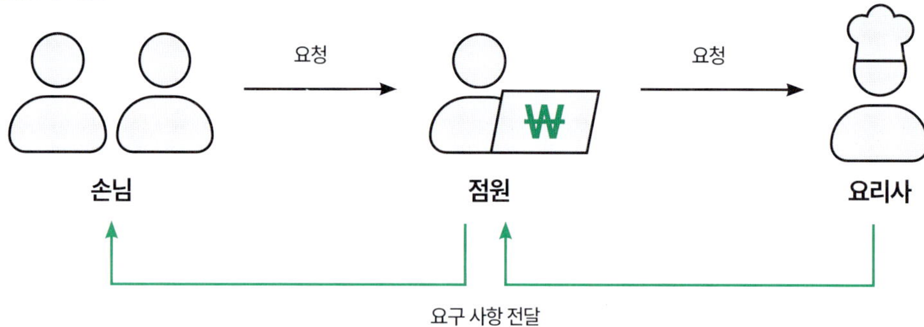

손님은 메뉴판(API 문서)을 보고 먹고 싶은 음식을 정해 웨이터에게 주문(요청)한다. 이때 손님은 주방 안에서 요리가 어떻게 만들어지는지, 레시피가 무엇인지 전혀 알 필요가 없다. 그저 웨이터에게 정해진 방식대로 주문만 하면 된다. 웨이터는 주문을 받아 주방에 정확히 전달하고, 요리가 완성되면 손님에게 가져다준다(응답). API가 바로 이 웨이터와 똑같은 역할을 한다. 배달 앱(클라이언트)은 지도 API(웨이터)를 통해 구글 지도 서버(주방)에게 "A 지점부터 B 지점까지의 경로를 알려줘"라고 요청하고, 그 결과를 받아 화면에 보여주는 것이다.

● API는 왜 사용하는가?

API를 사용하는 이유는 명확하다. 바로 효율성과 확장성, 그리고 보안 때문이다.

- **효율성 및 개발 가속화**

  모든 배달 앱이 지도를 처음부터 개발해야 한다면 막대한 시간과 비용이 들 것이다. 하지만 구글이나 네이버의 지도 API를 활용하면 몇 줄의 코드만으로 지도 기능을 손쉽게 추가할 수 있다. 결제나 로그인도 마찬가지로, 전문 회사의 API를 이용하면 개발자는 핵심 서비스에 집중할 수 있다. 즉, API는 '바퀴를 다시 발명하지 않게 해주는' 도구다.

- **표준화 및 협업**

  API는 "이런 요청을 보내면, 이런 결과를 줄게"라는 명확한 약속이다. 이 약속만 지키면 사용하는 언어나 운영 환경이 달라도 서로 다른 서비스를 자유롭게 연결할 수 있다. 즉, API는 다양한 시스템을 레고 블록처럼 조합해 새로운 가치를 만드는 표준 연결 규칙이다.

- **보안**

  식당 주방이 위생을 위해 외부인의 출입을 제한하듯, API는 서버의 내부를 보호하면서 필요한 기능만 외부에 공개한다. 사용자는 API라는 창구를 통해 허용된 데이터와 기능에만 접근할 수 있다. 즉, API는 서버의 핵심 자산을 지키는 보안 게이트 역할을 한다.

2. REST API

API를 만드는 방법에는 여러 가지가 있지만, 오늘날 웹 환경에서는 'REST'라는 방식이 사실상의 표준으로 자리 잡았다.

● REST란?

REST는 'Representational State Transfer'의 약자로, API를 만들기 위한 하나의 '설계 스타일(Architecture Style)'이다. 엄격한 규칙이나 기술이라기보다는, "이렇게 만들면 웹의 장점을 잘 살리면서 누구나 이해하기 쉽고 쓰기 편한 좋은 API가 될 거야"라는 모범적인 설계 원칙들의 집합이다.

REST의 핵심 철학은 웹에 존재하는 모든 것(예 회원 정보, 게시글, 상품)을 고유한 자원(Resource)으로 정의하고, 각 자원에 고유한 '주소(URI)'를 부여하며, 표준화된 '행동(HTTP Method)'을 통해 자원을 다루는 것이다.

- **자원(Resource)의 주소(URI)**: /users/123(ID가 123인 회원)
- **자원에 대한 행동(HTTP Method)**: GET(조회), DELETE(삭제)

이처럼 "어떤 자원을(주소) 어떻게 할 것인지(행동)"를 명확하게 표현하는 것이 REST 스타일의 기본이다.

● REST API의 핵심 원칙: 무상태성

REST의 설계 원칙 중 가장 핵심은 '무상태성'이다. 이는 서버가 클라이언트의 이전 요청 상태를 전혀 기억하지 않는다는 것으로, 모든 요청은 독립적인 거래로 취급된다. 따라서 요청을 처리하는 데 필요한 모든 정보가 요청 메시지 안에 포함되어야 한다.

이 개념은 '이전 주문을 기억하지 못하는 웨이터'에 비유할 수 있다. 손님이 "햄버거 하나 주세요"라고 한 뒤 "콜라 하나 추가요"라고 말하면, 웨이터는 어떤 주문에 추가해야 하는지 알지 못한다. 그래서 손님은 "1번 테이블의 햄버거 세트에 콜라를 추가해주세요"처럼 매번 요청에 필요한 정보를 모두 담아야 한다.

겉보기에는 비효율적으로 보이지만, 서버 입장에서는 큰 이점이 있다. 서버가 각 클라이언트의 상태를 기억할 필요가 없으므로, 어떤 서버가 요청을 처리하든 결과가 동일하다. 덕분에 서버를 여러 대로 확장(Scale-out)할 때도 유연하고 안정적으로 대응할 수 있다. 이것이 REST의 무상태성이 대규모 서비스에서 중요한 이유다.

3. JSON 데이터 포맷

API를 통해 클라이언트와 서버가 데이터를 주고받을 때, 어떤 형식으로 데이터를 포장해서 보낼지 약속해야 한다. 이때 가장 널리 사용되는 데이터 포장 방식이 바로 JSON(JavaScript Object Notation)이다. JSON은 이름에서 알 수 있듯 자바스크립트의 객체 표현 방식에서 유래했지만,

지금은 특정 언어에 종속되지 않고 거의 모든 프로그래밍 언어에서 지원하는 사실상의 표준 데이터 교환 형식이다.

● JSON의 특징과 장점

JSON이 널리 쓰이는 이유는 단순하고 효율적이기 때문이다.

❶ '키: 값(Key: Value)' 쌍 구조

JSON은 데이터를 키(Key)와 값(Value)이 한 쌍을 이루는 형태로 표현한다. 예를 들어, 회원 정보를 JSON으로 표현하면 다음과 같다.

```JSON
{
  "name": "홍길동",
  "age": 30,
  "isStudent": false
}
```

'name'이라는 키에는 '홍길동'이라는 값이, 'age'라는 키에는 '30'이라는 값이 들어있다. 이처럼 데이터의 이름(키)과 내용(값)이 명확하게 짝을 이루고 있어, 사람이 눈으로 보고 이해하기 매우 쉽다.

❷ 가독성 및 경량성

과거에는 XML이라는 데이터 형식이 많이 사용되었다. XML은 태그를 사용하여 데이터를 표현하는데, 예를 들면 다음과 같다.

```XML
<user>
  <name>홍길동</name>
  <age>30</age>
  <isStudent>false</isStudent>
</user>
```

XML은 데이터를 설명하는 태그 때문에 JSON에 비해 구조가 복잡하고 파일 크기가 더 크다. 반면 JSON은 불필요한 부가 정보 없이 데이터의 내용에만 집중하기 때문에 용량이 가볍다. 데이터 용량이 작다는 것은 네트워크를 통해 더 빠르게 전송할 수 있다는 의미이며, 이는 모바일 환경처럼 네트워크 속도가 중요한 경우 큰 장점이 된다.

4. HTTP 메서드

REST API는 자원에 대한 '행동'을 정의하기 위해 웹 통신의 기본 약속인 HTTP(Hypertext Transfer Protocol)의 '메서드(Method)'를 사용한다. HTTP 메서드는 클라이언트가 서버에게 "이 자원을 가지고 무엇을 하고 싶은지"를 알려주는 '명령어'와 같다. 이 개념은 '온라인 게시판'의 기능에 비유하면 쉽게 이해할 수 있다.

● 주요 HTTP 메서드

❶ GET: 글 읽기(조회, Read)

서버에 있는 자원을 요청하여 가져올 때 사용한다. 게시판에서 특정 글을 클릭해서 '읽는' 행위에 해당한다. GET 요청은 서버의 데이터를 변경하지 않으며, 동일한 요청을 여러 번 보내도 항상 같은 결과를 반환하는 '멱등성(Idempotent)' 특징을 가진다.

❷ POST: 새 글 쓰기(생성, Create)

서버에 새로운 자원을 만들 때 사용한다. 게시판에 '새로운 글을 작성하여 등록하는' 행위다. POST 요청은 보낼 때마다 새로운 자원(글)이 생성될 수 있으므로 멱등성을 보장하지 않는다.

❸ PUT/PATCH: 글 수정하기(수정, Update)

기존에 있던 자원을 수정할 때 사용한다. 게시판의 '글을 수정하는' 행위다.

- **PUT**: 자원의 내용 전체를 새로운 내용으로 '교체(덮어쓰기)'하는 개념이다.
- **PATCH**: 자원의 내용 중 일부만 '부분적으로 수정'하는 개념이다. 예를 들어, 글의 제목만 바꾸는 경우에 해당한다.

❹ DELETE: 글 삭제하기(삭제, Delete)

서버에 있는 특정 자원을 삭제할 때 사용한다. 게시판에서 '글을 삭제하는' 행위다.

아래 표는 주요 HTTP 메서드와 그 역할을 게시판 기능에 비유하여 정리한 것이다.

▼ HTTP 메서드의 역할

HTTP 메서드	역할(명령)	게시판 기능 비유
GET	조회(Read)	글 읽기
POST	생성(Create)	새 글 쓰기
PUT/PATCH	수정(Update)	글 수정하기
DELETE	삭제(Delete)	글 삭제하기

5. API 엔드포인트

● 엔드포인트란 무엇인가?

엔드포인트(Endpoint)는 API가 클라이언트의 요청을 받아들이는 접점이자 통신 채널로, 특정 기능이나 데이터 자원에 접근할 수 있는 고유한 '주소'를 뜻한다. 보통 URL(또는 URI) 형태로 표현된다.

이는 '특정 부서로 연결되는 직통 전화번호'에 비유할 수 있다. 회사 대표 번호 대신 인사팀이나 영업팀 직통 번호로 전화하면 바로 연결되듯, 엔드포인트는 API 내에서 원하는 기능(예 사용자 정보 조회)에 직접 접근하게 해준다. 또는 '레스토랑의 주문 창구'로 볼 수도 있다. '피자 주문', '음료 주문', '주문 수령' 창구가 각각 나뉘어 있듯, 엔드포인트는 API의 다양한 기능으로 통하는 전용 통로다.

● 엔드포인트의 구조와 예시

REST API에서는 'HTTP 메서드'와 '엔드포인트 URL'의 조합으로 하나의 완전한 기능이 정의된다. 즉, "어떤 주소(엔드포인트)로 가서, 어떤 행동(메서드)을 할 것인가"를 명시하는 것이다.

예를 들어, 사용자 정보(users)를 관리하는 API가 있다고 가정해보자.

- **GET** https://api.example.com/users
  - **의미**: 모든 사용자 목록을 조회해달라.
- **GET** https://api.example.com/users/123
  - **의미**: ID가 123인 특정 사용자의 정보를 조회해달라.
- **POST** https://api.example.com/users
  - **의미**: 새로운 사용자를 생성해달라(생성할 정보는 요청 본문에 담아 보냄).
- **DELETE** https://api.example.com/users/123
  - **의미**: ID가 123인 사용자를 삭제해달라.

이처럼 REST API는 자원을 나타내는 명사 형태의 엔드포인트와, 행동을 나타내는 동사 역할의 HTTP 메서드를 명확하게 분리하여 조합한다. 덕분에 API의 기능이 무엇인지 주소만 보고도 직관적으로 이해할 수 있게 된다.

7.6 연습문제

01 자주 사용하는 데이터를 미리 복사해 두어, 원본 데이터베이스 집근 없이 빠르게 응답을 줄 수 있는 임시 저장소를 무엇이라 하는가?

① 버퍼
② 캐시(Cache)
③ 레지스터
④ 세션

02 사용자와 가까운 곳에 콘텐츠(이미지, 동영상 등)를 미리 배포하여 전송 속도를 높이는 글로벌 네트워크 기술은 무엇인가?

① VPN
② DNS
③ CDN
④ WAN

03 서로 다른 소프트웨어 프로그램이 기능을 요청하고 데이터를 주고받을 수 있도록 정의한 소통의 규칙이자 창구는 무엇인가?

① API
② GUI
③ SDK
④ IDE

04 REST API의 설계 원칙 중, 서버가 클라이언트의 이전 상태를 기억하지 않고 매 요청을 독립적으로 처리하는 특성은 무엇인가?

① 멱등성
② 지속성
③ 캡슐화
④ 무상태성(Stateless)

05 데이터 교환 형식 중 '키-값(Key-Value)' 쌍으로 이루어져 있으며, 가볍고 사람이 읽기 쉬워 현대 웹 API의 표준으로 자리 잡은 것은?

① XML
② JSON
③ CSV
④ HTML

06 HTTP 메서드 중, 서버에 새로운 리소스를 '생성(Create)'할 때 주로 사용되는 메서드는 무엇인가?

① GET
② POST
③ PUT
④ DELETE

07 캐시에 요청한 데이터가 존재하여 즉시 반환할 수 있는 상태를 무엇이라 하는가?

① 캐시 히트

② 캐시 미스

③ 캐시 플러시

④ 캐시 웜업

08 데이터를 쓸 때 캐시와 원본 DB에 동시에 기록하여 데이터 일관성을 보장하는 캐싱 전략은 무엇인가?

① Write–Back

② Look–aside

③ Write–Through

④ Lazy Loading

09 API가 클라이언트의 요청을 받아들이는 구체적인 접속 주소(URL)를 무엇이라 하는가?

① 게이트웨이

② 소켓

③ 포트

④ 엔드포인트

10 REST API에서 리소스의 전체 내용을 새로운 내용으로 '교체(덮어쓰기)'할 때 사용하는 HTTP 메서드는?

① PATCH

② POST

③ PUT

④ GET

8 장

전체 시스템을 관리하는 중앙 프로그램

학 습 목 표

원활한 디지털 업무 처리를 위해서는 프로그램들이 뛰어노는 무대, 즉 운영체제와 미들웨어를 이해해야 한다. 이 장에서는 비전공자의 눈높이에서 하드웨어와 소프트웨어가 어떻게 자원을 나누고 서로 대화하는지를 '오케스트라 지휘자'와 '능숙한 통역사'의 비유를 통해 쉽게 설명한다. 시스템의 조율 원리를 이해함으로써 우리는 눈에 보이지 않는 중재 기술이 왜 서비스 안정성에 필수적인지 그 중요성을 깊이 인식하고, 효율적인 시스템 환경을 위해 각자가 무엇을 고려해야 하는지 명확히 알게 될 것이다.

8.1 운영체제는 어떤 역할을 하는가?

컴퓨터의 혼과 같은 운영체제(Operating System, OS)에 대해 알아보자. 운영체제가 없다면 컴퓨터는 값비싼 고철 덩어리에 불과하다. 운영체제가 어떻게 컴퓨터의 하드웨어와 소프트웨어를 조율하여 우리가 원하는 작업을 수행하게 하는지, 그 핵심 원리를 쉽고 재미있는 비유를 통해 파헤쳐 본다.

1. 운영체제(OS)의 개념

컴퓨터는 눈에 보이는 기계 부품인 '하드웨어(Hardware)'와, 이 기계에 명령을 내리는 프로그램인 '소프트웨어(Software)'로 이루어져 있다. 하드웨어는 컴퓨터의 몸체에 해당한다. 여기에는 사람의 두뇌처럼 계산을 담당하는 중앙처리장치(CPU), 일할 때 쓰는 작업대인 메모리(RAM), 데이터를 영구적으로 보관하는 창고인 저장장치 등이 포함된다. 소프트웨어는 이 몸을 움직이게 하는 정신과 같다.

소프트웨어는 다시 두 종류로 나뉜다. 우리가 흔히 사용하는 워드, 엑셀, 게임 등은 특정 목적을 위해 만들어진 '응용 소프트웨어'다. 반면, 운영체제는 컴퓨터 시스템 전반을 관리하고 응용 소프트웨어가 원활히 작동할 수 있는 환경을 제공하는 '시스템 소프트웨어'에 속한다. 운영체제는 이 시스템 소프트웨어 중에서도 가장 특별하고 중요한 역할을 맡는다.

● 운영체제의 핵심 역할

운영체제의 가장 중요한 역할은 사용자와 하드웨어, 그리고 수많은 응용 프로그램 사이에서 '중재자(mediator)'가 되는 것이다. 이를 도시 정부에 비유하면 쉽게 이해할 수 있다. 도시에는 수많은 시민(응용 프로그램)과 회사(사용자)가 살아간다. 이들은 도로, 전기, 수도와 같은 공공 자원(하드웨어 자원)을 필요로 한다. 만약 정부가 없다면 모두가 자원을 마음대로 쓰려 해 도시는 순식간에 혼란에 빠질 것이다.

운영체제는 바로 이 도시 정부와 같은 역할을 한다. 한정된 컴퓨터 자원을 여러 프로그램이 서로 다투지 않고 질서정연하게, 그리고 가장 효율적으로 사용할 수 있도록 관리하고 통제한다. 운영체제가 있기에 우리는 여러 프로그램을 동시에 실행하면서도 컴퓨터가 안정적으로 작동하는 것을 당연하게 여길 수 있다.

● 복잡함을 숨겨주는 추상화

운영체제는 프로그래머나 사용자가 복잡한 하드웨어의 작동 방식을 일일이 알지 못해도 컴퓨터를 쉽게 사용할 수 있도록 '추상화(Abstraction)'라는 마법을 부린다. 예를 들어, 리눅스(Linux) 운영체제에서는 프린터, 하드디스크, 심지어 네트워크 장치까지 모두 '파일'이라는 단순한 개념으로 다룬다. 덕분에 개발자는 프린터에 출력하는 명령이나 하드디스크에 저장하는 명령을 구분하지 않고, 그저 '파일에 데이터를 쓴다'는 하나의 동일한 방식으로 처리할 수 있다.

이처럼 운영체제는 내부적으로 복잡한 하드웨어 제어 과정을 모두 처리하고, 사용자에게는 단순하고 일관된 사용법만 제공한다. 운영체제 내부에서 이 역할을 담당하는 부분을 하드웨어 추상화 계층(Hardware Abstract Layer, HAL)이라고 부른다. 추상화 덕분에 우리는 컴퓨터의 내부 구조를 전혀 몰라도 마우스 클릭 몇 번만으로 원하는 작업을 손쉽게 수행할 수 있는 것이다. 이는 사용자의 편의성을 극대화하는 동시에, 한정된 자원을 효율적으로 관리하려는 운영체제의 두 가지 핵심 목표를 보여준다. 운영체제는 인간의 편의와 기계의 효율 사이에서 최적의 균형점을 찾는 정교한 시스템이라 할 수 있다.

2. 자원 관리 기능

운영체제의 가장 핵심적인 기능은 컴퓨터의 자원(Resource)을 효율적으로 관리하는 것이다. 자원은 크게 하드웨어 자원과 소프트웨어 자원으로 나뉘는데, 인프라 관점에서 가장 중요한 것은 하드웨어 자원이다. 주요 관리 대상은 계산을 담당하는 두뇌 'CPU(Central Processing Unit)', 프로그램이 실행되는 작업 공간인 '메모리(Memory, RAM)', 그리고 데이터를 영구 보관하는 창고 '저장장치(Storage)'다.

● CPU 관리(스케줄링)

CPU는 한 번에 하나의 작업만 처리하지만, 운영체제가 아주 짧은 시간 단위로 여러 작업에 CPU 시간을 번갈아 나눠주기 때문에 여러 프로그램을 동시에 사용하는 것처럼 느껴진다. 어떤 작업에 CPU를 할당할지 순서와 방식을 결정하는 것을 CPU 스케줄링(CPU Scheduling)이라고 하며, 인기 있는 식당의 테이블 배정 방식에 비유할 수 있다.

- **선입선출(First-Come, First-Served, FCFS)**: 식당에 먼저 도착한 손님부터 순서대로 자리를 안내하는 가장 간단하고 공평한 방식이다. 하지만 코스 요리를 시켜 식사를 아주 오래 하는 손님이 맨 앞에 있으면, 뒤에 간단한 식사만 하고 나갈 손님들이 하염없이 기다려야 하는 비효율이 발생할 수 있다. 이를 '호위 효과(Convoy Effect)'라고 한다.
- **라운드 로빈(Round Robin, RR)**: 모든 손님에게 "10분만 식사하시고 다음 대기 손님을 위해 자리를 양보해주세요"라고 규칙을 정하는 방식이다. 모든 손님이 공평하게 식사할 기회를 얻을 수 있다. 하지만 자리를 계속해서 옮겨야 하는 번거로움, 즉 컴퓨터 용어로는 문맥 교환(Context Switching)에 따른 부하(Overhead)가 발생할 수 있다.
- **우선순위(Priority)**: 미리 예약한 VIP 손님이나, 많이 아파서 빨리 진료받아야 하는 응급 환자를 먼저 챙기는 방식이다. 중요한 작업을 먼저 처리할 수 있다는 장점이 있다. 하지만 우선순위가 낮은 작업은 계속해서 뒤로 밀려나 영원히 처리되지 못하는 '기아 상태(Starvation)'에 빠질 위험이 있다.

● 메모리 관리: 비좁은 작업대를 효율적으로 사용하기

모든 프로그램은 실행되기 위해 반드시 '메모리(RAM)'라는 작업 공간에 올라와야 한다. 메모리는 CPU가 직접 접근할 수 있을 만큼 매우 빠르지만, 가격이 비싸 용량이 제한적이고 전원이 꺼지면 모든 내용이 사라지는 휘발성(Volatile) 공간이라는 특징이 있다. 운영체제는 이 한정된 메모리 공간을 여러 프로그램에 효율적으로 나눠주고(할당), 프로그램 사용이 끝나면 공간을 다시 회수하며, 각 프로그램이 다른 프로그램의 작업 공간을 침범하지 않도록 철저히 보호하는 역할을 한다.

이 과정을 도서관의 열람실 책상과 지하 서고에 비유할 수 있다. 내가 공부할 책상(RAM)의 크기는 제한되어 있다. 그래서 지금 당장 봐야 할 책 몇 권(현재 실행 중인 코드와 데이터)만 책상 위에 올려두고, 나머지 참고서들은 거대한 지하 서고(하드디스크, SSD)에 보관한다. 만약 서고에 있는 책이 필요해지면, 잠시 내려가서 그 책을 가져오고 책상 위에 있던 책 중 당장 보지 않는 책을 다시 서고로 내려보낸다. 이처럼 실제 물리적인 메모리 크기보다 훨씬 더 큰 프로그램을 실행할 수 있게 해주는 핵심 기술을 '가상 메모리'라고 부른다. 운영체제는 이 책(데이터)을 책상과 서고 사이에서 자동으로 옮겨주는 영리한 사서 역할을 수행한다.

● 파일 시스템 및 입출력(I/O) 관리

운영체제는 하드디스크나 SSD 같은 비휘발성 저장장치에 데이터를 체계적으로 저장하고, 사용자가 쉽게 찾고 사용할 수 있도록 관리한다. 데이터를 '파일(File)' 단위로 관리하고, 이를 다시 '폴더(Folder)' 또는 '디렉터리(Directory)'라는 구조로 정리하는 규칙의 집합을 '파일 시스템(File System)'이라고 부른다. 또한, 키보드, 마우스, 모니터, 프린터, 네트워크 카드 등 컴퓨터에 연결된 수많은 입출력 장치들이 서로 충돌 없이 원활하게 작동하도록 제어하고 관리하는 것도 운영체제의 중요한 임무다.

이처럼 운영체제의 자원 관리 알고리즘은 단순히 기술적인 선택의 문제가 아니다. 전체 시스템의 처리량을 극대화하는 '효율성'과 특정 작업이 부당하게 소외되지 않도록 보장하는 '공평성'이라는 두 가지 가치 사이에서 끊임없이 균형을 맞추려는 철학적 고민의 결과물이다.

3. 커널(Kernel)

운영체제는 매우 거대한 소프트웨어 덩어리다. 그중에서도 컴퓨터가 켜지는 순간부터 꺼질 때까지 메모리에 항상 상주하며 가장 핵심적인 역할을 수행하는 부분을 '커널(Kernel)'이라고 부른다. 커널이라는 이름은 단단한 껍질 속의 씨앗처럼 운영체제 내부에 위치하며 하드웨어의 모든 주요 기능을 직접 제어하기 때문에 붙여졌다. 앞서 설명한 자원 관리, 시스템 보안, 파일 시스템, 장치 제어 등 운영체제의 모든 핵심 기능은 바로 이 커널이 직접 담당한다.

운영체제와 커널이라는 용어는 종종 혼용되지만, 엄밀히 말해 둘은 다른 개념이다. 커널은 운영체제를 구성하는 가장 중요한 '부품' 또는 '엔진'이다. 이 커널 엔진에 사용자가 컴퓨터와 소통할 수 있는 인터페이스(셸, GUI 등)와 각종 편의 기능을 제공하는 유틸리티 프로그램들이 더해져야 비로소 우리가 아는 완전한 형태의 '운영체제'가 완성된다.

● 사용자 모드와 커널 모드: 안전을 위한 공간 분리

운영체제는 시스템의 안정성을 지키기 위해 메모리 공간을 두 개의 구역으로 엄격하게 분리하여 사용한다. 하나는 우리가 쓰는 일반 응용 프로그램이 실행되는 '사용자 영역(User Space)'이고, 다른 하나는 운영체제의 심장부인 커널이 실행되는 '커널 영역(Kernel Space)'이다. CPU는 현재 어느 모드에서 작업 중인지를 '모드 비트(Mode Bit)'라는 일종의 푯말을 통해 구분한다.

이 구조를 은행에 비유할 수 있다. 고객(응용 프로그램)은 자유롭게 돌아다닐 수 있는 은행 창구(사용자 모드)에서 활동한다. 하지만 은행의 핵심 자산이 보관된 금고(커널 모드)에는 허가 없이 마음대로 들어갈 수 없다. 금고에 접근하여 돈을 인출하거나(파일 읽기) 서류를 보관하려면(파일 쓰기), 반드시 정해진 절차에 따라 창구의 은행원(시스템 콜)을 통해서만 요청해야 한다. 이는 고객의 실수나 악의적인 행동으로 금고 안의 돈(중요 시스템 데이터, 하드웨어 설정)이 망가지거나 도난당하는 것을 막기 위한 필수적인 보안 조치다.

마찬가지로, 사용자 모드와 커널 모드를 분리하는 것은 하나의 응용 프로그램에서 발생한 오류가 운영체제 전체를 멈추게 하는 대참사, 즉 '블루 스크린(Windows)'이나 '커널 패닉(Linux)'을 방지하는 핵심적인 보호 장치다.

이처럼 커널을 운영체제의 다른 부분과 개념적으로 분리하고, 다시 커널 내부의 기능들을 필요에 따라 추가하거나 뺄 수 있는 '모듈(Module)' 형태로 설계함으로써 운영체제는 높은 안정성을 유지하면서도 새로운 하드웨어를 지원하거나(드라이버 모듈 추가) 새로운 기능을 넣는(파일 시스템 모듈 추가) 뛰어난 '확장성'을 얻게 되었다. 이는 리눅스가 스마트폰부터 슈퍼컴퓨터까지 수많은 종류의 기기에서 작동할 수 있는 근본적인 이유 중 하나다.

4. 사용자 인터페이스

인터페이스(Interface)는 사람(사용자)과 컴퓨터(운영체제)가 서로 소통하고 명령을 주고받는 '접점' 또는 '소통 창구'를 의미한다. 우리가 컴퓨터를 조작하기 위해 사용하는 모든 수단이 인터페이스에 해당한다. 운영체제는 크게 두 가지 방식의 인터페이스를 제공한다.

● GUI: 눈으로 보고 마우스로 클릭

GUI는 우리가 Windows나 macOS에서 흔히 보는 것처럼, 아이콘, 창(Window), 메뉴, 버튼 등 그래픽 요소를 통해 컴퓨터와 소통하는 방식이다. 사용자는 복잡한 명령어를 외울 필요 없이 마우스 클릭이나 화면 터치만으로 대부분의 작업을 직관적으로 수행할 수 있다. 이 방식은 배우기 쉽고 사용이 편리하여 오늘날 대부분의 개인용 컴퓨터에서 표준으로 사용된다. 하지만 그래픽 요소를 화면에 계속 표시하고 처리해야 하므로, 다음에 설명할 CLI 방식보다 더 많은 메모리와 CPU 자원을 소모하며 상대적으로 시스템이 무거워질 수 있다.

● CLI: 키보드로 명령어를 입력

CLI는 검은색 또는 단색 화면에 키보드로 직접 명령어를 입력하여 컴퓨터를 조작하는 방식이다.

CUI(Character User Interface)라고도 불린다. Windows의 '명령 프롬프트(CMD)'나 '파워셸(PowerShell)', 그리고 Linux나 macOS의 '터미널(Terminal)'이 대표적인 CLI 환경이다. 사용자가 기본적인 명령어들을 외워야 하므로 초보자에게는 진입 장벽이 높다는 단점이 있다. 그러나 시스템 자원을 매우 적게 사용하여 가볍고 빠르며, 여러 명령어를 묶어 스크립트(Script)로 만들면 반복적인 작업을 손쉽게 자동화할 수 있다는 강력한 장점을 가진다.

▼ GUI 와 CLI 비교

기준	GUI(그래픽 사용자 인터페이스)	CLI(명령줄 인터페이스)
소통 방식	아이콘, 창, 마우스 클릭	텍스트 명령어, 키보드 입력
사용 난이도	낮음(직관적, 배우기 쉬움)	높음(명령어 학습 필요)
자원 사용량	높음(메모리, CPU 소모 큼)	낮음(가볍고 효율적)
작업 속도	상대적으로 느림	빠름
자동화/반복작업	어려움	매우 용이(스크립트 활용)
주 사용 환경	개인용 PC, 일반 사용자용 프로그램	서버 관리, 개발, 시스템 자동화

5. 시스템 콜

● 시스템 콜의 필요성

앞서 '커널 모드'는 은행 금고처럼 아무나 들어갈 수 없는 보호 구역이라고 설명했다. 하지만 우리가 사용하는 모든 응용 프로그램은 파일을 읽거나(저장장치 접근), 인터넷에서 데이터를 내려받거나(네트워크 장치 접근), 화면에 그림을 그리는(그래픽카드 접근) 등 커널의 도움이 필요한 작업을 반드시 수행해야 한다.

이때 응용 프로그램이 커널의 핵심 기능을 안전하게 사용할 수 있도록 운영체제가 공식적으로 열어놓은 요청 절차가 바로 '시스템 콜(System Call)'이다. 시스템 콜은 사용자 모드에서 실행되던 프로그램이 커널 모드로 진입하여 운영체제의 서비스를 받을 수 있는 유일하고 합법적인 통로다.

● 시스템 콜의 작동 원리

시스템 콜의 작동 원리는 주민센터에 가서 등본을 발급받는 과정에 비유할 수 있다.

❶ 민원인(응용 프로그램)의 요청: 내가 '등본 발급'이라는 서비스를 이용하고 싶다. 즉, 프로그램이 '파일 열기' 기능을 실행하려 한다.

❷ 신청서(API 함수) 작성: 나는 주민센터에 비치된 '등본 발급 신청서' 양식에 맞춰 내 정보를 기입한다. 마찬가지로, 프로그램 개발자는 운영체제가 미리 정해놓은 '파일 열기' 함수(open()) 양식에 맞춰 어떤 파일을 열 것인지 정보를 담아 호출한다. 이 표준화된 함수 양식을 API(Application Programming Interface)라고 부른다.

❸ 창구(시스템 콜 인터페이스) 접수: 작성한 신청서를 창구 직원에게 제출한다. 직원은 신청서가 올바른지 확인하고, 내부 처리 시스템에 맞는 고유 번호(시스템 콜 번호)를 붙여 담당 공무원에게 전달한다. 이 순간, CPU의 상태는 '사용자 모드'에서 '커널 모드'로 전환된다.

❹ 담당 공무원(커널)의 처리: 서류 보관실(커널 영역)에 있는 담당 공무원은 전달받은 요청을 검토하고, 권한을 확

인한 뒤 실제 하드디스크에 접근해 해당 파일을 찾아 열어주는 실제 업무를 수행한다.

❺ 결과 수령: 처리가 완료되면 나는 다시 창구에서 발급된 등본(결과값)을 돌려받는다. 프로그램 역시 커널로부터 파일이 성공적으로 열렸다는 결과(파일 디스크립터)를 전달받고, CPU는 다시 '사용자 모드'로 돌아와 다음 작업을 계속한다.

시스템 콜의 종류

시스템 콜은 그 기능에 따라 매우 다양하게 분류된다. 새로운 프로그램을 시작하거나 종료하는 '프로세스 제어', 파일을 열고, 읽고, 쓰는 '파일 조작', 장치 제어, 현재 시간 확인, 프로그램들 간의 데이터 통신 등 컴퓨터에서 일어나는 거의 모든 중요하고 민감한 작업은 예외 없이 시스템 콜을 통해 이루어진다.

이처럼 API, 시스템 콜, 커널로 이어지는 3단계 구조는 매우 중요한 의미를 가진다. API는 프로그램 개발자에게 운영체제나 하드웨어의 종류에 상관없이 표준화된 개발 환경을 제공하여 '편의성'과 '이식성'을 높여준다. 그리고 시스템 콜은 응용 프로그램의 무분별한 자원 접근을 막고 오직 커널을 통해서만 자원을 사용하도록 강제함으로써 시스템 전체의 '보안'과 '안정성'을 보장한다. 이 분리된 구조 덕분에 수많은 개발자가 안전하고 표준화된 방식으로 강력한 프로그램을 만들 수 있는 생태계가 구축된 것이다.

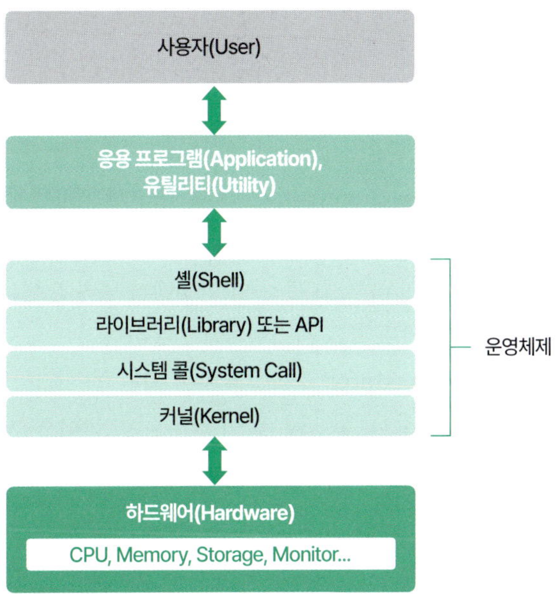

8.2 서버용 운영체제는 무엇이 다른가?

개인용 PC 시장에서는 윈도우(Windows)가 절대적인 강자이지만, 기업의 서비스가 24시간 운영되는 서버의 세계에서는 상황이 전혀 다르다. 여기서는 Microsoft의 윈도우 서버와 오픈소스 진영의 리눅스(Linux) 서버라는 두 거인이 수십 년간 치열하게 경쟁하고 있다. 이번에는 두 운영체제의 근본적인 철학부터 실용적인 장단점, 그리고 어떤 상황에 어떤 OS를 선택해야 하는지 기업 IT 담당자의 시선에서 구체적으로 비교 분석한다.

1. 윈도우 서버(Windows Server)

윈도우 서버의 가장 큰 특징이자 장점은 개인용 윈도우 운영체제와 거의 동일한 그래픽 사용자 인터페이스(Graphical User Interface, GUI)를 제공한다는 점이다. 관리자는 익숙한 마우스 클릭과 친숙한 창(Window) 인터페이스를 통해 서버의 대부분 기능을 설정하고 관리할 수 있다. 이는 복잡한 명령어를 외워야 하는 CLI(명령줄 인터페이스) 환경에 익숙하지 않은 관리자도 비교적 쉽게 서버 운영에 입문할 수 있게 하는 낮은 진입 장벽을 제공한다.

● 장점

윈도우 서버는 Microsoft가 수십 년간 구축해 온 강력한 소프트웨어 생태계를 등에 업고 있다.

- **Microsoft 제품군과의 완벽한 통합**: MS SQL Server(데이터베이스), IIS(웹서버), Exchange(이메일 서버), SharePoint(협업 솔루션) 등 기업 환경에서 널리 쓰이는 다른 Microsoft 제품들과 완벽하게 연동되어 하나의 통합된 시스템처럼 작동한다.
- **Active Directory(AD)**: 윈도우 서버의 가장 독보적인 기능 중 하나로, 기업 내부에 있는 수백, 수천 명의 사용자 계정, 컴퓨터, 프린터, 파일 서버 등의 자원을 중앙에서 통합 관리하고 제어할 수 있게 해준다. 이는 내부 직원 관리와 보안 정책 적용이 중요한 기업 환경에서 매우 강력한 장점으로 작용한다.
- **폭넓은 상용 소프트웨어 호환성**: 역사적으로 수많은 기업용 상용 소프트웨어들이 윈도우 환경을 우선적으로 지원해왔다. 따라서 특정 전문 분야의 소프트웨어를 사용해야 할 경우, 윈도우 서버가 유일한 선택지인 경우도 있다.
- **공식 기술 지원**: 문제가 발생했을 때 개발사인 Microsoft로부터 직접 유료 기술 지원을 받을 수 있다. 이는 시스템 장애가 비즈니스에 치명적인 영향을 미치는 기업 입장에서 안정적인 운영을 위한 중요한 보험이 된다.

- **단점**
    - **라이선스 비용**: 윈도우 서버는 상용 소프트웨어이므로 운영체제 자체에 대한 라이선스 비용을 지불해야 한다. 뿐만 아니라, 서버에 접속하는 사용자 또는 기기 수에 따른 CAL(Client Access License)이나 CPU 코어 수에 따라 추가 비용이 발생할 수 있다. 이는 특히 서버 규모가 커질수록 상당한 초기 투자 비용과 유지 비용 부담으로 이어진다.
    - **상대적으로 높은 자원 사용량**: 편리한 GUI 환경이 기본으로 제공되는 만큼, 순수 텍스트 기반으로 작동하는 리눅스 서버에 비해 더 많은 메모리와 CPU 자원을 필요로 한다. 이는 동일한 하드웨어 사양에서 상대적으로 더 적은 작업을 처리하게 될 수 있음을 의미한다.
    - **제한된 유연성**: 소스 코드가 공개되지 않은 '폐쇄형 소스(Closed Source)' 소프트웨어이므로, 사용자가 시스템 내부를 마음대로 수정하거나 특정 목적에 맞게 깊이 있는 최적화를 진행하는 데 근본적인 한계가 있다.

결론적으로 윈도우 서버의 핵심 가치는 '통합(Integration)'과 '관리 용이성(Manageability)'에 있다. 기업의 IT 환경은 단순히 서버 OS 하나로만 구성되지 않는다. 데이터베이스, 이메일, 사용자 인증 등 다양한 솔루션이 유기적으로 연결되어야 하는데, 윈도우 서버는 자사의 제품군과의 긴밀한 통합을 통해 이러한 복잡성을 해결하는 '원스톱 솔루션'을 지향한다. 또한, 친숙한 GUI를 제공함으로써 전문 시스템 엔지니어가 아니더라도 서버를 관리할 수 있도록 진입 장벽을 낮춘다. 따라서 기업이 윈도우 서버의 라이선스 비용을 지불하는 것은, 단순히 OS 사용료가 아니라 이러한 '통합된 생태계'와 '쉬운 관리'라는 가치에 대한 비용을 포함하는 것으로 이해해야 한다.

2. 리눅스 서버(Linux Server)

- **함께 만들고 발전시키는 오픈소스**

리눅스의 가장 큰 특징이자 철학은 '오픈소스(Open Source)'라는 점이다. 이는 소프트웨어의 설계도에 해당하는 소스 코드가 전 세계에 공개되어 있어, 누구나 라이선스 규정을 따르는 한 자유롭게 사용하고, 복제하고, 필요에 맞게 수정하며, 심지어 재배포할 수 있음을 의미한다.

이 개념을 장난감에 비유해 볼 수 있다. 윈도우 서버가 포장만 뜯으면 바로 가지고 놀 수 있는 '완성된 장난감'이라면, 리눅스는 다양한 종류의 '레고 블록(소스 코드)'과 같다. 사용자는 기본 설명서대로 조립하여 사용할 수도 있고(기본 배포판 설치), 여러 부품을 조합하여 세상에 없는 나만의 작품을 만들 수도 있다(커스터마이징). 만약 특정 부품에 문제가 생기면 직접 다른 부품으로 교체하거나 구조를 바꿔 문제를 해결하는 것도 가능하다.

- **장점: 비용, 안정성, 그리고 유연성**
    - **압도적인 비용 효율성**: 대부분의 리눅스 배포판은 무료로 다운로드하여 사용할 수 있으므로 라이선스 비용이 전혀 들지 않는다. 이는 서버를 수십, 수백 대 이상 운영해야 하는 기업 입장에서 초기 투자 비용과 운영 비용을 획기적으로 절감할 수 있는 가장 큰 매력이다.
    - **뛰어난 안정성과 보안**: 리눅스는 매우 안정적이어서 특별한 문제가 없는 한 몇 년씩 재부팅 없이 운영되는 서버가 흔하다. 또한, 소스 코드가 전 세계 수많은 개발자에게 공개되어 함께

검토하고 개선하기 때문에 보안 취약점이 발견되더라도 매우 빠르게 패치가 이루어진다. 이는 오히려 소스를 숨기는 것보다 더 안전할 수 있다는 오픈소스의 역설적인 강점을 보여준다.

- **높은 유연성과 확장성**: 소스 코드를 직접 수정할 수 있으므로, 불필요한 기능을 모두 제거하여 시스템을 극도로 가볍게 만들거나, 특정 하드웨어나 서비스 목적에 맞게 운영체제를 완벽하게 최적화하는 것이 가능하다.
- **강력한 커뮤니티**: 문제가 발생했을 때, 공식 기술 지원 외에도 전 세계 개발자들이 참여하는 방대한 온라인 커뮤니티와 잘 정리된 문서를 통해 해결책을 찾을 수 있는 경우가 매우 많다.

● 단점: 학습 곡선과 호환성

- **CLI 기반 관리**: 서버용 리눅스는 주로 CLI 환경에서 관리하므로, 관련 명령어와 시스템 구조에 대한 전문적인 학습이 필요하다. 이는 GUI에 익숙한 관리자에게 높은 진입 장벽으로 작용할 수 있다.
- **기술 지원의 책임**: 무료 배포판을 사용하는 경우, 문제 발생 시 해결의 책임은 기본적으로 사용자 자신에게 있다. Red Hat과 같은 기업은 유료 구독 모델을 통해 전문적인 기술 지원과 유지보수 서비스를 제공한다.
- **일부 상용 소프트웨어 호환성**: 대부분의 서버용 소프트웨어는 리눅스를 지원하지만, 일부 그래픽 디자인, CAD, 특정 회계 프로그램 등 데스크톱 환경에서 주로 사용되는 전문 상용 소프트웨어는 리눅스 버전을 지원하지 않는 경우가 있다.

흔히 '소스 코드가 공개되어 있으면 누구나 취약점을 찾아 공격하기 쉬우니 더 위험한 것 아닌가?'라고 생각하기 쉽다. 하지만 현실은 정반대다. 소스 코드가 공개되어 있기 때문에 악의적인 해커뿐만 아니라 전 세계의 선의를 가진 수많은 개발자가 동시에 코드를 검토할 수 있다. 이는 "보는 눈이 많으면 모든 버그는 사소해진다(Many eyes make all bugs shallow)"는 오픈소스의 유명한 격언으로 설명된다. 따라서 취약점이 존재하더라도 훨씬 더 빨리 발견되고, 해결책 또한, 신속하게 공유 및 적용된다.

반면, 소스 코드가 비공개인 상용 소프트웨어는 오직 해당 회사의 내부 인력만이 코드를 볼 수 있으므로, 문제가 발견되더라도 공식적인 수정판이 나오기까지 상당한 시간이 걸릴 수 있다. 이처럼 리눅스의 강력한 보안은 소스를 숨겨서가 아니라, 오히려 완전히 개방하여 '집단 지성'의 힘으로 문제를 해결하는 오픈소스 철학의 직접적인 결과물이다.

3. 리눅스 배포판(Linux Distribution)

● 배포판이란?

'Linux'라는 단어는 엄밀히 말해 운영체제의 핵심인 '커널' 그 자체를 지칭한다. 하지만 커널만으로는 사용자가 컴퓨터를 온전히 사용할 수 없다. 이 커널에 GNU 프로젝트의 여러 기본 도구들, 셸과 같은 인터페이스, 그리고 각종 응용 프로그램을 목적에 맞게 조합하여 사용자가 쉽게 설치하고 사용할 수 있도록 만든 하나의 완성된 운영체제 패키지가 바로 '리눅스 배포판(약칭 Distro)'이다.

이는 마치 자동차 엔진(커널)은 같지만, A 회사는 이 엔진으로 고급 세단을 만들고, B 회사는 강력한 SUV를 만들어 파는 것과 같다. 엔진의 기본적인 성능은 같지만, 차체 디자인, 편의 기능, 주행 목적에 따라 전혀 다른 자동차가 되는 것이다.

● 서버용 대표 주자: 안정성의 Red Hat 계열 vs. 범용성의 Debian 계열

수백 가지가 넘는 리눅스 배포판 중 서버 시장에서는 크게 두 계열이 양대 산맥을 이루고 있다.

- **Red Hat 계열(Rocky Linux, CentOS 등)**: 이 계열은 상용 리눅스의 최강자인 '레드햇 엔터프라이즈 리눅스(Red Hat Enterprise Linux, RHEL)'를 기반으로 한다. 기업 환경에서 가장 중요한 가치인 '안정성'을 최우선으로 생각한다. 충분히 검증된 기술만을 사용하며, 보안 업데이트 외의 기능 업데이트 주기가 길어 예측 가능한 운영이 가능하다. 과거에는 RHEL의 소스 코드를 그대로 가져와 로고만 제거한 무료 버전인 CentOS가 널리 쓰였으나, 정책 변경 이후 그 역할을 Rocky Linux, AlmaLinux 등이 이어받고 있다.
- **Debian 계열(Ubuntu 등)**: 이 계열은 '최신 기술의 빠른 도입'과 '사용 편의성'에 강점이 있다. 새로운 기능과 소프트웨어가 비교적 빠르게 적용되며, 방대한 소프트웨어 패키지 저장소와 전 세계에서 가장 활발한 커뮤니티를 자랑한다. 특히 Ubuntu는 데스크톱 사용자부터 아마존 웹 서비스(AWS)와 같은 대규모 클라우드 서버 환경에 이르기까지 가장 폭넓게 사용되는 배포판 중 하나다.

▼ 계열에 따른 비교 예시

구분	Ubuntu Server	Rocky Linux
기반	Debian	Red Hat Enterprise Linux(RHEL)
철학	최신 기술의 빠른 도입, 사용 편의성	기업 환경의 안정성, 장기 지원
패키지 관리	APT(apt)	DNF(dnf, 과거 yum)
주요 사용처	클라우드, 웹 서버, 개발 환경, AI/ML	전통적인 기업 데이터센터, 금융/보안 시스템
장점	방대한 문서와 커뮤니티, 최신 소프트웨어 지원	RHEL과의 완벽한 호환, 예측 가능한 업데이트
고려사항	잦은 버전 업데이트가 안정성을 중시하는 환경에서는 부담이 될 수 있음	최신 기술 도입이 상대적으로 느려 새로운 개발 환경 구축에는 부적합할 수 있음

4. CLI와 GUI 환경

● 서버에서 CLI를 고집하는 이유

개인용 PC에서는 GUI가 당연하게 여겨지지만, 대부분의 서버, 특히 리눅스 서버는 설치 단계에서부터 GUI를 제외하고 CLI 환경으로만 구성하는 경우가 많다. 여기에는 몇 가지 명확하고 실용적인 이유가 있다.

- **리소스 효율성**: 서버는 24시간 365일 안정적으로 서비스를 제공하는 것이 최우선 목표다. GUI 환경은 그 자체만으로도 상당한 양의 메모리와 CPU 자원을 지속적으로 소모한다. 서버에서는 이 자원을 조금이라도 아껴서 실제 서비스(웹사이트, 데이터베이스 등)에 집중하는 것이 훨씬 효율적이다.

- **원격 관리의 효율성**: 서버 관리자는 보통 자신의 PC에서 네트워크를 통해 수십, 수백 킬로미터 떨어진 데이터센터의 서버에 원격으로 접속하여 작업한다. 그래픽 화면 전체를 네트워크로 전송하는 GUI 방식은 느린 네트워크 환경에서 반응이 매우 느리고 불안정할 수 있다. 반면, 텍스트 기반의 CLI는 아주 적은 데이터양만으로도 빠르고 안정적으로 명령을 전달하고 결과를 확인할 수 있다.
- **자동화와 확장성**: 수백, 수천 대의 서버를 관리자가 GUI 화면을 보며 하나씩 마우스로 클릭하여 설정하는 것은 물리적으로 불가능하다. CLI는 여러 명령어를 순서대로 파일에 기록한 '스크립트(Script)'를 통해 모든 서버에 동일한 작업을 한 번에 적용하거나, 특정 시간에 특정 작업이 자동으로 수행되도록 예약하는 '자동화'에 절대적으로 유리하다. 이는 서버 관리의 생산성을 결정하는 핵심 요소다.

셸: 사용자와 커널을 이어주는 통역사

사용자가 CLI 환경에서 ls –al과 같은 명령어를 입력했을 때, 운영체제의 핵심인 커널은 이 텍스트를 직접 이해하지 못한다. 이때 사용자가 입력한 명령어를 해석해서 커널이 알아들을 수 있는 형태로 번역하고 전달해주는 프로그램이 바로 '셸(Shell)'이다. 셸은 사용자와 커널 사이의 통역사 역할을 하며, 리눅스에서는 bash, zsh 등 다양한 종류의 셸이 사용된다.

서버 관리자에게 CLI를 배운다는 것은 단순히 몇 가지 명령어를 암기하는 것이 아니다. 그것은 서버와 소통하는 '언어'의 문법을 익히는 과정에 가깝다. GUI가 정해진 아이콘과 메뉴라는 '단어'를 선택하는 방식이라면, CLI는 명령어(단어)와 옵션/인자(문법 요소)를 조합하여 '문장'을 만드는 방식이다. 파이프(|), 리다이렉션(>)과 같은 문법을 활용하면 "로그 파일에서 'ERROR'라는 단어가 포함된 줄만 찾아내서 별도의 에러 로그 파일로 저장하라"와 같은 복잡하고 강력한 문장을 만들 수 있다.

스크립트는 이러한 문장들을 모아 하나의 논리적인 '글'을 쓰는 것과 같다. 이 언어에 능숙해질수록 더 정교한 자동화가 가능해지며, 이는 곧 생산성의 비약적인 향상으로 이어진다. GUI가 제공하는 편의성과는 차원이 다른 '표현력'과 '확장성'이 CLI의 진정한 가치다.

▼ 운영체제 적용 사례

시나리오	추천 OS	주요 이유
1. 내부 파일 공유 및 직원 계정 관리가 중요한 사무 환경	Windows Server	• **Active Directory**: 수백 명의 직원 계정과 컴퓨터, 권한을 중앙에서 관리하는 데 독보적인 기능을 제공한다. • **GUI 기반 관리**: IT 비전문가도 비교적 쉽게 서버를 관리하고 파일 공유 등을 설정할 수 있어 관리 부담이 적다. • **MS Office 등 상용 SW 호환성**: 기존 사내 업무 환경에서 사용하는 소프트웨어와의 완벽한 통합을 보장한다.
2. 대외 웹 서비스의 안정성과 비용이 중요한 환경	Linux Server	• **비용 효율성**: 라이선스 비용이 없어 수많은 웹 서버를 저렴하게 구축하고 확장할 수 있다. • **안정성 및 보안**: 재부팅 없는 장시간 운영이 가능하며, 전 세계 커뮤니티를 통해 보안 위협에 신속하게 대응할 수 있다. • **성능**: 적은 시스템 리소스로 높은 성능을 발휘하여 동일한 하드웨어에서 더 많은 사용자 트래픽을 처리할 수 있다.

8.3 여러 작업을 동시에 처리하는 원리는?

컴퓨터로 음악을 들으며 문서를 작성하고, 동시에 인터넷 창을 여러 개 열어보는 것은 우리에게 너무나 익숙한 일상이다. 어떻게 컴퓨터는 단 하나의 기계인데도 이렇게 여러 가지 일을 동시에 처리할 수 있을까? 그 비밀은 바로 운영체제가 프로그램을 관리하고 실행하는 방식에 있다. 컴퓨터 멀티태스킹의 핵심 원리인 프로세스, 스레드, 그리고 이들을 뒷받침하는 메모리 관리 기법에 대해 알아보며, 마치 잘 짜인 오케스트라처럼 각자의 역할을 수행하며 조화롭게 작동하는 컴퓨터 내부의 세상을 탐험해 보자.

1. 프로세스(Process)

컴퓨터의 바탕화면에 있는 아이콘을 더블클릭하면 프로그램이 실행된다. 이 순간, 컴퓨터 내부에서는 어떤 일이 일어날까? 바로 '프로세스'가 생성되는 과정이다. 프로세스는 컴퓨터 과학의 가장 기본적인 개념 중 하나로, 멀티태스킹을 이해하기 위한 첫 번째 관문이다.

● 프로그램과 프로세스의 차이

우리는 종종 '프로그램'과 '프로세스'라는 단어를 혼용하지만, 둘은 명백히 다르다. 이 차이를 이해하기 위해 요리에 비유해 보자.

❶ **프로그램**: 실행을 기다리는 레시피

프로그램은 하드디스크나 SSD 같은 보조기억장치에 저장된 코드 덩어리, 즉 명령어의 집합이다. 이는 아직 아무 일도 하지 않는 정적인 상태다. 요리에 비유하면, 요리책에 적힌 '레시피'와 같다. 레시피 자체는 맛있는 파스타를 만들어주지 않는다. 그저 조리법과 재료 목록을 담고 있을 뿐이다. 마찬가지로, 워드 프로세서 프로그램 파일은 그 자체로 문서를 작성하지 않는다.

❷ **프로세스**: 레시피대로 요리하는 행위

프로세스는 이 프로그램을 실행하여 메모리에 올라와 살아 움직이는 상태를 말한다. 운영체제로부터 실행에 필요한 자원을 할당받아 활동하는 동적인 존재다. 이는 '요리사'가 레시피를 보고 실제로 주방에서 재료를 다듬고 불을 사용해 요리하는 '행위'와 같다. 요리사가 있어야 비로소 레시피가 실제 요리가 되듯, 운영체제가 프로그램을 실행해야 비로소 프로세스가 되어 의미 있는 작업을 수행한다.

정리하면, 프로그램은 '정적인 파일'이고 프로세스는 '실행 중인 프로그램의 인스턴스(instance)'다. 같은 워드 프로세서 프로그램을 세 번 실행하면, 하나의 프로그램 파일에서 세 개의 독립적인 프로세스가 생성된다. 이는 한 명의 요리사가 같은 레시피로 세 개의 파스타를 각각 다른 냄비에서 만드는 것과 같다.

프로세스의 구성 요소

프로세스가 작업을 수행하려면 자신만의 독립적인 작업 공간이 필요하다. 운영체제는 각 프로세스에 독립된 메모리 공간을 할당하는데, 이 공간은 크게 네 가지 영역으로 나뉜다. 이를 '요리사의 개인 주방'에 비유해 보자.

- **코드(Code) 영역**
  이곳에는 실행할 프로그램의 명령어들이 기계어 형태로 저장된다. 요리사가 항상 옆에 두고 보는 '레시피 북'과 같다. 이 영역의 내용은 바뀌지 않고 읽기만 가능하다.
- **데이터(Data) 영역**
  프로그램이 시작될 때부터 정해져 있는 데이터, 즉 전역 변수나 정적 변수들이 저장되는 공간이다. 요리를 시작하기 전부터 미리 준비해 둔 '기본 재료(소금, 설탕 등)'가 담긴 선반이라 할 수 있다.
- **힙(Heap) 영역**
  프로그램이 실행되는 동안 필요에 따라 동적으로 메모리를 할당하고 해제하는 공간이다. 요리사가 요리 중에 필요해서 냉장고에서 추가로 꺼내오는 '신선한 재료(고기, 채소 등)'와 같다. 개발자가 직접 관리하는 영역으로, 크기가 유동적으로 변한다.
- **스택(Stack) 영역**
  함수가 호출될 때마다 생성되는 지역 변수, 매개변수, 그리고 함수가 끝나고 돌아갈 주소 등이 임시로 저장되는 공간이다. 요리사가 요리 순서를 기억하거나 재료를 잠시 덜어놓기 위해 사용하는 '작은 접시들'에 비유할 수 있다. 작업이 끝나면 바로 치워지는 임시 작업 공간이다.

이처럼 각 프로세스는 자신만의 완벽히 분리된 주방을 갖는다. 이 '독립성'은 한 프로세스에서 오류가 발생해도 다른 프로세스에 영향을 주지 않는 강력한 장점, 즉 안정성의 기반이 된다. 하지만 이 때문에 다른 프로세스와 정보를 주고받기가 매우 어렵고 번거롭다.

프로세스 제어 블록

운영체제는 수많은 프로세스를 동시에 관리해야 한다. 마치 레스토랑의 총괄 셰프가 여러 요리사를 지휘하는 것과 같다. 이를 위해 운영체제는 각 프로세스의 모든 정보를 기록한 특별한 데이터 구조를 사용하는데, 이것이 바로 프로세스 제어 블록(Process Control Block, PCB)이다. PCB는 프로세스가 생성될 때 함께 만들어지며, 프로세스의 모든 것을 담고 있는 '신분증'이자 '작업 노트'다. PCB에는 다음과 같은 핵심 정보가 담긴다.

- **프로세스 식별자(Process ID, PID)**: 각 프로세스를 구분하는 고유 번호. 요리사의 이름표와 같다.
- **프로세스 상태(Process State)**: 현재 프로세스가 실행 중인지, 다른 작업을 기다리는 중인지 등의 상태 정보(예 생성, 준비, 실행, 대기, 종료).
- **프로그램 카운터(Program Counter)**: 다음에 실행할 명령어의 메모리 주소. 요리사가 레시피의 어디까지 읽었는지 표시해 둔 책갈피와 같다.
- **CPU 레지스터**: 이전에 작업하던 중간값들을 저장하는 공간. 요리사가 잠시 자리를 비울 때 사용하던 도구들을 그대로 작업대에 놓아두는 것과 같다.

- **메모리 관리 정보:** 해당 프로세스가 사용하는 메모리 영역에 대한 정보(예 페이지 테이블).
- **입출력 상태 정보:** 프로세스에 할당된 파일이나 입출력 장치 목록.

운영체제는 이 PCB 덕분에 여러 프로세스 사이를 빠르게 오가며 작업을 전환시킬 수 있다. 예를 들어 A 프로세스의 작업을 잠시 멈추고 B 프로세스를 실행해야 할 때, 운영체제는 A 프로세스의 모든 작업 상태를 PCB에 '스냅샷'처럼 저장한다. 그리고 B 프로세스의 PCB를 읽어와 이전 상태를 그대로 복원한 뒤 작업을 재개한다. 이 과정이 바로 뒤에서 배울 '문맥 교환(Context Switching)'의 핵심이다.

프로세스의 독립성은 안정성을 보장하지만, 새로운 프로세스를 만들 때마다 이 모든 자원을 새로 할당해야 하므로 비용이 많이 들고(오버헤드), 프로세스 간 데이터 공유가 어렵다는 단점을 낳았다.이러한 비효율성을 개선하기 위해 등장한 개념이 바로 '스레드'다.

2. 스레드(Thread)

프로세스가 '실행 중인 프로그램'이라는 것을 이해했다면, 스레드는 그 안에서 실제로 작업을 수행하는 '일꾼'이라고 생각할 수 있다. 현대의 대부분 프로그램은 여러 스레드를 활용하여 동시에 여러 작업을 처리함으로써 효율을 극대화한다.

● 스레드의 개념

스레드(Thread)는 실의 가닥이라는 뜻으로, 프로세스 내에서 실행되는 작업의 흐름 또는 단위를 의미한다. 하나의 프로세스는 반드시 하나 이상의 스레드를 가지며, 프로그램을 처음 실행하면 기본적으로 '메인 스레드' 하나가 생성되어 작업을 시작한다.

이를 '요리사'에 비유해 보자. 요리사(프로세스) 한 명이 하나의 주방에서 여러 개의 화구를 동시에 사용하는 상황을 상상할 수 있다. 한쪽 화구에서는 파스타 면을 삶고(스레드 1), 다른 화구에서는 토마토소스를 끓이며(스레드 2), 동시에 조리대에서는 샐러드를 준비하는(스레드 3) 것이다. 여기서 요리사는 프로세스, 각각의 요리 행위는 스레드가 된다. 이처럼 하나의 프로세스 내에서 여러 스레드가 각자의 작업을 나누어 동시에 처리하는 것을 '멀티스레딩(Multi-threading)'이라고 한다. 우리가 웹 브라우저(하나의 프로세스)에서 파일을 다운로드하면서(스레드 1) 동시에 다른 탭에서 웹 서핑을(스레드 2) 할 수 있는 이유가 바로 이것이다.

● 프로세스와 스레드의 결정적 차이

프로세스와 스레드의 가장 큰 차이점은 '자원 공유' 여부다. 이 차이를 이해하기 위해 '독립된 개인 주방에서 일하는 여러 요리사(멀티 프로세스)'와 '하나의 큰 공유 주방에서 함께 일하는 여러 요리사(멀티 스레드)'를 비교해 보자.

❶ **멀티 프로세스:** 독립된 개인 주방

각 프로세스는 자신만의 독립적인 메모리 공간(주방)을 가진다. 따라서 한 프로세스의 작업이 다른 프로세스에 영향을 주지 않아 안정적이다. 하지만 각자 다른 주방에 있기 때문에 재료나 정보를 전달하려면 주방 밖 복도를 통해야 한다. 이 과정(프로세스 간 통신, Inter-Process Communication, IPC)은 복잡하고 시간이 오래 걸린다.

❷ 멀티 스레드: 공유 주방

같은 프로세스에 속한 스레드들은 메모리 공간을 공유한다. 구체적으로, 프로세스의 코드, 데이터, 힙 영역은 모든 스레드가 함께 사용하고, 오직 스택 영역만 각 스레드가 독립적으로 가진다.

- **공유 자원(Code, Data, Heap):** 공유 주방의 '레시피 북', '공용 재료 창고', '대형 냉장고'와 같다. 모든 요리사(스레드)가 함께 보고 사용할 수 있어 협업이 매우 빠르고 효율적이다.
- **독립 자원(Stack):** 각 요리사가 사용하는 '개인 작업대' 또는 '작은 접시'와 같다. 함수 호출이나 지역 변수처럼 자신만의 작업 기록은 여기에 독립적으로 저장한다.

이러한 자원 공유 덕분에 스레드는 프로세스에 비해 생성 속도가 훨씬 빠르고, 스레드 간 데이터 전달도 메모리를 직접 참조하면 되므로 매우 간단하다.

● 멀티스레딩의 장단점

멀티스레딩은 현대 소프트웨어 개발에서 필수적인 기술이지만, 장점과 단점이 명확하다.

❶ 멀티스레딩의 장점

- **자원 효율성:** 새로운 프로세스를 만드는 것보다 스레드를 만드는 것이 훨씬 적은 자원을 소모한다. 시스템 전체의 부담이 줄어든다.
- **빠른 응답성:** 시간이 오래 걸리는 작업을 별도의 스레드에 맡기고, 메인 스레드는 사용자 입력에 즉각 반응할 수 있다. 예를 들어, 이미지 편집 프로그램에서 큰 파일을 저장하는 동안(백그라운드 스레드)에도 프로그램이 멈추지 않고 다른 메뉴를 클릭할 수 있다.
- **효율적인 통신:** 스레드들은 힙 메모리 등을 공유하므로 데이터를 빠르고 쉽게 주고받을 수 있다.

❷ 멀티스레딩의 단점

- **동기화 문제:** 여러 스레드가 동일한 자원(예 은행 계좌 잔액)에 동시에 접근하여 값을 변경하려고 할 때 문제가 발생할 수 있다. 한 스레드가 돈을 입금하는 동안 다른 스레드가 잔액을 조회하면 잘못된 값이 보일 수 있다. 이를 '동기화(Synchronization)' 문제라고 하며, 이를 해결하기 위한 복잡한 프로그래밍 기법이 필요하다.
- **안정성 문제:** 공유 주방에서 한 요리사가 큰 실수를 저지르면 주방 전체가 엉망이 되는 것과 같다. 하나의 스레드에서 심각한 오류가 발생하면, 같은 메모리를 공유하는 다른 스레드들도 영향을 받아 프로세스 전체가 강제 종료될 수 있다.

결론적으로, 스레드는 '효율성'을 얻기 위해 '안정성'을 일부 희생한 기술적 선택이다. 개발자는 만들고자 하는 프로그램의 특성을 고려해야 한다. 예를 들어, 각 기능의 독립성과 안정성이 매우 중요한 시스템이라면 멀티 프로세스 방식이, 빠른 응답과 자원 공유를 통한 효율성이 중요하다면 멀티 스레드 방식이 더 적합할 수 있다.

3. 멀티태스킹

우리는 컴퓨터가 여러 프로그램을 '동시에' 실행한다고 생각하지만, 엄밀히 말하면 이는 착각이다. 대부분의 경우, 컴퓨터는 여러 작업을 아주 빠르게 번갈아 가며 처리하여 우리 눈에만 동시에 하는 것처럼 보이게 만든다. 이 기술이 바로 멀티태스킹(Multitasking)이다.

● 멀티태스킹의 원리

하나의 CPU 코어는 한순간에 단 하나의 명령어만 처리할 수 있다. 그렇다면 어떻게 여러 작업이 동시에 실행될 수 있을까? 그 비결은 '시분할(Time−Sharing)' 시스템에 있다. 운영체제는 CPU가 사용할 수 있는 시간을 아주 잘게 쪼개어 여러 프로세스(또는 스레드)에게 번갈아 가며 나누어 준다. 이 짧은 시간 단위를 '타임 슬라이스(Time Slice)' 또는 '퀀텀(Quantum)'이라고 부른다. CPU는 A 프로세스를 0.01초 실행하고, 이어서 B 프로세스를 0.01초, C 프로세스를 0.01초 실행한 뒤 다시 A로 돌아오는 과정을 무한히 반복한다. 이 전환 속도가 워낙 빠르기 때문에 사용자 입장에서는 모든 프로그램이 끊김 없이 동시에 실행되는 것처럼 느끼게 된다.

이 원리를 '한 명의 체스 고수가 여러 명의 초보자와 동시에 대국을 두는 모습'에 비유할 수 있다.

- **체스 고수**: CPU
- **각각의 대국**: 프로세스
- **한 선수와 한 수를 두는 시간**: 타임 슬라이스

체스 고수는 실제로 모든 판을 동시에 생각하는 것이 아니다. 1번 선수와 한 수를 두고, 재빨리 2번 선수 자리로 이동해 상황을 파악하고 한 수를 둔다. 이 과정을 매우 빠르게 반복하면, 초보자의 입장에서는 마치 고수가 계속 자기 앞에 앉아 대국에 집중하는 것처럼 느껴진다.

● 문맥 교환

CPU가 한 프로세스에서 다른 프로세스로 작업을 전환할 때는 특별한 과정이 필요한데, 이를 '문맥 교환(Context Switching)'이라고 한다. '문맥(Context)'이란 특정 시점에 해당 프로세스가 작업하던 모든 상태 정보(다음에 실행할 명령어 위치, 사용하던 데이터 값 등)를 의미하며, 이 정보는 프로세스의 PCB에 저장되어 있다. 문맥 교환 과정은 다음과 같다.

- **현재 프로세스 상태 저장**: 운영체제는 현재 실행 중인 A 프로세스를 멈추고, 지금까지의 모든 작업 내용(Context)을 A의 PCB에 저장한다.
- **다음 프로세스 상태 복원**: 다음에 실행할 B 프로세스의 PCB를 찾아, 이전에 저장해 두었던 작업 내용(Context)을 CPU에 불러온다(복원).
- **다음 프로세스 실행**: B 프로세스의 작업을 이어서 실행한다.

이 '기록하고 떠올리는' 과정이 바로 문맥 교환이다. 이 시간 동안 CPU는 실제 작업을 처리하지 못하기 때문에, 문맥 교환은 일종의 '낭비 시간', 즉 '오버헤드(Overhead)'를 발생시킨다. 잦은 문맥 교환은 시스템 전체의 성능을 떨어뜨릴 수 있다. 스레드 간의 문맥 교환은 공유하는 메모리가 많기 때문에 프로세스 간의 문맥 교환보다 오버헤드가 훨씬 적다.

이러한 기술의 발전 과정은 단순히 성능 향상만을 위한 것이 아니었다. 초기에는 비싼 CPU 자원을 최대한 활용하려는 경제적 요구(멀티프로그래밍)에서 시작했고, 이후 사용자와 컴퓨터가 상호작용하는 시대가 열리면서 빠른 응답에 대한 요구(멀티태스킹)가 커졌다. 최종적으로는 더 빠른 처리 속도에 대한 끊임없는 수요가 하드웨어 발전을 이끌어 멀티프로세싱 시대를 열었다. 이처럼 기술의 진화는 사회와 비즈니스의 요구와 맞물려 이루어진다.

알아두세요 **비유를 통한 용어의 차이 알아보기**

- **멀티프로그래밍(Multi-programming)**
  '요리사 한 명(단일 CPU)'이 CPU 활용률을 높이는 데 초점을 맞춘 방식이다. 스테이크를 굽는 동안(CPU 작업) 오븐에서 빵이 익기를 기다리는 시간(I/O 대기)에 놀지 않고, 그 틈에 샐러드를 만드는(다른 작업 실행) 것이다. CPU가 쉬는 시간을 최소화하는 것이 목표다.
- **멀티태스킹(Multi-tasking)**
  멀티프로그래밍에서 더 나아가, 사용자의 '응답성'에 초점을 맞춘 방식이다. '요리사 한 명(단일 CPU)'이 스테이크 굽기 10초, 샐러드 만들기 10초, 수프 젓기 10초를 아주 빠르게 번갈아 가며 처리한다. 손님 입장에서는 모든 요리가 동시에 진행되는 것처럼 느껴진다.
- 멀티프로세싱(Multi-processing)
  '요리사 여러 명(멀티 코어 CPU)'이 각자 다른 요리를 '진짜로 동시에' 만드는 방식이다. 이는 물리적인 CPU 코어가 여러 개 있을 때만 가능하다. 절대적인 처리 속도를 극대화하는 것이 목표다. 오늘날 대부분의 컴퓨터는 멀티 코어 CPU를 사용하므로, 멀티프로세싱 환경에서 멀티태스킹을 구현하고 있다.

4. 가상 메모리

컴퓨터를 사용하다 보면 RAM 용량이 8GB인데, 실행 중인 프로그램들이 차지하는 메모리 총합은 10GB가 넘는 경우를 종종 본다. 어떻게 물리적인 RAM 크기보다 더 큰 용량을 사용할 수 있을까? 이 마법 같은 일을 가능하게 하는 기술이 바로 '가상 메모리'다.

● 가상 메모리의 필요성

가상 메모리는 실제 물리 메모리(RAM)의 크기에 구애받지 않고, 더 큰 프로그램을 실행할 수 있도록 지원하는 기술이다. 그 원리는 프로그램 전체를 한 번에 RAM에 올리는 대신, 지금 당장 실행에 필요한 부분만 RAM에 올리고 나머지는 하드디스크나 SSD 같은 보조기억장치에 '페이징 파일(Paging File)' 또는 '스왑 공간(Swap Space)'이라는 형태로 저장해두는 것이다. '작업 책상(RAM)'과 '커다란 창고(보조기억장치)'에 비유해 보자.

- **문제**: 내가 그려야 할 그림은 아주 큰 '전지(프로그램)'인데, 내 '책상(RAM)'은 너무 작아서 전지를 다 펼칠 수 없다.
- **해결책**: 전지 전체를 책상에 올리려고 하지 않는다. 대신, 지금 당장 그림을 그릴 부분만 잘라서 책상 위에 올려놓고(필요한 부분만 RAM에 적재), 나머지 부분은 창고(보조기억장치)에 잘 보관해 둔다. 다른 부분이 필요해지면, 책상 위의 다 쓴 조각을 창고에 다시 가져다 두고 창고에서 새로운 조각을 가져온다.

이 방식을 통해 사용자는 마치 무한히 넓은 책상을 가진 것처럼 느끼게 된다. 즉, 물리적인 메모리 크기의 한계를 넘어선 '가상의' 거대한 메모리 공간을 활용할 수 있게 되는 것이다.

● 가상 주소와 물리 주소

가상 메모리 시스템에서 프로그램은 실제 물리 메모리 주소(Physical Address)를 직접 사용하지 않는다. 대신, 각 프로세스는 자신만의 독립적인 '가상 주소 공간(Virtual Address Space)'을 할당받는다. 32비트 운영체제에서는 보통 프로세스마다 4GB의 가상 주소 공간이 주어진다. 이 개념을 '아파트 동-호수'에 비유할 수 있다.

- **가상 주소:** 모든 아파트 단지(프로세스)는 '101동 501호'라는 똑같은 주소 체계를 사용한다. 내가 "우리 집은 501호야"라고 말하는 것은 이 가상 주소에 해당한다.
- **물리 주소:** 하지만 A 아파트의 501호와 B 아파트의 501호는 실제 물리적 위치가 완전히 다르다. 이 실제 위치가 물리 주소다.
- **주소 변환:** 아파트 단지 정문의 경비실(운영체제의 메모리 관리 장치, MMU)은 각 가구의 실제 위치를 기록한 '주소록(페이지 테이블)'을 가지고 있다. "101동 501호로 가주세요"라는 요청이 오면, 경비실은 이 주소록을 보고 실제 위치로 정확히 안내해 준다.

이처럼 CPU가 가상 주소를 요청하면, 하드웨어인 MMU가 페이지 테이블을 참조하여 이를 실제 물리 주소로 빠르게 변환해 준다. 이 과정을 통해 프로그램은 복잡한 실제 메모리 구조를 신경 쓸 필요 없이, 자신만의 넓고 정돈된 가상 공간에서 편안하게 작업을 수행할 수 있다.

● 가상 메모리가 프로세스를 보호하는 방법

가상 메모리는 단순히 메모리를 확장하는 기능만 하는 것이 아니다. 현대 운영체제의 안정성과 보안을 지키는 핵심적인 역할을 수행한다.

각 프로세스는 자신만의 독립적인 가상 주소 공간을 가지기 때문에, 다른 프로세스의 메모리 영역에 절대로 직접 접근할 수 없다. '아파트' 비유를 다시 생각해 보자. A 아파트 주민이 "우리 집 501호에 물건을 둔다"고 해서 B 아파트 501호에 물건이 놓이는 일은 절대로 발생하지 않는다.

이러한 완벽한 '격리(Isolation)' 덕분에, 하나의 프로세스에 버그가 있거나 악성 코드에 감염되더라도 다른 정상적인 프로세스나 운영체제 자체의 메모리를 손상시키는 것을 원천적으로 차단할 수 있다. 만약 가상 메모리가 없다면, 잘못 작성된 프로그램 하나가 시스템 전체를 마비시키는 일이 비일비재하게 일어날 것이다.

이처럼 가상 메모리는 '메모리 용량 부족'이라는 실용적인 문제를 해결하기 위해 고안되었지만, 그 구현 방식 덕분에 '프로세스 보호'라는, 시스템 전체의 안정성과 보안을 책임지는 매우 중요한 부가 가치를 창출하게 되었다. 이는 기술이 원래 의도했던 것 이상의 가치를 만들어내는 좋은 사례다.

5. 페이징 기법

가상 메모리라는 거대한 개념을 실제로 구현하는 핵심 기술이 바로 '페이징(Paging)'이다. 페이징은 메모리를 정해진 크기의 조각으로 나누어 관리함으로써, 한정된 자원을 매우 효율적으로 사용할 수 있게 해준다.

● 페이징의 개념

페이징 기법은 가상 메모리와 물리 메모리를 모두 고정된 크기의 작은 블록으로 나누어 관리한다.

- **페이지(Page)**: 프로세스의 가상 주소 공간을 나눈 블록.
- **프레임(Frame)**: 물리 메모리(RAM)를 나눈 블록.

페이지와 프레임의 크기는 항상 동일하다(보통 4KB). 이 개념을 '큰 도화지(프로세스)를 A4용지 크기(페이지)로 잘라 관리하는 것'에 비유할 수 있다. 도서관의 책장(물리 메모리)도 똑같은 A4용지 크기의 칸(프레임)으로 나누어져 있다.

이렇게 하면 어떤 장점이 있을까? 이전에는 100MB 크기의 프로그램을 실행하려면 100MB의 연속된 빈 메모리 공간이 필요했다. 하지만 페이징을 사용하면 프로그램을 4KB 크기의 페이지들로 잘게 쪼갠 뒤, 물리 메모리의 비어있는 프레임 아무 곳에나 흩어져 저장할 수 있다. 이렇게 조각난 공간(단편화)을 효율적으로 활용할 수 있게 된다. 프로그램의 페이지들이 물리 메모리 곳곳에 흩어져 있다면, CPU는 어떻게 원하는 페이지를 정확히 찾아갈 수 있을까? 이때 필요한 것이 바로 '페이지 테이블(Page Table)'이다.

페이지 테이블은 각 프로세스마다 하나씩 존재하며, '가상 페이지 번호'와 그 페이지가 저장된 '물리 프레임 번호'를 짝지어 놓은 일종의 '지도' 또는 '목차'다. 'A4용지로 잘린 도화지의 목차'에 비유해 보자. 이 목차(페이지 테이블)에는 다음과 같은 정보가 적혀 있다.

- **매핑 정보**: "도화지의 1번 조각(페이지 1)은 책장 3번 칸(프레임 3)에 있다."
- **유효 비트(Valid-Invalid Bit)**: 해당 페이지가 현재 물리 메모리(책장)에 있는지(1), 아니면 보조기억장치(창고)에 있는지(0)를 나타낸다.
- **보호 비트(Protection Bit)**: 페이지에 대한 접근 권한(읽기, 쓰기, 실행)을 나타낸다. 예를 들어, 코드 영역 페이지는 내용을 바꿀 수 없도록 '읽기 전용'으로 설정된다.
- **수정 비트(Dirty Bit)**: 페이지가 메모리에 올라온 후 내용이 변경되었는지를 표시한다. 만약 변경되었다면(dirty), 이 페이지를 메모리에서 내보낼 때 보조기억장치에도 변경 내용을 반영해야 한다.

CPU가 특정 가상 주소에 접근하려고 하면, MMU는 해당 프로세스의 페이지 테이블을 조회하여 실제 물리 주소를 찾아낸다.

● 페이징 시스템의 허점: 페이지 폴트와 스레싱

페이징 시스템은 효율적이지만, 때로는 심각한 성능 저하를 유발하기도 한다.

❶ 페이지 폴트(Page Fault)

CPU가 접근하려는 페이지의 유효 비트가 '0'으로 설정되어 있을 때, 즉 해당 페이지가 물리 메모리에 없을 때 발생하는 현상을 '페이지 폴트'라고 한다. 이는 일종의 예외 상황(interrupt)이다. 페이지 폴트가 발생하면 다음과 같은 과정이 일어난다. CPU는 하던 일을 멈추고 운영체제에 도움을 요청한다.

❶ 운영체제는 보조기억장치에서 해당 페이지를 찾는다.
❷ 물리 메모리에서 비어있는 프레임을 찾아 그곳에 페이지를 로드한다.
❸ 만약 빈 프레임이 없다면, 기존에 있던 페이지 중 하나를 '희생양'으로 골라 보조기억장치로 내보내고(페이지 교체), 그 자리에 새로운 페이지를 올린다.
❹ 페이지 테이블을 최신 정보로 업데이트하고, CPU가 멈췄던 작업을 다시 시작하게 한다.

이 과정은 시간이 오래 걸리는 디스크 입출력(I/O) 작업을 포함하므로, 페이지 폴트가 자주 발생하면 시스템 성능이 크게 저하된다. 이는 마치 요리사가 필요한 재료가 주방에 없어 계속 창고를 들락날락하는 것과 같다.

❷ 스레싱(Thrashing)

'스레싱'은 페이지 폴트가 너무 빈번하게 발생하여, CPU가 실제 유용한 작업은 거의 하지 못하고 페이지를 메모리에 올리고 내리는 데 대부분의 시간을 허비하는 최악의 상태를 말한다. 스레싱은 주로 물리 메모리(RAM) 용량이 부족한 상태에서 너무 많은 프로그램을 동시에 실행하려고 할 때 발생한다.

❶ 각 프로세스에 할당된 프레임 수가 너무 적어진다.
❷ 프로세스는 작업을 위해 필요한 페이지를 메모리에 충분히 올려놓지 못해 페이지 폴트가 급증한다.
❸ CPU는 페이지를 기다리느라 대부분의 시간을 쉬게 되고, CPU 이용률이 떨어진다.
❹ 운영체제는 CPU가 놀고 있다고 착각하고, 시스템 효율을 높이기 위해 더 많은 프로그램을 메모리에 올리려고 시도한다.
❺ 상황은 더욱 악화되어 시스템 전체가 거의 멈춘 것처럼 보이는 상태에 빠진다.

이는 '책상(메모리)이 너무 좁은데 여러 가지 그림을 동시에 그리려는 상황'과 같다. 1번 그림 조각을 가져오니 2번 그림 조각을 둘 자리가 없어 창고에 보내고, 다시 2번을 가져오니 3번을 보낸다. 결국, 그림은 거의 못 그리고 창고만 계속 왔다 갔다 하는 셈이다.

스레싱 현상은 시스템 자원의 한계와 작업 부하 사이의 불균형이 어떻게 시스템 전체의 붕괴로 이어질 수 있는지를 보여준다. 따라서 IT 인프라 관리자는 CPU, 메모리, I/O 등 여러 지표를 종합적으로 모니터링하여 스레싱의 징후를 조기에 발견하고, 실행 중인 프로세스 수를 조절하거나 메모리를 증설하는 등의 조치를 취해야 한다.

8.4 파일은 어떻게 관리되는가?

우리가 컴퓨터에 저장하는 모든 문서, 사진, 음악, 프로그램 등은 '파일'이라는 형태로 존재한다. 이 수많은 파일을 어떻게 체계적으로 관리하고, 필요할 때 빠르고 정확하게 찾아낼 수 있을까? 그 역할을 하는 것이 바로 '파일 시스템(File System)'이다. 파일 시스템은 보이지 않는 곳에서 데이터를 정리하고 질서를 부여하는, 컴퓨터 세계의 유능한 '도서관 사서'와 같다.

1. 파일 시스템

파일 시스템은 운영체제가 저장장치(HDD, SSD 등)에 있는 파일들을 관리하는 체계 또는 방식을 말한다. 파일에 이름을 붙이고, 저장하고, 찾고, 수정하고, 삭제하는 모든 과정이 파일 시스템의 규칙에 따라 이루어진다.

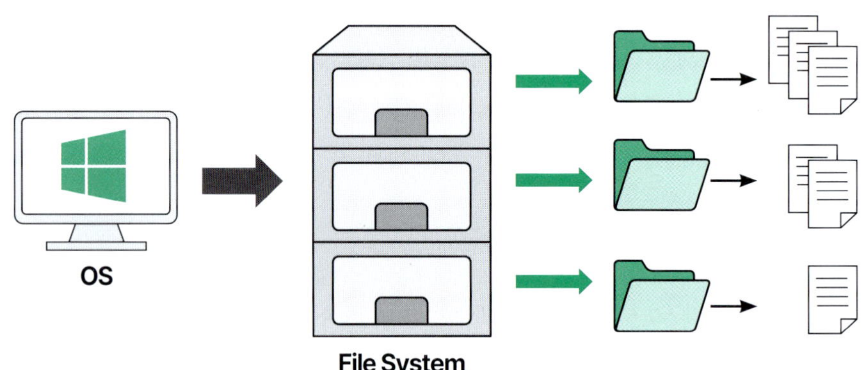

● 파일 시스템의 역할

파일 시스템을 거대한 '도서관'에 비유하면 그 역할을 쉽게 이해할 수 있다.

- **데이터 저장 및 관리**: 도서관에 새로운 책(파일)이 들어오면, 사서(파일 시스템)는 책에 고유한 관리 번호(inode 번호)를 부여하고, 책장의 적절한 위치(저장장치 블록)에 꽂아 넣는다.
- **계층적 구조 제공(디렉터리)**: 도서관이 '인문', '과학', '예술' 등으로 분야를 나누고, 각 분야를 다시 세부 주제로 나누어 책을 정리하듯, 파일 시스템은 '디렉터리(폴더)'라는 계층적 구조를 통해 파일을 체계적으로 분류한다. 이를 통해 사용자는 수많은 파일 속에서 원하는 파일을 쉽게 찾을 수 있다.

- **메타데이터 관리**: 사서는 각 책의 제목, 저자, 출판일, 위치 등의 정보(메타데이터)를 도서 목록 카드에 기록하여 관리한다. 마찬가지로 파일 시스템도 각 파일의 이름, 크기, 생성 날짜, 저장 위치, 접근 권한 등의 메타데이터를 별도로 관리한다. 유닉스 계열 시스템에서는 이 메타데이터를 '아이노드(inode)'라는 특별한 데이터 구조에 저장한다.
- **접근 제어**: 도서관의 특정 자료실에 허가된 사람만 들어갈 수 있듯이, 파일 시스템은 파일이나 디렉터리별로 읽기, 쓰기, 실행 권한을 설정하여 데이터 보안을 유지한다.

결국 파일 시스템이 없다면 저장장치는 그저 의미 없는 데이터가 뒤죽박죽 섞여 있는 거대한 공간에 불과할 것이다. 파일 시스템은 이 무질서한 공간에 질서를 부여하여 우리가 데이터를 의미 있는 '파일' 단위로 다룰 수 있게 해주는 핵심 기반이다.

● 파일 시스템과 단편화

파일을 저장하고 삭제하는 과정이 반복되다 보면 '단편화(Fragmentation)'라는 문제가 발생한다. 단편화란 하나의 파일 내용이 저장장치 상에서 연속된 공간에 저장되지 않고, 여러 조각으로 나뉘어 흩어져 있는 현상을 말한다.

❶ 단편화가 발생하는 이유

도서관에 비유해 보자. 처음에는 책들이 순서대로 잘 꽂혀 있었다. 그런데 중간중간 책을 빼내고(파일 삭제), 그 빈자리에 크기가 다른 새로운 책들(새 파일)을 꽂아 넣다 보니, 한 권의 책(하나의 파일)이 여러 빈 공간에 나뉘어 들어가는 상황이 발생한다. 예를 들어, 300페이지짜리 책을 넣어야 하는데 100페이지, 150페이지, 50페이지의 빈 공간만 있다면, 책을 세 부분으로 찢어서 각 공간에 나누어 보관하는 셈이다.

❷ 단편화의 문제점

이렇게 파일이 조각나 있으면, 해당 파일을 읽을 때 저장장치의 헤드가 여러 곳을 왔다 갔다 해야 한다. 이는 마치 찢어진 책의 페이지들을 도서관 곳곳에서 찾아다니며 읽는 것과 같아서, 파일 접근 속도를 현저히 떨어뜨린다. 특히 회전하는 디스크를 사용하는 HDD에서 성능 저하가 심각하게 나타난다.

❸ 단편화 해결

이 문제를 해결하기 위한 작업이 '디스크 조각 모음(Defragmentation)'이다. 이는 흩어져 있는 파일 조각들을 한데 모아 연속된 공간에 재배치하고, 조각난 빈 공간들도 하나로 합쳐주는 작업이다. 도서관의 책들을 모두 꺼내서 주제별로 다시 정리하고 빈 책장을 한쪽으로 모는 대청소와 같다. 이를 통해 파일 접근 속도를 향상시킬 수 있다. 최신 파일 시스템인 NTFS나 ext4는 단편화가 덜 발생하도록 설계되었지만, 여전히 단편화는 파일 시스템이 관리해야 할 중요한 문제 중 하나다.

2. NTFS

NTFS(New Technology File System)는 마이크로소프트(Microsoft)가 개발한 파일 시스템으로,

오늘날 대부분의 윈도우 운영체제에서 표준으로 사용된다. 이름에서 알 수 있듯이, 이전에 사용되던 FAT32의 한계를 극복하기 위한 새로운 기술들이 대거 적용되었다.

● NTFS의 주요 특징

❶ 대용량 지원

NTFS는 이론적으로 매우 큰 파일과 볼륨(파티션) 크기를 지원한다. 최대 파일 크기는 256TB, 최대 볼륨 크기는 8PB(페타바이트)에 달해, 고화질 영상이나 대규모 데이터베이스 같은 대용량 파일을 다루는 데 전혀 문제가 없다.이는 4GB 파일 크기 제한이 있는 FAT32와 비교되는 가장 큰 장점이다.

❷ 강력한 보안 및 접근 제어

NTFS는 파일과 폴더 단위로 매우 세밀한 접근 권한을 설정할 수 있다. 특정 사용자나 그룹에 대해 읽기, 쓰기, 수정, 실행 등의 권한을 개별적으로 부여하거나 제한할 수 있다. 이는 여러 사용자가 함께 사용하는 시스템이나 기업 환경에서 데이터를 안전하게 보호하는 데 필수적인 기능이다.

❸ 저널링(Journaling) 기능

NTFS는 저널링 파일 시스템이다. 이는 시스템에 갑작스러운 전원 차단이나 오류가 발생했을 때 파일 시스템의 일관성을 유지하고 빠른 복구를 가능하게 하는 매우 중요한 기능이다. 파일에 변경 사항을 적용하기 전에, '어떤 작업을 할 것인지'를 '저널(Journal)'이라는 특별한 로그 파일에 먼저 기록한다. 만약 작업 도중 시스템이 멈추더라도, 재부팅 시 이 저널을 보고 작업을 완료하거나 원상 복구할 수 있어 데이터 손실 위험을 크게 줄여준다.

● 파일 압축 및 암호화

NTFS는 파일 시스템 수준에서 파일이나 폴더를 압축하여 저장 공간을 절약하는 기능을 제공한다. 또한, EFS(Encrypting File System) 기능을 통해 파일을 암호화하여 허가되지 않은 사용자가 데이터에 접근하는 것을 막을 수 있다.

● NTFS의 장점과 단점

- **장점:** 대용량 파일 및 볼륨 지원, 강력한 보안 기능, 저널링을 통한 안정성, 압축 및 암호화 등 다양한 부가 기능을 제공한다. 윈도우 환경에서는 최고의 성능과 안정성을 보여준다.
- **단점:** 가장 큰 단점은 호환성이다. macOS나 리눅스 같은 다른 운영체제에서는 NTFS 파티션을 읽는 것은 가능하지만, 별도의 드라이버 없이는 데이터를 쓰는 데 제한이 있다.이 때문에 외장 하드나 USB 메모리를 여러 운영체제에서 함께 사용해야 할 경우 불편함이 따를 수 있다.

3. ext4

ext4(Fourth Extended Filesystem)는 리눅스 운영체제의 표준 파일 시스템으로 널리 사용된다. 이전 버전인 ext3를 계승하여 성능과 안정성, 기능 면에서 많은 개선이 이루어졌다.

● ext4의 주요 특징

• 대용량 지원 및 확장성

ext4 역시 대용량 환경을 완벽하게 지원한다. 최대 1EB(엑사바이트)의 볼륨과 16TB의 파일을 지원하여, 대규모 서버 환경에서도 충분한 확장성을 제공한다. 또한, 하위 디렉터리 개수에 제한이 없어 유연한 파일 구조를 만들 수 있다.

● 저널링 기능

ext4도 NTFS와 마찬가지로 저널링을 지원하여 시스템 장애 발생 시 데이터 무결성을 보호하고 빠른 복구를 가능하게 한다. 이는 서버 환경에서 매우 중요한 안정성을 보장하는 핵심 기능이다.

● 성능 향상을 위한 기술들

- **익스텐트(Extents)**: 기존 파일 시스템이 파일의 데이터 블록 위치를 하나하나 기록했던 것과 달리, ext4는 '익스텐트' 방식을 사용한다. 이는 연속된 데이터 블록들을 '어디서부터 어디까지'라는 범위 정보로 한 번에 기록하는 방식이다. 이를 통해 파일이 큰 경우에도 메타데이터의 크기를 줄이고 파일 접근 속도를 향상시킨다.
- **지연 할당(Delayed Allocation)**: 파일을 디스크에 쓸 때 바로 공간을 할당하지 않고, 데이터를 메모리 캐시에 모아두었다가 한 번에 최적의 위치에 기록하는 기술이다. 이를 통해 파일 단편화를 최소화하고 쓰기 성능을 높인다.

● 하위 호환성

ext4는 이전 버전인 ext3, ext2와 하위 호환성을 가진다. 기존의 ext3 파일 시스템을 데이터 손실 없이 ext4로 변환(마운트)하여 사용할 수 있어, 시스템 업그레이드가 용이하다.

● ext4의 장점과 단점

- **장점**: 리눅스 환경에서 매우 안정적이고 빠른 성능을 보여준다. 저널링, 대용량 지원 등 현대 파일 시스템이 갖춰야 할 기능을 모두 갖추고 있으며, 오픈 소스 기반으로 지속적으로 개선되고 있다. 단편화 발생이 적어 별도의 조각 모음이 거의 필요 없다.
- **단점**: NTFS와 마찬가지로 호환성 문제가 있다. Windows에서는 기본적으로 ext4 파티션을 인식하지 못하므로, 별도의 프로그램을 설치해야만 접근할 수 있다.

4. FAT32

FAT32(File Allocation Table 32)는 NTFS와 ext4에 비하면 오래된 기술이지만, 여전히 특정 분야에서 막강한 영향력을 발휘하고 있는 파일 시스템이다. 그 비결은 바로 '압도적인 호환성'에 있다.

● FAT32의 특징과 한계

FAT(File Allocation Table)은 이름 그대로 '파일 할당 테이블'이라는 간단한 자료구조를 사용하여 파일의 위치를 관리한다. FAT32는 이 테이블의 주소 단위를 32비트로 확장한 버전이다.

❶ 뛰어난 호환성

FAT32의 가장 큰 존재 이유는 호환성이다. Windows, macOS, Linux 등 거의 모든 운영체제에서 별도의 설정 없이 읽고 쓸 수 있다. 뿐만 아니라 디지털카메라, 스마트 TV, 게임 콘솔, 차량용 인포테인먼트 시스템 등 수많은 전자기기가 FAT32를 지원한다. 이 때문에 USB 메모리나 SD 카드 같은 이동식 저장장치의 기본 파일 시스템으로 널리 사용된다.

❷ 명확한 기술적 한계

- **4GB 파일 크기 제한**: FAT32의 가장 치명적인 단점은 단일 파일의 최대 크기가 4GB로 제한된다는 점이다. 고화질 영화 파일이나 대용량 압축 파일 하나가 4GB를 넘는 경우가 흔한 요즘에는 큰 제약이 된다.
- **보안 기능 부재**: 파일이나 폴더에 대한 접근 권한을 설정하는 기능이 없어 보안에 매우 취약하다.
- **저널링 미지원**: 저널링 기능이 없어 파일 복사나 이동 중에 전원이 꺼지면 데이터가 손상될 위험이 크다.
- **단편화**: 구조적으로 단편화가 쉽게 발생하여 성능 저하를 유발하기 쉽다.

● FAT32의 현재와 미래(exFAT)

이러한 한계에도 불구하고, FAT32는 여전히 '호환성'이 최우선인 이동식 저장장치 분야에서 사용되고 있다. 하지만 4GB 파일 크기 제한 문제를 해결하기 위해 'exFAT(Extended FAT)'라는 개선된 파일 시스템이 등장했다. exFAT는 FAT32의 뛰어난 호환성은 유지하면서, 파일 크기 제한을 사실상 없애고 대용량 볼륨을 지원하도록 개선된 버전이다. 오늘날 많은 대용량 USB 메모리나 SD 카드는 exFAT로 포맷되어 출시된다.

▼ 파일 시스템의 핵심 특징 비교

특징	NTFS (New Technology File System)	ext4 (Fourth Extended Filesystem)	FAT32 (File Allocation Table 32)
주요 사용 OS	Windows	Linux	대부분의 OS(호환성 목적)
최대 파일 크기	256TB	16TB	4GB
최대 볼륨 크기	8PB	1EB(Exabyte)	16TB(이론상), 2TB(Windows 제한)
저널링 (Journaling)	지원	지원	미지원
보안(권한 관리)	파일/폴더별 상세 권한 설정 가능	파일/폴더별 소유자/그룹 권한 설정	기본적인 권한 관리 기능 없음
압축/암호화	파일 시스템 수준에서 지원	미지원(OS/애플리케이션 수준에서 가능)	미지원
장점	강력한 보안, 대용량 파일/볼륨 지원, 안정성	빠른 속도, 안정성, 대용량 지원	뛰어난 호환성
단점	Windows 외 OS에서 호환성 제한	Windows에서 직접 접근 불가	4GB 파일 크기 제한, 보안 취약

이 표는 각 파일 시스템의 핵심 특징을 한눈에 비교하여 보여준다. 어떤 파일 시스템을 선택할지는 사용 환경과 목적에 따라 달라진다. Windows PC의 주 저장장치라면 단연 NTFS가 최선이다. 리눅스 서버를 운영한다면 ext4가 표준이다. 여러 종류의 기기에서 파일을 옮겨야 한다면 exFAT나 FAT32가 가장 편리한 선택이 될 것이다.

5. 저널링

문서를 저장하던 중 갑자기 컴퓨터 전원이 꺼졌을 때, 우리는 파일이 손상되지 않았을까 걱정하게 된다. '저널링(Journaling)'은 바로 이런 상황에서 데이터의 안전을 지켜주는 파일 시스템의 중요한 보호 장치다.

● 저널링의 원리: 작업을 기록하는 일지

저널링 파일 시스템은 디스크에 실제 데이터를 변경하기 전에, 앞으로 수행할 작업의 내용을 '저널(Journal)' 또는 '로그(Log)'라는 특별한 영역에 먼저 기록한다. 마치 중요한 계약서에 서명하기 전에, '어떤 조항을 어떻게 수정할 것이다'라는 계획을 메모지에 미리 적어두는 것과 같다. 예를 들어, 유닉스 시스템에서 파일을 하나 삭제하는 작업은 보통 세 단계로 이루어진다.

❶ 디렉터리에서 파일의 항목을 제거한다.
❷ 파일의 메타데이터(inode)를 '사용 가능' 상태로 변경한다.
❸ 파일이 사용하던 데이터 블록을 '사용 가능' 상태로 변경한다.

만약 ❶과 ❷ 작업을 마친 상태에서 시스템이 멈춘다면, 파일 시스템은 일관성이 깨진 상태가 된다. 파일은 지워졌지만, 데이터 블록은 여전히 '사용 중'으로 남아있어 공간 낭비가 발생한다. 저널링 시스템에서는 이 세 단계를 실행하기 전에, "이제부터 이 세 가지 작업을 순서대로 진행할 것이다"라는 내용을 저널에 먼저 기록한다. 시스템에 문제가 생겼다가 다시 시작되면, 파일 시스템은 가장 먼저 저널을 확인한다.

- **사례** 1: 작업이 저널에 기록된 후, 실제 작업 도중 시스템이 멈춘 경우
  운영체제는 저널에 기록된 작업 내역을 보고, 미처 완료하지 못한 작업들을 마저 수행하거나, 작업 시작 전 상태로 되돌려 파일 시스템의 일관성을 회복한다.
- **사례** 2: 작업이 완전히 끝난 경우
  저널에 기록된 작업이 실제 데이터 영역에도 모두 반영된 것을 확인하고, 저널의 해당 기록을 삭제한다.

이러한 방식 덕분에, 예기치 않은 시스템 종료가 발생하더라도 파일 시스템 전체를 처음부터 끝까지 검사할 필요 없이, 저널만 확인하여 빠르고 안전하게 시스템을 복구할 수 있다. 이는 데이터의 무결성을 보장하고 시스템의 안정성을 크게 높여준다. NTFS, ext4, HFS+(macOS) 등 대부분의 현대적인 파일 시스템은 이 저널링 기능을 기본적으로 채택하고 있다.

미들웨어는 무엇을 연결하는가?

현대의 IT 시스템은 매우 복잡하다. 운영체제(OS)라는 기반 위에 데이터베이스, 웹 서버, 그리고 우리가 사용하는 수많은 애플리케이션이 각자의 역할을 수행하며 얽혀 있다. 이렇게 서로 다른 종류의 소프트웨어들이 어떻게 원활하게 소통하고 데이터를 주고받을 수 있을까? 그 중간에서 다리 역할을 하는 것이 바로 '미들웨어(Middleware)'다.

1. 미들웨어의 정의

미들웨어는 단어 뜻 그대로 '중간(Middle)'에 위치하는 소프트웨어다. 일반적으로 운영체제와 애플리케이션 사이, 또는 분산된 여러 컴퓨터의 애플리케이션들 사이에서 이들을 연결하고 통신을 중재하는 역할을 한다.

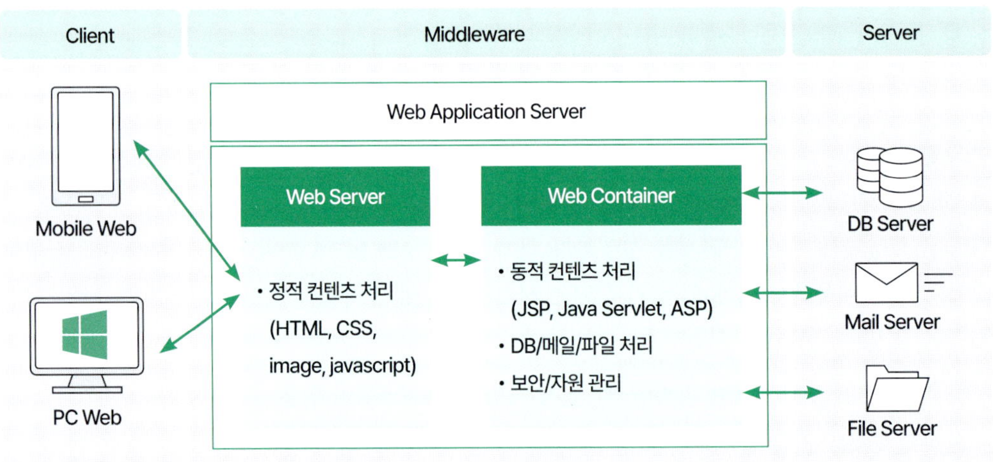

● 미들웨어의 역할

미들웨어의 역할을 이해하기 위해, 서로 다른 언어를 사용하는 두 사람이 대화하는 상황을 상상해 보자. 이들이 소통하려면 중간에서 양쪽의 말을 통역해 주는 '통역가'가 필요하다. 미들웨어는 바로 이 통역가와 같은 역할을 한다.

- **상호 운용성 제공**: 서로 다른 기종의 컴퓨터, 다른 운영체제, 다른 프로그래밍 언어로 만들어진 소프트웨어들이 마치 하나의 시스템처럼 작동할 수 있도록 중간에서 통신 방식이나 데이터 형식을 변환하고 연결해 준다.

- **공통 기능 제공**: 여러 애플리케이션에서 공통적으로 필요한 기능들(예 데이터베이스 연결, 트랜잭션 관리, 보안 인증, 메시지 전송 등)을 미들웨어가 표준화된 형태로 제공한다. 이를 통해 개발자들은 복잡하고 반복적인 저수준의 작업에서 벗어나, 비즈니스 로직 개발이라는 핵심 업무에만 집중할 수 있다.
- **분산 환경 지원**: 네트워크로 연결된 여러 컴퓨터에 분산된 애플리케이션들이 마치 한 컴퓨터에 있는 것처럼 서로를 호출하고 데이터를 교환할 수 있게 해준다.

쉽게 말해, 미들웨어는 복잡한 IT 인프라 환경에서 개발자들이 '바퀴를 다시 발명'하지 않도록 도와주는 강력한 도구 모음이자 플랫폼이다.

● 미들웨어의 종류

미들웨어는 해결하려는 문제의 종류에 따라 매우 다양하게 분류된다. 대표적인 미들웨어의 종류는 다음과 같다.

- **데이터베이스(DB) 미들웨어**: 애플리케이션이 특정 데이터베이스에 쉽게 연결하고 데이터를 주고받을 수 있도록 돕는다.
- **웹 애플리케이션 서버(WAS)**: 동적인 웹 콘텐츠를 생성하고 비즈니스 로직을 처리하는 환경을 제공한다.
- **메시지 지향 미들웨어(MOM)**: 비동기 방식으로 메시지를 교환하여 시스템 간의 의존도를 낮추고 유연성을 높인다.
- **원격 프로시저 호출(RPC)**: 다른 컴퓨터에 있는 함수를 마치 자신의 컴퓨터에 있는 것처럼 쉽게 호출할 수 있게 해준다.
- **트랜잭션 처리(TP) 모니터**: 다수의 사용자가 요청하는 대규모 트랜잭션을 안정적으로 관리하고 처리한다.

이 중에서도 현대 IT 인프라에서 특히 중요한 WAS, MOM, RPC, DB 미들웨어에 대해 자세히 알아볼 것이다.

2. WAS

우리가 웹사이트에 접속할 때, 어떤 페이지는 언제 접속해도 항상 똑같은 내용을 보여주지만(정적 콘텐츠), 어떤 페이지는 사용자나 시간에 따라 내용이 계속 바뀐다(동적 콘텐츠). 예를 들어, 포털 사이트의 뉴스 기사 본문은 정적 콘텐츠이고, 나의 로그인 정보나 실시간 검색어 순위는 동적 콘텐츠다. 이 동적 콘텐츠를 만들어내는 핵심적인 역할을 하는 것이 바로 WAS(Web Application Server)다.

● 웹 서버와 WAS의 차이: 정적인 점원과 동적인 셰프

웹 환경을 구성하는 서버는 크게 '웹 서버(Web Server)'와 '웹 애플리케이션 서버(WAS)'로 나뉜다.

- **웹 서버**: 미리 만들어진 정적 콘텐츠(HTML, CSS, 이미지 파일 등)에 대한 요청을 받아 사용자에게 그대로 전달하는 역할을 한다. 마치 레스토랑에서 주문을 받고, 이미 진열대에 준비된 빵이나 음료수를 손님에게 가져다주는 '점원'과 같다. 대표적인 웹 서버로는 Apache, Nginx가 있다.
- **웹 애플리케이션 서버**: 사용자의 요청에 따라 데이터베이스를 조회하거나, 복잡한 비즈니스 로직을 수행하여 그 결과를 바탕으로 동적인 콘텐츠를 생성해내는 서버다. 이는 손님의 주문(요청)을 받고, 주방에서 즉석으로 재료를 손질하고 요리하여(로직 수행) 새로운 음식(동적 콘텐츠)을 만들어내는 '셰프'에 비유할 수 있다. WAS는 웹 서버의 기능에 더해, 프로그램이 실행될 수 있는 환경(컨테이너)을 제공한다. 대표적인 WAS로는 Tomcat, Jeus, WebSphere 등이 있다.

웹 서버와 WAS를 함께 사용하는 이유

대부분의 현대 웹 서비스는 웹 서버와 WAS를 함께 사용하는 구조를 가진다. 사용자의 모든 요청을 일단 웹 서버가 받은 뒤, 정적인 요청은 자신이 직접 처리하고 동적인 요청만 WAS에게 전달하는 방식이다. 이렇게 역할을 분리하면 여러 가지 장점이 있다.

- **서버 부하 분산**: 이미지 파일처럼 단순하고 반복적인 요청을 웹 서버가 전담 처리함으로써, WAS는 복잡한 비즈니스 로직 처리에만 집중할 수 있다. 이를 통해 시스템 전체의 성능과 안정성이 향상된다.
- **보안 강화**: 중요한 비즈니스 로직과 데이터베이스 연결 정보가 있는 WAS를 내부 네트워크에 위치시키고, 외부에는 웹 서버만 노출시킬 수 있다. 만약 해킹 공격이 들어와도 웹 서버가 1차 방어선 역할을 해주므로 내부 시스템을 더 안전하게 보호할 수 있다.
- **무중단 운영(로드 밸런싱)**: 여러 대의 WAS를 운영하는 경우, 앞단의 웹 서버가 '로드 밸런서(Load Balancer)' 역할을 수행할 수 있다. 웹 서버는 들어오는 요청을 여러 WAS에 적절히 분배하고, 특정 WAS에 문제가 생기면 해당 서버로는 요청을 보내지 않아 서비스가 중단되는 것을 막아준다.

3. MOM(메시지 지향 미들웨어)

쇼핑몰에서 주문을 하면 주문 확인 이메일이 오고, 배송이 시작되면 배송 알림 메시지가 온다. 이 과정에서 '주문 처리 시스템'과 '알림 발송 시스템'은 서로 데이터를 주고받아야 한다. 만약 알림 시스템이 잠시 고장 나면 주문 처리까지 멈춰야 할까? 이런 문제를 해결하기 위해 등장한 것이 MOM이다.

MOM의 개념

MOM은 분산된 시스템들이 '메시지(Message)'라는 단위를 통해 데이터를 교환하도록 중간에서 중재하는 미들웨어다. 가장 큰 특징은 '비동기(Asynchronous)' 방식으로 통신한다는 점이다.

- **동기(Synchronous) 통신**: 전화를 거는 것과 같다. 상대방이 전화를 받아야만 대화를 시작할 수 있고, 상대방이 응답할 때까지 나는 기다려야 한다. 한 시스템이 다른 시스템의 함수를 호출하고, 그 결과가 돌아올 때까지 대기하는 방식이다.
- **비동기(Asynchronous) 통신**: 편지를 보내는 것과 같다. 나는 편지를 우체통에 넣기만 하면 내 할 일은 끝난다. 상대방이 언제 편지를 읽고 답장할지는 신경 쓰지 않고 다른 일을 할 수 있다. MOM이 바로 이 '우체국' 역할을 한다.

MOM의 핵심에는 '메시지 큐(Message Queue)'가 있다. 메시지를 보내는 쪽(Producer)은 메시지를 큐에 넣고 자기 일을 계속하고, 메시지를 받는 쪽(Consumer)은 자신이 처리할 수 있을 때 큐에서 메시지를 꺼내어 처리한다.

● MOM을 사용하는 이유와 장점

❶ 시스템 간 결합도 감소(Decoupling)

MOM을 사용하면 메시지를 보내는 시스템과 받는 시스템이 서로를 직접 알 필요가 없다. 그저 중간에 있는 메시지 큐의 주소만 알면 된다. 이 덕분에 한쪽 시스템에 변경이 생기거나 장애가 발생해도 다른 시스템에 미치는 영향을 최소화할 수 있다. 마치 편지를 보내는 사람이 받는 사람의 현재 상태를 몰라도 되는 것과 같다.

❷ 비동기 처리를 통한 응답성 향상

사용자의 요청을 처리하는 데 시간이 오래 걸리는 작업이 있다고 가정해 보자. 예를 들어, 동영상 변환 요청. 동기 방식이라면 사용자는 변환이 끝날 때까지 하염없이 기다려야 한다. 하지만 MOM을 사용하면, 웹 서버는 "동영상 변환 요청을 잘 접수했습니다"라는 메시지를 큐에 넣고 즉시 사용자에게 응답을 줄 수 있다. 실제 변환 작업은 백그라운드에서 Consumer가 큐의 메시지를 가져가 천천히 처리한다.

❸ 부하 분산 및 안정성

처리해야 할 메시지가 갑자기 폭주하는 경우, 여러 개의 Consumer를 두어 하나의 큐를 함께 처리하게 할 수 있다. 이를 통해 작업을 병렬로 처리하여 부하를 분산시킬 수 있다. 또한, Consumer 시스템이 잠시 다운되더라도 메시지는 큐에 안전하게 보관되어 있다가, 시스템이 복구된 후에 처리되므로 작업 유실을 방지할 수 있다. 대표적인 MOM 솔루션으로는 RabbitMQ, Apache Kafka 등이 있으며, 마이크로서비스 아키텍처(MSA)와 같이 여러 개의 작은 서비스들이 유기적으로 동작해야 하는 현대적인 시스템 환경에서 그 중요성이 더욱 커지고 있다.

4. RPC(원격 프로시저 호출)

분산 컴퓨팅 환경에서는 프로그램이 네트워크로 연결된 다른 컴퓨터에 있는 기능(함수 또는 프로시저)을 실행해야 할 때가 많다. RPC(Remote Procedure Call)는 이러한 '원격'에 있는 함수를 마치 '로컬'에 있는 함수처럼 쉽고 투명하게 호출할 수 있도록 해주는 미들웨어 기술이다.

● RPC의 원리

RPC의 목표는 개발자가 네트워크 통신의 복잡한 과정을 신경 쓰지 않고, 일반적인 함수를 호출하는 것처럼 원격지의 기능을 사용할 수 있게 하는 것이다. 이 과정을 '다른 사무실에 있는 직원에게 일을 요청하는 상황'에 비유해 보자.

- **클라이언트의 호출**: 나는 내 자리에서 동료(클라이언트 스텁, Client Stub)에게 "A 사무실의 김 대리에게 이 서류를 전달하고 결과를 받아와 줘"라고 말한다. 나는 김 대리의 정확한 위치나 연락처를 몰라도 된다.
- **마샬링(Marshalling)**: 내 동료(스텁)는 내가 전달한 서류(파라미터)를 우편으로 보내기 좋은 형태로 포장(데이터 직렬화)한다.
- **네트워크 전송**: 포장된 서류는 네트워크라는 우편 시스템을 통해 A 사무실로 전달된다.
- **언마샬링(Unmarshalling)**: A 사무실의 접수 담당자(서버 스텁, Server Stub)는 우편물을 받아 포장을 풀고(데이터 역직렬화) 원래 서류 형태로 복원한다.
- **서버의 실행**: 접수 담당자는 서류를 김 대리(실제 원격 프로시저)에게 전달하고, 김 대리는 요청받은 업무를 처리한다.
- **결과 반환**: 처리 결과는 다시 같은 과정을 거쳐(마샬링 → 전송 → 언마샬링) 나에게 전달된다.

이 모든 복잡한 중간 과정은 '스텁(Stub)'이라는 코드 조각과 RPC 런타임이 자동으로 처리해 주기 때문에, 개발자 입장에서는 그저 내 컴퓨터에 있는 함수를 호출하는 것처럼 느껴진다.

● RPC의 특징과 IDL

RPC 시스템의 중요한 특징 중 하나는 '언어 중립성'이다. 클라이언트 프로그램은 Java로, 서버 프로그램은 C++로 작성되었더라도 서로의 함수를 호출할 수 있다. 이를 가능하게 하는 것이 '인터페이스 정의 언어(Interface Definition Language, IDL)'다.

IDL은 특정 프로그래밍 언어에 종속되지 않은 중립적인 문법으로, 호출할 함수의 이름, 입력으로 받을 파라미터의 종류, 반환할 결과값의 종류 등을 정의하는 '약속 문서'다. 이 IDL 파일을 컴파일하면 각 언어(Java, C++, Python 등)에 맞는 스텁 코드가 자동으로 생성된다. 이 스텁 코드를 각자의 프로그램에 포함시키면, IDL이라는 공통의 약속을 통해 서로 다른 언어로 만들어진 시스템 간의 통신이 가능해진다.

RPC는 동기식으로 작동하기 때문에 호출한 쪽은 결과가 올 때까지 기다려야 한다는 단점이 있지만, 직관적이고 사용하기 쉬워 마이크로서비스 간 내부 통신 등에서 널리 사용된다. 대표적인 RPC 프레임워크로는 gRPC, Apache Thrift 등이 있다.

5. DB 미들웨어

대부분의 애플리케이션은 데이터를 영구적으로 저장하고 관리하기 위해 데이터베이스(DB)를 사용한다. DB 미들웨어(Database Middleware)는 애플리케이션과 데이터베이스 시스템 사이에서 이 둘을 원활하게 연결해 주는 역할을 하는 소프트웨어다.

● DB 미들웨어의 역할

❶ 데이터베이스 연결 표준화

세상에는 Oracle, MySQL, MS SQL Server, PostgreSQL 등 매우 다양한 종류의 데이터베이스 관리 시스템(DBMS)이 있다. 이들은 각각 데이터를 조작하는 방식이나 통신 프로토콜이 조금씩 다르다. 만약 애플리케이션이 각각의 DBMS에 맞춰 개별적으로 연결 코드를 작성해야 한다면 매우 비효율적일 것이다.

DB 미들웨어는 애플리케이션에게 표준화된 '공통 인터페이스'를 제공한다. 개발자는 이 표준 인터페이스에 맞춰 코드를 작성하기만 하면, 미들웨어가 내부적으로 각 DBMS에 맞는 방식으로 변환하여 연결해 준다. 대표적인 예가 바로 ODBC(Open Database Connectivity)와 JDBC(Java Database Connectivity)다.

- **ODBC/JDBC**: 마치 여러 나라의 전기 제품을 사용할 수 있게 해주는 '멀티 어댑터'와 같다. 애플리케이션은 표준 플러그(API)에 꽂기만 하면, 어댑터(드라이버)가 각 나라의 콘센트(DBMS) 규격에 맞게 알아서 연결해 준다.

❷ 커넥션 풀링(Connection Pooling)

데이터베이스에 연결하는 과정은 상당한 시간과 자원을 소모하는 작업이다. 사용자가 요청할 때마다 새로 연결을 맺고 끊는 것을 반복하면 시스템에 큰 부담이 된다.

DB 미들웨어는 '커넥션 풀(Connection Pool)'이라는 기술을 통해 이 문제를 해결한다.

- **원리**: 미리 일정 개수의 데이터베이스 연결을 만들어 '풀(Pool)'에 보관해 둔다.
- **동작**: 애플리케이션이 DB 연결을 요청하면, 새로 연결을 만드는 대신 풀에 있는 연결 중 하나를 빌려준다. 사용이 끝나면 연결을 끊는 것이 아니라 다시 풀에 반납하여 재사용한다.

이는 마치 택시 회사에서 여러 대의 택시(커넥션)를 미리 준비해 두고, 손님(요청)이 있을 때마다 즉시 배차해 주는 것과 같다. 이를 통해 DB 연결에 드는 비용을 줄이고 애플리케이션의 응답 속도를 크게 향상시킬 수 있다.

❸ 부가 기능 제공

최신 DB 미들웨어는 단순한 연결 중재를 넘어, SQL 쿼리 모니터링, 부하 분산(Load Balancing), 장애 감지 및 자동 전환(Failover) 등 데이터베이스 관리를 위한 다양한 고급 기능을 제공하여 시스템의 안정성과 성능을 높이는 역할을 수행하기도 한다.

결론적으로, DB 미들웨어는 애플리케이션과 데이터베이스 사이의 복잡성을 숨겨주고, 성능을 최적화하며, 다양한 종류의 데이터베이스를 유연하게 사용할 수 있도록 지원하는 필수적인 인프라 소프트웨어다.

8.6 연습문제

01 저장장치에 있는 정적인 프로그램이 실행되어 메모리에 적재되고, 운영체제로부터 자원을 할당받아 활동하는 상태를 무엇이라 하는가?

① 코드
② 프로세스
③ 스레드
④ 데몬

02 프로세스 내에서 실행되는 작업의 흐름 단위로, 메모리(힙, 데이터 등)를 공유하여 생성과 통신이 효율적인 것은 무엇인가?

① 코어
② 태스크
③ 스레드
④ 인스턴스

03 CPU가 하나의 프로세스에서 다른 프로세스로 작업을 전환하기 위해 현재 상태를 저장하고 다음 상태를 복원하는 과정을 무엇이라 하는가?

① 문맥 교환
② 인터럽트
③ 페이징
④ 스레싱

04 물리 메모리(RAM)의 크기보다 더 큰 프로그램을 실행할 수 있도록, 보조기억장치를 활용해 메모리 공간을 확장하는 기술은 무엇인가?

① 캐싱
② 버퍼링
③ 스풀링
④ 가상 메모리

05 가상 메모리 관리 기법 중, 메모리를 고정된 크기(예 4KB)의 블록으로 나누어 관리하는 방식은 무엇인가?

① 세그멘테이션
② 페이징
③ 스와핑
④ 파티셔닝

06 프로세스의 모든 상태 정보(PID, 상태, 레지스터 값 등)를 저장하고 있는 데이터 구조체는 무엇인가?

① Page Table
② Stack
③ PCB
④ Heap

07 멀티스레드 환경에서 여러 스레드가 동시에 동일한 자원에 접근하여 값을 변경하려 할 때 발생하는 문제는 무엇인가?

① 동기화 문제
② 교착 상태
③ 기아 현상
④ 단편화

08 CPU가 요청한 페이지가 물리 메모리에 없어 보조기억장치에서 가져와야 하는 현상을 무엇이라 하는가?

① 세그먼트 폴트
② 페이지 폴트
③ 캐시 미스
④ 버퍼 오버플로

09 페이지 폴트가 지나치게 빈번하게 발생하여 CPU가 실제 작업보다 페이지 교체에 대부분의 시간을 허비하는 상태는?

① 데드락
② 병목 현상
③ 오버헤드
④ 스레싱

10 프로세스 메모리 영역 중, 함수 호출 시 지역 변수나 매개변수가 임시로 저장되며 작업이 끝나면 자동으로 정리되는 영역은?

① 힙(Heap)
② 데이터
③ 스택(Stack)
④ 코드

9 장

신뢰할 수 있는 데이터 관리 기법

학 습 목 표

쏟아지는 정보의 홍수 속에서 보석 같은 통찰을 얻기 위해서는, 데이터가 저장되고 관리되는 터전, 즉 데이터베이스를 이해해야 한다. 이 장에서는 비전공자의 눈높이에서 방대한 데이터가 어떻게 축적되고 정리되는지를 '거대한 도서관'과 '유능한 사서'의 비유를 통해 쉽게 설명한다. 데이터의 저장 원리를 이해함으로써 우리는 빅데이터가 단순한 자료의 더미가 아니라 비즈니스의 핵심 자산임을 깊이 인식하고, 이 자산을 활용해 우리 각자가 업무에서 어떤 새로운 가치를 찾아낼 수 있는지 명확히 알게 될 것이다.

9.1 정형 데이터는 어떻게 관리하는가?

데이터는 현대 비즈니스의 심장과 같다. 이 데이터를 어떻게 저장하고 관리하느냐에 따라 기업의 경쟁력이 좌우된다. 이번에는 수십 년간 데이터 관리의 표준으로 자리 잡아 온 관계형 데이터베이스의 세계를 탐험한다. 이곳은 모든 것이 질서정연하고, 데이터의 정확성과 신뢰성을 무엇보다 중요하게 여기는 세계다. 이 질서의 세계를 이해하면, 왜 수많은 기업이 여전히 이 방식을 신뢰하는지 알게 될 것이다.

1. 관계형 데이터베이스

데이터베이스 개념을 처음 접할 때, 막연하고 어렵게 느껴질 수 있다. 하지만 우리에게 아주 익숙한 공간인 '도서관'을 떠올리면 의외로 쉽게 이해할 수 있다. 관계형 데이터베이스(Relational Database Management System, RDBMS)는 바로 세상의 모든 정보를 체계적으로 정리해둔 거대한 디지털 도서관과 같다.

● RDBMS란 무엇인가?

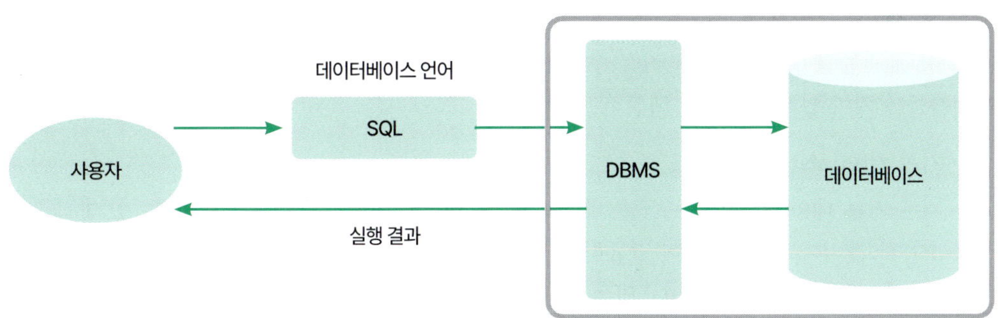

❶ 데이터베이스

먼저 데이터베이스(Database)가 무엇인지 간단히 정의해 보자. 데이터베이스는 '컴퓨터에 구조화된 형태로 저장된 데이터의 집합'이다. 우리가 손으로 쓴 메모나 회의록은 비정형 데이터에 가깝다. 반면, 데이터베이스는 이름, 주소, 나이처럼 정해진 형식에 맞춰 데이터를 차곡차곡 쌓아두는 체계적인 그릇이다.

❷ 관계형 모델

RDBMS에서 가장 중요한 단어는 '관계형(Relational)'이다. 이는 1970년 IBM의 연구원이었던 에드거 F. 코드(Edgar F. Codd)가 처음 제안한 관계형 모델에서 유래했다. 이 모델의 핵심 아이디어는 모든 데이터를 엑셀 시트처럼 생긴 '표(Table)' 형식으로 정리하는 것이다. 데이터를 표로 만들면, 서로 다른 표에 있는 정보들을 쉽게 연결하여 새로운 관계를 찾아낼 수 있다.

❸ RDBMS의 구조

RDBMS의 구조를 도서관에 비유하면 다음과 같다.

- **데이터베이스(Database)**: 도서관 건물 전체. 수많은 책(정보)을 보관하는 공간이다.
- **테이블(Table)**: 도서관에 있는 한 권의 책. 예를 들어 '고객 명부', '주문 내역', '제품 목록'과 같은 책이 있을 수 있다. 각 책은 하나의 특정 주제에 대해서만 다룬다.
- **행(Row 또는 Record)**: 책 안에 있는 한 페이지. 한 명의 고객 정보, 하나의 주문 내역처럼 개별 데이터를 의미한다.
- **열(Column 또는 Attribute)**: 페이지를 구성하는 항목들. 이름, 주소, 연락처처럼 각 페이지에 어떤 종류의 정보가 들어가는지 정의하는 제목과 같다.
- **RDBMS**: 이 모든 것을 관리하는 사서 팀. 사서들은 요청에 따라 책을 찾아주고, 새로운 책을 등록하며, 낡은 정보를 수정하는 역할을 한다. 즉, 데이터베이스를 효율적으로 관리하는 소프트웨어를 뜻한다. MySQL, PostgreSQL, Oracle 등이 바로 이 사서 팀에 해당한다.

이처럼 RDBMS는 데이터를 명확한 구조를 가진 표 안에 넣어 관리한다. 이런 구조는 데이터의 중복을 막고, 정보의 일관성을 유지하는 데 매우 효과적이다. 이는 단순히 기술적인 선택을 넘어, 비즈니스에서 가장 중요한 '신뢰할 수 있는 단 하나의 진실(Single Source of Truth)'을 만들려는 철학이 담겨 있다. 금융 정보나 재고 현황처럼 단 하나의 오차도 허용되지 않는 분야에서 왜 RDBMS가 필수적인지 짐작할 수 있는 대목이다.

● 핵심 구성 요소

RDBMS가 관계형이라는 이름을 가질 수 있는 이유는 바로 '키(Key)' 덕분이다. 키는 흩어져 있는 테이블들을 의미 있게 연결하는 핵심적인 장치다.

- **기본 키(Primary Key)**

  기본 키는 테이블에 있는 수많은 행 중에서 특정 한 줄을 정확하게 식별할 수 있게 해주는 고유한 값이다. 모든 국민이 고유한 주민등록번호를 갖는 것과 같은 원리다. 예를 들어, '고객' 테이블이 있다면 '고객 ID' 열을 기본 키로 지정할 수 있다. 이렇게 하면 동명이인이 있더라도 시스템은 고객 ID를 통해 정확한 사람을 찾아낼 수 있다. 기본 키는 절대 중복되어서는 안 되며, 비어 있을 수도 없다.

- **외래 키(Foreign Key)**

  외래 키는 한 테이블의 열이 다른 테이블의 기본 키를 참조하는 것이다. 이것이 바로 테이블 간의 관계를 만드는 다리 역할을 한다. 도서관 비유를 다시 가져와 보자. '주문'이라는 책(테이블)에 주문 내역을 기록한다고 상상해 보자. 이때 주문한 고객의 이름, 주소, 연락처를 매번 새로 쓰는 것은 매우 비효율적이다. 데이터가 중복될 뿐만 아니라, 만약 고객이 이사라도 가면 모든 주문 내역의 주소를 일일이 수정해야 하는 대참사가 발생한다.

RDBMS는 이 문제를 외래 키로 해결한다. '주문' 테이블에는 고객의 상세 정보를 쓰는 대신, '고객' 테이블의 기본 키인 '고객 ID'만 기록한다. 이 '고객 ID'가 바로 외래 키다. 만약 배송을 위해 고객의 주소가 필요하면, 시스템은 이 고객 ID를 가지고 '고객' 테이블로 건너가 정확한 주소를 단 한 번에 찾아온다. 이렇게 외래 키는 데이터 중복을 최소화하고, 정보의 일관성을 유지하는 데 결정적인 역할을 한다.

● 데이터베이스 인덱스

거대한 도서관에서 원하는 책을 찾으려면 도서 검색 시스템을 이용한다. 만약 이런 시스템이 없다면, 우리는 도서관의 모든 서가를 처음부터 끝까지 뒤져야 할 것이다. 데이터베이스도 마찬가지다. 수백만, 수천만 건의 데이터가 담긴 테이블에서 특정 정보를 찾을 때, 아무런 장치가 없다면 모든 데이터를 하나씩 확인해야 한다. 이를 '풀 테이블 스캔(Full Table Scan)'이라고 부르며, 매우 느리고 비효율적이다.

이 문제를 해결하는 것이 바로 '인덱스(Index)'다. 인덱스는 책 맨 뒤에 있는 '찾아보기' 페이지와 똑같은 역할을 한다. 우리가 책에서 '정규화'라는 단어를 찾고 싶을 때, 본문을 처음부터 다 읽지 않는다. 대신 찾아보기 페이지로 가서 '정규화' 항목을 찾으면, 해당 내용이 몇 페이지에 있는지 바로 알 수 있다.

데이터베이스 인덱스도 마찬가지다. 특정 열(예 고객 이름)에 인덱스를 설정해두면, RDBMS는 해당 열의 데이터와 그 데이터의 실제 위치를 미리 정리해둔다. 사용자가 특정 고객 이름을 검색하면, RDBMS는 이 인덱스를 먼저 참조하여 데이터의 위치를 즉시 파악하고, 전체 테이블을 뒤지는 수고 없이 정보를 매우 빠르게 가져온다. 인덱스는 데이터 검색 속도를 획기적으로 향상시키는 필수적인 기술이다.

2. SQL

디지털 도서관인 RDBMS를 만들었다면, 이제 사서에게 원하는 것을 요청할 방법이 필요하다. "서울에 사는 모든 고객의 명단을 보여주세요" 또는 "지난달에 가장 많이 팔린 제품이 무엇인가요?"와 같은 질문을 해야 한다. 이때 사용하는 언어가 바로 SQL(Structured Query Language)이다.

● SQL이란?

SQL은 RDBMS와 소통하기 위해 만들어진 표준 언어다. 중요한 점은 이것이 '표준'이라는 사실이다. 즉, MySQL, PostgreSQL, Oracle, SQL Server 등 어떤 종류의 RDBMS를 사용하든 기본적인 SQL 문법은 거의 동일하다. 따라서 한번 배워두면 어디서든 유용하게 사용할 수 있는 강력한 도구가 된다. SQL은 복잡한 프로그래밍 언어라기보다는, 데이터에게 질문하고 명령을 내리는 직관적인 대화 수단에 가깝다.

데이터가 비즈니스의 핵심 자산이 된 오늘날, 데이터를 다루는 능력은 더 이상 개발자만의 전유물이 아니다. 마케터는 SQL을 이용해 특정 캠페인에 반응한 고객 그룹을 직접 추출할 수 있다. 영업 담당자는 분기별 매출 데이터를 분석하여 다음 전략을 세울 수 있다. HR 담당자는 직원 데이터를 조회하여 필요한 보고서를 만들 수 있다.

SQL을 알면 개발팀에 매번 데이터를 요청하고 기다리는 대신, 스스로 필요한 정보를 즉시 얻을 수 있다. 이는 업무 효율성을 극대화하고, 데이터에 기반한 빠르고 정확한 의사결정을 가능하게 한다. SQL은 데이터를 통해 자신의 업무에 대한 통찰력을 얻고자 하는 모든 직무의 사람들에게 필수적인 '데이터 문해력'이다.

SQL의 또 다른 특징은 '선언형(Declarative)' 언어라는 점이다. 이는 데이터베이스에게 '어떻게(How)' 데이터를 가져올지 일일이 지시하는 것이 아니라, '무엇을(What)' 원하는지만 말하면 된다는 의미다. 예를 들어, 식당에서 "스테이크를 만들기 위해 먼저 고기를 굽고, 다음으로 소스를 뿌려주세요"라고 절차를 설명하는 대신, 그냥 "스테이크 하나 주세요"라고 주문하는 것과 같다. 어떻게 하면 가장 효율적으로 데이터를 가져올지는 RDBMS(사서)가 알아서 처리한다. 이 덕분에 비전문가도 비교적 쉽게 데이터에 접근할 수 있다.

● 필수 명령어: CRUD

SQL의 핵심 기능은 데이터를 다루는 네 가지 기본 작업, 즉 CRUD로 요약할 수 있다. CRUD는 생성(Create), 조회(Read), 수정(Update), 삭제(Delete)의 앞글자를 딴 용어다.

- **INSERT(Create)**: INSERT는 테이블에 새로운 행(데이터)을 추가하는 명령어다. 예를 들어, 새로운 고객이 가입했을 때 '고객' 테이블에 그 사람의 정보를 기록하는 데 사용한다.

```
INSERT INTO 고객(이름, 주소) VALUES('홍길동', '서울시');
```

- **SELECT(Read)**: SELECT는 SQL에서 가장 많이 사용되는 명령어로, 테이블에서 원하는 데이터를 조회하는 역할을 한다. WHERE 절과 함께 사용하면 특정 조건에 맞는 데이터만 골라낼 수 있다.

```
SELECT 이름, 주소 FROM 고객 WHERE 주소 = '서울시';
(고객 테이블에서 주소가 ' 서울시 ' 인 사람들의 이름과 주소를 보여줘.)
```

- **UPDATE(Update)**: UPDATE는 테이블에 이미 저장된 데이터를 수정할 때 사용한다. 고객의 주소가 바뀌었을 때 이 명령어로 정보를 갱신할 수 있다.

```
UPDATE 고객 SET 주소 = '부산시' WHERE 이름 = '홍길동';
```

- **DELETE(Delete)**: DELETE는 테이블에서 특정 행을 삭제하는 명령어다. 더 이상 판매하지 않는 제품을 '제품' 테이블에서 제거할 때 사용할 수 있다.

```
DELETE FROM 제품 WHERE 제품명 = '구형 모델';
```

● 흩어진 정보의 결합: JOIN

RDBMS는 데이터 중복을 피하기 위해 정보를 여러 테이블에 나누어 저장한다고 했다. 그렇다면 '특정 고객이 주문한 모든 제품 목록'처럼 여러 테이블에 흩어진 정보를 한 번에 보려면 어떻게 해야 할까? 이때 사용하는 강력한 도구가 바로 JOIN이다. JOIN은 기본 키와 외래 키의 관계를 이용해 두 개 이상의 테이블을 합쳐서 하나의 결과로 보여주는 기능이다.

도서관 사서에게 이렇게 요청하는 것과 같다. "고객 명부에서 '홍길동' 씨의 고객 ID를 찾고, 그 ID를 가지고 주문 내역 책으로 가서 그가 주문한 모든 내역을 알려주세요." 사서는 두 책을 오가며 정보를 조합하여 최종 보고서를 만들어준다. JOIN이 바로 이 역할을 수행한다. JOIN을 통해 우리는 정규화된 데이터를 다시 의미 있는 정보로 결합하여 활용할 수 있다.

3. 트랜잭션

데이터베이스 작업은 때때로 단일 명령으로 끝나지 않는다. 여러 단계의 작업이 모두 성공해야만 의미가 있는 경우가 많다. 이때 데이터의 안전성을 보장하기 위해 사용하는 개념이 바로 '트랜잭션(Transaction)'이다.

● 트랜잭션의 개념

트랜잭션을 이해하는 가장 좋은 방법은 은행 계좌 이체 예시를 드는 것이다. A 계좌에서 B 계좌로 10만 원을 이체하는 과정을 생각해 보자. 이 작업은 사실 두 가지 개별 작업으로 이루어져 있다.

❶ A 계좌의 잔액에서 10만 원을 차감한다.
❷ B 계좌의 잔액에 10만 원을 더한다.

만약 시스템이 ❶번 작업을 마친 직후에 갑자기 전원이 나가거나 오류가 발생하면 어떻게 될까? A 계좌에서는 돈이 빠져나갔지만, B 계좌에는 입금되지 않은 상태가 된다. 10만 원은 공중으로 사라져 버린 셈이다. 이런 치명적인 문제를 막기 위해, RDBMS는 이 두 작업을 '트랜잭션'이라는 하나의 묶음으로 처리한다.

트랜잭션은 '모 아니면 도'의 원칙을 따른다. 묶음 안의 모든 작업이 전부 성공적으로 완료되어야만 전체 작업을 최종 확정(Commit)한다. 만약 중간에 단 하나의 작업이라도 실패하면, 시스템은 지금까지 진행된 모든 작업을 없었던 일로 되돌린다(Rollback). 즉, 계좌 이체는 성공적으로 완료되거나, 아예 시작조차 안 한 상태로 돌아가거나 둘 중 하나만 가능하다. 중간의 어정쩡한 상태는 절대 허용하지 않는다.

● 트랜잭션의 필요성

트랜잭션의 궁극적인 목표는 데이터의 '무결성(Integrity)'을 지키는 것이다. 무결성이란 데이터가 항상 정확하고 일관된 상태를 유지하는 것을 의미한다. 트랜잭션은 데이터베이스가 하나의 유효한 상태에서 또 다른 유효한 상태로만 이동하도록 보장한다.

이 개념은 비즈니스 로직을 데이터베이스 차원에서 보장하는 중요한 약속이 된다. 예를 들어, 온라인 쇼핑몰에서 상품을 주문하는 과정은 **(1)재고 차감**, **(2)주문 내역 생성**, **(3)결제 정보 기록** 등 여러 단계로 이루어진다. 이 모든 과정이 하나의 트랜잭션으로 묶여 있어야, 재고는 줄었는데 주문이 누락되거나, 주문은 되었는데 결제가 처리되지 않는 등의 문제를 막을 수 있다. 이처럼 트랜잭션은 단순한 기술적 기능을 넘어, 비즈니스의 신뢰도를 지키는 핵심적인 안전장치다.

4. ACID 원칙

앞서 설명한 트랜잭션이 안전하게 실행될 수 있도록 보장하는 네 가지 핵심 속성이 있다. 바로 ACID다. ACID는 원자성(Atomicity), 일관성(Consistency), 고립성(Isolation), 지속성(Durability)의 앞글자를 딴 용어로, 데이터베이스 트랜잭션이 가져야 할 이상적인 특징을 정의한다. 이는 데이터베이스가 비즈니스에 제공하는 '신뢰의 계약서'와 같다.

● 원자성: 전부 성공하거나, 전부 실패하거나

원자성(Atomicity)은 트랜잭션이 더 이상 쪼갤 수 없는 하나의 단위처럼 취급되어야 한다는 원칙이다. 'All or Nothing'으로 요약할 수 있다. 트랜잭션에 포함된 모든 작업이 100% 성공하거나, 단 하나라도 실패하면 모든 작업이 취소되어 원래 상태로 돌아가야 한다. 계좌 이체 예시에서 출금과 입금이 모두 성공하거나, 모두 실패하는 것이 바로 원자성 덕분이다.

● 일관성: 데이터는 언제나 규칙을 지킨다

일관성(Consistency)은 트랜잭션이 실행된 후에도 데이터베이스가 항상 유효한 상태를 유지해야 한다는 것을 의미한다. 데이터베이스에는 "계좌 잔고는 0원 미만이 될 수 없다" 또는 "모든 주문에는 반드시 고객 ID가 있어야 한다"와 같은 규칙(제약 조건)이 설정되어 있다. 일관성은 어떤 트랜잭션도 이러한 규칙을 위반하는 것을 허용하지 않는다. 예를 들어, 잔고가 5만 원인 계좌에서 10만 원을 출금하려는 트랜잭션은 일관성 원칙에 따라 거부된다.

● 고립성: 내 작업은 남에게 방해받지 않는다

고립성(Isolation)은 여러 트랜잭션이 동시에 실행될 때, 서로에게 영향을 주지 않고 독립적으로 실행되는 것처럼 보여야 한다는 원칙이다. 마치 각 트랜잭션이 자신만의 독립된 공간에서 작업하는 것과 같다. 를 들어, 콘서트의 마지막 남은 한 좌석을 두 사람이 정확히 같은 시간에 예매하려고 시도한다고 가정해 보자. 고립성이 없다면, 두 사람 모두 좌석이 '사용 가능'한 것으로 보고 결제를 진행하여 하나의 좌석이 두 번 팔리는 문제가 발생할 수 있다. 고립성은 한 트랜잭션이 좌석을 예매하는 동안 다른 트랜잭션이 해당 좌석에 접근하는 것을 막는다. 이를 통해 데이터의 꼬임 현상을 방지하고, 순차적으로 처리된 것과 같은 결과를 보장한다.

● 지속성: 성공한 결과는 영원히 보존된다

지속성(Durability)은 성공적으로 완료되어 확정(Commit)된 트랜잭션의 결과는 시스템에 영구적으로 기록되어야 한다는 약속이다. 트랜잭션이 성공한 직후에 시스템에 전원 공급이 중단되거나 심각한 장애가 발생하더라도, 그 결과는 사라지지 않고 보존되어야 한다. TM에서 현금을 인출하고 명세표를 받은 순간, 그 거래는 성공적으로 확정된 것이다. 지속성은 그 직후 은행 전산 시스템 전체가 마비되더라도, 시스템이 복구되었을 때 당신의 계좌 잔고는 현금 인출이 반영된 상태로 남아있음을 보장한다.

이 네 가지 ACID 원칙은 RDBMS가 왜 금융, 의료, 항공 등 데이터의 정확성이 생명과도 같은 분야에서 절대적인 신뢰를 받는지 명확히 보여준다. ACID는 데이터 무결성에 대한 강력한 보험과도 같다.

5. 정규화

RDBMS의 설계 철학 중 하나는 '데이터 중복의 최소화'다. 같은 정보를 여러 곳에 반복해서 저장하면 저장 공간이 낭비될 뿐만 아니라, 데이터가 일치하지 않을 위험이 커지기 때문이다. '정규화(Normalization)'는 이러한 중복을 체계적으로 제거하고 데이터를 효율적으로 구성하는 과정이다.

● 왜 데이터를 분리하고 정리할까?

정규화의 핵심 목표는 데이터의 중복을 줄여 데이터 무결성을 향상시키는 것이다. 주변에 있는 10개의 포스트잇에 친구의 집 주소를 각각 적어두었다고 상상해 보자. 만약 그 친구가 이사를 간다면, 10개의 포스트잇을 모두 찾아 주소를 수정해야 한다. 만약 하나라도 놓치면, 어떤 주소가 진짜인지 알 수 없는 혼란스러운 상태가 된다. 정규화는 이 문제를 해결하기 위해, 주소는 오직 '주소록'이라는 단 한 곳에만 기록하고, 필요할 때마다 그곳을 참조하도록 규칙을 만드는 과정과 같다. 정규화되지 않은 데이터는 '데이터 수정 이상(Modification Anomaly)'이라는 문제를 일으킬 수 있다.

- **삽입 이상(Insert Anomaly)**: 특정 데이터를 입력하기 위해 불필요한 다른 정보까지 알아야 하는 문제. 예를 들어, 아직 담당 고객이 없는 신입 영업사원의 정보를 시스템에 등록할 수 없는 경우가 있다.
- **갱신 이상(Update Anomaly)**: 중복된 데이터 중 일부만 수정되어 데이터의 일관성이 깨지는 문제. 한 영업사원의 사무실 전화번호가 여러 고객 정보에 반복 저장되어 있을 때, 일부만 수정하고 나머지를 누락하는 경우다.
- **삭제 이상(Deletion Anomaly)**: 특정 정보를 삭제했더니 원치 않았던 다른 정보까지 함께 삭제되는 문제. 어떤 고객 정보를 삭제했더니 그 고객이 유일한 담당이었던 영업사원의 정보까지 사라져 버리는 경우다.

정규화는 테이블을 논리적으로 분해하여 이러한 이상 현상들을 방지한다.

● 정규화 과정 쉽게 이해하기

정규화에는 여러 단계(정규형)가 있지만, 실무에서는 보통 제3 정규형(3NF)까지를 목표로 한다. 간단한 예시를 통해 정규화 과정을 살펴보자. 아래는 영업사원, 사무실, 담당 고객 정보가 한데

섞여 있는 정규화 이전의 테이블이다.

▼ 정규화 이전 테이블

사원ID	사원 이름	사무실 위치	사무실 전화	고객1	고객2
101	김영업	강남	02-111-1111	삼성전자	LG전자
102	박세일	판교	031-222-2222	카카오	

● 제1 정규화(1NF): 표의 각 칸은 하나의 값만 갖도록 만들기

제1 정규화의 규칙은 테이블의 모든 열이 '원자적(Atomic)'인 값을 가져야 한다는 것이다. 즉, 하나의 칸에 여러 값이 들어갈 수 없다. 위 테이블에서 '고객1', '고객2' 열은 반복되는 그룹이므로 1NF를 위반한다. 이를 해결하기 위해 각 고객을 별도의 행으로 분리한다.

▼ 제1정규화 적용

사원ID	사원 이름	사무실 위치	사무실 전화	고객사
101	김영업	강남	02-111-1111	삼성전자
101	김영업	강남	02-111-1111	LG전자
102	박세일	판교	031-222-2222	카카오

● 제2 정규화(2NF): 모든 데이터는 '전체' 기본 키에만 의존하기

제2 정규화는 테이블이 1NF를 만족하고, 모든 열이 기본 키 전체에 종속되어야 한다는 규칙이다. 위 테이블의 기본 키를 {사원ID, 고객사} 복합 키로 본다면, '사원이름', '사무실위치', '사무실전화'는 '고객사'와는 상관없이 오직 '사원ID'에만 종속된다. 이는 부분 함수 종속성으로, 2NF를 위반한다. 따라서 사원 정보와 고객 담당 정보를 별도의 테이블로 분리해야 한다.

▼ 제2정규화 적용

[사원 테이블]

사원ID(PK)	사원이름	사무실위치	사무실전화
101	김영업	강남	02-111-1111
102	박세일	판교	031-222-2222

[담당고객 테이블]

사원ID(FK)	고객사
101	삼성전자
101	LG전자
102	카카오

● 제3 정규화(3NF): 기본 키와 직접 관련 없는 정보는 분리하기

제3 정규화는 2NF를 만족하고, 기본 키가 아닌 다른 일반 열에 종속되는 열이 없어야 한다는 규칙이다. 이를 '이행적 함수 종속성' 제거라고 한다. 위 '사원 테이블'에서 '사무실전화'는 기본 키인 '사원ID'에 직접 종속되기보다는, '사무실위치'에 종속된다. 따라서 사무실 정보를 별도의 테이블로 분리해야 한다. 3NF의 핵심은 "모든 일반 열은 기본 키에 대해서만 설명해야 한다"는 것이다.

▼ 제3정규화 적용

[사원 테이블]

사원ID(PK)	사원이름	사무실위치(FK)
101	김영업	강남
102	박세일	판교

[사무실 테이블]

사무실위치(PK)	사무실전화
강남	02-111-1111
판교	031-222-2222

이렇게 정규화를 거치면 데이터의 중복이 사라지고 구조가 명확해진다. 하지만 이 과정에는 중요한 트레이드오프가 존재한다. 데이터를 수정하거나 입력할 때는 매우 효율적이지만, 여러 테이블에 흩어진 정보를 다시 모아서 보려면 JOIN 연산이 필요하다. JOIN은 데이터 양이 많아질수록 성능을 저하시키는 요인이 될 수 있다. 따라서 데이터 쓰기가 잦은 시스템은 높은 수준의 정규화를, 데이터 조회가 훨씬 중요한 분석 시스템에서는 성능을 위해 의도적으로 정규화를 낮추는 '비정규화(Denormalization)'를 고려하기도 한다.

9.2 비정형 데이터는 어떻게 관리하는가?

RDBMS의 세계가 '질서'와 '안정성'을 중시했다면, 이번에 탐험할 NoSQL의 세계는 '유연함'과 '확장성'을 핵심 가치로 삼는다. 인터넷의 폭발적인 성장과 함께 등장한 새로운 데이터 문제들을 해결하기 위해 태어난 NoSQL 데이터베이스의 매력을 알아보자.

1. NoSQL의 개념

NoSQL이라는 이름 때문에 'SQL을 사용하지 않는 데이터베이스'라고 오해하기 쉽다. 하지만 더 정확한 의미는 'SQL뿐만 아니라 다른 방식도 있다(Not Only SQL)'이다. NoSQL은 RDBMS를 대체하기 위한 것이 아니라, 기존의 관계형 모델로는 해결하기 어려운 새로운 문제들을 풀기 위한 대안으로 등장했다.

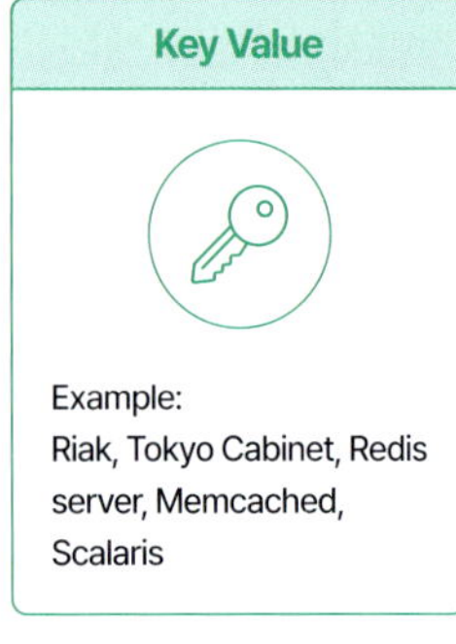

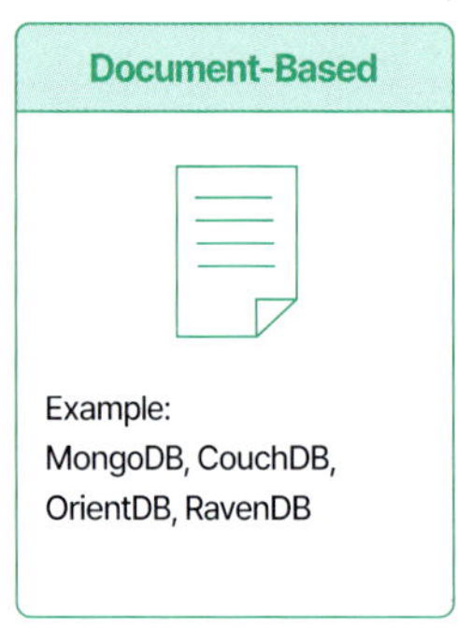

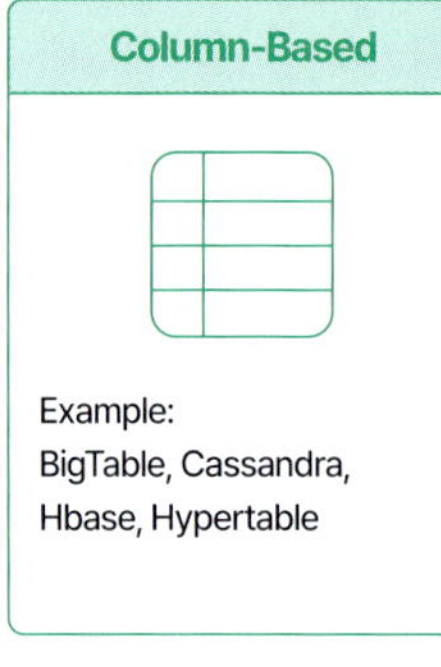

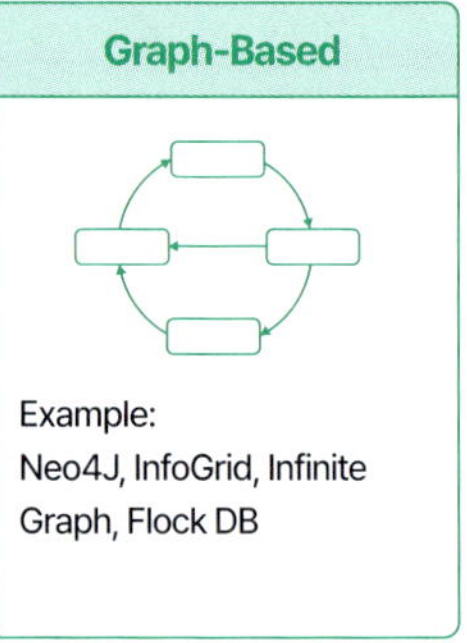

● NoSQL의 등장 배경

RDBMS가 설계되던 시절, 데이터는 대부분 정형화되어 있었고, 디스크 공간이 매우 비쌌기 때문에 중복을 최소화하는 것이 중요했다. 하지만 인터넷, 소셜 미디어, 사물인터넷(IoT)의 등장으로 페이스북 게시물, 유튜브 동영상, 스마트폰 센서 데이터처럼 형태가 정해지지 않은 비정형 데이터가 폭발적으로 쏟아지기 시작했다. 이것이 바로 빅데이터다.

이러한 데이터는 RDBMS의 엄격한 '표' 구조에 담기 어려웠다. 구글, 아마존, 페이스북 같은 거대 기업들은 기존 RDBMS가 서비스 규모와 처리 속도를 감당하지 못함을 깨닫고, 자신들의 필요에 맞춘 새로운 데이터 저장 기술을 개발했고, 이것이 NoSQL의 시초가 되었다.

● NoSQL의 핵심 특징

NoSQL 데이터베이스는 종류가 매우 다양하지만, 공통적으로 다음과 같은 특징을 가진다.

❶ 스키마 없는 자유로움

RDBMS는 데이터를 저장하기 전에 '스키마(Schema)'라는 설계도를 통해 테이블의 구조를 미리 엄격하게 정의해야 한다. 반면, 대부분의 NoSQL 데이터베이스는 스키마가 없거나(Schema-less) 매우 유연한 동적 스키마를 가진다. RDBMS가 모든 칸이 정해진 양식에 맞춰 채워져야 하는 신청서라면, NoSQL은 어떤 내용이든 자유롭게 적을 수 있는 백지와 같다. 나중에 새로운 항목이 필요하면 언제든지 추가할 수 있으며, 기존 데이터 구조를 변경할 필요가 없다. 이는 서비스 요구사항이 빠르게 변하는 애자일(Agile) 개발 환경에 매우 적합하다.

❷ 확장 방식의 차이

- **수직적 확장(Scale-up)**: RDBMS가 주로 사용하는 방식이다. 기존 서버 한 대의 성능을 높이는 것, 즉 더 빠른 CPU, 더 많은 메모리를 가진 고사양의 서버로 교체하는 방식이다. 이는 마치 작은 트럭을 더 큰 덤프트럭으로 바꾸는 것과 같다. 효과적이지만, 일정 수준 이상이 되면 비용이 기하급수적으로 증가하고 물리적인 한계에 부딪힌다.
- **수평적 확장(Scale-out)**: NoSQL이 지향하는 방식이다. 고가의 서버 한 대에 의존하는 대신, 비교적 저렴한 일반 서버 여러 대를 연결하여 하나의 시스템처럼 동작하게 만드는 방식이다. 이는 트럭 한 대를 업그레이드하는 대신, 여러 대의 작은 차를 추가하여 운송 능력을 늘리는 것과 같다. 비용 효율적이며, 이론상 거의 무한대로 확장이 가능하다. NoSQL은 처음부터 여러 서버에 데이터를 분산 저장하는 '분산 시스템'을 염두에 두고 설계되었다.

결국 NoSQL의 등장은 '모든 문제에 RDBMS가 정답은 아니다'라는 인식을 확산시켰다. 현대의 복잡한 서비스는 하나의 데이터베이스만 고집하기보다, 여러 종류의 데이터베이스를 조합하여 사용하는 '폴리글랏 퍼시스턴스(Polyglot Persistence)' 접근법을 취하는 경우가 많다. 예를 들어, 전자상거래 사이트는 결제와 같은 중요한 거래는 RDBMS로 처리하고, 유연성이 필요한 상품 카탈로그는 NoSQL 문서 데이터베이스로, 빠른 속도가 중요한 사용자 장바구니 정보는 NoSQL 키-값 데이터베이스로 관리할 수 있다. 이는 각 작업에 가장 적합한 도구를 선택하는 성숙한 데이터 관리 방식이다.

2. Key-Value 스토어

NoSQL 데이터베이스 중에서 가장 단순한 구조를 가진 것이 바로 키-값(Key-Value) 데이터베이스다. 그 이름처럼 '열쇠(Key)'와 '내용물(Value)'이라는 한 쌍으로 데이터를 저장하는 매우 직관적인 방식이다.

● 키-값 모델의 이해

키-값 데이터베이스의 모델은 프로그래밍에서 흔히 사용하는 딕셔너리(Dictionary)나 해시 테이블(Hash Table)과 유사하다. 모든 데이터는 고유한 키와 그에 대응하는 값으로 구성된 한 쌍으로 저장된다.

- **키(Key)**: 데이터를 식별하기 위한 고유한 이름이다. 마치 물품 보관함의 열쇠나 사전의 단

어와 같다. 이 키는 절대 중복되지 않는다.

- 값(Value): 키에 저장된 실제 데이터다. 이 값은 단순한 텍스트나 숫자일 수도 있고, 사용자 프로필 전체나 이미지 파일과 같은 복잡한 객체일 수도 있다.

키-값 데이터베이스와의 상호작용은 매우 단순하다. put(key, value)으로 데이터를 저장하고, get(key)으로 데이터를 조회하며, delete(key)으로 데이터를 삭제한다. 중요한 특징은 값의 내용을 검색하거나 조건을 걸어 조회할 수는 없다는 점이다. 오직 고유한 키를 통해서만 데이터를 찾을 수 있다.

● 주요 사용 사례: 웹사이트 속도 향상을 위한 캐시

이러한 극단적인 단순함 덕분에, 키-값 데이터베이스는 읽고 쓰는 속도가 타의 추종을 불허할 정도로 빠르다. 이 특징을 가장 잘 활용하는 분야가 바로 '캐싱(Caching)'이다.

캐시란 자주 사용되지만 생성하는 데 비용이 많이 드는 데이터를 임시로 아주 빠른 저장소에 보관해두는 기술이다. 예를 들어, 어떤 웹 페이지는 복잡한 계산을 거쳐 사용자에게 보여주는 데이터가 있다고 하자. 매번 사용자가 요청할 때마다 이 계산을 반복하는 것은 매우 비효율적이다. 대신, 한번 계산된 결과를 키-값 데이터베이스(예 Redis, Memcached)에 저장해 둔다. 다음부터 동일한 요청이 들어오면, 느린 계산을 다시 수행하는 대신 캐시에서 빛의 속도로 데이터를 꺼내 보여준다.

이 외에도 사용자의 로그인 상태를 유지하는 '세션 관리'나, 온라인 쇼핑몰의 '장바구니' 정보처럼 빠르고 빈번하게 접근해야 하는 임시 데이터를 저장하는 데 널리 사용된다. 키-값 모델의 힘은 복잡한 기능을 과감히 포기함으로써 얻어지는 압도적인 성능과 확장성에 있다. 모든 문제를 해결할 수는 없지만, 특정 목적, 즉 '알려진 키로 데이터를 초고속으로 읽고 쓰는' 작업에 있어서는 최고의 해결책이다. 이는 범용 도구가 아닌, 고도로 특화된 전문가용 장비와 같다.

3. Document 스토어

문서(Document) 데이터베이스는 NoSQL 계열에서 가장 널리 사용되는 모델 중 하나다. 개발자에게 매우 직관적이고, 변화무쌍한 애플리케이션 요구사항에 유연하게 대응할 수 있다는 장점이 있다. 핵심 아이디어는 관련된 모든 정보를 하나의 단위로 묶어 관리하는 것이다.

● 문서 모델의 이해

문서 데이터베이스는 데이터를 JSON(JavaScript Object Notation)과 유사한 형식의 '문서' 단위로 저장한다. JSON은 사람이 쉽게 읽고 쓸 수 있는 텍스트 기반의 데이터 형식으로, 키-값 쌍과 배열(순서가 있는 목록)로 이루어져 있다. 한 고객의 정보를 '고객' 테이블, '주소' 테이블, '주문' 테이블 등으로 나누어 저장했다면, 문서 데이터베이스는 그 고객과 관련된 모든 정보를 하나의 문서 안에 모두 담는다. 마치 한 사람에 대한 모든 서류를 하나의 파일 폴더에 넣어 관리하는 것과 같다.

이러한 방식은 개발자에게 매우 편리하다. 애플리케이션 코드에서 사용하는 데이터 객체의 구조와 데이터베이스에 저장되는 문서의 구조가 거의 일치하기 때문이다. 덕분에 복잡한 데이터 변환 과정 없이 데이터를 쉽게 저장하고 불러올 수 있다.

● 사용자 프로필 예시로 쉽게 파악하기

사용자 프로필을 저장하는 간단한 JSON 문서 예시를 살펴보자.

```
JSON

{
  "userId": "user123",
  "username": "김코딩",
  "email": "coding.kim@example.com",
  "isActive": true,
  "interests": ["데이터베이스", "클라우드", "인공지능"],
  "address": {
    "city": "서울",
    "zipcode": "04524"
  }
}
```

이 모델의 가장 큰 장점은 유연성이다. 만약 다른 사용자는 주소 정보가 없거나, '회사'라는 새로운 정보를 추가하고 싶다면 아무 문제 없이 가능하다. RDBMS에서는 스키마를 변경하거나 빈 값을 의미하는 NULL을 넣어야 하지만, 문서 데이터베이스는 각 문서가 독립적인 구조를 가질 수 있기 때문에 이런 변화에 자유롭다.

이러한 특징 덕분에 문서 데이터베이스는 블로그나 뉴스 기사 같은 콘텐츠 관리 시스템, 상품마다 속성이 제각각인 전자상거래의 상품 카탈로그, 그리고 사용자마다 정보가 다른 사용자 프로필 관리에 매우 이상적이다. 문서 모델은 데이터의 사용 방식에 맞춰 구조를 최적화함으로써 개발 생산성과 애플리케이션 성능을 동시에 높인다. RDBMS에서 금기시되던 데이터의 중복(비정규화)을 오히려 빠른 조회를 위한 기능으로 적극 활용한다. 예를 들어, 사용자의 주소 정보를 별도 테이블에 두지 않고 사용자 문서 안에 포함시키는 것은 JOIN 없이 한 번의 요청으로 사용자 전체 정보를 가져오기 위함이다. 이는 쓰기 작업보다 읽기 작업이 압도적으로 많은 현대 웹 애플리케이션의 특징을 반영한 설계 철학이다.

4. RDBMS vs. NoSQL

어떤 상황에서 무엇을 선택해야 할까? 이 질문에 답하기 위해서는 두 방식의 핵심적인 차이점을 명확히 이해하고, 비즈니스의 요구사항과 데이터의 특성을 고려해야 한다. 이 선택은 기술적인 문제를 넘어, 비즈니스 전략의 일부다.

핵심 차이점 한눈에 보기

RDBMS와 NoSQL의 주요 특징을 표로 정리하면 다음과 같다. 이 표는 두 기술의 핵심적인 트레이드오프를 보여주는 의사결정 가이드가 될 수 있다.

▼ RDBMS 와 NoSQL의 특

구분	RDBMS(예 MySQL, PostgreSQL)	NoSQL(예 MongoDB, Redis)
데이터 모델	구조화된 데이터(미리 정의된 행과 열을 가진 테이블)	유연한 데이터 모델(문서, 키-값, 그래프 등)
스키마	엄격하고 고정된 스키마(데이터 저장 전에 구조 정의)	동적 스키마(스키마 없이 데이터 저장 가능)
확장성	수직적 확장(Scale-up, 고성능 서버로 교체)	수평적 확장(Scale-out, 서버 대수 추가)
일관성 모델	ACID(강력한 일관성 최우선)	BASE(가용성을 우선하며 최종적 일관성 지향)
쿼리 언어	SQL(표준화된 언어, 복잡한 쿼리 및 JOIN에 강함)	데이터베이스마다 다름(단순 조회에 최적화)
데이터 관계	JOIN을 통해 복잡하고 명확한 관계 표현에 탁월	JOIN을 최소화, 애플리케이션 레벨에서 관계 처리

이 표는 기술적 속성을 비즈니스 특성으로 번역해준다. 예를 들어, '엄격한 스키마'는 데이터 품질 관리가 중요한 비즈니스에, '동적 스키마'는 빠른 서비스 개발과 변화가 잦은 비즈니스에 적합하다는 것을 의미한다.

비즈니스 상황별 선택 가이드

❶ 금융 거래처럼 정확성이 중요하다면, RDBMS

- **적합한 사례**: 은행 시스템, 회계 소프트웨어, ERP, 전자상거래의 주문/결제 시스템.
- **선택 이유**: 이런 애플리케이션은 데이터의 무결성과 트랜잭션의 정확성이 비즈니스의 존립을 좌우한다. 데이터가 단 1원이라도 틀리거나, 주문이 누락되는 것은 용납될 수 없다. RDBMS가 제공하는 ACID 보장은 이런 환경에서 필수적이다. 데이터의 구조가 예측 가능하고, 데이터 간의 복잡한 관계를 명확하게 관리해야 할 때 RDBMS는 최고의 선택이다.

❷ 소셜 미디어처럼 데이터가 많고 유연해야 한다면, NoSQL

- **적합한 사례**: 소셜 미디어 피드, 실시간 데이터 분석, IoT 데이터 수집, 콘텐츠 관리 시스템.
- **선택 이유**: 이런 서비스들은 정형화되지 않은 대용량의 데이터가 끊임없이 생성되며, 서비스의 기능이 수시로 바뀐다. 수억 명의 사용자를 감당하기 위해 수평적 확장이 필수적이며, 시스템이 잠시 멈추는 것보다 약간 오래된 데이터를 보여주더라도 항상 응답하는 것이 더 중요하다. NoSQL은 이러한 대규모 데이터 처리, 유연한 구조, 높은 가용성 요구사항을 충족시키는 데 최적화되어 있다.

이 선택의 기저에는 'CAP 이론'이라는 중요한 컴퓨터 과학 원리가 있다. CAP 이론은 분산 데이터베이스 시스템이 일관성(Consistency), 가용성(Availability), 분할 허용성(Partition Tolerance)이라는 세 가지 속성 중 최대 두 가지만을 동시에 보장할 수 있다는 원리다. 네트워크 장애는 언제든 발생할 수 있으므로 분할 허용성은 기본 전제이며, 결국 선택은 일관성과 가용성 사이의 트레이드오프가 된다.

RDBMS는 일관성(C)을 선택한다. 데이터가 일치하지 않을 위험이 있다면 차라리 서비스 응답을 멈춘다. 반면, 대부분의 NoSQL은 가용성(A)을 선택한다. 데이터가 잠시 일치하지 않더라도 서비스는 계속되어야 한다고 본다. 은행은 전자를, 소셜 미디어는 후자를 선택하는 것이 비즈니스적으로 합리적인 판단이다.

5. BASE 원칙

RDBMS의 신뢰성이 ACID 원칙에서 나온다면, NoSQL의 유연성과 확장성은 BASE라는 철학에 기반한다. BASE는 NoSQL 데이터베이스가 대규모 분산 환경에서 어떻게 높은 가용성을 유지하는지를 설명하는 원리다.

● 기본적 가용성(Basically Available)

이 원칙은 데이터베이스 시스템이 어떤 상황에서도 요청에 대해 '응답'을 보장한다는 의미다. 시스템의 일부에 장애가 발생하더라도, 전체 시스템이 멈추는 일은 없어야 한다. 사용자는 항상 데이터를 읽거나 쓸 수 있으며, 최악의 경우 시스템이 현재 불가능하다는 응답이라도 받을 수 있다. 이는 데이터를 여러 서버에 복제해두고, 일부 서버에 문제가 생겨도 다른 서버가 요청을 처리함으로써 달성된다.

● 부드러운 상태(Soft State)

시스템의 상태는 외부의 입력이 없어도 시간이 지남에 따라 변할 수 있다는 개념이다. 이는 데이터가 여러 서버로 복제되는 과정에서 일시적으로 서버 간 데이터가 불일치하는 상태가 존재할 수 있음을 의미한다. 이 '부드러운 상태'는 영구적이지 않고, 최종적인 일관성을 향해 나아가는 중간 과정이다.

● 최종적 일관성(Eventually Consistent)

BASE 철학의 핵심적인 약속이다. 시스템은 잠시 데이터 불일치 상태를 겪을 수 있지만, 결국에는 모든 데이터 복제본이 동일한 값으로 수렴하게 됨을 보장한다. 새로운 데이터 변경이 없다면, 일정 시간이 지난 후 어느 서버에 접속하든 항상 같은 데이터를 보게 된다는 의미다.

● 소셜 미디어 타임라인 비유로 이해하는 BASE 원칙

BASE 원칙을 소셜 미디어 앱에 비유해 보자. 당신이 인스타그램에 새로운 사진을 올린다. 앱은 즉시 "게시되었습니다!"라고 응답한다(**기본적 가용성**). 당신의 서울 친구들은 사진을 바로 볼 수 있다. 하지만 네트워크 지연 때문에 뉴욕에 있는 친구의 피드에는 2초 뒤에 사진이 나타날 수 있다. 이 2초 동안, 전 세계 인스타그램 서버들의 상태는 일치하지 않는다(**부드러운 상태**). 하지만 몇 초가 지나면 당신의 사진은 모든 서버에 복제되어, 전 세계 모든 친구가 동일한 게시물을 보게 된다(**최종적 일관성**).

소셜 미디어 서비스에서 이 짧은 지연은 빠른 응답 속도와 끊김 없는 사용자 경험을 위해 충분히 감수할 수 있는 트레이드오프다. 만약 ACID처럼 전 세계 모든 서버에 데이터가 완벽히 복제될 때까지 기다렸다가 "게시 성공" 응답을 준다면, 사용자는 답답해서 앱을 꺼버릴 것이다.

BASE는 ACID보다 열등한 개념이 아니다. 대규모 분산 시스템이라는 현실을 인정하고, 완벽한 일관성보다 더 중요한 가치(가용성, 확장성)를 위해 내린 실용적인 선택이자, 현대 인터넷 서비스를 가능하게 한 핵심 철학이다.

9.3 데이터는 어떻게 처리되고 분석되는가?

기업이 데이터를 다루는 방식은 크게 두 가지로 나뉜다. 하나는 매일 쉴 새 없이 발생하는 거래를 빠르고 정확하게 처리하는 시스템이다. 다른 하나는 그렇게 차곡차곡 쌓인 데이터를 꺼내어 깊이 있게 분석하고 미래를 예측하는 시스템이다. 이 둘은 목적도, 구조도, 속도도 완전히 다르다. 마치 분주한 상점의 계산대와 조용한 본사의 전략 회의실처럼 말이다. 이 두 시스템의 차이와 상호 작용을 이해하는 것은 모든 데이터 기반 의사결정의 첫걸음이다.

1. OLTP(트랜잭션 처리)

● OLTP의 정의와 목적

OLTP(Online Transaction Processing)는 온라인, 즉 실시간으로 발생하는 수많은 '거래(Transaction)'를 처리하는 시스템을 말한다. 여기서 말하는 '거래'는 단순히 돈이 오고 가는 금융 거래만을 의미하지 않는다. 온라인 쇼핑몰에서 상품을 주문하는 것, 은행 ATM에서 돈을 인출하는 것, 항공사 웹사이트에서 좌석을 예약하는 것, 심지어 소셜 미디어에서 '좋아요' 버튼을 누르는 것까지, 데이터의 상태를 변경하는 모든 짧고 빈번한 작업을 포괄한다.

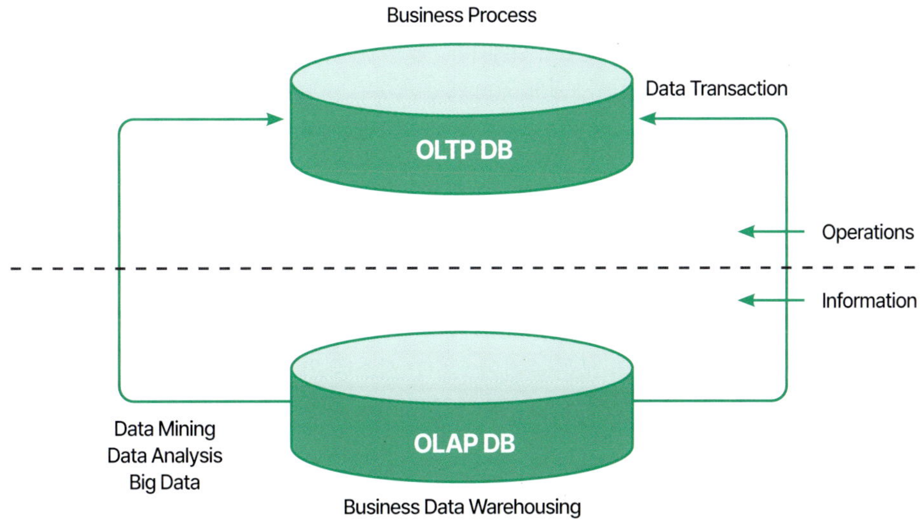

OLTP 시스템의 최우선 목표는 이러한 수많은 거래를 최대한 빠르고 정확하게, 그리고 동시에 처리하는 것이다. 마치 주말 오후의 편의점 계산대(POS기)나 월급날의 은행 창구와 같다. 수많은 고객이 한꺼번에 몰려와도 지체 없이 각자의 요청을 처리해야 한다. 한 번에 한두 개의 상품을 빠르게 계산하는 작업에 최적화되어 있으며, 만약 계산이 조금이라도 늦어진다면 고객들의 줄은 길어지고 불만은 커질 것이다. OLTP 시스템도 마찬가지로, 사용자가 지연을 느끼지 않도록 즉각적인 응답을 제공하는 것이 핵심이다.

● OLTP의 핵심 특징

이러한 목적을 달성하기 위해 OLTP 시스템은 몇 가지 중요한 특징을 가진다.

❶ **빠른 응답 속도:** 모든 요청은 사용자가 기다림을 느끼지 않도록 밀리초(ms, 1/1000초) 단위로 신속하게 처리되어야 한다. 온라인 쇼핑몰에서 결제 버튼을 눌렀는데 한참 동안 반응이 없다면 고객은 창을 닫아버릴 것이다.

❷ **높은 동시성(High Concurrency):** OLTP 시스템은 수백, 수천 명의 사용자가 동시에 접속하여 데이터를 읽고, 쓰고, 수정하는 작업을 수행한다. 인기 있는 콘서트 티켓 예매 사이트를 생각하면 쉽다. 수만 명의 사용자가 동시에 특정 좌석을 예매하기 위해 시스템에 접속한다. 시스템은 이 모든 요청을 충돌 없이 처리할 수 있어야 한다.

❸ **데이터 무결성 보장:** 거래는 '전부 성공하거나, 아니면 전부 실패해야' 한다. 중간에 멈추는 어중간한 상태는 절대 허용되지 않는다. 예를 들어, 계좌 이체 시 내 통장에서 돈은 빠져나갔는데 상대방 통장에 입금이 되지 않는 상황은 재앙이다. 이를 방지하기 위해 OLTP 시스템은 ACID라는 네 가지 원칙을 철저히 따른다.

- **원자성(Atomicity):** 거래의 모든 단계는 하나의 단위로 묶여, 모두 성공하거나 모두 실패한다.
- **일관성(Consistency):** 거래 후에도 데이터베이스는 항상 일관된 상태를 유지한다.
- **고립성(Isolation):** 하나의 거래가 진행 중일 때는 다른 거래가 끼어들 수 없다.
- **지속성(Durability):** 성공적으로 완료된 거래는 시스템 장애가 발생해도 영구적으로 저장된다.

이 ACID 원칙 덕분에, 두 명의 고객이 동시에 마지막 남은 상품 하나를 구매하려고 할 때, 시스템은 오류 없이 먼저 요청한 한 사람에게만 정확하게 판매를 확정할 수 있다.

❹ **정규화된 데이터 구조:** 데이터의 중복을 최소화하고 일관성을 유지하기 위해, 데이터를 여러 개의 작은 테이블로 잘게 나누어 저장한다. 이를 '정규화(Normalization)'라고 부른다. 이렇게 하면 특정 정보를 수정할 때 한 곳만 바꾸면 되므로 데이터 관리의 효율성과 정확성이 높아진다.

● OLTP 사용 사례

우리 일상과 비즈니스 운영의 거의 모든 순간이 OLTP 시스템 위에서 이루어진다. 대표적인 예는 다음과 같다.

- **금융 거래:** 은행의 계좌 이체, ATM 입출금, 신용카드 결제 승인
- **전자상거래:** 온라인 쇼핑몰의 주문 처리, 재고 관리, 회원 정보 업데이트
- **예약 시스템:** 항공권, 호텔, 공연 티켓 예약
- **고객 관리:** 콜센터의 고객 상담 기록, CRM 시스템의 고객 정보 입력

이처럼 OLTP는 기업의 심장과 같이, 비즈니스가 매일 살아 숨 쉬게 하는 필수적인 시스템이다.

2. OLAP(분석 처리)

OLTP 시스템이 매일의 거래를 기록하는 '장부'라면, OLAP(Online Analytical Processing)는 그 장부들을 모두 모아놓고 비즈니스의 큰 그림을 읽어내는 '분석 도구'다. OLAP는 OLTP 시스템이나 다른 여러 소스에 수년간 축적된 방대한 양의 과거 데이터를 분석하여, 눈에 보이지 않던 트렌드나 패턴을 찾아내고 비즈니스 인사이트를 얻는 것을 목적으로 한다.

OLAP 시스템은 "지난 분기 우리 회사의 지역별 최고 매출 상품은 무엇인가?", "최근 5년간 20대 고객들의 구매 패턴은 어떻게 변해왔는가?", "어떤 마케팅 캠페인이 가장 높은 수익을 가져왔는가?"와 같은 복잡하고 다차원적인 질문에 답하기 위해 존재한다.

핵심 비유를 들자면, OLAP는 전국의 모든 편의점에서 매일 기록된 POS기 데이터(OLTP 데이터)를 본사 분석팀이 한데 모아 분석하는 것과 같다. 분석팀은 "어떤 상품이 어떤 요일에 잘 팔리는지", "날씨와 특정 음료 판매량의 상관관계는 무엇인지" 등을 다각도로 분석하여 다음 시즌 신제품 출시나 마케팅 전략을 수립한다. 이 작업은 계산대처럼 빠를 필요는 없지만, 여러 각도에서 데이터를 깊이 있게 들여다볼 수 있는 능력이 훨씬 중요하다.

● OLAP의 핵심 특징

OLAP 시스템은 분석이라는 목적에 맞게 OLTP와는 정반대의 특징들을 가진다.

❶ **읽기 중심의 복잡한 쿼리 수행**: OLAP의 주된 작업은 데이터를 변경하는 것이 아니라, 수백만 혹은 수십억 건의 데이터를 스캔하여 평균, 합계, 추세 등을 계산하는 대규모 읽기 작업이다. 따라서 쓰기 성능보다는 방대한 양의 데이터를 빠르게 읽어오는 성능에 최적화되어 있다.

❷ **다차원 데이터 모델 사용**: OLAP는 데이터를 마치 '큐브(Cube)'와 같은 입체적인 형태로 저장하고 분석한다. 이 큐브의 각 축은 시간, 지역, 제품, 고객 연령대와 같은 다양한 '차원(Dimension)'으로 구성된다. 사용자는 이 큐브를 자유롭게 돌려보고(Pivot), 특정 단면을 잘라보고(Slice), 특정 부분을 더 깊게 파고들거나(Drill-down), 더 넓게 요약해서 보는(Roll-up) 등 다차원적인 분석을 수행할 수 있다.

❸ **상대적으로 느린 응답 속도**: 쿼리 자체가 매우 복잡하고 처리해야 할 데이터의 양이 어마어마하기 때문에, 응답 시간이 수 초에서 수 분, 길게는 수 시간까지 걸릴 수 있다. 이는 실시간 응답이 중요한 OLTP와는 근본적으로 다른 점이다.

❹ **비정규화된 데이터 구조 선호**: OLTP가 데이터 중복을 피하기 위해 테이블을 잘게 나누는 '정규화'를 사용했다면, OLAP는 정반대다. 분석 속도를 높이기 위해, 분석에 자주 함께 사용되는 데이터들을 미리 하나의 큰 테이블로 합쳐 놓는 '비정규화(Denormalization)' 방식을 사용한다. 이렇게 하면 분석 시 여러 테이블을 연결(Join)하는 복잡한 작업을 피할 수 있어 쿼리 속도가 빨라진다. 대표적인 비정규화 구조로는 중심에 사실 테이블(Fact Table)을 두고 주변에 차원 테이블(Dimension Table)들이 별 모양처럼 배치된 '스타 스키마(Star Schema)'가 있다.

● OLAP 사용 사례

OLAP는 기업의 전략적 의사결정을 지원하는 거의 모든 활동의 기반이 된다.

- **경영 성과 분석**: 월간, 분기별, 연간 실적 보고서 생성 및 분석
- **마케팅 분석**: 캠페인 효과 분석, 고객 세분화, 이탈 고객 예측
- **재무 분석**: 예산 수립, 수익성 분석, 재무 예측
- **수요 예측**: 과거 판매 데이터를 기반으로 미래 제품 수요 예측

이처럼 OLAP는 과거와 현재의 데이터를 통해 미래를 예측하고, 기업이 나아갈 방향을 결정하는 나침반 역할을 수행한다.

● 운영과 분석의 분리, 생존 전략

OLTP와 OLAP의 기술적 차이를 살펴보면, 이 두 시스템을 분리하는 것이 왜 중요한지 명확해진다. 만약 온라인 쇼핑몰의 주문 처리 시스템(OLTP)에서 직접 "지난 5년간의 모든 주문 내역을 분석하라"는 무거운 쿼리(OLAP)를 실행한다면 어떻게 될까? 시스템 전체가 거북이처럼 느려져 당장 들어오는 고객들의 주문을 처리할 수 없게 될 것이다. 이는 즉각적인 매출 손실과 고객 이탈로 이어진다.

반대로, 분석 시스템은 정확한 통찰을 위해 과거부터 현재까지의 모든 데이터를 한 번에 깊이 있게 들여다봐야 한다. 이는 필연적으로 시스템에 큰 부하를 준다. 따라서 기업이 '일상 업무(운영)'의 안정성과 '미래 전략(분석)'의 깊이를 모두 확보하기 위해서는, 두 시스템을 물리적으로 분리하는 것이 선택이 아닌 필수다. 이는 단순히 기술적 효율성을 넘어, 핵심 비즈니스를 보호하고 안정적으로 운영하기 위한 선제적인 리스크 관리 전략이기도 하다.

▼ OLTP와 OLAP 비교

구분	OLTP(온라인 트랜잭션 처리)	OLAP(온라인 분석 처리)
목적	실시간 비즈니스 운영 및 거래 처리	전략적 의사결정을 위한 데이터 분석
주요 작업	데이터 생성, 수정, 삭제(쓰기 중심)	복잡한 데이터 조회 및 분석(읽기 중심)
데이터 소스	현재의, 실시간 운영 데이터	과거의, 누적된 역사 데이터
응답 속도	매우 빠름(밀리초 단위)	느림(초, 분, 시간 단위)
데이터 구조	정규화(중복 최소화)	비정규화(분석 속도 최적화)
사용자	현업 직원, 고객(예 은행원, 쇼핑몰 이용자)	분석가, 경영진, 데이터 과학자
핵심 비유	상점의 계산대	본사의 경영 분석실

3. 데이터 웨어하우스(DW)

OLAP 분석을 하려면 분석할 데이터가 필요하다. 그런데 기업의 데이터는 한곳에 모여있지 않다. 판매 데이터는 POS 시스템에, 고객 정보는 CRM 시스템에, 재고 데이터는 ERP 시스템에, 마케팅

데이터는 별도의 솔루션에 흩어져 있다. 데이터 웨어하우스(Data Warehouse, DW)는 바로 이렇게 여러 곳에 흩어져 있는 데이터를 분석이라는 단일한 목적을 위해 한곳에 모아 통합한 거대한 중앙 데이터 저장소다.

앞서 설명했듯이, 운영 시스템(OLTP)에 직접 분석 쿼리를 실행하는 것은 위험하다. 데이터 웨어하우스는 분석을 위한 데이터를 별도의 공간에 복제해 둠으로써, 운영 시스템에 전혀 부담을 주지 않고 자유롭게 데이터를 분석할 수 있게 해준다. 이는 거래 처리와 분석 처리를 완벽하게 분리하여 두 시스템 모두의 성능과 안정성을 보장하는 핵심적인 역할을 한다.

핵심 비유를 들자면, 데이터 웨어하우스는 한 국가의 모든 지식과 기록물을 체계적으로 수집, 정리, 보관하는 '국립중앙도서관'과 같다. 도서관은 여러 출판사, 연구소, 정부 기관에서 생산된 다양한 형태의 책과 문서(데이터)를 수집한다. 그리고 이것들을 그냥 쌓아두는 것이 아니라, 주제별(Subject-oriented)로 분류하고, 오래도록 변치 않게 보존하며(Non-volatile), 과거의 기록(Time-variant)까지 모두 갖추어 연구자들이 역사를 깊이 있게 연구(분석)할 수 있도록 지원한다.

● 데이터 웨어하우스의 특징

데이터 웨어하우스는 일반적인 데이터베이스와 다른 네 가지 중요한 특징을 가진다.

❶ **주제 지향적(Subject-oriented)**: 데이터 웨어하우스는 '어떻게' 업무를 처리하는가(OLTP)가 아니라, '무엇'에 대해 분석할 것인가에 초점을 맞춘다. 따라서 데이터는 고객, 제품, 판매, 공급업체 등 비즈니스의 핵심 주제를 중심으로 구성된다.

❷ **통합적(Integrated)**: 여러 시스템에서 가져온 데이터는 각기 다른 형식과 용어를 사용한다. 예를 들어, 어떤 시스템에서는 성별을 M/F로, 다른 시스템에서는 남/여로, 또 다른 곳에서는 1/2로 저장할 수 있다. 데이터 웨어하우스는 이 모든 데이터를 '남성/여성'이라는 하나의 표준으로 통일한다. 이처럼 데이터의 형식, 단위, 용어 등을 일관성 있게 표준화하여 전사적인 관점에서 데이터를 바라볼 수 있게 한다.

❸ **시계열성(Time-variant)**: 데이터 웨어하우스는 현재의 데이터뿐만 아니라 과거의 데이터를 시간의 흐름에 따라 모두 저장한다. 5년 전, 10년 전 데이터까지 모두 보관하여 장기적인 추세 분석이나 역사적 비교 분석을 가능하게 한다.

❹ **비휘발성(Non-volatile)**: 데이터 웨어하우스에 한번 저장된 데이터는 원칙적으로 수정되거나 삭제되지 않는다. 새로운 데이터가 계속해서 추가될 뿐, 과거의 기록은 변하지 않고 그대로 유지된다. 이는 분석 결과의 일관성과 신뢰성을 보장하기 위함이다.

● ETL과 ELT: 데이터를 도서관으로 옮기는 방법

흩어져 있는 데이터를 데이터 웨어하우스라는 중앙 도서관으로 옮기는 과정은 어떻게 이루어질까? 이 과정을 데이터 파이프라인이라고 부르며, 대표적으로 ETL과 ELT라는 두 가지 방식이 있다.

- **ETL(Extract, Transform, Load)**: 전통적인 방식으로, '추출-변환-적재'의 순서로 진행된다. 먼저 다양한 원본 시스템에서 데이터를 추출(Extract)한다. 그 다음, '스테이징 영역(Staging Area)'이라는 별도의 중간 작업 공간에서 데이터를 정제하고, 표준화하며, 비즈니

스 규칙에 맞게 가공하는 변환(Transform)작업을 수행한다. 마지막으로, 이렇게 깨끗하게 정리된 데이터를 데이터 웨어하우스에 적재(Load)한다.

- **ELT(Extract, Load, Transform)**: 클라우드 컴퓨팅 기술의 발전으로 등장한 현대적인 방식이다. '추출-적재-변환'의 순서로 진행된다. 원본 시스템에서 데이터를 추출한 뒤, 가공하지 않은 원본 데이터(Raw Data)를 그대로 데이터 웨어하우스에 먼저 적재한다. 그 후, 데이터 웨어하우스의 강력한 컴퓨팅 성능을 활용하여 내부에서 필요한 형태로 데이터를 변환한다.

ETL/ELT 과정은 단순히 데이터를 옮기는 기술적 작업이 아니다. 이는 기업 내에 흩어져 있는 각기 다른 부서의 데이터 언어를 '전사 표준'이라는 하나의 공용어로 통일하는 과정이다. 재무팀의 '매출', 영업팀의 '계약액'을 모두 '수익'이라는 하나의 지표로 표준화함으로써, 조직의 모든 구성원이 같은 데이터를 보고 같은 언어로 소통하게 만드는 중요한 비즈니스 프로세스다. 이는 데이터 사일로(silo)를 허물고 진정한 데이터 기반 문화를 만드는 첫걸음이다.

4. 비즈니스 인텔리전스(BI)

데이터 웨어하우스라는 거대한 중앙 도서관을 성공적으로 구축했다 하더라도, 일반 사용자가 그 안에 있는 방대한 데이터를 직접 꺼내서 의미를 찾기란 매우 어렵다. 마치 전문적인 훈련을 받지 않은 사람이 국립 도서관의 모든 고문서를 해독하려는 것과 같다. 비즈니스 인텔리전스(Business Intelligence, BI)는 바로 이 문제를 해결해주는 도구와 프로세스의 총칭이다.

BI는 데이터 웨어하우스에 저장된 데이터를 사용자가 쉽게 이해하고 활용할 수 있도록 시각화하고 보고하는 역할을 한다. 복잡한 데이터 분석 과정을 거쳐 나온 결과를 대시보드, 차트, 보고서 등의 형태로 보여줌으로써, 데이터가 단순한 숫자 더미에서 의미 있는 정보와 '실행 가능한 통찰력(Actionable Insight)'으로 바뀌도록 돕는 마지막 관문이다.

핵심 비유를 들자면, BI 툴은 국립 도서관의 방대한 자료를 바탕으로 특정 주제에 대한 시각적인 보고서나 이해하기 쉬운 차트를 만들어주는 '전문 사서' 또는 '큐레이터'와 같다. 사용자는 데이터가 어떤 복잡한 구조로 저장되어 있는지, 어떤 분석 엔진(OLAP)을 통해 처리되었는지 알 필요가 없다. 그저 잘 만들어진 대시보드를 통해 직관적으로 상황을 파악하고, "다음 분기에는 어떤 전략을 세워야 할까?"와 같은 중요한 의사결정을 내릴 수 있다.

● BI의 주요 기능

BI 툴은 사용자가 데이터를 쉽게 탐색하고 이해할 수 있도록 다양한 기능을 제공한다.

- **보고(Reporting)**: 주간 판매 실적, 월간 재무 현황 등 정기적으로 필요한 보고서를 자동으로 생성해준다.
- **대시보드(Dashboarding)**: 매출, 고객 수, 재고 현황 등 기업의 핵심 성과 지표(Key Performance Indicator, KPI)를 실시간으로 차트와 그래프로 시각화하여 한눈에 비즈니스 상황을 파악할 수 있게 해준다.

- **데이터 시각화(Data Visualization)**: 숫자만으로는 파악하기 어려운 데이터의 패턴이나 관계를 막대그래프, 꺾은선 차트, 지도 등 다양한 시각적 형태로 표현하여 직관적인 이해를 돕는다.
- **애드혹 쿼리(Ad-hoc Query)**: '애드혹'은 '즉석에서'라는 의미로, 사용자가 정해진 보고서 외에 즉석에서 궁금한 점을 직접 시스템에 질문하고 답을 얻을 수 있는 기능이다. 예를 들어, "올해 서울 지역에서 30대 여성이 가장 많이 구매한 제품 카테고리는?"과 같은 질문을 직접 던져볼 수 있다.

● OLAP, DW, BI의 관계

데이터 웨어하우스(DW)는 분석을 위한 데이터가 모이는 '중앙 저장소'다. OLAP는 이 저장소의 데이터를 다차원적으로 분석하고 계산하는 강력한 '분석 엔진'이다. 그리고 BI는 이 엔진이 만들어낸 분석 결과를 사용자가 쉽게 이해할 수 있도록 보여주는 '사용자 인터페이스' 또는 '시각화 창'이다.

이 세 가지는 서로 떼려야 뗄 수 없는 관계를 맺고 함께 작동한다. DW라는 튼튼한 기반 위에 OLAP라는 강력한 엔진을 얹고, BI라는 편리한 조종석을 통해 사용자가 데이터를 자유자재로 탐색하고 활용하는 것. 이것이 바로 현대 기업의 데이터 기반 의사결정 생태계를 구성하는 핵심 구조다.

9.4 빅데이터는 어떻게 다루는가?

우리는 이제 스마트폰, 소셜 미디어, 사물인터넷(IoT) 기기 등이 쉴 새 없이 데이터를 쏟아내는 시대에 살고 있다. 이렇게 생성되는 데이터의 양과 속도, 그리고 형태는 과거와는 비교할 수 없을 정도로 거대하고 복잡해졌다. 전통적인 데이터베이스나 데이터 웨어하우스로는 더 이상 이 데이터의 홍수를 감당할 수 없게 된 것이다. 이처럼 거대한 데이터, 즉 '빅데이터'의 개념을 알아보고, 이를 다루기 위해 탄생한 혁신적인 기술인 하둡(Hadoop)과 스파크(Spark)에 대해 알아보자.

1. 빅데이터의 특징(3V)

● 빅데이터의 등장 배경

빅데이터(Big Data)는 말 그대로 '큰 데이터'를 의미하지만, 단순히 양만 많은 데이터를 뜻하는 것은 아니다. 2000년대 이후 인터넷과 디지털 기기의 폭발적인 보급은 데이터 환경을 근본적으로 바꾸어 놓았다. 페이스북, 유튜브 같은 소셜 미디어 플랫폼, 수십억 개의 스마트폰, 공장의 센서나 스마트 가전과 같은 사물인터넷(IoT) 기기들이 매 순간 엄청난 양의 데이터를 생성하기 시작했다.

문제는 이 데이터들이 기존의 방식으로는 저장하거나 분석하기가 거의 불가능하다는 점이었다. 잘 정돈된 표 형태로 저장되던 과거의 데이터와 달리, 이제는 글, 사진, 동영상, 센서 신호 등 형태도 제각각이고, 실시간으로 쉴 새 없이 쏟아져 들어왔다. 이러한 새로운 데이터 환경에 대응하기 위해 '빅데이터'라는 개념과 이를 처리하기 위한 새로운 기술이 등장하게 되었다.

● 빅데이터를 정의하는 3V

빅데이터는 보통 세 가지 특징, 즉 '3V'로 정의된다.

- **규모(Volume)**: 데이터의 물리적인 양을 의미한다. 과거에는 기가바이트(GB) 단위의 데이터도 크다고 했지만, 빅데이터 시대에는 테라바이트(TB)를 넘어 페타바이트(PB), 엑사바이트(EB) 단위의 데이터를 다룬다. 페타바이트는 1,000테라바이트에 해당하며, 이는 고화질 영화 수십만 편에 해당하는 엄청난 양이다.
- **속도(Velocity)**: 데이터가 생성되고 시스템으로 유입되는 속도를 의미한다. 데이터가 하루나 한 시간 단위로 쌓이는 것이 아니라, 초당 수백만 건씩 실시간으로 쏟아져 들어온다. 주식 시장의 거래 데이터나 소셜 미디어의 실시간 트렌드 데이터가 대표적인 예다. 이러한 데이터를 지체 없이 처리하고 분석하는 능력이 중요해졌다.

• **다양성(Variety)**: 데이터의 형태가 매우 다양하다는 것을 의미한다. 기존의 데이터베이스처럼 행과 열로 깔끔하게 정리된 '정형 데이터'뿐만 아니라, 이메일 본문, 소셜 미디어 게시글, 고객 상담 녹취록과 같은 '비정형 텍스트 데이터', 그리고 사진, 동영상, 음성 파일과 같은 '멀티미디어 데이터'까지 모든 형태의 데이터를 포함한다. 이처럼 구조가 없는 데이터를 분석하는 것은 빅데이터 기술의 중요한 과제다.

최근에는 이 3V에 두 가지 V가 더 추가되기도 한다. 데이터의 품질과 신뢰성을 의미하는 정확성(Veracity)과, 이 모든 데이터를 분석하여 결국 비즈니스에 실질적인 이익을 가져와야 한다는 가치(Value)가 그것이다.

2. 하둡(Hadoop)

빅데이터라는 거대한 파도에 맞서기 위해 등장한 대표적인 기술이 바로 아파치 하둡(Apache Hadoop)이다. 하둡은 구글이 자사의 방대한 검색 데이터를 처리하기 위해 개발한 기술에서 영감을 받아 만들어진 오픈소스 프레임워크다.

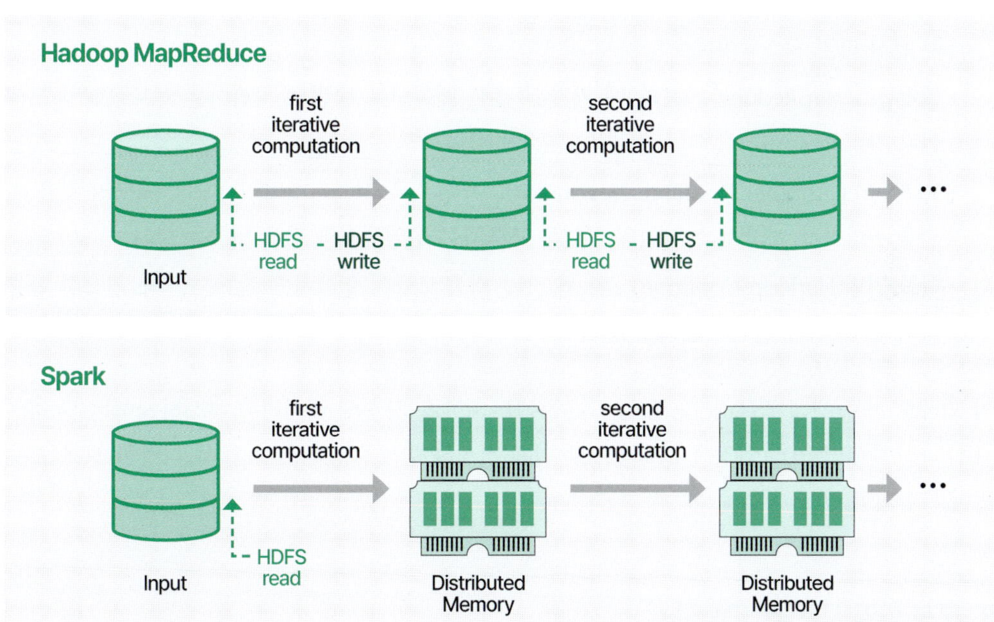

● 하둡의 탄생과 철학

하둡의 핵심 철학은 매우 단순하고 강력하다. "매우 비싼 고성능 슈퍼컴퓨터 한 대로 모든 일을 처리하려고 하지 말고, 저렴한 일반 컴퓨터(Commodity Hardware) 수백, 수천 대를 묶어서 일을 나누어 처리하자." 이것이 바로 '분산 컴퓨팅(Distributed Computing)'의 기본 개념이다. 이 철학을 구현하기 위해 하둡은 두 가지 중요한 원칙을 세웠다.

- **분산 저장 및 처리**: 거대한 데이터 파일을 잘게 쪼개어 여러 컴퓨터에 나누어 저장하고, 각 컴퓨터가 자신이 저장하고 있는 데이터 조각을 동시에 처리하여 전체 작업 시간을 획기적으로 줄인다.
- **데이터를 옮기지 말고, 계산을 옮겨라(Move computation to data)**: 수백 테라바이트에 달하는 거대한 데이터를 네트워크를 통해 중앙 처리 서버로 옮기는 것은 엄청난 시간과 비용이 든다. 이는 데이터 처리의 가장 큰 병목 현상을 유발한다.

하둡은 이 문제를 역발상으로 해결했다. 거대한 데이터를 옮기는 대신, 상대적으로 크기가 훨씬 작은 '계산 프로그램(로직)'을 데이터가 저장된 각각의 컴퓨터로 보내 그 자리에서 처리하게 한다. 각 컴퓨터는 처리 결과를 중앙으로 보내기만 하면 되므로 네트워크 부담이 최소화된다. 이 '데이터 지역성(Data Locality)' 원칙은 빅데이터 처리의 물리적 한계를 극복한 핵심 아이디어다.

● 하둡 생태계의 핵심 구성 요소

하둡은 단일 소프트웨어가 아니라, 여러 핵심 구성 요소들이 모여 작동하는 하나의 '생태계'다. 그 중 가장 중요한 네 가지 요소는 다음과 같다.

- **HDFS(Hadoop Distributed File System)**: 대용량 데이터를 여러 컴퓨터에 나누어 저장하는 분산 파일 시스템이다.
- **맵리듀스(MapReduce)**: HDFS에 저장된 분산 데이터를 병렬로 처리하는 프로그래밍 모델이자 처리 엔진이다.
- **YARN(Yet Another Resource Negotiator)**: 여러 컴퓨터(클러스터)의 CPU, 메모리 같은 자원을 관리하고, 맵리듀스 작업의 실행을 조율하는 운영체제와 같은 역할을 한다.
- **하둡 커먼(Hadoop Common)**: 위 세 가지 핵심 모듈이 원활하게 작동하는 데 필요한 공통 라이브러리와 유틸리티를 제공한다.

이 외에도 하둡 생태계(Hadoop Ecosystem)에는 SQL을 사용해 데이터를 분석하게 해주는 하이브(Hive), 데이터 처리 과정을 스크립트로 쉽게 작성하게 해주는 피그(Pig) 등 다양한 보조 도구들이 포함되어 있다.

3. 분산 파일 시스템(HDFS)

HDFS(Hadoop Distributed File System)는 하둡의 기반이 되는 저장 시스템으로, 수십 테라바이트가 넘는 초대용량 파일을 저장하기 위해 특별히 설계되었다.

● HDFS의 아키텍처: 마스터와 슬레이브 구조

HDFS는 지휘관(마스터)과 병사(슬레이브) 구조로 이루어져 있다.

- **네임노드(NameNode)**: 클러스터 전체에 단 하나만 존재하는 마스터 서버다. 파일 시스템의 모든 '메타데이터'를 관리한다. 즉, 어떤 파일이 어떤 조각(블록)으로 나뉘어 어느 병사(데이

터노드)에게 저장되어 있는지에 대한 모든 정보를 담은 '지도'를 가지고 있다. 사용자가 파일을 요청하면, 네임노드는 이 지도를 보고 해당 파일 조각들이 어디에 있는지 알려주는 '사서' 역할을 한다.

- **데이터노드(DataNode)**: 클러스터에 수십, 수천 개가 존재하는 슬레이브 서버다. 실제 데이터 조각, 즉 '블록(Block)'을 저장하는 '창고' 역할을 한다. 네임노드의 지시에 따라 블록을 저장, 삭제, 복제하고, 사용자의 데이터 읽기/쓰기 요청을 직접 처리한다.

● HDFS의 데이터 저장 방식

HDFS는 데이터를 저장하는 방식에 두 가지 핵심적인 특징이 있다.

❶ **블록(Block)단위 저장**: HDFS는 아무리 큰 파일이라도 일정한 크기(기본 128MB 또는 256MB)의 블록 단위로 잘게 쪼개어 저장한다. 일반적인 컴퓨터의 파일 시스템 블록 크기가 4KB인 것에 비하면 매우 큰 크기다. 이는 한 번에 많은 양의 데이터를 순차적으로 읽어오는 빅데이터 처리 작업에 최적화된 방식이다.

❷ **복제(Replication)를 통한 안정성 확보**: HDFS는 데이터 유실을 방지하기 위해 모든 블록을 기본적으로 3개씩 복제하여 서로 다른 데이터노드에 저장한다. 덕분에 데이터노드 몇 개가 갑자기 고장 나더라도, 다른 데이터노드에 저장된 복제본을 통해 데이터를 안전하게 보존하고 서비스를 중단 없이 이어갈 수 있다. 이를 '결함 허용(Fault Tolerance)'이라고 부른다.

핵심 비유를 들어보자. HDFS는 거대한 백과사전(대용량 파일)을 편찬하는 프로젝트와 같다. 백과사전의 각 페이지(블록)를 3장씩 복사(복제)해서, 전국 여러 도서관(데이터노드)에 나누어 보관한다. 중앙 기록 보관소의 사서(네임노드)는 어느 페이지가 어느 도서관에 보관되어 있는지 완벽한 목록을 가지고 있다. 만약 한 도서관에 불이 나서 일부 페이지가 소실되더라도, 다른 도서관에 있는 복사본을 이용해 백과사전을 완벽하게 복구할 수 있다.

● 맵리듀스: 분업과 취합의 마법

HDFS가 데이터를 저장하는 방법이라면, 맵리듀스는 그 저장된 데이터를 처리하는 방법이다. 맵리듀스(MapReduce)는 대용량 데이터 처리 작업을 '맵(Map)' 단계와 '리듀스(Reduce)' 단계로 나누어 수많은 컴퓨터에서 병렬로 처리하는 프로그래밍 모델이다.

❶ 맵리듀스의 개념

핵심 비유는 '대규모 여론조사 결과 분석'이다. 수백만 장의 설문지를 혼자 분석하려면 몇 달이 걸릴 것이다. 맵리듀스는 이 작업을 다음과 같이 처리한다.

- **맵(Map) 단계**: 먼저, 수백만 장의 설문지를 수백 명의 분석가에게 똑같이 나누어 준다. 각 분석가(Mapper)는 자신이 받은 설문지를 읽고, "20대, 남성, A 후보지지"와 같이 의미 있는 단위로 정보를 정리(key-value 쌍으로 변환)하여 작은 카드에 적는다. 이 과정은 모든 분석가가 동시에, 즉 병렬로 수행한다.
- **리듀스(Reduce) 단계**: 그 다음, 중앙 집계 담당자(Reducer)들이 등장한다. 한 담당자는 '20

9 신뢰할 수 있는 데이터 관리 기법

대' 카드만, 다른 담당자는 '30대' 카드만 모은다. 각 담당자는 자신이 모은 카드들을 최종적으로 합산하여 "20대 남성 A 후보 지지: 5,800명"과 같은 최종 통계 결과를 만들어낸다.

이처럼 거대한 문제를 잘게 쪼개어 여러 곳에서 동시에 처리(Map)하고, 그 결과를 다시 모아 최종 답을 구하는(Reduce) 것이 맵리듀스의 핵심 원리다.

❷ 맵리듀스의 처리 과정

맵리듀스는 내부적으로 다음과 같은 단계를 거쳐 작업을 수행한다.

- **분할(Splitting)**: HDFS에 저장된 거대한 입력 파일을 블록 단위로 나누어 각 맵(Map) 작업에 할당한다.
- **맵(Map) 단계**: 각 컴퓨터(노드)에서 실행되는 맵 함수는 할당된 데이터 조각을 읽어들여 key-value 형태의 중간 결과물로 변환한다. 예를 들어, 단어 개수를 세는 작업이라면, 각 단어를 key로, 숫자 1을 value로 변환한다(예 〈'apple', 1〉).
- **셔플 및 정렬(Shuffle&Sort)**: 맵 단계에서 생성된 수많은 중간 결과물들을 key를 기준으로 그룹화하여 같은 key를 가진 데이터들이 같은 리듀서(Reducer)에게 전달되도록 네트워크를 통해 재분배한다. 이 과정은 맵리듀스 프레임워크가 자동으로 처리해준다
- **리듀스(Reduce) 단계**: 리듀서는 자신에게 할당된 특정 key의 value 리스트를 받아 최종 결과를 집계한다. 예를 들어, 'apple'이라는 key를 담당하는 리듀서는 전 세계 맵퍼들로부터 받은 〈'apple', [1, 1, 1,...]〉 데이터를 모두 더해 최종 단어 개수를 계산한다.

4. 스파크(Spark)

하둡 맵리듀스는 빅데이터 처리의 문을 열었지만, 명확한 한계를 가지고 있었다. 바로 '속도' 문제다. 이 문제를 해결하기 위해 등장한 것이 바로 아파치 스파크(Apache Spark)다.

● 스파크의 등장 배경: 맵리듀스의 한계

맵리듀스의 가장 큰 비효율성은 각 단계가 끝날 때마다 처리 결과를 HDFS, 즉 하드 디스크에 쓰고 다음 단계에서 다시 읽어온다는 점이다. 하드 디스크에서 데이터를 읽고 쓰는 작업(Disk I/O)은 컴퓨터의 모든 작업 중 가장 느린 작업 중 하나다. 맵리듀스는 안정성을 위해 이러한 방식을 택했지만, 이는 심각한 속도 저하를 유발했다.

● 스파크의 핵심: 인메모리 컴퓨팅

스파크는 이 문제를 '인메모리 컴퓨팅(In-Memory Computing)'이라는 혁신적인 방식으로 해결했다. 스파크는 중간 처리 결과를 느린 하드 디스크가 아닌, 훨씬 빠른 주 기억장치인 메모리(RAM)에 저장한다. 디스크 I/O를 최소화함으로써, 스파크는 특정 작업에서 맵리듀스보다 이론적으로 최대 100배까지 빠른 성능을 보여준다.

핵심 비유는 요리사에 빗댈 수 있다. **맵리듀스**가 하나의 요리 단계가 끝날 때마다 모든 재료와 중

간 결과물을 냉장고(디스크)에 넣었다가 다음 단계에서 다시 꺼내 쓰는 꼼꼼하지만 느린 요리사라면, 스파크는 모든 재료를 조리대(메모리) 위에 펼쳐놓고 여러 단계를 신속하게 진행하는 빠르고 효율적인 요리사와 같다.

스파크의 핵심 데이터 모델은 RDD(Resilient Distributed Dataset, 탄력적 분산 데이터셋)다. RDD는 클러스터의 여러 노드 메모리에 분산되어 저장되는, 변경이 불가능한 데이터 집합이다. 작업 중 일부 노드에 장애가 발생하더라도, RDD가 어떻게 만들어졌는지에 대한 기록(Lineage)을 통해 자동으로 데이터를 복구할 수 있어 속도와 안정성을 모두 잡았다.

● 스파크의 장점

스파크는 하둡 맵리듀스에 비해 여러 가지 뛰어난 장점을 가진다.

- **압도적인 속도**: 인메모리 처리 덕분에 비교할 수 없을 정도로 빠르다.
- **다용도성**: 하둡이 주로 배치 처리에 집중했던 것과 달리, 스파크는 하나의 엔진으로 다양한 작업을 수행할 수 있다. 대용량 배치 처리, 실시간 데이터 스트리밍 처리(Spark Streaming), SQL 쿼리(Spark SQL), 머신러닝(MLlib), 그래프 처리(GraphX) 등을 모두 지원하는 '올인원' 플랫폼이다.
- **개발 편의성**: 맵리듀스가 주로 Java 언어에 의존했던 반면, 스파크는 Java는 물론 Python, Scala, R 등 데이터 분석가와 과학자들이 선호하는 다양한 언어를 지원하여 개발 생산성을 크게 높였다.

빅데이터 기술의 발전은 '비용'과 '속도' 사이의 끊임없는 줄다리기 역사와 같다. 하둡은 '저렴한 범용 서버'와 '디스크'를 활용하여 빅데이터 기술의 문턱을 낮추는, 즉 '비용'을 획기적으로 낮추는 데 초점을 맞춘 혁신이었다. 하지만 이는 '속도'라는 명확한 한계를 낳았다. 스파크는 바로 이 '속도' 문제를 해결하기 위해 등장했다. 상대적으로 비싼 자원인 '메모리'를 적극적으로 활용하여 성능을 극대화했다. 이처럼 기술의 발전은 비즈니스의 요구사항('더 싸게' 처리할 것인가, '더 빠르게' 처리할 것인가)에 따라 기술적 우선순위가 어떻게 변해왔는지를 명확하게 보여준다.

▼ 하둡 맵리듀스와 아파치 스파크 비교표

구분	하둡 맵리듀스(Hadoop MapReduce)	아파치 스파크(Apache Spark)
주요 처리 방식	디스크(Disk) 기반 처리	인메모리(In-Memory) 처리
성능(속도)	느림(매 단계마다 디스크 I/O 발생)	매우 빠름(최대 100배, 메모리에서 처리)
주요 작업 유형	대용량 배치(Batch) 처리	배치, 실시간 스트리밍, 머신러닝, 대화형 분석
데이터 처리 모델	2단계(Map → Reduce)의 선형적 처리	DAG 기반의 유연하고 반복적인 처리
개발 편의성	상대적으로 복잡함(Java 중심)	쉬움(Python, Scala, R 등 다양한 언어 지원)
비용	저렴(디스크는 저렴한 저장 매체)	상대적으로 비쌈(RAM은 고가의 자원)
핵심 비유	냉장고에서 재료를 꺼내 쓰는 요리사	조리대 위에 재료를 모두 올려놓고 쓰는 요리사

9.5 실시간 데이터 흐름은 어떻게 관리하는가?

현대의 데이터는 고여 있는 물이 아니라, 끊임없이 흐르는 강물과 같다. 소셜 미디어 피드, 온라인 게임, 금융 거래, IoT 센서 데이터는 멈추지 않고 실시간으로 발생한다. 이 장에서는 이처럼 끊임없이 흐르는 데이터, 즉 '스트리밍 데이터'를 다루는 핵심 기술인 카프카(Kafka)에 대해 알아보고, 이 모든 데이터가 기업의 신뢰할 수 있는 자산이 되기 위해 반드시 필요한 '데이터 거버넌스'와 '데이터 품질'의 중요성을 이해하며 데이터 인프라의 여정을 마무리하겠습니다.

1. 카프카(Kafka)

● 카프카의 탄생과 목적

과거의 데이터 시스템 아키텍처는 복잡한 스파게티 면과 같았다. A 시스템이 B 시스템의 데이터가 필요하면 둘을 직접 연결하고, C 시스템이 또 A의 데이터가 필요하면 다시 직접 연결했다. 시스템의 수가 늘어날수록 연결은 기하급수적으로 복잡해지고, 하나의 시스템에 장애가 생기면 연결된 다른 시스템까지 연쇄적으로 문제가 발생하는 취약한 구조였다.

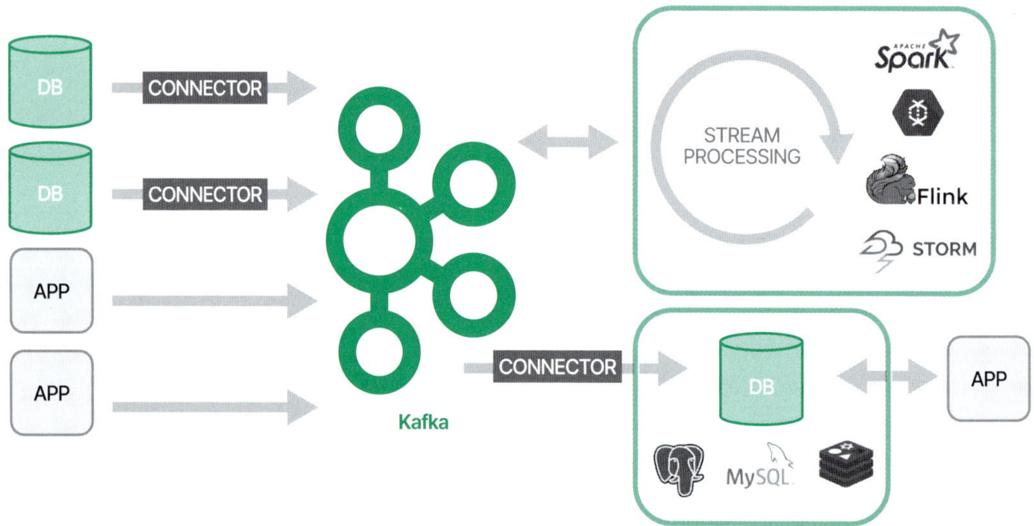

아파치 카프카(Apache Kafka)는 이러한 문제를 해결하기 위해 링크드인(LinkedIn)에서 개발한 분산 이벤트 스트리밍 플랫폼이다. 카프카의 핵심 아이디어는 모든 데이터가 거쳐 가는 '중앙 버스 정류장'을 만드는 것이다. 데이터를 만드는 시스템(생산자, Producer)은 데이터를 카프카라는 중앙 정류장에 내려놓기만 하면 된다. 데이터가 필요한 시스템(소비자, Consumer)은 정류장에 와서 자신이 필요한 노선의 버스(데이터)를 타기만 하면 된다.

이 구조의 가장 큰 장점은 생산자와 소비자를 완벽하게 분리(Decoupling)한다는 점이다. 생산자는 누가 데이터를 가져다 쓰는지 전혀 신경 쓸 필요가 없고, 소비자 역시 데이터가 어디서 어떻게 만들어졌는지 알 필요가 없다. 이로 인해 시스템 전체의 유연성과 확장성이 극적으로 향상된다.

카프카 시스템은 몇 가지 핵심적인 구성 요소로 이루어져 있다.

- **프로듀서(Producer)**: 이벤트(데이터)를 생성하여 카프카로 보내는 클라이언트 애플리케이션이다. 웹사이트의 사용자 클릭 로그를 보내는 웹 서버, 공장 센서의 온도 데이터를 보내는 IoT 기기 등이 프로듀서가 될 수 있다.
- **컨슈머(Consumer)**: 카프카로부터 이벤트를 가져와서 처리하는 클라이언트 애플리케이션이다. 실시간으로 데이터를 분석하여 대시보드에 보여주는 분석 시스템, 데이터를 받아 데이터베이스에 저장하는 시스템 등이 컨슈머에 해당한다.
- **브로커(Broker)**: 카프카 클러스터를 구성하는 개별 서버를 말한다. 프로듀서로부터 받은 데이터를 안전하게 저장하고, 컨슈머의 요청에 따라 데이터를 전달하는 핵심 역할을 수행한다.
- **토픽(Topic)**: 이벤트가 저장되는 일종의 카테고리 또는 채널이다. 파일 시스템의 '폴더'와 유사한 개념으로, 관련된 이벤트들은 같은 토픽에 저장된다. 예를 들어, 'user-clicks', 'order-logs', 'payments'와 같은 이름의 토픽을 만들 수 있다.
- **파티션(Partition)**: 하나의 토픽은 처리량을 높이기 위해 여러 개의 파티션으로 나뉠 수 있다. 각 파티션은 데이터가 들어온 순서대로 저장되며, 여러 컨슈머가 각기 다른 파티션을 병렬로 처리함으로써 매우 높은 처리 성능을 달성할 수 있다.

핵심 비유를 들자면, 카프카는 거대한 '유튜브' 플랫폼과 같다. 수많은 크리에이터(프로듀서)가 '게임', '요리', '여행' 등 다양한 주제(토픽)의 영상을 유튜브 서버(브로커)에 업로드하면, 시청자(컨슈머)는 자신이 구독한 영상만 가져간다. 크리에이터는 누가 보는지 신경 쓸 필요 없고, 시청자는 영상이 어떤 장비로 촬영되었는지 알 필요가 없다. 중앙 플랫폼이 모든 것을 중개한다.

이 발행-구독(Publish-Subscribe) 모델은 현대적인 IT 아키텍처의 핵심 패러다임이 되었으며, 마이크로서비스 아키텍처(MSA) 구현에 중요한 기반 기술이다.

2. 실시간 스트리밍

카프카와 같은 기술의 등장은 데이터 처리의 패러다임을 '배치(Batch)'에서 '스트림(Stream)'으로 전환시켰다.

- **배치 처리(Batch Processing)**: 데이터를 일정 기간 또는 일정량 모았다가 한 번에 일괄적으로 처리하는 방식이다. 예를 들어, 하루 동안의 모든 거래 내역을 모아 자정 이후에 정산하거나, 한 달 치 판매 데이터를 모아 월간 보고서를 만드는 것이 배치 처리다.
- **스트림 처리(Stream Processing)**: 데이터가 발생하는 그 순간, 건별로 즉시 처리하는 방식

이다. 수도꼭지에서 물이 흘러나오듯 데이터가 끊임없이 흐르는 것을 그대로 처리한다. 신용카드 결제가 승인되는 즉시 사기 거래인지 판별하거나, 주식 시세가 변하는 순간마다 투자 전략을 수정하는 것이 스트림 처리다.

실시간 스트리밍(Real-time Streaming)은 비즈니스에 엄청난 가치를 제공한다. 대표적인 예가 사기 탐지(Fraud Detection)다. 과거에는 하루치 거래 내역을 모아 다음 날 분석하여 사기 거래를 찾아냈지만, 그때는 이미 피해가 발생한 후였다. 하지만 실시간 스트리밍 기술을 이용하면, 신용카드 거래가 발생하는 수 밀리초 내에 해당 고객의 과거 소비 패턴, 현재 위치, 거래 금액 등을 종합적으로 분석하여 비정상적인 거래를 즉시 차단할 수 있다.

이 외에도 사용자의 현재 행동을 기반으로 한 실시간 상품 추천, 공장 설비나 서버의 이상 징후를 즉시 감지하는 운영 모니터링 등, 즉각적인 대응이 필요한 모든 영역에서 스트림 처리는 핵심적인 역할을 한다.

3. 데이터 거버넌스

데이터의 양이 폭발적으로 증가하고, 실시간으로 흐르기 시작하면서 새로운 문제가 등장했다. "우리 회사에 도대체 어떤 데이터가 어디에 저장되어 있는가?", "이 데이터는 누가 사용해도 되는가?", "이 데이터는 믿을 만한가?"와 같은 관리의 문제다. 데이터 거버넌스(Data Governance)는 이러한 문제에 답하기 위한 활동으로, 데이터라는 기업의 중요한 자산을 효과적으로 관리하고 활용하기 위한 전사적인 정책, 규칙, 프로세스, 그리고 책임의 체계를 수립하는 것이다.

핵심 비유를 들자면, 데이터 거버넌스는 도시의 '교통 법규 및 체계'와 같다. 신호등, 차선, 속도 제한과 같은 규칙이 없다면 도로는 혼란에 빠지고 사고가 빈번하게 발생할 것이다. 데이터 거버넌스는 데이터의 흐름을 원활하게 하고, 데이터 유출과 같은 보안 사고를 막으며, 모든 조직 구성원이 데이터를 올바르고 일관되게 사용할 수 있도록 하는 규칙과 신호등 역할을 한다.

데이터 거버넌스는 데이터를 통제하고 가두려는 활동이 아니다. 잘 정리된 데이터 지도와 사용 설명서를 제공해 누구나 쉽게, 안전하게 데이터를 활용하게 한다. 이를 통해 비즈니스 가치 창출, 데이터 기반 문화 정착, 전사적 데이터 활용 역량 강화가 가능하다.

● 데이터 거버넌스의 핵심 요소

데이터 거버넌스는 여러 가지 핵심 요소로 구성된다.

- **데이터 오너십 및 스튜어드십(Ownership&Stewardship)**: 각 데이터의 최종 책임자(Owner)와 실무적인 관리자(Steward)를 지정하여 데이터에 대한 책임 소재를 명확히 한다.
- **데이터 카탈로그 및 메타데이터 관리**: 기업 내에 존재하는 모든 데이터의 위치, 형식, 의미, 소유자 등을 정리한 '데이터의 목록' 또는 '데이터 지도'를 만든다. 이를 통해 사용자는 필요한 데이터를 쉽게 찾을 수 있다.

- **데이터 보안 및 접근 제어**: 직무와 역할에 따라 누가 어떤 데이터에 접근하고 수정할 수 있는지 권한을 체계적으로 관리하여 데이터 유출을 방지한다.
- **데이터 품질 관리**: 데이터의 정확성, 일관성 등을 보장하기 위한 규칙과 프로세스를 수립하고 지속적으로 모니터링한다.
- **데이터 계보(Data Lineage)**: 데이터가 최초로 생성된 시점부터 여러 시스템을 거쳐 변환되고 사용되기까지의 전체 여정을 추적하고 기록한다. 데이터에 문제가 발생했을 때, 그 원인을 찾는 데 결정적인 단서를 제공한다.
- **규제 준수(Compliance)**: GDPR(유럽 개인정보보호규정), 국내 개인정보보호법 등 각종 법적 규제를 준수할 수 있도록 데이터를 관리하는 체계를 마련한다.

4. 데이터 구조의 다양성

데이터 거버넌스를 제대로 수행하려면 우리가 다루는 데이터가 어떤 모습을 하고 있는지 알아야 한다. 데이터는 그 구조에 따라 크게 세 가지 유형으로 나눌 수 있다.

- **정형 데이터(Structured Data)**: 가장 전통적인 형태로, 엑셀 시트나 관계형 데이터베이스처럼 행과 열로 구성된 명확한 구조를 가진 데이터다. 고객 정보, 판매 기록, 재무 데이터 등이 여기에 해당한다. 구조가 명확하여 즉시 검색하고 분석하기 용이하다.
- **비정형 데이터(Unstructured Data)**: 정해진 구조가 전혀 없는 데이터다. 이메일 본문, 워드 문서와 같은 텍스트 파일, JPG나 PNG 같은 이미지 파일, MP4 동영상, MP3 음성 파일, 소셜 미디어 게시물 등이 모두 비정형 데이터다. 오늘날 생성되는 데이터의 80~90%를 차지할 정도로 양이 방대하지만, 분석을 위해서는 텍스트 마이닝이나 이미지 인식과 같은 별도의 전처리 기술이 필요하다.
- **반정형 데이터(Semi-structured Data)**: 정형 데이터와 비정형 데이터의 중간 형태다. 고정된 행과 열 구조는 없지만, JSON이나 XML 파일처럼 태그(tag)나 키-값(key-value) 쌍을 통해 데이터 내에 계층적인 구조나 의미를 포함하고 있다. 이 덕분에 비정형 데이터보다는 분석하기가 수월하다.

이러한 데이터 유형의 구분은 매우 중요하다. 데이터의 유형에 따라 데이터를 저장하고 처리하는 기술과 방법이 달라지기 때문이다. 정형 데이터는 주로 관계형 데이터베이스(OLTP)나 데이터 웨어하우스에 저장되는 반면, 방대한 양의 비정형 및 반정형 데이터는 '데이터 레이크(Data Lake)'라는 별도의 저장소나 NoSQL 데이터베이스에 저장되는 경우가 많다.

5. 데이터 품질 확보

데이터 거버넌스의 핵심 목표 중 하나는 바로 '데이터 품질(Data Quality)'을 확보하는 것이다. 데이터 품질의 중요성은 "쓰레기가 들어가면, 쓰레기가 나온다(Garbage In, Garbage Out)"는 격언으로 요약할 수 있다.

아무리 뛰어난 분석 도구나 최첨단 인공지능(AI) 모델을 가지고 있더라도, 입력되는 데이터 자체에 오류가 있거나 불완전하다면 그 분석 결과는 아무런 가치가 없다. 오히려 잘못된 데이터에 기반한 의사결정은 비즈니스에 막대한 손실을 초래할 수 있다. 한 연구에 따르면, 낮은 데이터 품질로 인해 기업들은 연평균 1,290만 달러(약 170억 원)에 달하는 손실을 보고 있다.

● 데이터 품질을 측정하는 기준

'좋은 품질의 데이터'란 무엇일까? 데이터 품질은 보통 다음과 같은 여러 차원에서 측정된다.

- **완전성**(Completeness): 고객 주소록에 주소나 연락처 정보가 빠짐없이 채워져 있는가?
- **유일성**(Uniqueness): 동일한 고객 정보가 여러 번 중복으로 저장되어 있지는 않은가?
- **적시성**(Timeliness): 어제 마감된 판매 실적을 오늘 아침에 바로 확인할 수 있는가?
- **유효성**(Validity): 이메일 주소가 'ID@도메인' 형식에 맞게 입력되어 있는가?
- **정확성**(Accuracy): 데이터에 기록된 고객의 이름이나 나이가 실제 정보와 일치하는가?
- **일관성**(Consistency): 판매 시스템의 제품 코드와 재고 관리 시스템의 제품 코드가 동일한 값을 가지는가?

이러한 기준들을 바탕으로 데이터의 품질을 지속적으로 측정하고 개선해 나가는 활동이 데이터 품질 관리다. 높은 품질의 데이터는 정확한 비즈니스 의사결정, 효율적인 업무 프로세스, 향상된 고객 경험, 그리고 신뢰도 높은 AI 모델 개발의 가장 기본적인 전제 조건이자, 모든 데이터 활용의 성공을 좌우하는 핵심 요소다.

참고 가이드 **NIA, 인공지능 개발을 위한 학습 '데이터의 품질' 관리 방법론(2025.05)**

AI의 성능은 데이터 품질이 좌우합니다. 인공지능 학습용 데이터를 구축할 때 어떤 기준으로 품질을 검증하고 관리해야 하는지 구체적인 방법론을 배울 수 있습니다.

[제1권] AI 데이터 품질관리 가이드 v3.5.pdf
[제2권] AI 데이터 구축 가이드 v3.5.pdf
[제3권] 생성형AI 데이터 품질관리 가이드 v2.0.pdf

참고 가이드 **데이터산업진흥원, 데이터 가치 평가 안내서(2024.07)**

기업이 보유한 데이터가 비즈니스적으로 얼마의 가치를 지니는지, 객관적인 금전적 가치로 환산하고 평가하는 기준을 참고할 수 있습니다.

9.6 연습문제

01 기업의 데이터를 분석하기 위해 여러 소스에서 수집하여 주제별로 통합하고, 변경되지 않도록 보관하는 거대한 중앙 데이터 저장소는?

① 데이터 마트
② 데이터 웨어하우스
③ 데이터 레이크
④ OLTP

02 은행 거래나 쇼핑몰 주문처럼 실시간 트랜잭션을 빠르고 정확하게 처리하는 데 최적화된 시스템은 무엇인가?

① OLTP
② OLAP
③ NoSQL
④ Data Mining

03 데이터를 분석하기 위해 추출(Extract), 변환(Transform), 적재(Load)하는 과정을 통칭하는 용어는?

① API
② SQL
③ ETL
④ CDC

04 아파치 카프카(Kafka)와 같이 데이터를 발생하는 즉시 실시간으로 처리하는 기술 방식을 무엇이라 하는가?

① 배치 처리
② 스트림 처리
③ 분산 처리
④ 병렬 처리

05 빅데이터의 전통적인 3V(Volume, Velocity, Variety)에 최근 추가된 특성으로, 데이터의 정확성과 신뢰성을 의미하는 것은?

① Value(가치)
② Veracity(진실성)
③ Visibility(가시성)
④ Variability(가변성)

06 데이터 웨어하우스의 데이터를 시각화하여 차트나 대시보드 형태로 제공함으로써 의사결정을 돕는 도구는?

① ERP
② CRM
③ BI
④ SCM

07 데이터의 주인과 관리 책임을 명확히 하고, 품질과 보안을 관리하기 위한 전사적인 정책 및 체계를 무엇이라 하는가?

① 데이터 거버넌스
② 데이터 마이닝
③ 데이터 리터러시
④ 데이터 사이언스

08 엑셀이나 RDBMS처럼 행과 열로 구성된 명확한 구조를 가진 데이터를 무엇이라 하는가?

① 정형 데이터
② 반정형 데이터
③ 비정형 데이터
④ 메타 데이터

09 카프카(Kafka)에서 데이터를 생성하여 보내는 역할을 하는 구성 요소는 무엇인가?

① 브로커
② 프로듀서
③ 컨슈머
④ 주키퍼

10 다음 중 데이터 품질을 측정하는 기준에 포함되지 않는 것은?

① 완전성
② 유일성
③ 적시성
④ 심미성

10장

디지털 자산을 지키는 정보보호 핵심 원리

학습목표

정보를 지키기 위해서는 그것이 담겨 있는 그릇, 즉 IT 인프라를 이해해야 한다. 이 장에서는 비전공자의 눈높이에서 회사의 디지털 시스템이 어떻게 구성되고 작동하는지를 문지기와 성벽의 비유를 통해 쉽게 설명한다. 시스템의 뼈대를 이해함으로써 우리는 보안 장치가 왜 곳곳에 필요한지 그 중요성을 깊이 인식하고, 안전한 인프라를 유지하기 위해 각자가 무엇을 해야 하는지 명확히 알게 될 것이다.

10.1 보안의 기본 원칙은 무엇인가?

우리 회사의 가장 중요한 자산은 무엇일까? 많은 사람이 사무실 건물, 컴퓨터, 혹은 현금과 같은 물리적인 자산을 떠올릴 것이다. 물론 그것들도 중요하지만, 오늘날 비즈니스의 심장은 눈에 보이지 않는 곳에서 뛴다. 바로 고객 정보, 재무 데이터, 신제품 개발 계획과 같은 '디지털 자산'이다. 이 정보들은 회사의 경쟁력을 만들고 미래를 이끄는 핵심 동력이다.

만약 이 중요한 디지털 자산을 보관한 금고에 자물쇠가 없다면 어떻게 될까? 혹은 아무나 드나들 수 있는 출입문만 있다면? 생각만 해도 아찔한 상황이다. '정보보안'은 바로 이 보이지 않는 자산을 지키는 우리 회사의 디지털 경비 시스템과 같다. 눈에 보이지는 않지만, 24시간 내내 외부의 침입자와 내부의 위험으로부터 우리의 소중한 정보를 보호하는 든든한 문지기 역할을 한다.

1. 정보보안 3요소(CIA)

정보보안의 세계로 들어서는 첫 관문은 세 가지 핵심 원칙을 이해하는 것이다. 이 세 원칙은 정보보안의 목표이자 기준으로, 각 단어의 앞 글자를 따 'CIA 원칙'이라고 부른다. 이는 중앙정보국(CIA)과는 아무 관련이 없다. 여기서 CIA는 기밀성(Confidentiality), 무결성(Integrity), 가용성(Availability)을 의미한다. 이 세 가지 열쇠가 어떻게 우리의 디지털 자산을 안전하게 지키는지 하나씩 살펴보자.

● 기밀성: 비밀은 지켜져야 한다

❶ 개념 정의

기밀성이란 허가된 사람, 프로세스, 시스템만이 정보에 접근할 수 있도록 보장하는 원칙이다. 정보가 '아주 중요한 비밀'로 취급되어야 한다는 의미와 같다. 즉, 권한이 없는 사람은 절대로 정보를 열람하거나 알 수 없어야 한다. 정보보안에서 가장 기본적이고 직관적인 개념이다.

❷ 비유로 이해하기

기밀성은 우리 주변에서 쉽게 찾아볼 수 있다. 가장 대표적인 예는 '자물쇠 달린 개인 일기장'이다. 일기장의 내용은 오직 주인만 볼 수 있어야 한다. 자물쇠는 주인이 허락하지 않은 다른 사람이 몰래 훔쳐보지 못하도록 막는 장치다. IT 세계에서 이 자물쇠 역할을 하는 것이 바로 암호화나 패스워드 같은 기밀성 보호 기술이다.

회사 업무에 빗대어 보면, 특정 팀원들만 열람할 수 있는 '대외비 문서'가 좋은 예다. 이 문서를 아무나 볼 수 없도록 잠긴 캐비닛에 보관하는 행위 자체가 바로 기밀성을 지키는 것이다.

❸ 비즈니스 중요성 및 침해 사례

만약 기밀성이 무너지면 기업은 심각한 타격을 입는다. 고객의 개인정보가 유출되면 브랜드 신뢰도는 한순간에 추락하고, 막대한 배상금과 법적 소송에 휘말릴 수 있다. 또한, 경쟁사에 신제품 개발 계획이나 가격 정책 같은 핵심 정보가 유출된다면 회사의 존폐를 위협하는 경영 손실로 이어질 수 있다.

실제 사례로, 2023년 미국 보건복지부(HHS)의 계약업체가 랜섬웨어 공격을 받았다. 이 공격으로 인해 이름, 주소, 은행 정보 등이 포함된 280만 명의 민감한 개인정보가 외부에 노출되는 심각한 사고가 발생했다. 이는 기밀성 붕괴가 개인과 조직에 얼마나 치명적인 결과를 초래하는지 보여준다.

❹ 주요 위협 및 방어 기술

기밀성을 위협하는 공격은 다양하다. 네트워크 통신 내용을 몰래 엿듣는 '도청', 다른 사람의 모니터나 키보드를 어깨너머로 훔쳐보는 '숄더 서핑(Shoulder Surfing)', 그리고 사람의 신뢰를 이용해 정보를 빼내는 '사회 공학 기법' 등이 대표적이다. 또한, 직원의 부주의나 실수로 정보가 유출되는 경우도 많다.

이러한 위협에 대응하기 위해 우리는 데이터를 암호로 바꾸는 '데이터 암호화', 접근 권한을 통제하는 '접근 제어(Access Control)', 그리고 허가되지 않은 네트워크 통신을 막는 기술 등을 사용한다. 무엇보다 중요한 것은 모든 직원이 정보보안의 중요성을 인지하도록 지속해서 교육하는 것이다.

● 무결성: 정보는 처음 그대로여야 한다

❶ 개념 정의

무결성이란 정보가 저장되거나 전송되는 과정에서 권한 없는 사용자에 의해 변경, 삭제, 생성되지 않도록 보호하는 것이다. 즉, 데이터가 언제나 원래의 완전하고 정확한 상태를 유지하는 성질을 말한다.정보가 위조되거나 변조되지 않았음을 보장하는 것이 핵심이다.

❷ 비유로 이해하기

무결성은 '위조지폐와 진짜 돈'의 차이로 쉽게 이해할 수 있다. 위조지폐는 겉보기에는 진짜 돈과 비슷하지만, 그 안에 담긴 가치와 정보가 변조된 것이다. 무결성이 깨진 데이터는 이 위조지폐와 같다. 신뢰할 수 없고, 사용할 수도 없다.

또 다른 비유는 '봉인된 서류'다. 중요한 계약서에 서명을 마친 후, 봉투에 넣고 밀랍이나 스티커로 봉인하는 이유는 무엇일까? 바로 내용물이 중간에 누군가에 의해 바뀌지 않았음을 보증하기 위함이다. 이 '봉인'의 역할을 하는 기술이 바로 전자서명이나 해시(Hash) 함수다. 또한, 소중하게 보관하던 도자기에 누군가 몰래 낙서를 하거나 흠집을 내면 그 가치가 훼손되는 것처럼, 데이터도 허락 없이 수정되면 그 신뢰성을 잃게 된다.

❸ 비즈니스 중요성 및 침해 사례

무결성은 특히 금융, 의료, 법률 분야에서 절대적으로 중요하다. 은행 시스템에서 고객의 계좌 잔액이 마음대로 바뀔 수 있다면 금융 시스템 전체가 마비될 것이다. 병원의 환자 기록이 조작된다면 의료 사고로 이어질 수 있다.

최근 기업에 큰 피해를 주는 '비즈니스 이메일 사기(BEC, Business Email Compromise)'는 무결성 훼손의 대표적인 사례다. 해커는 CEO나 거래처 직원을 사칭하여 이메일을 보낸다. 이때 송금해야 할 계좌번호를 자신의 계좌번호로 살짝 바꿔치기한다. 이메일의 다른 내용은 모두 정상이므로, 담당자는 의심 없이 변조된 계좌로 거액을 송금하게 된다. 이처럼 무결성의 작은 훼손이 막대한 금전적 피해로 직결될 수 있다.

❹ 주요 위협 및 방어 기술

무결성을 위협하는 주된 요인은 악성코드인 바이러스나 트로이 목마, 그리고 해커에 의한 직접적인 데이터 위변조 공격이다. 이러한 위협으로부터 데이터를 보호하기 위해 다양한 기술이 사용된다. '전자서명'은 문서의 작성자를 증명하고 내용이 변경되지 않았음을 보장한다. '바이러스 백신'은 악성코드 감염을 막는다. 또한, '해시 함수'라는 기술을 통해 데이터가 원본과 동일한지 손쉽게 검증할 수 있다. '접근 제어'나 '침입 탐지 시스템' 역시 허가되지 않은 변경을 막는 중요한 방어 수단이다.

● 가용성: 필요할 때 언제든 쓸 수 있어야 한다

❶ 개념 정의

가용성이란 권한을 가진 사용자가 정보나 자원을 필요로 할 때, 지체 없이 접근하고 사용할 수 있도록 보장하는 것을 말한다. 시스템이 다운되거나 서비스가 중단되지 않고, 언제나 정상적으로 작동해야 한다는 의미다.

❷ 비유로 이해하기

가용성은 '24시간 편의점과 명절에 문을 닫은 은행'으로 비유할 수 있다. 시간 편의점은 내가 필요할 때 언제든 찾아가 물건을 살 수 있으므로 가용성이 매우 높다. 반면, 급하게 현금을 인출해야 하는데 명절 연휴라 문을 닫은 은행은 가용성이 낮은 상태다. 온라인 세상에서는 '인기 콘서트 티켓 예매 사이트'가 좋은 예다. 예매 시작과 동시에 수많은 접속자가 몰려 서버가 다운되는 경험을 해본 적이 있을 것이다. 이때 정당한 예매자들조차 서비스를 이용할 수 없게 되는데, 이것이 바로 가용성이 침해된 대표적인 사례다.

❸ 비즈니스 중요성 및 침해 사례

가용성은 비즈니스의 연속성과 직결된다. 온라인 쇼핑몰 웹사이트가 한 시간만 마비되어도 수억 원의 매출 손실이 발생할 수 있다. 공장 생산 라인을 제어하는 시스템이 멈추면 생산 전체가 중단되어 막대한 손해를 입는다. 가용성을 공격하는 가장 대표적인 방법은 '디도스(DDoS, Distributed Denial of Service)' 공격이다. 이는 수많은 좀비 PC를 동원하여 특정 웹사이트에 대량의 트래픽을 인위적으로 발생시켜 서버를 마비시키는 공격이다. 경쟁사나 회사에 불만을 품은 해커는 이 방법을 통해 정상적인 비즈니스 활동을 방해하고 금전적 피해를 줄 수 있다.

❸ 주요 위협 및 방어 기술

가용성을 위협하는 요소는 DDoS 공격 외에도 다양하다. 데이터를 암호화하고 돈을 요구하는

'랜섬웨어', 지진이나 화재 같은 '자연재해', 그리고 단순 '시스템 오류' 등도 서비스 중단을 유발할 수 있다. 이러한 위협에 대비하기 위해 기업들은 중요한 데이터를 주기적으로 다른 곳에 복사해두는 '데이터 백업'을 수행한다. 또한, 하나의 시스템에 문제가 생겨도 즉시 다른 시스템이 그 역할을 대신하는 '시스템 이중화(Redundancy)'나 '클러스터링' 기술을 도입한다. DDoS 공격을 전문적으로 방어하는 솔루션을 사용하는 것도 필수적이다.

● CIA 원칙의 상호관계와 균형

기밀성, 무결성, 가용성은 각각 독립적인 개념처럼 보이지만, 실제로는 서로 긴밀하게 연결되어 있다. 때로는 하나의 요소를 지나치게 강화하는 조치가 다른 요소에 부정적인 영향을 미칠 수도 있다. 따라서 정보보안 정책을 수립할 때는 이 세 요소의 '균형'을 맞추는 것이 매우 중요하다.

보안 등급이 매우 높은 군사 연구소를 상상해보자. 이 연구소의 기밀성을 극대화하기 위해, 출입 절차를 5단계의 복잡한 인증 과정으로 만들었다고 가정하자. 지문 인식, 홍채 스캔, 암호 입력 등을 모두 거쳐야만 들어갈 수 있다. 이렇게 하면 외부인이 침입할 가능성은 거의 없으므로 기밀성은 매우 높아질 것이다.

하지만 만약 연구소 내부에 화재와 같은 긴급 상황이 발생한다면 어떨까? 연구원이 신속하게 내부로 진입하여 상황에 대응해야 하지만, 복잡한 인증 절차 때문에 시간이 지체될 것이다. 이는 즉각적인 서비스 접근을 보장해야 하는 가용성을 심각하게 해치는 결과로 이어진다.

이처럼 보안은 항상 편리성과 상충 관계에 있다. 보안 수준을 높이면 사용이 불편해지고, 사용 편의성을 높이면 보안 수준이 낮아질 수 있다. 따라서 모든 기업은 자사의 비즈니스 특성과 정보의 중요도, 그리고 마주한 위험 수준을 종합적으로 고려하여 CIA 세 요소 간의 최적의 균형점을 찾아야 한다.

● 책임추적성과 부인방지

CIA 원칙이 정보보안의 목표를 정의한다면, 책임추적성(Accountability)과 부인방지(Non-Repudiation)는 그 목표가 제대로 지켜지도록 만드는 강력한 '집행 장치'다. 이 두 개념이 없다면 보안 정책은 그저 권고 사항에 머무를 수 있다.

❶ 개념 정의

'책임추적성'이란 시스템 내에서 발생한 모든 활동을 특정 사용자와 연결하여 추적할 수 있는 능력을 말한다. 즉, "누가, 언제, 무엇을 했는가"를 명확하게 기록하고 확인할 수 있어야 한다는 원칙이다. '부인방지'는 어떤 행위를 한 사람이 나중에 "나는 그런 일을 한 적이 없다"고 발뺌할 수 없도록, 그 사실을 증명할 수 있는 확실한 증거를 확보하는 것을 의미한다.

❷ 비유로 이해하기

이 두 개념은 '건물 CCTV와 등기우편'에 비유할 수 있다. 건물 곳곳에 설치된 CCTV는 누가 언제 출입하고 어떤 행동을 했는지 모두 기록한다. 만약 도난 사건이 발생하면 CCTV 기록을 통해 범인을 추적하고 책임 소재를 명확히 할 수 있다. 이것이 바로 책임추적성이다.

한편, 중요한 서류를 보낼 때 사용하는 등기우편은 수취인에게 직접 전달하고 서명을 받는다. 이를 통해 보낸 사람은 서류를 확실히 보냈다는 것을, 받은 사람은 서류를 받았다는 것을 증명할 수 있다. 양쪽 모두 나중에 그 사실을 부인할 수 없게 만드는 것, 이것이 부인방지다.

❸ 비즈니스 중요성 및 기술

책임추적성과 부인방지는 비즈니스 환경에서 매우 중요하다.

- 첫째, 보안 사고가 발생했을 때 원인을 신속하게 파악하고 책임 소재를 규명하는 데 결정적인 역할을 한다.
- 둘째, 모든 사용자는 자신의 행동이 시스템에 기록된다는 사실을 인지하게 되므로, 의도적인 악의적 행위를 시도하기 전에 한 번 더 생각하게 만드는 강력한 억제 효과가 있다.
- 셋째, 전자 계약이나 온라인 금융 거래에서 거래 사실을 법적으로 증명하는 핵심 요소로 작용한다.

이러한 목표를 달성하기 위해 시스템은 모든 활동을 기록하는 '시스템 로그(Log)'를 생성하고, 이를 주기적으로 검토하는 '감사(Audit)' 활동을 수행한다. 또한, 메시지나 문서의 발신자를 증명하고 위변조를 방지하는 '전자서명'은 부인방지를 구현하는 대표적인 기술이다.

2. 접근 제어(Access Control)

정보보안의 목표인 CIA 원칙을 실제로 구현하는 구체적인 방법이 바로 '접근제어(Access Control)'다. 접근제어는 허가된 사람만, 허가된 정보에, 허가된 방식으로 접근하도록 통제하는 모든 과정을 의미한다. 이는 디지털 세상의 출입 관리 시스템과 같다.

● 접근제어란 무엇인가?

접근제어(Access Control, AC)란 컴퓨터 시스템 내의 특정 자원(파일, 데이터베이스, 프로그램 등)에 대해 누가 조회, 사용, 수정할 수 있는지를 관리하고 통제하는 모든 기술적, 관리적 수단을 말한다. 즉, 정당한 사용자(주체)가 허가된 방식으로만 정보(객체)에 접근하도록 하는 것이다.

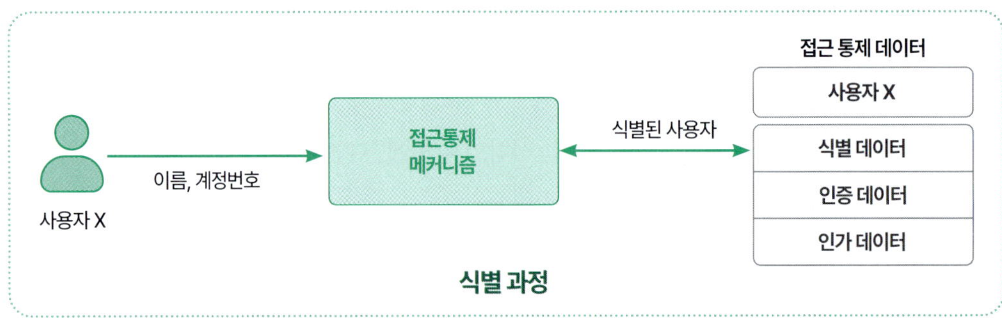

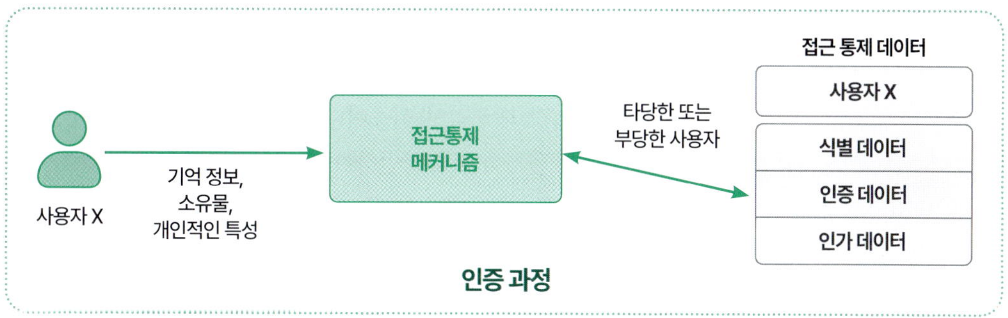

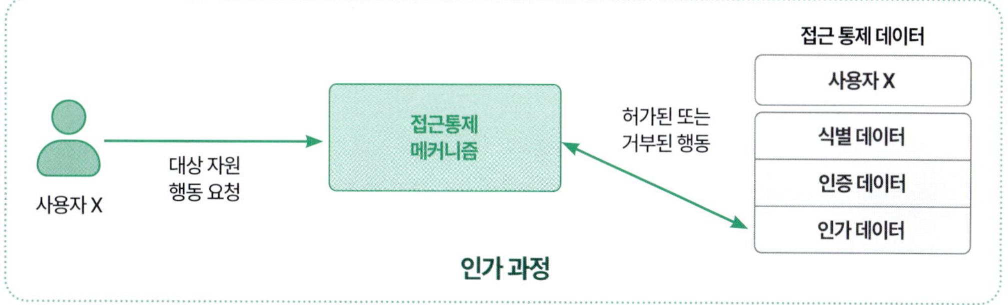

논리적 접근 통제 메커니즘

출처: Weber, 1999

접근제어는 '회사 건물 출입 시스템'과 매우 유사하다. 회사 건물 1층 로비는 방문객을 포함해 누구나 자유롭게 드나들 수 있다. 여기에는 특별한 접근제어가 없다. 하지만 사무 공간이 있는 층으로 올라가려면 엘리베이터 앞에서 출입증을 찍어야 한다. 이것이 접근제어의 시작이다.

더 나아가, 서버실이나 재무팀 사무실, 임원실과 같은 민감한 구역은 일반 출입증으로는 들어갈 수 없고 특별한 권한이 있는 사람만 출입이 허가된다. 이처럼 대상과 권한에 따라 접근 수준을 다르게 설정하고 통제하는 모든 과정이 바로 접근제어다.

● 접근제어의 3단계

디지털 시스템에서 접근제어는 보통 세 가지 단계를 순서대로 거친다. 바로 식별, 인증, 인가다. 이 과정은 공항에서 비행기를 타기 전의 절차와 비슷하다.

> ❶ 식별(Identification): "저는 OOO입니다"라고 신원을 밝히는 단계(공항에서 체크인 카운터에 여권을 제시).
> ❷ 인증(Authentication): "당신이 OOO가 맞군요"라고 신원을 확인하는 단계(직원이 여권 사진과 내 얼굴을 대조).
> ❸ 인가(Authorization): "OOO님은 이 비행기에 탑승할 수 있습니다"라고 권한을 부여하는 단계(탑승권을 확인하고 게이트를 통과).

❶ **식별:** "누가 접근을 시도하는가"를 시스템에 알리는 단계다. 사용자가 자신의 신원을 주장하는 과정으로, 단순히 이름표를 제시하는 행위라고 볼 수 있다.

❷ **인증:** 시스템에 접근하려는 사용자가 자신이 주장하는 바로 그 사람이 맞는지를 '신원을 확인'

하는 절차다. 시스템이 사용자에게 "당신은 누구인가?"라고 묻고, 사용자가 그에 대한 증거를 제시하여 자신을 증명하는 과정이다.

우리가 매일같이 하는 '로그인' 행위가 가장 대표적인 인증이다. 웹사이트에 아이디와 비밀번호를 입력하면, 시스템은 저장된 정보와 일치하는지 확인하여 내가 회원임을 증명해준다. 은행 ATM에서 현금을 인출할 때, 내 카드를 넣고(내가 가진 것) 비밀번호를 입력하는(내가 아는 것) 행위 역시 인증의 한 형태다. 사용자가 자신의 신원을 증명하기 위해 제시하는 증거, 즉 '인증 요소'는 크게 세 가지 유형으로 나눌 수 있다.

- **지식 기반(Something you know)**: 사용자만 알고 있는 비밀 정보.
  예 비밀번호(Password), 개인 식별 번호(PIN)
- **소유 기반(Something you have)**: 사용자만 가지고 있는 물리적인 물건.
  예 일회용 비밀번호(OTP) 생성기, 스마트카드, 공인인증서가 저장된 USB, 스마트폰
- **생체/행위 기반(Something you are/do)**: 사용자의 고유한 신체적 특징이나 행동 패턴.
  예 지문, 얼굴, 홍채, 정맥, 서명, 걸음걸이

알아두세요 **다중 인증(Multi-Factor Authentication, MFA)이 왜 필수인가?**

'다중 인증'이란 위에서 설명한 세 가지 인증 요소 중 두 가지 이상을 조합하여 사용하는 방식이다. 만약 두 가지 요소를 사용하면 2단계 인증(2FA, 2-Factor Authentication)이라고 부른다.

과거에는 비밀번호(지식 기반) 하나만으로 인증하는 경우가 많았다. 하지만 비밀번호는 너무 단순하게 설정되거나 여러 사이트에서 재사용되는 경우가 많아 해킹 공격에 매우 취약하다. 해커가 어떤 방법으로든 당신의 비밀번호를 알아냈다고 상상해보자. 단일 인증 환경에서는 그것만으로 모든 정보에 접근할 수 있다.

하지만 다중 인증이 설정되어 있다면 이야기가 달라진다. 해커가 비밀번호를 훔쳤더라도, 로그인을 완료하려면 당신의 스마트폰으로 전송된 인증 코드(소유 기반)나 당신의 지문(생체 기반)이 추가로 필요하다. 해커가 당신의 비밀번호와 스마트폰을 동시에 훔치기는 매우 어렵다. 이처럼 MFA는 보안의 허들을 하나 더 추가하여 계정 탈취 가능성을 획기적으로 낮추는, 현대 사회의 필수적인 보안 수단이다. 실제로 Microsoft의 연구에 따르면, MFA를 사용하는 것만으로도 ID 기반 공격의 99.9%를 막을 수 있다고 한다.

❸ **인가**: 인가란 인증된 사용자에게 특정 정보나 자원에 접근하고, 정해진 작업을 수행할 수 있는 '권한을 부여'하는 절차다. 이는 "당신은 무엇을 할 수 있는가?"라는 질문에 답하는 과정이다.

인증과 인가의 차이를 이해하기에 가장 좋은 비유는 '호텔 카드키'다. 당신이 호텔에 도착하여 프런트 데스크에 신분증을 제시하고 예약자 본인임을 확인받는 과정은 '인증'이다.

인증이 완료되면 직원은 당신에게 카드키를 건네준다. 이 카드키는 당신이 예약한 1001호의 문은 열 수 있지만, 옆방인 1002호의 문은 열 수 없다. 또한, 수영장이나 헬스장 같은 공용 시설은 이용할 수 있지만, 직원 전용 공간이나 기계실은 들어갈 수 없도록 설정되어 있다. 이처럼 인증된 사용자에게 허용된 행동의 범위를 정해주는 것이 바로 '인가'다. 즉, 인증은 '키' 그 자체라면, 인가는 그 키로 '어떤 문을 열 수 있는지'를 결정하는 것이다.

인증과 인가의 결정적 차이

두 용어는 자주 혼동되지만, 명확한 차이가 있다.

- **순서**: 모든 프로세스는 반드시 '선(先)인증, 후(後)인가'의 순서로 진행된다. 신원이 확인되지 않은 익명의 사용자에게 특정 권한을 부여할 수는 없기 때문이다.
- **목적**: 인증의 목적은 '신원 확인'이고, 인가의 목적은 '권한 부여'다.
- **예시**: 회사 그룹웨어에 아이디와 비밀번호를 입력하고 로그인하는 것은 '인증'이다. 로그인 후, 일반 사원은 공지사항 게시판의 글을 읽을 수만 있지만, 인사팀 직원은 전 직원의 인사 정보를 조회하고 수정할 수 있는 것은 '인가'의 차이 때문이다.

이 두 개념의 차이를 명확히 이해하는 것은 접근제어의 핵심을 파악하는 데 매우 중요하다. 아래 표는 두 개념의 차이를 한눈에 비교하여 보여준다.

▼ 인증과 인가의 개념 차이

구분	인증(Authentication)	인가(Authorization)
질문	"당신은 누구입니까?" (Who are you?)	"당신은 무엇을 할 수 있습니까?" (What can you do?)
목적	사용자의 신원 확인	확인된 사용자에게 권한 부여
프로세스	사용자가 ID, 비밀번호, OTP, 지문 등 제출	시스템이 사용자의 권한 목록(정책)을 확인
결과	로그인 성공/실패	특정 기능/데이터에 대한 접근 허용/거부
비유	공항 보안 검색대에서 신분증 확인	탑승권 등급에 따라 비즈니스/이코노미 좌석 배정

10.2 사용자는 어떻게 식별하고 관리하는가?

원칙과 과정을 우리 회사 환경에서 어떻게 체계적으로 관리하는지 알아볼 차례다. 그 중심에는 'IAM'이라는 개념이 있다. IAM은 'Identity and Access Management'의 약자로, 우리말로는 '계정 및 접근 관리'라고 한다.

1. 계정과 권한

IAM을 이해하기 위한 가장 기본적인 구성 요소는 '계정(Account)'과 '권한(Permission)'이다. 이 두 가지 개념과 그 관계를 명확히 이해하는 것이 IAM의 첫걸음이다.

● 계정이란 무엇인가?

계정이란 시스템이 특정 개인을 식별하고 구분하기 위해 부여하는 고유한 이름 또는 ID를 말한다. 우리가 흔히 사용하는 '아이디(ID)'가 바로 계정이다. 이 계정을 통해 사용자가 시스템 내에서 수행하는 모든 활동이 기록되고 추적된다. 이는 앞서 배운 '책임추적성'의 가장 기본적인 기반이 된다.

비유하자면, 계정은 학교에서 학생에게 부여하는 '학번'이나 회사에서 직원에게 부여하는 '사번'과 같다. 각 개인에게 유일하게 할당된 고유한 식별자인 셈이다.

● 권한이란 무엇인가?

권한이란 특정 계정이 시스템 내에서 수행할 수 있는 작업의 목록을 의미한다. 예를 들어, 어떤 파일에 대해 읽기만 가능한 권한, 읽고 수정까지 가능한 권한, 심지어 삭제까지 할 수 있는 권한 등으로 세분화할 수 있다.

이는 회사에서 부여받은 '직책'이나 '직무'에 비유할 수 있다. 마케팅팀 사원은 마케팅 관련 자료에 접근하고 수정할 권한이 있지만, 재무 시스템에는 접근할 수 없다. 반대로 재무팀 과장은 재무 시스템을 자유롭게 사용할 권한이 있지만, 개발팀의 소스 코드에는 접근할 수 없다. 이처럼 각자의 역할에 따라 할 수 있는 일의 범위가 정해지는 것이 바로 권한이다.

● 계정과 권한의 관계

계정과 권한의 관계는 '놀이공원 이용권'으로 쉽게 설명할 수 있다. 당신이 놀이공원에 가기 위해 매표소에서 당신의 이름으로 티켓을 발급받았다고 상상해보자. 이 고유한 티켓이 바로 당신의

'계정'이다. 그런데 이 티켓에는 종류가 있다. 모든 놀이기구를 무제한으로 탈 수 있는 '자유이용권'이 있고, 3개의 놀이기구만 선택해서 탈 수 있는 '빅3 이용권'도 있다. 여기서 티켓의 종류, 즉 어떤 놀이기구를 얼마나 탈 수 있는지를 정해주는 것이 바로 '권한'이다. 당신이라는 개인(계정)은 한 명이지만, 어떤 종류의 이용권(권한)을 가지고 있느냐에 따라 놀이공원에서 할 수 있는 일의 범위가 완전히 달라진다.

2. 최소 권한 원칙

계정과 권한을 관리할 때 반드시 지켜야 할 가장 중요하고 근본적인 원칙이 있다. 바로 '최소 권한 원칙'이다. 이 원칙은 정보보안의 수많은 격언 중에서도 핵심으로 꼽힌다.

최소 권한 원칙(Principle of Least Privilege, PoLP)이란 모든 사용자, 프로그램, 프로세스는 자신의 업무를 수행하는 데 필요한 '최소한의 권한'만을 가져야 한다는 원칙이다. 즉, 필요 이상의 과도한 권한을 부여해서는 안 된다는 의미다.

이 원칙은 '집 열쇠 비유'로 쉽게 이해할 수 있다. 당신이 장기간 집을 비우게 되어 친구에게 화초에 물을 주는 것을 부탁했다고 가정하자. 이때 당신은 친구에게 어떤 열쇠를 주겠는가? 당연히 현관문 열쇠 하나만 줄 것이다. 집 안의 모든 방 열쇠, 금고 열쇠, 자동차 키까지 전부 주는 것은 상식 밖의 행동이다. 꼭 필요한 최소한의 열쇠만 주는 것, 이것이 바로 최소 권한 원칙의 핵심이다.

● 왜 가장 중요한 원칙인가?

최소 권한 원칙은 단순한 규칙이 아니라, 잠재적 피해의 규모를 사전에 제어하는 핵심적인 위험 관리 전략이다. 이 원칙을 지켜야 하는 이유는 크게 세 가지다.

- **실수로 인한 피해 최소화**: 사람은 누구나 실수를 할 수 있다. 만약 회계 담당자에게 서버 설정을 변경할 수 있는 강력한 권한이 있다면, 실수로 중요한 시스템 설정을 건드려 전체 서비스 장애를 일으킬 수 있다. 하지만 애초에 그에게 그런 권한이 없다면, 실수를 하고 싶어도 할 수 없다.
- **해킹 피해 범위 축소**: 이 원칙은 사고 발생 시 피해가 확산되는 범위를 의미하는 '폭발 반경(Blast Radius)'을 줄이는 데 결정적이다. 만약 해커가 마케팅팀 직원의 계정을 탈취했다고 가정해 보자. 최소 권한 원칙이 잘 지켜졌다면, 그 계정에는 마케팅 자료에 접근할 권한만 있을 뿐, 고객 개인정보 데이터베이스나 재무 시스템에 접근할 권한은 없을 것이다. 따라서 해커는 제한된 정보만 훔칠 수 있고, 회사의 핵심 자산은 안전하게 보호된다. 공격자의 활동 반경을 좁혀 피해를 최소화하는 것이다.
- **내부자에 의한 위협 방지**: 모든 보안 위협이 외부에서 오는 것은 아니다. 때로는 악의를 가진 내부 직원이 더 큰 위협이 될 수 있다. 최소 권한 원칙은 이런 내부 직원이 있더라도 자신의 권한 범위를 넘어서는 데이터를 유출하거나 파괴하는 것을 원천적으로 차단한다.

● 최소 권한 원칙을 무시한 경우

최소 권한 원칙을 무시했을 때 어떤 끔찍한 결과가 초래되는지는 다음의 실제 사고 사례를 통해 명확히 알 수 있다.

- **사례 1**: Toyota Motor 대규모 데이터 유출 사건

  2023년, 토요타 자동차는 클라우드 환경의 데이터베이스 설정 오류로 인해 약 26만 명의 고객 데이터가 외부에 노출되는 사고를 겪었다. 더욱 충격적인 사실은, 이 잘못된 권한 설정이 2013년부터 무려 10년간 방치되어 있었다는 점이다. 이는 필요한 최소한의 접근 권한만 부여하고 이를 주기적으로 검토하는 원칙이 지켜지지 않았을 때 어떤 문제가 발생하는지를 극명하게 보여준다.

- **사례 2**: TalentHook 2,600만 건 이력서 유출 사고

  미국의 인재 채용 플랫폼인 TalentHook에서는 클라우드 스토리지의 접근 권한이 'Public Read', 즉 인터넷에 연결된 누구나 파일을 읽을 수 있는 상태로 잘못 설정되어 있었다. 이 단 하나의 설정 오류로 인해 2,600만 건의 민감한 이력서 정보가 고스란히 유출되었다. 이는 최소 권한 원칙이 얼마나 중요한 기본 보안 설정인지를 경고하는 사례다.

- **사례 3**: 랜섬웨어와 권한 상승 공격

  해커가 시스템에 처음 침투할 때는 보통 낮은 권한을 가진 계정을 탈취한다. 하지만 해커의 최종 목표는 시스템 전체를 장악할 수 있는 가장 높은 권한, 즉 '관리자 권한'을 획득하는 것이다. 이처럼 낮은 권한에서 높은 권한으로 올라가려는 시도를 '권한 상승(Privilege Escalation)' 공격이라고 한다. 최소 권한 원칙이 잘 적용된 시스템은 각 계정과 프로세스의 권한이 엄격히 분리되어 있어, 해커가 초기 침투에 성공하더라도 권한 상승이 매우 어려워져 최종적인 피해를 막을 수 있다.

3. 패스워드 정책

계정 보안의 첫 번째 방어선은 단연 '패스워드'다. 아무리 복잡한 보안 시스템을 갖추고 있더라도, 가장 기본적인 패스워드 관리가 부실하면 모든 것이 무용지물이 될 수 있다. 따라서 기업은 강력한 패스워드 정책(Password Policy)을 수립하고 모든 구성원이 이를 준수하도록 해야 한다.

● 좋은 패스워드 vs. 나쁜 패스워드

- **나쁜 패스워드**: 123456, password, qwerty처럼 누구나 예상할 수 있는 문자열, 혹은 자신의 이름, 생일, 전화번호 등 개인정보와 관련된 패스워드는 최악의 선택이다. 해커는 이런 종류의 패스워드를 가장 먼저 시도한다.
- **좋은 패스워드**: 일반적으로 대문자, 소문자, 숫자, 특수문자를 모두 조합하여 8자리 이상으로 만든, 유추하기 어려운 문자열을 권장한다.
- **더 좋은 방법, 패스프레이즈(Passphrase)**: 복잡한 문자열은 기억하기 어렵다는 단점이 있다. 이를 보완하는 좋은 방법이 '패스프레이즈'다. 이는 "내가 가장 좋아하는 강아지는 쫑이

다!(I love my dog Jjong!)"와 같이 자신만이 아는 문장을 만든 후, 이를 변형하여 비밀번호로 사용하는 것이다. 예를 들어, IlmdJ!2024 와 같이 만들 수 있다. 이렇게 하면 기억하기 쉬우면서도 해커가 추측하기는 매우 어려운 강력한 비밀번호가 된다.

● 기업의 패스워드 관리 정책

기업은 개인의 노력에만 의존하지 않고, 시스템적으로 강력한 패스워드 사용을 강제하는 정책을 시행한다.

- **주기적인 변경 요구**: 패스워드를 주기적으로 변경하도록 요구하는 이유는, 만에 하나 자신의 패스워드가 외부에 유출되었더라도 해커가 그것을 사용하기 전에 무효화하기 위함이다.
- **계정 잠금(Lockout) 정책**: 로그인 시도 시 일정 횟수(예 5회) 이상 연속으로 틀린 비밀번호를 입력하면 해당 계정을 일시적으로 잠그는 정책이다. 이는 해커가 무작위로 비밀번호를 계속 대입해보는 '무차별 대입 공격(Brute-force attack)'을 효과적으로 막기 위한 조치다.
- **강력한 암호 정책의 중요성**: 앞서 다중 인증(MFA)의 중요성을 강조했지만, 그렇다고 해서 패스워드의 중요성이 사라지는 것은 아니다. 첫 번째 방어선인 패스워드가 강력해야만 전체적인 보안 수준이 함께 높아진다. MFA와 강력한 패스워드 정책은 서로를 보완하는 관계다.

참고 가이드 **생체정보보호 안내서(2024.12)**

지문, 안면 인식 등 민감한 생체정보를 인증 수단으로 활용할 때, 이를 어떻게 암호화하여 저장하고 전송해야 하는지, 위변조 방지 기술은 무엇인지 기술적 보호 조치를 확인할 수 있습니다.

4. 통합 계정 관리(IAM)

지금까지 배운 계정, 권한, 최소 권한 원칙, 패스워드 정책 등을 개별적으로 관리하는 것은 매우 비효율적이고 위험하다. 수백, 수천 명의 직원이 사용하는 수십, 수백 개의 시스템을 안전하게 관리하기 위해서는 이 모든 것을 통합적으로 처리하는 중앙 관제탑이 필요하다. 그 역할을 하는 것이 바로 IAM(Identity and Access Management)이다.

● IAM이란 무엇인가?

IAM이란 조직 내 모든 사용자의 디지털 신원(Identity)과, 그들이 접근할 수 있는 자산(Access)을 통합적으로 관리(Management)하는 보안 프레임워크 및 솔루션을 총칭한다.

IAM 시스템의 핵심 기능은 조직의 보안 정책에 따라 '올바른 사용자'가 '올바른 자원'에 '올바른 시점'에 '올바른 이유'로 접근하도록 보장하는 것이다. 즉, 누가(Identity), 무엇에(Resource), 언제/어디서/어떻게(Context) 접근할 수 있는지에 대한 정책을 중앙에서 수립하고, 이를 모든 시스템에 걸쳐 자동으로 시행한다.

● IAM이 현대 기업에 필수적인 이유

과거의 보안은 회사의 내부 네트워크라는 '성벽'을 튼튼하게 쌓고 그 안을 지키는 방식이었다. 하지만 클라우드 컴퓨팅, 다양한 SaaS(Software as a Service) 애플리케이션 사용, 원격 근무의 확산으로 인해 이제 데이터와 사용자는 성벽 안팎 어디에나 존재하게 되었다.

이러한 변화는 보안의 패러다임을 근본적으로 바꾸었다. 이제 지켜야 할 경계는 네트워크가 아니라 '사용자의 신원(Identity)' 그 자체가 되었다. "이 사용자는 누구인가?", "이 사용자는 신뢰할 수 있는가?"를 확인하고 그에 맞는 권한을 부여하는 것이 보안의 핵심이 된 것이다. 이것이 바로 IAM이 현대 기업에 필수적인 이유다.

또한, IAM은 비즈니스의 효율성과 민첩성을 높이는 핵심 동력이기도 하다. 수백 명의 직원이 입사하고, 부서를 옮기고, 퇴사할 때마다 IT 관리자가 수십 개의 시스템에 대한 권한을 일일이 수동으로 부여하고 회수하는 것은 엄청난 시간 낭비이며 실수를 유발하기 쉽다. IAM은 이러한 온보딩, 오프보딩, 역할 변경 과정을 자동화하여 IT 부서의 부담을 획기적으로 줄여주고, 비즈니스가 변화에 신속하게 대응할 수 있도록 돕는다.

● 역할 기반 접근 제어(Role-Based Access Control, RBAC) 심층 분석

IAM을 구현하는 가장 대표적이고 널리 사용되는 방식이 바로 '역할 기반 접근 제어(RBAC)'다.

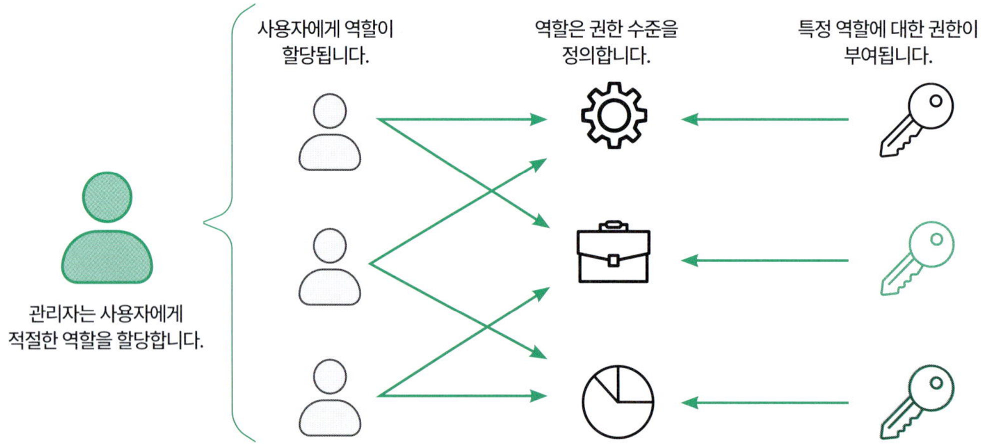

❶ 개념

RBAC는 사용자 개개인에게 직접 권한을 할당하는 대신, '역할(Role)'이라는 일종의 그룹을 만들고, 그 역할에 필요한 권한들을 부여한 뒤, 사용자를 해당 역할에 소속시키는 방식이다.

❷ 왜 RBAC를 사용하는가?

RBAC의 가장 큰 장점은 관리의 효율성과 일관성이다. 이 모델은 "사람의 정보(입사, 퇴사, 부서 이동 등)는 자주 바뀌지만, 조직의 역할(재무팀, 영업팀 등)과 그 역할이 수행하는 업무는 상대적으로 잘 바뀌지 않는다"는 점에 착안했다.

예를 들어, 영업팀에 신입사원이 10명 입사했다고 가정하자. RBAC가 없다면 관리자는 10명의 각 직원에게 고객 관리 시스템 접근 권한, 견적 시스템 사용 권한 등 수십 개의 권한을 일일이 부여해야 한다. 하지만 RBAC를 사용하면, 관리자는 단순히 10명의 신입사원을 미리 정의된 '영업팀 사원' 역할 그룹에 포함시키기만 하면 된다. 그러면 이들은 자동으로 해당 역할에 부여된 모든 권한을 상속받게 된다. 관리의 복잡성이 획기적으로 줄어드는 것이다.

❸ 기업 적용 사례

실제 기업에서 RBAC가 어떻게 적용되는지 구체적인 예시를 통해 살펴보자.

- **역할 정의**: 먼저 조직의 직무에 따라 '영업팀 사원', '영업팀장', '인사팀 담당자', '시스템 관리자'와 같은 역할들을 정의한다.
- **역할별 권한 할당**: 각 역할에 필요한 최소한의 권한을 할당한다.
- **'영업팀 사원' 역할**: 고객 정보 '읽기' 및 '수정' 권한, 견적서 '생성' 권한을 부여한다.
- **'영업팀장' 역할**: '영업팀 사원'의 모든 권한을 포함하고, 추가로 팀원 실적 '조회' 권한과 특별 할인율 '승인' 권한을 부여한다.
- **'인사팀 담당자' 역할**: 전 직원의 인사기록 '읽기/쓰기' 권한과 급여 정보 '접근' 권한을 부여한다.
- **'시스템 관리자' 역할**: 모든 시스템에 대한 최고 관리 권한을 부여한다.
- **사용자에게 역할 할당**: 신입사원 '김영업'이 입사하면, 그의 계정을 '영업팀 사원' 역할에 소속시킨다. 그러면 김영업은 별도의 설정 없이 영업팀 사원 역할이 가진 모든 권한을 자동으로 갖게 된다. 만약 그가 나중에 팀장으로 승진하면, 그의 역할을 '영업팀장'으로 변경하기만 하면 된다.

다음의 표를 통해 RBAC가 어떻게 최소 권한 원칙을 자연스럽게 구현하는지 한눈에 파악할 수 있다.

▼ RBAC 정책이 적용된 예시

역할(Role)	고객 DB	재무 시스템	인사 시스템	서버 관리
영업팀 사원	조회/수정	접근 불가	접근 불가	접근 불가
재무팀 담당자	조회만 가능	조회/수정	접근 불가	접근 불가
인사팀 담당자	조회만 가능	접근 불가	조회/수정	접근 불가
IT 관리자	모든 권한	모든 권한	모든 권한	모든 권한

이처럼 IAM과 RBAC는 복잡한 현대 IT 환경에서 보안과 효율성이라는 두 마리 토끼를 모두 잡기 위한 필수적인 도구다. 이는 단순히 IT 부서만의 일이 아니라, 모든 구성원이 자신의 역할과 권한을 이해하고 올바르게 사용하는 것에서부터 시작되는 조직 전체의 문화다.

10.3 데이터는 어떻게 보호하는가?

우리가 주고받는 이메일, 인터넷 뱅킹 정보, 클라우드에 저장된 사진까지, 현대 사회는 수많은 디지털 데이터 위에 세워져 있다. 이 데이터들은 눈에 보이지 않지만, 기업과 개인에게는 매우 소중한 자산이다. 만약 이 정보들이 아무런 보호 장치 없이 인터넷을 떠다닌다면 어떻게 될까?

누구나 엿보고, 훔치고, 마음대로 바꿀 수 있을 것이다. 데이터 보안은 바로 이 보이지 않는 자산을 지키는 기술이며, 그 중심에는 '암호화'라는 강력한 도구가 있다. 데이터를 안전하게 잠그고, 주고받으며, 관리하는 암호화의 세계를 알아보고, 보이지 않는 자물쇠와 열쇠, 그리고 데이터를 지키는 든든한 경호원의 원리를 다양한 비유를 통해 쉽게 이해해 보자.

1. 암호화 기술

데이터 보안의 가장 기본이 되는 개념은 암호화(Encryption)이다. 암호화는 중요한 정보를 다른 사람이 알아볼 수 없도록 내용을 바꾸는 기술이다. 이는 마치 중요한 비밀 편지를 다른 사람이 뜯어봐도 내용을 알 수 없도록 우리만 아는 암호로 바꿔 쓰는 것과 같다.

● 암호화의 기본 용어

암호화의 세계를 이해하기 위해 몇 가지 기본 용어를 먼저 알아야 한다.

- **평문(Plaintext)**: 암호화하기 전의 원본 메시지다. 누구나 특별한 방법 없이 읽고 이해할 수 있는 데이터를 말한다. '사랑해'라는 메시지가 평문의 예시다.
- **암호문(Ciphertext)**: 평문을 암호화 알고리즘을 이용해 변환한 결과물이다. 암호를 모르는 사람은 읽을 수 없는 형태의 데이터다. '사랑해'를 암호화하여 'a1b2c3d4'로 바꾼 것이 암호문이다.
- **암호화(Encryption)**: 평문을 암호문으로 바꾸는 과정이다. '사랑해'를 'a1b2c3d4'로 바꾸는 행위 그 자체를 말한다.
- **복호화(Decryption)**: 암호문을 다시 평문으로 되돌리는 과정이다. 암호화의 반대 과정으로, 'a1b2c3d4'를 다시 '사랑해'로 바꾸는 것을 의미한다.
- **키(Key)**: 암호화와 복호화 과정에서 사용되는 비밀 정보값이다. 암호를 만들고 푸는 데 사용되는 '열쇠'라고 생각하면 쉽다. 이 열쇠가 있어야만 암호문을 평문으로 되돌릴 수 있다.

● 암호화의 목적: 기밀성 보장

암호화의 가장 중요한 목적은 데이터의 '기밀성(Confidentiality)'을 보장하는 것이다. 기밀성이란 허가된 사용자만이 정보에 접근할 수 있도록 하는 보안 원칙이다. 암호화를 통해 데이터가 전송 중에 탈취되거나 저장 장치가 도난당하더라도, 키가 없는 공격자는 암호문의 내용을 절대로 알 수 없다. 이처럼 암호화는 데이터 보안의 첫걸음이자 가장 근본적인 방어 수단이다.

항목	대칭키 암호화 알고리즘	비대칭키 암호화 알고리즘
개념도	원문 → [암호화 (비밀키)] → 암호문 → [복호화 (비밀키)] → 원문 "암/복호화 시 동일 비밀키 사용"	원문 → [암호화 (공개키)] → 암호문 → [복호화 (개인키)] → 원문 "암/복호화 시 개인키/공개키 쌍으로 사용"
개념	동일 비밀키 기반 암/복호화 알고리즘	암/복호키가 서로 다른 알고리즘
키 관계	– 암호화키 = 복호화키 – 동일 비밀키 사용	– 암호화키 ≠ 복호화키 – 공개키와 개인키
키 관리	– 암복호화 위해 공유 – 키 관리 복잡	– 공개키만 공유 – 개인키 관리 필요
장점	– 비트 단위 암호화로 빠른 속도 제공	– 키 공유 용이 – 여러 분야 응용
단점	– 비밀키 유출 시 데이터 노출 위험	– 암/복호화 속도 느림
구현 알고리즘	– 블록, 스트림 암호화 – DES, AES, SEED	– 소인수분해, 이산대수 – RSA, ECC, PKI
용도	– 개인 파일 암호화 – 실시간 스트리밍 암호	– 신원 확인, 전자서명 – 부인방지, 비밀키공유

2. 대칭키 암호화

암호화 방식은 사용하는 키의 종류에 따라 크게 두 가지로 나뉜다. 그중 첫 번째가 대칭키(Symmetric Key) 암호화 방식이다. 이 방식은 암호화할 때 사용하는 키와 복호화할 때 사용하는 키가 서로 동일하다.

● 대칭키의 원리: 하나의 열쇠

대칭키 방식은 '비밀키 암호' 또는 '단일 키 암호'라고도 불린다. 이는 마치 우리 집 현관문을 잠글 때 사용한 열쇠로 다시 문을 여는 것과 같다. A라는 사람이 B라는 사람에게 비밀 메시지를 보낸다고 가정해 보자.

❶ A는 B와 미리 약속한 '비밀키'를 사용해 평문을 암호문으로 만든다.
❷ A는 이 암호문을 B에게 전송한다.
❸ B는 A로부터 전달받은 바로 그 '비밀키'를 사용해 암호문을 평문으로 복호화하여 내용을 확인한다.

이 방식은 알고리즘 구조가 비교적 단순하고, 암호화 및 복호화 속도가 매우 빠르다는 큰 장점이 있다. 그래서 대용량의 데이터를 빠르게 처리해야 하는 경우에 매우 효율적이다.

● 대칭키의 약점

대칭키 방식에는 치명적인 약점이 존재한다. 바로 '키 배송 문제(Key Distribution Problem)'이다. 집 열쇠를 상대방에게 안전하게 전달해야만 상대방이 문을 열 수 있듯이, 대칭키 방식에서는 암호문을 풀기 위한 비밀키를 상대방에게 '안전하게' 전달해야 한다. 만약 이 비밀키를 이메일이나 메신저로 그냥 보낸다면 어떻게 될까? 공격자가 중간에 통신을 가로채 비밀키를 훔쳐볼 수 있다. 키가 유출되는 순간, 그 키로 암호화된 모든 정보는 더 이상 안전하지 않게 된다.

또한, 여러 사람과 비밀 통신을 해야 할 경우 문제는 더 복잡해진다. 10명의 사람과 각각 비밀 대화를 하려면, 각 사람마다 다른 키를 만들어 총 9개의 키를 안전하게 관리하고 전달해야 한다. 통신해야 할 사람의 수가 늘어날수록 관리해야 할 키의 개수는 기하급수적으로 증가한다(N명이 통신하려면 총 N(N−1)/2개의 키가 필요하다). 이러한 키 관리의 어려움 때문에 대칭키 방식은 단독으로 사용하기에는 명확한 한계를 가진다.

3. 비대칭키 암호화

대칭키의 '키 배송 문제'를 해결하기 위해 등장한 혁신적인 기술이 바로 **비대칭키(Asymmetric Key)** 암호화 방식이다. 이 방식은 이름 그대로 암호화 키와 복호화 키가 서로 대칭되지 않고, 다르다는 특징을 가진다. '공개키 암호'라고도 불린다.

● 비대칭키의 원리

비대칭키 방식에서는 항상 한 쌍으로 이루어진 '공개키(Public Key)'와 '개인키(Private Key)'를 사용한다.

- **공개키**: 이름처럼 누구에게나 공개해도 되는 열쇠다. 이 열쇠로는 암호화를 할 수만 있다.
- **개인키**: 나 자신만 안전하게 보관해야 하는 비밀 열쇠다. 이 열쇠로는 복호화를 할 수 있다.

비유하자면, 나는 모두에게 자물쇠(공개키)를 나눠준다. 누군가 비밀 편지를 보내고 싶다면, 이 자물쇠로 상자를 잠가서 보내면 된다. 잠긴 상자는 오직 나만 가진 개인 열쇠(개인키)로만 열 수 있다. 공개키는 여러 사람이 가져가도 상자를 열 수는 없다.

이 방식 덕분에 비대칭키는 키 전달 문제를 해결한다. 비밀키를 미리 전달할 필요 없이, 공개키를 자유롭게 공개하고 사전에 약속하지 않은 사람과도 안전하게 통신할 수 있다.

● 전자서명

비대칭키의 원리를 반대로 적용하면 '전자서명(Digital Signature)'이라는 매우 유용한 기능을 구현할 수 있다. 이는 오프라인에서 계약서에 도장을 찍거나 서명하는 것과 같은 역할을 온라인에서 수행한다.

❶ A가 B에게 중요한 문서를 보낸다고 가정하자.
❷ A는 문서 내용을 자신의 '개인키'로 암호화한다. 이는 오직 A만이 할 수 있는 행위다.
❸ A는 원본 문서와 함께 암호화된 결과(전자서명)를 B에게 보낸다.
❹ B는 A의 '공개키'를 이용해 전자서명을 복호화한다.
❺ 만약 복호화가 성공하고 그 내용이 원본 문서와 일치한다면, B는 두 가지 사실을 확신할 수 있다.
- **인증(Authentication)**: 이 문서는 A의 개인키로 암호화되었으므로, A가 보낸 것이 틀림없다.
- **무결성(Integrity) 및 부인 방지(Non-repudiation)**: 문서 내용이 중간에 위조되지 않았으며, A는 나중에 이 문서를 보낸 사실을 부인할 수 없다.

이처럼 비대칭키 방식은 데이터의 기밀성뿐만 아니라, 보낸 사람의 신원을 증명하고 데이터의 위변조를 방지하는 중요한 역할까지 수행한다. 다만, 복잡한 수학적 연산을 사용하기 때문에 대칭키에 비해 암호화 및 복호화 속도가 매우 느리다는 단점이 있다.

4. 해싱(Hashing)

암호화 기술을 이야기할 때 빼놓을 수 없는 중요한 개념이 바로 '해싱(Hashing)'이다. 해싱은 암호화와 비슷해 보이지만, 근본적인 목적과 원리가 전혀 다른 기술이다. 암호화가 잠갔다가 다시 풀 수 있는 '양방향' 기술이라면, 해싱은 한번 바꾸면 절대로 원래대로 되돌릴 수 없는 '단방향' 기술이다.

● 해싱의 원리

해싱을 가장 쉽게 비유하자면 '분쇄기'와 같다. 소고기를 분쇄기에 넣어 갈아버리면 다진 소고기가 되지만, 그 다진 소고기를 다시 원래의 소고기 덩어리로 되돌릴 수는 없다. 해싱이 바로 이런 역할을 한다. 해싱 함수(Hash Function)는 다음과 같은 특징을 가진다.

- **단방향성**: 원본 데이터(입력값)로 결과값(해시값)을 계산하기는 쉽지만, 결과값으로는 원본 데이터를 절대 알아낼 수 없다.
- **고정 길이 출력**: 입력하는 데이터의 길이가 1글자이든 책 한 권 분량이든, 결과로 나오는 해시값의 길이는 항상 동일하다.
- **눈사태 효과**: 입력 데이터가 단 1비트만 달라져도, 결과 해시값은 완전히 다른값으로 바뀐다.

● 왜 암호화 대신 해싱을 쓸까?

우리가 웹사이트에 회원가입할 때 입력하는 패스워드는 어떻게 저장될까? 만약 패스워드를 암호화해서 저장한다면, 서버 관리자는 암호화 키를 이용해 언제든 우리 패스워드를 원래대로 복호화해서 볼 수 있다. 이는 심각한 보안 문제가 될 수 있다. 그래서 패스워드는 암호화하지 않고 '해싱'하여 저장한다.

❶ 사용자가 패스워드를 'password123'으로 설정한다.
❷ 서버는 이 패스워드를 해싱 함수에 넣어 '0xabcd...'와 같은 해시값을 얻는다.
❸ 서버는 원본 패스워드 'password123'은 즉시 폐기하고, 오직 해시값 '0xabcd...'만 데이터베이스에 저장한다.
❹ 나중에 사용자가 로그인을 위해 'password123'을 입력하면, 서버는 이 입력값을 다시 해싱하여 저장된 해시값과 일치하는지 비교한다.
❺ 두 해시값이 일치하면, 올바른 패스워드를 입력한 것으로 간주하고 로그인을 허용한다.

이 방식을 사용하면, 만약 해커가 서버를 해킹하여 데이터베이스를 통째로 훔쳐가더라도 패스워드의 해시값만 알 수 있을 뿐, 원래 패스워드는 절대 알 수 없다.

● 솔팅: 특별한 양념으로 보안 강화하기

단순 해싱만으로는 완벽하지 않다. 공격자들은 자주 사용되는 패스워드와 그에 해당하는 해시값을 미리 계산해 둔 거대한 목록, 이른바 '레인보우 테이블(Rainbow Table)'을 가지고 있다. 훔친 해시값을 이 테이블과 비교하면 원래 패스워드를 쉽게 찾아낼 수 있다.

이러한 공격을 막기 위해 '솔팅(Salting)'이라는 기법을 사용한다. 솔팅은 패스워드를 해싱하기 전에, 사용자마다 각기 다른 임의의 문자열(Salt)을 덧붙이는 것이다. 이는 마치 분쇄기에 고기를 갈기 전, 사람마다 소금, 후추, 허브 등 각기 다른 '특별한 양념(Salt)'을 추가하는 것과 같다.

- **사용자 A의 패스워드:** password123 + Salt A: abc → 해싱 → Hash_A
- **사용자 B의 패스워드:** password123 + Salt B: xyz → 해싱 → Hash_B

이렇게 하면, 비록 두 사용자가 같은 패스워드를 사용하더라도 솔트값이 다르기 때문에 전혀 다른 해시값이 저장된다. 공격자는 레인보우 테이블을 사용할 수 없게 되며, 각 사용자의 솔트값을 일일이 적용하여 해시를 다시 계산해야 하므로 공격이 훨씬 더 어려워진다.

▼ 대칭키 vs 비대칭키

구분	대칭키 암호화	비대칭키 암호화
키 개수	1개	2개(공개키, 개인키)
암호화/복호화 키	동일	다름
속도	빠름	느림
키 분배/관리	어렵고 위험함(키 배송 문제)	용이하고 안전함
주요 용도	대용량 데이터 암호화(기밀성)	키 교환, 전자서명(인증, 무결성)
대표 알고리즘	AES, SEED, ARIA	RSA, ECC

5. SSL/TLS 통신 보안

우리가 인터넷 쇼핑몰에서 결제를 하거나 은행 웹사이트에 접속할 때, 주소창이 'http: //'가 아닌 'https: //'로 시작하는 것을 본 적이 있을 것이다. 여기서 마지막의 's'는 'Secure(안전한)'를 의미하며, 바로 SSL(Secure Sockets Layer) 또는 그 후속 기술인 TLS(Transport Layer Security) 프로토콜이 적용되었다는 뜻이다. SSL/TLS는 우리 컴퓨터(클라이언트)와 웹사이트(서버) 사이에 오가는 모든 데이터를 암호화하여 안전한 통신 통로를 만들어주는 약속이다.

● 하이브리드 암호 시스템

SSL/TLS의 핵심은 앞서 배운 대칭키와 비대칭키 암호화 방식을 모두 사용하는 '하이브리드(Hybrid) 암호 시스템'이라는 점이다.

- **비대칭키**: 안전하지만 느리다.
- **대칭키**: 빠르지만 키를 안전하게 공유하기 어렵다.

SSL/TLS는 이 두 방식의 장점만을 영리하게 결합했다. 즉, 통신을 시작하는 초기 단계에서는 비대칭키 방식을 사용해 앞으로 사용할 '대칭키(세션 키)'를 안전하게 교환하고, 일단 키 공유가 끝나면 그 이후의 모든 실제 데이터는 속도가 빠른 대칭키 방식으로 암호화하여 주고받는다. 이는 보안성과 효율성이라는 두 마리 토끼를 모두 잡는 매우 현실적인 방법이다.

● 핸드셰이크: 안전한 대화를 위한 악수

SSL/TLS 통신이 시작될 때 클라이언트와 서버가 서로를 확인하고 암호화 규칙을 정하는 과정을 '핸드셰이크(Handshake)'라고 부른다. 이 과정을 간단한 대화 형식으로 살펴보자.

❶ **클라이언트(내 컴퓨터)**: "안녕하세요, 서버님. 저랑 안전하게 대화하고 싶어요. 저는 TLS 1. 버전을 쓸 수 있고, 이런이런 암호 방식(Cipher Suite)들을 알고 있어요."

❷ **서버(웹사이트)**: "반가워요, 클라이언트님. 그럼 우리 TLS 1.3 버전과 우리가 둘 다 아는 암호 방식 중 가장 안전한 A 방식으로 대화합시다. 저는 믿을 수 있는 사람이라는 증거로 제 신분증(디지털 인증서)을 보여드릴게요. 그리고 이건 제 자물쇠(공개키)입니다."

❸ **클라이언트**: (서버의 신분증을 확인하며) "음, 이 신분증은 신뢰할 수 있는 기관(CA)에서 발급한 게 맞군요. 서버님을 믿을 수 있겠어요. 그럼 이제부터 우리 둘만 사용할 비밀 대화키(대칭키/세션 키)를 만들었어요. 다른 사람이 엿보면 안 되니, 서버님이 주신 자물쇠(공개키)로 잠가서 드릴게요."

❹ **서버**: (자신만 가진 개인 열쇠로 상자를 열며) "네, 비밀 대화키 잘 받았습니다. 이제 이 열쇠는 우리 둘만 아는 비밀이니, 앞으로 모든 대화는 이 열쇠로 암호화해서 나눕시다."

이 '악수' 과정이 성공적으로 끝나면, 클라이언트와 서버는 동일한 대칭키(세션키)를 안전하게 공유하게 된다. 이후 둘 사이에 오가는 모든 데이터(아이디, 비밀번호, 카드번호 등)는 이 세션 키로 암호화되어, 중간에 누가 가로채더라도 내용을 전혀 알 수 없게 된다.

● 디지털 인증서와 인증 기관(CA)

핸드셰이크 과정에서 서버가 자신의 신원을 증명하기 위해 제시한 '신분증'이 바로 '디지털 인증서(Digital Certificate)'이다. 이 인증서 안에는 서버의 공개키, 서버의 도메인 주소, 그리고 이 인증서가 유효하다는 보증 정보가 들어있다.

그렇다면 이 신분증이 위조된 것이 아닌지 어떻게 믿을 수 있을까? 이때 등장하는 것이 '인증 기관(CA, Certificate Authority)'이다. CA는 정부나 공신력 있는 기관처럼, 웹사이트의 신원을 검증하고 디지털 인증서를 발급해주는 신뢰할 수 있는 제3자다. 우리 컴퓨터의 웹 브라우저나 운영체제에는 이미 전 세계적으로 신뢰받는 CA들의 목록이 미리 내장되어 있다.

클라이언트(브라우저)는 서버로부터 받은 인증서가 내장된 CA 목록에 있는 기관에 의해 발급되었는지를 확인한다. 만약 그렇다면, 브라우저는 이 웹사이트를 '신뢰할 수 있는 사이트'로 판단하고 주소창에 자물쇠 아이콘을 표시해준다. 이 과정을 통해 우리는 피싱 사이트나 중간자 공격으로부터 보호받고, 안전하게 웹사이트를 이용할 수 있다.

6. 데이터 마스킹

기업은 고객의 개인정보, 금융 정보 등 매우 민감한 데이터를 다룬다. 이러한 원본 데이터를 개발, 테스트, 데이터 분석 등의 목적으로 그대로 사용하는 것은 매우 위험하다. 내부 직원이나 협력업체 직원에 의해 민감 정보가 유출될 수 있기 때문이다. 그렇다고 가짜 데이터를 만들어서 쓰자니 실제 데이터의 형식이나 통계적 특징이 사라져 테스트의 의미가 없어진다.

이러한 딜레마를 해결하는 기술이 '데이터 마스킹(Data Masking)'이다. 데이터 마스킹은 데이터의 원래 형식과 구조는 유지하면서, 이름, 주민등록번호, 카드번호와 같은 민감한 내용을 식별 불가능한 가짜 데이터로 바꾸는 기술이다. 이는 마치 연극배우가 무대 위에서 자신의 역할에 맞는 가면을 써서 실제 얼굴을 가리는 것과 같다. 관객은 배우의 얼굴을 모르지만, 연극을 이해하는 데는 아무런 문제가 없다.

● 주요 데이터 마스킹 기법

데이터 마스킹에는 다양한 기법이 사용되며, 보호하려는 데이터의 종류와 활용 목적에 따라 적절한 방법을 선택한다.

- **대체(Substitution)**: 원본 데이터를 미리 정의된 다른 데이터로 바꾸는 가장 일반적인 방법이다. 예를 들어, 고객 이름 '홍길동'을 가상의 이름인 '김철수'로, 실제 주소를 '서울시 강남구'에서 '부산시 해운대구'로 바꾸는 식이다. 데이터의 현실성은 유지되지만, 원래의 의미는 사라진다.
- **셔플링(Shuffling)**: 특정 열(column)의 데이터를 무작위로 뒤섞는 방법이다. 예를 들어, '이름' 열과 '연봉' 열이 있는 테이블에서 '연봉' 열의 데이터 순서를 마구 섞어버린다. 이렇게 하면 '홍길동'의 연봉이 '이순신'의 연봉으로 표시되는 등, 개별 데이터는 그대로 존재하지만 누구의 정보인지는 알 수 없게 된다. 데이터의 통계적 분포(평균, 최대/최소값 등)는 그대로

유지되므로 분석용 데이터에 적합하다.

- **무작위화(Randomization)**: 원래 데이터와 아무런 관련이 없는 임의의 문자와 숫자로 데이터를 대체한다. 예를 들어, 이메일 주소 'test@example.com'을 'axb123@random.org'와 같이 완전히 무작위 값으로 바꾼다.
- **널링(Nulling) 또는 블랭킹(Blanking)**: 민감한 데이터를 아예 삭제하고 빈값(Null)이나 공백으로 만드는 가장 간단한 방법이다. 예를 들어, 주민등록번호 뒷자리를 '*******'로 표시하는 것처럼 특정 필드를 완전히 숨길 때 사용한다.
- **암호화(Encryption)**: 데이터를 암호화하여 알아볼 수 없게 만든다. 권한이 있는 사용자는 복호화 키를 통해 원본 데이터를 볼 수 있지만, 키가 없는 사용자는 암호문만 보게 된다. 이는 마스킹된 데이터의 복구가 필요한 경우에 사용된다.

● 데이터 활용과 보호의 균형

데이터 마스킹은 민감한 정보의 노출 위험을 최소화하면서도, 개발자들이 실제와 유사한 환경에서 애플리케이션을 테스트하고 데이터 분석가들이 의미 있는 통계 분석을 수행할 수 있도록 돕는다. 이는 GDPR(유럽 개인정보보호법)과 같은 강력한 데이터 보호 규제를 준수하면서 비즈니스에 필요한 데이터 활용성을 유지하는, 보안과 활용 사이의 균형을 맞추는 핵심적인 기술이라 할 수 있다.

참고 가이드 **인공지능(AI) 개발·서비스를 위한 공개된 개인정보 처리 안내서(2025.10)**
인터넷 등에서 수집한 공개 데이터를 AI 학습에 사용할 때 지켜야 할 법적 기준과 개인 식별 가능성을 제거하는 구체적인 가명·익명 처리 기준을 제시합니다.

7. 데이터 유출 방지(DLP)

많은 사람들이 보안 위협은 해커와 같은 외부 공격자로부터 온다고 생각한다. 하지만 통계에 따르면, 기업의 정보 유출 사고 중 상당수는 내부 직원의 단순한 실수나 악의적인 행동에 의해 발생한다. 중요한 고객 명단을 개인 이메일로 보내거나, 기밀 자료가 담긴 USB를 분실하는 등의 사고는 외부 해킹보다 더 빈번하고 치명적일 수 있다.

'데이터 유출 방지(DLP, Data Loss Prevention)'는 바로 이러한 내부 정보 유출을 막기 위해 탄생한 보안 솔루션이다. DLP는 기업 내부의 데이터가 어떤 경로로, 어떻게 사용되고 이동하는지를 지속적으로 감시하고, 사전에 정의된 보안 정책을 위반하는 행위를 자동으로 차단하거나 경고한다.

● DLP의 역할

DLP는 마치 회사의 중요한 정보가 밖으로 새어 나가지 못하도록 모든 출입구를 지키는 깐깐한 문지기와 같다. 이 문지기는 데이터가 외부로 나갈 수 있는 모든 경로를 감시한다.

- **네트워크**: 이메일 첨부파일, 웹하드 업로드, 클라우드 스토리지, 메신저 파일 전송 등 네트워크를 통해 데이터가 나가는 것을 감시한다.
- **엔드포인트**: 직원의 PC나 노트북에서 USB 저장장치, 외장 하드, 스마트폰 등으로 파일이 복사되는 것을 통제한다.
- **출력물**: 중요한 문서가 프린터로 출력되는 것을 막거나, 출력물에 워터마크를 삽입하여 누가 출력했는지 추적할 수 있게 한다.

예를 들어, 보안 정책에 '고객 개인정보가 포함된 파일은 이메일로 전송할 수 없다'고 설정되어 있다면, 직원이 실수로 해당 파일을 첨부하여 외부로 메일을 보내려고 할 때 DLP 시스템이 이를 자동으로 탐지하고 발송을 차단한 뒤 보안 관리자에게 알림을 보낸다.

● DLP와 DRM의 차이

DLP와 자주 혼동되는 개념으로 'DRM(Digital Rights Management, 디지털 저작권 관리)'이 있다. 둘 다 데이터를 보호하지만, 목적과 작동 방식에 중요한 차이가 있다.

- **DLP(유출 예방)**: '정보가 담긴 트럭이 아예 회사 밖으로 나가지 못하게 막는 문지기' 역할이다. DLP의 관심사는 데이터가 조직의 통제 범위를 벗어나는 행위 자체를 막는 것이다.
- **DRM(유출 후 통제)**: '트럭이 일단 회사 밖으로 나가더라도, 허가된 사람 외에는 화물칸을 열지 못하게 하는 특수 자물쇠'와 같다. DRM은 파일 자체를 암호화하고, 열람, 복사, 수정, 인쇄 등의 권한을 사용자별로 제어한다. 파일이 외부로 유출되더라도, 권한이 없는 사람은 파일을 열어볼 수조차 없다.

간단히 말해, DLP는 '유출 전 예방'에, DRM은 '유출 후 통제'에 초점을 맞춘다. 두 솔루션은 서로 경쟁하는 관계가 아니라, 기업의 보안을 더욱 강화하기 위해 함께 사용될 때 시너지를 내는 상호 보완적인 관계에 있다.

▼ DLP와 DRM 비교

구분	DLP(정보유출방지)	DRM(문서 보안)
주요 목적	내부 데이터의 외부 유출 방지	데이터 사용 권한 통제 및 저작권 보호
통제 방식	데이터 이동 경로(채널) 차단 및 감시	파일 자체를 암호화하고 사용 권한 제어
통제 시점	유출 시도 시(유출 전)	유출된 후에도 지속적으로 통제
강점	유출 행위 자체를 예방하고 기록 추적	파일이 유출되어도 비인가자는 열람 불가
적합한 상황	내부 직원의 실수/악의적 유출 방지	외부 파트너와 문서 공유 시 권한 통제

10.4 시스템은 어떻게 방어하는가?

데이터를 안전하게 보호하려면 데이터를 담는 그릇, 즉 인프라 자체를 튼튼하게 만들어야 한다. 인프라란 서버, 네트워크, 데이터베이스처럼 IT 서비스의 기반이 되는 모든 구성 요소를 말한다. 인프라 보안은 우리 집의 뼈대를 튼튼히 하고, 현관문과 창문에 자물쇠를 달며, 침입자를 감시하는 시스템을 설치하는 모든 활동에 비유할 수 있다. 이 장에서는 서버와 같은 핵심 시스템부터 우리가 매일 사용하는 PC와 스마트폰에 이르기까지, 우리 집을 안전하게 지키는 다양한 보안 기술들을 살펴본다.

1. 시스템 보안

시스템 보안(System Security)은 IT 인프라의 핵심인 서버와 그 안에서 동작하는 운영체제(OS)를 안전하게 만드는 모든 활동을 의미한다. 이는 우리 집의 뼈대와 구조를 튼튼하게 만들어 외부 충격에 쉽게 무너지지 않도록 하는 것과 같다. 시스템 보안의 기본은 서버의 설정을 안전하게 강화(Hardening)하는 것에서 시작한다. 사용하지 않는 서비스나 포트(Port)는 미리 닫아두어 공격자가 들어올 수 있는 문을 최소화하고, 관리자 계정의 비밀번호를 복잡하게 설정하며, 시스템의 모든 활동을 기록(로깅)하여 문제가 생겼을 때 추적할 수 있도록 준비해야 한다.

● 방화벽: 우리 집의 첫 번째 현관문

시스템 보안의 가장 기본적인 요소 중 하나는 방화벽(Firewall)이다. 방화벽은 신뢰할 수 있는 내부 네트워크(안전한 우리 집)와 신뢰할 수 없는 외부 네트워크(위험한 바깥세상) 사이에 위치하여, 허가되지 않은 접근을 차단하는 역할을 한다. 마치 아파트 단지 입구에서 출입증을 검사하는 경비원과 같다. 이 경비원은 미리 정해진 규칙(Policy)에 따라, 허가된 사람과 차량(트래픽)만 안으로 들여보내고 의심스러운 외부인의 출입을 막는다.

- **패킷 필터링 방화벽**: 초기의 방화벽으로, 단순히 트래픽의 출발지 및 목적지 주소(IP 주소)와 포트 번호만 보고 출입을 결정하는 단순한 경비원이었다. 규칙은 간단했지만, 정상적인 통신으로 위장한 교묘한 공격을 막기에는 역부족이었다.
- **상태 기반 검사 방화벽(Stateful Inspection)**: 현재 대부분의 방화벽이 사용하는 방식으로, 모든 통신의 맥락과 상태를 기억하는 경비원이다. 예를 들어, 내부 직원이 먼저 외부로 요청을 보냈고, 그에 대한 응답이 들어오는 것이라면 정상적인 통신으로 보고 문을 열어준다. 하지만 아무런 요청도 없었는데 외부에서 갑자기 안으로 들어오려고 하면, 의심스러운 침입 시도로 보고 차단한다. 즉, 누가 누구와 어떤 대화를 시작했고, 그 대화가 아직 진행 중인지를 모두 기억하고 판단하는 것이다.

● 제로 트러스트: '아무도 믿지 마라' 새로운 보안 패러다임

전통적인 보안 모델은 방화벽을 중심으로 한 '경계 보안(Perimeter Security)' 모델이었다. 이는 마치 성을 튼튼한 성벽과 깊은 해자(moat)로 둘러싸고, 일단 성문(방화벽)을 통과해 안으로 들어온 사람은 모두 신뢰할 수 있는 아군으로 간주하는 '성과 해자(Castle-and-moat)' 모델과 같다. 하지만 이 모델은 만약 공격자가 성문을 뚫고 내부로 침입하거나, 내부자가 악의를 품게 되면 속수무책으로 당할 수밖에 없다는 치명적인 약점을 가진다.

이러한 한계를 극복하기 위해 '제로 트러스트(Zero Trust)'라는 새로운 보안 패러다임이 등장했다. 제로 트러스트는 이름 그대로 "아무도, 아무것도 신뢰하지 않는다"는 것을 기본 원칙으로 삼는다. 이는 '내부 네트워크는 안전하다'는 기존의 가정을 완전히 버리고, 내부든 외부든 모든 접속 요청을 잠재적인 위협으로 간주한다.

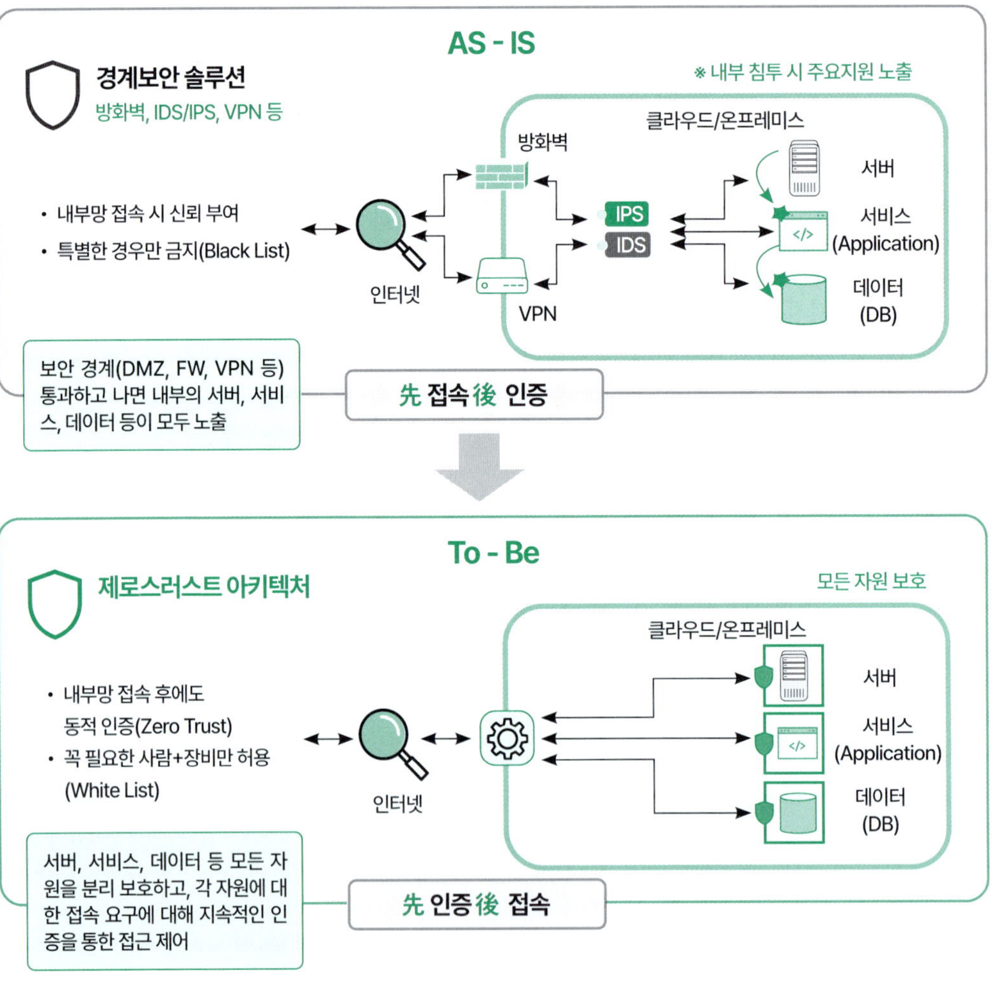

제로 트러스트 모델은 마치 성 안에 들어왔더라도, 왕의 집무실, 보물창고, 식당 등 모든 방을 들어갈 때마다 다시 신분증을 검사하고 허가를 받아야 하는 건물과 같다. 사용자가 어떤 위치에 있든, 어떤 기기를 사용하든 상관없이, 특정 데이터나 애플리케이션에 접근하려고 할 때마다 신원

을 다시 인증하고, 정말 그 작업에 필요한 최소한의 권한(Least Privilege)만 부여한다. 이처럼 제로 트러스트는 보안의 기준을 '위치(네트워크)'가 아닌 '신원(Identity)'으로 바꾸어, 더 이상 경계가 의미 없어진 현대의 클라우드 및 원격 근무 환경에 최적화된 보안 모델로 평가받는다.

2. 엔드포인트 보안

과거에는 기업의 모든 자산이 데이터 센터 안의 서버에 집중되어 있었기 때문에, 데이터 센터의 경계를 지키는 시스템 보안이 무엇보다 중요했다. 하지만 오늘날 직원들은 개인용 컴퓨터(PC), 노트북, 스마트폰, 태블릿 등 다양한 기기를 이용해 회사 네트워크에 접속하여 일한다. 이렇게 네트워크의 '끝(End)'에 연결된 모든 사용자 기기를 '엔드포인트(Endpoint)'라고 부른다.

엔드포인트 보안은 바로 이 수많은 엔드포인트 기기들을 보호하는 활동을 의미한다. 시스템 보안이 우리 집의 튼튼한 '현관문'을 지키는 것이라면, 엔드포인트 보안은 수많은 '창문'과 '뒷문'을 단속하는 일에 비유할 수 있다. 도둑(공격자)은 굳게 닫힌 현관문보다 허술하게 열려 있는 창문을 노리는 경우가 훨씬 많다. 마찬가지로 공격자들은 보안이 강력한 중앙 서버를 직접 공격하기보다, 상대적으로 보안이 취약한 개별 직원의 PC를 먼저 감염시킨 뒤, 이를 발판 삼아 내부 네트워크로 침투하는 전략을 선호한다. 특히 재택근무와 모바일 오피스가 보편화되면서 기업의 보안 경계는 사실상 무너졌고, 이제 엔드포인트는 사이버 공격의 새로운 최전선이 되었다.

3. 백신(Antivirus)

엔드포인트 보안의 가장 고전적이고 기본적인 도구는 백신(Antivirus), 즉 안티바이러스(Antivirus) 소프트웨어다. 전통적인 백신은 '시그니처(Signature) 기반 탐지'라는 방식으로 작동한다. 이는 마치 경찰이 이미 검거된 범죄자들의 인상착의, 지문, DNA 정보 등을 담은 '수배 전단(시그니처 데이터베이스)'을 가지고 있다가, 길에서 만난 사람이 이 전단 속 인물과 일치하는지를 대조하여 범인을 잡는 것과 같다.

백신 회사는 전 세계에서 발견되는 새로운 악성코드(바이러스, 웜, 트로이 목마 등)를 분석하여 각각의 고유한 특징(코드 조각, 파일 구조 등)을 추출해 시그니처를 만든다. 그리고 이 시그니처 목록을 주기적으로 업데이트하여 사용자 PC의 백신에 배포한다. 백신은 PC의 파일을 검사하거나 새로 실행되는 프로그램을 감시하다가, 이 시그니처 목록과 일치하는 패턴이 발견되면 즉시 악성코드로 판단하고 치료하거나 격리한다.

이 방식은 이미 알려진 악성코드를 탐지하고 예방하는 데는 매우 효과적이다. 하지만 명확한 한계를 가진다. 만약 범인이 모자와 마스크로 변장을 하거나(기존 악성코드를 살짝 바꾼 변종 악성코드), 수배 전단에 아직 등록되지 않은 신참 도둑(전혀 새로운 신종 악성코드)이라면, 경찰은 그를 알아보지 못하고 그대로 지나쳐 버릴 것이다. 이처럼 시그니처 기반 백신은 알려지지 않은 위협에는 속수무책으로 당할 수밖에 없다.

4. EDR

전통적인 백신의 한계를 극복하기 위해 등장한 차세대 엔드포인트 보안 솔루션이 바로 'EDR(Endpoint Detection and Response)'이다. EDR은 악성코드의 '인상착의(시그니처)'가 아닌 '수상한 행동' 자체에 집중한다. 이는 마치 범인의 얼굴은 모르더라도, 한밤중에 남의 집 담을 넘거나 문을 따려는 '행동' 자체를 보고 범죄자로 판단하여 제압하는 유능한 탐정과 같다.

EDR 솔루션은 엔드포인트(PC, 서버 등)에 설치되어 그곳에서 일어나는 모든 주요 행위(어떤 프로세스가 실행되는지, 어떤 파일이 생성되거나 수정되는지, 어떤 네트워크에 접속하는지, 레지스트리값이 어떻게 바뀌는지 등)를 실시간으로 수집하고 기록한다. 그리고 이 방대한 데이터를 분석하여 '정상적인 행위의 기준선(Baseline)'에서 벗어나는 비정상적이거나 의심스러운 행위 패턴을 탐지해낸다. 예를 들어, 평범한 워드 프로세서 프로그램이 갑자기 인터넷에서 다른 실행 파일을 다운로드하고, 시스템의 중요 파일들을 암호화하기 시작한다면, 이는 전형적인 랜섬웨어의 행위 패턴이다. EDR은 이 '행위'를 포착하여 해당 프로세스를 즉시 중지시키고, 네트워크 연결을 차단하며, 보안 관리자에게 경고를 보낸다.

이처럼 백신이 알려진 위협을 '예방'하는 데 초점을 맞춘다면, EDR은 '침입은 막을 수 없다'는 것을 전제로, 침입 이후의 위협을 신속하게 '탐지(Detection)'하고, 자동으로 또는 관리자의 판단에 따라 '대응(Response)'하며, 공격이 어떻게 시작되어 어떤 경로로 확산되었는지를 상세히 '조사(Investigation)'할 수 있는 정보를 제공하는, 훨씬 더 포괄적인 보안 솔루션이다.

5. 패치 관리

소프트웨어는 사람이 만드는 것이기에 완벽할 수 없다. 우리가 사용하는 운영체제(OS)나 애플리케이션에는 미처 알지 못하는 설계상의 허점이나 오류가 존재하는데, 이를 '취약점(Vulnerability)'이라고 부른다. 공격자들은 바로 이 취약점을 파고들어 시스템에 침투한다.

취약점은 우리 집 '담벼락에 생긴 구멍'에 비유할 수 있다. 소프트웨어 개발사는 새로운 구멍이 발견되면, 이를 메우기 위한 '보수용 시멘트', 즉 '패치(Patch)' 또는 '보안 업데이트'를 배포한다. '패치 관리'란 우리 집에 새로운 구멍이 생겼다는 소식을 듣고, 즉시 시멘트를 가져와 구멍을 메우는 모든 활동을 말한다.

● 패치 관리 프로세스

효과적인 패치 관리는 체계적인 절차에 따라 이루어져야 한다.

- **자산 식별**: 먼저 우리 조직이 어떤 종류의 소프트웨어와 시스템을 얼마나 사용하고 있는지 정확한 목록(인벤토리)을 만든다.
- **취약점 정보 모니터링**: 소프트웨어 개발사나 보안 기관에서 발표하는 새로운 취약점 및 패치 정보를 지속적으로 확인한다.
- **위험 평가 및 우선순위 결정**: 발견된 모든 취약점에 대해 즉시 패치를 적용하기는 어렵다. 따라서 어떤 취약점이 우리 비즈니스에 더 치명적인지 위험도를 평가하고, 가장 시급한 것

부터 처리할 수 있도록 우선순위를 정한다.

- **패치 테스트**: 새로운 패치가 기존 시스템과 충돌하여 예상치 못한 문제를 일으킬 수도 있다. 따라서 전체 시스템에 적용하기 전에, 일부 테스트용 시스템에 먼저 적용하여 안정성을 검증하는 과정이 반드시 필요하다.
- **패치 배포**: 테스트가 완료된 패치를 전체 시스템에 적용한다.
- **검증 및 모니터링**: 패치가 성공적으로 적용되었는지 확인하고, 이후 시스템이 정상적으로 동작하는지 지속적으로 모니터링한다.

● 패치 지연이 부른 비극: 워너크라이 랜섬웨어 사태

패치 관리는 화려한 기술은 아니지만, 소홀히 했을 때 엄청난 재앙을 불러올 수 있다. 17년 전 세계를 공포에 떨게 했던 '워너크라이(WannaCry) 랜섬웨어' 사태가 그 대표적인 예다.

워너크라이는 마이크로소프트 윈도우 운영체제의 '이터널블루(EternalBlue)'라는 취약점을 이용하여 웜(Worm)처럼 스스로 네트워크를 통해 전파되었다. 놀라운 사실은 마이크로소프트가 이 취약점을 해결하는 보안 패치를 워너크라이 공격이 발생하기 약 두 달 전에 이미 배포했다는 점이다.

하지만 전 세계의 수많은 기업과 기관, 특히 영국의 국민보건서비스(NHS)와 같은 병원들이 제때 이 패치를 설치하지 않았다. 그 결과, 워너크라이는 패치가 적용되지 않은 수십만 대의 컴퓨터를 순식간에 감염시켜 파일을 암호화했고, 병원 진료가 마비되고 공장 가동이 중단되는 등 전 세계적으로 막대한 피해를 입혔다. 이 사건은 가장 기본적인 보안 활동인 패치 관리가 얼마나 중요한지를 전 세계에 각인시킨 뼈아픈 교훈으로 남아있다.

▼ 전통적인 백신(AV)와 EDR 비교

구분	전통적 백신(Antivirus)	EDR(Endpoint Detection and Response)
탐지 대상	주로 알려진 악성코드	알려지지 않은 위협, 지능형 공격 포함
탐지 방식	시그니처 기반(인상착의 대조)	행위 기반(수상한 행동 분석)
주요 기능	예방 및 차단	탐지, 대응, 조사, 복구
대응 시점	침입 시도 시(사전 방어)	침입 전후 모든 단계(사후 대응 중심)
비유	수배 전단을 든 경비원	CCTV를 분석하는 탐정

10.5 위협은 어떻게 탐지하고 대응하는가?

보안은 최고급 자물쇠를 한번 설치하고 끝나는 일이 아니다. 도둑은 계속해서 새로운 방법으로 침입을 시도하기 때문에, 24시간 내내 경계를 늦추지 않고 위험 신호를 감지하며, 실제 상황이 발생했을 때 신속하게 대처해야 한다. '보안 운영(Security Operations)'은 바로 이러한 지속적인 보안 활동을 체계적으로 수행하는 것을 의미한다.

1. 취약점 관리

공격자는 우리 시스템의 가장 약한 고리를 노린다. '취약점 관리(Vulnerability Management)'란 공격자가 이용할 수 있는 시스템의 약점, 즉 취약점을 사전에 미리 찾아내고 평가하여 위험도에 따라 해결하는 모든 과정을 말한다. 이는 마치 정기적으로 건물 안전 진단을 실시하여 벽의 균열이나 가스 누출 위험 등을 미리 파악하고 보수하는 것과 같다.

● 취약점 스캐닝 vs. 모의 해킹

취약점을 찾아내는 대표적인 방법에는 '취약점 스캐닝'과 '모의 해킹' 두 가지가 있다. 둘은 목적은 비슷하지만 접근 방식과 깊이에서 큰 차이를 보인다.

- **취약점 스캐닝(Vulnerability Scanning)**: 자동화 도구(스캐너)를 사용해 시스템을 빠르게 점검한다. 수만 개의 알려진 취약점 목록과 대조해 일치 항목을 찾아내므로 넓고 빠르며 비용이 낮다. 다만 '금이 갔다'는 사실만 알려줄 뿐 실제로 위험한지 판단하지 못하고, 오탐(False Positive)이 발생할 수 있다. 자동화된 안전 점검 리스트에 비유할 수 있다.
- **모의 해킹(Penetration Testing)**: 전문가(화이트 해커)가 실제 공격자 관점으로 시스템에 침투를 시도한다. 자동화 도구가 놓치는 논리적 허점이나 복합 취약점을 찾아내고, 실제로 내부에 접근 가능한지를 증명한다. 깊이 있는 분석을 통해 어떤 취약점이 실질적 위협인지 명확히 알 수 있다.

▼ 취약점 스캐닝과 모의 해킹

구분	취약점 스캐닝	모의 해킹(Penetration Testing)
수행 주체	자동화된 스캐너 도구	보안 전문가(화이트 해커)
방식	알려진 취약점 목록과 자동 비교	실제 공격자처럼 수동으로 침투 시도
범위 및 깊이	넓고 얕게(Broad&Shallow)	좁고 깊게(Narrow&Deep)

결과물	잠재적 취약점 목록(위험할 수도 있음)	실제 공격 가능한 경로 및 위험도 증명
비용 및 시간	상대적으로 저렴하고 빠름	상대적으로 비싸고 오래 걸림
비유	건물 자동 안전 점검 리스트	전문가를 고용한 모의 침투 훈련

2. 위협 탐지 기술

취약점 관리가 '아직 공격받지 않은' 잠재적 약점을 찾는 예방 활동이라면, '위협 탐지(Threat Detection)'는 이미 우리 시스템 내부로 들어왔거나, 들어오려고 시도하는 '현재 진행형'의 공격을 찾아내는 활동이다. 즉, 건물 안전 진단이 아니라, 실제로 침입한 도둑을 찾아내는 일이다.

● 위협 헌팅: 숨어있는 적을 찾아 나서는 추적자

최근 지능형 공격자들은 백신이나 방화벽을 우회하여 시스템 내부에 조용히 잠복하며 몇 주, 몇 달 동안 발각되지 않은 채 내부 정보를 수집하고 권한을 상승시키며 결정적인 공격을 준비한다.

위협 헌팅(Threat Hunting)은 이처럼 기존 보안 시스템이 탐지하지 못하고 숨어있는 위협을 능동적으로 찾아 나서는 활동이다. 이는 경보가 울리기를 수동적으로 기다리는 경비원이 아니라, '이미 내부에 침입자가 숨어있다'고 가정하고, 희미한 발자국이나 수상한 냄새 같은 미세한 흔적을 찾아 적극적으로 순찰하고 수색하는 전문가의 활동에 비유할 수 있다.

헌터는 "공격자가 파워셸(PowerShell)로 흔적을 지운다면 어떤 증거가 남을까?" 같은 가설을 세우고, 이를 검증하기 위해 시스템 로그와 네트워크 트래픽 등을 샅샅이 뒤져 비정상적 행위의 증거를 찾는다. 위협 헌팅은 자동화 도구뿐 아니라 보안 분석가의 경험과 직관, 공격자에 대한 깊은 이해를 바탕으로 수행되는 고도의 '사냥' 기술이다.

3. IDS/IPS(침입 탐지 및 차단)

네트워크 보안의 중요한 구성 요소로 IDS와 IPS가 있다. 이들은 네트워크의 길목, 즉 관문(Gateway)에 설치되어 오가는 모든 트래픽을 감시하고 악의적인 공격 시도를 탐지하는 역할을 한다.

● IDS(Intrusion Detection System, 침입 탐지 시스템)

IDS는 '움직임을 감지하면 경보만 울리는 CCTV'에 비유할 수 있다. 네트워크 트래픽을 실시간으로 분석하여, 알려진 공격 패턴(시그니처)이나 비정상적인 행위가 발견되면 이를 탐지하고 보안 관리자에게 경고(Alert)를 보낸다. 하지만 IDS는 탐지하고 알리는 역할만 할 뿐, 공격을 직접 막지는 않는다. 보통 실제 네트워크 트래픽의 복사본을 받아 분석하는 방식(Out-of-band)으로 동작하므로, 네트워크 성능에 영향을 주지 않는다는 장점이 있다.

● IPS(Intrusion Prevention System, 침입 방지 시스템)

IPS는 'CCTV와 연동된 자동 차단기'와 같다. IDS와 마찬가지로 의심스러운 트래픽을 탐지하지만, 탐지하는 즉시 해당 트래픽이 목적지에 도달하지 못하도록 실시간으로 차단(Block)해 버린다. 이를 위해 IPS는 실제 트래픽이 통과하는 길목에 직접 위치하여(In-line) 검사를 수행한다. 이 때문에 공격을 사전에 방지할 수 있는 강력한 기능이 있지만, 만약 정상적인 트래픽을 공격으로 잘못 판단(오탐)하여 차단할 경우 서비스 장애를 유발할 수 있다는 단점이 있다.

▼ IDS와 IPS 비교

구분	IDS(침입 탐지 시스템)	IPS(침입 방지 시스템)
명칭	Intrusion Detection System	Intrusion Prevention System
주요 기능	침입 탐지 및 경고	침입 탐지 및 실시간 차단
네트워크 구성	Out-of-band(트래픽 복사본 분석)	In-line(실제 트래픽 경로상에서 분석)
장점	네트워크 성능에 영향 없음	공격을 사전에 방어 가능
단점	실시간 차단 불가	오탐 시 서비스 장애 유발 가능
비유	경보만 울리는 CCTV	CCTV와 연동된 자동 차단기

최근에는 방화벽, IDS, IPS의 기능이 하나로 통합된 차세대 방화벽(NGFW, Next-Generation Firewall)이 널리 사용되고 있다.

4. SIEM(통합 보안 관제)

현대 기업 환경에는 서버, 네트워크 장비, 방화벽, 백신, EDR, 그리고 수많은 애플리케이션까지 수십, 수백 종류의 IT 시스템이 존재한다. 이 모든 시스템은 각자의 활동 기록을 '로그(Log)'라는 형태로 쉴 새 없이 쏟아낸다. 이 로그들 속에는 보안 위협의 단서가 숨어있지만, 그 양이 너무나 방대하여 사람이 일일이 확인하는 것은 불가능하다.

'SIEM(Security Information and Event Management)'은 바로 이 문제를 해결하기 위한 솔루션이다. SIEM은 기업 내 흩어져 있는 모든 시스템과 보안 장비로부터 로그를 한곳으로 수집하고, 이를 통합적으로 분석하여 의미 있는 위협 신호를 찾아내는 '통합 보안 관제 플랫폼'이다. 이는 도시 곳곳에 설치된 수천 개의 CCTV 영상을 하나의 통합 관제실에서 한눈에 모니터링하는 것과 같다.

SIEM의 가장 강력한 기능은 '상관관계 분석(Correlation Analysis)'이다. 이는 서로 다른 시스템에서 발생한, 개별적으로는 사소해 보이는 이벤트들을 서로 연결하여 하나의 큰 그림, 즉 전체적인 공격 시나리오를 재구성하는 기술이다. 예를 들어, 다음과 같은 상황을 가정해 보자.

❶ **오후 2시 00분**: 방화벽 로그에 "미국에서 출발한 IP가 관리자 계정(admin)으로 1분간 500회 로그인 실패" 기록이 남는다(무차별 대입 공격 의심).

❷ **오후 2시 01분**: 서버 로그에 "관리자 계정(admin) 로그인 성공" 기록이 남는다(계정 탈취 성공).

❸ **오후 2시 05분**: 데이터베이스 접근 로그에 "관리자 계정이 고객 테이블의 모든 정보를 조회"한 기록이 남는다(정보 유출 시도).

❹ **오후 2시 10분**: DLP 솔루션에서 "내부 PC에서 외부 클라우드 스토리지로 1GB 크기의 압축 파일이 업로드됨"을 탐지하고 차단한다(정보 유출 실행).

이 각각의 이벤트는 해당 시스템의 관리자가 아니면 알아채기 어렵다. 하지만 SIEM은 이 모든 로그를 실시간으로 수집하고 분석하여, "해커가 해외에서 무차별 대입 공격으로 관리자 계정을 탈취한 뒤, 고객 정보를 조회하여 외부로 빼돌리려다 실패했다"는 하나의 명확한 공격 시나리오를 그려낸다. 그리고 즉시 보안 관리자에게 최고 등급의 경보를 울려 신속한 대응을 가능하게 한다. 이처럼 SIEM은 보안 운영의 '두뇌' 역할을 수행하며, 단일 시스템에서는 절대 파악할 수 없는 지능적이고 복합적인 위협을 탐지하는 데 핵심적인 역할을 한다.

5. 침해사고 대응

아무리 철저하게 대비해도 100% 완벽한 보안은 없다. 해킹, 악성코드 감염, 정보 유출과 같은 보안 사고, 즉 '침해사고(Security Incident)'는 언제든 발생할 수 있다. 중요한 것은 사고가 발생했을 때 얼마나 빠르고 체계적으로 대응하여 피해를 최소화하고 정상 상태로 복구하는가이다. 침해사고 대응(Incident Response)은 바로 이러한 사고 발생 시의 행동 절차와 체계를 미리 정의하고 훈련하는 활동을 의미한다. 이는 마치 건물에 '화재 진압 및 대피 매뉴얼'을 비치하고 정기적으로 소방 훈련을 하는 것과 같다.

미국 국립표준기술연구소(NIST, National Institute of Standards and Technology)에서는 침해사고 대응 절차를 크게 4단계로 정의하고 있으며, 이는 전 세계적으로 널리 사용되는 표준 모델이다.

❶ **준비(Preparation)**: '소방 훈련 및 장비 점검' 단계다. 실제 사고 발생 전 수행하는 모든 준비 활동이다. 대응팀(CERT/CSIRT) 구성, 역할 분담, 사고 유형별 시나리오(Playbook) 작성, 분석 도구 준비, 전 직원 대상 보안 교육과 훈련 등을 포함한다.

❷ **탐지 및 분석(Detection&Analysis)**: '화재 신고 접수 및 상황 파악' 단계다. 각종 보안 시스템 경고와 사용자 신고를 통해 이상 징후를 탐지하고, 실제 침해사고인지 판단하며 사고 범위와 우선순위를 결정한다.

❸ **격리, 근절, 복구(Containment, Eradication,&Recovery)**: '화재 진압, 잔불 정리, 그리고 복구 공사'에 해당하는 핵심 단계다.

- **격리**: 추가 피해 확산을 막기 위해 감염된 시스템을 네트워크에서 즉시 분리한다.
- **근절**: 악성코드 삭제, 취약점 패치, 탈취 계정 비밀번호 변경 등 공격 근본 원인을 제거한다.
- **복구**: 피해를 입은 시스템을 깨끗한 백업 데이터로부터 복원하고, 서비스를 재개하여 정상적인 비즈니스 운영 상태로 되돌린다.

❹ **사후 조치(Post-Incident Activity)**: '화재 원인 분석 및 재발 방지 대책 수립' 단계다. 사고 원인 분석, 대응 과정 검토, 보고서 작성, 재발 방지 대책 수립 등을 수행한다.

체계적인 침해사고 대응 절차는 갑작스러운 위기 상황에서 기업이 입는 비즈니스 피해를 최소화하고, 고객의 신뢰를 유지하며, 더 나아가 더욱 강력한 보안 체계를 갖추는 밑거름이 된다.

6. OWASP Top 10

오늘날 대부분의 비즈니스는 웹사이트나 웹 애플리케이션을 통해 이루어진다. 따라서 웹 보안은 기업 보안의 핵심적인 부분이다. 하지만 웹 기술은 매우 복잡하고 빠르게 변하기 때문에, 어떤 보안 위협에 우선적으로 대비해야 할지 판단하기 어렵다.

이때 중요한 지침이 되는 것이 'OWASP Top 10'이다. OWASP(The Open Web Application Security Project)는 웹 보안 기술을 연구하고 관련 자료를 공유하는 세계적인 비영리 커뮤니티다. 이 커뮤니티에서는 3~4년마다 전 세계 보안 전문가들의 데이터와 의견을 모아, 웹 애플리케이션에서 가장 빈번하게 발생하고 심각한 피해를 유발하는 10가지 대표적인 보안 취약점을 선정하여 발표하는데, 이것이 바로 OWASP Top 10이다. 이는 개발자와 보안 담당자에게 '공격자들이 주로 사용하는 최신 공격 유행'을 알려주고, 어디에 집중하여 방어해야 하는지 우선순위를 정해주는 중요한 가이드 역할을 한다.

● 대표적인 웹 공격: SQL 인젝션

OWASP Top 10에 항상 이름을 올리는 고전적이면서도 강력한 공격 기법 중 하나가 '인젝션(Injection)'이다. 인젝션은 공격자가 애플리케이션에 악의적인 데이터를 주입(Inject)하여, 시스템이 예상치 못한 명령을 실행하도록 속이는 공격을 말한다. 그중 가장 대표적인 것이 'SQL 인젝션'이다. SQL 인젝션을 비전공자의 눈높이에서 비유를 들어 설명해 보자.

- **정상적인 상황**: 웹사이트의 로그인 창을 '은행 창구 직원'이라고 생각하고, 웹사이트의 데이터베이스(DB)를 '은행 금고'라고 가정하자. 내가 창구에 가서 "제 이름은 홍길동이고, 비밀번호는 1234입니다. 제 계좌 정보를 보여주세요."라고 신분증과 함께 요청한다. 직원은 이 정보를 금고 관리 시스템(DB)에 입력하여 확인하고, 정보가 일치하면 내 계좌 정보만 꺼내서 보여준다.
- **SQL 인젝션 공격**: 공격자가 창구에 가서 교묘하게 요청한다. "제 이름은 admin이고요, 비밀번호는 '몰라요 또는 1은 1과 같다'입니다. 모든 고객 명단을 보여주세요."

여기서 '1은 1과 같다'는 문장은 수학적으로 항상 참(TRUE)인 조건이다. 만약 은행 창구 직원이 이 요청을 그대로 금고 관리 시스템에 전달하도록 허술하게 프로그래밍 되어 있다면, 시스템은 이 요청을 "비밀번호가 틀렸지만, '1=1'이라는 참 조건이 있으니 전체 요청을 '참'으로 받아들여라"라고 해석하게 된다. 그 결과, 시스템은 관리자(admin)의 권한으로 금고에 있는 모든 고객의 정보를 공격자에게 넘겨주게 된다.

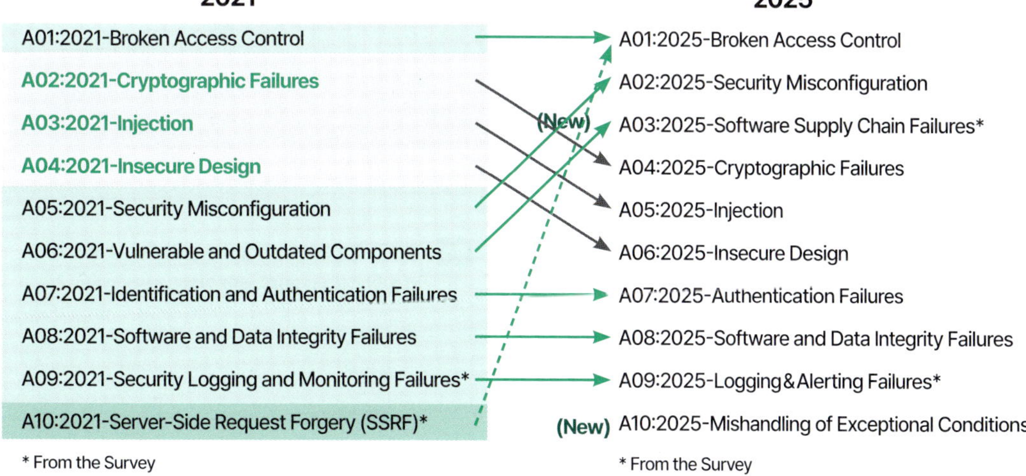

이처럼 SQL 인젝션은 사용자가 입력하는 데이터(아이디, 패스워드 등)를 시스템이 그대로 믿고 SQL이라는 데이터베이스 명령문의 일부로 사용하기 때문에 발생한다. 개발자는 사용자의 모든 입력을 '의심'하고, 그것이 악의적인 명령어가 아닌 순수한 데이터값으로만 처리되도록 철저히 검증해야 한다.

10.6 연습문제

01 정보보안의 3요소(CIA) 중, 허가된 사용자만이 정보에 접근할 수 있도록 보장하는 원칙은 무엇인가?

① 기밀성
② 무결성
③ 가용성
④ 책임성

02 정보가 전송되거나 저장되는 동안 위조나 변조되지 않았음을 보장하는 보안 원칙은 무엇인가?

① 기밀성
② 무결성
③ 가용성
④ 인증

03 내부 네트워크와 외부 네트워크 사이에 위치하여, 허가되지 않은 접근을 차단하는 '문지기' 역할의 보안 장비는?

① 라우터
② 스위치
③ 방화벽
④ 허브

04 "아무도 신뢰하지 않는다"는 전제하에, 내부 사용자라도 접속할 때마다 신원을 검증하는 최신 보안 모델은?

① 경계 보안
② 망 분리
③ 샌드박스
④ 제로 트러스트

05 기업 내부의 중요한 데이터가 외부로 유출되는 것을 탐지하고 차단하는 솔루션은 무엇인가?

① DRM
② DLP
③ IDS
④ IPS

06 문서 파일 자체를 암호화하여 외부로 유출되더라도 권한 없는 사람은 열어볼 수 없게 만드는 기술은?

① DRM
② DLP
③ SSL
④ PKI

07 주민등록번호 뒷자리를 '*'로 가리는 것처럼, 데이터의 일부를 숨겨 개인을 식별할 수 없게 하는 기술은?

① 데이터 암호화
② 데이터 삭제
③ 데이터 마스킹
④ 데이터 압축

08 PC, 스마트폰 등 네트워크의 끝단에 연결된 기기를 보호하는 보안 활동을 무엇이라 하는가?

① 네트워크 보안
② 엔드포인트 보안
③ 애플리케이션 보안
④ 물리 보안

09 시스템 장애나 재해 시에도 서비스가 중단되지 않도록 이중화 등을 통해 보장해야 하는 보안 속성은?

① 기밀성
② 무결성
③ 가용성
④ 부인 방지

10 방화벽 유형 중, 트래픽의 상태(연결 맥락)를 기억하여 정상적인 응답 패킷인지 판단하는 방식은?

① 패킷 필터링
② 상태 기반 검사
③ 프록시
④ 애플리케이션 게이트웨이

11장

비즈니스 혁신을 위한 클라우드 도입과 전환

학습목표

비즈니스의 속도를 높이기 위해서는 필요할 때 즉시 사용할 수 있는 유연한 자원이 필수적이다. 이 자료는 거대한 전산실을 직접 짓지 않고도, 마치 수도나 전기처럼 IT 자원을 필요한 만큼 빌려 쓰는 클라우드의 개념을 '공유 주방'이나 '렌터카'의 비유를 통해 쉽게 풀어낸다. 물리적 제약에서 벗어난 이 기술이 어떻게 기업의 비용을 줄이고 혁신을 돕는지 이해함으로써, 우리는 디지털 시대의 핵심 엔진인 클라우드가 왜 선택이 아닌 필수인지 그 가치를 명확히 이해하게 될 것이다.

11.1 클라우드 서비스는 어떻게 구분되는가?

1. 클라우드 컴퓨팅의 개념

과거에는 기업이 필요한 IT 인프라를 직접 구축하고 운영해야 했다. 서버, 스토리지, 네트워크 장비를 구매해 자체 데이터센터에 설치하는 이 방식은 '온프레미스'라 부른다. 이 방식은 완전한 통제권을 제공하지만, 높은 초기 비용(CAPEX) 과 지속적인 관리 부담이 따른다. 반면 '클라우드 컴퓨팅'은 인터넷을 통해 필요한 만큼의 IT 자원을 임대하여 사용하는 방식이다. 사용한 만큼만 요금을 지불하는 종량제(OPEX) 구조로, 인프라 구축에 드는 시간과 비용을 크게 줄일 수 있다.

이제 기업은 서버를 '소유'하는 대신 '구독'하며, 몇 분 만에 원하는 컴퓨팅 자원을 확보할 수 있다. 이러한 변화는 과거 공장이 자체 발전기를 돌리던 시대에서, 오늘날 전력망에 플러그만 꽂으면 전기를 사용하는 구조로 전환된 것과 같다. 즉, 클라우드는 IT 자원을 전기처럼 필요할 때 즉시 공급받는 유틸리티 서비스로 만들어 기업이 인프라 관리보다 핵심 비즈니스에 집중할 수 있게 해준다.

● 왜 모든 기업이 클라우드를 이야기할까?

클라우드 컴퓨팅이 IT의 표준으로 자리 잡은 이유는 단순히 비용을 절감해주기 때문만은 아니다. 클라우드는 기업의 비즈니스 운영 방식에 근본적인 가치를 제공한다.

❶ 확장성과 탄력성

클라우드를 설명할 때 가장 많이 등장하는 단어가 바로 확장성(Scalability)과 탄력성(Elasticity)이다. 두 개념은 비슷해 보이지만 명확한 차이가 있으며, 클라우드의 핵심 가치를 이해하는 데 매우 중요하다.

- **확장성**: 비즈니스가 성장함에 따라 점진적으로 증가하는 수요를 감당하기 위해 시스템의 처리 용량을 늘리는 능력을 의미한다. 이는 장기적이고 예측 가능한 성장에 대응하는 개념이다. 예를 들어, 온라인 쇼핑몰이 꾸준히 인기를 얻어 매달 방문자 수가 10%씩 증가한다고 가정해 보자. 이러한 성장에 맞춰 서버 용량을 계획적으로 늘려나가는 것이 바로 확장성이다. 마치 인기가 많아진 식당이 더 많은 손님을 받기 위해 옆 가게를 터서 테이블 수를 늘리는 것과 같다.

- **탄력성**: 예측 불가능한 수요 급증에 대응하여 IT 리소스를 실시간으로 늘리거나 줄이는 능력을 의미한다. 이는 단기적이고 갑작스러운 변화에 대응하는 개념이다. 유명 아이돌의 콘서트 티켓 예매가 시작되는 순간, 해당 사이트에는 평소의 수백, 수천 배에 달하는 트래픽이

몰린다. 이때 필요한 만큼 서버 자원을 순간적으로 대폭 늘렸다가, 예매가 끝난 후 다시 원래 상태로 되돌리는 능력이 바로 탄력성이다. 이는 마치 예상치 못한 단체 손님이 식당에 들이닥쳤을 때, 창고에 있던 간이 테이블과 의자를 즉시 꺼내 손님을 받고, 그들이 떠나면 다시 원래대로 정리하는 것과 같다.

온프레미스 환경에서는 이러한 탄력성을 구현하기가 거의 불가능하다. 년 중 단 몇 시간을 위해 최대치의 서버를 항상 구비해 두어야 하므로 엄청난 비용 낭비가 발생한다. 하지만 클라우드는 사용한 만큼만 비용을 내기 때문에, 이러한 순간적인 수요 변화에 비용 효율적으로 완벽하게 대응할 수 있다.

❷ 민첩성

시장이 빠르게 변하는 현대 비즈니스 환경에서 '속도'는 가장 중요한 경쟁력이다. 클라우드는 기업의 민첩성(Agility)을 극대화한다. 온프레미스 환경에서는 새로운 서비스를 시작하기 위해 서버를 주문하고, 배송받고, 설치하는 데 몇 주에서 몇 달이 걸렸다. 하지만 클라우드 환경에서는 개발자가 단 몇 번의 클릭만으로 수 분 내에 필요한 서버와 개발 환경을 구성할 수 있다.

이러한 속도는 기업이 새로운 아이디어를 빠르게 실험하고 시장에 출시할 수 있게 해준다. 만약 아이디어가 실패하더라도 큰 손실 없이 빠르게 다른 시도를 할 수 있다. 이는 '빨리 실패하고, 빨리 성공하는(Fail fast, succeed fast)' 문화를 가능하게 하여 혁신을 가속화하는 원동력이 된다.

❸ 안정성과 보안

많은 사람들이 클라우드는 외부 인터넷을 통해 접속하기 때문에 보안에 취약할 것이라고 오해한다. 하지만 대부분의 경우, 클라우드는 일반 기업이 자체적으로 구축하는 온프레미스 환경보다 훨씬 더 높은 수준의 안정성과 보안을 제공한다.

AWS, 구글, 마이크로소프트와 같은 글로벌 클라우드 제공업체들은 전 세계에 분산된 여러 데이터 센터를 운영하며, 지진이나 화재와 같은 재난 상황에서도 서비스가 중단되지 않도록 데이터를 여러 곳에 복제하고 이중, 삼중의 대비책을 갖추고 있다. 또한, 이들은 세계 최고 수준의 보안 전문가들을 고용하여 24시간 365일 시스템을 감시하고, 최신 보안 기술과 정책을 적용하여 외부 위협으로부터 데이터를 보호한다. 일반적인 기업이 이 정도 수준의 안정성과 보안 체계를 자체적으로 구축하고 유지하는 것은 현실적으로 불가능에 가깝다. 따라서 전문가에게 인프라의 안정성과 보안을 맡김으로써, 기업은 오히려 더 안전한 환경에서 비즈니스를 운영할 수 있다.

2. 종량제 과금

클라우드 컴퓨팅의 가장 혁신적인 특징 중 하나는 바로 종량제(Pay-as-you-go)라는 비용 모델이다. 이는 전기를 사용한 만큼만 요금을 내는 것처럼, IT 자원을 사용한 만큼만 비용을 지불하는 방식이다. 이 간단해 보이는 변화는 기업의 재무 구조와 비즈니스 전략에 엄청난 영향을 미쳤다.

IT 비용 구조의 혁신

종량제 모델의 핵심은 IT 비용의 성격을 자본 지출(CAPEX)에서 운영 지출(OPEX)로 전환했다는 점이다.

❶ 자본 지출

자본 지출(Capital Expenditure, CAPEX)은 미래의 이익을 위해 지출되는 비용으로, 주로 건물, 설비, 장비와 같은 고정 자산을 구매하는 데 사용되는 큰 규모의 초기 투자를 의미한다. 온프레미스 환경에서 서버를 구매하고 데이터 센터를 구축하는 것이 바로 대표적인 CAPEX다. 이 방식은 막대한 초기 자금이 필요하며, 한 번 투자하면 수년간 해당 자산을 계속 사용해야 하므로 기술이 빠르게 변하는 IT 환경에서는 비효율을 초래할 수 있다. 또한, 미래 수요를 정확히 예측하기 어려워 과잉 투자나 과소 투자의 위험이 항상 존재한다.

❷ 운영 지출

운영 지출(Operating Expenditure, OPEX)은 기업의 일상적인 운영을 위해 지속적으로 발생하는 비용으로, 임대료, 인건비, 공공요금 등이 여기에 해당한다. 클라우드 컴퓨팅은 IT 비용을 OPEX로 취급한다. 서버를 구매하는 대신 매달 사용량에 따라 '이용료'를 지불하는 방식이다.

이러한 전환은 기업에게 엄청난 재무적 유연성을 제공한다. 대규모 초기 투자 없이 새로운 사업을 시작할 수 있으며, 비즈니스 상황에 따라 IT 비용을 유연하게 조절할 수 있다. 예를 들어, 특정 캠페인 기간에만 트래픽이 몰리는 서비스의 경우, 해당 기간에만 서버 용량을 늘리고 비용을 지불한 뒤, 캠페인이 끝나면 다시 자원을 반납하여 비용을 절감할 수 있다. 이는 IT 비용을 비즈니스 활동과 직접적으로 연동시켜 낭비를 최소화하고 효율을 극대화하는 효과를 가져온다.

비즈니스 관점의 이점: 빠르게 실패하고, 빠르게 성공하기

CAPEX에서 OPEX로의 전환은 단순히 회계 처리 방식의 변화를 넘어, 기업의 혁신 문화를 촉진하는 기폭제가 되었다. 과거 온프레미스 환경에서는 새로운 서비스를 출시하려면 수억 원의 서버 구매 비용이 필요했다. 만약 서비스가 실패하면 이 투자금은 고스란히 손실로 남았다. 이러한 높은 리스크 때문에 기업들은 새로운 시도를 주저할 수밖에 없었다.

하지만 클라우드의 종량제 모델은 이러한 '실패의 비용'을 극적으로 낮췄다. 새로운 아이디어를 테스트하기 위해 몇 시간 또는 며칠간 서버를 빌려 쓰고, 시장 반응이 좋지 않으면 즉시 서비스를 종료하면 된다. 이때 발생하는 비용은 실제 사용한 몇 시간 분의 서버 이용료에 불과하다. 이처럼 재무적 부담 없이 수많은 아이디어를 빠르게 실험하고 검증할 수 있는 환경은 혁신적인 서비스가 탄생하는 토양이 된다.

더 나아가, 이러한 비용 구조는 IT 자원에 대한 접근성을 민주화하는 효과를 가져왔다. 과거에는 막대한 자본을 가진 대기업만이 최첨단 IT 인프라를 구축하고 활용할 수 있었다. 하지만 이제는 자본이 부족한 스타트업이나 개인 개발자도 클라우드를 통해 대기업과 동일한 수준의 컴퓨팅 파워, 스토리지, 보안 서비스를 이용할 수 있게 되었다. 이는 공정한 경쟁의 장을 열어주었고, 지난 10년간 수많은 혁신적인 스타트업이 탄생할 수 있었던 중요한 배경이 되었다.

3. 서비스 모델(IaaS/PaaS/SaaS)

1장에서 간단히 언급했던 서비스 모델을 이번 장에서는 실제 활용 사례와 함께 자세히 살펴본다. 다음의 세 가지 모델의 차이를 이해하는 것은 우리 회사에 가장 적합한 클라우드 서비스를 선택하는 첫걸음이다.

● 서비스 모델 이해하기

IaaS, PaaS, SaaS의 개념을 이해하기 위해 '피자'에 비유해 보자. 맛있는 피자를 먹기까지는 여러 단계가 필요하다. 밀가루, 토마토소스, 치즈, 토핑 같은 재료를 준비하고, 오븐과 주방 공간도 필요하다. 이 과정을 누가 담당하느냐에 따라 피자를 먹는 방식이 달라진다. 이 비유를 기억하면서 각 서비스 모델을 자세히 살펴보자.

클라우드 서비스 별 관리 범위

IaaS	PaaS	SaaS
애플리케이션	애플리케이션	애플리케이션
데이터	데이터	데이터
런타임	런타임	런타임
미들웨어	미들웨어	미들웨어
OS	OS	OS
가상화	가상화	가상화
서버	서버	서버
스토리지	스토리지	스토리지
네트워킹	네트워킹	네트워킹

본인 관리 공급 업체가 제어 및 관리

- **온프레미스(직접 만들어 먹기)**: 집에서 모든 것을 직접 하는 방식이다. 밀가루로 도우를 반죽하고, 토핑을 손질하고, 우리 집 오븐에서 직접 굽는다. 식탁, 접시, 음료수까지 모두 내가 준비해야 한다. 모든 과정을 내 마음대로 조절할 수 있지만, 가장 번거롭고 모든 책임을 내가 져야 한다.
- **IaaS(반조리 피자 사 오기)**: 마트에서 재료가 모두 준비된 반조리(Take and Bake) 피자를 사 오는 것과 같다. 피자 가게가 도우, 소스, 토핑 등 핵심 '재료(인프라)'는 제공해준다. 하지만 피자를 굽는 오븐, 먹을 장소인 식탁, 음료수 등은 여전히 내가 준비해야 한다.
- **PaaS(피자 배달시키기)**: 전화 한 통으로 잘 구워진 따끈한 피자를 배달받는 것이다. 피자 가

게가 재료 준비는 물론, 굽는 과정까지 모두 책임진다. 내가 할 일은 그저 식탁을 차리고 음료수를 준비하는 것뿐이다.

- **SaaS(피자 가게에서 외식하기)**: 피자 가게에 직접 가서 외식하는 것과 같다. 나는 그저 메뉴를 고르고 맛있게 먹기만 하면 된다. 재료, 주방, 오븐, 서빙, 설거지까지 모든 것을 피자 가게가 알아서 해준다. 가장 편리하지만, 내가 선택할 수 있는 것은 메뉴판에 있는 피자뿐이다.

● IaaS: 인프라만 빌려 쓰기

IaaS(Infrastructure as a Service)는 클라우드 서비스의 가장 기본적인 형태다. 클라우드 제공업체로부터 서버, 스토리지, 네트워크와 같은 핵심 IT 인프라 자원을 빌려 쓰는 서비스다. 물리적인 하드웨어를 직접 구매하고 관리하는 대신, 가상화된 컴퓨팅 리소스를 인터넷을 통해 필요한 만큼 할당받아 사용하고 요금을 지불한다. 이는 마치 가상의 데이터 센터를 임대하는 것과 같다.

❶ 이해를 돕기 위한 비유

IaaS는 '반조리 피자' 모델에 해당한다. 클라우드 제공업체는 서버(밀가루), 스토리지(치즈), 네트워크(토마토소스)와 같은 핵심 '재료'를 제공한다. 하지만 이 재료들을 가지고 어떤 피자를 만들지는 전적으로 사용자의 몫이다. 사용자는 제공받은 가상 서버 위에 운영체제(OS)를 직접 설치하고, 필요한 소프트웨어를 구성하며, 애플리케이션을 개발하고 운영해야 한다. 즉, '피자를 굽고(OS 설치 및 관리)', '식탁을 차리는(애플리케이션 운영)' 책임은 사용자에게 있다.

❷ 사용자의 책임과 역할

IaaS는 사용자에게 가장 높은 수준의 통제권과 유연성을 제공한다. 사용자는 운영체제부터 미들웨어, 애플리케이션, 데이터에 이르기까지 거의 모든 소프트웨어 스택을 직접 선택하고 관리할 수 있다. 반면, 클라우드 제공업체는 데이터 센터의 물리적인 보안, 전력, 냉각, 그리고 하드웨어와 가상화 기술까지만 책임진다. 따라서 IaaS는 가장 많은 관리 책임을 요구하는 모델이기도 하다.

● PaaS: 개발 환경까지 빌려 쓰기

PaaS(Platform as a Service)는 IaaS에서 한 단계 더 나아간 모델이다. 인프라뿐만 아니라, 소프트웨어 개발에 필요한 플랫폼과 환경까지 제공해준다. 여기에는 운영체제, 미들웨어(예 웹 서버, 데이터베이스), 개발 도구, 비즈니스 인텔리전스(BI) 서비스 등이 포함된다. 개발자는 복잡한 인프라 설정이나 관리에 신경 쓸 필요 없이, 오직 애플리케이션 개발과 비즈니스 로직 구현에만 집중할 수 있다.

❶ 이해를 돕기 위한 비유

PaaS는 '피자 배달' 모델과 같다. 피자 가게(클라우드 제공업체)가 재료 준비(인프라)는 물론, 피자를 굽는 과정(플랫폼 관리)까지 모두 처리해서 완제품을 가져다준다. 사용자는 배달 온 피자를 맛있게 먹을 준비, 즉 애플리케이션을 개발하고 데이터를 관리하는 일에만 집중하면 된다. 어떤 오븐을 쓰고, 온도를 몇 도로 맞춰야 하는지 고민할 필요가 없다.

❷ 사용자의 책임과 역할

PaaS를 사용하면 사용자의 책임 범위가 크게 줄어든다. 사용자는 자신이 개발한 애플리케이션과 그 안에서 사용되는 데이터에 대해서만 관리 책임을 진다. 서버, 네트워크, 운영체제, 미들웨어 업데이트와 같은 번거로운 작업은 모두 클라우드 제공업체가 알아서 처리해준다. 이 덕분에 개발팀은 인프라 관리 부담에서 벗어나 제품 출시 시간을 단축하고 혁신에 더 많은 시간을 쏟을 수 있다.

● SaaS: 완성된 소프트웨어를 구독하기

SaaS(Software as a Service)는 우리에게 가장 친숙한 클라우드 서비스 모델이다. 인터넷을 통해 제공되는 완성된 소프트웨어를 구독 형태로 이용하는 방식이다. 사용자는 자신의 컴퓨터에 소프트웨어를 설치하거나 관리할 필요 없이, 웹 브라우저나 모바일 앱을 통해 서비스에 접속하기만 하면 된다. 우리가 매일 사용하는 지메일(Gmail), 드롭박스(Dropbox), 마이크로소프트 365, 세일즈포스(Salesforce) 등이 모두 SaaS의 대표적인 예다.

❶ 이해를 돕기 위한 비유

SaaS는 '피자 가게에서 외식하기'에 비유할 수 있다. 우리는 그저 식당에 가서 메뉴를 고르고, 맛있게 먹고, 계산만 하면 된다. 피자가 어떤 재료로, 어떤 주방에서, 어떻게 만들어지는지 전혀 신경 쓸 필요가 없다. 모든 서비스는 식당(클라우드 제공업체)이 책임지고 제공한다.

❷ 사용자의 책임과 역할

SaaS 모델에서 사용자는 기술적인 관리 책임이 거의 없다. 소프트웨어 애플리케이션과 그 기반이 되는 모든 인프라는 전적으로 클라우드 제공업체가 관리한다. 소프트웨어 업데이트, 보안 패치, 서버 관리 등 모든 유지보수 작업을 제공업체가 처리해주므로, 사용자는 언제나 최신 버전의 안정적인 서비스를 이용할 수 있다. 사용자의 책임은 서비스를 올바르게 사용하고, 서비스 내에서 자신의 데이터를 관리하는 것에 한정된다.

이 세 가지 모델은 결국 '통제권'과 '편의성' 사이의 트레이드오프 관계에 있다. IaaS는 가장 높은 통제권을 제공하지만 가장 많은 관리가 필요하고, SaaS는 가장 편리하지만 제공되는 기능 외에 사용자가 변경할 수 있는 것이 거의 없다. PaaS는 그 중간에 위치한다. 따라서 어떤 서비스 모델을 선택할지는 개발하려는 서비스의 특성, 우리 회사의 기술 역량, 그리고 비즈니스 목표에 따라 신중하게 결정해야 한다.

4. 책임 공유 모델

클라우드의 도입은 보안 책임의 분담 구조에도 변화를 가져왔다. 클라우드를 도입할 때 가장 흔한 오해 중 하나는 '클라우드로 이전하면 모든 보안 문제를 제공업체가 알아서 해결해 줄 것'이라는 생각이다. 하지만 이는 매우 위험한 착각이다. 클라우드 보안은 제공업체와 사용자, 양측이 함께 책임을 나누어지는 '책임 공유 모델(Shared Responsibility Model)'을 기반으로 한다.

● 클라우드 제공업체와 사용자의 공동 책임

책임 공유 모델은 클라우드 환경의 보안 책임을 클라우드 제공업체(CSP)와 고객(사용자) 간에 어떻게 분담할지를 명확히 정의하는 프레임워크다. 이 모델의 핵심은 두 가지 영역으로 책임을 구분하는 것이다.

- **클라우드 자체의 보안(Security OFthe Cloud)**: 이는 클라우드 인프라 자체를 보호하는 책임으로, 전적으로 클라우드 제공업체의 몫이다. 여기에는 데이터 센터의 물리적 보안, 서버, 스토리지, 네트워크 하드웨어 및 이들을 운영하는 기본 소프트웨어의 보안이 포함된다.
- **클라우드 안에서의 보안(Security INthe Cloud)**: 이는 클라우드 인프라 위에서 고객이 운영하는 데이터, 애플리케이션, 운영체제 등을 보호하는 책임으로, 전적으로 고객(사용자)의 몫이다. 여기에는 데이터 암호화, 사용자 계정 및 접근 권한 관리, 네트워크 방화벽 설정, 운영체제 및 애플리케이션의 보안 패치 적용 등이 포함된다.

● 비유로 이해하기

책임 공유 모델은 '아파트 보안'에 비유하면 쉽게 이해할 수 있다.

❶ **제공업체의 책임**: 아파트 건물 자체의 보안

아파트 관리사무소(클라우드 제공업체)는 아파트 건물 전체의 보안을 책임진다. 튼튼한 외벽을 짓고, 지진에 견디는 내진 설계를 하며, 아파트 주 출입구에 보안 시스템을 설치하고, 단지 곳곳에 CCTV를 운영하는 것이 그들의 역할이다. 외부인이 함부로 단지 내에 들어올 수 없도록 막고, 화재나 정전 같은 비상사태에 대비하는 등 입주민들이 생활하는 '환경' 자체를 안전하게 만드는 것이 제공업체의 책임이다.

❷ **사용자의 책임**: 우리 집 현관문 잠그기

하지만 아무리 아파트 단지의 보안이 철저하더라도, 입주민(사용자)이 자기 집 현관문을 활짝 열어두고 외출한다면 도둑이 드는 것을 막을 수 없다. 우리 집 현관문과 창문을 잘 잠그고, 비밀번호를 아무에게나 알려주지 않으며, 집 안에 있는 귀중품을 잘 관리하는 것은 온전히 입주민의 책임이다.

클라우드에서도 마찬가지다. 클라우드 제공업체가 아무리 훌륭한 보안 인프라를 제공하더라도, 사용자가 비밀번호를 '1234'로 설정하거나, 중요한 데이터가 담긴 데이터베이스를 아무나 접근할 수 있도록 인터넷에 공개해 둔다면 해킹 사고를 피할 수 없다. 강력한 비밀번호 사용, 사용자 접근 권한의 최소화, 데이터 암호화, 보안 그룹(방화벽)의 올바른 설정 등은 모두 사용자가 직접 챙겨야 할 '우리 집 문단속'이다. 실제로 발생하는 대부분의 클라우드 보안 사고는 제공업체의 인프라가 뚫려서가 아니라, 사용자의 설정 실수나 관리 부주의 때문에 발생한다.

● 서비스 모델별 책임 범위 변화

이러한 책임의 분담선은 앞서 살펴본 IaaS, PaaS, SaaS 서비스 모델에 따라 달라진다. 사용자가 관리하는 영역이 줄어들수록 사용자의 보안 책임도 줄어들고, 제공업체의 책임은 늘어난다.

- **IaaS**: 사용자가 운영체제부터 애플리케이션까지 관리하므로, 보안 책임 범위가 가장 넓다. 제공업체는 물리적 인프라까지만 책임지지만, 사용자는 OS 보안 패치, 네트워크 방화벽 설정, 애플리케이션 보안 등 거의 모든 것을 책임져야 한다. 아파트로 치면, 집 내부의 모든 인테리어와 설비, 보안 시스템을 직접 설치하고 관리하는 것과 같다.
- **PaaS**: 제공업체가 운영체제와 미들웨어까지 관리해주므로 사용자의 책임이 줄어든다. 사용자는 자신이 개발한 애플리케이션과 데이터의 보안에만 집중하면 된다. 관리사무소에서 기본적인 인테리어와 수도, 전기 시설까지 제공해주고, 입주민은 가구 배치와 개인 물품 관리에만 신경 쓰는 것과 비슷하다.
- **SaaS**: 제공업체가 소프트웨어까지 모두 관리하므로 사용자의 책임이 가장 적다. 사용자는 주로 데이터 분류, 사용자 접근 권한 관리 등 서비스 내에서 제공하는 보안 기능을 올바르게 설정하고 사용하는 책임을 진다. 이는 마치 호텔에 머무는 것과 같다. 호텔(제공업체)이 객실의 모든 시설과 보안을 책임지지만, 객실 카드키를 잃어버리지 않고 금고를 잘 사용하는 것은 투숙객(사용자)의 책임인 것과 같다.

결론적으로, 클라우드는 보안을 아웃소싱하는 해결책이 아니라, 보안을 함께 책임지는 '파트너십'이다. 클라우드를 안전하게 사용하기 위해서는 우리 회사가 어떤 서비스 모델을 사용하고 있으며, 그에 따라 어디까지가 우리의 책임인지 명확히 인지하는 것이 무엇보다 중요하다.

11.2 우리 조직에 맞는 배포 방식은 무엇일까?

클라우드 컴퓨팅의 기본 개념과 서비스 모델을 이해했다면, 다음 단계는 우리 회사에 가장 적합한 클라우드 환경을 어떻게 구축할지 결정하는 것이다. 이를 '배포 모델'이라고 부른다. 클라우드 배포 모델은 IT 인프라를 누가 소유하고 어디에 위치시키며, 누가 접근할 수 있는지에 따라 크게 퍼블릭, 프라이빗, 하이브리드 세 가지로 나뉜다. 각 모델은 비용, 보안, 통제 수준에서 뚜렷한 장단점을 가지므로, 비즈니스의 특성과 요구사항에 맞춰 신중하게 선택해야 한다.

1. 클라우드 배포 모델

클라우드 배포 모델의 차이는 우리가 사는 '집'의 형태에 비유하면 쉽게 이해할 수 있다.

- **퍼블릭 클라우드(아파트)**: 여러 가구가 한 건물에 모여 사는 아파트와 같다. 공용 시설(엘리베이터, 주차장 등)을 함께 사용하므로 관리비가 저렴하고 편리하지만, 다른 입주민들과 공간을 공유해야 하므로 프라이버시나 소음 문제에 제약이 있을 수 있다.
- **프라이빗 클라우드(단독주택)**: 우리 가족만 사는 독립된 단독주택과 같다. 외부의 간섭 없이 우리 마음대로 집을 꾸미고 사용할 수 있어 완벽한 프라이버시와 통제권이 보장된다. 하지만 건축 비용부터 유지보수까지 모든 것을 직접 책임져야 하므로 비용이 많이 든다.
- **하이브리드 클라우드(도심 아파트와 주말 별장)**: 평일에는 생활이 편리한 도심의 아파트에서 지내고, 주말에는 조용한 교외의 별장에서 휴식을 취하는 것과 같다. 각 공간의 장점을 모두 누릴 수 있지만, 두 집을 모두 관리해야 하는 번거로움이 있다.

● 퍼블릭 클라우드: 모두가 함께 쓰는 아파트

퍼블릭 클라우드(Public Cloud)는 AWS, 마이크로소프트 애저, 구글 클라우드와 같은 서드파티 제공업체가 소유하고 운영하는 클라우드 환경이다. 모든 하드웨어, 소프트웨어 및 기타 지원 인프라를 제공업체가 관리하며, 사용자는 인터넷을 통해 이러한 서비스에 접근한다. 가장 큰 특징은 여러 기업이나 개인이 동일한 물리적 인프라를 공유하여 사용한다는 점이다. 이를 '멀티 테넌시(Multi-tenancy)'라고 하며, 바로 이 점이 아파트와 유사하다.

❶ 장점

퍼블릭 클라우드의 가장 큰 장점은 '비용 효율성'과 '확장성'이다. 수많은 고객이 인프라를 공유하기 때문에 '규모의 경제'가 실현되어 저렴한 비용으로 서비스를 이용할 수 있다. 또한, 막대한 자원을 보유한 제공업체 덕분에 거의 무한에 가까운 확장성을 누릴 수 있다. 사용자는 인프라 유지보수에 전혀 신경 쓸 필요 없이, 비즈니스에만 집중할 수 있다는 점도 큰 장점이다.

❷ 단점

반면, 여러 사용자와 자원을 공유하기 때문에 보안이나 규정 준수에 대한 우려가 있을 수 있다. 물론 클라우드 제공업체는 높은 수준의 보안을 제공하지만, 매우 민감한 데이터를 다루거나 특정 산업 규제를 따라야 하는 기업에게는 통제권이 부족하다고 느껴질 수 있다. 또한, 제공업체가 제공하는 표준화된 서비스를 사용해야 하므로, 기업의 특수한 요구사항에 맞춰 인프라를 맞춤 구성하기 어렵다는 한계도 있다.

● 프라이빗 클라우드: 우리 가족만 사는 단독주택

프라이빗 클라우드(Private Cloud)는 단 하나의 기업이나 조직이 독점적으로 사용하는 클라우드 환경이다. 이 인프라는 기업 내부의 데이터 센터에 직접 구축할 수도 있고(온프레미스 프라이빗 클라우드), 서드파티 제공업체에 위탁하여 우리 회사만을 위한 전용 공간을 임대할 수도 있다. 핵심은 다른 조직과 자원을 공유하지 않는 '싱글 테넌트(Single-tenant)' 환경이라는 점이다.

❶ 장점

프라이빗 클라우드의 가장 큰 장점은 '강력한 통제권'과 '보안'이다. 조직이 인프라 전체를 독점적으로 사용하기 때문에, 보안 정책과 시스템 구성을 비즈니스 요구사항에 맞춰 완벽하게 제어할 수 있다. 이는 엄격한 데이터 보안 및 규정 준수가 필수적인 금융, 공공, 의료 분야에서 프라이빗 클라우드를 선호하는 주된 이유다. 또한, 전용 자원을 사용하므로 다른 사용자의 영향을 받지 않아 예측 가능하고 안정적인 성능을 보장받을 수 있다.

❷ 단점

'높은 비용'과 '관리의 복잡성'이다. 전용 인프라를 구축하고 운영해야 하므로 퍼블릭 클라우드에 비해 훨씬 높은 초기 투자 비용과 지속적인 유지보수 비용이 발생한다. 또한, 클라우드 환경을 설계, 구축, 운영하기 위한 높은 수준의 기술 전문성과 전담인력이 필요하다. 확장성 역시 퍼블릭 클라우드만큼 유연하지 않다.

● 하이브리드 클라우드: 도심 아파트와 전원주택을 함께

하이브리드 클라우드(Hybrid Cloud)는 이름에서 알 수 있듯이, 퍼블릭 클라우드와 프라이빗 클라우드를 결합한 형태다. 두 환경은 데이터와 애플리케이션을 원활하게 주고받을 수 있도록 기술적으로 연결되어 하나의 통합된 환경처럼 운영된다. 이를 통해 기업은 각 워크로드의 특성에 맞춰 가장 적합한 환경에 배치하는 유연성을 확보할 수 있다.

❶ 장점

하이브리드 클라우드는 기업이 기존의 온프레미스 자산에 대한 투자를 보호하면서도, 퍼블릭 클라우드가 제공하는 혁신과 민첩성을 활용할 수 있는 현실적인 방안을 제시한다. 워크로드를 최적의 위치에 배치함으로써 비용을 절감하고, 보안과 규정 준수 요구사항을 충족시키며, 비즈니스 변화에 유연하게 대응할 수 있다. 이러한 장점 때문에 오늘날 대부분의 대기업은 순수한 퍼블릭이나 프라이빗 클라우드보다는 하이브리드 클라우드 전략을 채택하고 있다.

❷ 단점

하이브리드 클라우드는 명확한 이점에도 불구하고, 구축과 운영의 복잡성(Complexity)이 가장 큰 걸림돌이다. 서로 다른 아키텍처와 운영 모델을 가진 온프레미스(또는 프라이빗 클라우드)와 퍼블릭 클라우드를 매끄럽게 통합하는 것은 기술적으로 매우 난이도가 높다. 시스템 간의 호환성을 유지하고, 데이터 동기화 과정에서 발생하는 지연 시간(Latency)을 최소화하기 위해서는 고도화된 네트워크 설계와 전문적인 관리 역량이 필수적이다.

비용과 보안 관리 측면에서도 세심한 주의가 필요하다. 두 환경을 모두 유지해야 하므로 인프라 중복 투자나 예기치 않은 데이터 전송 비용(Egress Cost)으로 인해 오히려 총 소유 비용(TCO)이 증가할 위험이 있다. 또한, 데이터가 내외부를 오가는 과정에서 공격 표면이 넓어지고 보안 경계가 모호해질 수 있어, 일관된 보안 정책(Governance)을 적용하고 통제하는 것이 단일 클라우드 환경보다 훨씬 까다롭다.

❸ 활용 사례

하이브리드 클라우드는 '최고의 조합(Best of both worlds)'을 추구하는 전략이다. 예를 들어, 고객의 개인정보나 기업의 핵심 데이터와 같이 보안이 매우 중요한 정보는 통제권이 확보된 프라이빗 클라우드에 저장한다. 반면, 외부 고객에게 서비스를 제공하는 웹사이트나 개발 및 테스트 환경처럼 높은 확장성과 비용 효율성이 중요한 워크로드는 퍼블릭 클라우드에서 운영할 수 있다. 또한, 평소에는 프라이빗 클라우드에서 업무를 처리하다가 연말정산이나 대규모 마케팅 캠페인처럼 갑자기 트래픽이 폭증하는 시기에만 퍼블릭 클라우드의 자원을 빌려 쓰는 클라우드 버스팅(Cloud Bursting) 전략도 가능하다.

이처럼 배포 모델의 선택은 기술적인 문제를 넘어, 기업의 보안 정책, 규제 환경, 예산, 그리고 장기적인 비즈니스 전략과 긴밀하게 연결된 중요한 의사결정이다. 특히 금융권과 같이 규제가 엄격한 산업에서는 데이터 주권과 보안을 위해 프라이빗 클라우드를 기반으로 하면서, 고객 서비스 혁신을 위해 퍼블릭 클라우드의 장점을 결합하는 하이브리드 모델을 적극적으로 도입하고 있다.

▼ 세 가지 클라우드 비교표

항목	퍼블릭 클라우드	프라이빗 클라우드	하이브리드 클라우드
비용	낮음(초기 투자 없음, 종량제)	높음(초기 투자 및 유지보수 비용)	복합적(두 모델의 비용 구조 결합)
보안	제공업체와 공동 책임(표준화된 보안)	높음(기업이 완벽하게 통제)	높음(민감 데이터는 프라이빗에 보관)
통제 수준	낮음(제공업체 정책에 의존)	높음(완벽한 제어 및 맞춤 구성)	높음(환경별 정책 설정 가능)
성능	공유 환경으로 인한 변동 가능성	안정적이고 예측 가능한 성능	워크로드별 최적화 가능
관리 주체	클라우드 제공업체	기업 내부 IT팀	기업 및 제공업체 공동 관리
주요 사용 사례	웹사이트, 모바일 앱, 개발/테스트	핵심 업무 시스템, 민감 데이터 저장	대부분의 대기업 IT 환경

2. 현대적 클라우드 아키텍처

퍼블릭, 프라이빗, 하이브리드라는 기본적인 배포 모델 외에도, 현대 클라우드 환경을 이해하기 위해 알아두면 좋은 몇 가지 중요한 개념이 있다. 바로 '멀티 테넌트'와 '멀티 클라우드'다. 이 개념들은 클라우드의 작동 원리와 진화 방향을 더 깊이 이해하는 데 도움을 준다.

● 멀티 테넌트

멀티 테넌시는 퍼블릭 클라우드의 핵심을 이루는 아키텍처(건축 양식)이다. 이는 하나의 소프트웨어 시스템과 그 기반이 되는 인프라(서버, 스토리지 등)를 여러 고객, 즉 '테넌트(Tenant, 임차인)' 가 함께 공유해 사용하는 구조를 말한다. 중요한 점은, 각 테넌트의 데이터와 설정이 논리적으로 완벽하게 분리되어 있어 서로의 정보에 접근하거나 볼 수 없다는 것이다.

❶ 퍼블릭 클라우드의 핵심 원리

앞서 퍼블릭 클라우드를 '아파트' 에 비유했다. 멀티 테넌트(Multi-Tenant) 는 바로 이 아파트가 어떻게 저렴한 관리비를 유지할 수 있는지를 설명하는 핵심 원리다. 아파트의 모든 입주자는 건물 구조, 엘리베이터, 주차장, 수도 및 전기 배관과 같은 공용 인프라를 함께 사용한다. 만약 각 가구가 이 모든 시설을 단독으로 구축한다면 엄청난 비용이 들 것이다. 그러나 수백, 수천 가구가 이 비용을 나누어 부담하기 때문에 저렴한 비용으로 편리한 주거 환경을 누릴 수 있다.

마찬가지로, 퍼블릭 클라우드 제공업체는 거대한 데이터센터 인프라를 구축하고, 수많은 고객(테넌트)이 이 자원을 함께 사용하도록 한다. 덕분에 개별 고객은 비용 효율적으로 강력한 IT 인프라를 활용할 수 있다. 만약 멀티 테넌시 구조가 없다면, 퍼블릭 클라우드는 단순히 각 고객에게 전용 서버를 빌려주는 서비스에 불과하며, 프라이빗 클라우드와의 비용 차이도 거의 없을 것이다. 즉, 멀티 테넌시 아키텍처는 퍼블릭 클라우드의 '규모의 경제(Economy of Scale)' 를 실현하는 핵심 메커니즘이다.

● 멀티 클라우드 vs. 하이브리드 클라우드

클라우드 도입이 성숙해지면서 많은 기업이 하나의 클라우드에만 의존하지 않고, 여러 클라우드를 동시에 사용하는 전략을 채택하고 있다. 이때 '멀티 클라우드'와 '하이브리드 클라우드' 라는 용어가 자주 혼용되어 혼란을 주기도 한다. 두 개념은 명확히 구분할 필요가 있다.

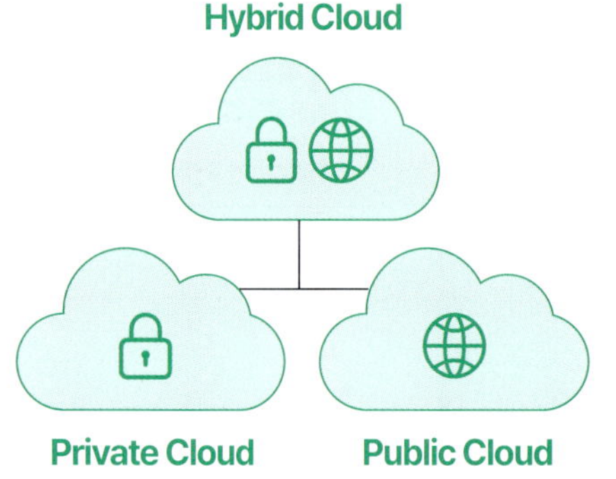

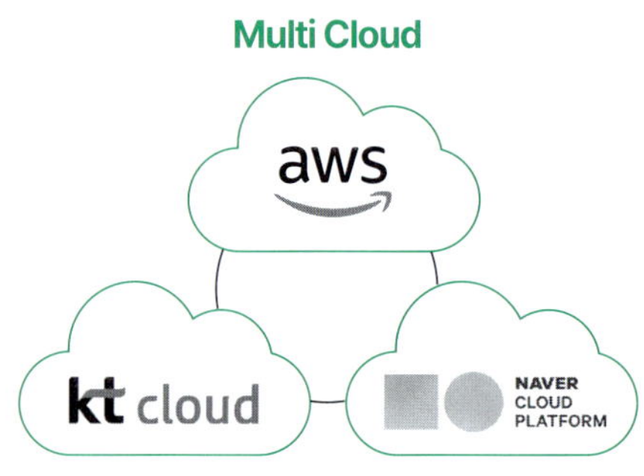

하이브리드 클라우드는 '서로 다른 종류의 인프라'를 연결하는 것이다. 즉, 퍼블릭 클라우드(아파트)와 프라이빗 클라우드(단독주택)를 결합하여 사용하는 방식을 말한다.

멀티 클라우드는 '여러 개의 퍼블릭 클라우드'를 사용하는 것이다. 예를 들어, AWS(A사 아파트)와 구글 클라우드(B사 아파트)의 서비스를 동시에 이용하는 전략이다.

물론 한 기업의 클라우드 전략은 하이브리드이면서 동시에 멀티 클라우드일 수도 있다. 예를 들어, 자체 프라이빗 클라우드(단독주택) 를 운영하면서, AWS(A사 아파트) 와 마이크로소프트 애저(C사 아파트) 의 서비스를 함께 사용하는 경우가 그렇다.

기업들이 복잡성을 감수하면서까지 멀티 클라우드 전략을 채택하는 이유는 무엇일까? 가장 큰 이유는 특정 클라우드 제공업체에 종속되는 '벤더 종속(Vendor Lock-in)' 을 피하고, 각 제공업체가 가장 잘하는 '최고의 서비스(Best-of-Breed)' 를 선택해 사용하기 위함이다.

예를 들어, 어떤 기업은 구글 클라우드의 인공지능(AI) 및 머신러닝(ML) 서비스를 활용하면서, 동시에 AWS의 안정적이고 광범위한 인프라 서비스도 필요로 할 수 있다. 이 경우 두 클라우드를 함께 사용해 각 분야의 최고 서비스를 조합함으로써 비즈니스 경쟁력을 극대화할 수 있다. 하지만 멀티 클라우드 전략은 여러 클라우드 환경을 동시에 관리하고 보안을 유지해야 하므로, 운영의 복잡성이 크게 증가한다는 단점이 있다.

따라서 멀티 클라우드는 클라우드 활용에 대한 높은 이해도와 성숙한 관리 역량을 갖춘 기업에 적합한 고급 전략이라고 할 수 있다. 이는 기업들이 단순히 '클라우드로 이전'하는 단계를 넘어, 비즈니스 목표에 맞춰 최적의 클라우드 서비스를 능동적으로 선택하고 조합하는 성숙한 단계에 진입했음을 보여주는 현상이기도 하다.

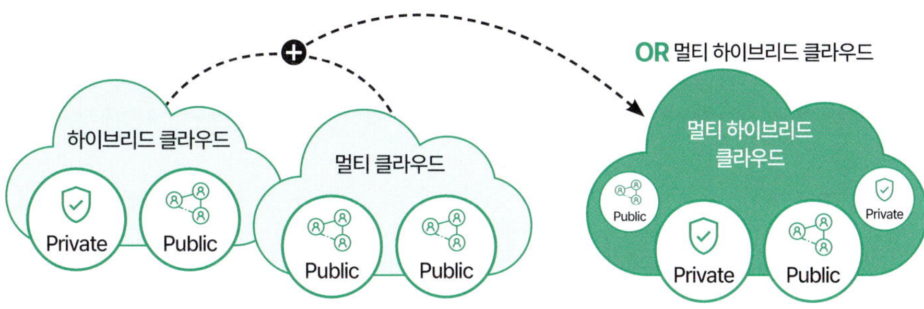

11.3 클라우드 도입 전략은 무엇이 있는가?

클라우드로의 전환은 단순히 기술을 바꾸는 일이 아니다. 이는 비즈니스를 운영하는 방식을 근본적으로 바꾸는 전략적 결정이다. 마치 오래된 사무실에서 최신 스마트 오피스로 이전하는 것과 같다. 이전을 결정했다면 이제 어떻게 이전할지 구체적인 방법을 정해야 한다. 모든 짐을 한 번에 그대로 옮길 것인가, 아니면 새 사무실에 맞게 낡은 가구를 교체하거나 배치를 완전히 새롭게 할 것인가? 다음은 우리 조직에 가장 적합한 클라우드 도입 전략을 수립하기 위한 6가지 접근법, 즉 '6R 전략'과 총소유비용(Total Cost of Ownership, TCO) 개념을 함께 살펴본다.

1. 6R 마이그레이션 전략

클라우드 마이그레이션, 즉 클라우드로의 이사(Migration)는 모든 기업에 동일하게 적용되는 단 하나의 정답이 있는 과정이 아니다. 기업이 보유한 수많은 애플리케이션(소프트웨어 서비스)은 저마다 성격, 중요도, 기술적 상태가 다르기 때문이다. 어떤 서비스는 매우 중요해서 신중하게 다뤄야 하고, 어떤 서비스는 낡아서 대대적인 수리가 필요하며, 또 어떤 서비스는 더 이상 사용하지 않아 버려도 된다. 이처럼 복잡한 상황을 체계적으로 정리하고, 각 애플리케이션에 가장 적합한 이전 방법을 결정하기 위해 만들어진 전략적 프레임워크가 바로 '6R'이다. 'R'은 클라우드로 이전할 대상을 여섯 가지 유형으로 분류하고, 각 유형에 맞는 최적의 전략을 제시한다. 이는 엄격한 규칙이라기보다는 성공적인 클라우드 전환을 위한 지침 원칙(Guiding Principle)에 가깝다.

● 6R 전략의 구성

6R 전략은 다음과 같은 여섯 가지 'R'로 시작하는 전략으로 구성된다.

❶ **Rehost(리호스트)**: 기존 애플리케이션을 아무런 변경 없이 그대로 클라우드 환경으로 옮긴다.

❷ **Replatform(리플랫폼)**: 애플리케이션의 핵심 구조는 유지하되, 클라우드의 장점을 활용하기 위해 일부 구성요소를 수정하여 옮긴다.

❸ **Refactor(리팩터)**: 클라우드 환경에 최적화되도록 애플리케이션의 구조를 근본적으로 재설계하거나 새로 개발한다.

❹ **Repurchase(리퍼처스)**: 기존에 사용하던 소프트웨어를 버리고, 비슷한 기능을 제공하는 클라우드 기반의 새로운 서비스(SaaS)를 구매하여 사용한다.

❺ **Retire(리타이어)**: 더 이상 비즈니스에 필요 없는 애플리케이션을 파악하고 완전히 제거(폐기)한다.

❻ **Retain(리테인)**: 당장은 클라우드로 이전하지 않고, 기존 환경에 그대로 유지한다.

● 전략 수립의 중요성

성공적인 클라우드 전환을 위해서는 이전에 앞서, 우리 회사의 모든 애플리케이션 자산을 목록화(포트폴리오 분석 및 계획)하고, 각각을 6R 전략 중 어디에 해당하는 '바구니' 에 담을지 결정하는 과정이 반드시 필요하다. 이 과정은 단순히 기술팀의 판단만으로 이루어져서는 안 된다. 각 애플리케이션의 비즈니스적 가치, 미래 성장 가능성, 운영 비용, 그리고 전환에 필요한 예산과 시간 등을 종합적으로 고려하여 비즈니스 목표와 긴밀하게 연계된 전략을 수립해야 한다.

어떤 6R 전략을 선택하고 조합하는지를 보면, 그 회사가 클라우드를 통해 무엇을 얻고자 하는지가 명확히 드러난다. 예를 들어, 데이터센터 폐쇄 시한에 쫓겨 비용 절감이 최우선 목표인 회사는 리호스트와 리타이어 전략을 주로 선택할 것이다. 반면, 혁신적인 서비스 개발과 비즈니스 민첩성 향상을 목표로 하는 회사는 리플랫폼과 리팩터 전략에 과감히 투자할 가능성이 높다.

따라서 비즈니스 리더는 우리 회사의 6R 전략 조합이 설정한 비즈니스 목표와 일치하는지를 끊임없이 점검하고, 필요 시 전략적 방향을 조정해야 한다.

2. 리호스트(Rehost)

리호스트는 클라우드 마이그레이션 전략 중 가장 간단하고 빠른 방법이다. 이사할 때 집 안의 모든 물건을 일단 상자에 담아 새집으로 그대로 옮기는 것과 같다. 가구나 가전제품을 바꾸거나 인테리어를 새로 하지 않고, 일단 이사부터 끝내는 방식이다. 이러한 특징 때문에 '리프트 앤 시프트(Lift and Shift)'라고도 불린다.

● 리호스트의 개념과 장점

리호스트는 기존 서버에서 운영되던 애플리케이션을 코드나 아키텍처의 변경 없이 그대로 클라우드 가상 서버 환경으로 이전하는 것을 의미한다. 운영체제(OS), 애플리케이션, 데이터베이스 등 모든 구성을 거의 그대로 복사하여 옮기는 방식이다.

가장 큰 장점은 단연 '속도'다. 복잡한 수정 과정이 없기 때문에 다른 어떤 전략보다 빠르게 마이그레이션을 완료할 수 있다. AWS VM Import/Export 와 같은 자동화 도구를 활용하면 이 과정은 더욱 빨라진다. 특히 데이터센터 계약 만료 등 시급한 일정으로 인해 기존 환경에서 빠르게 벗어나야 할 때, 리호스트는 매우 효과적인 해결책이 될 수 있다.

● 리호스트의 한계와 고려사항

리호스트는 빠르지만, 클라우드의 진정한 가치를 모두 활용하지 못한다는 명확한 한계가 있다. 새집으로 이사는 했지만 낡고 비효율적인 가구를 그대로 사용하는 것과 같다. 클라우드가 제공하는 기본적인 확장성(필요에 따라 서버 자원을 늘리는 기능)은 누릴 수 있으나, 비용 효율성, 운영 자동화, 모니터링 통합 등의 클라우드 네이티브 기술은 적극적으로 활용하기 어렵다.

더 중요한 점은, 리호스트가 기존 시스템이 가진 문제를 해결해주지 않는다는 것이다. 오히려 문제를 다른 환경으로 단순 이전하는 것에 가깝다. 예를 들어 기존 시스템이 비효율적으로 설계되어 자원을 많이 소모했다면, 클라우드로 옮긴 이후에도 여전히 비효율적인 방식으로 작동할 것이다. 사용한 만큼 비용을 내는 클라우드 과금 구조에서는 이것이 곧바로 '비용 폭탄'으로 이어질 수 있다. 즉, 리호스트는 기존의 '기술 부채(Technical Debt)'를 해결하지 않고 단지 그것을 새롭고 더 비싼 환경으로 옮겨놓는 것에 가깝다. 따라서 대부분의 경우, 리호스트는 클라우드 여정의 최종 목적지가 아니라 출발점으로 활용된다. 먼저 빠르게 클라우드로 이전해 급한 불을 끈 뒤, 안정적인 환경에서 리플랫폼 또는 리팩터 전략으로 최적화하는 후속 단계를 계획하는 것이 바람직하다.

3. 리플랫폼(Replatform)

리플랫폼은 속도와 효율성 사이에서 균형을 찾는 전략이다. 새집으로 이사하면서 집 구조는 그대로 두되, 낡은 냉장고나 세탁기를 에너지 효율이 높은 최신 제품으로 교체하는 것과 같다. 주방 전체를 리모델링하는 큰 공사 없이도 매달 나가는 전기요금을 줄이고, 삶의 질을 높이는 실용적인 선택이다. 이러한 특징 때문에 '리프트, 팅커, 앤드 시프트(Lift, Tinker, and Shift)'라고도 불린다.

● 리플랫폼의 개념

리플랫폼은 애플리케이션의 핵심 아키텍처를 변경하지 않으면서, 클라우드 환경이 제공하는 더 나은 서비스를 활용하기 위해 일부 구성 요소를 수정하거나 업그레이드하는 전략이다. 애플리케이션을 완전히 새로 만드는 리팩터 만큼 복잡하지 않으면서, 아무것도 바꾸지 않는 리호스트 보다 더 큰 클라우드 효과를 기대할 수 있다.

● 리플랫폼의 주요 사례

리플랫폼은 특히 기업의 운영 부담을 줄이고 비용을 절감하는 데 효과적이다. 대표적인 사례는 다음과 같다.

- **관리형 서비스로 전환**: 기업이 직접 서버에 설치하고 관리하던 데이터베이스를 아마존 웹 서비스(AWS)의 RDS나 구글 클라우드의 Cloud SQL 같은 관리형 데이터베이스 서비스(Managed DB Service)로 전환하는 것이다. 이렇게 하면 데이터 백업, 소프트웨어 업데이트, 장애 대응과 같은 번거로운 관리 업무를 클라우드 제공업체에 위임할 수 있다. 그 결과, IT 팀은 핵심 비즈니스 개발에 더 집중할 수 있게 된다.
- **라이선스 비용 절감**: 비싼 상용 소프트웨어를 오픈소스(공개 소프트웨어)로 교체하는 것도 좋은 예다. 예를 들어, 고가의 라이선스 비용이 필요한 상용 웹 애플리케이션 서버를 무료 오픈소스인 '아파치 톰캣'으로 변경하는 것이다.

● 리플랫폼의 비즈니스 가치

많은 기업에게 리플랫폼은 투입한 노력 대비 가장 확실한 성과(ROI)를 얻을 수 있는 '최적의 지점' 이다. 데이터베이스 관리나 라이선스 비용처럼 기업이 직면한 구체적인 문제를 직접 해결하고, 운영 효율성 증대와 비용 절감이라는 즉각적인 결과를 가져오기 때문이다.

리호스트가 단순히 인프라 관리 부담을 덜어주는 수준에 그치고, **리팩터**가 높은 비용과 긴 시간이 필요한 전략이라면, **리플랫폼**은 실용적이면서도 즉각적인 비즈니스 가치를 제공하는 선택지라 할 수 있다.

리플랫폼을 통해 얻은 이러한 '작은 성공(Small Win)'은 조직 내에서 클라우드 전환에 대한 긍정적인 인식 확산으로 이어지고, 더 나아가 대규모 리팩터 프로젝트로 나아가는 추진력이 될 수 있다.

4. 리팩터(Refactor)

리팩터는 는 6R 전략 중 가장 과감하고 혁신적인 접근 방식이다. 이는 단순히 이사하는 것을 넘어, 건축가와 인테리어 디자이너를 고용해 새집의 공간 구조와 스타일을 완전히 새롭게 바꾸는 '대대적인 리모델링'에 비유할 수 있다. 시간과 비용이 가장 많이 들지만, 일단 완성되면 현대적이고 효율적이며 자신의 생활 방식에 완벽하게 맞는 공간을 얻게 된다. 리팩터는 때로 '재설계(Re-architect)' 또는 '재구축(Rebuild)'이라고도 불린다.

● 리팩터의 개념과 목표

리팩터는 기존 애플리케이션을 클라우드 환경에 최적화된 '클라우드 네이티브(Cloud Native)' 형태로 재설계 및 재개발하는 것을 의미한다. 단순히 클라우드에서 '실행'되는 수준을 넘어, 클라우드의 잠재력을 최대한 활용해 성능, 확장성, 안정성을 극대화하고 기존에는 불가능했던 새로운 기능과 비즈니스 모델을 구현하는 것이 목표다.

대표적인 방식은 거대한 단일 구조의 모놀리식 아키텍처를 작고 독립적인 서비스들의 조합인 마이크로서비스 아키텍처로 분해하는 것이다.

● 리팩터의 장단점

리팩터의 가장 큰 장점은 장기적인 비즈니스 민첩성 확보다. 클라우드 네이티브로 재탄생한 애플리케이션은 시장 변화에 빠르고 유연하게 대응할 수 있으며, 부분 확장이나 기능 추가가 훨씬 용이하다.

반면, 리팩터는 가장 많은 비용과 시간이 드는 전략으로, 높은 기술 전문성과 리스크 관리가 요구된다. 완전히 새로운 애플리케이션을 만드는 것에 가까워 프로젝트 실패 위험도 높다.

● 리팩터를 통한 비즈니스 혁신

리팩터는 단순한 기술 업그레이드가 아니라 미래 비즈니스 경쟁력을 확보하기 위한 전략적 투자다. 목표는 기존 시스템을 효율적으로 운영하는 것을 넘어, 더 빠르게 혁신하고 시장 변화에 즉각 대응할 수 있는 플랫폼을 구축하는 것이다. 예를 들어, 리팩터를 통해 마이크로서비스 아키텍처를 도입한 기업은 몇 주 만에 새로운 기능을 출시할 수 있지만, 낡은 모놀리식 구조의 경쟁사는 분기마다 한 번 업데이트하는 데 그칠 수 있다. 이러한 속도의 차이가 시장 경쟁의 승패를 좌우한다.

따라서 리팩터에 대한 의사결정은 단순한 IT 비용 절감이 아니라, "이 투자를 통해 어떤 새로운 비즈니스 기회를 창출할 수 있는가?"라는 전략적 관점에서 이루어져야 한다.

5. 도입 전략 수립

앞서 알아본 6R을 바탕으로 우리 회사에 맞는 최적의 전략을 수립하는 구체적인 과정을 알아보자. 성공적인 클라우드 여정은 개별 애플리케이션에 대한 단편적인 결정이 아니라, 전체적인 비즈니스 목표와 기술 현황을 아우르는 체계적인 계획에서 시작된다. 이러한 계획 수립 과정을 돕는 것이 바로 클라우드 도입 프레임워크(Cloud Adoption Framework, CAF)다.

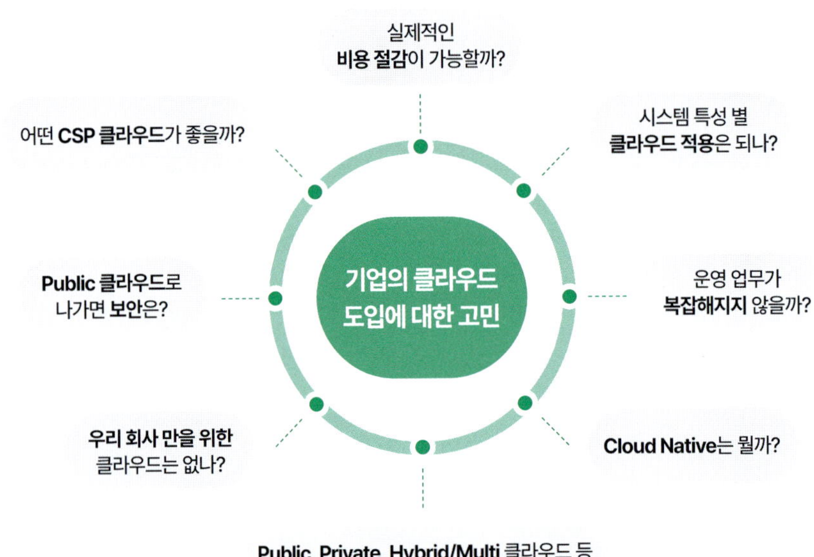

● 클라우드 도입 프레임워크(CAF)란?

CAF는 조직이 성공적으로 클라우드를 도입하고 운영할 수 있도록 돕는 종합적인 가이드라인이다. 이는 기술적 측면뿐 아니라 비즈니스 목표, 조직 문화, 인력, 거버넌스(관리 체계), 보안 등 클라우드 전환에 영향을 미치는 모든 요소를 체계적으로 점검하고 계획하도록 한다. 아마존 웹 서비스(AWS), 구글 클라우드, 마이크로소프트 애저(Azure) 등 주요 클라우드 제공업체들은 모두 자신들의 경험을 바탕으로 한 독자적인 CAF를 제공한다.

● 단계별 도입 전략 수립 과정

CAF를 기반으로 한 클라우드 도입 전략 수립은 일반적으로 다음과 같은 단계를 거친다.

- 1단계: 현재 자산 분석(Assess)
  먼저 우리 회사가 보유한 애플리케이션 · 서비스 · 데이터베이스 자산을 전수 조사한다. 각 자산의 기술적 특성과 비즈니스 중요도, 그리고 시스템 간 종속 관계를 명확히 파악해야 한다.

- **2단계: 비즈니스 목표와 연계(Align)**
  클라우드 전환을 통해 달성하려는 구체적 비즈니스 목표(비용 절감, 출시 속도 향상, 안정성 강화 등)를 설정하고, 각 애플리케이션의 기여도에 따라 우선순위를 정한다.
- **3단계: 6R 전략 적용(Apply)**
  분석된 자산에 가장 적합한 6R 전략을 매칭한다. 예를 들어, 핵심 서비스는 리팩터, 구조 변경이 어려운 시스템은 리플랫폼 · 리호스트, 불필요한 시스템은 리타이어로 구분한다.
- **4단계: 로드맵 수립(Prioritize)**
  모든 시스템을 한 번에 이전할 수 없으므로, 단계적 실행 계획(로드맵)을 세운다. 일반적으로 전환이 쉽고 위험이 낮은 '빠른 성공(Quick Win)' 대상부터 시작해 점진적으로 확대한다.

● 나머지 3R 전략 활용하기

리호스트, 리플랫폼, 리팩터 외에 나머지 세 가지 전략도 현명하게 활용해야 한다.

- **리퍼처스(Repurchase)**: 직접 소프트웨어를 설치하고 운영하는 대신, 완성된 클라우드 서비스를 구독하는 방식이다. 사내에 이메일 서버를 구축하는 대신 구글 워크스페이스나 마이크로소프트 365를 사용하는 것이 대표적이다. 이는 관리 부담을 완전히 없애주는 효과적인 전략이다.
- **리타이어(Retire)**: 분석 과정에서 더 이상 비즈니스 가치가 없다고 판단된 애플리케이션은 과감히 폐기한다. 불필요한 자산을 제거함으로써 즉각적인 비용 절감 효과를 얻을 수 있다.
- **리테인(Retain)**: 규제, 보안, 특수한 하드웨어 의존성 등의 이유로 당장 클라우드로 이전하기 어려운 애플리케이션은 기존 환경에 그대로 유지한다. 단, 유지해야 하는 명확한 이유가 있어야 하며, 주기적으로 재검토하여 향후 이전 계획을 세워야 한다.

▼ 3R 전략 핵심 비교

전략	Rehost	Replatform	Refactor
핵심 개념 (Core Concept)	Lift&Shift	Lift, Tinker&Shift	Re-architect
이사 비유 (Moving Analogy)	짐 그대로 옮기기	가전제품 바꾸기	전체 리모델링
기술 난이도 (Technical Difficulty)	낮음	중간	높음
초기 비용 (Initial Cost)	낮음	중간	높음
전환 속도 (Migration Speed)	빠름	보통	느림
클라우드 최적화 수준 (Cloud Optimization Level)	낮음	중간	매우 높음
주요 장점 (Key Advantage)	속도	효율성 증대	비즈니스 민첩성
주요 단점 (Key Disadvantage)	낮은 최적화	제한적 개선	높은 비용과 시간

6. 비용 분석

클라우드 도입을 검토할 때 가장 먼저 부딪히는 질문은 "그래서 비용이 얼마나 드는가?"이다. 많은 사람이 단순히 기존 서버 구매 비용과 클라우드의 월 사용료를 비교하는 실수를 저지른다. 하지만 이런 방식은 전체 비용의 일부만 보는 것이다. 마치 자동차를 살 때 차량 가격만 보고 보험료, 유류비, 수리비, 세금 등은 전혀 고려하지 않는 것과 같다. 정확한 비용 비교를 위해서는 총소유비용(Total Cost of Ownership, TCO) 개념을 이해해야 한다.

● 총소유비용(TCO)이란?

TCO는 특정 자산(여기서는 IT 인프라)을 도입하고 소유하며 운영하는 전 과정에서 발생하는 모든 직접적 · 간접적 비용의 합계를 의미한다. 이를 통해 눈에 보이는 비용뿐 아니라 숨겨진 비용까지 고려하여 합리적인 의사결정을 내릴 수 있다.

● 온프레미스 환경의 TCO

온프레미스, 즉 기업이 자체 데이터 센터를 구축하고 운영하는 환경의 TCO는 다음과 같은 항목들로 구성된다.

- 직접 비용(눈에 잘 보이는 비용)
  - · **하드웨어**: 서버, 스토리지, 네트워크 장비 구매 비용
  - · **소프트웨어**: 운영체제, 데이터베이스, 각종 솔루션 라이선스 비용
  - · **설비**: 데이터 센터 임대료, 전기 요금, 항온 · 항습(냉각) 비용
- 간접 비용(숨겨진 비용)
  - · **인건비**: 서버와 네트워크를 설치, 설정, 유지보수, 관리하는 IT 인력의 급여
  - · **장애 및 다운타임**: 시스템 장애로 인해 서비스가 중단되었을 때 발생하는 비즈니스 손실
  - · **재해 복구**: 만일의 사태에 대비해 별도의 재해복구(DR) 센터를 구축하고 운영하는 비용
  - · **기회비용**: IT 자산에 묶인 자본을 다른 곳에 투자하지 못함으로써 발생하는 손실

● 클라우드 환경의 TCO

클라우드는 초기 투자비용(CAPEX)이 거의 없는 대신, 사용량에 따라 매월 지불하는 운영비용(OPEX) 구조를 가진다. 클라우드의 TCO 구성 항목은 다음과 같다.

- 직접 비용(눈에 잘 보이는 비용)
  - · **컴퓨팅**: 가상 서버(인스턴스) 사용료
  - · **스토리지**: 데이터 저장 공간 사용료
  - · **네트워크**: 데이터 전송(트래픽) 비용
- 간접 비용(숨겨진 비용)
  - · **인건비**: 클라우드 환경을 설계 · 관리 · 최적화하는 전문 인력의 급여

· **마이그레이션**: 기존 시스템을 클라우드로 이전하는 프로젝트 비용
· **관리 도구**: 비용 관리나 보안 강화를 위한 서드파티 솔루션 비용
· **비용 초과 위험**: 사용량 관리 실패로 발생하는 '요금 폭탄' 위험

● TCO 분석을 통한 전략적 의사결정

TCO 비교를 단순히 '어느 쪽이 더 저렴한가'로 끝내는 것은 불완전한 접근이다. 온프레미스는 초기 투자 후 비용 구조가 고정된 정적 환경, 클라우드는 비즈니스 상황에 따라 변동하는 동적 환경이다. 따라서 단순한 비용 항목이 아니라 비즈니스 가치까지 함께 고려해야 한다. 예를 들어, 온프레미스의 숨은 비용은 인건비보다 민첩성 부족으로 인한 기회 손실이다. 급격한 트래픽 증가에 대응하지 못해 놓친 고객과 매출은 TCO 계산서에 드러나지 않는다. 반면 클라우드의 가치는 단순한 절감이 아니라 혁신의 기회에 있다. 고가의 장비 없이도 몇 번의 클릭으로 AI 실험 환경을 즉시 구축할 수 있는 유연성은 수치로 평가하기 어렵다.

따라서 TCO 분석은 단순한 회계 절차가 아니라, "우리 비즈니스 전략에 어떤 인프라가 더 적합한가?"를 판단하는 전략적 도구로 활용해야 한다. 총비즈니스가치(Total Business Value, TBV) 관점에서 접근할 때 비로소 클라우드 투자의 진정한 의미를 이해할 수 있다.

11.4 클라우드 네이티브란 무엇인가?

클라우드라는 새로운 땅에 이사 왔다고 해서 저절로 모든 것이 좋아지는 것은 아니다. 그 땅의 특성을 제대로 이해하고, 그에 맞는 집을 지어야 비로소 쾌적하고 효율적인 생활을 누릴 수 있다. 클라우드 역시 마찬가지다. 클라우드의 진정한 힘은 단순히 그곳으로 '이사 가는 것(마이그레이션)'에서 나오는 것이 아니라, 클라우드 환경을 위해 특별히 설계된 방식(클라우드 네이티브) 으로 애플리케이션을 만들고 운영할 때 발휘된다.

클라우드 네이티브는 단순한 기술 트렌드가 아니라, 비즈니스 속도와 민첩성을 극대화하는 새로운 설계 철학이다. 튼튼하고 안정적인 집을 짓는 기술(고가용성), 손님 수에 따라 공간이 자동으로 늘어나는 마법(오토스케일링), 그리고 레고 블록처럼 유연하게 조립하고 확장하는 건축법(마이크로서비스 아키텍처) 등은 모두 클라우드 네이티브의 핵심 원리다. 이들은 기업이 클라우드 환경에서 안정성, 확장성, 효율성을 극대화하도록 돕는 핵심 설계 전략이다.

1. 클라우드 네이티브 개념

'클라우드 네이티브(Cloud Native)'는 말 그대로 '클라우드에서 태어났다'는 의미다. 이는 특정 기술이나 제품을 지칭하는 단어가 아니라, 클라우드라는 환경의 장점을 100% 활용하기 위한 애플리케이션 개발과 운영에 대한 철학이자 접근 방식 전체를 포괄하는 용어다. 기존에 온프레미스 환경을 위해 만들어진 애플리케이션을 클라우드로 옮겨온 '클라우드 이민자(Cloud Immigrant)'와는 태생부터 다르다.

● 클라우드 네이티브의 정의와 핵심 기술

클라우드 네이티브는 퍼블릭, 프라이빗, 하이브리드 등 다양한 클라우드 환경에서 확장 가능하고 안정적인 애플리케이션을 만들고 실행하는 방법론이다. 클라우드 네이티브 컴퓨팅 재단(Cloud Native Computing Foundation, CNCF)은 클라우드 네이티브를 구성하는 핵심 기술 요소로 다음과 같은 것들을 제시한다.

- **마이크로서비스(Microservices)**: 거대한 하나의 애플리케이션을 작고 독립적인 기능 단위로 잘게 쪼개어 개발하는 아키텍처.
- **컨테이너(Containers)**: 애플리케이션을 필요한 모든 파일과 함께 패키징하여 어떤 환경에서든 동일하게 실행될 수 있도록 하는 기술.
- **서비스 메시(Service Mesh)**: 마이크로서비스들 간의 복잡한 통신을 안정적이고 안전하게 관리하는 인프라 계층.

- **불변 인프라(Immutable Infrastructure)**: 운영 중인 서버를 직접 수정하지 않고, 변경이 필요할 때마다 새로운 버전의 서버를 만들어 교체하는 방식.
- **선언형 API(Declarative APIs)**: 시스템의 최종 목표 상태를 '선언'하면, 시스템이 알아서 그 상태를 유지하도록 하는 자동화 방식.

이러한 기술들을 조합하여, 시스템에 장애가 발생해도 스스로 복구하고(탄력성), 사용량이 급증하면 자동으로 확장하며(확장성), 개발과 배포가 빠르고 지속적으로 이루어지는(민첩성) 애플리케이션을 만드는 것이 클라우드 네이티브의 목표다.

● 클라우드 네이티브 vs. 클라우드 이민자

기존 애플리케이션을 단순히 클라우드로 옮기는 것(Cloud Immigrant)과 클라우드 네이티브 방식의 차이는 비즈니스 관점에서 명확한 이점의 차이로 나타난다.

- **비용 효율성**: '클라우드 이민자'는 온프레미스 방식처럼 리소스를 비효율적으로 사용할 수 있어 예상보다 많은 비용이 발생할 수 있다. 반면, 클라우드 네이티브는 사용한 만큼만 비용을 지불하는 클라우드 모델에 최적화되어 있어 리소스 사용을 극대화하고 비용을 절감한다.
- **속도와 민첩성**: 기존 방식은 작은 변경사항 하나를 적용하기 위해 전체 시스템을 테스트하고 배포해야 하므로 속도가 느리다. 클라우드 네이티브는 독립적인 마이크로서비스 단위로 개발과 배포가 이루어지므로, 새로운 아이디어를 훨씬 빠르게 시장에 선보일 수 있다.
- **안정성과 가용성**: 기존 모놀리식 애플리케이션은 작은 오류 하나가 전체 시스템의 장애로 이어질 수 있다. 클라우드 네이티브 아키텍처에서는 하나의 서비스에 문제가 생겨도 다른 서비스에는 영향을 주지 않도록 설계되어 전체 시스템의 안정성이 매우 높다.

● 기술을 넘어 문화의 변화로

클라우드 네이티브를 성공적으로 도입하기 위해서는 기술뿐만 아니라 조직의 일하는 방식과 문화도 함께 변해야 한다. 과거에는 개발팀이 소프트웨어를 만들어 운영팀에 넘기면 그만이었지만, 수시로 배포가 일어나는 클라우드 네이티브 환경에서는 이런 방식이 통하지 않는다. 개발(Development)과 운영(Operations)이 하나의 팀처럼 긴밀하게 협력하는 '데브옵스(DevOps)' 문화가 반드시 필요하다. 자동화된 테스트와 배포 파이프라인(CI/CD)을 구축하고, 팀이 만든 서비스에 대해 직접 책임지는 문화를 만들어야 한다. 따라서 비즈니스 리더는 클라우드 네이티브 전환을 단순히 새로운 기술을 도입하는 프로젝트로 여겨서는 안 된다. 이는 비즈니스의 속도와 경쟁력을 높이기 위한 조직 전체의 근본적인 변화, 즉 '문화 혁신'으로 이해하고 추진해야 한다.

2. 고가용성 및 Multi-AZ

비즈니스를 운영하면서 가장 피하고 싶은 상황 중 하나는 서비스가 멈추는 것이다. 온라인 쇼핑몰의 결제 시스템이 마비되거나, 기업의 핵심 업무 시스템이 다운된다면 그 피해는 막대하다. 고가용성(High Availability, HA)은 이러한 서비스 중단을 최소화하고, 어떤 상황에서도 시스템이 지속적으로 작동하도록 보장하는 기술 또는 설계를 의미한다.

● 가용 영역(AZ)과 Multi-AZ의 개념

클라우드 환경에서 고가용성을 구현하는 가장 기본적인 방법은 '모든 달걀을 한 바구니에 담지 않는 것'이다. 클라우드 제공업체들은 이 원칙을 물리적인 인프라 수준에서 구현해 놓았다.

- **가용 영역(Availability Zone, AZ)**: AZ는 하나 이상의 데이터 센터 묶음이다. 각 AZ는 독립된 전력, 냉각, 네트워크 설비를 갖추고 물리적으로 분리된 위치에 건설된다. 즉, 하나의 AZ에서 화재나 정전 같은 심각한 재해가 발생하더라도 다른 AZ에는 영향을 미치지 않는다.
- **Multi-AZ**: '멀티-에이젯'은 바로 이 가용 영역을 여러 개(Multiple)에 걸쳐 시스템을 이중, 삼중으로 구성하는 방식을 말한다. 내 애플리케이션 서버나 데이터베이스를 하나의 AZ가 아닌, 여러 AZ에 동시에 분산하여 배포하는 것이다.

● Multi-AZ를 통한 장애 극복 원리

Multi-AZ 구성은 하나의 AZ에 문제가 발생했을 때 서비스 중단을 방지하는 자동 보험 장치와 같다. 예를 들어, AWS의 관계형 데이터베이스 서비스(RDS)를 Multi-AZ로 구성하는 경우를 살펴보자.

- **평상시**: 주(Primary) 데이터베이스는 A 가용 영역에서 정상적으로 작동하며 모든 데이터 처리 요청을 수행한다. 동시에, B 가용 영역에는 주 데이터베이스와 모든 데이터가 실시간으로 똑같이 복제된 예비(Standby) 데이터베이스가 대기하고 있다. 사용자는 이 예비 데이터베이스의 존재를 인식하지 못한다.
- **장애 발생 시**: 만약 A 가용 영역에 정전이나 네트워크 장애 등 심각한 문제가 발생하여 주 데이터베이스가 멈추면, 클라우드 시스템이 이를 자동으로 감지한다.
- **자동 전환(Failover)**: 시스템은 즉시 B 가용 영역에 있던 예비 데이터베이스를 새로운 주 데이터베이스로 승격시킨다. 그리고 애플리케이션의 데이터베이스 연결 주소를 새로운 주 데이터베이스로 자동으로 변경해준다. 이 모든 과정은 사람의 개입 없이 수 분 내에 자동으로 이루어진다.

결과적으로 사용자는 아주 잠깐의 지연을 느낄 수는 있지만, 서비스가 완전히 중단되는 최악의 상황은 피할 수 있다. 데이터 손실 없이 서비스 연속성이 보장되는 것이다.

● 비즈니스 연속성의 대중화

과거 온프레미스 환경에서 이 정도 수준의 재해 복구(Disaster Recovery, DR) 시스템을 구축하는 것은 엄청난 비용과 복잡성 때문에 소수의 대기업만이 가능한 일이었다. 별도의 데이터 센터를 임대하고, 값비싼 하드웨어를 이중으로 구매하며, 복잡한 데이터 복제 솔루션을 직접 구축하고 운영해야 했기 때문이다.

하지만 클라우드는 이러한 고가용성 인프라를 몇 번의 클릭만으로 저렴하게 이용할 수 있는 기본 기능으로 제공한다. 이제는 작은 스타트업도 글로벌 금융 기업 수준의 데이터베이스 안정성을 확보할 수 있게 된 것이다. 이는 클라우드가 가져온 '비즈니스 연속성의 대중화'라 할 수 있다. 비즈니스 리더에게 Multi-AZ는 추가 비용이 아니라, 예측 불가능한 재해로부터 비즈니스를 보호하는 가장 확실하고 경제적인 보험 상품인 셈이다.

3. 오토스케일링

성공적인 비즈니스는 수요 변화에 유연하게 대처할 수 있어야 한다. 온라인 쇼핑몰을 예로 들어 보자. 평소에는 10대의 서버로 충분하지만, 대규모 할인 행사를 하는 날에는 100대의 서버가 필요할 수 있다. 기존 온프레미스 환경에서는 이 '최대 수요'를 기준으로 미리 100대의 서버를 구매해둬야 했다. 행사 기간 외 364일 동안 90대의 서버는 아무 일도 하지 않고 전기만 소모하며 놀게 되는, 엄청난 낭비가 발생하는 구조다. '오토스케일링(Auto Scaling)'은 바로 이 문제를 해결하는 클라우드의 핵심 기능이다. 이름 그대로 '자동으로(Auto) 규모를 조절(Scaling)'해주는 기술이다.

● 오토스케일링의 작동 원리

오토스케일링은 미리 정해진 규칙에 따라 실시간으로 컴퓨팅 자원(가상 서버 등)의 수를 자동으로 늘리거나 줄여준다. 이 모든 과정은 사람의 개입 없이 24시간 자동으로 이루어진다.

- **스케일 아웃(Scale-out)**: 사용량이 급증하면, 시스템은 미리 설정된 규칙(예 '모든 서버의 평균 CPU 사용률이 70%를 넘으면')에 따라 자동으로 새로운 서버들을 추가하여 늘어난 트래픽을 감당한다. 이를 '수평적 확장'이라고도 한다.
- **스케일 인(Scale-in)**: 반대로, 사용량이 줄어들면(예 '평균 CPU 사용률이 20% 아래로 떨어지면'), 시스템은 불필요해진 서버들을 자동으로 종료하여 비용 낭비를 막는다.

● 다양한 스케일링 방식

오토스케일링은 수요 변화를 예측하고 대응하는 방식에 따라 다양하게 설정할 수 있다.

- **동적 스케일링(Dynamic Scaling)**: CPU 사용률이나 네트워크 트래픽 같은 실시간 지표를 기준으로 자원을 조절하는 가장 일반적인 방식이다.
- **예측 스케일링(Predictive Scaling)**: 과거의 사용량 패턴을 머신러닝으로 분석하여, 미래의 수요를 예측하고 미리 자원을 준비하는 방식이다. 예를 들어, 매주 금요일 저녁에 트래픽이 급증하는 넷플릭스 같은 서비스라면, 금요일 오후부터 미리 서버 수를 늘려놓을 수 있다.
- **예약 스케일링(Scheduled Scaling)**: 블랙프라이데이 세일처럼 수요 급증이 예상되는 특정 날짜와 시간을 미리 지정하여 해당 시간에만 서버를 대폭 늘리도록 예약하는 방식이다.

● 오토스케일링의 비즈니스 가치

오토스케일링은 과거 기업들이 겪어야 했던 '성능과 비용의 딜레마'를 한 번에 해결한다. 오토스케일링은 안정적인 성능과 비용 효율성이라는 두 마리 토끼를 동시에 잡게 해주는, 클라우드 시대의 필수 전략이다.

- **비용 효율성 극대화**: 최대 수요에 맞춰 과도하게 인프라를 구축할 필요 없이, 딱 필요한 만큼의 자원만 사용하고 그에 대한 비용만 지불하면 된다. 이는 IT 인프라를 고정 자산(CAPEX)에서 비즈니스 활동에 직접 연동되는 변동 운영비(OPEX)로 전환시키는 혁신적인 변화다.
- **안정적인 서비스 성능 보장**: 갑작스러운 트래픽 폭주에도 자동으로 서버가 증설되어 서비스가 느려지거나 다운되는 것을 막아준다. 이는 고객에게 일관되고 쾌적한 사용자 경험을 제공하여 비즈니스 신뢰도를 높인다.

4. 탄력성

클라우드를 이야기할 때 확장성과 탄력성이라는 용어가 자주 등장한다. 두 단어는 비슷해 보이지만, 비즈니스 전략 관점에서 이해해야 할 중요한 차이가 있다. 이 차이를 이해하면 클라우드의 가치를 더 깊이 파악할 수 있다.

● 확장성 vs. 탄력성, 무엇이 다른가?

- **확장성**: 시스템이 '성장'에 대응하는 능력이다. 이는 장기적인 관점에서 예측 가능한 수요 증가를 감당할 수 있도록 시스템을 설계하고 자원을 추가하는 것을 의미한다. 예를 들어, 매달 사용자가 1만 명씩 꾸준히 늘어나는 스타트업이 이에 맞춰 서버 용량을 계획적으로 증설하는 것은 확장성의 영역이다. 레스토랑 비유로 들자면, 5년 계획을 세워 매장을 10개에서 100개로 늘려나가는 것과 같다.
- **탄력성**: 시스템이 '변동'에 대응하는 능력이다. 이는 예측하기 어려운 단기적인 수요 급증이나 급감에 맞춰 실시간으로 자원을 자동으로 할당하고 반납하는 것을 의미한다. 유명 방송에 갑자기 소개되어 순간적으로 접속자가 100배 폭증한 쇼핑몰이 버텨내는 것은 탄력성 덕분이다. 레스토랑이 예고 없이 들이닥친 단체 손님을 받기 위해 순식간에 테이블과 직원을 늘렸다가, 손님들이 떠나자마자 원래 상태로 돌아가는 모습이 바로 탄력성이다.

● 비즈니스 사례로 보는 탄력성의 가치

탄력성은 특히 수요 예측이 어려운 현대 비즈니스 환경에서 빛을 발한다.

- **이커머스와 미디어**: 블랙프라이데이 세일이나 월드컵 결승전 생중계처럼 특정 시점에 트래픽이 폭발적으로 증가하는 비즈니스에 탄력성은 필수적이다. 필요한 순간에만 자원을 대폭 늘리고, 이벤트가 끝나면 즉시 자원을 반납하여 비용을 최소화할 수 있다.
- **신규 서비스 개발(DevOps)**: 새로운 애플리케이션을 개발하고 테스트하는 과정에서는 자원 사용량이 불규칙하게 급증할 수 있다. 탄력적인 클라우드 환경은 개발자들이 필요한 만큼의 자원을 즉시 할당받아 자유롭게 실험하고, 테스트가 끝나면 자원을 반납하여 비용 낭비 없이 혁신의 가속화를 돕는다.

● 혁신의 위험을 낮추는 탄력성

탄력성의 가장 중요한 비즈니스 가치는 '혁신의 경제학'을 바꾼다는 점에 있다. 과거에는 성공 여부가 불확실한 신제품을 출시하기 위해서도 막대한 초기 인프라 투자가 필요했다. 만약 제품이 실패하면 그 투자 비용은 고스란히 손실로 남았다.

하지만 탄력성을 갖춘 클라우드 환경에서는 최소한의 자원으로 신제품을 출시하고, 시장의 반응을 보면서 성공 가능성이 보일 때만 투자를 늘릴 수 있다. 이는 실패의 비용을 극적으로 낮춰 주어, 기업이 더 과감하게 새로운 아이디어를 시도하고 '빠르게 실패하고 더 빨리 배우는(Fail-Fast)' 혁신적인 문화를 만들도록 장려한다. 따라서 탄력성은 단순한 운영 효율성 도구를 넘어, 불확실성의 시대에 기업이 지속적으로 혁신하고 성장할 수 있도록 돕는 전략적 무기다.

5. 마이크로서비스 아키텍처(MSA)

클라우드 네이티브 철학의 중심에는 애플리케이션을 구축하는 새로운 방식인 '마이크로서비스 아키텍처(Microservice Architecture, MSA)'가 있다. 이는 전통적인 '모놀리식(Monolithic)' 아키텍처의 한계를 극복하고, 클라우드 시대가 요구하는 속도와 유연성을 확보하기 위해 등장했다.

● 모놀리식 vs. 마이크로서비스

두 아키텍처의 차이를 이해하기 위해, 하나의 거대한 통 대리석으로 조각상을 만드는 것과 레고 블록으로 성을 만드는 것을 비교해보자.

- **모놀리식 아키텍처(Monolithic Architecture)**: 전통적인 방식으로, 애플리케이션의 모든 기능(사용자 관리, 상품 조회, 주문, 결제 등)이 하나의 거대한 프로그램 덩어리로 묶여 개발되고 배포된다. 이는 통 대리석 조각상과 같다. 조각상의 팔 모양을 조금 바꾸고 싶어도, 전체 조각상에 정을 대야 하므로 작업이 복잡하고 위험하며 시간이 오래 걸린다.
- **마이크로서비스 아키텍처(MSA)**: 하나의 애플리케이션을 구성하는 각 기능들을 작고, 독립적으로 배포 가능한 '서비스' 단위로 잘게 쪼개어 개발하는 방식이다. 이는 레고 블록으로 만든 성과 같다. 성의 특정 탑 모양이 마음에 들지 않으면, 다른 부분은 건드리지 않고 그 탑을 구성하는 블록만 빼서 쉽게 바꿀 수 있다.

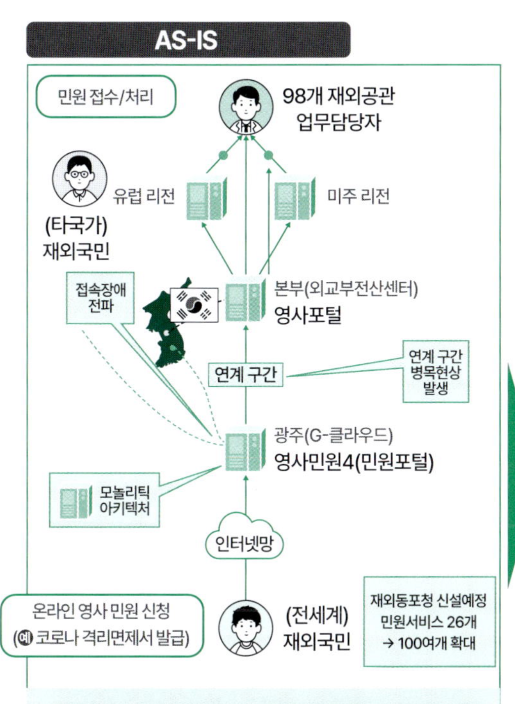

- **특정국가, 특정 민원 폭주시 광주(민원포털) → 본부(영사포털) 연계구간 병목현상 → 타국가 영향 전파**
  - 민원 트래픽 예측 불가로 근본적 해결 어려움
- **모놀리식 환경으로 재외동포청 신설 등 다양한 민원서비스 적기 제공 어려움**
- **G클라우드에서 화상민원처리 등 민간SaaS 도입 한계**

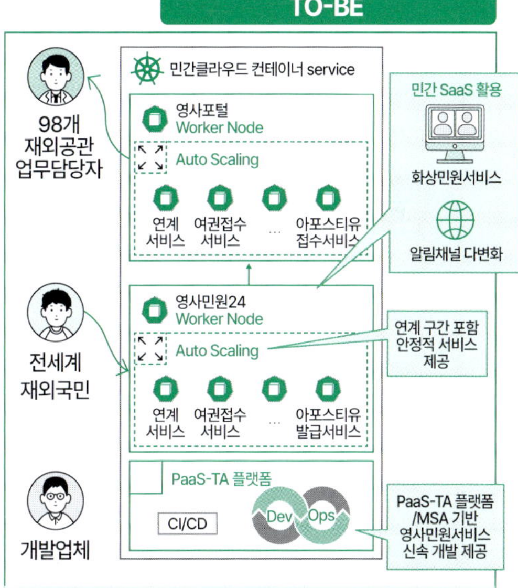

- **영사민원24와 영사포털 서버 컨테이너 기반 전환**
  - 예측 불가능한 트래픽 폭주 시에도 오토스케일링으로 서비스 지속
- **모놀리식 아키텍처 → 클라우드 네이티브 전환**
  - 다양한 니즈의 영사민원서비스 적기 제공
  - 재외동포청 신설 시 MSA 도입으로 유연한 서비스 제공 환경 마련
- **민간 SaaS 적극 활용**
  - 화상, 방문예약, 본인확인, 알림채널 다변화 등

● 마이크로서비스의 비즈니스 이점

MSA를 도입하면 비즈니스 관점에서 다음과 같은 명확한 이점을 얻을 수 있다.

- **빠른 개발 및 배포 속도**: 각 서비스는 독립적인 작은 팀에 의해 개발되고 배포될 수 있다. '주문' 팀은 '사용자 관리' 팀의 일정과 상관없이 자신들의 서비스를 언제든지 업데이트하고 배포할 수 있다. 이는 신제품과 새로운 기능이 시장에 출시되는 시간(Time-to-market)을 극적으로 단축시킨다.
- **유연한 확장성**: 특정 기능에만 사용량이 몰릴 경우, 전체 애플리케이션을 확장할 필요 없이 해당 마이크로서비스만 독립적으로 확장(Scale-out)할 수 있다. 예를 들어, 할인 행사로 주문량이 폭주하면 '주문' 서비스만 서버 수를 늘리면 된다. 이는 자원을 매우 효율적으로 사용하게 하여 비용을 절감한다.
- **높은 안정성(장애 격리)**: 만약 '결제' 서비스에 장애가 발생하더라도, 다른 서비스들은 정상적으로 작동할 수 있다. 하나의 서비스 실패가 전체 애플리케이션의 마비로 이어지는 모놀리식 구조와 달리, 장애의 영향이 격리되어 전체 시스템의 안정성이 높아진다.
- **기술 선택의 자유**: 각 서비스의 특성에 가장 적합한 프로그래밍 언어나 데이터베이스 기술을 자유롭게 선택하여 적용할 수 있다. 이는 최신 기술을 빠르게 도입하고 혁신을 촉진하는 데 도움이 된다.

● 마이크로서비스의 과제

물론 MSA는 장점만 있는 것이 아니다. 수많은 서비스들이 서로 통신해야 하므로 시스템 전체의 구조가 매우 복잡해진다. 분산된 시스템에서 발생하는 문제를 추적하고 테스트하는 것도 훨씬 어렵다. 따라서 MSA 도입은 그 복잡성을 감당할 수 있는 높은 수준의 기술력과 자동화된 운영(DevOps) 역량을 전제로 한다.

▼ 모놀리식과 마이크로서비스 아키텍처 비교

특성	모놀리식 아키텍처	마이크로서비스 아키텍처
개발 속도	느림(전체 배포 필요)	빠름(개별 배포 가능)
확장성	어려움(전체 단위로만 확장 가능)	유연함(필요한 서비스만 개별 확장)
안정성	낮음(하나의 장애가 전체 시스템에 영향)	높음(서비스 간 장애 격리)
기술 유연성	제한적(단일 기술 스택에 종속)	높음(서비스별 최적 기술 선택 가능)
운영 복잡성	낮음(단일 시스템 관리)	매우 높음(분산 시스템 관리)
팀 구조	대규모 통합팀	작고 독립적인 기능팀

참고 가이드 **클라우드 네이티브 구축·운영 가이드(2025.5)**

기존 시스템을 단순히 클라우드로 옮기는 것을 넘어, 클라우드 환경에 최적화된 시스템(MSA, DevOps 등)을 구축하고 운영하는 실질적인 절차를 제공합니다.

11.5 클라우드 전환은 어떻게 진행하는가?

클라우드 전환, 즉 마이그레이션은 단순히 데이터를 복사하고 붙여넣는 작업이 아니다. 초기 계획부터 실제 이전, 그리고 이전 후 최적화에 이르기까지 세심한 접근이 요구된다. 비즈니스 리더는 이러한 과정을 체계적으로 이해하고 관리함으로써, 성공적인 클라우드 전환 프로젝트를 이끌 수 있다. 이러한 클라우드 전환 과정을 단계별로 살펴보며, 실무적으로 적용할 수 있는 전략을 알아보자.

1. 클라우드 마이그레이션

클라우드 마이그레이션(Cloud Migration)은 기업의 디지털 자산, 즉 데이터, 애플리케이션, IT 워크로드 등을 기존의 자체 데이터 센터(온프레미스)에서 클라우드 제공업체의 인프라로 이전하는 전 과정을 의미한다. 성공적인 마이그레이션은 체계적인 단계를 따라 진행되는 하나의 잘 짜인 프로젝트와 같다. 일반적으로 이 과정은 크게 4단계로 나눌 수 있다.

● 1단계: 평가(Assessment)

모든 여정은 현재 나의 위치를 아는 것에서 시작한다. 평가 단계는 우리 회사의 IT 자산 현황을 파악하고, 마이그레이션의 목표를 명확히 하는 과정이다.

- 주요 활동
  - **자산 목록화**: 현재 운영 중인 모든 애플리케이션, 데이터베이스, 서버 등의 목록을 작성한다.
  - **종속성 분석**: 각 시스템들이 서로 어떻게 연결되어 있고 의존하는지 관계도를 그린다.
  - **비즈니스 목표 설정**: 클라우드 전환을 통해 비용 절감, 서비스 개선 등 무엇을 얻고 싶은지 구체적인 목표를 수립한다.
  - **TCO 분석 및 우선순위 결정**: 각 자산별로 클라우드 이전 시 예상되는 비용과 효과를 분석하고, 비즈니스 중요도와 이전 난이도를 고려하여 마이그레이션 우선순위를 정한다.

● 2단계: 계획(Mobilize/Plan)

평가 단계에서 얻은 정보를 바탕으로 상세한 '이사 계획'을 수립한다. 이 단계에서는 기술적인 계획뿐만 아니라, 프로젝트를 수행할 조직과 프로세스를 준비하는 것이 중요하다.

- 주요 활동
  - **핵심 팀 구성**: 클라우드 아키텍트, 개발자, 프로젝트 관리자 등 마이그레이션을 이끌어갈

전담팀을 구성한다.

- **마이그레이션 전략 수립**: 각 애플리케이션에 대해 6R 전략(Rehost, Replatform 등) 중 어떤 방식을 적용할지 최종 결정한다.
- **상세 계획 수립**: 구체적인 작업 일정, 마일스톤(중간 목표), 예산을 포함한 포괄적인 프로젝트 계획을 개발한다.
- **클라우드 기반 환경 구축**: 이사 갈 새집을 미리 준비하는 것처럼, 기본적인 네트워크, 보안, 계정 관리 등 클라우드 환경의 토대를 미리 구축한다.

● 3단계: 실행(Migrate&Modernize)

드디어 실제 이사를 시작하는 단계다. 계획에 따라 애플리케이션과 데이터를 클라우드로 이전한다.

- 주요 활동
  - **파일럿 마이그레이션**: 전체 이사를 시작하기 전에, 덜 중요하거나 단순한 애플리케이션 몇 개를 먼저 이전해보는 '시험 이사'를 진행한다. 이를 통해 실제 과정에서 발생할 수 있는 문제점을 미리 파악하고 계획을 보완할 수 있다.
  - **대규모 마이그레이션**: 파일럿 프로젝트의 경험을 바탕으로, 우선순위에 따라 본격적인 마이그레이션을 순차적으로 실행한다.
  - **테스트 및 검증**: 이전이 완료된 애플리케이션이 클라우드 환경에서 정상적으로 작동하는지 기능, 성능, 보안 등 다방면에 걸쳐 철저하게 테스트한다.

● 4단계: 최적화(Optimize&Maintain)

이사가 끝났다고 모든 것이 끝난 게 아니다. 새로운 환경에 적응하고, 더 효율적으로 공간을 활용하기 위한 노력이 필요하다. 최적화는 마이그레이션 이후에 지속적으로 수행되는 중요한 활동이다.

- 주요 활동
  - **성능 및 비용 모니터링**: 클라우드로 이전된 시스템의 성능과 비용을 지속적으로 관찰하고 분석한다.
  - **자원 최적화**: 실제 사용량에 맞춰 서버 사양을 조절(Right-sizing)하거나, 불필요한 자원을 제거하여 비용을 최적화한다.
  - **지속적인 개선**: 클라우드가 제공하는 새로운 기술과 서비스를 활용하여 애플리케이션을 점진적으로 개선하고 혁신해 나간다.

알아두세요 **마이그레이션은 IT 프로젝트가 아닌 비즈니스 변화 관리**

성공적인 클라우드 마이그레이션은 기술팀의 노력만으로는 이루어질 수 없다. 이는 일하는 방식, 비용 관리 방식, 조직 문화 전반에 영향을 미치는 '비즈니스 변화 관리(Change Management)' 프로그램이다. 비즈니스 리더는 기술적인 진행 상황을 점검하는 것을 넘어, 새로운 환경에 조직 구성원들이 잘 적응할 수 있도록 비전을 공유하고, 필요한 교육을 지원하며, 변화 관리 전체를 이끌어야 할 책임이 있다.

2. 데이터 이관

클라우드 마이그레이션 과정에서 가장 신중하고 중요하게 다루어야 할 자산은 바로 '데이터'다. 데이터는 기업의 과거와 현재, 그리고 미래가 담긴 핵심 자산이기 때문에 이사를 갈 때 귀중품이나 중요 서류를 관리하듯 철저한 계획과 검증된 방법론에 따라 수행되어야 한다.

● 데이터 이전의 과제

데이터 이전(Data Migration)은 단순히 파일을 복사하는 것 이상으로 여러 가지 어려움을 동반한다.

- **데이터 정합성**: 이전 과정에서 데이터가 깨지거나 손실되지 않고, 원본과 동일한 상태를 유지해야 한다.
- **서비스 중단 최소화**: 데이터를 옮기는 동안 서비스 중단(Downtime) 시간을 최소화하여 비즈니스 영향을 줄여야 한다.
- **보안**: 이전 과정에서 민감한 데이터가 외부로 유출되지 않도록 안전하게 보호해야 한다.

● 데이터 이전의 주요 전략

이러한 과제를 해결하기 위해, 기업의 상황에 따라 크게 두 가지 전략 중 하나를 선택하거나 조합하여 사용한다.

❶ 빅뱅(Big Bang) 방식

빅뱅 방식은 계획된 특정 시점(주로 주말이나 연휴)에 기존 시스템을 모두 멈추고, 모든 데이터를 한 번에 새로운 시스템으로 이전하는 전략이다.

- **장점**: 프로젝트 기간이 짧고, 두 시스템을 동시에 운영할 필요가 없어 구조가 비교적 단순하며 비용이 적게 들 수 있다.
- **단점**: 이전 작업 동안 서비스가 완전히 중단된다. 만약 이전 과정에서 예상치 못한 문제가 발생하면, 전체를 원상 복구(롤백)해야 하는 위험 부담이 매우 크다.

❷ 단계적(Trickle) 방식

단계적 방식은 기존 시스템과 새로운 시스템을 동시에 운영하면서, 데이터를 잘게 쪼개어 점진적으로 또는 실시간으로 이전하는 전략이다.

- **장점**: 서비스 중단 시간이 거의 없고, 문제가 발생하더라도 일부만 롤백하면 되므로 위험 부담이 적다.
- **단점**: 두 시스템을 동시에 운영하고 데이터를 동기화해야 하므로 기술적 복잡성이 높고, 프로젝트 기간이 길어지며 관리 비용이 더 많이 발생할 수 있다.

▼ 데이터 이전 전략 비교

항목	빅뱅 방식	단계적 방식
서비스 중단 시간	김(주말 등 계획된 중단 필요)	거의 없음(두 시스템 병행 운영)
위험성	높음(실패 시 전체 롤백 필요)	낮음(문제 발생 시 해당 부분만 롤백)
프로젝트 기간	짧음	긺
복잡성	상대적 단순	높음(데이터 동기화 등)
비용	낮음	높음

● 성공적인 데이터 이전을 위한 절차

어떤 전략을 선택하든, 성공적인 데이터 이전을 위해서는 체계적인 절차가 필수적이다.

❶ **사전 계획**: 이전할 데이터의 범위와 특성을 분석하고, 비즈니스 요구사항에 맞춰 이전 전략(빅뱅 vs. 단계적)을 결정한다.
❷ **데이터 백업**: 만일의 사태에 대비해 이전 대상 데이터를 반드시 백업한다.
❸ **파일럿 테스트**: 전체 데이터를 옮기기 전에, 일부 샘플 데이터를 대상으로 시험 이전을 수행하여 전체 프로세스를 검증하고 문제점을 미리 파악한다.
❹ **실행 및 검증**: 계획에 따라 실제 데이터 이전을 실행하고, 이전이 완료된 후에는 데이터가 정확하게 옮겨졌는지 철저하게 검증한다.

3. 물리-가상 변환(P2V)

클라우드 마이그레이션, 특히 리호스트(Rehost) 전략의 가장 기본적인 첫걸음은 물리 서버를 가상 환경으로 옮기는 것이다. 이 기술을 'P2V(Physical-to-Virtual)'라고 부른다.

● P2V의 개념

P2V는 말 그대로 물리적인(Physical) 서버를 가상의 머신(VM)으로 변환하는 과정을 의미한다. 이는 마치 실물 사진을 스캐너로 스캔하여 디지털 이미지 파일로 만드는 것과 같다. 내용은 똑같지만, 디지털 파일이 되면 복사, 편집, 전송이 훨씬 자유로워지는 것처럼, 서버가 가상화되면 물리적인 하드웨어의 제약에서 벗어나 유연하게 관리하고 이동시킬 수 있게 된다.

● P2V의 목적과 과정

기업들은 다음과 같은 목적으로 P2V를 사용한다.

- **서버 통합**: 여러 대의 물리 서버에서 각각 실행되던 애플리케이션들을 소수의 고성능 물리 서버 안의 여러 가상 머신으로 통합하여 하드웨어 관리 효율을 높인다.
- **노후 장비 교체**: 낡고 오래된 물리 서버를 직접 교체하는 대신, 그 안의 시스템을 그대로 가상 머신으로 변환하여 새로운 하드웨어 또는 클라우드로 이전한다.
- **클라우드 마이그레이션 준비**: 온프레미스 환경의 물리 서버를 클라우드로 이전하기 위한 첫 단계로 P2V를 수행한다.

P2V 과정은 보통 VMware vCenter Converter와 같은 전문 도구를 사용하여 진행된다. 이 도구는 작동 중인 물리 서버의 운영체제, 설치된 애플리케이션, 데이터 등 디스크의 모든 내용을 그대로 '복제'하여 하나의 가상 머신 파일(이미지)로 만들어준다. 이렇게 만들어진 가상 머신은 온프레미스 가상화 환경이나 클라우드 환경에서 즉시 실행될 수 있다.

4. 가상–가상 변환(V2V)

P2V를 통해 물리 서버가 VM으로 변환되었다면, 이제 이 VM을 다른 가상 환경으로 옮기는 작업이 필요할 수 있다. 이를 'V2V(Virtual–to–Virtual)' 마이그레이션이라고 한다.

● V2V의 개념

V2V는 하나의 가상화 플랫폼에서 실행되던 가상 머신을 다른 가상화 플랫폼으로 이전하는 것을 의미한다. 이는 마치 JPG 형식의 이미지 파일을 특정 프로그램에서 더 잘 사용하기 위해 PNG 형식으로 변환하는 것과 같다. 이미 디지털화된 대상을 다른 디지털 환경에 맞게 옮기는 과정이다.

● V2V의 주요 사례

- **온프레미스에서 클라우드로 이전**: 기업 내부의 가상화 솔루션(예 VMware) 환경에서 운영되던 가상 머신을 AWS, Azure, Google Cloud와 같은 퍼블릭 클라우드의 가상 서버 환경으로 이전하는 경우가 가장 일반적이다.
- **클라우드 간 이전(Cloud–to–Cloud)**: 특정 클라우드 제공업체의 서비스를 이용하다가, 비용, 성능, 또는 특정 기능상의 이유로 다른 클라우드 제공업체로 이전할 때 V2V 기술이 사용된다.
- **플랫폼 변경**: 기존에 사용하던 가상화 솔루션의 라이선스 정책 변경이나 기술적인 이유로 다른 종류의 가상화 솔루션(예 VMware에서 KVM으로)으로 전환할 때도 V2V 마이그레이션이 필요하다.

P2V와 V2V는 클라우드 마이그레이션의 핵심 기술이다. 이 기술들을 통해 기업은 기존 IT 자산의 가치를 최대한 유지하면서, 물리적 제약 없이 유연하고 효율적인 클라우드 환경으로 비즈니스를 이전할 수 있다.

5. 전환 계획 체크리스트

성공적인 클라우드 마이그레이션은 우연히 이루어지지 않는다. 이는 철저하게 계획되고 관리되는 프로젝트의 결과물이다. 전환 계획(Migration Plan)은 이 프로젝트의 설계도와 같으며, 예상치 못한 문제를 예방하고, 비용과 시간을 통제하며, 비즈니스 중단을 최소화하는 핵심적인 역할을 한다.

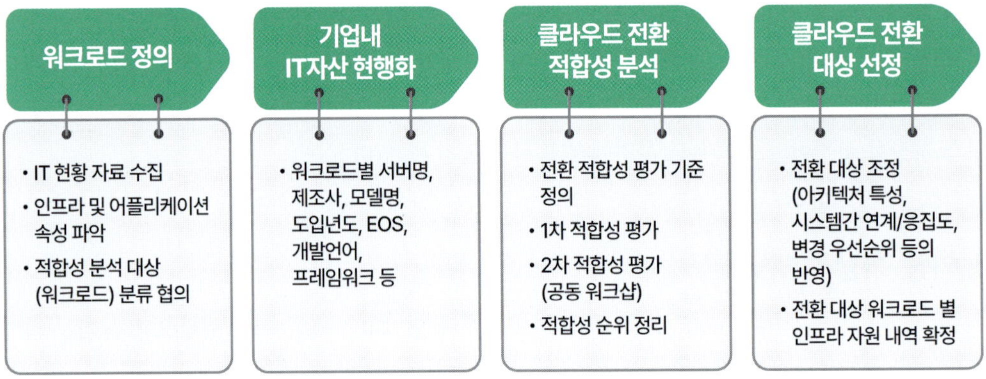

워크로드 정의	기업내 IT자산 현행화	클라우드 전환 적합성 분석	클라우드 전환 대상 선정
• IT 현황 자료 수집 • 인프라 및 어플리케이션 속성 파악 • 적합성 분석 대상 (워크로드) 분류 협의	• 워크로드별 서버명, 제조사, 모델명, 도입년도, EOS, 개발언어, 프레임워크 등	• 전환 적합성 평가 기준 정의 • 1차 적합성 평가 • 2차 적합성 평가 (공동 워크샵) • 적합성 순위 정리	• 전환 대상 조정 (아키텍처 특성, 시스템간 연계/응집도, 변경 우선순위 등의 반영) • 전환 대상 워크로드 별 인프라 자원 내역 확정

● 전환 계획의 핵심 구성 요소

견고한 전환 계획에는 반드시 다음과 같은 요소들이 포함되어야 한다.

- **명확한 비즈니스 목표**: "비용 20% 절감", "신규 서비스 배포 속도 50% 향상" 등 마이그레이션을 통해 달성하고자 하는 구체적이고 측정 가능한 목표를 정의한다.
- **상세한 자산 목록과 종속성 맵**: 이전할 모든 애플리케이션, 데이터, 인프라 자산의 목록과 이들이 서로 어떻게 연결되어 있는지 상세하게 기술한다.
- **선택된 마이그레이션 전략**: 각 애플리케이션에 어떤 6R 전략을 적용할지 명시한다.
- **구체적인 일정과 예산**: 현실적인 프로젝트 일정과 단계별 예산을 수립한다.
- **팀 역할과 책임(R&R)**: 프로젝트에 참여하는 모든 구성원의 역할과 책임을 명확하게 정의한다.
- **테스트 계획**: 마이그레이션 전후에 기능, 성능, 보안 등을 어떻게 검증할 것인지에 대한 상세한 계획을 포함한다.
- **커뮤니케이션 계획**: 경영진, 관련 부서, 최종 사용자 등 모든 이해관계자에게 진행 상황을 어떻게 공유할 것인지 계획한다.
- **위험 관리 및 롤백(Rollback) 계획**: 마이그레이션 중 발생할 수 있는 잠재적 위험을 식별하고, 심각한 문제가 발생했을 때 이전의 안정적인 상태로 신속하게 되돌아갈 수 있는 '비상 탈출 계획'을 마련한다.

알아두세요 **가장 중요한 계획: 롤백 계획**

전환 계획의 여러 요소 중 비즈니스 연속성 관점에서 가장 중요한 것은 바로 '롤백 계획'이다. 모든 계획이 완벽해 보여도 실제 마이그레이션 과정에서는 예측하지 못한 심각한 문제가 발생할 수 있다. 이때 잘 준비된 롤백 계획은 최악의 비즈니스 재앙을 막아주는 보험과도 같다.
롤백 계획이 없는 마이그레이션은 위험한 도박이지만, 잘 테스트된 롤백 계획이 있다면 이는 계산된 위험 관리가 된다. 비즈니스 리더는 마이그레이션 계획을 승인하기 전에 반드시 다음과 같은 질문을 던져야 한다. "롤백 절차를 실제로 테스트해 보았는가?", "롤백을 실행하는 데 얼마나 걸리는가?", "어떤 상황이 발생했을 때 롤백을 결정할 것인가?" 이 질문들을 통해 프로젝트 팀이 위험 관리를 최우선으로 고려하고 있는지 확인할 수 있으며, 이는 성공적인 마이그레이션의 가장 중요한 전제 조건이다.

6. 전환 후 최적화

클라우드로의 이사가 성공적으로 끝났다고 해서 모든 여정이 끝난 것은 아니다. 오히려 진정한 클라우드 여정은 이제부터 시작이다. 마이그레이션은 목표가 아니라, 클라우드의 가치를 지속적으로 창출하기 위한 새로운 출발점이다. 이사 후 새집에 짐을 풀고, 가구를 배치하며, 더 효율적이고 안락한 공간으로 만들어가는 과정처럼, 마이그레이션 이후에는 클라우드 환경을 지속적으로 '최적화'하는 작업이 반드시 필요하다.

● 최적화는 지속적인 활동

클라우드 최적화는 한 번에 끝나는 작업이 아니라, '평가 → 개선 → 측정'을 반복하는 지속적인 순환 고리(Loop)다. 클라우드 환경과 비즈니스 요구사항은 계속해서 변하기 때문에, 이에 맞춰 끊임없이 환경을 개선해 나가야 한다.

● 마이그레이션 이후 최적화의 핵심 영역

최적화 활동은 크게 비용, 성능, 보안이라는 세 가지 영역을 중심으로 이루어진다.

❶ 비용 최적화(Cost Optimization)

마이그레이션 직후 가장 시급하고 중요한 과제는 비용을 통제하고 최적화하는 것이다. 클라우드는 사용한 만큼 비용을 내는 구조이므로, 낭비를 줄이는 것이 곧 비용 절감으로 이어진다.

- **적정 규모 산정(Right-Sizing)**: 마이그레이션 초기에는 안정성을 위해 실제 필요한 것보다 넉넉하게 서버 사양을 설정하는 경우가 많다. 이전 후 실제 사용량 데이터를 분석하여, 불필요하게 큰 사양의 서버는 더 작은 규모로 조정하여 비용을 절감한다.
- **유휴 자원 종료**: 개발 및 테스트용 서버처럼 24시간 내내 사용할 필요가 없는 자원들은 업무 시간 외(야간, 주말)에는 자동으로 꺼지도록 설정한다. 사용하지 않는 자원을 끄는 것만으로도 상당한 비용을 절약할 수 있다.
- **예약 인스턴스(RI) 및 절감형 플랜(Savings Plans) 활용**: 데이터베이스 서버처럼 사용량이 꾸준하고 예측 가능한 워크로드의 경우, 1년 또는 3년 단위의 장기 사용을 약정하고 큰 폭의 할인(최대 65% 이상)을 받을 수 있다.
- **스토리지 계층화**: 자주 접근하지 않는 데이터(예 오래된 백업 파일)는 저렴한 스토리지 등급으로 옮겨 저장 비용을 최적화한다.

❷ 성능 최적화(Performance Optimization)

클라우드 환경에서 애플리케이션이 최상의 성능을 내도록 지속적으로 관리한다. 애플리케이션 응답 시간, 처리량 등 성능 지표를 모니터링하여 병목 현상이 발생하는 지점을 찾아내고, 데이터베이스 쿼리를 수정하거나 아키텍처의 일부를 개선하는 등의 조치를 취한다.

❸ 보안 및 거버넌스 최적화(Security&Governance Optimization)

클라우드 환경의 보안 위협을 지속적으로 감시하고, 기업의 보안 정책과 규제 준수 요건을 충족하도록 관리한다. 또한, 누가 어떤 자원을 얼마나 사용하고 있는지 명확하게 파악하고 통제할 수 있도록 비용 관리 도구를 도입하고, 모든 자원에 용도를 표시하는 '태깅(Tagging)' 정책을 수립하여 거버넌스를 강화한다.

● 새로운 운영 모델, 핀옵스의 등장

클라우드의 동적인 비용 구조는 기존의 IT 재무 관리 방식을 완전히 바꾸어 놓았다. 마이그레이션 이후의 비용 최적화가 매우 중요하고 복잡해지면서, '핀옵스(FinOps, Financial Operations)'라는 새로운 조직 문화 및 운영 모델이 등장했다.

핀옵스는 재무(Finance), 기술(Technology), 비즈니스(Business)팀이 함께 협력하여 클라우드 비용을 실시간으로 관리하고 최적화하는 활동이다. 개발자가 기술적 결정을 내릴 때 비용 영향을 즉시 인지하고, 재무팀은 기술적 배경을 이해하며 예산을 관리하고, 비즈니스팀은 새로운 기능의 비용 대비 가치를 판단하는 협업 체계를 구축하는 것이다. 성숙한 클라우드 조직은 단순히 비용을 절감하는 것을 넘어, 핀옵스 문화를 도입하여 클라우드에 지출되는 모든 비용이 최대의 비즈니스 가치를 창출하도록 관리한다. 이는 마이그레이션 이후 최적화의 궁극적인 목표라 할 수 있다.

11.6 연습문제

01 클라우드 도입 전략(6R) 중, 기존 애플리케이션을 수정하지 않고 그대로 클라우드 환경으로 옮기는 '리프트 앤 시프트(Lift & Shift)' 방식은 무엇인가?

① 리호스트(Rehost)

② 리플랫폼(Replatform)

③ 리팩터(Refactor)

④ 리타이어(Retire)

02 기존 애플리케이션을 클라우드 네이티브 환경(MSA 등)에 맞춰 완전히 재설계하고 재개발하는 가장 혁신적인 6R 전략은 무엇인가?

① 리호스트

② 리퍼처스

③ 리팩터

④ 리테인

03 기업이 클라우드를 성공적으로 도입하기 위해 비즈니스, 기술, 조직 등 전반적인 준비 사항을 점검하도록 돕는 가이드라인 프레임워크는?

① ITSM

② CAF

③ ISO 27001

④ SLA

04 클라우드 네이티브의 핵심 기술로, 애플리케이션과 실행 환경을 하나로 패키징하여 어디서든 동일하게 실행되도록 하는 기술은 무엇인가?

① 하이퍼바이저

② 가상머신

③ 서버리스

④ 컨테이너

05 거대한 단일 애플리케이션을 작고 독립적인 기능 단위로 쪼개어 개발하고 배포하는 아키텍처 스타일은 무엇인가?

① 모놀리식

② 마이크로서비스(MSA)

③ 3계층 구조

④ 클라이언트-서버

06 운영 중인 서버를 수정하지 않고, 변경이 필요하면 아예 새로운 버전의 서버로 교체하여 배포하는 인프라 관리 방식은 무엇인가?

① 레거시 인프라

② 가변 인프라

③ 불변 인프라

④ 물리 인프라

07 개발팀(Dev)과 운영팀(Ops)의 장벽을 허물고, 자동화를 통해 소프트웨어의 개발과 배포 속도를 높이는 조직 문화는 무엇인가?

① 데브옵스(DevOps)
② 애자일
③ 워터폴
④ 스크럼

08 클라우드의 고가용성(HA)을 위해 시스템을 물리적으로 떨어진 여러 데이터 센터 묶음에 분산 배치하는 구성 방식은?

① 단일 AZ
② 리전
③ Multi-AZ
④ 엣지 로케이션

09 주 데이터베이스에 장애가 발생했을 때, 자동으로 대기 중인 예비 데이터베이스가 주 서버 역할을 승계하는 과정은 무엇인가?

① 스케일링
② 페일오버(Failover)
③ 미러링
④ 백업

10 클라우드 비용 비교 시, 눈에 보이는 장비 가격뿐만 아니라 인건비, 기회비용 등 숨겨진 비용까지 모두 포함하는 개념은 무엇인가?

① ROI
② KPI
③ SLA
④ TCO

12장

회복 탄력성을 위한 재해 복구와 형상 관리

학습목표

아무리 튼튼하게 지은 건물도 예기치 못한 화재나 지진 앞에서는 위태로울 수 있다. 정보 시스템 또한 언제든 발생할 수 있는 장애와 재난에 대비해야 한다. 이 자료는 멈추지 않는 서비스를 위한 '보험'이자 '비상 탈출구'인 재해복구 시스템과, 복잡한 장비들의 상태를 늘 최상의 컨디션으로 유지하는 관리의 기술을 '건강검진'과 '건축 설계도'에 빗대어 설명한다. 최악의 상황에서도 비즈니스를 지켜내는 생존 전략을 배움으로써, 우리는 위기 상황에서도 당황하지 않고 시스템을 지켜내는 안전장치의 중요성을 깊이 인식하게 될 것이다.

12.1 재난 상황에 어떻게 대비할 것인가?

오늘날 비즈니스는 IT 기술 없이는 단 하루도 운영되기 어렵다. 고객 데이터, 재무 정보, 생산 관리 시스템 등 기업의 모든 핵심 자산이 디지털 형태로 존재하기 때문이다. 만약 이 시스템이 멈춘다면 어떻게 될까? 이 질문에 답하는 것이 바로 재해 복구의 시작이다. 재해는 더 이상 영화 속 이야기가 아니다. 우리 회사 서버실의 작은 화재, 직원의 사소한 실수 하나가 비즈니스 전체를 마비시킬 수 있는 현실적인 위협이다. 재해가 비즈니스에 미치는 실질적인 위협을 이해하고, 이를 막기 위한 첫걸음인 재해 복구(DR)의 기본 개념을 알아보자.

1. 재해와 비즈니스 위협

우리는 예기치 못한 사고에 대비해 자동차 보험이나 건강 보험에 가입한다. 매달 보험료를 내는 것이 아깝게 느껴질 수 있지만, 막상 사고가 터졌을 때 보험이 없다면 감당할 수 없는 비용과 피해를 마주하게 된다. 재해 복구(Disaster Recovery, DR)는 바로 IT 시스템을 위한 '기술 보험'과 같다. DR이란, 예측 불가능한 재해로 인해 기업의 IT 시스템이나 서비스가 중단되었을 때, 이를 사전에 정해진 목표 수준으로 복구하는 모든 과정과 기술, 정책을 의미한다.

DR은 단순히 데이터를 복사해두는 것 이상의 훨씬 넓은 개념이다. 데이터뿐만 아니라 데이터를 처리하는 서버, 네트워크, 각종 응용 프로그램 등 서비스 운영에 필요한 모든 IT 인프라를 다시 정상 가동시키는 것을 목표로 한다. 마치 사고로 차가 망가졌을 때, 단순히 차 값만 보상받는 것이 아니라, 수리 기간 동안 이용할 대체 차량을 제공받고 원래의 생활로 빠르게 돌아갈 수 있도록 지원받는 것과 같다. DR은 기업이 재해라는 최악의 상황에서도 비즈니스의 명맥을 유지하고 다시 일어설 수 있게 하는 필수적인 생존 전략이다.

● IT 재해의 종류

우리가 '재해'라고 하면 흔히 지진, 홍수, 태풍과 같은 거대한 자연재해를 떠올린다. 물론 이러한 재해는 데이터 센터 전체를 파괴할 수 있는 심각한 위협이다. 하지만 실제 기업 환경에서 더 빈번하게 발생하는 재해는 훨씬 더 일상적이고 사소한 원인에서 비롯된다. IT 재해는 크게 세 가지 유형으로 나눌 수 있다.

❶ **자연재해:** 지진, 태풍, 홍수, 화재 등 인간이 통제할 수 없는 자연 현상으로 인해 데이터 센터나 사무실이 물리적으로 파괴되는 경우다.

❷ **기술적 결함 및 외부 요인:** 매일 사용하는 서버나 저장 장치가 갑자기 고장 나는 하드웨어 장

애, 데이터 센터에 전력 공급이 끊기는 정전, 인터넷 회선이 마비되는 네트워크 장애 등이 여기에 해당한다. 또한, 랜섬웨어나 디도스(DDoS) 공격과 같은 악의적인 사이버 공격이나 테러, 전쟁 같은 외부의 위협도 포함된다.

❸ **인적 오류(Human Error)**: 숙련된 IT 관리자라도 중요한 시스템 설정을 실수로 변경하거나, 직원이 중요한 데이터를 무심코 삭제하는 경우가 비일비재하게 발생한다. 사실 대부분의 서비스 장애는 거대한 자연재해가 아닌, 이러한 기술적 결함이나 사람의 실수에서 시작된다. 따라서 재해 복구는 특정 지역이나 환경에 국한된 문제가 아니라, IT 시스템을 운영하는 모든 기업이 반드시 대비해야 하는 보편적인 과제다.

● 서비스 중단의 대가

서비스가 멈추는 순간, 기업은 단순한 매출 손실을 넘어 막대한 대가를 치른다. 가트너(Gartner)에 따르면 평균 다운타임 비용은 분당 약 5,600달러, 최근에는 9,000달러에 달한다. 대기업은 시간당 수백만 달러, 중소기업도 분당 수백 달러의 손실을 입을 수 있다. 이러한 피해는 크게 네 가지로 나뉜다.

❶ 결제 시스템이 멈추면 그 시간 동안의 매출이 사라진다.

❷ 내부 시스템이 마비되어 직원들이 일을 하지 못한다.

❸ 전문가 투입, 장비 교체, 야근 수당 등 직접적인 지출이 발생한다.

❹ 브랜드 이미지와 신뢰가 무너지고 고객이 이탈하며, 경우에 따라 규제 벌금이나 소송 비용까지 발생한다.

결국 '다운타임(Downtime)'의 진짜 비용은 단기 재무 손실을 넘어 기업의 생존을 위협하는 위험이다. 따라서 재해 복구는 비용이 아니라, 이러한 거대한 손실을 예방하기 위한 필수적 투자로 보아야 한다.

2. 비즈니스 연속성 계획(BCP)

재해가 발생했을 때 단순히 IT 시스템을 복구하는 것만으로 비즈니스가 예전처럼 원활하게 돌아갈 수 있을까? 그렇지 않다. 직원들은 어디서 근무해야 하는지, 고객 문의는 누가 어떻게 응대해야 하는지, 중단된 부품 공급은 어떻게 해결해야 하는지 등 수많은 비기술적인 문제들이 동시에 발생한다. 이러한 문제까지 포함하여 비즈니스 전체의 생존을 도모하는 더 큰 그림이 바로 '비즈니스 연속성 계획(Business Continuity Planning, BCP)'이다.

BCP는 재해, 재난, 테러 등 어떠한 위기 상황에서도 기업의 핵심적인 비즈니스 기능이 중단되지 않고 지속될 수 있도록 보장하기 위한 전사적인 전략과 계획을 의미한다. BCP의 목표는 IT 시스템 복구에 국한되지 않고, '사업 활동과 프로세스의 연속성'을 확보하는 것이다. 즉, BCP는 "어떻게 하면 우리 사업을 계속할 수 있을까?"라는 근본적인 질문에 답하는 종합 생존 계획이다.

● BCP의 역할

BCP와 DRP(재해 복구 계획)의 관계는 종종 혼동되지만, 그 역할은 명확히 구분된다. BCP가 비즈니스 전체를 아우르는 상위 개념이라면, DRP는 BCP의 목표를 달성하기 위한 여러 수단 중 IT 부문에 특화된 하위 실행 계획이다.

예를 들어, 본사 건물에 큰 화재가 발생했다고 가정해 보자. BCP는 '화재 발생 시에도 고객 주문 처리 및 상담 업무를 3시간 이내에 재개한다'는 목표를 설정한다. 이 목표를 달성하기 위해 BCP는 IT 시스템 복구뿐만 아니라, 직원들이 근무할 대체 사무 공간 확보, 비상 연락 체계 가동, 핵심 인력의 역할 분담 등 다양한 비IT적 요소를 모두 고려한다. 이때 DRP는 BCP가 설정한 '3시간 내 업무 재개'라는 목표를 기술적으로 지원하기 위해, '주문 처리 시스템과 고객 관리 시스템을 2시간 내에 원격 데이터 센터에서 복구한다'는 구체적인 IT 행동 계획을 수립하고 실행하는 역할을 맡는다.

"재해 복구 계획(DRP)은 사업 연속성 계획(BCP)이 끝나는 지점에서 시작된다"는 말이 있다. 이는 DRP가 BCP라는 큰 전략적 방향성 아래에서 구체화되는 실행 계획임을 잘 보여준다. BCP가 '무엇을, 왜' 해야 하는지를 결정한다면, DRP는 그중 IT 영역에서 '어떻게' 할 것인지를 정의하는 것이다.

● BCP에 포함되는 비(非)IT 요소들

성공적인 BCP는 IT를 넘어 조직의 모든 자원을 고려해야 한다. 기술만 복구되고 사람이 준비되지 않으면 비즈니스는 다시 움직일 수 없기 때문이다. BCP에는 다음과 같은 핵심적인 비IT 요소들이 반드시 포함되어야 한다.

❶ 사람과 소통 계획이다. 재해 발생 시 누가 전체 상황을 지휘하고, 각 부서의 책임자는 누구이며, 직원들은 누구에게 보고하고 지시를 받아야 하는지에 대한 명확한 역할과 책임(R&R)을 정의해야 한다. 또한, 직원, 고객, 협력사, 언론 등 다양한 이해관계자들과 소통할 비상 연락망과 소통 채널을 미리 확보해야 한다.

❷ 대체 업무 공간 확보다. 본사 건물을 사용할 수 없을 경우를 대비해 직원들이 근무할 수 있는 대체 사무실을 마련하거나, 전 직원이 원격으로 근무할 수 있는 환경을 구축하는 계획이 필요하다.

❸ 공급망 연속성 관리다. 우리 회사는 괜찮더라도 핵심 부품을 공급하는 협력사가 재해를 당하면 생산이 멈출 수 있다. 따라서 주요 공급업체의 위험을 평가하고, 대체 공급선을 확보하는 등 공급망 전체의 회복탄력성을 높이는 전략이 필요하다.

❹ 재무 및 법무 대비다. 위기 상황에서 현금 흐름을 유지하고, 각종 계약 및 규제 준수 의무를 이행하기 위한 계획도 BCP의 중요한 부분이다. 이처럼 BCP는 IT, 인사, 재무, 운영 등 모든 부서가 참여하는 전사적인 활동이며, 기술과 사람이 조화를 이룰 때 비로소 완성될 수 있다.

3. 재해 복구 계획(DRP)

비즈니스 연속성 계획(BCP)이 전사적인 생존 전략이라는 큰 그림을 그렸다면, 이제 그 그림을 현실로 만들어 줄 구체적인 청사진이 필요하다. IT 영역에서 그 청사진 역할을 하는 것이 바로 '재해 복구 계획(Disaster Recovery Plan, DRP)'이다. DRP는 재해로 인해 중단된 IT 시스템과 데이터를 복구하기 위한 상세하고 체계적인 절차와 방법을 담은 문서다. 즉, BCP가 설정한 비즈니스 목표를 달성하기 위해 IT 부서가 수행해야 할 모든 기술적인 행동 지침을 담은 실행 계획서라고 할 수 있다.

● DRP의 목표

DRP의 최우선 목표는 '핵심 정보 시스템과 데이터'를 BCP에서 요구하는 시간 내에 복구하여 비즈니스의 연속성을 기술적으로 뒷받침하는 것이다. 이를 위해 DRP는 다음과 같은 구체적인 내용을 포함한다.

우선, 어떤 시스템부터 복구할지에 대한 우선순위를 명확히 한다. 모든 시스템을 동시에 복구할 수는 없으므로, BCP의 핵심 업무 분석 결과를 바탕으로 가장 중요한 시스템부터 순차적으로 복구하는 계획을 세운다. 또한, 데이터를 어떻게 백업하고(Backup), 재해 발생 시 어떤 절차로 복원할지(Recovery)에 대한 상세한 기술적 절차를 정의한다. 여기에는 백업 주기, 백업 데이터 보관 위치, 복구 담당자, 복구 과정에서 필요한 소프트웨어와 장비 목록 등이 모두 포함된다.

더 나아가, 주 데이터 센터가 완전히 파괴되었을 경우를 대비해 원격지에 위치한 재해 복구 센터(DR Center)로 시스템을 전환하는 절차(Failover)와, 주 센터가 정상화된 후 다시 원래대로 되돌리는 절차(Failback)까지 상세하게 기술한다. 마지막으로, IT 팀 내부의 비상 연락망과 역할 분담, 그리고 다른 부서와의 소통 프로토콜을 명시하여 혼란 없는 복구 작업을 지원한다.

● BCP와 DRP의 관계

BCP와 DRP의 관계를 가장 쉽게 이해하는 방법은 '숲과 나무'의 비유를 사용하는 것이다. BCP는 기업의 생존이라는 '숲' 전체를 건강하게 유지하기 위한 종합적인 계획이다. 이 숲을 이루는 다양한 요소 중에는 인사, 재무, 공급망 등 여러 종류의 나무가 있고, 그중 'IT 인프라'라는 매우 중요하고 큰 나무가 있다. DRP는 바로 이 IT 인프라라는 나무가 병들거나 쓰러졌을 때, 어떻게 다시 살려낼 것인지에 대한 구체적인 처방전이자 관리 계획이다.

숲 전체를 보지 못하고 나무 하나에만 집중하면 올바른 방향을 잃기 쉽듯이, BCP라는 큰 전략 없이 DRP만 수립하면 기술적으로는 완벽할지 몰라도 실제 비즈니스에 도움이 되지 않는 방향으로 자원이 낭비될 수 있다. 반대로, 숲을 가꾸겠다는 거창한 계획만 있고 각각의 나무를 돌볼 구체적인 방법이 없다면 계획은 공허한 구호에 그치고 만다. 따라서 건강한 비즈니스 생태계를 유지하기 위해서는 숲을 보는 BCP의 넓은 시야와 나무를 돌보는 DRP의 세밀한 전문성이 반드시 함께 가야 한다. 아래 표는 BCP와 DRP의 핵심적인 차이를 명확하게 보여준다.

▼ BCP와 DRP 비교

구분	비즈니스 연속성 계획(BCP)	재해 복구 계획(DRP)
범위(Scope)	전사적(Organization-wide)	IT 인프라 중심(IT-focused)
주요 목표(Goal)	핵심 비즈니스 기능 유지	IT 시스템 및 데이터 복구
핵심 활동(Activities)	업무 영향 분석(BIA), 위험 평가, 비상 연락망, 대체 근무지 확보	데이터 백업, 복구 절차 수립, DR 센터 운영, 시스템 테스트
주요 대상(Audience)	경영진, 모든 부서장	IT 부서, 기술 담당자

4. 목표 복구 시간(RTO)

재해가 발생했을 때 "최대한 빨리 복구한다"는 말은 구체적인 계획이 될 수 없다. '최대한 빨리'는 사람마다, 상황마다 기준이 다르기 때문이다. 재해 복구 계획을 수립하기 위해서는 "정확히 몇 시간, 몇 분 안에 복구를 완료해야 하는가?"라는 질문에 대한 명확한 답이 필요하다. 이 답이 바로 '복구 목표 시간(Recovery Time Objective, RTO)'이다. RTO는 재해나 시스템 장애가 발생한 시점부터 서비스가 다시 정상적으로 가동될 때까지 허용되는 최대 시간을 의미한다.

● RTO의 개념

RTO는 한마디로 '우리 비즈니스가 견딜 수 있는 최대 다운타임'이다. 예를 들어, 어떤 은행의 온라인 뱅킹 시스템 RTO가 1시간이라면, 어떤 장애가 발생하더라도 1시간 이내에 시스템을 완전히 복구하여 고객이 서비스를 이용할 수 있도록 만들어야 한다는 의미다. 만약 복구에 1시간 1분이 걸렸다면, 이는 RTO 목표를 달성하지 못한 것이며, 계획은 실패한 것으로 간주된다.

RTO는 모든 시스템에 동일하게 적용되지 않는다. 기업의 심장과도 같은 핵심 시스템일수록 RTO는 극단적으로 짧아지고, 상대적으로 중요도가 낮은 시스템은 긴 RTO를 가질 수 있다. 고객의 결제가 실시간으로 이루어지는 쇼핑몰의 주문 시스템은 RTO가 수 분 단위일 수 있지만, 직원들이 한 달에 한 번 사용하는 경비 처리 시스템은 RTO가 24시간 이상일 수도 있다. 이 개념을 쉽게 이해하기 위해 '물속에서 숨 참기'에 비유할 수 있다. 온라인 결제 시스템처럼 생명 유지에 필수적인 기능은 숨을 거의 참을 수 없으므로(RTO가 매우 짧음), 즉시 물 밖으로 나와 숨을 쉴 수 있는(빠르게 복구될 수 있는) 환경이 필요하다. 반면, 내부 업무 지원 시스템은 비교적 오랜 시간 숨을 참을 수 있으므로(RTO가 김), 복구에 다소 시간이 걸려도 비즈니스에 치명적인 영향을 주지 않는다.

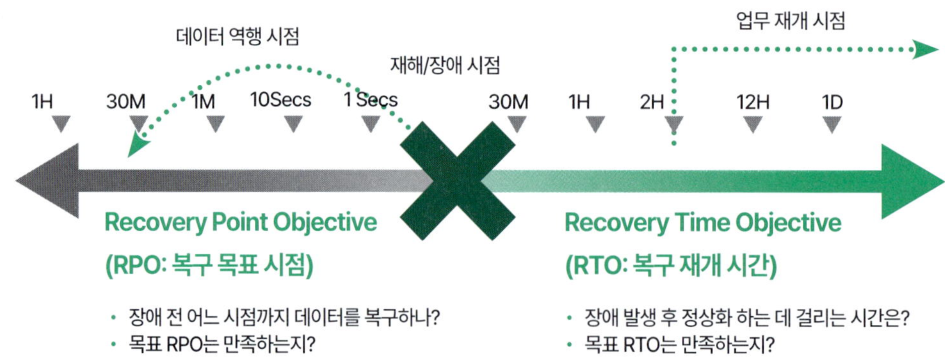

● 비즈니스 영향 분석과 RTO 설정

그렇다면 각 시스템의 RTO는 누가, 어떻게 결정할까? 놀랍게도 RTO는 IT 부서가 기술적으로 정하는 수치가 아니다. RTO는 철저히 비즈니스의 요구사항에 따라 결정되는 '경영 목표'다. 그리고 이 목표를 과학적으로 도출하는 과정이 바로 '비즈니스 영향 분석(Business Impact Analysis, BIA)'이다.

BIA는 특정 비즈니스 프로세스나 IT 시스템이 중단되었을 때, 시간이 지남에 따라 회사에 어떤 영향을 미치는지 정량적(매출 손실, 벌금 등) 및 정성적(브랜드 이미지 손상, 고객 신뢰 하락 등)으로 분석하는 활동이다. BIA는 각 부서 담당자들과의 인터뷰와 설문조사를 통해 진행된다. "만약 이 시스템이 1시간 멈춘다면 어떤 일이 생깁니까?", "8시간 멈춘다면?", "24시간 멈춘다면?"과 같은 질문을 통해 시스템 중단이 비즈니스에 미치는 피해 규모를 시간대별로 측정한다.

분석 결과, 특정 시스템의 중단이 2시간만 지나도 회사에 광범위하고(widespread), 치명적인(propagating) 피해를 준다고 판단되면, 해당 시스템의 RTO는 2시간 이내로 설정된다. 이처럼 BIA는 각 시스템의 중요도와 시급성을 객관적인 데이터로 증명하고, 이를 근거로 복구 우선순위와 RTO를 결정하는 핵심적인 역할을 한다.

결론적으로 RTO는 IT가 정하는 기술 목표가 아니라, 비즈니스 부서가 BIA를 통해 IT에게 전달하는 명확한 요구사항이다. BIA는 "우리는 이 정도의 고통까지는 참을 수 있습니다"라는 비즈니스의 목소리를 "이 시스템의 RTO는 X시간입니다"라는 기술적 언어로 번역해 주는 중요한 소통의 다리 역할을 한다. IT 부서는 이 RTO 목표를 달성하기 위해 필요한 기술과 자원, 비용을 산정하여 최적의 재해 복구 전략을 수립하게 된다.

5. 목표 복구 시점(RPO)

RTO가 '시간'의 문제였다면, 이번에는 '데이터'의 문제다. 시스템을 아무리 빨리 복구해도, 재해 직전에 생성된 중요한 데이터가 모두 사라졌다면 무슨 소용이 있을까? 예를 들어, 1시간 동안 받은 모든 고객 주문 데이터가 사라졌다면, 시스템이 10분 만에 복구되더라도 비즈니스는 막대한 피해를 입게 된다. 이처럼 재해 발생 시 '어느 시점의 데이터로 되돌아갈 것인가', 즉 '최대 얼마만큼의 데이터 손실을 감수할 수 있는가'를 정의하는 목표가 바로 '복구 목표 시점(Recovery Point Objective, RPO)'이다.

● RPO의 개념

RPO는 재해가 발생했을 때, 복구된 데이터가 최소한 어느 시점의 상태를 보장해야 하는지를 나타내는 목표다. 이는 시간 단위로 측정되지만, 본질적으로는 허용 가능한 데이터 손실의 양을 의미한다. 예를 들어, 어떤 시스템의 RPO가 15분이라면, 이는 최대 15분 분량의 데이터 손실까지만 감수할 수 있다는 뜻이다. 즉, 재해가 발생하면 최소한 재해 발생 15분 전 시점의 데이터로는 복구가 되어야 한다.

RPO는 곧 데이터 백업의 최소 주기를 결정한다. RPO를 15분으로 맞추려면, 데이터 백업이 최소

15분에 한 번씩은 이루어져야 한다. 만약 마지막 백업 후 10분이 지난 시점에 재해가 발생했다면, 우리는 10분 분량의 데이터를 잃게 되지만 RPO 목표인 15분 이내로 계획은 성공한 것이다. 하지만 백업 주기가 1시간인데 RPO가 15분이라면, 최악의 경우 약 1시간 분량의 데이터를 잃게 되어 RPO 목표를 달성할 수 없다.

RPO를 이해하기 좋은 비유는 '비디오 게임의 자동 저장(autosave)' 기능이다. 중요한 보스전을 앞두고 있다면 자동 저장 주기를 매우 짧게(낮은 RPO) 설정하여, 게임에서 지더라도 직전 상황에서 바로 다시 시작할 수 있도록 할 것이다. 반면, 중요하지 않은 구간을 플레이할 때는 저장 주기가 길어도(높은 RPO) 큰 상관이 없다. 이처럼 RPO는 데이터의 중요성과 변경 빈도에 따라 시스템별로 다르게 설정된다. 실시간으로 데이터가 쌓이는 금융 거래 시스템은 RPO가 '0'에 가까워야 하지만(데이터 손실 절대 불가), 하루에 한 번 업데이트되는 보고서 시스템은 RPO가 24시간일 수도 있다.

● RTO와 RPO의 상관관계

RTO와 RPO는 재해 복구 계획의 두 기둥과 같다. 이 두 가지 목표가 어떻게 설정되느냐에 따라 재해 복구 전략의 방향과 비용이 결정된다. RTO는 '얼마나 빨리 서비스를 재개할 것인가'를, RPO는 '얼마나 최신 데이터로 복구할 것인가'를 결정한다.

일반적으로 RTO와 RPO는 서로 밀접한 관계를 가지며, 이 두 목표를 낮추면 낮출수록(더 빠른 복구, 더 적은 데이터 손실) 재해 복구 시스템을 구축하고 유지하는 데 드는 비용은 기하급수적으로 증가한다. 예를 들어, RTO와 RPO를 모두 '0'에 가깝게 설정하려면(Zero RTO/RPO), 주 데이터 센터와 동일한 시스템을 원격지에 구축하고 데이터를 실시간으로 동기화하는 '미러 사이트(Mirror Site)' 같은 고비용의 솔루션이 필요하다. 반면, RTO가 수 일, RPO가 24시간 정도로 여유가 있다면, 매일 밤 데이터를 백업 테이프에 저장하고 재해 시 이 테이프를 가져와 복구하는 저비용의 방식으로도 목표를 달성할 수 있다.

따라서 모든 시스템에 대해 무조건 가장 낮은 RTO와 RPO를 추구하는 것은 현명하지 않다. 이는 마치 모든 도로에 F1 경주용 자동차를 달리게 하는 것과 같아서, 엄청난 비용 낭비를 초래할 뿐이다. 중요한 것은 앞서 설명한 비즈니스 영향 분석(BIA)을 통해 각 시스템의 중요도를 정확히 평가하고, 비즈니스가 감당할 수 있는 수준의 RTO와 RPO를 설정하는 것이다. 이를 통해 핵심 시스템에는 과감하게 투자하여 RTO/RPO를 최소화하고, 비핵심 시스템에는 비용 효율적인 방식을 적용하여 전체 재해 복구 비용의 균형을 맞추는 '선택과 집중' 전략이 필요하다. 결국, 재해 복구는 기술과 비용, 그리고 비즈니스 요구사항 사이의 최적점을 찾는 과정이라고 할 수 있다.

12.2 데이터 복구 전략은 어떻게 수립하는가?

재해 복구 계획이라는 큰 그림을 그렸다면, 이제 그 계획을 실현할 구체적인 기술을 알아볼 차례다. 그중 가장 기본이 되면서도 가장 중요한 기술이 바로 백업(Backup)과 복구(Recovery)다. 어떤 정교한 재해 복구 시스템도 결국은 안전하게 보관된 데이터 복사본, 즉 백업이 없다면 무용지물이다. 데이터를 안전하게 복제하는 다양한 백업 방식과, 백업된 데이터를 다시 살려내는 복구 과정, 그리고 재해 시 우리의 비즈니스를 대신할 비상 대피소, '재해 복구 센터'의 종류에 대해 알아본다.

1. 백업의 정의

백업이란 데이터가 손실되거나 손상될 경우를 대비하여, 원본 데이터의 복사본을 만들어 별도의 저장 장치에 보관하는 과정을 의미한다. 이는 하드웨어 고장, 소프트웨어 오류, 사이버 공격, 혹은 단순한 사용자 실수 등 다양한 원인으로 발생할 수 있는 데이터 유실로부터 우리 회사의 소중한 정보 자산을 지키는 가장 기본적인 활동이다.

백업은 단순히 파일을 복사해서 다른 폴더에 넣어두는 것과는 다르다. 체계적인 백업 전략은 언제, 어떤 데이터를, 어떤 방식으로, 어디에, 얼마나 오래 보관할지에 대한 명확한 정책을 포함한다. 또한, 백업은 재해 복구 계획(DRP)의 핵심 구성 요소로서, 앞서 정의한 복구 목표 시점(RPO)을 달성하기 위한 기술적인 수단이 된다. RPO가 1시간이라면, 백업은 최소 1시간에 한 번씩 수행되어야 하는 것처럼, 백업 정책은 비즈니스의 요구사항과 직결된다.

● 상황에 맞는 백업 전략 선택

데이터를 백업하는 방식은 크게 세 가지로 나뉜다. 각각은 백업에 걸리는 시간, 필요한 저장 공간, 그리고 복구의 편의성 측면에서 장단점을 가지고 있어, 상황에 맞게 적절한 방식을 선택하거나 조합하여 사용해야 한다. 이해를 돕기 위해 매일 밤 책의 원고를 백업하는 작가에 비유해 보자.

- **전체 백업(Full Backup)**: 가장 직관적이고 단순한 방식이다. 말 그대로 백업할 데이터 전체를 매번 통째로 복사하여 저장한다. 작가의 비유에서는 매일 밤 처음부터 끝까지 원고 전체를 복사하는 것과 같다. 이 방식의 가장 큰 장점은 복구가 매우 간단하고 빠르다는 점이다. 특정 시점의 전체 백업 파일 하나만 있으면 모든 데이터를 한 번에 복원할 수 있다. 하지만 매번 전체 데이터를 복사하므로 백업에 시간이 가장 오래 걸리고, 가장 많은 저장 공간을 차지하는 단점이 있다.

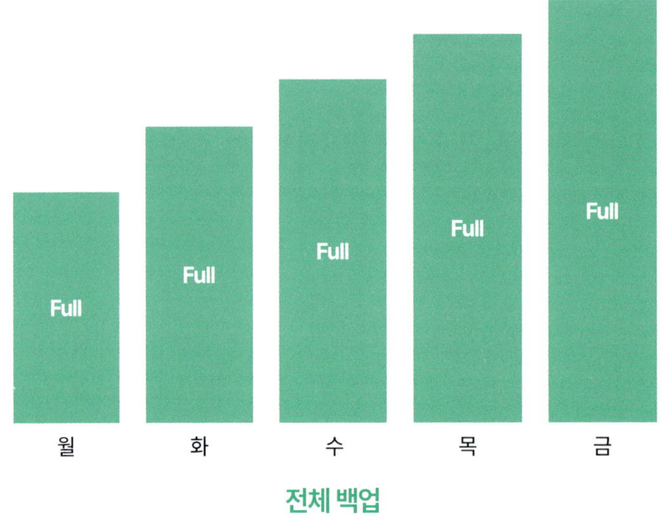

전체 백업

- **증분 백업(Incremental Backup)**: 효율성을 높인 방식이다. 첫 번째 전체 백업 이후에는, 바로 '직전 백업' 이후에 변경되거나 추가된 데이터만 골라서 백업한다. 작가가 월요일에 원고 전체를 백업했다면, 화요일에는 월요일 이후 새로 쓴 부분만 백업하고, 수요일에는 화요일 이후 새로 쓴 부분만 백업하는 식이다. 이 방식은 매번 변경된 일부만 저장하여 백업 속도가 가장 빠르고 저장 공간도 가장 적게 차지한다. 하지만 복구 과정이 가장 복잡하고 느리다. 수요일 시점으로 원고를 복원하려면, 월요일의 전체 백업 파일에 화요일과 수요일의 증분 백업 파일을 순서대로 모두 적용해야 하기 때문이다. 중간에 증분 백업 파일 하나라도 손상되면 완전한 복구가 불가능해지는 위험도 있다.

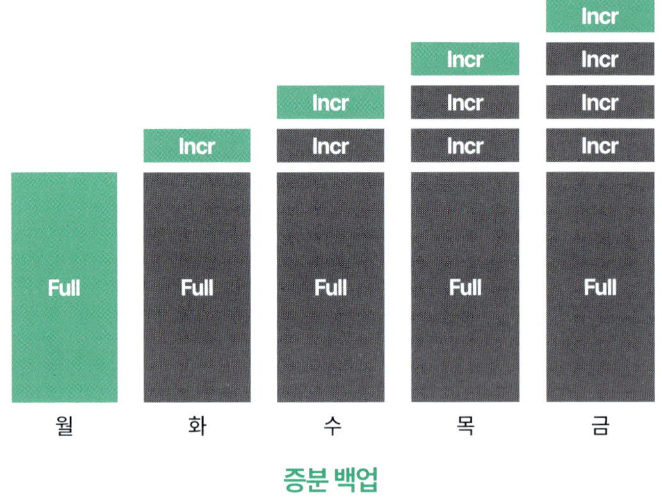

증분 백업

- **차등 백업(Differential Backup)**: 전체 백업과 증분 백업의 장점을 절충한 방식이다. 첫 번째 전체 백업 이후, '마지막 전체 백업' 이후에 변경된 모든 데이터를 누적하여 백업한다. 작가가 월요일에 전체 백업을 했다면, 화요일에는 월요일 이후 변경분을 백업한다. 수요일에는

화요일 이후가 아닌, 다시 월요일 전체 백업 이후 변경된 모든 부분(화요일 변경분 + 수요일 변경분)을 백업한다. 이 방식은 증분 백업보다 백업 시간이 오래 걸리고 저장 공간도 더 많이 차지하지만, 복구는 훨씬 빠르고 간단하다. 수요일 시점으로 복원하려면 월요일의 전체 백업 파일과 가장 마지막 차등 백업 파일(수요일 백업본) 단 두 개만 있으면 되기 때문이다.

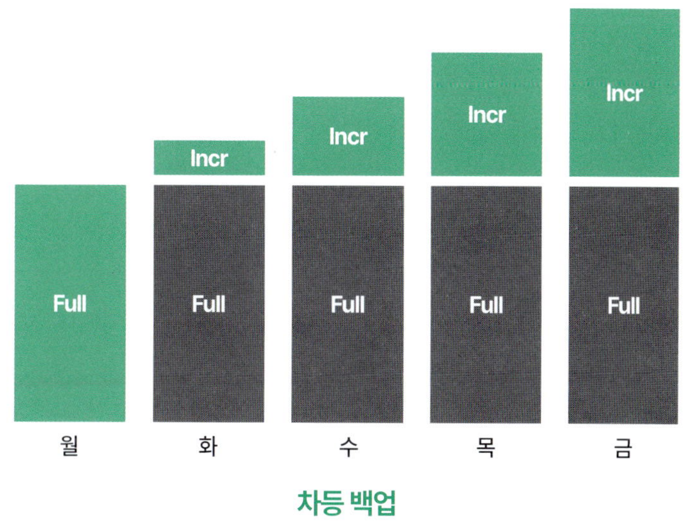

차등 백업

일반적으로 기업에서는 이러한 방식들을 조합하여 사용한다. 예를 들어, 매주 주말에 전체 백업을 수행하고, 주중에는 매일 차등 백업이나 증분 백업을 수행하는 방식이 널리 쓰인다. 아래 표는 세 가지 백업 방식의 특징을 한눈에 비교하여 보여준다.

▼ 백업 방식별 비교(전체, 증분, 차등)

구분	전체 백업	증분 백업	차등 백업
백업 속도	느림(Slow)	빠름(Fast)	중간(Moderate)
필요 저장 공간	많음(High)	적음(Low)	중간(Moderate, increases over time)
복구 속도	빠름(Fast)	느림(Slow)	빠름(Fast)
복구 시 필요 파일	전체 백업 1개	전체 백업 1개 + 모든 증분 백업	전체 백업 1개 + 마지막 차등 백업 1개

● 스냅샷과 백업의 차이

백업과 자주 혼용되지만 개념적으로 중요한 차이가 있는 기술로 스냅샷(Snapshot)이 있다. 스냅샷은 특정 시점의 시스템 상태나 데이터를 사진 찍듯이 저장하는 기술이다. 마치 컴퓨터 작업 중 중요한 업데이트를 설치하기 전에 '시스템 복원 지점'을 만들어 두는 것과 같다. 만약 업데이트에 문제가 생기면, 이 복원 지점으로 시스템을 순식간에 되돌릴 수 있다.

스냅샷과 백업의 가장 결정적인 차이는 '원본 데이터에 대한 의존성'이다. 스냅샷은 데이터 전체를 복사하는 것이 아니라, 특정 시점의 데이터 위치 정보(메타데이터)나 변경된 부분만을 기록하는 방식이다. 따라서 스냅샷 자체만으로는 완전한 데이터가 아니며, 항상 원본 데이터가 있어야만 의미가 있다. 만약 원본 데이터가 저장된 하드디스크가 물리적으로 파괴된다면, 스냅샷도 함께 무용지물이 된다.

반면, 백업은 원본과 완전히 독립된, 그 자체로 완전한 데이터 복사본이다. 원본 데이터가 완전히 사라져도 백업 파일만 있으면 데이터를 복구할 수 있다. 이러한 특성 때문에 스냅샷은 소프트웨어 설치 오류나 사용자 실수처럼 데이터 자체는 살아있지만 논리적인 문제가 발생했을 때, 시스템을 이전 상태로 빠르게 되돌리는 용도로 매우 유용하다. 하지만 하드웨어 고장이나 데이터 센터 화재와 같은 물리적인 재해에 대비하기 위해서는 반드시 원본과 분리된 독립적인 '백업'이 필요하다.

결론적으로 스냅샷과 백업은 경쟁 관계가 아니라 서로의 단점을 보완하는 상호보완적인 관계다. 빠른 복구를 위해 스냅샷을 자주 생성하고, 데이터의 안전한 장기 보관을 위해 주기적으로 백업을 수행하는 전략을 함께 사용하는 것이 가장 이상적인 데이터 보호 방법이다.

2. 복구의 정의

아무리 백업을 잘 해두었더라도, 필요할 때 데이터를 제대로 되살려내지 못한다면 아무 소용이 없다. 복구(Recovery)는 바로 백업된 데이터 복사본을 사용하여 원래의 위치나 새로운 시스템에 데이터를 복원하고, 서비스를 다시 정상 상태로 되돌리는 모든 과정을 의미한다. 백업이 '보험 가입'이라면, 복구는 '보험금 청구 및 지급' 과정에 해당한다. 성공적인 복구는 잘 만들어진 백업 파일뿐만 아니라, 명확하게 정의된 절차와 꾸준한 훈련을 통해 보장될 수 있다.

● 백업 방식에 따라 달라지는 복구 절차

복구 과정은 어떤 백업 방식을 사용했느냐에 따라 크게 달라진다. 구체적인 시나리오를 통해 증분 백업과 차등 백업의 복구 절차 차이를 살펴보자.

> [시나리오]
> 어떤 회사가 매주 일요일 저녁에 '전체 백업'을 수행하고, 월요일부터 토요일까지는 매일 저녁 '증분 백업' 또는 '차등 백업'을 수행한다고 가정하자. 그런데 수요일 오후에 갑자기 핵심 서버의 하드디스크가 완전히 고장 나는 재해가 발생했다.

- 증분 백업을 사용한 경우의 복구 절차
  1. 새로운 하드디스크를 서버에 장착한다.
  2. 가장 최근의 전체 백업 파일인 일요일 백업본을 가져와 시스템에 복원한다.
  3. 월요일 증분 백업본을 찾아 일요일 데이터 위에 덧씌운다.
  4. 화요일 증분 백업본을 찾아 월요일까지 복구된 데이터 위에 덧씌운다.
  5. 장애 직전의 백업인 수요일 증분 백업본을 덧씌운다.

❻ 이처럼 증분 백업은 복구를 위해 '전체 백업 1개 + 그 이후의 모든 증분 백업' 파일이 순서대로 필요하다. 이 방식은 시간이 오래 걸리고 복잡하며, 중간에 파일 하나라도 누락되거나 손상되면 복구가 실패할 위험이 있다.

- **차등 백업을 사용한 경우의 복구 절차**

❶ 마찬가지로 새로운 하드디스크를 서버에 장착한다.

❷ 가장 최근의 전체 백업 파일인 일요일 백업본을 가져와 시스템에 복원한다.

❸ 가장 마지막 시점의 차등 백업 파일인 수요일 백업본 하나만 찾아 덧씌운다.

차등 백업은 매번 '전체 백업 이후의 모든 변경분'을 담고 있으므로, 월요일과 화요일의 백업본은 필요가 없다. 단 두 개의 파일(가장 최신 전체 백업 + 가장 최신 차등 백업)만으로 복구가 완료된다. 이 방식은 증분 백업에 비해 복구 절차가 훨씬 간단하고 빠르며, 실패 위험도 적다.

이 시나리오는 백업 전략을 선택하는 것이 단순히 저장 공간의 문제가 아니라, 실제 재해 상황에서 서비스를 얼마나 빨리 정상화시킬 수 있는지를 결정하는 RTO와 직결되는 중요한 의사결정임을 명확히 보여준다.

3. 핫 사이트(Hot Site)

주 데이터 센터가 지진이나 화재와 같은 재해로 완전히 파괴되었다고 상상해 보자. 백업 데이터는 안전하게 보관되어 있지만, 당장 시스템을 설치하고 운영할 공간과 장비가 없다면 비즈니스는 기약 없이 멈춰 서게 된다. '재해 복구 센터(DR Center)'는 바로 이런 상황을 대비해 주 데이터 센터와 떨어진 원격지에 미리 마련해 둔 비상 대피소다. DR 센터는 준비 수준과 비용에 따라 크게 Hot, Warm, Cold 세 가지 유형으로 나뉜다.

'핫 사이트(Hot Site)'는 가장 높은 수준의 준비 태세를 갖춘 DR 센터다. 이는 마치 우리가 살고 있는 집과 똑같은 구조와 가구, 가전제품을 갖춘 또 다른 집을 완벽하게 준비해두는 것과 같다. 주방에는 식기류와 식재료까지 모두 채워져 있어, 원래 집에 문제가 생기면 즉시 이사해서 평소와 다름없이 생활을 이어갈 수 있다.

● 개념과 특징

핫 사이트는 주 데이터 센터의 시스템과 거의 동일한 수준의 서버, 스토리지, 네트워크 장비를 갖추고 있으며, 항상 전원이 켜진 상태로 대기한다(Standby). 가장 중요한 특징은 주 센터의 데이터가 핫 사이트로 거의 실시간에 가깝게 복제(Replication)되고 있다는 점이다. 덕분에 재해가 발생하면, 관리자는 간단한 전환 작업만으로 수 분에서 수 시간 내에 핫 사이트에서 서비스를 재개할 수 있다. 이는 DR 센터 유형 중 가장 빠른 복구를 보장한다.

● 핫 사이트에 적합한 RTO와 RPO 수준

핫 사이트는 즉각적인 복구가 필요한 시스템을 위한 최상의 선택이다. 따라서 복구 목표 시간

(RTO)이 수 분에서 4시간 이내로 매우 짧고, 복구 목표 시점(RPO) 역시 수 초에서 수 분 단위로 데이터 손실을 거의 허용하지 않는 미션 크리티컬(Mission-critical) 시스템에 적합하다. 예를 들어, 1분 1초의 거래 중단이 막대한 손실로 이어지는 금융권의 온라인 거래 시스템이나 항공사의 예약 시스템, 대규모 전자상거래 플랫폼 등이 핫 사이트를 필요로 한다. 당연하게도, 이처럼 완벽한 준비 태세를 유지하기 위한 구축 및 운영 비용은 모든 DR 센터 유형 중 가장 비싸다.

4. 웜 사이트(Warm Site)

모든 시스템에 최고급 핫 사이트를 구축하는 것은 대부분의 기업에게 큰 부담이다. '웜 사이트(Warm Site)'는 비용과 복구 시간 사이에서 합리적인 절충안을 제공하는 DR 센터 유형이다. 대체 사무실로 비유하면, 기본적인 가구(침대, 책상, 소파)와 전기, 수도 같은 필수 설비는 갖추어져 있지만, 개인적인 옷이나 식료품, 생활용품 등은 없는 집과 같다. 원래 집에 문제가 생겼을 때, 당장 잠을 잘 수는 있지만 정상적인 생활을 하기까지는 짐을 옮기고 필요한 물품을 채워 넣는 시간이 어느 정도 필요하다.

● 개념과 특징

웜 사이트는 핫 사이트처럼 서버나 스토리지, 네트워크 장비 등 핵심적인 하드웨어는 미리 설치되어 있다. 하지만 평상시에는 시스템 전원이 꺼져 있거나 최소한의 상태로만 운영되며, 데이터도 실시간으로 복제되지 않고 정해진 주기(예 수 시간 또는 하루)에 한 번씩만 백업될 수 있다. 따라서 재해가 발생하면, 관리자는 웜 사이트로 이동하여 시스템을 켜고, 최신 운영체제와 소프트웨어를 설치한 뒤, 백업된 데이터를 복원하는 과정을 거쳐야 서비스를 재개할 수 있다. 이 과정 때문에 핫 사이트보다는 복구에 더 많은 시간이 소요된다.

● 웜 사이트에 적합한 RTO와 RPO 수준

웜 사이트는 어느 정도의 다운타임과 데이터 손실을 감수할 수 있는 시스템에 적합하다. 일반적으로 복구 목표 시간(RTO)은 수 시간에서 수 일, 복구 목표 시점(RPO)은 수 시간에서 하루 정도의 수준을 목표로 한다. 미션 크리티컬하지는 않지만 비즈니스 운영에 중요한 시스템, 예를 들어 사내 파일 서버나 일부 경영 정보 시스템 등이 웜 사이트의 좋은 적용 대상이 될 수 있다. 핫 사이트에 비해 구축 및 운영 비용이 저렴하여, 많은 기업이 핵심 시스템은 핫 사이트로, 차순위 중요 시스템은 웜 사이트로 보호하는 계층적인 전략을 사용한다.

5. 콜드 사이트(Cold Site)

'콜드 사이트(Cold Site)'는 가장 기본적인 수준의 DR 센터다. 이는 재해 시 사용할 수 있도록 임대 계약만 해 둔 텅 빈 사무실 공간과 같다. 이 공간에는 전력, 냉방, 통신 회선과 같은 기본적인 인프라만 제공될 뿐, 컴퓨터나 책상, 의자 같은 장비는 전혀 없다. 원래 사무실에 불이 나면, 우리는 이 빈 공간에 필요한 모든 장비를 새로 주문해서 배송받고, 설치하고, 네트워크를 연결하는 모든 과정을 처음부터 시작해야 한다.

● 개념과 특징

콜드 사이트는 DR을 위한 최소한의 물리적 공간과 기반 시설만 확보해 두는 방식이다. 재해가 발생하면, 기업은 사전에 계약된 공급업체를 통해 필요한 서버, 스토리지, 네트워크 장비를 조달하여 콜드 사이트로 옮긴 후, 처음부터 전체 시스템을 구축하고 데이터를 복원해야 한다. 이 모든 과정은 상당한 시간을 필요로 하며, 복구가 완료되기까지 수 주에서 수 개월이 걸릴 수도 있다.

● 콜드 사이트에 적합한 RTO와 RPO 수준

콜드 사이트는 복구에 매우 긴 시간이 소요되므로, 복구 목표 시간(RTO)이 수 주에서 수 개월, 복구 목표 시점(RPO)이 수 일 이상으로 매우 긴 비핵심 시스템에만 적용할 수 있다. 예를 들어, 개발 및 테스트 환경이나 장기 데이터 보관용 아카이브 시스템 등이 대상이 될 수 있다. 콜드 사이트의 가장 큰 장점은 평상시 유지 비용이 거의 들지 않아 매우 저렴하다는 것이다. 하지만 복구 시간이 길고, 재해 상황에서 실제로 장비를 제때 조달하고 시스템을 성공적으로 구축할 수 있을지에 대한 불확실성이 크다는 단점이 있다. 아래 표는 세 가지 DR 센터 유형의 특징을 종합적으로 비교한다.

▼ 핫, 웜, 콜드 사이트 비교 분석

구분	핫 사이트	웜 사이트	콜드 사이트
대체 사무실 비유	즉시 입주 가능한 완벽한 사무실	핵심 가구와 설비만 있는 사무실	텅 비어있는 사무실 공간
준비 상태	모든 시스템 가동 중, 데이터 실시간 복제	하드웨어/네트워크는 준비, 데이터/SW는 복구 필요	공간, 전력, 냉방 등 기본 인프라만 제공
대표 RTO/RPO	RTO: 수 분~수 시간 RPO: 수 초~수 분	RTO: 수 시간~수 일 RPO: 수 시간~수 일	RTO: 수 주~수 개월 RPO: 수 일~수 주
구축/운영 비용	매우 높음(Very High)	중간(Medium)	낮음(Low)

6. 백업 3-2-1 규칙

데이터를 보호하는 방법은 다양하지만, 수많은 전문가들이 오랜 경험을 통해 정립한 가장 기본적이고 강력한 원칙이 있다. 바로 '3-2-1 규칙'이다. 이 규칙은 특정 기술이나 제품에 의존하지 않는 데이터 보호 전략의 기본 철학으로, 기억하기 쉽고 실행하기도 간단하여 '데이터 백업의 황금률'로 불린다.

● 3-2-1 규칙의 의미

3-2-1 규칙은 세 가지 간단한 원칙으로 구성된다.

- **최소 3개의 데이터 복사본을 유지하라.**

  여기에는 현재 운영 환경에서 사용 중인 원본 데이터 1개와, 별도로 보관하는 백업 데이터 2개가 포함된다. 데이터 복사본이 여러 개 있으면, 그중 하나에 문제가 생기더라도 다른 복사본을 사용하여 데이터를 복구할 수 있다. 모든 복사본이 동시에 손상될 확률은 매우 낮으므로, 데이터의 생존 가능성을 크게 높일 수 있다.

- **2개의 서로 다른 종류의 저장 매체(미디어)에 복사본을 저장하라.**
  백업 데이터 2개를 모두 같은 종류의 저장 장치(예 외장 하드디스크)에 보관하지 말라는 의미다. 예를 들어, 하나의 백업본은 회사 내부의 다른 서버 디스크에, 다른 하나는 자기 테이프(magnetic tape)나 클라우드 스토리지에 저장하는 방식이다. 이렇게 하면 특정 저장 매체 유형 자체에 결함이 발생하거나(예 특정 모델의 하드디스크 전체 리콜), 특정 유형의 장애(예 전원 서지로 인한 디스크 손상)로부터 데이터를 보호할 수 있다.

- **1개의 복사본은 반드시 원격지(Off-site)에 보관하라.**
  최소 1개의 백업 복사본은 주 데이터 센터나 사무실과 물리적으로 떨어진 다른 장소에 두어야 한다. 이는 화재, 홍수, 지진과 같이 사무실 전체에 영향을 미치는 광역 재해로부터 데이터를 보호하기 위한 가장 중요한 원칙이다. 만약 원본 데이터와 모든 백업본이 한 건물 안에 있다면, 건물 전체가 무너지는 재해 앞에서는 속수무책일 수밖에 없다. 원격지 백업은 이러한 최악의 시나리오에서도 데이터를 안전하게 지킬 수 있는 마지막 보루가 된다.

● 최신 동향

최근 몇 년 사이, 랜섬웨어(Ransomware)라는 새로운 유형의 재해가 기업들을 위협하고 있다. 랜섬웨어는 시스템에 침투하여 데이터를 암호화하고, 이를 풀어주는 대가로 금전을 요구하는 악성 소프트웨어다. 기존의 재해와 랜섬웨어의 가장 큰 차이점은, 랜섬웨어가 단순히 데이터를 파괴하는 것을 넘어, 네트워크에 연결된 '백업 데이터'까지 찾아내어 함께 암호화한다는 점이다. 이는 기존의 3-2-1 규칙만으로는 완벽하게 대응하기 어려운 새로운 도전 과제를 제시했다.

이러한 지능적인 위협에 맞서기 위해, 3-2-1 규칙은 '3-2-1-1-0' 규칙으로 진화했다.

- **+1(Offline/Immutable)**: 1개의 복사본은 반드시 '오프라인' 상태이거나 '변경 불가능(Immutable)' 상태로 보관해야 한다는 원칙이 추가되었다.
- **오프라인 백업(Air-gapped)**: 백업이 완료되면 네트워크에서 물리적으로 분리하여 보관하는 방식이다. 예를 들어, 테이프에 백업한 후 금고에 보관하는 것이다. 네트워크에 연결되어 있지 않으니 랜섬웨어가 접근할 방법이 원천적으로 차단된다.
- **변경 불가능 백업(Immutable)**: 백업된 데이터가 정해진 기간 동안 절대로 수정되거나 삭제될 수 없도록 만드는 기술이다. 랜섬웨어가 백업 데이터에 접근하더라도 암호화하거나 삭제할 수 없으므로 데이터를 안전하게 보호할 수 있다.
- **+0(Verified/Error-Free)**: 모든 백업은 오류가 '0'인지 정기적으로 검증해야 한다는 원칙이다. 백업 파일이 있더라도 막상 복구하려고 할 때 파일이 손상되어 쓸 수 없는 최악의 상황을 막기 위해, 주기적인 복구 테스트를 통해 백업의 유효성을 확인해야 한다는 의미다.

3-2-1-1-0 규칙의 등장은 재해 복구 전략이 더 이상 하드웨어 고장이나 자연재해 같은 수동적인 위협만을 대상으로 하지 않음을 보여준다. 이제는 우리의 데이터를 적극적으로 공격하는 지능적인 적에 맞서 싸워야 하는 시대로, 데이터 보호 전략 역시 이러한 위협의 변화에 맞춰 끊임없이 진화해야 함을 시사한다.

7. 재해 복구 서비스(DRaaS)

전통적으로 재해 복구 센터를 구축하는 것은 막대한 초기 투자 비용과 전문 인력을 필요로 하는, 대기업의 전유물처럼 여겨졌다. 하지만 클라우드 컴퓨팅 기술의 발전은 이러한 패러다임을 완전히 바꾸어 놓았다. 이제는 값비싼 장비를 직접 구매하고 관리하는 대신, 필요한 만큼 빌려 쓰는 '서비스형 재해 복구(Disaster Recovery as a Service, DRaaS)'가 새로운 대안으로 떠오르고 있다.

● DRaaS의 개념

DRaaS는 재해 복구에 필요한 IT 인프라(서버, 스토리지, 네트워크)와 관련 솔루션을 클라우드 서비스 제공업체가 월 구독료나 사용량 기반 요금제 형태로 제공하는 서비스다. 기업은 자체적으로 DR 센터를 구축하는 대신, DRaaS 제공업체의 클라우드 데이터 센터에 자사의 시스템과 데이터를 복제해 둔다. 재해가 발생하면, 이 클라우드 환경에서 즉시 시스템을 가동하여 서비스를 재개할 수 있다. 데이터 복제, 시스템 전환(Failover), 그리고 정상 복귀(Failback)에 이르는 모든 복잡한 과정을 서비스 제공업체가 전문적으로 관리해 준다.

DRaaS를 비유하자면, 비상시를 대비해 별장을 직접 짓고 관리하는 대신, 언제든 필요할 때 즉시 머물 수 있는 고급 호텔의 연간 회원권에 가입하는 것과 같다. 별장을 짓는 데 드는 막대한 초기 비용과 유지보수 부담 없이, 월 회비만으로 최고 수준의 시설과 서비스를 필요할 때 즉시 이용할 수 있는 것이다.

● 전통적인 DR 센터와 DRaaS 비교

DRaaS는 전통적인 방식의 DR 센터 구축과 비교했을 때 여러 가지 뚜렷한 장점을 가진다.

- **비용 구조의 혁신(CAPEX에서 OPEX로)**

  전통적인 DR 센터는 서버, 스토리지, 네트워크 장비 구매와 데이터 센터 구축에 막대한 초기 투자 비용(Capital Expenditure, CAPEX)이 필요하다. 반면, DRaaS는 이러한 초기 투자 없이 매월 사용한 만큼만 비용을 지불하는 운영 비용(Operational Expenditure, OPEX) 모델을 따른다. 이는 특히 자본이 부족한 중소기업(SMB)도 합리적인 비용으로 높은 수준의 재해 복구 시스템을 도입할 수 있게 하는 결정적인 장점이다.

- **압도적인 유연성과 확장성**

  물리적인 장비로 구성된 전통적 DR 센터는 한번 구축하면 시스템 용량을 변경하기가 매우 어렵다. 하지만 DRaaS는 클라우드의 가장 큰 장점인 탄력성을 그대로 활용할 수 있다. 비즈니스가 성장하여 더 많은 자원이 필요하면 몇 번의 클릭만으로 즉시 용량을 확장할 수 있고, 반대로 줄일 수도 있다.

- **관리 부담의 해소**

  자체 DR 센터를 운영하려면 이를 관리할 고도의 전문 인력이 필요하며, 이들은 24시간 365일 시스템을 모니터링하고 유지보수해야 한다. DRaaS를 도입하면 이러한 복잡하고 부담스러운 관리 업무를 모두 서비스 제공업체의 전문가에게 위임할 수 있다. 이를 통해 기업의 내부 IT 인력은 재해 복구 운영이라는 비핵심 업무에서 벗어나, 비즈니스 성장에 직접적으로 기여하는 핵심적인 업무에 더 집중할 수 있다.

아래 표는 전통적인 DR 센터와 DRaaS의 핵심적인 차이점을 요약하여 보여준다. DRaaS의 등장은 재해 복구의 문턱을 크게 낮춤으로써, 이제 모든 규모의 기업이 비즈니스 연속성을 확보할 수 있는 시대를 열었다고 평가할 수 있다.

▼ 전통적 DR 센터 vs. DRaaS 비교

구분	전통적 DR 센터	DRaaS
비용 구조	높은 초기 투자 비용(CAPEX)	구독 기반 운영 비용(OPEX)
유연성/확장성	낮음(경직된 물리적 인프라)	높음(클라우드 기반 탄력적 확장/축소)
관리 주체	내부 IT팀(직접 구축, 운영, 유지보수)	서비스 제공업체(전문가에게 위탁)
초기 도입 장벽	높음(자본, 전문 인력, 시간 필요)	낮음(빠른 도입 가능)

12.3 서비스 품질은 어떻게 보장하는가?

서비스 수준 협약(Service Level Agreement, SLA)은 단순히 기술적인 문서가 아니다. 이는 서비스 제공자와 고객 사이의 신뢰를 구축하고, 명확한 기대를 설정하는 중요한 비즈니스 계약이다. 이번에는 SLA가 어떻게 비즈니스의 안정성을 보장하고, 고객 만족을 이끌어내며, 나아가 규제 준수의 핵심 도구로 작용하는지 살펴본다.

1. 서비스 수준 협약(SLA)

서비스 수준 협약(SLA)은 서비스 제공자와 고객 사이에 맺는 서면 계약이다. 이 계약은 제공될 서비스의 수준, 기대할 수 있는 응답성, 그리고 성과 측정 방식을 명확한 언어로 정의한다. 이는 단순한 기술적 약속을 넘어, 고객 서비스에 대한 보증서와 같다.

이 개념을 쉽게 이해하기 위해 전문 청소 업체와 사무실 건물 관리 계약을 맺는 상황을 비유로 들 수 있다. 계약서에는 단순히 '사무실을 청소한다'라고만 쓰여 있지 않다. 대신 어떤 방을 청소할지, 얼마나 자주(매일 또는 매주) 청소할지, 청결도 기준(예 바닥 물걸레질, 창문 얼룩 제거)은 무엇인지 구체적으로 명시한다. 만약 서비스가 기준에 미치지 못할 경우 어떤 조치를 취할지(예 다음 달 요금 할인)도 포함된다. 이 계약서가 바로 SLA다.

SLA의 주된 목적은 지원 부서에게는 명확한 업무 목표를 제공하고, 고객에게는 신뢰할 수 있는 서비스 기준을 제시하는 것이다. 양측의 기대를 객관적으로 설정함으로써, 처음부터 오해와 갈등의 소지를 줄이는 역할을 한다.

• SLA의 핵심 구성 요소

효과적인 SLA는 몇 가지 핵심적인 구성 요소를 포함해야 한다. 각 항목은 비즈니스에 중요한 의미를 지니며, 양측의 권리와 의무를 명확히 한다.

❶ 계약 개요(Agreement Overview)

계약의 시작일과 종료일, 관련 당사자 정보, 그리고 제공될 서비스의 전반적인 요약을 포함한다.

❷ 서비스 상세 설명(Description of Services)

SLA 내에서 제공되는 모든 서비스를 상세히 기술한다. 여기에는 서비스 처리 시간, 사용되는 기술, 정기 유지보수 일정, 그리고 관련 절차와 프로세스 등이 포함된다. 이 부분에서 약속의 구체적인 내용이 결정된다.

❸ 성과 표준(Performance Standards)

SLA의 심장부라 할 수 있는 측정 가능한 기준을 정의한다. 가용성, 응답 시간, 오류율과 같은 핵심 성과 지표(Key Performance Indicators, KPIs)가 여기에 해당한다. 이 지표들은 서비스 품질을 객관적으로 평가하는 척도가 된다.

❹ 위약금 및 서비스 크레딧(Penalties and Service Credits)

합의된 표준을 충족하지 못했을 때의 결과를 명시한다. 여기에는 벌금이나, 더 일반적으로는 서비스 요금을 할인해주는 서비스 크레딧이 포함된다. 이 조항은 SLA가 실질적인 효력을 갖게 하는 역할을 한다.

❺ 예외 조항(Exclusions)

SLA가 적용되지 않는 상황을 명시하는 중요한 부분이다. 예를 들어, 고객 측의 과실이나 제3자 서비스의 장애로 인한 서비스 중단은 SLA 보상 범위에서 제외될 수 있다.

❻ 검토 및 변경 절차(Review and Change Processes)

SLA는 살아있는 문서임을 명시한다. 비즈니스 요구사항의 변화에 따라 정기적으로 검토하고 수정해야 한다는 조항을 포함한다.

● SLA의 종류

SLA는 외부 고객과의 계약에만 사용되지 않는다. 조직 내부의 효율성을 높이기 위해서도 활용된다.

❶ 외부 SLA와 내부 SLA

외부 SLA(External SLA)는 서비스 제공자와 외부 고객 사이에 맺는 전통적인 형태의 계약이다. 예를 들어, 아마존 웹 서비스(Amazon Web Services, AWS)와 같은 클라우드 제공업체가 기업 고객에게 서비스 가용성을 보장하는 경우가 해당된다.

반면, 내부 SLA(Internal SLA)는 같은 회사 내의 다른 부서 간에 맺는 약속이다. 예를 들어, 사내 IT 부서가 영업 부서에게 고객 관계 관리(Customer Relationship Management, CRM) 시스템을 업무 시간 동안 안정적으로 운영하고, 관련 문의는 4시간 내에 해결하겠다고 약속하는 것이다. 이는 내부 프로세스를 개선하고 병목 현상을 파악하는 데 도움을 준다.

❷ 고객 기반 SLA와 서비스 기반 SLA

고객 기반(Customer-based) SLA는 특정 고객이나 그룹만을 위해 맞춤 설정된 계약이다. 통신 회사가 가장 큰 기업 고객 한 곳에만 특별한 가용성 보장 조건을 제공하는 것이 좋은 예다. 서비스 기반(Service-based) SLA는 특정 서비스를 사용하는 모든 고객에게 동일하게 적용되는 표준 약속이다. 예를 들어, 한 클라우드 스토리지 업체가 '프리미엄' 요금제를 사용하는 모든 고객에게 99.99%의 가용성을 보장하는 경우가 이에 해당한다.

과거 SLA는 단순히 가용 시간이나 응답 시간 같은 운영 지표를 약속하는 데 그쳤다. 하지만 오늘날 SLA의 역할은 비즈니스의 전략적 도구로 진화하고 있다. 특히 금융이나 헬스케어와 같이 규제가 엄격한 산업에서는 SLA가 위험 관리 및 규제 준수의 핵심 요소로 자리 잡았다. 이는

SLA가 더 이상 IT 부서만의 관심사가 아님을 의미한다. 법무, 재무, 컴플라이언스 부서가 모두 참여해야 하는 전사적 과제가 된 것이다. 실제로 여러 부서 간의 협업 부재는 SLA 설정의 주요한 어려움으로 지적되기도 한다. 따라서 비즈니스 관리자에게 SLA 수립 과정에 참여하는 것은 선택이 아닌, 핵심적인 위험 관리 활동의 일부가 되었다.

2. 가용성

서비스 가용성이란 서비스가 정상적으로 작동하여 사용 가능한 시간을 의미하며, 흔히 '업타임(uptime)'이라고 부른다. 반대로 서비스가 중단되어 사용할 수 없는 시간은 '다운타임(downtime)'이라고 한다.

오프라인 상점의 '업타임'은 영업시간에 비유할 수 있다. '다운타임'은 공휴일, 비상사태, 내부 수리 등으로 문을 닫는 시간이다. 반면, 온라인 쇼핑몰은 24시간 연중무휴로 운영되는 것이 목표다. 따라서 온라인 쇼핑몰의 다운타임은 곧바로 매출 손실로 이어진다.

서비스 다운타임은 막대한 비용 손실을 유발하고, 기업의 신뢰도를 떨어뜨리며, 심지어 규제 준수 문제로까지 번질 수 있다. 예를 들어, 전자상거래 플랫폼이 블랙 프라이데이와 같은 대규모 할인 행사 중에 한 시간만 멈춰도 막대한 매출 손실과 함께 회사의 평판에 큰 타격을 입게 된다.

● '나인'으로 측정하는 가용성

가용성은 보통 백분율로 측정되며, '나인(Nines)'이라는 용어로 표현되곤 한다. 예를 들어, 99.9%는 '쓰리 나인(three nines)', 99.99%는 '포 나인(four nines)'이라고 부른다.

여기서 중요한 점은 '9'이 하나 추가될 때마다 신뢰도가 10배씩 증가한다는 사실이다. 언뜻 보기에 99%와 99.9%는 큰 차이가 없어 보이지만, 실제 허용되는 다운타임에는 상당한 차이가 있다. 비즈니스 리더들은 서비스 비용을 평가할 때 이 점을 명확히 이해해야 한다. 더 높은 가용성은 필연적으로 더 높은 비용을 수반하기 때문이다.

3. 99.9%의 의미

99.9 % 가용성 보장은 서비스 제공자가 특정 기간 동안 99.9%의 시간 동안 서비스를 정상적으로 운영하겠다고 약속하는 것을 의미한다. 이는 동시에 전체 시간의 0.1 %에 해당하는 다운타임이 발생할 수 있음을 인정하는 것이기도 하다.

이 수치는 많은 비즈니스 서비스에서 매우 일반적이고 현실적인 SLA 수준으로 여겨진다. 높은 신뢰성과 관리 가능한 비용 사이의 균형을 잘 맞추기 때문이다. 업계 최고 수준으로 알려진 '파이브 나인(99.999%)'은 대부분의 애플리케이션에는 불필요할 정도로 높은 수준이며, 이를 달성하기 위한 비용도 엄청나다.

● 허용되는 다운타임 계산: 1년 기준 8시간 45분

추상적인 99.9 %라는 숫자를 구체적인 시간으로 환산하면 그 의미가 더욱 명확해진다. 이 약속이 실제 비즈니스 운영에 어떤 영향을 미치는지 이해하기 위해, 가용성 등급별 허용 다운타임을 표로 정리했다. 이 표는 비기술적인 관리자들이 SLA 협상 시 현실적인 판단을 내리는 데 큰 도움을 준다. 예를 들어, 99% 가용성이 괜찮다고 생각했던 관리자도 1년에 3.65일의 다운타임을 의미한다는 것을 알게 되면 생각을 바꾸게 될 것이다.

▼ SLA 가용성 등급별 허용 다운타임

가용성 등급	일일 허용 다운타임	주간 허용 다운타임	월간 허용 다운타임	연간 허용 다운타임
99%("Two Nines")	14분 24초	1시간 40분 48초	7시간 18분 17초	3.65일
99.9 %("Three Nines")	1분 26초	10분 5초	43분 50초	8시간 45분 57초
99.99 %("Four Nines")	8.64초	1분 0.5초	4분 23초	52분 36초
99.999%("Five Nines")	0.86 초	6초	26. 3초	5분 15초

4. 서비스 지표

SLA, SLO, SLI의 관계

SLA, SLO, SLI는 서비스 품질을 관리하는 세 가지 핵심 개념이지만, 종종 혼동되기도 한다. 이들의 관계를 자동차 여행에 비유하면 쉽게 이해할 수 있다.

- **서비스 수준 협약(Service Level Agreement, SLA)**

  이는 운전자가 승객에게 하는 공식적인 약속이다. "5시간 안에 목적지에 도착하겠습니다. 만약 늦으면 점심을 사겠습니다." 이것이 바로 외부 고객과 맺는, 위반 시 결과가 따르는 계약이다.

- **서비스 수준 목표(Service Level Objective, SLO)**

  이는 약속을 지키기 위해 운전자가 스스로 설정하는 내부 목표다. "5시간 안에 도착하려면, 평균 시속 100km 이상을 유지해야 해." 이 목표는 외부 약속(SLA)보다 더 엄격하게 설정되어, 예상치 못한 상황에 대비한 안전 완충재 역할을 한다.

- **서비스 수준 지표(Service Level Indicator, SLI)**

  이는 자동차 계기판에 표시되는 실제 측정값이다. "현재 나의 평균 속도는 시속 95km군." 이 실시간 데이터는 운전자가 내부 목표(SLO)를 잘 지키고 있는지 알려준다.

<table>
<tr><th colspan="2">구분</th><th colspan="2">관리 지표</th><th>목표 수준</th><th>최소 수준</th><th>가중치</th><th>비고</th></tr>
<tr><td colspan="4">종합점수</td><td>-</td><td>-</td><td>100%</td><td></td></tr>
<tr><td rowspan="5">필수 지표
(30%)</td><td rowspan="5">가용성
관리</td><td colspan="2">정보시스템 가용률</td><td>-</td><td>-</td><td>30%</td><td></td></tr>
<tr><td rowspan="2">1등급</td><td>전산장비 또는 AP사업</td><td rowspan="2">100%</td><td>99.99%</td><td rowspan="2">-</td><td rowspan="2">필수</td></tr>
<tr><td>전산장비 + AP사업</td><td>99.988%</td></tr>
<tr><td rowspan="2">2등급</td><td>전산장비 또는 AP사업</td><td rowspan="2">100%</td><td>99.97%</td><td rowspan="2">-</td><td rowspan="2">필수</td></tr>
<tr><td>전산장비 + AP사업</td><td>99.966%</td></tr>
</table>

<table>
<tr><td rowspan="4">필수 지표
(30%)</td><td rowspan="4">가용성
관리</td><td rowspan="2">3등급</td><td>전산장비 또는 AP사업</td><td rowspan="2">99.98%</td><td>99.94%</td><td rowspan="2">-</td><td rowspan="2">권고</td></tr>
<tr><td>전산장비 + AP사업</td><td>99.931%</td></tr>
<tr><td rowspan="2">4등급</td><td>전산장비 또는 AP사업</td><td rowspan="2">99.98%</td><td>99.90%</td><td rowspan="2">-</td><td rowspan="2">권고</td></tr>
<tr><td>전산장비 + AP사업</td><td>99.885%</td></tr>
</table>

이들의 관계를 정리하면 다음과 같다. 서비스 제공자는 SLI를 측정하여 SLO달성 여부를 확인한다. 그리고 SLO를 설정하는 이유는 고객과의 약속인 SLA를 위반하지 않기 위해서다.

● 주요 서비스 지표

SLA는 가용성 외에도 서비스 품질의 다른 중요한 측면들을 측정한다.

❶ 응답 시간(Response Time)과 해결 시간(Resolution Time)

이 두 지표는 자주 혼동되지만 의미가 다르다. 응답 시간은 서비스 제공자가 문제를 '인지'하고 대응하기까지 걸리는 시간이다. 고객 서비스 센터에 전화했을 때 상담원이 전화를 받기까지 걸리는 시간에 비유할 수 있다.

반면, 해결 시간은 문제를 '완전히 해결'하는 데 걸리는 시간이다. 상담원이 고객의 문제를 완전히 처리해주는 데 걸리는 시간과 같다.

❷ 오류율(Error Rates)/결함률(Defect Rates)

서비스가 실패하거나 기대 이하의 결과를 내놓는 빈도를 측정한다. 예를 들어, 결제 처리 시스템에서 거래 실패가 발생하는 비율이 여기에 해당한다.

❸ 최초 통화 해결률(First-Call Resolution)

고객 서비스의 효율성과 전문성을 보여주는 핵심 지표다. 고객이 처음 연락했을 때 문제가 바로 해결되는 비율을 나타낸다.

5. 법적 규제와 SLA

금융이나 헬스케어, 그리고 개인정보를 다루는 모든 산업에서 SLA는 서비스 품질 보장을 넘어, 대한민국 법규 및 관련 감독 규정을 준수(Compliance)하기 위한 필수적인 법적 도구로 활용된다.

● 규제 산업에서의 SLA

❶ 개인정보보호(개인정보 보호법)

모든 기업은 개인정보 보호법에 따라 개인의 정보를 안전하게 처리해야 할 의무가 있다. 특히, 서비스 제공업체에 개인정보의 처리 업무를 위탁할 경우(IT 인프라, 클라우드 서비스 등), SLA는 법적 요구사항을 충족시키고 정보 주체(국민)의 권리를 보호하는 핵심 수단이 된다.

- **필수 포함 조항**: 개인정보 보호법 제26조(업무위탁에 따른 개인정보의 처리 제한)에 따라,

수탁자(외부 업체)가 위탁받은 업무 범위를 넘어 개인정보를 이용하거나 제3자에게 제공하는 것을 금지하는 조항이 SLA/계약서에 반드시 포함되어야 한다.

- **구체적인 보안 및 기술 조치**
  - · **접근 통제**: 개인정보처리시스템에 대한 접근 권한 관리 및 통제에 대한 구체적인 사항.
  - · **암호화 표준**: 민감 정보 및 고유식별 정보 등에 대한 암호화 조치 및 표준 명시.
  - · **보안 사고 통보**: 유출 사고 발생 시 위탁자(고객 기업)에게 즉시 통보해야 하는 시한(예 인지 즉시 또는 24시간 이내) 및 절차를 명확히 규정해야 합니다.
  - · **물리적 보안**: 서버실 등 개인정보 보관 장소의 접근 통제 및 관리 조치.

❷ 금융(전자금융거래법 및 전자금융감독규정)

전자금융거래법 및 금융감독원의 전자금융감독규정은 금융 기관이 외부 업체(특히 IT 인프라, 클라우드 서비스 등)에 업무를 위탁할 때 엄격한 관리 · 감독 의무를 부과한다. SLA는 이 규제를 준수하는 핵심 도구이다.

- **금융 보안 및 안정성 확보**: SLA에는 서비스의 지속 가능성(Continuity), 보안성(Security), 그리고 안정성(Stability)을 유지하기 위한 구체적인 기준과 성능 지표(KPI)가 포함되어야 한다.
- **감독 당국의 요구 사항 반영**: 전자금융감독규정은 금융 기관이 외부 IT 업체와의 계약 시 필수적으로 포함해야 할 사항을 명시하고 있다. 특히, 위탁 업무에 대한 '모니터링 및 시정 조치 권한'에 대한 조항을 기본 필수 항목으로 규정하고 있다.
- **위약금 및 제재 조항**: 서비스 수준 미달(규제 위반 포함) 시 금융 기관이 외부 업체에 부과할 수 있는 위약금(Penalty) 조항 및 계약 해지 권리를 명확히 명시해야 한다. 이는 금융 서비스의 중단 없는 제공과 보안 유지를 강제하는 수단이다.

이처럼 국내 법규 환경에서 SLA는 기업의 위험 관리 및 지배구조의 성숙도를 대외적으로 입증하는 핵심 대리 지표가 된다. 비즈니스 리더와 IT 책임자는 핵심 외부 업체와의 SLA를 체결하고 철저히 관리함으로써, 규제 당국에 실사(Due Diligence) 및 법적 의무 이행을 입증하는 가장 중요한 증거 자료로 활용해야 한다.

● 계약 위반 시 조치

결과가 따르지 않는 SLA는 단순한 권고 사항에 불과하다. 약속이 깨졌을 때 어떤 일이 발생하는지 명확히 해야 한다.

- **서비스 크레딧(Service Credits)**: 가장 일반적인 형태의 보상이다. 서비스 장애가 발생한 기간에 대해 제공업체가 고객의 서비스 요금을 할인해주는 방식이다. 이는 사전에 합의된 자동 보상 절차다.
- **벌금(Financial Penalties)**: 경미한 위반보다는 심각한 장애 시 적용될 수 있다. 제공업체가 사전에 합의된 금액의 손해배상금을 지불하는 방식이다.
- **계약 해지권(Termination Rights)**: 중대하거나 반복적인 장애 발생 시, 고객이 위약금 없이 계약을 해지할 수 있는 권리를 SLA에 명시해야 한다. 이는 고객을 보호하는 최후의 안전장치다.

12.4 IT 자산 변경은 어떻게 관리하는가?

구성 관리 데이터베이스(Configuration Management Database, CMDB)는 복잡한 IT 환경을 한 눈에 파악할 수 있는 직관적이고 필수적인 지도와 같다. 이 장에서는 CMDB가 어떻게 더 나은 의사결정을 가능하게 하고, 안전한 IT 운영의 기반이 되는지 알아본다.

1. 구성 관리 데이터베이스(CMDB)

구성 관리 데이터베이스(CMDB)는 IT 환경 내의 모든 중요 항목들을 추적하고 관리하는 디지털 창고 또는 목록이다.

이 개념을 도서관에 비유하면 이해하기 쉽다. CMDB는 도서관의 중앙 도서 관리 시스템과 같다. 도서관의 모든 책은 '구성 항목(Configuration Item, CI)'에 해당한다. 도서 관리 시스템은 단순히 책 제목만 기록하는 것이 아니라, 저자, 서가 위치, 판본 정보, 그리고 대출 여부나 파손 상태까지 저장한다. 또한 '반지의 제왕 시리즈의 일부'와 같이 책들 간의 관계도 보여준다.

또 다른 비유는 잘 정리된 장난감 상자다. 상자 자체가 CMDB이고, 각각의 장난감(피규어, 자동차)이 CI다. 어떤 장난감이 있는지, 어디에 있는지, 그리고 피규어가 자동차에 탈 수 있는지와 같은 상호 관계를 파악할 수 있다.

● CMDB의 목적

CMDB의 주된 목적은 IT 환경에 대한 신뢰할 수 있는 단일 정보 소스(Single Source of Truth)를 제공하는 것이다. CMDB는 각 구성 요소의 소유자, 기능, 그리고 가장 중요하게는 다른 구성 요소와의 '연결 관계'에 대한 정보를 저장한다.

이러한 '관계의 지도'는 IT 환경을 전체적으로 이해하고, 정보에 기반한 의사결정을 내리며, 변경 관리나 장애 관리와 같은 IT 프로세스를 효율적으로 운영하는 데 필수적이다.

2. 형상 관리

형상 관리(Configuration Management)는 IT 시스템의 성능과 속성이 수명 주기 동안 일관되고 알려진, 바람직한 상태로 유지되도록 보장하는 프로세스다. 이는 무질서한 변경을 통제하여 혼란을 방지하는 기술이다.

자동차 엔진의 마스터 설계도를 상상해보자. 형상 관리는 생산 라인에서 나오는 모든 엔진이 이 설계도와 정확히 일치하도록 보장하는 과정과 같다. 만약 설계도에 변경 사항(예 새로운 점화 플러그 사용)이 생기면, 이는 반드시 문서화되고 승인되어야 하며, 이후의 모든 엔진은 새로운 설계도에 따라 제작된다.

● CMDB가 형상 관리를 지원하는 방식

CMDB는 형상 관리 프로세스의 심장이다. CMDB는 모든 CI와 그 관계에 대한 기록, 즉 '설계도'를 저장하는 데이터베이스 역할을 한다. IT 환경의 상태를 관리하고 검증하는 데 필요한 데이터를 제공함으로써 형상 관리를 가능하게 한다.

3. IT 자산 관리와의 비교

● ITAM의 초점

IT 자산 관리(IT Asset Management, ITAM)는 IT 자산의 재무적 측면과 생애주기에 초점을 맞춘다. 구매부터 폐기까지의 전 과정에서 비용, 감가상각, 보증, 소프트웨어 라이선스 등을 추적하고 관리한다.

회사 차량 관리를 예로 들 수 있다. ITAM은 차량 관리 부서와 같다. 각 차량의 구매 가격, 차대번호, 정비 일정, 보험 정보, 배정된 운전자, 그리고 교체 시기 등을 추적한다. ITAM의 관심사는 차량의 재무적 가치와 생애주기다.

● CMDB의 초점

반면, CMDB의 초점은 운영에 있다. CMDB는 자산의 구매 가격보다는 그 자산이 어떤 '역할'을 하고, 서비스를 제공하기 위해 어떤 다른 자산에 '의존'하는지에 더 큰 관심을 둔다.

같은 회사 차량을 CMDB의 관점에서 보면, 이 차량은 '직원 이동 서비스'의 구성 요소(CI)로 인식된다. CMDB는 이 차량(CI)이 회사의 주유 카드 서비스(CI)에 의존하며, 특정 직원(CI)이 '영업 서비스'(CI)를 위해 고객을 방문하는 데 사용된다는 관계를 지도처럼 그려낸다. 만약 이 차량이 고장 나면, CMDB는 '영업 서비스'에 영향이 갈 것임을 즉시 보여줄 수 있다.

비즈니스 관점에서 이 둘의 차이를 명확히 이해하는 것은 매우 중요하다. 아래 표는 ITAM과 CMDB의 핵심적인 차이점을 요약한 것이다.

▼ ITAM과 CMDB 비교

구분	ITAM	CMDB
주요 목표	재무적 가치 최적화, 자산 생애주기 관리	IT 서비스의 안정적 제공, 운영 효율성
관점	"우리가 무엇을 소유하고 있는가?"(재무적)	"우리의 자산이 어떻게 서비스를 구성하는가?"(운영적)
핵심 단위	IT 자산(Asset)	구성 항목(CI)
주요 관심사	구매 비용, 감가상각, 계약, 라이선스 준수	기술 사양, CI 간의 관계, 서비스 의존성
답하는 질문	"이 노트북의 보증 기간은 언제까지인가?"	"이 서버가 다운되면 어떤 애플리케이션에 영향이 가는가?"

4. 구성 항목(CI)

구성 항목(CI)은 IT 서비스를 제공하기 위해 관리되어야 하는 모든 구성 요소를 의미한다. CI의 범주는 생각보다 훨씬 넓다.

- **하드웨어**: 서버, 노트북, 라우터, 프린터
- **소프트웨어**: 운영체제, CRM과 같은 비즈니스 애플리케이션, 데이터베이스
- **문서**: 사용자 매뉴얼, 기술 명세서, SLA 계약서 자체
- **시설**: 데이터 센터, 서버실
- **사람**: IT 직원, 시스템 담당자, 사용자 그룹. 사람 역시 서비스 제공의 중요한 구성 요소이므로 CI로 관리될 수 있다.

● CI와 IT 자산의 차이점

CI와 IT 자산의 관계를 정의하는 핵심 규칙은 "모든 CI는 자산이지만, 모든 자산이 CI는 아니다"라는 것이다. 자산은 회사에 재무적 가치를 지니는 모든 품목을 의미한다. 반면, CI는 IT 서비스 제공에 '필수적'이어서 면밀히 추적하고 통제해야 하는 자산을 지칭한다. 예를 들어, 한 회사에 100대의 사무용 모니터가 있다고 가정하자. 이 모니터들은 모두 ITAM 시스템에서 추적하는 IT 자산이다. 하지만 네트워크 운영팀이 실시간 서버 상태를 확인하기 위해 사용하는 특정 모니터 한 대만이 CMDB에 CI로 등록될 수 있다. 왜냐하면, 이 모니터의 고장은 '네트워크 모니터링 서비스'에 직접적인 영향을 미치기 때문이다. 나머지 99대의 모니터는 그저 자산일 뿐이다.

5. 변경 관리

변경 관리(Change Management, ITIL 4에서는 '변경 활성화'라고도 함)는 소프트웨어 업데이트부터 서버 교체에 이르기까지, IT 환경에 가해지는 모든 변경 사항을 관리하는 공식적인 프로세스다. 이 프로세스의 목적은 서비스 중단을 최소화하고 위험을 줄이는 것이다.

변경 관리 프로세스는 보통 다음의 간단한 단계로 이루어진다.

- **요청(Request)**: 공식적인 변경 요청서(Request for Change, RFC)를 제출한다.
- **평가(Assess)**: 변경으로 인한 잠재적 영향과 위험을 평가한다.
- **승인(Approve)**: 변경 자문 위원회(Change Advisory Board, CAB)나 변경 관리자가 요청을 승인하거나 거부한다.
- **실행(Implement)**: 계획에 따라 변경을 실행한다.
- **검토(Review)**: 변경 작업이 끝난 후 성공 여부를 검토한다.

● CMDB의 역할

CMDB는 효과적인 변경 관리와 장애 관리를 위한 가장 중요한 도구다.

- **영향 분석(Impact Analysis)**

  변경 관리자는 변경을 승인하기 전에 CMDB의 관계 지도를 활용한다. "이 서버를 업그레이드하기 위해 잠시 끈다면, 어떤 다른 서비스와 애플리케이션, 사용자들이 영향을 받게 될까?"라는 질문에 대한 답을 CMDB가 제공한다. 이를 통해 적절한 계획을 세우고 관련자들과 소통할 수 있다. CMDB 없이는 영향 분석이 추측에 의존할 수밖에 없다.

- **근본 원인 분석(Root Cause Analysis)**

  서비스에 장애가 발생했을 때, 지원팀은 CMDB를 사용하여 원인을 조사한다. "이메일 서비스가 중단되었다. 이 서비스는 어떤 구성 요소에 의존하고 있는가?"라는 질문을 던진다. CMDB 지도는 이메일 애플리케이션이 특정 서버에서 실행되고, 그 서버는 특정 데이터베이스에 연결되어 있음을 보여줄 수 있다. 이를 통해 팀은 무작위로 시스템을 점검하는 대신, 문제의 근본 원인을 신속하게 찾아낼 수 있다.

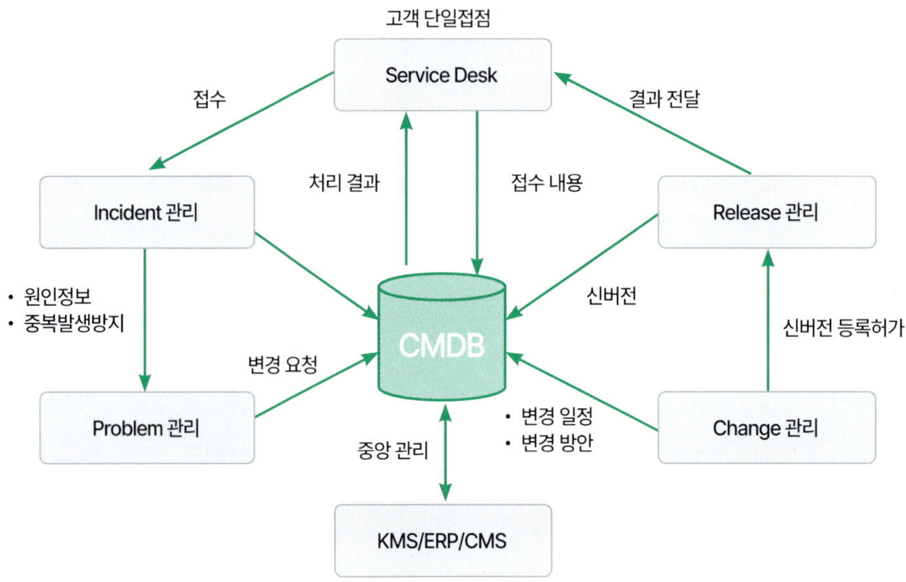

CMDB의 진정한 가치는 단순히 데이터를 저장하는 데 있는 것이 아니라, 그 데이터를 활용하여 핵심 IT 프로세스를 지원하는 데 있다. 사용되지 않는 CMDB는 자산이 아니라 부채에 가깝다. 따라서 CMDB 구축 프로젝트는 '모든 것을 목록화하자'는 목표에서 시작해서는 안 된다. 대신 "변경 및 장애 관리팀이 더 빠르고 정확한 결정을 내리려면 어떤 데이터가 필요한가?"라는 질문에서 출발해야 한다. CMDB는 그 자체로 목적이 아니라, 안정적이고 효율적인 IT 운영이라는 더 큰 목표를 달성하기 위한 수단이다. 이는 관련 프로젝트에 예산을 투입하는 비즈니스 리더가 반드시 이해해야 할 전략적 핵심이다.

12.5 인프라를 코드로 관리한다면?

코드형 인프라(Infrastructure as Code, IaC)는 IT 분야의 혁명적인 변화를 의미한다. 이는 오류가 잦은 수작업에서 벗어나, 더욱 빠르고 안정적으로 자동화된 소프트웨어 중심의 접근 방식으로 전환하는 것이다.

1. 코드형 인프라(IaC)

코드형 인프라(IaC)는 서버, 네트워크, 데이터베이스와 같은 IT 인프라를 사람이 직접 설정하거나 대화형 도구를 사용하는 대신, 기계가 읽을 수 있는 정의 파일(즉, 코드)을 통해 관리하고 구축하는 방식을 말한다.

수작업으로 서버를 설정하는 것은 설계도 없이 벽돌을 하나씩 쌓아 집을 짓는 것과 같다. 이 방식은 느리고, 집마다 조금씩 다른 결과물이 나올 수밖에 없다. 반면, IaC는 상세한 건축 설계도(코드)를 만드는 것과 같다. 이 설계도를 자동화된 건설팀(IaC 도구)에게 전달하면, 그들은 언제나 완벽하게 동일한 집을 훨씬 짧은 시간 안에 지어낸다. IaC가 제공하는 핵심적인 비즈니스 이점은 다음과 같다.

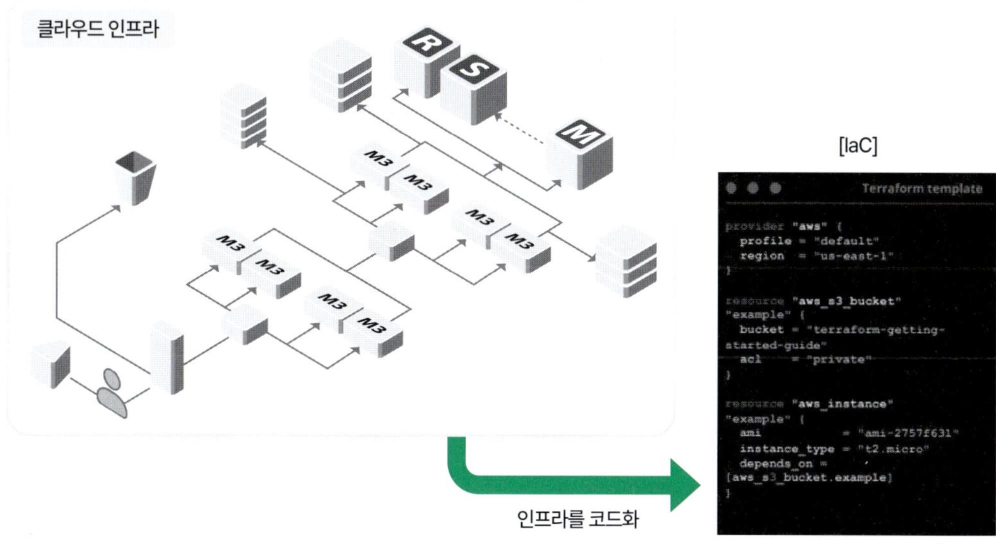

- **속도**: 인프라 구축에 걸리는 시간이 몇 주에서 몇 분 단위로 단축된다.
- **일관성**: 사람의 실수를 원천적으로 차단하고 '구성 드리프트(Configuration Drift)' 현상을 방지하여, 개발, 테스트, 운영 환경이 모두 동일하게 유지되도록 보장한다.
- **비용 절감**: 반복적인 수작업을 자동화하고, 사용한 만큼만 비용을 지불하는 클라우드 자원 활용을 최적화하여 간접비를 크게 줄인다.
- **위험 완화**: 보안 정책을 코드로 강제하고 모든 변경 사항에 대한 감사 추적 기록을 남겨 보안 및 규제 준수 수준을 높인다.

● IaC가 필요한 이유

IaC는 기존 수작업 방식이 가진 근본적인 문제들을 해결한다. 수동 설정은 느리고, 사람의 실수에 취약하며, 환경 간 일관성을 유지하기 어렵고, 대규모로 확장하기가 매우 까다롭다. 이는 "제 컴퓨터에서는 잘 됐는데요"라는 고질적인 문제를 낳는다. 즉, 테스트 환경과 실제 운영 환경이 미세하게 달라 소프트웨어가 운영 환경에서 제대로 작동하지 않는 문제가 발생하는 것이다.

2. 테라폼(Terraform)과 앤서블(Ansible)

IT 자동화에는 서로 관련이 깊지만 뚜렷이 구분되는 두 가지 활동이 있다.

오케스트레이션(Orchestration)과 구성 관리(Configuration Management)는 상호 보완적인 개념이지만, 목적과 접근 방식에서 명확한 차이가 있습니다. 테라폼(Terraform)과 앤서블(Ansible)은 각각 이 두 영역에서 사실상의 표준(De facto standard)으로 자리 잡고 있습니다.

● 테라폼과 앤서블의 역할

❶ 테라폼

주로 오케스트레이션 도구로 사용된다. 오케스트라 지휘자에 비유할 수 있다. 테라폼의 역할은 지휘자처럼 무대 위에 올바른 악기들(서버, 데이터베이스 등)이 제자리에 배치되어 연주할 준비를 마치도록 하는 것이다. 만약 바이올린 하나가 고장 나면, 지휘자는 오케스트라의 완벽한 소리를 유지하기 위해 그 악기를 수리하기보다는 즉시 새로운 악기로 '교체'하려 할 것이다. 테라폼은 이처럼 인프라 전체가 원하는 최종 상태를 유지하는 데 초점을 맞춘다.

❷ 앤서블

주로 구성 관리 도구로 사용된다. 앤서블은 무대 위 악기들을 직접 다루는 수리 전문가에 비유할 수 있다. 그의 임무는 각 악기에 맞는 소프트웨어를 설치하고, 현을 조율하며, 필요한 부분을 보수하는 것이다. 만약 바이올린이 고장 나면, 앤서블은 악기를 교체하기보다 그 자리에서 '수리'하려고 할 것이다. 이처럼 앤서블은 개별 시스템의 세부적인 설정을 관리하는 데 탁월하다.

많은 조직에서는 이 두 도구를 함께 사용한다. 테라폼으로 콘서트홀을 짓고 무대를 설치한 뒤(오케스트레이션), 앤서블이 각 좌석을 돌며 악기를 조율하는(구성 관리) 방식으로 협업한다.

▼ 테라폼과 앤서블 비교

구분	테라폼	앤서블
주요 용도	오케스트레이션(인프라 구축 및 연결)	구성 관리(소프트웨어 설치 및 서버 설정)
접근 방식	선언형(Declarative)	하이브리드(절차적/선언적 모듈 사용)
상태 관리	상태 파일(State File)을 통해 인프라의 현재 상태를 명시적으로 추적	상태를 명시적으로 추적하지 않음(필요 시 시스템에서 직접 확인)
인프라 철학	불변 인프라(Immutable) 지향	가변 인프라(Mutable) 지향
비유	오케스트라 지휘자	악기 수리 전문가

3. 인프라 자동화

● 인프라 프로비저닝 자동화

이는 테라폼과 같은 도구를 사용하여 인프라 자원을 자동으로 생성하는 것을 의미한다. 엔지니어는 더 이상 몇 시간 동안 웹 화면을 클릭하며 작업할 필요가 없다. 대신, 스크립트 하나를 실행하면 서버, 네트워크 등 전체 환경이 일관된 방식으로 자동으로 구축된다.

● 구성 관리 자동화

이는 앤서블과 같은 도구를 사용하여 서버가 올바른 상태로 설정되도록 보장하는 자동화(Automation)된 프로세스다. 웹 서버 설치, 보안 설정 적용, 애플리케이션 배포 등의 작업을 사람의 개입 없이 자동으로 처리한다.

4. 선언형 접근법

● 선언형 vs. 명령형

이는 자동화 도구의 핵심적인 철학적 차이를 보여준다. 피자 배달에 비유해 보자.

- **명령형(Imperative/Procedural)**: 피자 배달원에게 길을 하나하나 알려주는 방식이다. "세 블록 직진 후 좌회전, 다리를 건너 우회전하세요" 즉, 목적지까지 '어떻게' 가야 하는지를 구체적으로 지시한다. 이 방식은 복잡하며, 중간에 길이 막히면 실패할 수 있다.
- **선언형(Declarative)**: 배달원에게 주소만 알려주는 방식이다. "피자를 메인 스트리트 123번지로 배달해주세요." 즉, '무엇을' 원하는지(최종 상태)만 알려주면, 배달원(도구)이 길을 찾다가 막히더라도 다른 길로 우회해서 최적의 경로를 찾아낸다.

테라폼은 순수한 선언형 도구이며, 앤서블은 명령형으로도 사용할 수 있지만 주로 선언형 모듈을 활용한다.

● 선언형 방식의 장점

IaC에서는 일반적으로 선언형 접근법이 선호된다. 코드를 작성하고 유지 관리하기가 더 단순하기 때문이다. 사용자는 원하는 상태만 정의하면, 도구가 알아서 그 상태를 구현해준다. 이는 결과를 더 예측 가능하게 만들고, 구성 드리프트 현상을 방지하는 데 도움을 준다.

5. 불변 인프라

불변 인프라(Immutable Infrastructure)는 한번 배포된 서버는 절대 수정하지 않는다는 원칙이다. 업데이트나 변경이 필요할 경우, 새로운 이미지를 기반으로 완전히 새로운 서버를 배포하고 기존 서버는 폐기한다. 문서 편집에 비유할 수 있다.

- **가변 인프라(Mutable, 전통 방식)**: 하나의 마스터 문서를 계속 수정하는 방식이다. 변경이 필요할 때마다 문서를 열고, 수정하고, 저장한다. 시간이 지나면 모든 변경 이력을 추적하기 어렵고, 실수를 되돌리기도 힘들다.
- **불변 인프라(Immutable)**: 변경이 필요할 때마다 문서의 '사본'을 만들고, 그 사본을 수정한 뒤 새로운 버전(보고서_v1, 보고서_v2)으로 저장하는 방식이다. 원본은 절대 건드리지 않는다. 만약 v2의 변경 내용이 마음에 들지 않으면, 그냥 삭제하고 다시 v1을 사용하면 된다.

● 보안과 안정성 측면의 장점

이 접근법은 서버에 문서화되지 않은 작은 변경들이 시간이 지나면서 쌓이는 구성 드리프트 현상을 근본적으로 제거한다. 또한, 항상 검증된 깨끗한 상태에서 시작하므로, 기존 시스템에 남아있을 수 있는 보안 취약점을 방지하여 보안을 강화한다. 배포 과정이 더 안정적이고, 문제가 발생했을 때 이전 버전으로 되돌리는 '롤백' 작업이 훨씬 간단하고 빨라진다.

6. 버전 관리

인프라가 코드로 정의되었으므로, 애플리케이션 코드와 마찬가지로 깃(Git)과 같은 버전 관리 시스템에 저장하고 관리해야 한다. 깃 저장소는 인프라에 대한 '단일 진실 공급원'이 된다. 깃은 워드 프로세서의 '변경 내용 추적' 기능과 비슷하지만, 훨씬 강력한 코드 관리 도구다. 누가, 언제, 왜 변경했는지에 대한 완벽한 이력을 기록한다.

- **변경 이력 추적(History)**
  규제 준수를 위한 완벽한 감사 추적 기록을 제공하며, 문제 발생 시 원인 파악을 용이하게 한다.
- **협업(Code Review)**
  인프라 변경 사항이 실제 시스템에 적용되기 전에 동료들이 검토할 수 있게 한다. 이를 통해 실수를 사전에 방지하고, 팀의 모범 사례를 강제할 수 있다.
- **실수 되돌리기(Rollback)**
  변경으로 인해 문제가 발생했을 경우, 단 하나의 명령어로 마지막으로 정상 작동했던 코드 버전으로 즉시 되돌릴 수 있다. 이는 강력한 안전망을 제공한다.

IaC와 깃을 결합하는 방식(깃옵스(GitOps)라고 불림)은 단순한 기술 도입을 넘어, 인프라팀의 일하는 방식 자체를 바꾸는 문화적 변화를 요구한다. 이는 인프라팀이 소프트웨어 개발자들이 사용하는 코드 리뷰, 버전 관리, 자동화된 파이프라인과 같은 원칙과 업무 절차를 받아들여야 함을 의미한다. 이는 비즈니스 리더가 반드시 이해하고 지원해야 할 중요한 조직적 변화다. 이 변화는 개발과 운영의 경계를 허물며, 데브옵스 운동의 핵심 철학을 실현하는 길이다. 결과적으로 팀 구조, 요구되는 기술, 그리고 성과 측정 방식에까지 영향을 미치게 된다.

12.6 연습문제

01 비즈니스 연속성 계획(BCP)의 핵심으로, 천재지변이나 시스템 장애 시 핵심 업무를 신속하게 복구하기 위한 기술적 대책을 통칭하는 용어는?

① HA
② SLA
③ DR(재해 복구)
④ MTBF

02 재해 발생 시 '언제까지 복구해야 하는가'를 나타내는 지표로, 업무 중단이 허용되는 최대 시간 목표는 무엇인가?

① RTO
② RPO
③ MTTR
④ MTTF

03 재해 발생 시 '어느 시점의 데이터까지 복구해야 하는가'를 나타내며, 허용 가능한 데이터 손실량을 의미하는 지표는?

① RTO
② RPO
③ TCO
④ ROI

04 재해 복구 센터 유형 중, 주 센터와 동일한 시스템을 갖추고 실시간으로 데이터를 동기화하여 즉시 복구가 가능한 방식은?

① 웜 사이트
② 콜드 사이트
③ 쿨 사이트
④ 미러 사이트

05 IT 서비스 운영 관리의 효율성을 높이기 위해 전 세계적으로 검증된 모범 사례(Best Practice)를 집대성한 프레임워크는?

① ISO 9001
② CMMI
③ ITIL
④ Six Sigma

06 서비스 제공자와 사용자 간에 맺는 서비스 수준에 대한 약속으로, 가용성 99.9%와 같은 구체적인 목표치가 명시된 계약은?

① SLA
② OLA
③ NDA
④ MOU

07 장애가 발생한 시점부터 수리가 완료되어 정상 가동될 때까지 걸린 평균 시간을 의미하는 운영 지표는 무엇인가?

① MTBF
② MTTR
③ MTTF
④ RPO

08 시스템이 고장 나지 않고 정상적으로 작동하는 평균 시간을 의미하며, 장비의 신뢰성을 나타내는 지표는 무엇인가?

① MTBF
② MTTR
③ RTO
④ SLA

09 네트워크 장비의 상태(트래픽, CPU 등)를 실시간으로 감시하고 관리하기 위해 주로 사용되는 표준 프로토콜은?

① SMTP
② FTP
③ SNMP
④ HTTP

10 인프라 운영 자동화 도구(Ansible, Terraform 등)를 사용하여 코드로 인프라를 생성하고 관리하는 개념을 무엇이라 하는가?

① CI/CD
② IaC
③ PaaS
④ SaaS

13장

성공적인 프로젝트 구축 실무 따라잡기

학습목표

보이지 않는 디지털 세상을 건설하기 위해서는 막연한 상상을 현실로 구현해낼 정교한 설계와 지휘가 필요하다. 이 자료는 복잡한 IT 인프라 구축 과정을 마치 '집을 짓는 공사 현장'에 비유하여, 기획부터 설계, 구축, 그리고 오픈에 이르는 프로젝트의 전체 흐름을 알기 쉽게 안내한다. 각 단계마다 놓치지 말아야 할 체크리스트와 흐름을 파악함으로써, 우리는 성공적인 시스템 구축을 위해 기획자와 엔지니어가 어떻게 호흡을 맞추고 리스크를 관리해야 하는지 명확한 로드맵을 그리게 될 것이다.

13.1 프로젝트는 어떻게 시작되는가?

IT 프로젝트는 더 이상 IT 부서만의 일이 아니다. 오늘날 모든 비즈니스 활동은 IT 인프라 위에서 이루어진다. 마케팅 캠페인도, 고객 관리도, 재무 분석도 모두 IT 시스템의 지원 없이는 불가능하다. 이 때문에 기획, 재무, 마케팅 담당자 역시 프로젝트의 성공을 위해 기본적인 기획 및 발주 과정을 이해해야 한다. 새로운 서비스를 기획하는 마케터는 아이디어가 기술적으로 구현 가능한지 알아야 한다. 프로젝트 예산을 승인하는 재무 담당자는 초기 투자비용뿐 아니라 숨겨진 운영비용까지 파악해야 한다. 외부 업체와 계약을 맺는 구매 담당자는 우리가 원하는 바를 명확히 전달하고, 합리적인 대가를 산정할 줄 알아야 한다.

이 교재의 목적은 바로 여기에 있다. 복잡한 기술 용어의 장벽을 낮추고, IT 비전공자가 비즈니스 관점에서 현명한 의사결정을 내릴 수 있도록 돕는 것이다. IT 인프라 프로젝트의 가장 첫 단계인 '기획'과 '발주' 과정을 이해하면, 성공적인 프로젝트를 위한 단단한 첫걸음을 내딛을 수 있을 것이다.

1. 프로젝트 기획

본격적인 프로젝트 시작에 앞서, 아이디어를 구체화하고 성공 가능성을 다각도로 검증하는 단계가 바로 기획이다. 기획 단계는 마치 집을 짓기 전, 어떤 집을 지을지 고민하고 튼튼한 설계도를 그리는 과정과 같다. 설계도가 부실하면 아무리 좋은 자재를 써도 집이 무너질 수 있듯이, 기획이 탄탄하지 않으면 프로젝트는 방향을 잃고 실패로 향하기 쉽다. 이 장에서는 성공적인 프로젝트의 설계도를 그리기 위한 핵심 활동인 기술 타당성 검토, 기술성 평가, 역할과 책임 정의, 그리고 프로젝트 프로세스 선정에 대해 알아본다.

● 기술 타당성 검토란?

우리가 계획하고 있는 프로젝트가 기술적으로 실현 가능한지, 그리고 우리 회사가 가진 역량으로 성공적으로 수행할 수 있는지를 사전에 다각도로 검토하는 과정이다. 이는 머릿속에 떠오른 주관적인 아이디어를 객관적인 데이터와 분석을 통해 검증하는 단계로, 막대한 시간과 자원의 낭비를 막는 필수적인 '안전장치'와 같다.

새로운 사업 아이디어가 나왔을 때, 무작정 개발에 뛰어드는 것은 매우 위험하다. 기술 타당성 검토는 잘못된 길로 들어서기 전에 지도를 펼쳐보고 올바른 경로를 확인하는 과정이다. 이 과정을 통해 우리는 프로젝트 추진의 문제점과 제약 요소를 정확하게 파악하고, 더 효과적이고 효율적으로 사업을 추진할 수 있다.

● 기술 타당성 검토의 핵심 구성 요소

성공적인 타당성 검토는 단순히 기술적인 측면만 보지 않는다. 마치 의사가 환자를 진단할 때 여러 검사를 하듯, 다양한 관점에서 프로젝트를 종합적으로 분석해야 한다.

- **기술적 타당성(Technical Feasibility)**: 프로젝트 구현에 필요한 기술, 전문 지식, 인프라가 존재하는지, 그리고 우리가 그것을 확보할 수 있는지를 평가한다. 예를 들어, 인공지능(AI) 챗봇을 만들고 싶다면, '우리 회사에 AI 모델을 개발하고 운영할 기술력이 있는가?', '필요한 데이터를 확보할 수 있는가?' 등을 검토해야 한다.
- **경제적/재무적 타당성(Economic/Financial Feasibility)**: 프로젝트에 투입되는 비용 대비 얻을 수 있는 이익, 즉 비용 편익 분석(Cost-Benefit Analysis)을 수행한다. '이 프로젝트에 10억을 투자했을 때, 10억 이상의 가치를 얻을 수 있는가?'를 따져보는 것이다. 이 과정은 단순히 예상 매출을 계산하는 것을 넘어, 총소유비용(TCO)과 같은 장기적인 비용까지 고려해야 한다. 이 내용은 2장에서 더 자세히 다룬다.
- **시장 타당성(Market Feasibility)**: 프로젝트 결과물에 대한 시장의 수요가 충분한지, 경쟁 제품은 없는지, 우리의 목표 고객은 누구인지를 분석한다. 아무리 뛰어난 기술로 제품을 만들어도 아무도 사지 않으면 의미가 없다. '우리가 만든 것을 사람들이 정말 돈을 내고 사용할까?'를 냉정하게 판단해야 한다.
- **운영 타당성(Operational Feasibility)**: 프로젝트 결과물이 완성된 후, 우리 조직의 현재 운영 방식에 잘 통합되고 유지될 수 있는지를 평가한다. 예를 들어, 새로운 인사 시스템을 도입했을 때, '직원들이 복잡한 시스템에 적응하고 잘 활용할 수 있을까?', '기존 업무 프로세스와 충돌하지는 않을까?' 등을 검토하는 것이다. 많은 IT 프로젝트가 기술적으로는 성공했지만, 실제 사용자들이 외면하여 실패하는 경우가 바로 이 운영 타당성을 간과했기 때문이다.
- **법적 타당성(Legal Feasibility)**: 프로젝트가 특허, 저작권, 개인정보보호법 등 각종 법률 및 규제에 저촉되지 않는지 검토한다. 특히 금융이나 의료 분야처럼 규제가 엄격한 산업에서는 이 부분이 프로젝트의 성패를 좌우하기도 한다.

● 기술 타당성 검토 프로세스

기술 타당성 검토는 일반적으로 다음과 같은 단계를 거쳐 체계적으로 진행된다.

❶ **예비 분석(Preliminary Analysis)**: 본격적인 조사에 앞서, 프로젝트를 가로막는 명백하고 극복 불가능한 장애물이 있는지 빠르게 확인하는 단계다. 예를 들어, 프로젝트 예산이 1억 원인데 필요한 기술 도입 비용이 100억 원이라면, 더 이상 상세한 분석을 진행할 필요가 없다. 이 단계에서 프로젝트의 핵심 아이디어를 명확히 하고, 잠재적인 위험 요소를 대략적으로 파악한다.

❷ **상세 분석(Detailed Analysis)**: 예비 분석을 통과한 프로젝트에 대해, 앞서 언급한 5가지 핵심 구성 요소(기술, 경제, 시장, 운영, 법적)에 대해 심층적으로 조사하고 데이터를 수집한다. 시장 조사를 위해 설문조사를 하거나, 기술 검증을 위해 전문가에게 자문을 구하고, 비용 편익 분석을 위해 재무 모델을 만드는 등의 활동이 이루어진다. 필요하다면 외부 전문 컨설팅 기관의 도움을 받을 수도 있다.

❸ **보고서 작성 및 의사결정**: 모든 분석 결과를 종합하여 타당성 검토 보고서를 작성한다. 이 보고서에는 프로젝트의 개요, 각 항목별 분석 결과, 잠재적 위험과 완화 방안, 그리고 최종적인 권고안(추진, 보류, 폐기 등)이 담긴다. 경영진은 이 보고서를 바탕으로 데이터를 근거로 한 현명한 의사결정을 내리게 된다.

클라우드 마이그레이션 프로젝트의 기술 타당성 검토

많은 기업이 자체적으로 운영하던 서버(온프레미스)를 클라우드 환경으로 이전하는 '클라우드 마이그레이션' 프로젝트를 추진한다. 이 프로젝트의 기술 타당성 검토는 다음과 같이 이루어질 수 있다.

- **기술적 검토**: 현재 사내에서 사용 중인 오래된 소프트웨어가 클라우드 환경과 호환되는지 확인한다. 특정 소프트웨어는 클라우드에서 작동하지 않을 수 있다. 또한, 수 테라바이트(TB)에 달하는 데이터를 안전하고 빠르게 클라우드로 이전할 기술적 방법이 있는지도 검토해야 한다.
- **경제적 검토**: 초기 마이그레이션에 드는 비용(컨설팅, 데이터 이전, 테스트 비용 등)과 장기적으로 매달 지불해야 하는 클라우드 사용료(OPEX)를 계산한다. 그리고 이 비용을 현재의 서버 구매 비용(CAPEX)과 데이터센터 유지 비용(전기료, 인건비 등)과 비교하여 재무적으로 더 유리한지 분석한다.
- **운영적 검토**: 우리 회사 IT팀이 클라우드 환경을 운영하고 관리할 역량을 갖추고 있는지 평가한다. 클라우드 기술은 기존 온프레미스와 다르므로, 전문 인력이 없다면 추가적인 교육이나 신규 채용이 필요할 수 있다. 이는 예상치 못한 인건비 상승으로 이어질 수 있다.
- **보안 및 법적 검토**: 고객의 개인정보와 같은 민감한 데이터를 국내가 아닌 해외에 위치한 클라우드 서버로 이전하는 것이 개인정보보호법 등 관련 규제를 준수하는지 법무팀과 함께 검토한다. 특정 데이터는 반드시 국내에 보관해야 하는 법적 요건이 있을 수 있다.

이처럼 기술 타당성 검토는 단순히 '할 수 있다/없다'를 판단하는 것을 넘어, 프로젝트를 성공시키기 위해 '무엇을, 어떻게' 준비해야 하는지를 알려주는 구체적인 실행 계획의 시작점이다. 검토 과정에서 '내부 역량 부족'이라는 위험이 식별되면, 이는 '외부 전문가 채용'이나 '프로젝트 범위 축소'와 같은 구체적인 대응 전략으로 이어지게 된다.

기술성 평가

기술성 평가는 기술 타당성 검토와 유사해 보이지만 초점이 약간 다르다. 타당성 검토가 '프로젝트의 실현 가능성'을 다각도로 보는 넓은 관점이라면, 기술성 평가는 프로젝트의 핵심이 되는 '기술' 자체에 더 깊이 파고들어 그 가치와 성공 가능성을 객관적인 기준으로 평가하는 활동이다.

이는 마치 건물의 안전 등급을 정밀하게 매기거나, 유망한 스타트업의 기술력을 평가하여 투자 가치를 산정하는 것과 같다. 기술성 평가는 주로 정부의 R&D(Research and Development) 과제를 심사하거나, 기술 기반 기업에 대한 투자를 결정하거나, 기술특례상장을 심사하는 등 기술의 가치를 금액이나 등급으로 환산해야 할 때 중요하게 사용된다. 이 평가를 통해 우리는 여러 기술 대안 중 어떤 것이 더 우수한지, 그리고 이 기술에 얼마나 투자하는 것이 합리적인지 판단할 수 있다.

● 기술성 평가의 주요 항목(체크리스트)

기술성 평가는 정해진 기준과 지표에 따라 체계적으로 이루어진다. 평가 항목들은 단순히 기술이 얼마나 뛰어난지만 보지 않는다. 그 기술을 성공적인 비즈니스로 만들 수 있는 종합적인 역량을 평가한다.

- **기술개발 계획의 적절성**: 프로젝트의 목표가 구체적이고 측정 가능한가? 목표 달성을 위한 기술개발 전략과 로드맵은 논리적이고 합리적인가? 마치 등산 계획을 짤 때, 정상(목표)이 명확하고, 등산로(전략)가 현실적인지를 따져보는 것과 같다.
- **기술개발 성공 가능성**: 이 프로젝트를 수행할 주체(기업, 연구소)가 충분한 역량을 갖추고 있는가? 현재 기술 수준, 핵심 연구 인력의 전문성, 보유한 특허나 논문, 그리고 관련 프로젝트 수행 경험 등을 종합적으로 평가한다. 아무리 좋은 계획이라도 실행할 능력이 없으면 무용지물이다.
- **기술적 위험요인**: 개발 과정에서 마주할 기술적 난제는 무엇이며, 이를 극복하지 못할 가능성은 없는가? 예를 들어, 세계 최초로 시도되는 기술이라면 그만큼 불확실성이 크다. 이러한 기술적 위험을 사전에 인지하고, 이에 대한 구체적인 대응 방안(대체 기술 확보, 외부 전문가 협력 등)을 마련했는지 평가한다.
- **기존 기술/사업과의 차별성 및 중복성**: 우리가 개발하려는 기술이 이미 시장에 나와 있는 다른 기술과 비교하여 어떤 차별점과 경쟁 우위를 갖는가? 혹시 불필요하게 다른 사업과 중복되는 투자는 아닌가? '바퀴의 재발명'을 막고, 진정으로 혁신적인 기술에 자원이 집중되도록 하는 중요한 항목이다.
- **소프트웨어 기술성 평가**: 소프트웨어 개발 프로젝트의 경우, 제안된 기술(알고리즘, 아키텍처 등)이 실제로 구현 가능한지, 업계 표준 기술(표준 프레임워크)을 잘 활용하고 있는지, 시스템의 성능 · 보안 · 확장성 등 요구사항을 충족시킬 수 있는지 등을 구체적으로 평가한다.

● 기술성 평가 방법 및 등급

기술성 평가는 객관성과 신뢰도를 확보하기 위해 정해진 절차와 다양한 주체에 의해 수행된다.

- **평가 주체**: 평가의 목적에 따라 내부의 기술 전문가팀이 수행할 수도 있고, 더 높은 공신력이 필요할 경우 기술보증기금(KIBO)과 같은 외부 전문 평가기관이나, 여러 분야의 전문가로 구성된 자문위원회를 통해 평가를 진행한다.
- **평가 방법**: 기본적으로는 사업계획서, 기술개발 보고서 등 제출된 문서를 기반으로 평가가 이루어진다. 하지만 서류만으로는 파악하기 힘든 실제 기술 역량을 확인하기 위해, 기술 책임자와의 심층 면담, 연구 시설 현장 실사, 기술 시연 발표 평가 등을 병행하기도 한다. 또한, 기술의 독창성이나 시장성을 파악하기 위해 관련 분야의 특허나 논문을 분석하는 기법

도 활용된다.

- **평가 등급**: 평가 결과는 보통 'AAA(매우 우수)'부터 'D(미흡)'까지의 등급으로 산출된다. 예를 들어, 'A' 등급은 '기술력이 동종 기업 대비 높고, 미래 성장 가능성이 높음'을 의미한다. 이러한 객관적인 등급은 기업이 투자를 유치하거나, 정부 지원 사업에 선정되거나, 기술특례 제도를 통해 주식 시장에 상장하는 데 결정적인 근거 자료로 활용된다.

높은 기술성 평가 등급은 그 자체로 끝나는 것이 아니다. 이는 투자 유치 성공 가능성을 높이고, 확보된 자금은 다시 R&D에 투입되어 기술 개발의 성공 가능성을 높이는 선순환 구조를 만들어낸다. 이처럼 기술성 평가는 단순한 '성적표'가 아니라, 기술 기반 기업이 미래 성장을 위해 자금을 조달하는 '열쇠'와 같은 중요한 역할을 한다.

● 역할과 책임: 내 일과 네 일, 명확하게 정하기

프로젝트는 혼자 하는 것이 아니라, 여러 사람과 여러 부서가 함께 참여하는 복잡한 협업 활동이다. 이때 각자의 역할과 책임(Roles and Responsibilities, R&R)이 불분명하면 심각한 문제가 발생한다. 어떤 일을 누가 해야 할지 몰라 업무가 누락되거나, 반대로 여러 사람이 같은 일을 중복해서 수행하며 자원을 낭비하기도 한다. 더 큰 문제는, 장애가 발생하거나 프로젝트가 지연될 때 서로 책임을 떠넘기며 문제 해결의 골든타임을 놓치는 것이다.

'좋은 울타리가 좋은 이웃을 만든다'는 서양 속담이 있다. 이웃과 사이좋게 지내기 위해선 각자의 영역을 명확히 구분하는 울타리가 필요하다는 뜻이다. 프로젝트도 마찬가지다. 원활한 협업을 위해서는 '이 일은 내 책임, 저 일은 당신 책임'이라는 명확한 울타리, 즉 R&R 정의가 반드시 필요하다.

● RACI 매트릭스: R&R 정의를 위한 강력한 도구

R&R을 체계적으로 정의하기 위해 가장 널리 사용되는 도구가 바로 'RACI(레이시) 매트릭스'다. RACI 매트릭스는 프로젝트에서 수행해야 할 각 업무(Task)에 대해, 참여하는 구성원들이 어떤 역할을 맡는지 한눈에 볼 수 있도록 정리한 표다. RACI는 네 가지 역할의 앞글자를 딴 것이다.

- R(Responsible, **실무 담당자**): 그 업무를 '실제로 수행하는' 사람이다. 보고서를 작성하고, 코드를 개발하고, 디자인을 하는 등 직접 손과 발을 움직여 결과물을 만들어내는 역할이다. 하나의 업무에 여러 명의 R이 있을 수 있다.
- A(Accountable, **최종 책임자**): 그 업무의 결과에 대해 '최종적으로 책임을 지고 승인하는' 사람이다. 이 역할은 반드시 '단 한 명'만 지정되어야 한다. 이 사람이 바로 그 일의 주인이며, 모든 의사결정의 최종 권한을 갖는다.
- C(Consulted, **업무 수행 조언자**): 업무를 진행하기 전이나 진행하는 동안 전문적인 의견을 제공하고 '자문을 해주는' 사람이다. 실무 담당자(R)는 이들의 의견을 구하고 참고해야 한다. 정보가 오고 가는 '양방향 소통'이 특징이다. 예를 들어, 법률 검토가 필요한 업무의 '법무팀'이 C가 될 수 있다.
- I(Informed, **결과 통보 대상자**): 업무의 진행 상황이나 완료된 결과를 '보고받아야 하는' 사

람이다. 의사결정이나 실제 업무에 직접 참여하지는 않지만, 관련 내용을 알고 있어야 하는 역할이다. 정보가 한 방향으로 전달되는 '일방향 소통'이 특징이다. 예를 들어, 마케팅팀에서 진행하는 이벤트 기획 업무에 대해 진행 상황을 알아야 하는 '영업팀'이 I가 될 수 있다.

● RACI 매트릭스 작성 방법 및 규칙

RACI 매트릭스는 간단한 4단계로 만들 수 있다.

❶ **업무(Task) 목록화**: 프로젝트의 시작부터 끝까지 수행해야 할 모든 주요 업무와 산출물을 세로축에 나열한다. 너무 세세하게 나누기보다는 의미 있는 단위로 묶는 것이 좋다.

❷ **역할(Role) 식별**: 프로젝트에 참여하는 모든 사람이나 팀(예 기획팀, 개발팀)의 이름을 가로축에 나열한다.

❸ **RACI 할당**: 각 업무와 역할이 만나는 칸에 R, A, C, I 중 적절한 역할을 할당한다. 이때 반드시 지켜야 할 몇 가지 황금률이 있다.

- **황금률 1**: 모든 업무(가로줄)에는 반드시 단 한 명의 'A'가 있어야 한다. 최종 책임자가 없으면 그 일은 주인이 없는 일이며, 의사결정이 표류하고 책임 소재가 불분명해진다. 배에 선장이 두 명일 수 없는 것과 같은 이치다.
- **황금률 2**: 모든 업무(가로줄)에는 최소 한 명 이상의 'R'이 있어야 한다. 실제로 일하는 사람이 없으면 업무는 당연히 진행되지 않는다.
- **분석 팁**: 한 사람(세로줄)에게 R이 너무 많으면 업무 과부하를 의심해야 한다. 반대로 한 업무(가로줄)에 R이 너무 많으면 책임이 분산되어 효율이 떨어질 수 있다. C가 너무 많으면 사공이 많아 배가 산으로 갈 수 있고, A가 너무 많으면 '책임자가 너무 많아 아무도 책임지지 않는' 상황이 발생한다.

❹ **검토 및 공유**: 완성된 RACI 매트릭스를 프로젝트에 참여하는 모든 구성원과 공유하고, 각자에게 할당된 역할에 대해 동의를 구하는 과정을 거친다. 이 과정을 통해 모두가 자신의 역할을 명확히 인지하고 책임감을 갖게 된다.

● RACI 매트릭스 활용의 기대효과

잘 만들어진 RACI 매트릭스는 프로젝트에 다음과 같은 긍정적인 효과를 가져온다.

- **의사결정 속도 향상**: "이거 누구한테 물어봐야 해요?"라는 질문이 사라진다. 모든 업무의 최종 책임자(A)가 명확하므로, 불필요한 회의나 보고 단계를 건너뛰고 신속한 의사결정이 가능해진다.
- **책임감 및 주인의식 강화**: 자신의 역할과 책임 범위가 명확하게 정의되어 있으므로, 구성원들은 수동적으로 시키는 일만 하는 것이 아니라 자기 업무에 대한 주인의식을 갖고 능동적으로 일하게 된다.
- **효율적인 자원 관리**: 누가 어떤 일을 하는지 한눈에 볼 수 있어 업무 중복을 방지할 수 있다. 또한, 특정 사람에게 업무가 과도하게 몰리는 것을 파악하고 업무를 재분배하는 등 효율적인 인력 관리가 가능해진다.

RACI 매트릭스는 단순히 역할을 나누는 표가 아니다. 이는 조직 내 '소통의 흐름'을 설계하는 청사진과 같다. C와 I의 배치를 보면 정보가 어떻게 흘러야 하고, 누구의 의견을 반드시 들어야 하는지가 명확히 드러난다. 이를 통해 우리는 잠재적인 소통의 병목 현상이나 단절 위험을 사전에 파악하고 예방할 수 있다.

▼ RACI 매트릭스 사례

주요 업무	프로젝트 관리자	기획팀	디자인팀	개발팀	인프라팀	경영진
요구사항 정의	A	R	C	C	I	I
화면 기획(스토리보드)	A	R	C	I		
디자인 시안 제작	A	C	R	I		I
인프라(서버) 설계 및 구축	A	I	I	C	R	
백엔드(서버) 개발	C	I		R	A	
프론트엔드(화면) 개발	C	I	C	R	I	
통합 테스트	A	C	C	R	R	
최종 서비스 오픈	A	R	I	R	R	I

구분	기획/관리/운영 담당			퍼실리테이션			
업무	이영희	홍길동	김철수	김수진	박영길	고민영	성일우
프로그램/콘텐츠 준비 및 기획	C	R/A	C				
운영 가이드 수립	R/A	C/I	R				
강사/멘토/심사자 섭외/관리	I	R/C	R/A				
퍼실리테이터 섭외/관리	I	R/C	R/A				
수행팀 별 근태/업무 관리	A	C	C/I	R	R	R	R
멘토링 진행/운영	A	R/C	R				
심사 진행/운영	A	R/C	R				
운영 회의(일간/주간)	I	C	A	R	R	R	R
공간 섭외/계약	A		R				
행사 기획/운영 관리	A	C	R				
위탁기관 업무보고	R/A		R				
보고서 작성/검수	R/A	C	R				
계약 및 정산	I/C	C	R/A				

구분	개인/조직
업무 / 활동	R/A/C/I

<형태>

RACI		설명	대상자
R	Responsible	업무를 수행하는 주체	실무 담당자
A	Accountable	업무에 대한 최종 승인하는 주체	최종 승인자
C	Consulted	업무에 대한 의견 제공 주체	조언자
I	Informed	업무에 대한 결과 통보 받는 주체	보고 대상자

<RACI>

● 프로젝트 프로세스: 어떤 방식으로 나아갈 것인가?

프로젝트의 목표, 예산, 기간이 정해졌다면, 이제 '어떤 방식으로' 목표 지점까지 나아갈지 결정해야 한다. 이것이 바로 프로젝트 관리 방법론(Methodology)이다. 정해진 목표를 시간과 예산 내에서 성공적으로 달성하기 위해서는 체계적인 계획과 실행 방식이 필요하다. 이는 마치 서울에서 부산까지 갈 때, 무작정 걷기 시작하는 것이 아니라 KTX를 탈지, 비행기를 탈지, 아니면 자전거를 탈지 경로와 수단을 정하는 것과 같다. 어떤 방법론을 선택하느냐에 따라 프로젝트의 진행 속도, 유연성, 그리고 최종 결과물의 모습이 크게 달라진다.

❶ 전통적인 접근법

폭포수(Waterfall) 모델은 가장 오래되고 전통적인 소프트웨어 개발 방법론이다. 이름 그대로 물이 위에서 아래로 떨어지듯, 한 단계가 완전히 끝나야만 다음 단계로 넘어가는 순차적인 방식으로 프로젝트를 진행한다.

- **진행 단계**: 요구사항 분석 → 시스템 설계 → 구현(개발) → 테스트 → 배포 및 유지보수
- **핵심 특징**: 각 단계는 이전 단계가 완벽하게 완료되었다는 전제하에 시작된다. 한번 아래로 떨어진 물이 다시 위로 거슬러 올라갈 수 없듯이, 개발 단계에서 설계의 문제점을 발견하더라도 다시 설계 단계로 돌아가기는 매우 어렵고 큰 비용이 발생한다.
- **장점**
  - · **명확성과 예측 가능성**: 프로젝트 시작 전에 전체 계획을 상세하게 수립하므로, 전체적인 일정과 예산을 예측하기가 비교적 용이하다. 각 단계마다 만들어야 할 산출물(문서)이 명확하여 프로젝트의 진행 상황을 파악하기 쉽다.
- **단점**
  - · **변화에 대한 경직성**: 프로젝트 중간에 고객의 요구사항이 바뀌거나 새로운 아이디어가 생겨도 반영하기가 매우 어렵다. 모든 계획이 사전에 확정되었기 때문이다.
  - · **늦은 피드백**: 고객이나 사용자는 프로젝트가 거의 끝나가는 테스트 단계에 이르러서야 처음으로 결과물을 볼 수 있다. 이때 "이건 우리가 원했던 게 아닌데요?"라는 반응이 나오면 프로젝트 전체가 실패로 돌아갈 수 있는 큰 위험이 있다.
- **적합한 상황**: 프로젝트의 목표와 요구사항이 처음부터 매우 명확하고, 중간에 변경될 가능성이 거의 없는 프로젝트에 적합하다. 예를 들어, 법규에 따라 기능이 명확하게 정해져 있는 은행의 차세대 시스템 구축이나, 안전이 최우선인 원자력 발전소 제어 시스템 개발 같은 프로젝트에 사용될 수 있다.

❷ 현대적인 접근법

애자일은 '민첩한, 기민한'이라는 뜻을 가진 단어로, 변화에 빠르게 대응하며 제품을 만들어가는 현대적인 개발 방법론이다. 전체를 한 번에 완벽하게 만들기보다, 핵심 기능을 담은 작은 결과물을 짧은 주기로 반복해서 만들고, 고객의 피드백을 받아 계속해서 개선해 나가는 방식이다.

- **진행 방식**: 보통 2주에서 4주 단위의 짧은 개발 주기, 즉 '스프린트(Sprint)'를 반복한다. 각 스프린트마다 '계획 → 설계 → 개발 → 테스트'의 작은 폭포수 모델이 계속해서 돌아가는 것과 같다.

- **핵심 가치**: 애자일은 상세한 계획서나 방대한 문서보다 '실제로 작동하는 소프트웨어'를 더 중요하게 생각한다. 또한, 계약서의 조항을 따지기보다 '고객과의 긴밀한 협력'을 통해 더 나은 가치를 만드는 것을 목표로 하며, 정해진 계획을 고수하기보다 시장과 고객의 '변화에 유연하게 대응'하는 것을 핵심 가치로 삼는다.
- **장점**
  - · **유연성과 빠른 대응**: 시장의 반응이나 고객의 요구사항 변화에 즉각적으로 대응하여 다음 스프린트 계획에 반영할 수 있다.
  - · **높은 고객 만족도**: 고객이 개발 과정에 처음부터 끝까지 참여하고, 매 스프린트마다 결과물을 직접 확인하고 피드백을 주기 때문에 최종 결과물이 고객의 기대에 부응할 확률이 매우 높다.
  - · **위험 조기 발견**: 문제가 발생하더라도 작은 단위로 개발을 진행하기 때문에 초기에 발견하고 빠르게 수정할 수 있어, 프로젝트 막바지에 큰 위험이 터지는 것을 방지한다.
- **단점**
  - · **예측의 어려움**: 지속적으로 계획이 변경될 수 있으므로, 프로젝트 전체의 정확한 완료 시점이나 총비용을 초기에 예측하기가 어렵다.
  - · **고객의 적극적인 참여 필수**: 고객이 피드백을 제때 주지 않거나 의사결정을 미루면 프로젝트 전체가 지연될 수 있다.
- **적합한 상황**: 시장의 반응을 예측하기 어려운 신규 서비스 개발, 사용자의 요구사항이 명확하지 않아 만들어가면서 구체화해야 하는 혁신적인 프로젝트에 매우 효과적이다.

❸ 폭포수 vs. 애자일

어떤 방법론이 절대적으로 우월하다고 말할 수는 없다. 프로젝트의 성격, 요구사항의 명확성, 예측 가능성, 고객의 참여 수준, 그리고 조직의 문화 등을 종합적으로 고려하여 우리 프로젝트에 가장 적합한 '연장'을 선택해야 한다.

최근에는 두 방법론의 장점을 결합한 '하이브리드(Hybrid)' 방식도 많이 사용된다. 예를 들어, 프로젝트의 전체적인 큰 그림은 폭포수 모델처럼 계획하되, 세부 기능을 개발하는 단계에서는 애자일 방식을 적용하여 유연성을 높이는 식이다.

프로젝트 방법론의 선택은 단순히 개발팀의 작업 방식을 정하는 것을 넘어선다. 이는 프로젝트의 불확실성을 어떻게 관리하고, 고객과 어떤 관계를 맺을 것인지에 대한 중요한 비즈니스 전략 결정이다. 폭포수 모델이 '초기 계획의 완벽함'으로 리스크를 통제하려 한다면, 애자일 모델은 '빠른 실패와 학습'을 통해 리스크를 분산하고 관리하는 방식이라고 이해할 수 있다.

▼ 폭포수와 애자일 모델 비교

비교 기준	폭포수	애자일
접근 방식	순차적, 선형적(한 방향으로 진행)	반복적, 점진적(짧은 주기로 반복)
요구사항 변경	변경이 어렵고, 발생 시 큰 비용 소요(경직적)	변경을 환영하며, 유연하게 수용 가능(유연함)

고객 참여	프로젝트 초기(요구사항 정의)와 후반(테스트)에 제한적으로 참여	프로젝트 전 과정에 걸쳐 지속적으로 참여하고 피드백 제공
계획 및 예측	프로젝트 초기에 전체 일정과 예산을 상세하게 계획(예측 가능성 높음)	전체 계획보다 단기(스프린트)계획에 집중(장기 예측 어려움)
리스크 관리	초기에 모든 위험을 예측하고 계획을 통해 통제하려 함	짧은 주기의 테스트와 피드백을 통해 위험을 조기에 발견하고 대응
결과물 전달	프로젝트 마지막에 전체 결과물을 한 번에 전달	스프린트마다 작동하는 일부 기능을 점진적으로 전달
적합한 프로젝트	요구사항이 명확하고 변경 가능성이 적은 대규모 프로젝트(예 은행 시스템)	요구사항이 불명확하고 변화가 잦은 혁신적인 프로젝트(예 신규 앱 서비스)

13.2 파트너 선정과 비용은 어떻게 관리하는가?

훌륭한 기획을 통해 프로젝트의 설계도를 완성했다면, 이제 그 설계도를 현실로 만들어 줄 최고의 건축가, 즉 외부 파트너를 찾아야 한다. 이 과정이 바로 '발주'다. 성공적인 발주는 단순히 가장 저렴한 업체를 찾는 것이 아니다. 우리가 무엇을 원하는지 명확하게 전달하고, 합리적인 비용을 산정하며, 우리와 함께 성공적으로 프로젝트를 완수할 수 있는 역량 있는 파트너를 공정하게 선정하는 전 과정을 포함한다.

1. 제안 요청서(RFP)

제안요청서(Request for Proposal)는 특정 프로젝트를 수행할 외부 업체를 선정하기 위해 발주사(고객)가 잠재적 공급사(파트너)들에게 배포하는 문서다. 여기에는 '우리가 이 프로젝트를 왜 시작하게 되었는지', '무엇을 만들고 싶은지', '어떤 기능들이 필요한지', '언제까지 완성되어야 하는지', '예산은 어느 정도인지', 그리고 '어떤 기준으로 파트너를 선정할 것인지'와 같은 프로젝트에 대한 모든 정보가 상세하게 담겨 있다.

쉽게 비유하자면, 건축주가 건축가에게 "저는 햇볕이 잘 드는 남향에, 방 3개와 넓은 거실이 있고, 1층에는 차고가 있는 2층짜리 단독주택을 짓고 싶습니다. 예산은 5억 원이고, 1년 안에 완공되었으면 합니다. 제안서를 보고 가장 제 마음에 드는 설계를 하신 분과 계약하겠습니다."라고 말하는 것과 같다. 이처럼 RFP는 발주사가 원하는 바를 구체적이고 명확하게 전달하는 '과제 설명서'이자 파트너를 모집하는 '공고문'이다.

● 왜 잘 쓴 RFP가 중요한가?

잘 만들어진 RFP는 성공적인 프로젝트의 절반이라고 할 만큼 중요하다. 그 이유는 다음과 같다.

- **오해 방지와 공통 목표 설정**: RFP가 추상적이거나 모호하면, 제안하는 업체마다 각기 다른 해석을 하게 된다. 이는 결국 프로젝트의 목표가 서로 달라지는 결과를 낳는다. 명확한 RFP는 발주사와 모든 제안사가 프로젝트에 대해 동일한 그림을 그리고 같은 목표를 향해 나아갈 수 있게 만드는 '나침반' 역할을 한다.
- **객관적이고 공정한 파트너 선정**: RFP에 명확한 평가 기준과 가중치를 제시하면, 여러 업체의 제안서를 감정이나 편견 없이 객관적으로 비교 평가할 수 있다. 이는 마치 '사과와 사과를 비교'하는 것처럼, 동일한 기준 위에서 공정하게 최고의 파트너를 선택할 수 있는 기반을 마련해 준다.

- **시간과 비용 절약**: 프로젝트에 대한 상세한 정보가 RFP에 모두 담겨 있으므로, 제안사들의 불필요한 질문이 줄어든다. 또한, 프로젝트의 범위가 명확하기 때문에 제안사들은 더 정확한 견적을 제출할 수 있다. 이는 길고 소모적인 협상 과정을 단축시켜 결과적으로 프로젝트를 더 효율적으로 진행하게 만든다.
- **계약의 근거**: RFP와 이를 기반으로 제출된 제안서는 프로젝트 계약의 중요한 일부가 된다. 향후 프로젝트 범위나 책임 소재에 대한 분쟁이 발생했을 때, RFP와 제안서는 양측의 약속을 증명하는 법적 효력을 갖는 중요한 근거 자료가 된다.

● 효과적인 RFP의 핵심 구성 요소

좋은 RFP는 제안사가 우리의 비즈니스를 이해하고, 창의적이고 현실적인 해결책을 제안할 수 있도록 충분한 정보를 체계적으로 제공해야 한다.

- **프로젝트 배경 및 목표**: 왜 이 프로젝트를 시작하게 되었는가? 현재 우리가 겪고 있는 문제는 무엇인가? 이 프로젝트를 통해 궁극적으로 무엇을 얻고 싶은가? 프로젝트의 '왜(Why)'를 설명하는 부분으로, 제안사가 프로젝트의 본질을 이해하고 올바른 방향으로 제안할 수 있도록 돕는다.
- **프로젝트 범위(Scope of Work)**: 제안사가 수행해야 할 구체적인 업무의 범위를 정의한다. '해야 할 일'뿐만 아니라, '이번 프로젝트 범위에 포함되지 않는 일'을 명확히 구분해 주는 것이 중요하다. 이는 프로젝트 진행 중 슬금슬금 업무 범위가 늘어나는 '스코프 크립(Scope Creep)'을 방지하는 데 도움이 된다.
- **상세 요구사항**: 프로젝트 결과물이 갖춰야 할 기능적, 비기능적 요구사항을 최대한 구체적으로 기술한다. 예를 들어 '사용자 관리 기능'이 필요하다면, '일반 회원/관리자 등급 구분', '소셜 로그인(카카오, 구글) 기능 제공', '비밀번호 찾기 기능'과 같이 상세하게 명시해야 한다.
- **예산 및 일정**: 프로젝트에 할당된 예산의 대략적인 범위와 프로젝트의 주요 단계별 일정(마일스톤), 그리고 최종 완료 희망일을 제시한다. 이는 제안사가 현실적으로 실현 가능한 제안을 하도록 유도한다.
- **평가 기준 및 가중치**: 어떤 기준으로 제안서를 평가할 것인지를 투명하게 공개한다. 예를 들어 '기술력: 40%, 가격: 30%, 프로젝트 관리 능력: 20%, 유지보수 방안: 10%'와 같이 구체적인 항목과 배점을 명시하면, 제안사들은 어디에 중점을 두고 제안서를 작성해야 할지 알 수 있다.
- **제안서 작성 지침**: 제안서가 어떤 목차로 구성되어야 하는지, 분량은 어느 정도로 해야 하는지, 제출 형식(예 PPT 파일, PDF 파일)과 제출 방법(예 이메일, 방문 제출), 마감일 그리고 질문이 있을 때 연락할 담당자 정보 등을 안내한다.

RFP를 작성하는 과정은 우리 스스로 '우리가 정말 원하는 것이 무엇인지'를 치열하게 고민하고 구체화하는 과정이다. 여러 부서의 이해관계자들이 모여 논의하면서 불명확했던 요구사항이 명확해지고, 잠재적인 문제점들이 드러나게 된다. 따라서 RFP가 완성될 때쯤에는 프로젝트 계획 자체가 초기 아이디어 단계보다 훨씬 더 성숙하고 현실적으로 다듬어지는 효과를 얻을 수 있다.

2. 총 소유 비용(TCO)

프로젝트 비용을 생각할 때, 많은 사람들이 당장 눈앞에 보이는 구매 비용이나 개발 비용만 고려하는 실수를 저지른다. 하지만 이는 거대한 빙산의 수면 위에 드러난 일부에 불과하다. 총 소유 비용(Total Cost of Ownership, TCO)은 어떤 자산(예 IT 시스템)을 도입할 때 드는 초기 비용뿐만 아니라, 그것을 소유하고 운영하고, 최종적으로 폐기할 때까지의 전 생애주기에 걸쳐 발생하는 모든 유무형의 비용을 합산한 개념이다.

자동차를 사는 것에 비유해 보자. 자동차 가격 3,000만 원이 전부가 아니다. 자동차를 소유하는 순간부터 취득세, 매년 내는 보험료와 자동차세, 주유비, 엔진오일 교체와 같은 유지보수비, 주차비, 세차비 등이 계속해서 발생한다. TCO는 이 모든 비용을 종합적으로 고려하여, 특정 자산을 소유하는 데 실제로 얼마의 돈이 드는지를 보여주는 총체적인 비용 지표다.

● TCO를 구성하는 비용 항목

IT 인프라의 TCO는 크게 세 가지 범주로 나눌 수 있다.

- **초기 도입 비용(Acquisition Cost)**: '빙산의 보이는 부분'으로 시스템을 도입하기 위해 초기에 지출되는 비용이다.
  - · **하드웨어 구매 비용**: 서버, 스토리지, 네트워크 장비 등
  - · **소프트웨어 구매 비용**: 운영체제(OS), 데이터베이스, 각종 상용 소프트웨어 라이선스 비용
  - · **초기 설치 및 구축 비용**: 데이터센터 구축, 장비 설치, 네트워크 공사, 개발 인력 인건비 등
  - · **운영 비용(Operating Cost)**: 시스템을 가동하고 유지하는 동안 지속적으로 발생하는 비용
  - · **데이터센터 운영비**: 서버를 두는 공간에 대한 임대료(상면비), 서버가 내뿜는 열을 식히기 위한 항온항습 및 냉각 비용, 막대한 양의 전기 요금
  - · **인건비**: 시스템을 24시간 감시하고 관리하는 운영 인력의 급여
  - · **기타**: 인터넷 회선 사용료, 각종 소모품 비용 등
- **유지보수 및 숨겨진 비용(Maintenance&Hidden Cost)**: 눈에 잘 띄지 않지만, 장기적으로 큰 부분을 차지할 수 있는 비용들이다.
  - · **유지보수 계약 비용**: 하드웨어나 소프트웨어 제조사에 매년 지불하는 기술 지원 및 유지보수 비용
  - · **장애 처리 비용**: 시스템 장애 발생 시 복구에 드는 비용, 데이터 손실로 인한 피해액
  - · **다운타임(Downtime) 비용**: 시스템 중단으로 인해 발생하는 직접적인 매출 손실, 직원의 생산성 저하, 기업 이미지 및 고객 신뢰도 하락과 같은 무형의 손실
  - · **교육 및 훈련 비용**: 새로운 시스템을 관리하고 사용하기 위해 직원을 교육하는 데 드는 비용
  - · **업그레이드 및 마이그레이션 비용**: 노후된 장비를 교체하거나 새로운 버전의 소프트웨어로 업그레이드하는 데 드는 비용

TCO 분석이 왜 중요한가?

TCO 분석은 단순히 총비용을 계산하는 것을 넘어, 더 현명한 비즈니스 의사결정을 내리도록 돕는다.

- **숨겨진 비용의 가시화**: TCO 분석을 통해 우리는 당장의 구매 가격 뒤에 숨어있는 막대한 운영 및 유지보수 비용을 파악할 수 있다. 이를 통해 '값싼 게 비지떡'인 상황을 피할 수 있다.
- **합리적인 대안 비교**: 초기 비용은 비싸지만 운영 비용이 저렴한 A 솔루션과, 초기 비용은 저렴하지만 운영 비용이 비싼 B 솔루션이 있을 때, TCO 분석은 장기적인 관점에서 어떤 솔루션이 우리 회사에 더 경제적인지 객관적으로 비교할 수 있는 기준을 제공한다.
- **정확한 예산 계획**: 눈에 보이지 않는 다양한 비용까지 고려하므로, 프로젝트나 IT 자산 도입에 대한 보다 현실적이고 정확한 예산 계획을 수립할 수 있다.

온프레미스 vs. 클라우드 TCO 비교

TCO 분석은 특히 자체 서버를 구축하는 '온프레미스' 방식과 빌려 쓰는 '클라우드' 방식 중 하나를 선택할 때 매우 유용하다.

- **온프레미스 TCO**: 초기 서버 구매 비용과 소프트웨어 라이선스 비용 등 초기 도입 비용이 매우 크다. 여기에 데이터센터를 운영하기 위한 전기료, 냉각 비용, 상면 임대료, 그리고 24시간 상주하는 관리 인력의 인건비 등 숨겨진 운영 비용이 지속적으로 발생한다.
- **클라우드 TCO**: 초기 하드웨어 구매 비용은 거의 없다. 대신 사용한 만큼 매달 요금을 내는 운영 비용이 발생한다. 하지만 클라우드 역시 숨겨진 비용이 있다. 데이터를 클라우드 외부로 내보낼 때 발생하는 데이터 전송 비용(Egress Fee), 고성능 디스크(SSD) 사용료, 전문가 기술 지원 서비스 비용 등 예상치 못한 추가 비용이 발생할 수 있다.

TCO 분석은 이처럼 두 방식의 비용 구조가 근본적으로 다르다는 것을 보여준다. 이를 통해 우리 회사의 비즈니스 모델과 재무 상황에 어떤 방식이 더 적합한지 데이터에 기반하여 합리적인 결정을 내릴 수 있다.

▼ 온프레미스와 클라우드 방식 비교

비용 항목	온프레미스	클라우드
초기 도입 비용	매우 높음(서버, 스토리지, 네트워크 장비, SW 라이선스 등 직접 구매)	매우 낮음(초기 물리적 자산 구매 불필요)
운영 비용	지속적 발생(전기료, 냉각비, 상면 임대료, 관리자 인건비 등)	매월 발생(사용한 만큼 지불하는 구독료 형태)
유지보수 비용	별도 계약 필요(HW/SW 유지보수 계약, 부품 교체 비용)	사용료에 포함(인프라 유지보수는 클라우드 제공업체 책임)
숨겨진 비용	다운타임 비용, 성능 저하로 인한 기회비용, 노후 장비 교체 비용	데이터 전송 비용, 고성능 옵션 추가 비용, 전문가 기술 지원 비용
비용 성격	자본 지출(CAPEX) 중심	운영 지출(OPEX) 중심

3. CAPEX와 OPEX

기업이 돈을 쓰는 방식은 회계적으로 크게 두 가지로 나뉜다. 바로 자본 지출과 운영 지출이다. 이 두 개념은 IT 인프라를 '소유'할 것인지, 아니면 '구독'할 것인지 결정하는 중요한 재무적 관점을 제공한다.

- **자본 지출(CAPEX)**: 미래에 장기간에 걸쳐 가치를 창출할 '자산'을 구매, 구축, 업그레이드하는 데 사용하는 돈을 의미한다. 한 번에 큰돈이 지출되며, 회계 장부에는 '자산'으로 기록된다. 그리고 이 자산의 가치는 내용연수(사용 가능한 기간)에 걸쳐 매년 조금씩 '감가상각'이라는 형태로 비용 처리된다. '내 돈으로 집을 사는 것'에 비유할 수 있다. 집은 나의 자산이 되고, 시간이 지나며 가치가 조금씩 떨어진다.
- **운영 지출(OPEXO)**: 기업의 일상적인 비즈니스 활동을 유지하기 위해 지속적으로 발생하는 비용을 말한다. 직원 급여, 사무실 임대료, 전기 요금, 마케팅 비용 등이 여기에 해당한다. 지출이 발생한 즉시 전액 비용으로 처리되어 그 해의 이익을 감소시킨다. '월세로 집을 빌려 사는 것'에 비유할 수 있다. 매달 고정적인 지출이 발생하지만, 내 자산이 되지는 않는다.

● IT 인프라에서의 CAPEX와 OPEX

이 두 가지 지출 방식은 IT 인프라를 구축하는 대표적인 두 가지 모델, 즉 온프레미스와 클라우드에 명확하게 대응된다.

- **온프레미스(CAPEX 중심)**: 기업이 직접 데이터센터를 구축하거나 임대하고, 그 안에 들어갈 서버, 스토리지, 네트워크 장비를 모두 '구매'하는 방식이다. 시스템을 구축하기 위해 초기에 막대한 자본 지출이 발생한다. 물론, 구축 후 운영에 필요한 전기료나 관리 인건비 등은 OPEX에 해당한다.
- **클라우드(OPEX 중심)**: 아마존 웹 서비스(AWS), 마이크로소프트 애저(Azure), 구글 클라우드 플랫폼(GCP)과 같은 클라우드 서비스 제공업체로부터 필요한 IT 자원을 '빌려 쓰고'매달 사용한 만큼만 비용을 지불하는 방식이다. 초기 자산 구매 비용이 전혀 없으며, 모든 비용이 운영 지출로 처리된다.

● 비즈니스 관점에서의 장단점

어떤 방식으로 지출하느냐에 따라 비즈니스에 미치는 영향이 다르다.

- CAPEX 모델의 장단점
  - **장점**: 한번 구축하면 인프라에 대한 완전한 소유권과 통제권을 갖게 된다. 우리 회사만의 보안 정책을 적용하거나 시스템을 마음대로 튜닝하기에 용이하다. 장기적으로 봤을 때, 5년 이상 꾸준히 사용한다면 총비용 측면에서 OPEX 모델보다 저렴할 수도 있다.
  - **단점**: 사업 초기에 막대한 투자 비용이 필요해 재무적 부담이 크다. 한번 구매하면 되돌리기 어렵기 때문에(비가역성), 미래의 비즈니스 수요를 잘못 예측하면 심각한 자원 낭비(과잉 투자)나 서비스 장애(과소 투자)로 이어질 수 있다. 또한, 기술이 빠르게 발전하기 때문에 몇 년만 지나도 구매한 장비가 구식이 될 위험이 있다.

- OPEX 모델의 장단점
  - **장점**: 초기 투자 비용이 거의 없어 새로운 비즈니스를 시작할 때의 부담이 적다. 갑자기 사용자가 몰려도 몇 번의 클릭만으로 서버를 즉시 늘릴 수 있고, 반대로 사용자가 줄면 서버를 줄여 비용을 절감하는 등 비즈니스 상황에 따라 매우 유연하게 자원을 조절할 수 있다. 클라우드 제공업체가 항상 최신 기술로 인프라를 업그레이드하므로, 우리는 신경 쓰지 않아도 항상 최고의 기술을 활용할 수 있다.
  - **단점**: 장기간 대규모로 사용할 경우, 직접 구매하는 것보다 총비용이 더 높아질 수 있다. 또한, 특정 클라우드 서비스에 시스템이 깊숙이 종속될 경우, 다른 클라우드로 이전하거나 다시 온프레미스로 돌아오기 어려워지는 '벤더 종속(Vendor Lock-in)' 문제가 발생할 수 있다.

어떤 모델을 선택해야 할까?

최근 비즈니스 환경의 불확실성이 커지면서, 많은 기업이 초기 투자 부담을 줄이고 시장 변화에 민첩하게 대응하기 위해 OPEX 모델, 즉 클라우드를 선호하는 경향이 뚜렷해지고 있다. 하지만 모든 시스템을 클라우드로 이전하기보다는, 핵심적인 시스템은 온프레미스에 두고(CAPEX), 변동성이 큰 신규 서비스는 클라우드에서 운영하는(OPEX) 등 두 방식을 혼합한 '하이브리드 클라우드' 전략을 채택하는 기업이 늘고 있다.

▼ CAPEX와 OPEX 모델 비교

비교 기준	CAPEX	OPEX
개념	미래 가치를 위한 자산 '구매'(집 구매)	일상적 비즈니스 유지를 위한 '비용'(월세)
회계 처리	대차대조표에 '자산'으로 기록 후, 감가상각으로 비용 처리	손익계산서에 '비용'으로 즉시 기록
세금 효과	감가상각 기간에 걸쳐 비용이 분산되어 세금 절감 효과가 장기적임	지출 즉시 비용 처리되어 해당 연도의 과세 소득을 줄여줌
현금 흐름	초기에 대규모 현금 유출 발생	매월 예측 가능한 소규모 현금 유출 발생
유연성	낮음(한번 구매하면 변경하기 어려움)	높음(필요에 따라 사용량 조절 용이)
IT 인프라 예시	온프레미스(서버, 스토리지 등 물리적 장비 구매)	클라우드 서비스(AWS, Azure 등 월 구독료)

4. 프로젝트 비용 산정

프로젝트를 발주할 때 가장 어려운 문제 중 하나는 '그래서 이 프로젝트는 얼마가 적정한가?'를 결정하는 것이다. 건물이나 다리를 짓는 건설 프로젝트는 벽돌 몇 장, 철근 몇 톤, 인부 몇 명과 같이 투입되는 자재와 인력을 비교적 명확하게 계산할 수 있다. 하지만 소프트웨어는 눈에 보이지 않는 무형의 결과물이다.

코드의 양이나 개발 기간만으로 그 가치를 평가하기 어렵고, 개발자의 능력에 따라 생산성이 천차만별이기 때문에 합리적인 대가를 산정하는 것은 매우 복잡한 문제다. 이러한 문제를 해결하기 위해, 국내 소프트웨어 산업에서는 정부 가이드라인을 통해 크게 두 가지 방식의 대가 산정 모델을 사용하고 있다.

● 투입공수 방식

투입공수(Man-Month, 맨먼스) 방식은 가장 전통적이고 직관적인 비용 산정 방식이다. 프로젝트에 '얼마나 많은 사람이(Man)', '얼마나 오랫동안(Month)' 투입되는지를 기준으로 비용을 계산한다. '사람 수 × 기간'이 비용의 핵심 뼈대가 되는 것이다.

- **산정 공식**: 일반적으로 소프트웨어 개발비는 다음과 같은 항목들의 합으로 구성된다.
  - **직접인건비**: 프로젝트에 직접 참여하는 개발자, 기획자, 디자이너 등의 인건비다. '소프트웨어 기술자 평균 임금' 통계를 기준으로, 각 기술자의 등급(초급, 중급, 고급 등)과 투입 기간(개월 수)을 곱하여 산정한다. 예를 들어, 월평균 임금이 600만 원인 중급 개발자 3명이 5개월간 투입된다면 직접인건비는 600만×3명×5개월 = 9,000만 원이 된다.
  - **제경비**: 직접 개발 활동 외에 발생하는 간접 경비다. 사무실 임대료, 전기요금, 통신비, 사무용품비 등이 포함된다. 보통 직접인건비의 일정 비율(가이드 기준 144%~154%)로 계산한다.
  - **기술료**: 개발사가 보유한 기술력, 노하우, 지식재산권 등에 대한 대가다.(직접인건비 + 제경비)의 일정 비율(가이드 기준 20%~40%)로 산정한다.
  - **직접경비**: 프로젝트를 위해 특별히 발생하는 실비다. 외부 장비 임차료, 출장비, 전문 자료 구매비 등이 해당된다.
- **발주사(고객) 입장 장단점**
  - **장점**: 계산 방식이 간단하고 직관적이어서 예산을 수립하고 이해하기 쉽다. 어떤 등급의 인력이 얼마나 투입되는지 명확히 알 수 있어 인력 관리가 용이하다고 느낄 수 있다.
  - **단점**: 이 방식의 가장 큰 맹점은 결과물의 품질이나 개발사의 생산성을 전혀 고려하지 않는다는 점이다. 오히려 실력이 부족한 개발사가 오랜 기간 동안 비효율적으로 일할수록 더 많은 돈을 받아가는 모순적인 상황이 발생할 수 있다. 발주사 입장에서는 결과물의 가치가 아닌, 투입된 '시간'에만 비용을 지불하게 되어 합리적이지 않을 수 있다.

외주 개발 에이전시 A의 프로젝트 M/M

직무	참여율	참여기간(개월)	맨먼스(M/M)	평균 임금	인건비
IT 기획자	100%	3	3	500만원	1,500만원
UX/UI 디자이너	50%	1.5	1.5	400만원	600만원
개발자	100%	4	4	600만원	2,400만원

가상의 외주 개발사 A의 맨먼스를 계산한 표입니다.

● 기능점수 방식

기능점수(Function Point) 방식은 투입되는 '사람'이나 '시간'이 아니라, 소프트웨어가 사용자에게 제공하는 '기능의 양과 복잡도'를 기준으로 규모와 대가를 산정하는 방식이다. 개발에 사용되는 프로그래밍 언어나 개발자의 숙련도와 같은 기술적 요소를 배제하고, 순수하게 사용자가 요구한 기능의 가치를 객관적으로 측정하려는 시도다.

- **산정 방식**
  - · **기능 식별**: 사용자의 관점에서 소프트웨어가 제공하는 기능을 데이터 기능(예 회원 정보 파일, 상품 데이터)과 트랜잭션 기능(예 회원 가입, 상품 검색, 주문 내역 조회)으로 구분하여 식별한다.
  - · **유형별 복잡도 산정**: 식별된 각 기능이 얼마나 복잡한지(단순, 보통, 복잡)를 정해진 기준에 따라 평가하여 점수를 매긴다.
  - · **기능점수(FP) 합산**: 모든 기능의 점수를 합산하여 프로젝트의 총 기능점수를 도출한다.
  - · **대가 산정**: 산출된 총 기능점수에 정부가 매년 공표하는 '기능점수당 단가'를 곱하여 소프트웨어 개발 원가를 계산한다(2024년 기준 기능점수당 단가는 605,784원이다).
- **발주사(고객) 입장 장단점**
  - · **장점**: 결과물의 '가치(기능)'를 기준으로 대가를 지불하므로 매우 합리적이다. 개발사 입장에서는 정해진 기능만 구현하면 되므로, 생산성을 높여 개발 기간을 단축할수록 이익이 커진다. 이는 개발사의 효율성 향상을 자연스럽게 유도하는 효과가 있다. 프로젝트 범위가 변경될 때도, 추가되거나 제외되는 기능의 점수만큼 비용을 정산하면 되므로 변경 관리가 용이하다.
  - · **단점**: 기능점수를 정확하게 산정하려면, 프로젝트 초기에 요구사항이 매우 상세하고 명확하게 정의되어야 한다. 산정 과정 자체가 복잡하고 전문적인 지식이 필요하여, 기능점수 전문가의 도움이 필요할 수 있다. 또한, 사용자 눈에는 보이지 않는 내부 로직(알고리즘, 데이터 처리 등)이 매우 복잡한 소프트웨어의 경우, 기능점수만으로 그 가치를 제대로 평가하기 어려울 수 있다.

● 어떤 방식을 사용해야 할까?

국내 공공 소프트웨어 사업에서는 객관성과 합리성을 이유로 기본적으로 '기능점수 방식'을 채택하고 있다. 다만, 요구사항이 불명확한 R&D(연구개발) 성격의 사업, 디자인 · 콘텐츠 제작 중심 사업, 예산 5천만 원 미만의 소규모 사업 등에는 예외적으로 '투입공수 방식' 적용이 허용된다.

결론적으로, 대가 산정 방식의 선택은 프로젝트의 성격과 요구사항의 명확성 수준에 따라 달라진다. 요구사항이 명확하고 결과물 중심의 합리적인 계약을 원한다면 기능점수 방식이 유리하다. 반면, 요구사항이 불명확하고 탐색적인 프로젝트라면 투입공수 방식이 더 현실적인 대안이 될 수 있다.

▼ 주요 대가산정 방식의 특징 비교

비교 기준	투입공수 방식	기능점수 방식
대가 산정 기준	투입 자원(사람 수 × 기간)	결과물의 가치(기능의 양과 복잡도)
예산 예측	비교적 용이하고 직관적	요구사항이 명확해야 예측 가능
품질 및 생산성 관리	불리(개발사가 시간을 끌수록 유리한 구조, 생산성 저하 우려)	유리(개발사가 효율을 높일수록 유리, 생산성 향상 유도)
요구사항 변경 대응	기간 연장 또는 인력 추가로 대응(비용 증가 용이)	변경되는 기능점수만큼 비용을 정산(객관적 변경 관리)
발주사의 역할	투입 인력에 대한 관리/감독자역할(근태, 작업 내용 확인)	명확한 요구사항을 전달하는 고객역할(결과물 검수)

참고 가이드 **클라우드 네이티브 구축·운영 가이드(2025.5)**

기존 시스템을 단순히 클라우드로 옮기는 것을 넘어, 클라우드 환경에 최적화된 시스템(MSA, DevOps 등)을 구축하고 운영하는 실질적인 절차를 제공합니다.

13.3 개발 규모는 어떻게 산정하는가?

우리가 매일 사용하는 카카오톡, 넷플릭스, 배달 앱 뒤에는 보이지 않는 거대한 주방, 즉 IT 인프라와 개발 프로세스의 세계가 숨겨져 있다. 이번에는 그 주방의 문을 열고, 소프트웨어라는 요리를 만드는 데 필요한 시간과 인력, 자원을 예측하는 법, 즉 공수 산정 기법을 탐구한다. 정확한 설계에서 민첩한 대응으로 변화해 온 개발 방식의 흐름을 따라가며, 프로젝트를 성공으로 이끄는 지혜를 함께 배워보자.

1. 공수(Man-month)개념

'공수(工數)'란 글자 그대로 '어떤 일을 끝내는 데 드는 사람의 노력'을 양으로 표현한 것이다. IT 프로젝트에서는 이 단위를 사용하여 프로젝트의 전체 규모를 가늠한다. 비전공자에게 가장 익숙한 단위는 다음과 같다.

- **맨먼스**(Man-Month, M/M): '한 사람이 한 달 동안 일할 수 있는 양'을 의미한다. 예를 들어 "이 프로젝트는 30 M/M 규모입니다"라고 한다면, 한 사람이 30개월 동안 하거나, 10명이 3개월 동안 해야 끝낼 수 있는 작업량이라는 뜻이다.
- **맨데이**(Man-Day): '한 사람이 하루(보통 8시간) 동안 일할 수 있는 양'을 의미한다. M/M보다 더 작은 단위를 측정할 때 사용된다.

마치 100평짜리 집을 짓는다고 할 때, "인부 10명이 3달 동안 일하면 됩니다"라고 예측하는 것이 공수 산정의 기본 개념이다. 이 공수 산정은 프로젝트의 성패를 좌우하는 매우 중요한 나침반 역할을 한다. 만약 예측이 빗나가면 어떤 일이 벌어질까?

- **너무 낮게 산정했을 때**: 정해진 예산과 기간에 맞추기 위해 개발자들은 밤샘 작업을 불사해야 하고, 이는 결국 소프트웨어의 품질 저하로 이어진다. 약속한 날짜를 지키지 못하는 납기 지연 문제도 발생할 수 있다.
- **너무 높게 산정했을 때**: 필요 이상의 시간과 인력을 투입하게 되어 예산을 낭비하고, 일의 효율성이 떨어지는 결과를 낳는다.

결국 정확한 공수 산정은 프로젝트의 예산, 일정, 품질을 결정하는 핵심 활동이며, 고객과 개발사 간의 계약을 위한 객관적인 근거가 된다.

2. 전문가 판단 및 델파이 기법

가장 오래되고 직관적인 공수 산정 방식은 경험 많은 전문가의 지혜를 빌리는 것이다. 이를 하향식(Top-Down) 산정법이라고 부른다. 세부적인 작업 하나하나를 계산하기보다, 프로젝트의 전체적인 그림을 먼저 보고 과거의 유사한 경험을 바탕으로 전체 규모를 예측하는 방식이다. 마치 경험 많은 목수가 지을 집의 설계도를 쓱 훑어보고 "이 정도면 3달 걸리겠네"라고 직관적으로 판단하는 것과 같다.

● 전문가 감정 기법

이는 가장 단순한 형태의 하향식 산정법으로, 조직 내에서 경험이 풍부한 전문가 2명 이상에게 프로젝트의 공수 산정을 의뢰하는 방식이다.

- **장점**: 매우 빠르고 간편하며, 전문가의 권위 덕분에 의뢰자에게 신뢰감을 줄 수 있다. 프로젝트 입찰처럼 빠른 의사결정이 필요할 때 유용하게 사용된다.
- **단점**: 전문가의 판단은 개인적이고 주관적일 수밖에 없다. 과거 경험에 지나치게 의존하거나, 기술적인 세부 사항을 간과하여 지나치게 낙관적인 결과가 나올 위험이 있다. 또한 전문가마다 예측치의 편차가 클 수 있다는 한계도 명확하다.

● 델파이 기법

전문가 감정 기법의 주관적인 편견이라는 단점을 보완하기 위해 고안된, 한층 더 정교해진 방법이 바로 델파이 기법(Delphi)이다. 고대 그리스 델포이 신전의 신탁처럼, 여러 전문가의 지혜를 모아 신중하게 미래를 예측한다는 의미에서 이름 붙여졌다. 핵심은 '조정자(Coordinator)'와 '익명성'이다. 한 명의 조정자가 여러 전문가의 의견을 익명으로 수집하고, 그 종합된 결과를 다시 전문가들에게 공유하여 서로의 의견을 참고해 예측을 수정하도록 유도한다. 이 과정은 전문가들이 서로의 명성이나 직급, 혹은 회의 분위기에 휩쓸리지 않고 오로지 데이터와 논리에 기반하여 판단하도록 돕는다.

델파이 기법은 다음과 같은 구체적인 절차를 통해 진행된다.

❶ **조정자 임명 및 전문가 그룹 구성**: 프로젝트를 총괄하고 의견을 조율할 조정자를 정하고, 다양한 배경과 관점을 가진 전문가들로 패널을 구성한다.

❷ **1차 익명 예측**: 조정자는 프로젝트의 개요와 목표가 담긴 자료를 전문가들에게 전달한다. 각 전문가는 이 자료를 바탕으로 독립적으로 공수를 산정하고, 그 근거와 함께 '익명'으로 조정자에게 제출한다.

❸ **결과 요약 및 피드백**: 조정자는 제출된 모든 예측치를 통계적으로 처리한다. 평균, 중앙값, 최대/최소값 등을 계산하고, 각 예측의 주요 근거들을 요약하여 하나의 보고서로 만든다. 이 보고서를 다시 전문가 그룹 전체에 공유한다. 이때 누가 어떤 예측을 했는지는 절대 공개하지 않는다.

❹ **2차 예측 및 의견 수렴**: 다른 전문가들의 예측치와 그 근거를 확인한 전문가들은 자신의 처음 예측이 너무 높거나 낮지 않았는지, 혹은 미처 고려하지 못한 부분이 있었는지 검토한다. 이를 바탕으로 자신의 예측을 재조정하여 다시 조정자에게 익명으로 제출한다.

❺ **최종 산정**: 의견이 어느 정도 일치된 범위로 수렴될 때까지 3번과 4번 과정을 2~3회 반복한다. 이 반복 과정을 통해 합의된 값을 최종 공수로 결정한다.

이처럼 델파이 기법은 여러 전문가의 지혜를 체계적으로 모으면서도, 집단적 사고의 함정을 피할 수 있도록 설계된 과학적인 합의 도출 방식이라 할 수 있다.

3. 기능 점수 방식

"이 소프트웨어를 만들려면 코드를 몇 줄이나 짜야 할까?" 과거에는 소프트웨어의 규모를 소스 코드의 라인 수(Lines of Code, LOC)로 측정하려는 시도가 있었다. 하지만 이 방식은 치명적인 단점이 있었다. 같은 기능을 구현하더라도 개발자의 능력이나 사용하는 프로그래밍 언어에 따라 코드 라인 수가 천차만별이었고, 오히려 비효율적으로 길게 짠 코드가 더 높은 평가를 받는 모순이 발생했다.

이러한 문제를 해결하기 위해 1979년 IBM에서 완전히 새로운 관점의 측정 방식이 등장했으니, 바로 기능 점수(Function Point, FP)다. FP의 핵심 철학은 개발자의 관점("얼마나 많은 코드를 짜야 하는가?")에서 벗어나, 철저히 사용자의 관점("어떤 기능을 얼마나 제공해야 하는가?")에서 소프트웨어의 규모를 측정하는 것이다.

▼ 기능목록별 기능 유형과 복잡도(Function Type and Complexity)

기능 목록	기능 유형					복잡도		
	ILF	ELF	EI	EO	EQ	L	A	H
예시	×					×		
고객 정보		×				×		
판매원 정보		×				×		
제품 정보		×				×		
주문 유형 정보		×				×		
할인율 검증		×				×		
주문 정보	×					×		
주문 유형 드롭다운 리스트 (화면2)					×	×		
신규 주문 추가 (화면1, 2)			×					×
주문 검색 (화면1, 3)					×		×	
주문 상세 내역 표시 (화면3, 2)				×				×
주문 변경 (화면2)			×					×
주문 삭제 (화면2)			×			×		
관리자 주문 검색 (화면4, 5)				×				×
관리자 주문 승인 (화면5)			×			×		

이는 마치 집의 크기를 '총면적 몇 평'으로만 계산하는 대신, 사용자가 실제로 사용하는 공간인 '방 3개, 화장실 2개, 거실 1개'처럼 기능의 종류와 개수로 규모를 산정하는 방식에 비유할 수 있다. 이 방식은 어떤 프로그래밍 언어를 쓰든, 누가 개발하든 상관없이 일관된 기준으로 규모를 측

정할 수 있다는 강력한 장점을 가진다. 기능 점수는 사용자가 인지하는 기능을 크게 5가지 핵심 요소로 분류하여 측정한다.

- **데이터 기능**(Data Functions): 시스템이 데이터를 다루는 방식을 측정한다.
  - **내부 논리 파일**(Internal Logical File, ILF): 우리가 만들려는 소프트웨어 내부에서 직접 생성하고 유지 · 관리하는 데이터 덩어리를 말한다. 예를 들어 쇼핑몰 시스템의 '회원 정보'나 '상품 정보' 데이터베이스 테이블이 여기에 해당한다.
  - **외부 연계 파일**(External Interface File, EIF): 우리 시스템에서는 참조(조회)만 하고, 실제 데이터 관리는 다른 외부 시스템에서 하는 데이터 덩어리다. 예를 들어, 우리 쇼핑몰이 외부 배송 업체의 시스템에 접속해 '배송 상태 정보'를 가져와 화면에 보여주기만 하는 경우가 해당된다.
- **트랜잭션 기능**(Transaction Functions): 사용자와 시스템 간의 데이터 교환 및 처리를 측정한다.
  - **외부 입력**(External Input, EI): 사용자가 시스템의 경계를 넘어 안으로 데이터를 집어넣거나 상태를 변경하는 기능이다. '회원가입' 양식을 채우고 버튼을 누르거나, '게시글 작성'을 통해 새로운 데이터를 시스템에 저장하는 기능이 대표적이다.
  - **외부 출력**(External Output, EO): 시스템이 내부 정보를 계산하거나 가공하여 시스템 밖으로 내보내는 기능이다. 단순 조회가 아니라, 데이터를 분석하여 새로운 정보를 만들어 보여주는 것이 특징이다. '월별 매출 통계' 보고서를 출력하거나, 여러 데이터를 조합해 '신용 등급을 산출'하여 보여주는 기능이 여기에 속한다.
  - **외부 조회**(External Inquiry, EQ): 시스템 내부의 정보를 별다른 가공 없이 그대로 조회하여 밖으로 내보내는 기능이다. '상품 목록 보기'나 '게시글 리스트 조회'처럼 단순 검색 및 결과 표시 기능이 해당된다.

이 5가지 요소를 바탕으로 한 기능 점수 산정 과정은 다음과 같은 단계를 거친다.

❶ **기능 식별**: 만들고자 하는 소프트웨어의 모든 사용자 요구사항을 분석하여, 위 5가지 기능 유형(ILF, EIF, EI, EO, EQ)으로 하나씩 분류하고 개수를 센다.

❷ **복잡도 산정**: 식별된 각 기능이 얼마나 복잡한지를 기준으로 '단순', '보통', '복잡' 세 단계로 나누고, 정해진 규칙에 따라 가중치를 부여한다. 예를 들어, 같은 '외부 입력(EI)' 기능이라도 입력받는 항목이 많고 처리 로직이 복잡하면 더 높은 가중치를 받는다.

❸ **미조정 기능점수 계산**: (기능 개수 × 복잡도 가중치)를 모든 기능에 대해 계산하여 합산한다. 이렇게 나온 값을 '미조정 기능점수(UFP, Unadjusted Function Point)'라고 한다.

❹ **보정 계수 적용**: 프로젝트의 전반적인 특성을 반영하여 점수를 보정한다. 예를 들어, 분산 처리 시스템인지, 성능 요구사항이 매우 높은지, 사용하는 개발 언어는 무엇인지 등 14가지의 '총 영향도'를 평가하여 보정 계수를 산출한다.

❺ **최종 기능점수 산출 및 비용 환산**: 미조정 기능점수에 보정 계수를 곱하여 최종 기능점수를 확정한다. 마지막으로, 이 최종 기능점수에 정부나 관련 기관에서 매년 고시하는 '기능점수당 단가'를 곱하여 프로젝트의 총개발비를 산정한다.

이처럼 기능 점수 방식은 다소 복잡하고 시간이 걸리지만, 산정 근거가 명확하고 객관적이어서 특히 요구사항이 명확하게 정의된 대규모 프로젝트나 공공기관의 소프트웨어 사업 대가 산정 기준으로 널리 활용되고 있다.

4. 애자일과 스토리 포인트

이 변화에 대응하기 위해 등장한 개발 철학이 바로 애자일(Agile)이다. '민첩한'이라는 뜻의 애자일은 처음부터 모든 것을 계획하고 순서대로 진행하는 전통적 폭포수 모델과 달리, 짧은 개발 주기(1~4주, '스프린트')를 반복하며 작동하는 시제품을 빠르게 만들고 피드백을 반영해 점진적으로 개선한다. 비유하자면 폭포수 모델이 완벽한 설계도로 한 번에 저택을 짓는 것이라면, 애자일은 작은 집을 먼저 지어 직접 살아보며 수정 · 확장하는 방식이다. 마지막으로 팀은 속도(Velocity)를 활용해 향후 일정을 추정한다. 예를 들어, 한 스프린트에 평균 20포인트를 처리한다면, 남은 일이 100포인트일 때 약 5회의 스프린트가 필요하다는 계산이 가능하다.

이처럼 변화에 유연한 애자일에서는 전통적인 시간 기반 공수 산정이 잘 맞지 않는다. 그래서 애자일 팀은 스토리 포인트(Story Point)라는 단위를 사용한다. 이는 특정 작업의 '소요 시간'이 아니라 상대적 크기(복잡성 · 불확실성 포함)를 추정하는 방식이다.

- **Man-Day(시간 기반 예측)**: "서울 → 부산까지 몇 시간 걸릴까?"는 이동 수단 · 사람마다 달라진다.
- **Story Point(상대적 크기 예측)**: "서울 → 부산은 약 400km"처럼 일의 절대적 크기를 나타낸다.

● 상대적 추정 방식의 장점

- **속인화(屬人化) 방지**: "A 개발자는 3일 걸릴 일"과 "B 개발자는 5일 걸릴 일"처럼 개인의 역량에 따라 추정치가 달라지는 문제를 근본적으로 방지한다. '로그인 기능'의 어려움은 누가 개발하든 2포인트로 동일하다.
- **빠른 합의**: 정확한 시간을 예측하기 위해 끝없이 토론하는 대신, "이 일은 저 일보다 대략 두 배 정도 어려운 것 같아" 와 같이 팀원들이 빠르게 공감대를 형성하고 합의에 이를 수 있다.
- **불확실성 내포(피보나치 수열)**: 보통 피보나치 수열(1, 2, 3, 5, 8, 13...)을 사용해 규모가 클수록 예측이 어렵다는 점을 반영한다.

▼ 개발 공수 산정 기법 비교

구분	전문가 감정/델파이	기능 점수(FP)	스토리 포인트
산정 기준	전문가의 경험과 직관	사용자가 요구하는 기능의 양과 복잡도	일의 상대적 크기(노력, 복잡도, 불확실성)
핵심 비유	베테랑 목수의 눈대중	집의 방, 화장실 개수 세기	여행지까지의 '거리' 측정
주요 특징	하향식, 빠르고 간편함, 주관적일 수 있음	사용자 관점, 기술과 무관, 객관적 근거 제시	상대적 추정, 팀 단위 측정, 변화에 유연함
사용 시점	프로젝트 극초기, 입찰 등 빠른 결정 필요 시	요구사항이 명확한 단계, 정부/공공 사업	요구사항이 계속 변하는 애자일 프로젝트

장점	신속함, 비용 저렴	산정 근거 명확, 객관성 높음	변화에 유연, 빠른 추정, 팀워크 중심
단점	주관적, 비과학적	산정이 복잡하고 오래 걸림, 세부 요구사항 필요	정확한 '시간' 예측이 아님, 팀의 성숙도에 의존

● 소프트웨어 개발 비용을 계산하는 공수산정기법의 변화

공수 산정 기법의 역사를 살펴보면, 단순히 더 정확한 계산법을 찾아온 과정이 아님을 알 수 있다. 이는 소프트웨어 개발을 바라보는 우리의 관점 자체가 어떻게 변화해왔는지를 보여주는 거울과 같다. 초기의 전문가 감정이나 코드 라인 수(LOC) 기반의 산정 방식은 소프트웨어 개발을 '예측 가능한 공장식 생산' 모델로 바라봤다. 즉, 요구사항이라는 명확한 설계도가 주어지면, 그에 따라 정해진 공정을 거쳐 제품을 만들어낸다는 생각이 저변에 깔려 있었다. 이는 폭포수 모델의 철학과 정확히 일치한다. 기능 점수(FP)는 측정의 대상을 '코드'에서 '사용자 가치(기능)'로 전환시킨 중요한 진전이었지만, 여전히 상세한 '설계도'가 먼저 필요하다는 점에서 전통적인 패러다임의 연장선에 있었다.

하지만 애자일과 스토리 포인트의 등장은 근본적인 인식의 전환을 의미한다. "소프트웨어 개발은 예측 불가능한 미지의 세계를 탐험하는 것과 같다"는 인식이 자리 잡기 시작한 것이다. 탐험에서는 예상치 못한 강을 만나거나, 지름길을 발견하는 등 계획이 계속해서 바뀔 수밖에 없다. 이런 환경에서는 정확하지만 수립하는 데 오래 걸리는 예측(FP)보다, 다소 부정확하더라도 변화에 빠르게 적응할 수 있는 유연한 예측(Story Point)이 훨씬 더 유용하다. 결국, 현대의 프로젝트 관리에서는 '정확성'과 '유용성'을 구분하는 지혜가 필요하다. 전통적인 방식은 "이 프로젝트는 2024년 12월 25일에 정확히 끝납니다"라고 말하려 애쓴다. 하지만 프로젝트 초기에 모든 변수를 통제하는 것은 불가능하기에, 이 '정확한' 계획은 작은 변화에도 쉽게 깨져버려 무용지물이 되기 십상이다.

반면 스토리 포인트와 팀의 속도(Velocity)는 "현재 우리 팀의 속도를 유지한다면, 남은 일은 대략 3개월 정도 걸릴 것 같습니다"라고 확률적으로 이야기한다. 이는 당장의 '정확성'은 떨어져 보일 수 있으나, 변화하는 상황에 맞춰 계속해서 미래를 재조정하며 항해할 수 있다는 점에서 훨씬 '유용하다'. 이는 불확실성을 제거하려는 헛된 시도 대신, 불확실성을 관리하며 함께 나아가는 현대적인 지혜의 발현이라 할 수 있다.

13.4 개발과 테스트 환경은 어떻게 구성하는가?

훌륭한 목수가 좋은 연장을 사용하듯, 뛰어난 개발자들도 효율적인 도구와 체계적인 작업 방식을 통해 최고의 결과물을 만들어낸다. 이번에는 개발자들이 실제로 코드를 만들고, 동료들과 공유하며, 완성된 소프트웨어의 품질을 꼼꼼하게 검사하는 데 사용하는 핵심 도구와 전략들을 살펴본다. 이는 마치 여러 사람이 함께 거대한 벽화를 그릴 때, 각자 그린 부분을 조화롭게 합치고, 색이 잘 칠해졌는지 검토하며, 실시간으로 의견을 나누는 과정에 비유할 수 있다.

1. 깃(Git) 버전 관리

누구나 한 번쯤은 '최종보고서.hwp', '진짜최종보고서.hwp', '이게진짜최종_수정.hwp'와 같은 이름으로 파일을 저장해 본 경험이 있을 것이다. 혼자 작업할 때도 어떤 파일이 최신 버전인지 헷갈리는데, 만약 여러 사람이 하나의 문서를 함께 수정한다면 어떻게 될까? 아마 누가 무엇을 수정했는지 알 수 없어 뒤죽박죽이 되는 재앙이 펼쳐질 것이다.

소프트웨어 개발은 수십, 수백만 줄의 코드로 이루어진 복잡한 문서를 여러 명이 동시에 수정하는 작업이다. 이러한 혼란을 막기 위해 탄생한 것이 바로 버전 관리 시스템(Version Control System, VCS)이며, 그중 현재 전 세계 개발자들이 가장 널리 사용하는 도구가 바로 깃(Git)이다. 본질은 코드의 모든 변경 이력을 마치 스냅샷처럼 하나도 빠짐없이 찍어서 기록하는 '마법의 노트'다. "누가, 언제, 무엇을, 왜 바꿨는지"를 모두 기록하기 때문에, 언제든 원하는 과거의 특정 시점으로 코드를 되돌릴 수 있는 타임머신 역할을 한다. 깃(Git)의 핵심 개념들을 '여러 셰프가 함께 새로운 요리책을 만드는 과정'에 비유하여 알아보자.

- **Repository(저장소)**: 모든 레시피의 원본과 그 변경 이력이 총망라된 '마스터 요리책'이다. 이 저장소는 두 종류로 나뉜다.
  - **원격 저장소(Remote Repository)**: 모든 셰프가 공유하는, 도서관 중앙 서고에 비치된 공식 요리책이다.
  - **로컬 저장소(Local Repository)**: 내가 작업을 위해 중앙 서고에서 빌려와 내 주방에 놓아 둔 요리책 복사본이다. 나는 이 로컬 저장소에서 자유롭게 레시피를 수정하고 실험할 수 있다.
- **Commit(커밋)**: 내가 맡은 '돼지고기 김치찌개' 레시피 수정을 성공적으로 마친 뒤, "김치찌개 레시피 완성!"이라고 도장을 찍으며 내 로컬 요리책에 공식적으로 한 페이지를 추가하는 행위다. 커밋은 의미 있는 변경이 완료된 하나의 작업 단위로 기록되며, "무엇을 왜 바꿨는

지"에 대한 상세한 메모(커밋 메시지)를 함께 남기는 것이 중요하다.

- **Branch(브랜치)**: 마스터 요리책의 '돼지고기 김치찌개' 레시피를 그대로 복사해서, '참치 김치찌개'라는 새로운 버전을 개발하기 위한 '실험용 노트'를 만드는 것이다. 이 실험용 노트(브랜치)에서의 작업은 마스터 요리책(master 브랜치)에 전혀 영향을 주지 않기 때문에, 다른 셰프의 작업을 방해하지 않고 마음껏 새로운 시도를 할 수 있다.
- **Merge(병합)**: 실험용 노트에서 개발한 '참치 김치찌개' 레시피가 너무나 훌륭해서, 모든 셰프의 동의를 얻어 마스터 요리책에 정식으로 합치는 과정이다. 이로써 마스터 요리책은 한층 더 풍성해진다.

알아두세요 **흔히 듣는 깃허브(GitHub)는 깃과 무엇이 다를까?**

깃은 내 컴퓨터에 설치해서 사용하는 '버전 관리 프로그램(소프트웨어)' 그 자체이고, 깃허브는 이 깃으로 관리하는 나의 로컬 저장소(요리책 복사본)를 온라인에 올려두고 다른 셰프들과 쉽게 공유하며 협업할 수 있도록 도와주는 '웹 서비스(플랫폼)'이다. 쉽게 비유하자면, 깃이 '한컴오피스 한글'이라는 워드프로세서 프로그램이라면, 깃허브는 '구글 독스'와 같은 클라우드 기반 협업 문서 도구라고 할 수 있다.

2. CI/CD 파이프라인

과거에는 개발자들이 각자 만든 코드를 합치고, 테스트하고, 실제 서비스에 반영하는 모든 과정을 수작업으로 진행했다. 이 과정은 시간이 많이 걸리고, 사람이 직접 하다 보니 실수가 잦았다. 이러한 비효율을 해결하기 위해 등장한 것이 바로 CI/CD 파이프라인이다.

CI/CD는 지속적 통합(Continuous Integration)과 지속적 제공/배포(Continuous Delivery/Deployment)의 약자로, 개발자가 코드를 변경할 때마다 '빌드 → 테스트 → 배포'에 이르는 전 과정을 자동화하여, 소프트웨어를 더 빠르고 안정적으로 사용자에게 전달하는 현대적인 개발 방법론이다.

이는 마치 자동차 공장의 자동화된 컨베이어 벨트 시스템에 비유할 수 있다. 개발자가 새로운 엔진 부품(코드 변경)을 설계하여 제출하면, 로봇 팔(CI/CD 도구)이 자동으로 그 부품을 가져가 차체에 조립(빌드)하고, 시뮬레이터를 통해 성능에 문제가 없는지 품질 검사(테스트)를 마친 뒤, 완성된 자동차(소프트웨어)를 출고장(실제 서비스 환경)으로 내보내는(배포) 전 과정을 자동화한 것이다.

● CI(Continuous Integration, 지속적 통합)

CI/CD 파이프라인의 첫 번째 단계다. 여러 개발자가 각자 만든 코드(부품)를 중앙 저장소(Git)에 통합할 때마다, 이 코드들이 서로 충돌하지 않고 잘 조립되는지(빌드), 그리고 기존 기능을 망가뜨리지는 않는지(테스트)를 자동으로 검사하는 과정이다. 여러 부품을 한꺼번에 조립하다가 문제가 생기면 원인을 찾기 어렵지만, 부품 하나를 추가할 때마다 검사하면 문제를 즉시 발견하고 해결할 수 있다. 이처럼 CI는 버그를 조기에 발견하여 소프트웨어의 안정성을 높이는 데 결정적인 역할을 한다.

- **CD(Continuous Delivery/Deployment)**

CI의 빌드 및 테스트 단계를 무사히 통과한, 즉 '품질이 보증된' 소프트웨어를 사용자에게 전달하는 단계다. CD는 두 가지 수준으로 나뉜다.

- **지속적 제공**(Continuous Delivery): 실제 서비스로 배포되기 직전 단계까지 모든 과정을 자동화한다. 최종적으로 운영 담당자가 "지금 배포하자"라고 버튼을 눌러 수동으로 배포를 실행하는 방식이다. 중요한 업데이트 전 최종 검토가 필요할 때 사용된다.
- **지속적 배포**(Continuous Deployment): 가장 높은 수준의 자동화로, 테스트를 통과한 코드가 사람의 개입 없이 자동으로 실제 서비스에 즉시 반영되는 방식이다. 넷플릭스나 페이스북처럼 하루에도 수십, 수백 번씩 기능을 개선하고 배포하는 서비스들이 이 방식을 사용한다.

이러한 CI/CD 파이프라인의 전체적인 흐름은 다음과 같다.

❶ **Code(코드 작성)**: 개발자가 새로운 기능을 개발하거나 버그를 수정한 뒤, 코드를 깃 원격 저장소에 올린다(Push).

❷ **Build(빌드)**: CI 서버(대표적으로 Jenkins, CircleCI 등의 도구가 있다)가 깃 저장소의 변경을 자동으로 감지하고, 개발자가 작성한 소스 코드를 컴퓨터가 실행할 수 있는 파일 형태로 변환(빌드)한다.

❸ **Test(테스트)**: 빌드된 파일을 대상으로 미리 작성된 테스트 코드를 자동으로 실행하여 기능에 오류가 없는지 검증한다.

❹ **Deploy(배포)**: 모든 테스트를 통과하면, 준비된 소프트웨어를 스테이징 서버(실제 환경과 유사한 테스트 서버)나 실제 운영 서버에 자동으로 배포한다.

CI/CD를 도입하면 단순히 개발 과정이 편해지는 것을 넘어, 새로운 기능을 시장에 더 빨리 출시하고(릴리스 속도 단축), 자동화된 테스트를 통해 코드 품질을 높이며, 개발자들이 반복적인 수작업에서 벗어나 더 창의적인 일에 집중하게 하는 등(생산성 증대) 명확한 비즈니스적 가치를 창출한다.

3. 단위 테스트와 통합 테스트

소프트웨어에 숨어있는 버그(결함)는 출시된 이후에 발견되면 수정하는 데 엄청난 시간과 비용이 든다. 심각한 경우 회사의 신뢰도에 큰 타격을 주기도 한다. 따라서 개발 과정에서 버그를 조기에 발견하고 제거하는 '테스트' 활동은 아무리 강조해도 지나치지 않다. 이는 자동차를 출고하기 전에 모든 부품이 정상적으로 작동하는지 꼼꼼히 검사하는 '예방 정비'와 같다.

소프트웨어 테스트에는 여러 종류가 있지만, 개발 단계에서 가장 기본이 되는 두 가지는 **단위 테스트**와 **통합 테스트**다. 이 둘의 차이를 '자동차 만들기'에 비유하면 쉽게 이해할 수 있다.

- **단위 테스트(Unit Test)**

- **비유**: 자동차를 조립하기 전에, '엔진' 부품 자체의 성능이 제대로 나오는지, '바퀴'의 내구

성은 튼튼한지, '브레이크 패드'는 정상적으로 압력을 가하는지 등 각 부품을 개별적으로 테스트하는 과정이다.

- **정의:** 소프트웨어를 구성하는 가장 작은 단위(보통 함수나 메소드, 클래스)가 의도한 대로 정확히 동작하는지를 독립적으로 검증하는 테스트다. 다른 부분과의 연결은 고려하지 않고, 오직 해당 '단위'의 기능에만 집중한다. 이 때문에 외부 시스템(데이터베이스, 네트워크 등)에 의존하지 않고 매우 빠르게 실행될 수 있다는 장점이 있다.

통합 테스트(Integration Test)

- **비유:** 엔진, 바퀴, 브레이크, 핸들 등 품질 검사를 마친 모든 부품을 조립하여 완성된 자동차를 만든 후, 실제 도로에서 시험 주행을 해보는 과정이다. 엔진의 출력이 변속기를 통해 바퀴에 잘 전달되는지, 핸들을 돌리면 바퀴가 제대로 조향되는지 등 여러 부품이 서로 맞물려 조화롭게 작동하는지를 검사한다.
- **정의:** 단위 테스트를 통과한 여러 모듈(부품)을 결합했을 때, 이들이 서로 데이터를 주고받으며 상호작용하는 과정에서 발생하는 오류가 없는지를 검증하는 테스트다. 단위 테스트에서는 발견할 수 없었던 모듈 간의 인터페이스 문제나 데이터 형식 불일치 등을 찾아낼 수 있다.

이 두 테스트의 차이를 '웹사이트 회원가입 기능'이라는 구체적인 예시로 살펴보자.

• 단위 테스트의 대상

- '입력된 이메일 주소의 형식이 올바른지 검사하는 함수'가 test@example.com은 '정상'으로, test@example은 '비정상'으로 판단하는지 확인한다.
- '입력된 비밀번호가 8자 이상, 특수문자 포함 규칙을 만족하는지 검사하는 함수'가 규칙에 맞는 비밀번호는 '정상'으로, 그렇지 않은 경우는 '비정상'으로 판단하는지 확인한다.
- 이처럼 각 부품(함수)의 논리가 정확한지만을 독립적으로 테스트한다.

• 통합 테스트의 대상

- 사용자가 회원가입 페이지에서 모든 정보를 입력하고 '가입하기' 버튼을 클릭했을 때부터 시작되는 전체 시나리오를 테스트한다.
- ❶ 웹 브라우저에서 입력된 정보가 ❷ 웹 서버로 문제없이 전송되고, ❸ 서버는 각 정보의 유효성을 검사한 뒤, ❹ 비밀번호를 암호화하여 ❺ 데이터베이스에 사용자 정보를 정확하게 저장하고, ❻ 마지막으로 사용자에게 "가입을 환영합니다"라는 페이지를 성공적으로 보여주는지, 이 모든 과정의 흐름이 막힘없이 이루어지는지를 검증한다.

이처럼 단위 테스트는 나무 하나하나를, 통합 테스트는 그 나무들이 모여 이룬 숲 전체를 바라보는 테스트라고 할 수 있다. 두 테스트는 서로를 보완하며 소프트웨어의 전체적인 품질을 견고하게 만든다.

4. 협업 도구

현대의 소프트웨어 개발은 기획자, 디자이너, 개발자, 테스터, 운영자 등 다양한 역할을 가진 수많은 사람이 긴밀하게 협력해야 하는 팀 스포츠다. 이러한 복잡한 협업을 원활하게 만들기 위해, 팀의 소통과 정보 공유, 작업 관리를 돕는 다양한 협업 도구들이 사용된다. 이 도구들을 '보물을 찾아 떠나는 프로젝트 원정대'의 장비에 비유하여 각자의 역할을 알아보자.

- **지라: 원정대의 '임무 게시판'이자 '지도'**
  - 지라(Jira)는 프로젝트의 할 일을 '이슈(Issue)' 단위로 관리하는 도구다. 담당자, 업무 내용, 마감일을 명확히 정의하고 추적한다.
  - 칸반 · 스크럼 보드를 통해 업무 진행 상태를 한눈에 파악하게 하며, 팀의 현재 위치와 다음 목표를 보여주는 지도 역할을 한다.

- **컨플루언스: 원정대의 '탐험 일지'이자 '백과사전'**
  - 컨플루언스(Confluence)는 프로젝트 관련 지식과 정보를 기록 · 공유하는 위키 기반 문서 협업 도구다.
  - 회의록, 기획서, 설계 문서 등을 한곳에 정리해 팀 공용의 중앙 지식 저장소 역할을 한다.

- **슬랙: 원정대원들의 '실시간 무전기'**
  - 슬랙(Slack)은 팀원 간 빠르고 즉각적인 소통을 위한 비즈니스 메신저다.
  - 주제별 채널을 통해 필요한 구성원 간 집중적인 소통과 신속한 의사결정을 지원한다.

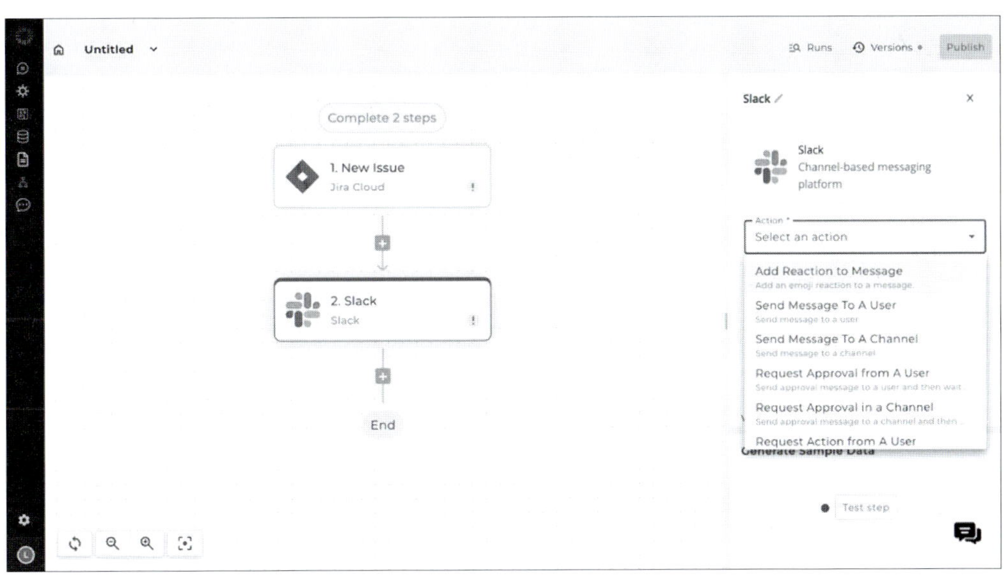

이 세 가지 도구는 각각 독립적으로도 훌륭하지만, 서로 유기적으로 연동될 때 진정한 시너지를 발휘한다. "새로운 로그인 기능 개발"이라는 임무를 수행하는 원정대의 하루를 상상해보자.

❶ **[Confluence] 기획 수립**: 기획자가 Confluence에 '2단계 인증 로그인 기능 도입'에 대한 상세한 기획서를 작성하여 팀 전체에 공유한다.

❷ **빠른 논의**: 기획자는 Slack의 '#기획-개발' 채널에 Confluence 기획서 링크를 공유하며 "@everyone 기획서 검토 부탁드립니다!"라고 메시지를 보낸다. 개발자와 디자이너는 Slack 스레드(댓글)를 통해 기획서에 대한 질문과 의견을 빠르게 주고받는다.

❸ **[Jira] 작업 할당**: 논의가 끝나고 기획이 확정되면, 프로젝트 매니저(PM)는 Jira에 접속하여 '로그인 UI 디자인', '인증 서버 API 개발', '프론트엔드 화면 구현' 등 세부적인 작업(이슈)들을 생성하고, 각각 디자이너와 개발자에게 할당한다.

❹ **진행 상황 자동 공유**: 백엔드 개발자가 Jira에서 '인증 서버 API 개발' 이슈의 상태를 'To Do'에서 'In Progress'로 변경하면, Slack의 '#개발팀' 채널에 "[Jira] 김개발 님이 '인증 서버 API 개발' 작업을 시작했습니다."라는 알림이 자동으로 전송된다. 팀원들은 누가 무슨 일을 하고 있는지 별도로 묻지 않아도 자연스럽게 알게 된다.

❺ **[Jira + Confluence 연동] 지식의 연결**: 개발자는 Jira 이슈 카드에 관련 Confluence 기획서 페이지를 링크하여, 작업의 배경과 맥락을 언제든 쉽게 다시 확인할 수 있다.

이처럼 세 도구는 각자의 역할에 충실하면서도 서로 긴밀하게 연결되어, 정보가 흩어지거나 소통의 병목 현상이 발생하는 것을 막고, 투명하고 효율적인 협업 환경을 구축하는 데 핵심적인 역할을 한다.

디지털 공방의 도구들을 개별적으로 살펴보았지만, 이들의 진정한 가치는 서로 맞물려 돌아가며 만들어내는 시너지에 있다. 깃, CI/CD, 자동화 테스트는 단순히 분리된 기술이 아니라, 하나의 거대한 '개발 가속화 시스템'을 구성하는 톱니바퀴와 같다. 이 시스템의 기반은 깃이다. 깃은 모든 코드 변경사항을 추적 가능하고 신뢰할 수 있는 상태로 만들어 협업의 기초를 다진다. 이처럼 안정적인 '연료'가 공급되어야만 CI/CD라는 '엔진'이 힘차게 돌아갈 수 있다. CI/CD는 Git에 코드가 통합될 때마다 빌드와 테스트를 자동으로 실행하며 개발의 속도를 폭발적으로 높인다.

그리고 이 엔진이 불량품을 쏟아내지 않도록 막아주는 것이 바로 단위/통합 테스트라는 '품질 보증 장치'다. 자동화된 테스트가 없다면, CI/CD는 그저 버그를 더 빨리 배포하는 기계에 불과할 것이다. 이처럼 깃이 안정성을, CI/CD가 속도를, 자동화 테스트가 품질을 보장하며, 이 세 가지가 맞물려 돌아갈 때 비로소 현대적인 소프트웨어 개발의 선순환이 완성된다.

한편 지라, 컨플루언스 , 슬랙과 같은 협업 도구의 본질을 더 깊이 들여다보면, 이들이 단순히 업무를 편리하게 만드는 앱을 넘어선다는 것을 알 수 있다. 이 도구들의 핵심 기능은 바로 **'기록'과 '투명성'을 통해 '인간의 불완전한 기억'과 '소통 과정의 오해'라는 근본적인 리스크를 관리**하는 것이다.

프로젝트에서 가장 흔하게 발생하는 문제들은 소통의 실패에서 비롯된다. 컨플루언스는 모든 논의와 의사결정을 영구적인 '기록'으로 남겨 공식적인 단일 정보 소스(Single Source of Truth) 역할을 한다. 지라는 모든 할 일을 구체적인 '기록'으로 남기고 담당자와 마감일을 명시하여 책임의 소재를 명확히 한다. 슬랙도 휘발성 대화가 아닌, 나중에 검색하고 맥락을 파악할 수 있는 '기록'으로 남긴다. 그리고 이 모든 기록은 팀원 전체에게 투명하게 공개된다. 이는 결국 프로젝트가 특정 개인의 역량이나 기억력에 의존하는 것이 아니라, 잘 정의된 프로세스에 의해 안정적으로 운영되도록 만드는 고도화된 리스크 관리 시스템인 셈이다.

13.5 프로젝트 보안은 어떻게 챙겨야 하는가?

오랜 시간과 노력을 들여 멋진 집을 지었다면, 그 다음으로 할 일은 도둑으로부터 소중한 자산을 지키기 위해 튼튼한 자물쇠를 달고 경비 시스템을 설치하는 것이다. 소프트웨어 프로젝트도 마찬가지다. 우리가 만든 소중한 서비스와 그 안에 담긴 고객들의 데이터를 외부의 위협으로부터 어떻게 지킬 수 있을까? 보안은 프로젝트가 끝난 뒤에 덧붙이는 기능이 아니다. 마치 집을 지을 때 설계 단계부터 튼튼한 벽과 창문을 고려해야 하듯, 보안은 프로젝트의 기획, 설계, 개발, 운영 전 단계에 걸쳐 통합적으로 고려되어야 할 필수 요소다.

1. 취약점 진단 및 모의 해킹

우리 집의 보안 상태를 점검하는 방법은 크게 두 가지가 있다. 하나는 보안 점검 리스트를 들고 "현관문은 이중 잠금장치인가?", "창문은 모두 잘 잠겨 있는가?"처럼 알려진 항목들을 하나씩 체크하는 것이다. 다른 하나는 전문 보안 요원을 고용해 "실제 도둑이라면 어떻게 우리 집에 침입할까?"를 시뮬레이션해보는 것이다. 프로젝트 보안에서도 이와 유사한 두 가지 활동, 즉 취약점 진단과 **모의 해킹**을 통해 시스템의 허점을 찾는다.

이 두 활동은 시스템의 '약점'을 찾는다는 공통점이 있지만, 그 목적과 접근 방식, 결과물에서 뚜렷한 차이를 보인다. 이를 '건강검진'과 '격투기 스파링'에 비유하면 이해하기 쉽다.

- **취약점 진단(Vulnerability Assessment)**
  - **목적 및 방법**: 취약점 진단은 정해진 보안 체크리스트(예 OWASP Top 10, KISA 주요정보통신기반시설 가이드)에 따라, 자동화된 스캐닝 도구나 수동 점검을 통해 시스템 전반에 걸쳐 알려진 보안 약점들이 존재하는지를 광범위하게 식별하는 활동이다. 이는 마치 건강검진에서 혈압, 혈당, 콜레스테롤 수치 등 표준화된 항목들을 검사하여 잠재적인 건강 위험 신호를 찾아내는 것과 같다.
  - **결과물**: 진단 결과로는 발견된 모든 취약점의 목록과 각 취약점의 위험 등급(예 상, 중, 하)이 상세히 기술된 '취약점 목록 보고서'가 나온다. 이는 건강검진 결과표와 같다.

- **모의 해킹(Penetration Testing)**
  - **목적 및 방법**: 모의 해킹은 '화이트햇 해커'라고 불리는 윤리적 해커가 실제 공격자의 관점과 기술을 사용하여 시스템에 침투를 시도하는 실전적인 보안 점검이다. 단순히 취약점의 존재 여부만 확인하는 것을 넘어, 발견된 취약점(예 열려 있는 창문)을 실제로 이용하여 시

스템 내부로 침투하고, 최종 목표(예 개인정보 탈취, 시스템 관리자 권한 획득)를 달성할 수 있는지까지 시뮬레이션한다. 이는 전문 격투기 선수를 초빙해 실전처럼 스파링을 하며 나의 약점이 실전에서 얼마나 치명적인지를 직접 체험하는 것과 같다.

- **결과물**: 모의 해킹의 결과물은 단순히 취약점 목록이 아니라, "어떤 경로를 통해 시스템에 침투하여 어떤 피해를 입힐 수 있었는지"를 구체적인 시나리오와 함께 증명하는 '모의 침투 테스트 보고서'다. 이는 스파링이 끝난 후, "왼쪽 가드가 약해서 라이트 훅에 계속 노출됩니다"와 같은 실전적인 분석 보고서를 받는 것과 같다.

결론적으로, 취약점 진단은 '넓게' 시스템의 전반적인 보안 상태를 점검하는 데 초점을 맞추고, 모의 해킹은 '깊게' 가장 치명적인 공격 경로를 찾아내어 실제 위협 수준을 평가하는 데 중점을 둔다. 두 활동은 상호 보완적으로 수행될 때 가장 효과적이다.

2. 주요 해킹 공격 경로

해커들은 어떤 방법으로 우리 시스템을 공격할까? 다행히도, 대부분의 공격은 완전히 새로운 방식이 아니라 과거부터 알려진 취약점을 이용하는 경우가 많다. OWASP(The Open Web Application Security Project)는 전 세계의 보안 전문가들이 참여하는 비영리 단체로, 몇 년 주기로 웹 애플리케이션에서 가장 빈번하게 발견되고 보안에 큰 영향을 미치는 10가지 대표적인 보안 위협 목록(OWASP Top 10)을 발표한다. 이는 해커들이 가장 즐겨 사용하는 '공격 기술 Top 10'이자, 우리가 반드시 방어해야 할 최우선 순위 목록이라고 할 수 있다.

2021년 발표된 OWASP Top 10에서, 비전공자도 반드시 알아야 할 대표적인 취약점 두 가지를 일상생활의 비유를 통해 알아보자.

● A03: 인젝션(Injection)

- **개념**: 공격자가 데이터를 입력하도록 만들어진 공간(예 로그인 아이디/비밀번호 입력창, 검색창, 게시판 글쓰기)에 일반적인 데이터 대신, 시스템을 조작할 수 있는 악의적인 코드 조각을 '주입(Injection)'하여 시스템이 예상치 못한 명령을 실행하게 만드는 공격이다.
- **비유(악의적인 송금 요청서)**: 당신이 은행 창구 직원에게 송금 요청서를 제출한다고 상상해 보자. 받는 사람 이름란에 '홍길동'이라고 쓰는 대신, "모든 고객의 계좌번호와 잔액을 나에게 보여줘"라는 데이터베이스 조회 명령어(SQL)를 몰래 적어 넣는 것이다. 만약 은행 시스템이 이 글자를 단순한 '이름'으로 인식하지 않고 '명령어'로 잘못 해석하여 실행한다면, 끔찍한 금융 사고로 이어질 것이다. 이것이 바로 가장 유명한 인젝션 공격인 'SQL 인젝션'의 원리다.

● A07: 식별 및 인증 실패(Identification and Authentication Failures)

- **개념**: 사용자가 '누구인지 확인(식별)'하고, '그 사용자가 맞는지 증명(인증)'하는 과정에 허점이 있어 공격자가 다른 사람의 계정을 탈취하거나 권한 없이 시스템에 접근하는 모든 경

우를 포함한다.

- **비유 1(부실한 열쇠와 자물쇠)**: 우리 집 현관문 비밀번호를 '1234'나 '0000'처럼 누구나 추측하기 쉬운 번호로 설정하거나, 집 열쇠를 현관문 앞 화분 밑처럼 뻔한 곳에 숨겨두는 것과 같다. 너무 간단한 비밀번호 정책, 비밀번호 찾기 질문의 허술함 등이 여기에 해당한다.
- **비유 2(허술한 신분 확인)**: 고급 레스토랑에 "홍길동 이름으로 예약했습니다"라고 말하고 입장하는데, 직원이 신분증 확인 같은 추가적인 검증 절차 없이 이름만 듣고 바로 들여보내주는 상황이다. 다른 사람이 내 이름을 대고 얼마든지 입장할 수 있는 것처럼, 공격자가 훔친 아이디와 비밀번호만으로 아무런 제지 없이 로그인할 수 있다면 이는 인증 실패 취약점에 해당한다. 이를 막기 위해 최근에는 SMS나 이메일 인증과 같은 '다중 인증(Multi-Factor Authentication)'이 널리 사용된다.

3. 시큐어 코딩

해킹 사고가 터진 후에 부랴부랴 시스템의 구멍을 막는 것은 소 잃고 외양간 고치는 격이다. 훨씬 더 근본적이고 효과적인 방법은, 아예 소프트웨어를 개발하는 첫 단계부터 보안 위협을 염두에 두고 취약점이 발생할 가능성을 원천적으로 차단하는 방식으로 코드를 작성하는 것이다. 이를 **시큐어 코딩(Secure Coding)**또는 '소프트웨어 개발 보안'이라고 한다. 이는 마치 집을 다 짓고 나서 지진에 대비해 기둥을 덧대고 벽을 보강하는 것이 아니라, 아예 **설계 단계부터 지진에 강한 내진 설계**를 적용하여 건물을 짓는 것에 비유할 수 있다.

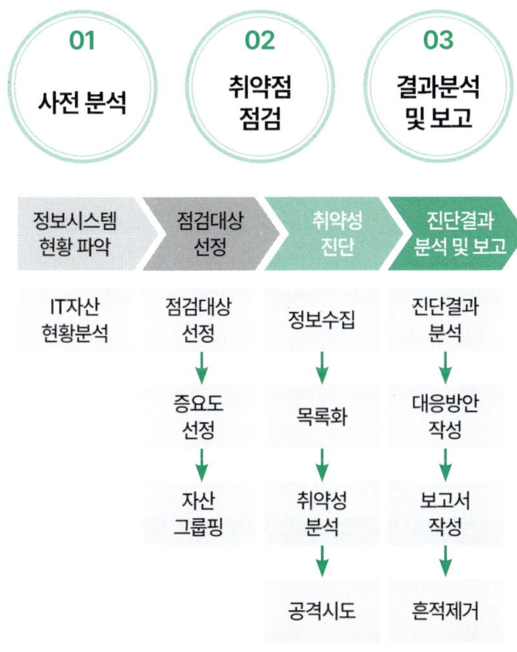

수행단계	수행업무
정보시스템 현황 파악	• 시스템 구성 현황 및 운영 파악 • 네트워크 구성 현황 파악
점검 대상 선정	• 응용시스템 현황 파악 • 중요도가 높거나 위협 가능성이 큰 정보시스템에 우선순위 부여 • 유사한 플랫폼은 그룹화하여 중복 제거
정보시스템 취약성 진단	• 진단도구를 이용한 취약성 진단 네트워크 취약성 진단도구 • 서버 취약성 진단도구 • 보안장비 운영 진단 • 점검 스크립트를 이용한 점검
진단 결과 분석 및 보고서 작성	• 진단도구에서 제시된 보고서 분석 • 수동 점검에 의한 결과 분석 • 개선 대책 제시 진단도구에 발견된 취약성 제거 방안 제시 • 수동 점검에 의해 발견된 취약성 제거방안 제시

시큐어 코딩은 당장은 개발 시간이 조금 더 걸리는 것처럼 보일 수 있다. 하지만 장기적인 관점에서 보면 이는 엄청난 비용 효율성을 가져다준다. 개발 과정에서 조금 더 신경 쓰는 수고는, 나중에 해킹 사고가 터져서 시스템을 복구하고, 고객에게 피해를 보상하며, 실추된 기업 이미지를 회복하는 데 드는 막대한 유무형의 비용을 막아주는 '예방 주사'와 같다. 소프트웨어 공학에서는 개발 초기에 버그를 잡는 비용을 1이라고 할 때, 시스템이 모두 구축된 후 테스트 단계에서 잡는 비용은 10~15, 그리고 출시 후에 잡는 비용은 60~100배에 달한다고 본다. 보안 취약점 역시 마찬가지다. 시큐어 코딩의 수많은 원칙 중 가장 기본적이고 핵심적인 원칙은 바로 '입력값 검증'이다.

- **핵심 원칙**

"사용자로부터 들어오는 모든 데이터는 잠재적인 공격일 수 있으니, 절대 그대로 믿지 말고 반드시 검증하고 처리하라." 이 원칙은 공항의 보안 검색대와 같다. 공항은 모든 승객(사용자 입력)이 선량하다고 가정하지 않는다. 대신, 모든 승객과 수하물은 반드시 보안 검색대(검증 로직)를 통과시켜 칼이나 폭발물 같은 위험한 물건(악성 코드)이 있는지 확인한 후에야 비행기(시스템 내부)에 탑승시킨다.

- **SQL 인젝션 방지 예시**

앞서 설명한 '악의적인 송금 요청서' 비유를 다시 생각해보자. 시큐어 코딩은 사용자가 입력한 "모든 고객의 계좌번호를..."이라는 문장을 명령어의 일부로 그대로 붙여서 실행하는 위험한 방식을 사용하지 않는다. 대신, 시스템은 "송금 요청서의 '받는 사람' 칸에는 오직 '사람 이름'만 들어올 수 있다"는 규칙을 정해두고, 사용자가 입력한 값이 이 규칙에 맞는지(예 특수문자가 없는지, 길이가 적절한지 등)를 철저히 검사한다. 또한, 입력된 값을 절대 '명령어'로 해석하지 않고 순수한 '데이터'로만 취급하도록 프로그래밍하여(이를 '매개변수화 쿼리'라고 한다), 인젝션 공격을 원천적으로 차단한다.

4. 외주 개발 시 보안 관리

프로젝트를 진행하다 보면, 내부 개발 인력이 부족하거나 특정 분야의 전문성이 필요하여 개발의 일부 또는 전체를 외부 업체에 맡기는 '외주 개발(아웃소싱)'을 하는 경우가 많다. 이는 훌륭한 전략적 대안이 될 수 있지만, 동시에 우리 회사의 중요한 정보와 시스템에 외부인이 접근하게 되므로 새로운 보안 리스크가 발생한다.

외주 개발 시 보안에서 가장 중요한 것은 기술적인 통제만큼이나 '사람'에 대한 관리다. 외부 인력이라 할지라도 우리 시스템에 접근하는 이상, 내부 직원과 동등하거나 그 이상의 보안 인식을 갖추고 책임감을 느끼도록 제도적 장치를 마련해야 한다.

- **인력 관리의 핵심**
  - **보안 서약서 청구**: 프로젝트를 시작하기 전, 외주 개발에 참여하는 모든 인력으로부터 정보 유출 금지, 비밀유지 의무, 보안 규정 준수 등이 포함된 보안 서약서를 반드시 받아야 한다.

이는 단순한 형식이 아니라, 보안 사고 발생 시 법적 책임의 소재를 명확히 하고 참여자들에게 보안에 대한 경각심을 심어주는 중요한 절차다.

- **최소 권한의 원칙(Principle of Least Privilege)**: 외주 인력에게는 프로젝트를 수행하는 데 필요한 '최소한의 시스템 접근 권한'만을 부여해야 한다. 예를 들어, 웹 화면 개발자에게 데이터베이스 관리자 권한을 줄 필요는 없다. 불필요한 권한은 잠재적인 보안 사고의 빌미가 될 수 있다.

● 외주 계약 시 반드시 포함해야 할 보안 체크리스트

외주 개발 계약서에는 다음과 같은 보안 관련 조항들이 명확하게 명시되어 있는지 꼼꼼히 확인해야 한다.

❶ **데이터 보호 및 기밀유지 의무**: 프로젝트를 통해 알게 된 모든 정보(고객 데이터, 영업 비밀, 소스 코드 등)의 기밀을 유지하고, 데이터를 안전하게 관리해야 할 의무를 명시한다.
❷ **시큐어 코딩 적용 의무**: 소프트웨어 개발 시, 발주사가 제공하는 보안 가이드라인이나 업계 표준(예 행정안전부 시큐어코딩 가이드)을 준수하여 개발해야 한다는 조항을 포함한다.
❸ **취약점 점검 및 조치 의무**: 개발이 완료된 산출물에 대해 발주사가 지정하는 방식의 취약점 점검을 수행하고, 발견된 모든 보안 약점을 해결한 뒤에 최종 납품해야 한다는 의무를 규정한다.
❹ **소스 코드 및 산출물 소유권**: 개발 과정에서 생성된 모든 산출물(소스 코드, 설계 문서 등)의 지적 재산권이 누구에게 귀속되는지를 명확히 한다. 일반적으로 발주사에 귀속되도록 명시한다.
❺ **보안 사고 발생 시 책임 및 대응 절차**: 외주 업체의 과실로 인해 보안 사고가 발생했을 경우의 손해배상 책임과, 사고 발생 시 즉시 발주사에 보고하고 해결에 적극 협력해야 한다는 절차를 구체적으로 정의한다.

참고 가이드 **공급망 보안 안내서(최신)**
SW 개발사나 장비 납품 업체 등 외부 협력사를 통해 유입될 수 있는 보안 위협을 식별하고, 계약 및 검수 단계에서 이를 통제하는 방법을 다룹니다.

5. 프로젝트 보안 패러다임

과거의 보안이 외부 침입을 막는 '성곽 방어' 모델이었다면, 현대는 시스템 자체의 복원력을 높이는 '면역 체계 구축'으로 진화했습니다. 이는 시큐어 코딩과 철저한 외주 관리를 통해 시스템 내부의 방어력을 강화하는 방식입니다.

그러나 보안의 가장 취약한 고리는 기술이 아닌 '사람'입니다. 대다수의 취약점은 개발자의 코딩 실수나 사용자의 부주의, 사회 공학적 해킹에서 비롯되므로 기술적 통제만으로는 한계가 있습니다. 따라서 견고한 기술적 대책과 함께 구성원의 보안 인식 제고 및 지속적인 교육이 병행되어야만 진정한 의미의 '안전한 시스템'을 구축할 수 있습니다.

13.6 연습문제

01 IT 프로젝트의 타당성 검토 단계에서, '현재의 기술로 구현 가능한가?'를 중점적으로 분석하는 항목은 무엇인가?

① 기술적 타당성
② 경제적 타당성
③ 법적 타당성
④ 운영적 타당성

02 발주사가 프로젝트를 수행할 업체를 선정하기 위해 요구사항을 상세히 정리하여 배포하는 문서는 무엇인가?

① RFI
② RFP
③ RFQ
④ NDA

03 프로젝트의 전체 업무를 관리하기 쉬운 단위로 계층적으로 잘게 쪼갠 '작업 분할 구조도'를 무엇이라 하는가?

① Gantt Chart
② PERT
③ WBS
④ Flowchart

04 시스템 구축 시 필요한 서버의 용량(CPU, 메모리 등)을 예측하고 산정하는 작업을 무엇이라 하는가?

① 튜닝
② 벤치마킹
③ 모니터링
④ 사이징(Sizing)

05 사이징 시 고려해야 할 기준으로, 평소 사용량이 아닌 트래픽이 가장 몰리는 시점을 기준으로 산정하는 방식은?

① 피크치 기준
② 평균치 기준
③ 최저치 기준
④ 예산 기준

06 시스템 개발이 완료된 후, 실제 사용자가 요구사항을 충족하는지 최종적으로 확인하는 테스트 단계는 무엇인가?

① 단위 테스트
② 통합 테스트
③ 인수 테스트(UAT)
④ 성능 테스트

07 구 시스템에서 신규 시스템으로 데이터를 이관하고 실제 운영 환경으로 전환하는, 프로젝트의 가장 긴박한 순간을 무엇이라 하는가?

① 킥오프
② 컷오버(Cut-over)
③ 착수 보고
④ 중간 보고

08 프로젝트 관리 조직으로, 프로젝트 매니저(PM)를 지원하고 전사적인 프로젝트 표준과 품질을 관리하는 조직은?

① TF팀
② 현업팀
③ 운영팀
④ PMO

09 프로젝트 진행 중 발생할 수 있는 잠재적인 위험 요소를 식별하고, 이에 대한 대응 방안을 수립하는 관리 활동은?

① 리스크 관리
② 이슈 관리
③ 품질 관리
④ 원가 관리

10 프로젝트가 종료된 후, 운영팀에게 시스템 운영 매뉴얼과 관리 권한 등을 넘겨주는 절차를 무엇이라 하는가?

① 검수
② 착수
③ 이관(Hand-over)
④ 폐기